第1版

8次印刷
输出繁体版权

电子工业出版社畅销书奖

第2版

16次印刷
输出繁体版权

第12届输出版优秀图书
电子工业出版社畅销书奖

出版10年，强势回归

第3版

22次印刷
输出繁体版权

电子工业出版社2015年度好书
中国工信出版集团2016年度优秀出版物

第4版

除了删除已无法使用的工具、增加新工具、修正新形势下的SEO观点，还大幅增加了SEO行业近年来的最新发展，如将"移动SEO"这一部分扩充完善并独立成章；增加"搜索引擎算法更新"一章；增加"人工智能与SEO"一节；增加近年来常见的"SEO作弊及惩罚"讨论，如伪原创、百度快排、负面SEO等；增加最新SEO技术讲解，如大型网站抓取份额控制、用户体验优化、页面速度优化、精选摘要优化等。

业内专家点评

《SEO实战密码》是被几代数字营销人奉为SEO圣经的宝贵资料！第4版的出版，是行业的一大幸事！昝辉老师使用大量的知识和案例，向我们表明了一个无可置疑的事实——SEO仍然是最重要的数字营销方式之一！

——宋星，《数据赋能》作者，国内最负盛名的互联网数据分析和优化专家

Zac是中国SEO的"黄埔军校"点石论坛的创始人之一，他既懂全球SEO趋势，又懂中国搜索引擎特点，他的著作能让大家重回SEO的正道，所以我郑重地向大家推荐本书。

——邢天大叔，上海邢天营销创始人

很高兴Zac的《SEO实战密码》要出第4版了，这本书首次出版是10年前。所以，这是一本经过时间检验的SEO必备书籍。如果你想了解SEO，那么Zac的《SEO实战密码》值得信赖。

——陈沿舟，杭州思亿欧网络科技股份有限公司 联合创始人

ZAC老师是中国SEO行业的灵魂人物，《SEO实战密码》是中国SEO行业第一本具有实战价值的书籍，前3版我都有详细阅读，其内容对于SEOer的思维形成和扩展都具有非常深远的意义。第4版更是融入了最新的SEO知识，值得SEOer细读！

——张火星，《SEO全网优化指南》作者，CrazySEO创始人

和你们一样，Zac前辈是我的SEO启蒙老师，《SEO实战密码》一书打开了我的互联网世界，也开启了我的职业生涯。在从事英文SEO的11年里，我有幸结识了众多国内外的行业大佬，但Zac前辈是最特别的几位之一。我见过他本人，也拜读了这本书的前3版。书如其人，能够持续更新一本SEO书籍的"大佬"不是一般的"大佬"。同样，能追到第4版的你，应该也不是一般的SEO人。

——John，英文SEO实战派博主

Zac老师是中国SEO行业知名专家，他撰写的《SEO实战密码》在过去10年里深深地影响了中国SEO行业的发展。Zac老师的作品作为行业首选读物被众多业内人士赞赏。

——梁成，Netconcepts中国创始人，CEO

Zac老师是SEO前辈，Zac的博客"SEO每日一贴"和《SEO实战密码》，帮助了成千上万的朋友，为SEO行业的快速、健康发展做出了贡献。这本书是A5站长网SEO部门的必读书，我代表A5站长网热烈祝贺《SEO实战密码（第4版）》上市。

——唐世军，A5站长网总经理，垂直行业网站运营专家

Zac是一名真正的搜索引擎营销的爱好者、观察者及实践者。对所有试图进入或正在从事SEM/SEO工作的人来说，无论是Zac的博客，还是他出版的书籍，都是不可错过的。

——石头，点石互动联合创始人，58到家CEO

很早以前就有很多的SEO人员期待着Zac再推出SEO的专业书籍，我也同样期待。除了对Zac的专业能力有着充分的信心，我同样对他在博客里提出的将会完整揭示一个SEO案例的全过程充满了好奇。实战实例，本书值得购买。

——曾荣群，赢时代总裁，SMX搜索营销大会召集人

如果说SEO是门艺术，那么Zac绝对是顶尖的艺术家之一，贯通中外，拥有国际一线实战经验。此书更是在《网络营销实战密码》基础上，进一步挖掘细分，庖丁解牛般完美呈现了SEO。SEO将会在这本书的传播下变成一种思维，任何与因特网相关的生意，都将会有它的身影。

——邓少炜，SEMWatch联合创始人

和互联网上那些SEO教程最大的区别在于，这本书是一本真正把你领向SEO精髓的经验集，而经验就是区分SEO水平高低的唯一标准。你把这本书翻得越烂，追着你的荣耀和机会就会越多！

——康轶文（kyw），易闻网络科技创始人、CEO

Zac的这本书值得一看，它应该是中文搜索引擎优化领域中最全面的一本书。除了实用的SEO技巧，你还可以在这本书中了解到SEO的策略规划和项目管理的相关内容。Robin郑重推荐SEO技术爱好者和从业者阅读此书。

——柳焕斌（Robin），点石互动联合创始人，平安科技运营专家

在当前SEO资料比较贫乏、SEO领域比较杂乱的今天，Zac此书的出版，能够正确地、由浅入深地系统化引导学习SEO，既具学习、参考价值，又具指导意义。

——王志炜（乐思蜀），西安欧派创始人

本书不论是对入门新手还是领域内的资深人士，都极具实际指导意义。这是一本阅读后能获得巨大回报的书，是一本可以成为你灵感之源的枕边读物。

——杨兴建（星箭），点石互动资深版主，Tidebuy创始人

《SEO实战密码》是SEO行业难得的好书。本书由浅入深，循序渐进。从细节到策略，从执行到管理，应有尽有，可以称得上是SEO的百科全书，值得网络营销者及不同层次的SEO人员反复研究。

——吕令建，去哪儿网SEO负责人

本书从SEO的关键词策略、网站结构到后期监控，都详细全面地融入了实际。本书更注重细节的变化及实践的运用，带领读者从细节中领会SEO的重要性。这本书对技术和从业人员来说都是一本很好的教程。

——缪晨卿（Tony）Google AdWords全球认证专家，上海连线课堂创始人

Zac的这本书就像一次长时间的头脑风暴，充满追逐的刺激又富含想象空间，其创造性与前瞻性无疑是令人倍感振奋的。全方位的技术解读与串联，还有那些与众不同的分析思路与策略应用，这本书将为你一一呈现，助你开启SEO的智慧之门。SEO能使你达到什么境界？这本书未必有完整的答案，但一定可以给你提供一条清楚的线索。

——郝聪（黑色梦中），bloghuman.com博主，孔网SEO顾问

作为立足于搜索数据分析的创业公司，我们发现几乎所有的顾客都被两个问题困扰：①SEO有什么用？②SEO怎么做好？这本书正是我一直期待的中文SEO领域的"圣经"，书中不仅解答了这些问题，更是为SEO树立了一套理论框架，值得所有在互联网上开展业务的公司高管一读。

——Victor Zhou，知乎创始人、CEO

相信很多人和我一样，都是博客"SEO每天一贴"的忠实读者。很敬佩Zac的执着与坚持，这或许就是他的SEO之道。在这本书中，Zac会告诉你他所知道的关于SEO的一切。

——马骏（潜索王道），环球资源Online Marketing Executive

搜索引擎优化是电子商务中提升流量的重要手段。既然是手段，就有仁者见仁、智者见智的说法。任何所谓的高手的变化，都是由一点点基础累积而来的。但搜索引擎优化的知识点特别多，也特别散，要想聚沙成塔，就需要系统和完整地了解优化的知识。这本书深入浅出地讲述了丰富的优化知识，值得常备、常看。

——付必鹏，点石互动联合创始人，阿里巴巴国际站资深总监

影响了整整一代SEOer的《SEO实战密码》出第4版了，相信这本书定能再续辉煌，为当下SEO圈传递更有价值的内容、更多的正能量，指导更多企业、站长做好网站与推广，此书推荐收藏。

——卢松松，知名IT博主、自媒体人

作为国内最早钻研和研究SEO的从业者之一，Zac一直是我敬佩和欣赏的前辈。他的博客"SEO每天一贴"几乎是早期每位SEOer的必读博客，早年我曾陆续致力于阿里巴巴和携程网等大型网站的SEO工作，多次与Zac面谈或邮件交流SEO的整体架构设计及细节算法，我发现Zac对于搜索引擎的每次重要算法变更和新的规则都会第一时间亲自实践，并保持着与Google和百度的密切沟通。如今，Mobile渠道经历了爆发式增长，移动搜索及相关优化成了更值得研究的方向。《SEO实战密码》是市面上最系统、最有含金量的一本SEO教程，推荐对SEO有兴趣的读者花时间通读，也感谢Zac替从业者多次更新内容再版。

——孙波，携程高级副总裁

图1-1 2018年Q1—2020年Q1中国网络购物市场交易规模

应用	2020.6		2020.3		
	用户规模（万）	网民使用率	用户规模（万）	网民使用率	增长率
即时通信	93079	99.0%	89613	99.2%	3.9%
搜索引擎	76554	81.5%	75015	83.0%	2.1%
网络新闻	72507	77.1%	73072	80.9%	-0.8%
远程办公	19908	21.2%	—	—	—
网络购物	74939	79.7%	71027	78.6%	5.5%
网上外卖	40903	43.5%	39780	44.0%	2.8%
网络支付	80500	85.7%	76798	85.0%	4.8%
互联网理财	14938	15.9%	16356	18.1%	-8.7%
网络游戏	53987	57.4%	53182	58.9%	1.5%
网络视频（含短视频）	88821	94.5%	85044	94.1%	4.4%
短视频	81786	87.0%	77325	85.6%	5.8%
网络音乐	63855	67.9%	63513	70.3%	0.5%
网络文学	46704	49.7%	45538	50.4%	2.6%
网络直播③	56230	59.8%	55982	62.0%	0.4%
网约车	34011	36.2%	36230	40.1%	-6.1%
在线教育	38060	40.5%	42296	46.8%	-10.0%
在线医疗	27602	29.4%	—	—	—

网络直播：包括电商直播、体育直播、真人秀直播和演唱会直播。

图1-2 最常使用的网络应用

注释：搜索引擎企业收入规模为搜索引擎运营商营收总和，不包括搜索引擎渠道代理商营收。
来源：综合企业财报及专家访谈，根据艾瑞统计模型核算，仅供参考。

@2014 4iResearch Inc.   www.iresearch.com.cn

图1-4 2012Q2—2014Q1中国搜索引擎市场规模

图1-3 网上购物时最常用的工具

图1-5 2018Q2—2020Q2中国搜索引擎市场规模

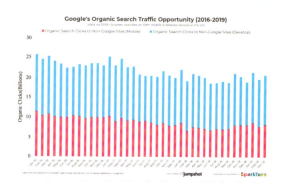

图1-6 2016—2019年Google自然搜索流量（美国）

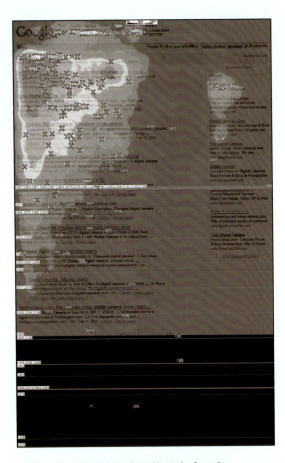

图2-43 著名的用户视线分布金三角

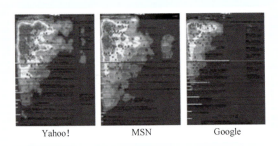

Yahoo! MSN Google

图2-44 主流搜索引擎都存在视线分布金三角

图2-45 Google官方博客发布的视线分布
金三角图像

图2-46 康奈尔大学实验显示的搜索结果关
注时间及点击分布

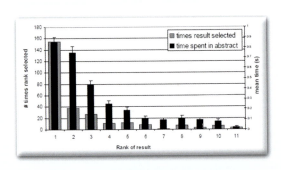

图2-47 关注时间及点击次数按曲线显示

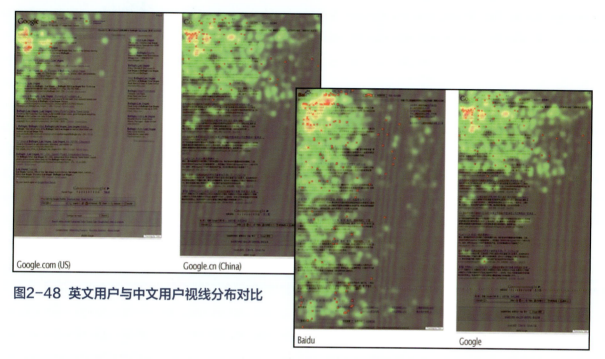

图2-48 英文用户与中文用户视线分布对比

图2-49 百度与Google中文的视线分布对比

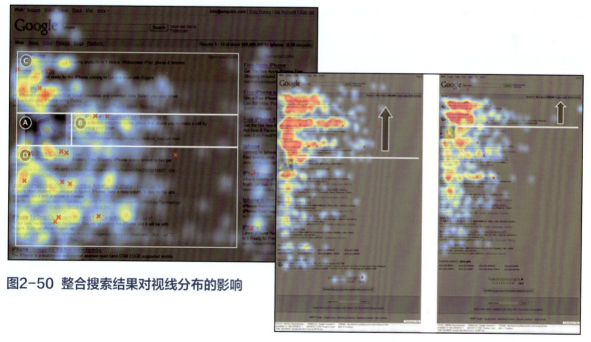

图2-50 整合搜索结果对视线分布的影响

图2-51 整合搜索结果中出现的图片起到分隔作用

图2-53　2014年有整合搜索结果时的视线分布

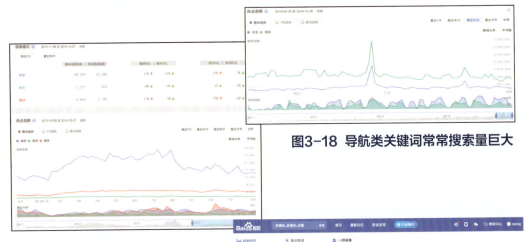

图3-18　导航类关键词常常搜索量巨大

图3-7　百度指数直观显示搜索量差别

图3-22　关键词搜索量长期趋势

昝辉 Zac 著

SEO
实战密码

60天网站流量提高20倍

第4版

电子工业出版社

Publishing House of Electronics Industry

北京·BEIJING

内 容 简 介

本书是畅销书《SEO 实战密码——60 天网站流量提高 20 倍》的升级版，书中系统地介绍了正规、有效的 SEO 实战技术，涵盖为什么要做 SEO、搜索引擎工作原理、关键词研究、网站结构优化、移动 SEO、外部链接建设、SEO 效果监测及策略修改、SEO 作弊及惩罚、搜索引擎算法更新、常用的 SEO 工具、SEO 项目管理中需要注意的问题等专题，最后提供了一个非常详细的案例供读者参考。

第 4 版在原第 3 版的基础上做了比较大的改写，除删除已无法使用的工具、增加新工具、修正新形势下的 SEO 观点，还大幅增加了 SEO 行业近年来的最新发展，如将"移动 SEO"这一部分扩充完善并独立成章；增加"搜索引擎算法更新"一章；增加"人工智能与 SEO"小节；增加近年常见的"SEO 作弊及惩罚"讨论，如伪原创、百度快排、负面 SEO 等；增加最新 SEO 技术讲解，如大型网站抓取份额控制、用户体验优化、页面速度优化、精选摘要优化。

本书不仅对需要做 SEO 的人员有所助益，如个人站长、公司 SEO 人员、网络营销人员、SEO 服务公司人员等，而且对所有从事与网站相关工作的人都能提供参考价值，如网站设计人员、程序员、大中专院校网络营销和电子商务专业学生、网络公司技术和营销团队、传统商业公司电子商务团队等。

图书在版编目（CIP）数据

SEO 实战密码：60 天网站流量提高 20 倍 / 昝辉著. —4 版. —北京：电子工业出版社，2021.7

ISBN 978-7-121-41293-6

Ⅰ. ①S… Ⅱ. ①昝… Ⅲ. ①互联网络－情报检索 ②电子商务－网站－基本知识 Ⅳ. ①G354.4②F713.36

中国版本图书馆 CIP 数据核字（2021）第 105969 号

责任编辑：李　冰　　　文字编辑：张梦菲
印　　刷：天津画中画印刷有限公司
装　　订：天津画中画印刷有限公司
出版发行：电子工业出版社
　　　　　北京市海淀区万寿路 173 信箱　　　邮编：100036
开　　本：787×1 092　1/16　　印张：35.75　　字数：1108 千字　　彩插：3
版　　次：2011 年 1 月第 1 版
　　　　　2021 年 7 月第 4 版
印　　次：2023 年 3 月第 5 次印刷
定　　价：188.00 元

凡所购买电子工业出版社图书有缺损问题，请向购买书店调换。若书店售缺，请与本社发行部联系，联系及邮购电话：(010) 88254888，88258888。

质量投诉请发邮件至 zlts@phei.com.cn，盗版侵权举报请发邮件至 dbqq@phei.com.cn。

本书咨询联系方式：libing@phei.com.cn。

PREFACE

I enjoyed doing an interview with Zac about search engine optimization (SEO) back in 2007. Not only did Zac ask great questions, but he has provided countless people with helpful, solid advice over the years. So when Zac asked me to write a preface for his book about SEO, I was happy to say yes.

I think learning about SEO can be good for anyone who works with the Web. Not only designers and programmers, but also CEOs and regular users can benefit from knowing more about how search engines rank pages, and why some pages rank more highly than others. SEO can be done in a good way that keeps users' needs in mind and create useful websites in alignment with search engine quality guidelines. So SEO can be a powerful tool that not only helps a website rank higher, but also makes a website easier to use.

Some people think that SEO only means spam or deceptive techniques, and that's not true. SEO can include designing a website or web page to be clear and easy for people and computers to discover new pages by following links. Attention to SEO can suggest phrases that people will type when looking for your products or pages, which you can then include on the page in a natural way. Learning SEO includes learning the lesson that people want to read high-quality information and that they appreciate useful services or resources. Students of SEO also learn ways to promote their web site in a number of ways that can raise awareness and result in more links to a web page.

It turns out that the Chinese Web is different from the English Web or the German Web. Different countries have different link structures, not to mention different keyword areas that are more or less popular. Countries also have different mixes between standalone domain names vs. content that appears on forums or bulletin boards. For that reason, it's helpful to have an SEO book that is written specifically for the Chinese market. I'm glad that Zac has written that book.

Matt Cutts, Administrator, United States Digital Service
Former Head of Webspam Team at Google

序

早在 2007 年，我与 Zac 进行过一次关于搜索引擎优化（SEO）的愉快访谈。Zac 不仅问了很好的问题，而且也在这些年为无数人提供了有益、扎实的建议。所以，当 Zac 请我为他的书写序时，我很高兴地说"Yes"。

我认为，学习 SEO 对任何从事网络工作的人都是好事。不仅是设计师和程序员，CEO 和普通用户如果能更多地了解搜索引擎怎样排名、为什么有的网页比其他的排名更高，也能受益良多。

SEO 能以很合理的方式进行，既照顾用户需求，又创造出有用的、符合搜索引擎质量指南的网站。SEO 是个强有力的工具，既能帮助网站提高排名，又能使网站易于使用。

有的人认为，SEO 只意味着发送垃圾和欺骗性手段，这是不正确的。SEO 可以为站长给用户设计一个清晰易用的网站提供帮助，计算机可以通过跟踪链接发现新的页面。关注 SEO 可以发现用户寻找产品或网页时输入的关键词，然后站长就可以在页面上自然地融入这些词。学习 SEO 使站长了解人们需要高质量的信息，以及他们喜欢的、有用的服务和资源。学习 SEO 的人也能学习到提高网站认知度并且为网页带来更多链接的各种网站推广方法。

事实证明，中文网站与英文或德文网站不同。不同国家的网站有不同的链接结构，更不要说不同的流行关键词。不同的国家也有不同的独立域名和出现在论坛或电子公告板的内容组合。因此，有一本专门为中国市场写的 SEO 的图书是很有帮助的。很高兴 Zac 写了这样一本书。

Matt Cutts
前 Google 反垃圾组负责人，现美国数字服务局执行长

第 4 版前言

2020 年对整个世界而言，从各个角度来说，都是魔幻的一年。

少见的亮点之一是，中国 2020 年经济增长 2.3%，是世界上唯一一个在纷乱的 2020 年取得正增长的主要经济体。

过去几年，国内 SEO 也是个纷乱的行业。很少看到高质量的 SEO 文章。微信群里，很多 SEO 人员觉得除了百度快排，已经没人做 SEO 了。假设全球 SEO 来个类似对抗疫情的大比拼，我们拿什么去比？我们的实力将来源于什么？快排吗？我不相信靠这个能赢。

实际上，正规公司和网站依然在做正规 SEO。我没听到也没看到有真正的大公司裁撤 SEO 部门。SEO 依然是网站的标配。我也依然坚持向 SEO 们介绍正规、白帽 SEO 技术，因为我觉得这才是真正的实力所在。

欣慰的是，《SEO 实战密码》对想做好正规 SEO 的朋友起到了一定帮助作用。本书第 1 版于 2011 年上市，转眼间已经 10 年了。这 10 年中，前 3 版都取得了骄人的成绩，连续 5 年获得电子工业出版社最畅销书奖，第 2 版还获得"第十二届输出版优秀图书"的荣誉，第 3 版获得电子工业出版社"2015 年度好书"、中国工信出版集团"2016 年度优秀出版物"。

销售数字可以证明这一点。即使不算各种盗版数量，单就《SEO 实战密码》这 10 年的累计销量也接近 18 万册，这本书和我的另一本畅销书《网络营销实战密码》已经直接服务了至少几十万读者，这在技术书领域应该不多见。

现在是出新版的时候了。自从 20 世纪 90 年代中期 SEO 行业诞生以来，SEO 技术真正发生巨大变化的时候并不多，过去这几年算是 SEO 行业快速变化的一个时期。巨变之一是移动端搜索量超过 PC 端，移动 SEO 成为主流。巨变之二是搜索引擎算法对页面的要求从相关性转向整体质量、用户体验。读者手里拿到的第 4 版针对新算法、新技术做了大幅修改。

特色内容

笔者在看过几本 SEO 的图书及网上很多新手的反馈意见后觉得，一些刚开始学 SEO 的人需要一个手把手示范的过程。小范围单独指导是个方法，但无法扩展，若要对更多的人有益，还得靠书籍。所以本书提供了一个非常详细、篇幅近 6 万字的真实案例。这是本书的独到之处，在其他书中还没有见到过这样的案例。

本书详细且系统地介绍了正规、有效的 SEO 实战技术，包括关键词研究、网站结构优化、页面优化、外部链接建设、效果监测及策略修改，以及作弊与惩罚等专题。第 4 版将"移动 SEO"这一部分独立成章，并增加了人工智能、用户体验优化等最新的 SEO 发展知识介绍。全书主要内容如下。

第 1 章	为什么要做 SEO	讨论为什么要做 SEO
第 2 章	了解搜索引擎	介绍搜索引擎工作原理，为深入了解 SEO 打下良好基础
第 3 章	竞争研究	讨论竞争研究，包括对关键词、竞争对手的深入研究
第 4 章	网站结构优化	介绍站内优化，包括网站结构优化和页面优化
第 5 章	页面优化	
第 6 章	移动 SEO	介绍移动搜索优化会遇到的特殊问题
第 7 章	外部链接建设	探讨外部链接建设
第 8 章	SEO 效果监测及策略修改	介绍 SEO 效果监测及策略调整
第 9 章	SEO 作弊及惩罚	介绍 SEO 作弊及搜索引擎惩罚
第 10 章	SEO 专题	讨论不好归类的一些专题，包括 SEO 观念、垂直搜索排名、多
第 11 章	SEO 观念及原则	语言优化等
第 12 章	SEO 工具	介绍常用的 SEO 工具
第 13 章	SEO 项目管理	简单讨论 SEO 项目管理中需要注意的问题
第 14 章	搜索引擎算法更新	介绍百度和 Google 主要算法更新
第 15 章	SEO 案例分析	提供真实案例
附录 A	SEO 术语	总结 SEO 相关术语

读者对象

我相信这本书不仅对需要做 SEO 的人有所助益，如个人站长、公司 SEO、网络营销人员、SEO 服务公司人员等，而且对所有从事与网站相关工作的人都能提供参考价值，如网站设计人员、程序员、大专院校网络营销和电子商务专业学生、网络公司技术和营销团队、传统商业公司电子商务团队等，因为 SEO 已经是所有网站的基本要求。

致谢

本书将继续引领更多的朋友走进 SEO，我非常高兴。从本书第 1 版写作开始，到前 3 版出版之后，有很多 SEO 同行、站长，还有并不从事 SEO，甚至谈不上是站长的互联网人士，还有老朋友、读者，也有素不相识的热心人，通过各种形式给予了我支持、鼓励、指正和帮助，在此表示衷心的感谢。还要特别感谢参与本书部分内容写作的王婷女士。

感谢我太太 Tina，我女儿 Michelle，还有其他家人，这些年来不仅将我照顾得无微不至，而且使我的生活充满快乐，可以安心工作。

Zac

2021 年 1 月

目录

第 1 章

为什么要做 SEO

本章将是简短的一章。如果您已经知道 SEO 对网站成功的意义,就可以直接跳转到第 2 章,开始学习 SEO 的具体方法。

1.1 什么是 SEO

SEO 是英文 Search Engine Optimization 的缩写,中文译为"搜索引擎优化"。简单地说,SEO 是指网站从自然搜索结果获得流量的技术和过程。复杂但更严谨的定义如下:

SEO 是指在了解搜索引擎自然排名机制的基础上,对网站进行内部及外部的调整优化,改进网站在搜索结果页面上的关键词自然排名,以获得更多流量,从而达成网站销售及品牌建设的目标。

关于 SEO 的完整意义和过程,读者随着阅读本书会感到越来越清晰,这里只对定义做简单说明。

在某种意义上来说,SEO 是网站、搜索引擎及竞争对手三方博弈的过程。做 SEO,虽然不需要细致地了解搜索引擎的技术细节,但依然要理解搜索引擎的基本工作原理,不然只能是知其然而不知其所以然,不能从根本上理解 SEO 技巧。理解了搜索引擎原理后,很多看似"新"的问题都可以迎刃而解。

网站的优化包括站内和站外两部分。站内优化指的是站长能控制的网站本身的调整,如网站结构、页面 HTML 代码等。站外优化指的是外部链接建设及行业社群的参与互动等,这些活动不是在网站本身进行的。

SEO 的研究对象是搜索引擎结果页面上的自然排名部分,与付费的搜索广告没有直接关系。以前搜索结果页面的右侧主要是放付费广告的地方,自然搜索结果显示在页面的左侧,所以 SEO 又有百度左侧排名、Google 左侧排名等说法。

获得和提高关键词的自然排名是 SEO 效果的表现形式之一,其最终目的是获得搜索流量,没有流量的排名是没有意义的。因此,关键词研究(针对真实用户搜索的关键词进行优化)、文案写作(用来吸引用户点击)等十分重要。进一步说,SEO 追求的是目标流量,是能最终带来赢利的流量。

网站的最终目标是完成转化,达到直接销售、广告点击或品牌建设的目的。SEO、排名、流量都是手段。SEO 是网络营销的一部分,当其与用户体验、业务流程等冲突时,一切应以完成最多转化为最高原则,切不可为 SEO 而 SEO。

1.2 为什么要做 SEO

亲自做过网站的人都很清楚 SEO 的重要性。不排除有极小一部分网站不希望有人来访问,比如我和太太给女儿写的博客,我们从不向别人提起,只有少数几个至亲好友知道，那几乎算是我们的私人日记，并不想让更多的人看到。但 99.9%的网站是希望有人来看的，而且观看的人越多越好。不管网站赢利模式和目标是什么，有人来访问是前提。

而 SEO 是目前给网站带来访问者的最好方法，没有"之一"。虽然其他的网站推广方法如果运用得当也能取得非凡的效果，但总体来说，它们都无法像 SEO 一样这么吸引流量：

- 搜索流量质量高。很多网站推广的方法是把网站直接推到用户眼前，用户本身没有访问网站的意图。来自搜索的用户则是在主动寻找你的网站和网站上的产品、信息，目标受众非常精准，转化率高。
- 性价比高。SEO 绝不是免费的，但确实是成本相对较低、潜在收益较高的网络营销方法，尤其是在站长自己掌握 SEO 技术时。
- 可扩展性。只要掌握了关键词研究和内容扩展方法，网站既可以不停地增加目标关键词及流量，也可以继续建设新网站。
- 长期有效。网络显示广告、PPC（搜索广告）一旦停止投放，流量立即停止。虽然在当下，事件营销效果明显，但一旦话题过去，流量也就随之消失了。而使用 SEO，只要不作弊，搜索排名一旦上去就可以维持相当长时间，且流量源源不断。
- 提高网站易用性，改善用户体验。SEO 是很少的必须通过修改网站才能实现的推广方法之一，而且 SEO 对页面的要求很多是与易用性、用户体验相通的。

还没有亲手做过网站的读者，若想要明白为什么要做 SEO，其实也很简单，可以跟随下面这个逻辑：

- 近几年网络购物发展突飞猛进，网购已经成为年轻一代的常态，2020 年 6 月，中国网购用户规模达到 7.49 亿人。
- 搜索引擎是网民寻找、比较、确定商品的最重要渠道，是电子商务发展的主要驱动力之一。
- 搜索引擎不是站长开的，不是想排到前面就能排到前面的。而使用 SEO 能够把自己的网站排名提高，获得搜索流量。

根据艾瑞网的调查，2019 年第 4 季度，中国网络购物交易规模为 3.2 万亿元，过去几年同比增长始终保持在 24%以上，2018 年 Q1—2020 年 Q1 中国网络购物市场交易规模如图 1-1 所示。

图 1-1 2018 年 Q1—2020 年 Q1 中国网络购物市场交易规模

网络购物占社会消费总额的比例也在不断提高。据商务部电子商务和信息化司 2020

年 7 月发布的《中国电子商务报告 2019》显示，2019 年，实物商品网上零售额占社会消费品零售总额的比重上升到 20.7%。2020 年 1—6 月，这一比例更是上升至 25.2%，当然，部分原因是疫情造成的线下购物困难。

如此大的网购规模代表了强劲的需求，网民不在你的网站购买，就得在别的网站购买，谁能进入到用户的视野，谁就能赢得更多的付费客户。

那么，网民是怎样发现、研究、比较产品和商家的呢？

据中国互联网信息中心（CNNIC）于 2020 年 9 月发布的第 46 次《中国互联网络发展状况统计报告》显示，网民最常使用的网络应用如图 1-2 所示。

应用	2020.6		2020.3		增长率
	用户规模（万）	网民使用率	用户规模（万）	网民使用率	
即时通信	93079	99.0%	89613	99.2%	3.9%
搜索引擎	76554	81.5%	75015	83.0%	2.1%
网络新闻	72507	77.1%	73072	80.9%	-0.8%
远程办公	19908	21.2%	—	—	—
网络购物	74939	79.7%	71027	78.6%	5.5%
网上外卖	40903	43.5%	39780	44.0%	2.8%
网络支付	80500	85.7%	76798	85.0%	4.8%
互联网理财	14938	15.9%	16356	18.1%	-8.7%
网络游戏	53987	57.4%	53182	58.9%	1.5%
网络视频（含短视频）	88821	94.5%	85044	94.1%	4.4%
短视频	81786	87.0%	77325	85.6%	5.8%
网络音乐	63855	67.9%	63513	70.3%	0.5%
网络文学	46704	49.7%	45538	50.4%	2.6%
网络直播[38]	56230	59.8%	55982	62.0%	0.4%
网约车	34011	36.2%	36230	40.1%	-6.1%
在线教育	38060	40.5%	42296	46.8%	-10.0%
在线医疗	27602	29.4%	—	—	—

[38] 网络直播：包括电商直播、体育直播、真人秀直播和演唱会直播。

图 1-2　最常使用的网络应用

除了即时通信和近两年才大火的网络视频和短视频，用户最常使用的就是搜索引擎，其用户规模与网民使用率远超过网络新闻、网络音乐、网络游戏等。从某种意义上说，使用搜索引擎已经成为一种习惯、一种生活方式，成为很多人获取信息的最重要方式。有了搜索引擎，人们甚至都不再使用英文字典了，遇到记不清的单词就使用搜索引擎输入印象中的拼法，搜索引擎就会给出正确的拼法。

CNNIC 的数据显示，网民使用搜索引擎搜索网站的比例高达 98%。

国外的网络购物更是主要由搜索引擎驱动。网络分析公司 Compete 于 2010 年 2 月做了一项问卷调查，其中一个问题是"网上购物时你最常使用哪个工具？"调查结果如图 1-3 和表 1-1 所示。

图 1-3 网上购物时最常使用的工具

表 1-1 网上购物时最常使用的工具

常 用 工 具	使 用 率
搜索引擎	61%
优惠券网站	35%
商家电子邮件	29%
线上产品/商家评测	24%
比较购物网站	22%
购物门户	19%
社会化网络网站	10%

　　搜索引擎是用户网购时最常使用的工具，平均每 5 个人里就有 3 个人表示他们网上购物时总是或经常使用搜索引擎，使用频率远远超出其他工具或网站。对英文网站有所了解的人都知道，欧美用户更依赖搜索引擎，遇到任何问题，他们首先想到的就是使用搜索引擎查询。

　　越来越多的网站认识到搜索流量的重要性，这也体现在搜索引擎市场规模的快速增长上。据艾瑞网统计，2014 年第 1 季度，中国搜索引擎市场规模达 116.2 亿元，相比 2013 年第 1 季度的 74.2 亿元，年同比增长 56.6%，2012Q2—2014Q1 中国搜索引擎市场规模如图 1-4 所示。

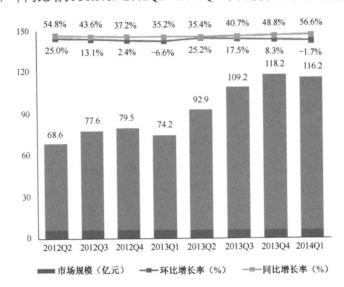

图 1-4 2012Q2—2014Q1 中国搜索引擎市场规模

从图 1-5 所示的 2018Q2—2020Q2 中国搜索引擎市场规模中可以看出，2019 年第 4 季度，中国搜索引擎市场规模达到 321.4 亿元。

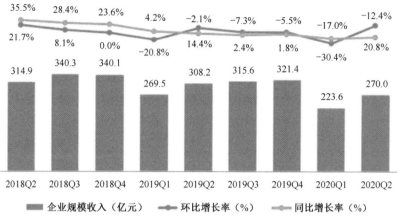

图 1-5　2018Q2—2020Q2 中国搜索引擎市场规模

图 1-4、图 1-5 中的搜索引擎市场规模指的是搜索广告（PPC）部分，而不是花在 SEO 上的投入。搜索广告的营收可以从搜索引擎和广告主公司获得较为准确的数字，但对 SEO 的投入分散则在大大小小的公司及个人站长身上，同时又包含很多无形的投入，因而难以计算。

值得 SEO 注意的一个警讯是，由图 1-5 可以看到，从 2018 到 2019 年，中国搜索广告市场规模基本保持稳定，已经没有了 2013—2014 年时的大幅增长，甚至出现了小幅下降。这反映了搜索流量在总体上已经达到高峰，没有进一步增长的空间了。

英文搜索也有同样的趋势。图 1-6 是 SparkToro 根据市场调研服务商 jumpshot 提供的数据统计得到的 2016—2019 年美国 Google 自然搜索流量趋势图，上面蓝色部分是 PC 流量，下面粉色部分是移动流量。可以看到，总体自然搜索流量呈小幅平稳下降趋势。

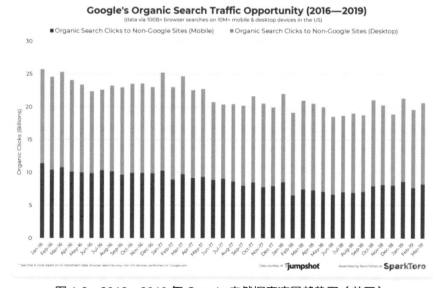

图 1-6　2016—2019 年 Google 自然搜索流量趋势图（美国）

这是可以理解的。能上网的用户都已经实现上网，用户数量已经不能明显增加了，每个用户每天的搜索次数也是基本固定的，所以长远来说，搜索引擎查询量大概率不会增长了。当然，也有特殊情况，在 2020 年疫情期间，百度的查询量增长了 30%，不过我们不能把这种极特殊情况当作常态。

所以，想做 SEO 的新人要有心理准备，SEO 已经不是 10 年前那样快速增长的行业了，不要对其寄予不切实际的过高期望。

已经在做 SEO 的人倒也不必过于担心，至少未来 10 年内，SEO 依然是最好的网站推广方法。2019 年 BrightEdge 的统计数据表明，除去直接访问，自然搜索流量依然是网站流量的最大来源，平均占网站流量来源的 53%，相比于 2014 年 BrightEdge 第一次做统计时的 51%，还微涨了两个百分点。如果再加上 PPC，搜索流量占总流量的比重更是达到了 76%，BrightEdge 统计的 2019 年网站搜索流量占比如图 1-7 所示。

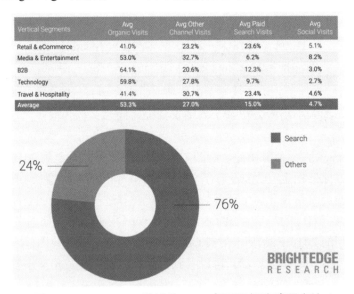

图 1-7　BrightEdge 统计的 2019 年网站搜索流量占比

当然，具体到某个网站的搜索流量占比，视行业、品牌、类型、运营重心等因素而定，存在一定差异，BrightEdge 的统计体现的是所有网站的平均水平。就我接触到的网站看，这个统计数据基本符合实际情况，除去直接访问，SEO 占各流量渠道的 40%～50% 以上是正常比例。一些非常著名、自带巨量直接访问流量的品牌，如亚马逊，60% 的美国人一想到网购，直接就去其网站了，而不用通过搜索的方式，即使这样，其自然搜索流量占到总流量（包括直接访问）比重的 20% 以上，这是非常高的比例。

我们都知道现在网站流量来源碎片化，但其他来源在过去这些年里起起落落，没有一个能保持 10 年、20 年稳定增长，甚至撼动自然搜索的地位。在过去的 20 年里，自然搜索流量一直是遥遥领先的。

所以，20 年以后会是什么样子不好说，但在未来 10 年内，SEO 将依然是性价比最高、流量潜力最大的方式。

搜索不仅驱动了电子商务的发展，而且对传统线下销售也有着巨大影响。早在 2007 年 7 月，Yahoo!（雅虎）和市场调查公司 Comscore 发布了一项 2006 年 4 月至 2007 年 1 月进行的跟踪调查，结果表明，搜索极大地促进了线下销售。当消费者接触到来自搜索的产品促销信息时，在线上每花费 1 美元，就会在线下花费 16 美元。而没有接触搜索信息的消费者，在线上每花费 1 美元，则会在线下花费 6 美元。

Google 的最新统计表明，所有购物行为，包括线上线下，有 63%是从线上开始的，也就是说，无论最后的购买行为是在线上还是线下实现，大部分购买都是从线上调研开始的，其中最主要的就是从搜索开始。

相信很多读者也有这种经历：线上研究对比，线下购买。因此，就算是最传统的线下生意，即便是无法进行线上销售，其品牌和产品信息是否能被用户通过搜索引擎找到，对其产品的线下销售也至关重要。

1.3　搜索引擎简史

随着互联网的发展，搜索引擎的出现是必然的。就像传统的图书馆一样，收藏的书籍、文件多了，必然出现管理、查找困难的问题，这时，索引和搜索就成为必需的了。实际上，搜索引擎原理在很大程度上源于传统文件的检索技术。

网上的资源数量远超出我们的想象与掌控，没有搜索引擎，我们几乎无法有效地利用这些资源，也就没有互联网的今天。

当今社交媒体如日中天，诸如微博、微信、短视频、Facebook、Twitter 等应用的使用人次、网站流量、社会影响力已经达到甚至超过百度、Google 等互联网巨头。有这样一种倾向和观点，网民现在寻找信息更多的是靠微博、微信、Facebook，而不是搜索引擎。也许搜索引擎已经过时了？

关于这一点，SEO 人员其实倒不必担心。也许 Google、百度会没落，会消失，但搜索引擎不会。就算微博、微信、Facebook、Twitter 在当下十分火热，或者以后再出现新的网络服务，当用户要寻找信息时，一样要在搜索框中输入关键词，或者在移动互联网时代依靠语音输入，这本质上还是搜索，只不过搜索信息的来源可能从搜索引擎收录的页面数据库变成微博、微信、Facebook、Twitter 的内部数据库，排名算法从页面相关性、链接，变成用户、好友的推荐程度及评论，但以上数据来源及算法的改变都不能改变用户对搜索功能的需要，也不会改变搜索的基本形式。

只要搜索存在，就会存在哪条信息排在前面的问题，就有 SEO 的存在。也许搜索引擎这个名字变了，SEO 也只是需要改个名字而已。

搜索是近 20 年互联网变化最快的领域之一，这种变化不仅体现在搜索技术的突飞猛进和其对网络经济的巨大推动上，搜索引擎本身的合纵连横、兴衰起伏也是精彩纷呈，常令人有眼花缭乱、瞠目结舌之感。

了解搜索引擎的发展历史有助于 SEO 人员理解搜索引擎营销的发展与变革，对未来有更准确的预期。本节就简要列出搜索引擎发展史上的重要事件，其中很多事件对今天的搜索引擎以及 SEO 行业的形态发展有着至关重要的影响。

1990 年
第一个互联网上的搜索引擎 Archie 出现，用于搜索 FTP 服务器上的文件。当时，基于 HTTP 协议的 Web 还没有出现。

1993 年

6 月，第一个 Web 搜索引擎 World Wide Web Wanderer 出现，它只收集网址，还无法索引文件内容。

10 月，第二个 Web 搜索引擎 ALIWEB 出现，它开始索引文件元信息（也就是标题标签等信息），但也无法索引文件主体内容。

1994 年

1 月，Infoseek 创立，其搜索服务稍后正式推出。Infoseek 是早期最重要的搜索引擎之一，允许站长提交网址就是从 Infoseek 开始的。百度创始人李彦宏就是 Infoseek 的核心工程师之一。

4 月，Yahoo！由 David Filo 和 Jerry Yang（杨致远）创立。当时还没有注册 yahoo.com 域名，其网站建在斯坦福大学的域名上。Yahoo！最初不是真正的搜索引擎，而是人工编辑的网站目录，创始人亲自把收集到的有价值的网站列在 Yahoo！目录中。在网站数量还不多时，Yahoo！可以实现人工编辑，既为用户提供了方便，又保证了信息质量，这使其迅速成长为网络巨人。

4 月，第一个全文搜索引擎（索引文件全部内容）WebCrawler 推出。起初它是华盛顿大学的一个研究项目，1995 年被美国在线 AOL 收购，1996 年又被 Excite 收购。2001 年停止研发自己的搜索技术，网站成为元搜索引擎（整合、显示多个第三方搜索引擎结果，被称为元搜索引擎）。

6 月，Lycos 创立并迅速成为最受欢迎的搜索引擎之一。

1995 年

1 月，yahoo.com 域名注册。4 月，Yahoo！公司正式成立。

12 月，Excite 搜索引擎正式上线，成为早期流行的搜索引擎之一。2001 年其母公司破产，被 InfoSpace 购买。2004 年被 Ask Jeeves 收购。

12 月，AltaVista 创立并迅速成为最受欢迎的搜索引擎，堪称当时的 Google。AltaVista 在搜索领域开展了很多开创性的工作，其页面排名以站内因素为主，站长提交网址后会被迅速收录。

12 月，Infoseek 成为网景浏览器的默认搜索引擎。网景（Netscape），是当时浏览器市场的绝对统治者，曾占市场份额的 90% 以上。后来随着免费的微软 IE 浏览器推出而逐渐衰落，2008 年正式停止研发和技术支持。

1996 年

3 月，Google 的创始人 Larry Page 和 Sergey Brin 在斯坦福大学开启了他们的研究项目，当时使用的名称是 BackRub，1997 年更名为 Google。

4 月，Yahoo！上市。

5 月，Inktomi 创立，作为早期重要的搜索技术提供商，其本身并没有可供用户使用的搜索网站或界面，而是专门提供搜索技术给其他公司。Inktomi 最先开始使用付费收录的方式，但后来被 Google 等的成功证明此方式行不通。

5 月，Hotbot 创立，其最初使用 Inktomi 数据。1998 年被 Lycos 收购，后来转型为元搜索引擎，显示来自 Google、FAST、Teoma 和 Inktomi 的结果。Hotbot 也是初期颇流行的搜索引擎之一。

11 月，Lycos 收录了 6000 万文件，成为当时最大的搜索引擎。然而这与今天的搜索引擎索引库相比，可以说是小巫见大巫。

1997 年

4 月，Ask Jeeves 上线，于 2006 年改名为 Ask，是唯一一个至今仍真实存在并有一定市场份额的早期搜索引擎。其创立时标榜的特点是"自然语言"搜索，用户可以使用问句形式搜索。起初其雇用大量编辑通过人工编辑搜索结果，但显然（至少今天看来很显然）这种模式行不通，于是不得不使用其他搜索引擎数据。

1998 年

2 月 21 日，GoTo（后来改名为 Overture）正式启用 Pay For Placement（出售搜索结果位置）服务，谁付的钱多，谁就排在前面。这在当时饱受非议，但却是后来所有主流搜索引擎最主要的收入来源，并且是搜索竞价广告（百度推广和 Google Ads 等）的始祖。

Direct Hit 创建，搜索结果的用户点击率是影响其排名的重要因素，Direct Hit 因此流行一时，但很快也因此造成搜索质量大幅下降。今天的搜索引擎算法中引入了用户浏览数据，其实早在初期搜索引擎就有探索并留下了教训，一旦处理不好就会被作弊者利用。

1998 年中，迪士尼成为 Infoseek 的控股公司，并将 Infoseek 转型为门户。早期的搜索引擎没有明确的赢利模式，遇到搜索质量下降、没有收入等困难时，常常采用转型为门户的方法，寄希望于像 Yahoo！那样赚网络显示广告的钱，但几乎没有转型成功的例子。这为 Google 等后来者坚持提高搜索技术、坚持简洁的搜索核心业务提供了前车之鉴。

同样在 1998 年，AltaVista 被卖给 Compaq，1999 年 10 月，Compaq 也将 AltaVista 转型为门户，AltaVista 走向没落。

1998 年中，Yahoo！放弃 1996 年开始使用的 AltaVista，转而使用 Inktomi 的搜索数据。早期的 Yahoo！只在其目录中没有用户寻找的网站时，才显示来自真正搜索引擎的数据。

9 月，Google 公司正式成立。

MSN 搜索推出，但在之后的很长时间里，微软都没有重视搜索引擎，一直到 2004 年，MSN Search 都在使用其他提供商提供的搜索数据和技术。

1999 年

5 月，AllTheWeb.com 创建，并成为搜索技术公司 FAST 展示其技术的平台。

6 月，Netscape 放弃 Excite 搜索引擎，转而使用 Google 搜索数据，对 Google 来说是个里程碑式的时刻。

1999 年中，迪士尼将 Infoseek 流量转入 Go.com，曾经流行一时的搜索引擎 Infoseek 消失。Go.com 几经波折，目前无声无息。

Lycos 停止自己的搜索技术，开始使用 AllTheWeb 数据。

2000 年

1 月，Ask Jeeves 以 5 亿美元收购搜索引擎 Direct Hit，但并没有进一步发展它。2002 年初，Direct Hit 正式宣告结束。

1 月 18 日，百度成立，起初仅作为搜索技术提供商向其他网站提供中文搜索服务和数据。

5 月，Lycos 被西班牙公司 Terra Networks 收购，改名为 Terra Lycos。互联网泡沫破灭后，Terra Lycos 渐渐势微。

7 月，Yahoo! 开始使用 Google 搜索数据，其以自己当时最强大的网上品牌和流量，培养出日后最强大的竞争对手和掘墓人。

2000 年中，GoTo.com 基本放弃使用自己网站吸引用户的做法，开始向多家搜索引擎及网站提供付费搜索服务，包括 MetaCrawler.com、DogPile.com、Ask Jeeves、AOL、Netscape 等。这可能是 GoTo.com（后来的 Overture）的重大失误之一，它使用了一个具有开创意义的模式，但开创者的品牌名称却没能被普通用户知道，GoTo.com 也因此无法与 Google 这种家喻户晓的品牌抗衡。

10 月，Google 推出 AdWords，以 CPM 模式，也就是按显示付费的模式，提供搜索广告服务。这个模式并不成功。

2001 年

9 月，Ask Jeeves 收购了 Teoma，这是一个与 Google 一样重视链接的搜索引擎，并且曾经被认为是能与 Google 抗衡的搜索引擎之一。

10 月，百度作为搜索引擎正式上线，并直接独立提供搜索服务。中文搜索迅速进入了百度时代。

2002 年

3 月，Google Adwords 推出 PPC 形式，也就是按点击付费，成为今天 Google Adwords 的主流。PPC 搜索广告由 Overture 发明，并由 Google 发扬光大。从 PPC 开始，Google Adwords 才算真正被客户接受和广泛使用，Google 成为充分利用搜索的网络赚钱机器。

5 月，美国在线 AOL 放弃 Inktomi，转而使用 Google 搜索数据。

10 月，Yahoo! 放弃在用户搜索时先返回 Yahoo! 目录中数据的做法，全面改为显示 Google 搜索数据。Yahoo! 目录还是最重要的网站目录，但显然使用者越来越少了。

12 月，Yahoo! 收购苦于没有良好赢利模式的 Inktomi，为其 2003 年一系列收购和整合拉开序幕。显然 Yahoo! 希望拥有自己的搜索技术，而不想继续依赖其他搜索引擎，如 Google。

2003 年

2 月 18 日，Overture 宣布收购 AltaVista。除了广告平台，Overture 也拥有了自己的搜索技术。

2 月 25 日，Overture 宣布收购 FAST 的搜索技术部门，FAST 拥有 AllTheWeb.com，也向另一个著名的搜索网站 Lycos 提供搜索数据。Overture 因此拥有了当时两大主要搜索技术公司。

3 月，Google 推出后来被称为 Adsense 的内容广告系统，并向其他内容网站提供广告服务，这也成为很多内容网站的主要收入来源之一。

7 月，Yahoo! 宣布以 16 亿美元的价格收购 Overture，将 Google 之外的几乎所有主流搜索技术（Inktomi、AltaVista、FAST）收归旗下。可惜，随着 2010 年 Yahoo! 放弃了自己的搜索技术，并转而使用微软 Bing 服务，Yahoo！以前收购的及自己在此基础上研发多年的搜索技术全部无疾而终。Overture 的 PPC 广告平台被整合，改名为 Yahoo！Search Marketing。

2003 年，微软 MSN 开始开发自己的搜索引擎技术。此前，MSN 网站一直使用 Inktomi 等搜索技术提供商的搜索数据。

2004 年

2 月，正如所有人预料的，Yahoo！在收购了几大搜索公司后推出了自己的搜索引擎，不再使用 Google 数据和技术。

8 月，Google 上市。

11 月，微软推出了自己的搜索引擎 MSN Search，不再使用第三方搜索服务。三雄鼎立时代开启。

2005 年

8 月，百度上市。

2006 年

5 月，微软推出类似于 Google Adwords 的广告系统 adCenter。

9 月，MSN Search 改名 Live Search，实际上，MSN 网络品牌全部改为 Live，并做了大量推广。不过这并没有显著提高微软在搜索市场的份额，Google 仍然一枝独秀。

2007 年

3 月，Google 也开始提供类似网站联盟的按转化付费的广告形式。4 月，Google 收购传统网络广告公司 DoubleClick，进入更广泛的网络广告领域。

2009 年

6 月，微软 Live Search 改名为必应（Bing）。

7 月 29 日，微软和 Yahoo！达成历史性协议，Yahoo！将逐步放弃自己的搜索技术，使用 Bing 数据。此前几年，Yahoo！始终在困境中挣扎，CEO 几度更换，大股东内讧，搜索市场份额不断下降。终于，Yahoo！被自己亲手培养的 Google 彻底打败在搜索战场。Yahoo！曾经是英雄，但它的时代正式结束了。

2010 年

8 月 25 日，Yahoo！开始使用 Bing 搜索数据。

2011 年

2 月 24 日，Google 推出旨在减少搜索结果中低质量页面的 Panda（熊猫）更新，这对 SEO 业界影响深远。

2012 年

4 月 24 日，Google 上线 Penguin（企鹅）更新，用以打击作弊链接和低质量链接。Penguin 更新使 SEO 行业对外链制造方法有了全新认识。

8 月，360 公司推出了 360 搜索，并凭借其浏览器的市场占有率，迅速提升了其在国内的搜索引擎市场份额。

11 月，百度站长平台推出外链查询功能，这使百度站长平台真正成为了中国站长必用的 SEO 工具。

2013 年

2 月 20 日，百度推出绿萝算法，用以打击参与链接买卖的网站。

5 月，百度推出石榴算法，用以打击低质量内容页面。

6 月，Yahoo！关闭了红极一时的 AltaVista。

2014 年

9 月，在放弃了自己的搜索技术 4 年后，Yahoo！宣布将自己赖以起家的网站目录于 2014 年底关闭。

2015 年

2015 年上半年的某个时间，Google 上线 RankBrain，这是以人工智能为基础的深入理解查询词意义的系统。RankBrain 的上线拉开了人工智能广泛应用于搜索的序幕。

7 月，Google 上线第 29 次，也是最后一次进行 Panda 更新：Panda Update 4.2，这之后 Panda 成为了 Google 核心算法的一部分，不再推出单独的 Panda 更新。

2016 年

9 月，Google 上线第 7 次，也是最后一次进行 Penguin 更新：Penguin 4.0，这之后 Penguin 成为 Google 核心算法的一部分，页面被重新抓取索引后，将实时通过 Penguin 算法处理。

2017 年

10 月，Google 开始实施移动优先索引（mobile first index），也就是从原来的索引 PC 页面转为索引移动页面。移动优化成为 SEO 的重点。

2018 年

3 月，Google 的第一次核心算法更新（core algorithm update）上线。核心算法更新并不针对某类特定问题，而是每年数次较大规模的整体算法更新。

2003 年以来，搜索领域的技术革新不断，以 Google 为代表的搜索引擎推出了整合搜索、个人化搜索、实时搜索、地图服务、线上文件编辑、网站统计、浏览器、网管工具、超大容量电子邮件、即时通信等多重服务。从总体上看，通常是 Google 推出新服务，其他搜索引擎很快跟进。

2011 年至今，Google 连续推出的多个版本的熊猫算法和企鹅算法深深地影响了全球 SEO 的思维，促使 SEO 必须更加自然、更强调用户体验。

在国内，除了上面提到的服务，百度更是创建了百科、知道、贴吧等独特服务。在搜索算法上，百度除了推出针对低质量内容和外链的绿萝算法和石榴算法，还进行了冰桶、蓝天、飓风、清风、惊雷等算法更新。2012 年以来，百度对 SEO 也更加开放，不仅推出了百度站长平台（现已改名为百度资源平台），其中的 SEO 工具也在不断增加和改进，而且以各种形式积极参与到与站长和 SEO 的对话中，比如参加 SEO 行业大会，并自行在全国范围内组织与站长的对话会，建立站长与百度工程师直接沟通的渠道。

在国际上，2003 年至 2009 年间，搜索引擎服务商没有大的变化，始终是 Google 独占鳌头，Yahoo！位居第二，占有不大不小的市场份额，微软 Live/Bing 位列第三，苦苦追赶而不得。2009 年微软推出了 Bing，Yahoo！在开始使用 Bing 技术后（严格地说，Yahoo！已主动退出搜索引擎市场），不仅放弃了自己的搜索技术，而且其搜索服务的市场份额也持续下降，拱手让出第二的位置。

据 NetMarketShare 统计，2019 年 10 月至 2020 年 9 月全球搜索引擎市场份额分布如图 1-8 所示。

Search Engine	Share
Google	83.64%
Baidu	7.27%
Bing	6.06%
Yahoo!	1.41%
Yandex	0.87%
DuckDuckGo	0.33%
Naver	0.16%
Ask	0.10%
Ecosia	0.08%
Seznam	0.03%

图 1-8　2019 年 10 月至 2020 年 9 月全球搜索引擎市场份额

从图 1-8 中可以看出，Google 占据 83.64% 的市场份额，继续居于绝对领先地位，其市场占有率相比几年前还有所提高。由于中国用户数量庞大，百度排在了第二位，但除了中国，其他国家很少使用百度。Bing 所占有的市场份额此时已经超越 Yahoo！

在中文搜索市场，百度独大，Google 曾经长期排在第二的位置。2010 年，Google 在经历风波后退出中国，此后其在中文搜索市场份额持续下降。

据 StatCounter 统计，2019 年百度在中国搜索引擎市场份额的占比为 67.09%，搜狗搜索的占比为 18.75%，而 Google 已退至可怜的 2.64%，2019 年中国搜索引擎市场份额如图 1-9 所示。

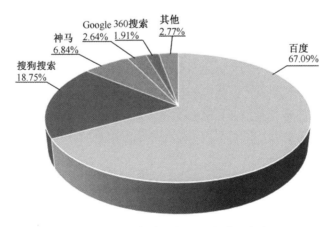

图 1-9　2019 年中国搜索引擎市场份额

第 2 章

了解搜索引擎

一个合格的 SEO 人员必须了解搜索引擎的基本工作原理。很多看似令人迷惑的 SEO 问题及解决方法，其实从搜索引擎原理出发，都是自然而然的事情。

为什么要了解搜索引擎原理？

说到底，SEO 是在保证用户体验的基础上尽量迎合搜索引擎。与研究用户界面及其可用性不同的是，SEO 既要从用户的角度出发，也要站在搜索引擎的角度考虑问题，才能清晰地知道怎样优化网站。SEO 人员必须知道：搜索引擎要解决什么问题，有哪些技术上的困难，受到什么限制，搜索引擎又该怎样取舍。

从某个角度来说，SEO 人员优化网站就是为了尽量减少搜索引擎的工作量、降低搜索引擎的工作难度，使搜索引擎能更轻松、快速地抓取网站页面，更准确地提取页面内容。不了解搜索引擎工作原理，也就无从替搜索引擎解决一些 SEO 力所能及的技术问题。当搜索引擎面对一个网站，却发现需要处理的问题太多、难度太大时，可能对这样的网站就敬而远之了。

很多 SEO 技巧是基于对搜索引擎的理解。下面举几个例子。

比如对权重的理解和处理。我们都知道网站域名和页面权重非常重要，这是知其然，很多人不一定知其所以然。权重除了意味着权威度高、内容可靠，因而容易获得好排名外，获得一个最基本的权重，也是页面能参与相关性计算的最基本条件。一些权重太低的页面，就算有很高的相关性也很可能无法获得排名，因为根本没有机会参与排名，甚至可能没机会被索引。

比如很多 SEO 津津乐道的"伪原创"。首先，抄袭是不道德甚至违法的行为。把别人的文章拿来简单加工，仅调整段落顺序就当成自己的原创放在网站上，美其名曰"伪原创"，这一样是令人鄙视的抄袭行为。如果了解搜索引擎原理，就会知道这样的伪原创并不管用。搜索引擎并不会因为两篇文章差几个字，标题、段落顺序不同，就真的把它们当成不同的内容。搜索引擎的算法要先进、准确得多。

再如，对大型网站来说，最关键的问题是解决收录。只有收录充分，才能带动大量的长尾关键词。就算是有人力、有财力的大公司，当面对上千万页面的网站时，也不容易处理好充分收录的问题。只有深入了解搜索引擎蜘蛛程序的爬行、抓取、索引原理，才能使蜘蛛抓得快而全面。

上面所举的几个例子，读者在看完 2.4 节后，会有更深入的认识。

2.1　搜索引擎与目录

早期的 SEO 资料经常把真正的搜索引擎与目录放在一起讨论，甚至把目录也列为搜索引擎的一种，这种讲法并不准确。

真正的搜索引擎由蜘蛛程序沿着链接爬行并抓取网上的大量页面，存进数据库，经过预处理，生成索引库，用户在搜索框输入查询词后，搜索引擎排序算法从索引库中挑选出符合查询词要求的页面并排序显示。蜘蛛程序的爬行、页面的索引及排序都是自动处理的。

而网站目录则是一套人工编辑的分类目录，由编辑人员人工创建多个层次的分类，站长可以在适当的分类下提交网站，目录编辑在后台审核站长提交的网站，并将网站放置于相应的分类页面。有的时候，编辑也会主动收录网站。典型的网站目录包括 Yahoo!目录、hao123、265.com 以及开放目录等。

目录并不是本书要讨论的 SEO 所关注的真正的搜索引擎。虽然网站目录也常有一个搜索框，但目录的数据来源是人工编辑得到的。

搜索引擎和目录两者各有优劣，但显然搜索引擎更能满足用户搜索信息的需求。

搜索引擎收录的页面数量远远高于目录能收录的页面数量，但搜索引擎收录的页面质量参差不齐，对网站内容和关键词提取的准确性通常也没有目录高。

目录收录的通常只是网站首页，而且规模十分有限，不过收录的网站通常质量比较高。像 Yahoo!、开放目录、hao123 这些大型目录，收录标准非常高。目录收录网站时使用的页面标题、说明文字都是经过人工编辑的，因而比较准确。

搜索引擎数据更新快，而目录中收录的很多网站内容十分陈旧，甚至有的网站已经不存在了。

Yahoo!目录、搜狐目录等曾经是用户在网上寻找信息的主流方式，给用户的感觉与真正的搜索引擎相差不多。这也是目录有时候被误认为是"搜索引擎的一种"的原因。但随着 AltaVista、Google、百度等真正意义上的搜索引擎发展起来，目录的使用迅速减少，现在已经很少有人使用网站目录寻找信息了。

现在的网站目录对 SEO 的最大意义就是建设外部链接，像 Yahoo!、开放目录、hao123 等都有很高的权重，可以给被收录的网站带来高质量的外部链接。

可惜，曾经很重要的 Yahoo!目录、开放目录现在都已经不存在了，hao123 的形态也已经变化很大了。

2.2　搜索引擎面对的挑战

搜索引擎系统是最复杂的计算系统之一，当今主流搜索引擎服务商都是财力、人力、技术雄厚的大公司。但即使有技术、人力、财力的保证，搜索引擎还是面临很多技术挑战。搜索引擎诞生后的十多年中，技术已经得到了长足的进步。我们今天看到的搜索结果质量与十几年前，甚至二十年前相比已经好得多了。不过这还只是一个开始，搜索引擎必然还会有更多创新，提供更多、更准确的内容。

总体来说，搜索引擎主要面临以下几方面的挑战。

1．页面抓取需要快而全面

互联网是一个动态的内容网络，每天有无数页面被更新、创建，无数用户在网站上发布内容、沟通联系。想要返回最有用的内容，搜索引擎就要抓取最新的页面。但是由于页面数量巨大，搜索引擎蜘蛛每更新一次数据库中的页面都要花很长时间。搜索引擎刚诞生时，抓取、更新的周期往往以月为单位计算。这也是 Google 在 2003 年以前每个月进行一次大更新的原因。

现在主流的搜索引擎都已经能在几天之内更新重要页面了，高权重网站上的新文件在几小时甚至几分钟之内就会被收录。不过，这种快速被收录和更新的情况也只局限于高权重网站，很多页面几个月不被重新抓取和更新也是常见的。

要返回最好的结果，搜索引擎必须抓取尽量全面的页面，这就需要解决很多技术问题。一些网站并不利于搜索引擎蜘蛛的爬行和抓取，诸如网站链接结构存在缺陷、大量使用 Flash、JavaScript 脚本，或者把内容放在用户必须登录以后才能访问的部分，都增大了搜索引擎抓取内容的难度。

2．海量数据存储

一些大型网站单是一个网站就有百万、千万，甚至上亿个页面，可以想象，网上所有网站的页面加起来是一个什么规模的数据量。搜索引擎蜘蛛抓取页面后，还必须有效地存储这些数据，且数据结构必须合理，具备极高的扩展性，这对写入和访问速度的要求也很高。

除了页面数据，搜索引擎还需要存储页面之间的链接关系和大量历史数据，这样的数据量是用户无法想象的。据估测，百度有三四十万台服务器，Google 有几十个数据中心，上百万台服务器。这样大规模的数据存储和访问必然存在很多技术挑战。

我们经常在搜索结果中看到，排名会没有明显原因地上下波动，甚至可能刷新一下页面，就会看到不同的排名，有的时候网站数据也可能丢失。这些情况有时候与大规模数据存储、同步的技术难题有关。

3．索引处理快速有效，具可扩展性

搜索引擎将页面数据抓取和存储后，还要进行索引处理，包括链接关系的计算、正向索引、倒排索引等。由于数据库中页面数量大，进行 PR 值之类的迭代计算也是耗时费力的。要想提供相关又及时的搜索结果，仅依靠抓取是没有用的，还必须进行大量的索引计算。由于随时都有新数据、新页面加入，索引处理也要具备很好的扩展性。

当数据量不大时，上面说的抓取、存储和索引计算都不是很大的难题，但当数据多到难以想象的海量时，即使最顶尖的科技巨头也无法避免出现问题。2020 年，Google 已经发生了数次大规模索引库无法索引新页面、数据丢失之类的问题。

4．查询处理快速准确

查询是普通用户唯一能看到的搜索引擎工作步骤。用户在搜索框输入查询词，点击搜索按钮后，通常不到一秒，搜索结果页面就会显示最相关、质量最高、最有用的信息，并且按照相关性、权威性排列。表面上看这一过程非常简单，实际上涉及了非常复杂的后台处理。搜索引擎排序算法高度复杂，细节极为保密，且处于不停变动更新中。

在最后的查询阶段，另一个难题是速度，这考验了搜索引擎怎样在不到一秒的时间内，从可能多达上亿个包含查询词的页面中，快速找到最合适的页面并计算排名。

5．准确判断用户的搜索意图

前 4 个挑战现在的搜索引擎都已经能够比较好地应对。为进一步提高搜索结果质量，近几年搜索引擎都非常关注准确判断用户搜索意图的问题。不同用户搜索相同的查询词，

很可能是在寻找不同的东西。比如搜索"苹果"，用户到底是想了解水果、计算机，还是电影？有的查询词本身就有歧义，比如搜索"中国 新加坡 签证"，用户是想了解中国人去新加坡的签证，还是新加坡人去中国的签证呢？没有上下文，没有对用户个人搜索习惯的了解，就完全无从判断。

搜索引擎目前正在致力于基于对用户搜索习惯的了解、历史数据的积累，在语义搜索技术的基础上，判断搜索意图，理解文档真实意义，返回更相关的结果。根据搜索引擎这几年透露的讯息，人工智能、深度学习在理解用户真实意图、理解文档主题方面发挥着越来越重要的作用。今后，搜索引擎是否能够达到人工智能的水平，能否真正了解用户查询的意义和目的，让我们拭目以待。

2.3　搜索结果显示格式

首先了解一下搜索结果的展现形式。

需要说明的是，搜索引擎是在不断调整、实验搜索结果的展现方式的，因此读者在搜索引擎看到的结果与下面的举例和抓图不一定完全一样。

2.3.1　搜索结果页面

用户在搜索引擎搜索框中输入查询词，点击搜索按钮后，搜索引擎在很短的时间内返回一个搜索结果页面。图 2-1 所示的是百度 PC 搜索结果页面，也是目前比较典型的搜索结果页面的排版格式。

页面主体有两部分最重要：一是广告，二是自然搜索结果。如图 2-1 所示，标有"广告"字样的都是付费搜索广告。搜索广告在网络营销行业经常称为 PPC，由广告商针对关键词进行竞价，仅用来显示广告，广告商无须付费，只有搜索用户点击广告后，广告商才按竞价价格支付广告费用。PPC 是搜索营销的另一个主要内容。

图 2.1 所示样例的页面左侧最上方有 4 个广告，下方自然结果之间还穿插了一个广告。搜索引擎对广告显示的个数、位置、排版格式等一直在进行探索和变化。早期，百度和 Google 都是在右侧显示最多 8 个广告，后来改为左侧顶部 3～5 个，底部 3 个。广告标注文字曾经使用"推广链接"（百度）或"赞助商链接"（Google）。广告区域也曾经加上较浅的底色，使广告和自然搜索结果能更清楚地分开。

有时百度搜索结果页面左侧底部还有 3 个广告位，偶尔右侧顶部也会显示广告，如图 2-2 所示。Google 则完全取消了右侧广告位，其左侧底部广告比百度更常见，但没见到过 Google 在自然搜索结果之间穿插广告位。

在搜索结果页面左侧顶部广告的下方，占据页面最大部分的是自然搜索结果。通常每个页面会列出 10 个自然搜索结果。用户可以在账户设置中选择每页显示 20 个或 100 个搜索结果。搜索引擎返回的这 10 个自然搜索结果最初都是纯文字的页面链接，现在则增加了很多变化，如新闻、图片、视频、地图、贴吧等。各种搜索结果列表的格式后面再做介绍。

图 2-1　百度 PC 搜索结果页面

图 2-2　百度搜索结果页面右侧广告

页面搜索框下方是垂直搜索导航链接，用户点击后可以直接访问资讯、图片、视频、地图等垂直搜索结果，如图 2-3 所示。

图 2-3　垂直导航及搜索结果

垂直导航下方还显示了满足查询词条件的结果总数，如图 2-3 中所显示的约 6000 万条结果。这个搜索结果数是研究竞争程度的依据之一。

页面左侧最下方，翻页链接之上，还会显示相关搜索，如图 2-4 所示。搜索引擎根据历史搜索数据，列出用户还可能搜索的其他相关词。

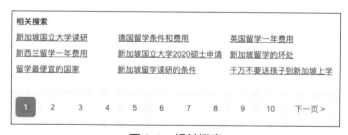

图 2-4　相关搜索

百度 PC 搜索结果页面右侧是基于百度知心搜索的相关推荐和百度热榜，如图 2-5 所示。

百度移动搜索结果页面的内容与 PC 页面类似，当然由于屏幕的区别，其排版明显不同：

- 顶部依然是广告位。自然搜索结果中间也有穿插的广告。
- 可能由于移动页面尺寸小，广告位较少，页面底部广告出现更多。
- 既然没有右侧栏，相关推荐就放在了自然搜索结果之间，如图 2-6 所示。
- 移动搜索结果中视频（包括小视频）内容的比例远高于 PC 搜索结果。
- 移动搜索结果页面保留垂直导航，但并不显示搜索结果数。
- 取消了移动设备上意义不大的收藏、举报、快照功能，但增加了置顶、屏蔽功能。

图 2-5　百度 PC 搜索结果右侧的相关推荐和百度热榜

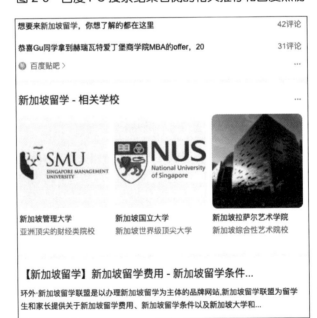

图 2-6　百度移动搜索结果页面上的相关推荐

SEO 最关注的是占据页面主体的自然搜索结果。统计数据显示，自然搜索结果的总点击访问数要远远大于广告点击数。但是企业花费在 SEO 上的费用却远远低于花费在搜索广告上的费用。这既是 SEO 的尴尬，又是 SEO 的机会。掌握了 SEO 流量，才能掌握最大的搜索流量。

Google、Bing、搜狗等搜索结果页面与百度大致相同，稍有区别，例如自然搜索结果的排版各有特点，广告标注方法稍有不同，但整体布局是稳定的：左侧顶部、底部显示广告，中间是自然搜索的结果，左侧最下面有相关的搜索，右侧是知识图谱或知心搜索一类的内容以及少量广告。

2.3.2　经典搜索结果列表

我们再来看看网页搜索结果的最传统展现格式。如图 2-7 所示是经典百度搜索结果列表格式，主要分三部分。

图 2-7　经典百度搜索结果列表格式

第一行是页面标题，通常取自页面 HTML 代码中的标题标签（Title Tag）。这是搜索结果列表中最醒目的部分，用户点击标题就可以访问对应的网页。页面标题标签的写法，无论对排名还是对点击率都有重要意义。某些品牌词查询，标题后面会有"官方"图标。

第二行、第三行是页面说明。页面说明大部分时候取自页面 HTML 中的说明标签（Description Tag），有时从页面可见文字中动态抓取相关内容。显示什么内容的页面说明文字取决于用户的查询词。

第四行显示网址和一些附加信息。左侧是网址，用户可以看到页面来自哪个域名、目录、文件名信息。由于显示长度有限，目录、文件名经常只显示一小部分。

网址右侧是一个箭头，鼠标放在箭头上时会打开下拉菜单，显示收藏（收藏到百度中心—我的收藏）、举报两个选项，如图 2-8 所示。

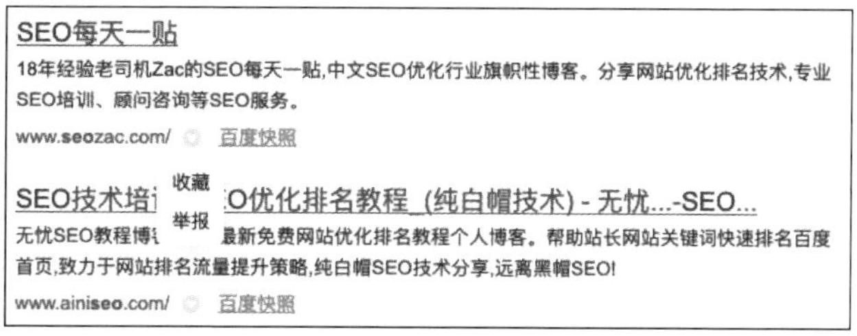

图 2-8　百度搜索结果列表中的下拉菜单选项

箭头右侧是百度快照链接，用户可以点击快照，查看存储在百度数据库中的页面内容。当页面被删除或者存在其他技术问题导致其不能打开时，用户至少还可以从快照中查看想要的内容。

用户所搜索的查询词在标题及说明部分都使用红色高亮显示，用户可以非常快速地看到页面与自己搜索的查询词相关性。查询词在 URL 中出现时会加粗显示。

有时候百度搜索结果网址行会有些变化，如图 2-9 所示，URL 位置有时候会变为网站或公司名称。有的网站还会显示各种资质，如"保"字图标表示这是加入百度网民权益保障计划、实名认证的企业，"®"图标表示商标认证。有些机票预订网站显示的小飞机图标表示这是中航协公示的航空公司签约客运销售代理。

有时候页面说明文字最前面会显示页面发布或更新时间，如图 2-10 所示。如果页面很新，也经常把时间标为"2 天前""10 小时前"等。

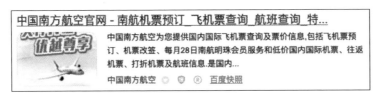

图 2-9　百度搜索结果网址行的变化

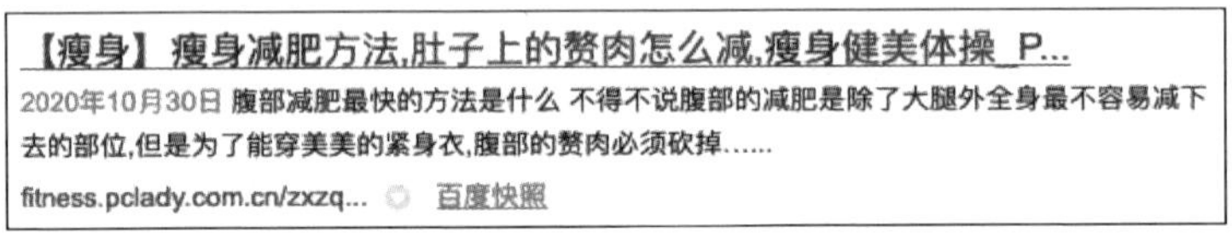

图 2-10　百度显示页面发布或更新时间

Google 中文搜索结果列表与百度大致相同，但有一些小区别，如图 2-11 所示。

图 2-11　Google 中文搜索结果列表

目前 Google 中文搜索结果列表中 URL 显示在第 1 行，以前显示在第 2 行，再以前和百度一样显示在最后一行。Google 测试、修改各种不同列表格式是很频繁的。

目前查询词在说明文字中同样使用红色高亮显示，在标题中并没有。以前在标题中也是使用红色高亮显示的。

点击 URL 右侧的箭头，会出现下拉菜单，其中包含网页快照和类似结果两个选项。用户点击类似结果后，可以看到与这个页面相似的其他网页，如图 2-12 所示。

图 2-12　Google 结果列表的下拉菜单选项

Google 英文搜索结果列表与中文也有区别，查询词在说明部分不是红色高亮显示的，而是加粗显示的，如图 2-13 所示。

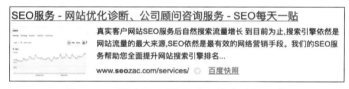

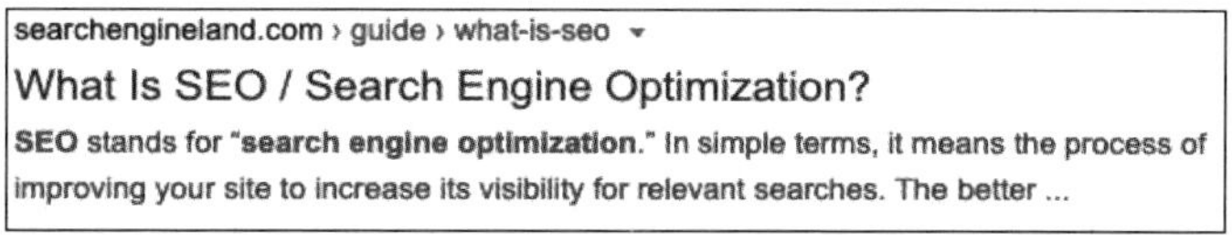
searchengineland.com › guide › what-is-seo
What Is SEO / Search Engine Optimization?
SEO stands for "search engine optimization." In simple terms, it means the process of improving your site to increase its visibility for relevant searches. The better ...

图 2-13　查询词在 Google 英文搜索结果列表中加粗显示

使用红色高亮显示应该是 Google 为适应中国用户的搜索习惯，向百度学习所做的变化。

以上介绍的是目前文字搜索结果列表的最经典形式。不过读者搜索时看到的不一定就是抓图中的样子，因为搜索引擎一直不停地实验和修改搜索结果的列表方式。比如，在前几年百度搜索结果中，网页快照旁边还显示过百度口碑评价数据、百度分享数据等。

十多年来，页面标题、说明文字、URL 这 3 项最稳定，基本保持不变。

现在已经较少看到这种单纯的 10 个文字的搜索结果页面了。随着整合搜索、知心搜索、知识图谱等技术的发展，用户现在会看到更多的变化形式。下面简单介绍几种。

2.3.3　图文展现

自 2013 年年底，百度越来越多地使用图文展现格式，在说明文字左侧放上一张图片，如图 2-14 所示。

SEO服务 - 网站优化诊断、公司顾问咨询服务 - SEO每天一贴
真实客户网站SEO服务后自然搜索流量增长 到目前为止,搜索引擎依然是网站流量的最大来源,SEO依然是最有效的网络营销手段。我们的SEO服务帮助您全面提升网站搜索引擎排名...
www.seozac.com/services/ 百度快照

图 2-14　百度图文展现（图片来自页面）

列表左侧的图片来源有两个，大部分情况下是从页面本身选取的，从百度官方介绍和经验来看，被选取的图片需要满足这些条件：

- 图片与页面内容相关。
- 图片在页面正文部分。
- 足够清晰。
- 足够尺寸，像素 121×75 以上。
- 横宽比例适当，大致为 121:75 左右。
- 正常 IMG 标签图片，不是背景层。

如果页面正文有多个图片，越靠前和尺寸大的图片更容易被选中，但这并不绝对，所以如果想控制图文展现中的图片，正文中只放一张图片才保险。

另一个来源是百度资源平台的 Logo 提交功能。网站首页通常展现的是提交的 Logo，如图 2-15 所示月光博客首页的图文展现，这个图片并没有出现在月光博客首页的页面上。以前月光博客首页出现过 Logo，但“月光博客”4 个字是横排的，图文展现里的 4 个字却是竖排的，所以即使首页有图片，百度展现也倾向于使用站长提交的 Logo。

图文展现这种形式非常直观，可以提高用户体验，使用户更容易快速判断页面内容，对页面吸引视线、提高点击率有明显作用。现在百度搜索结果页面的绝大部分网页结果都是图文展现格式。

图 2-15　月光博客首页的图文展现（图片来自 Logo 提交）

2.3.4　整合搜索结果

在整合搜索（或称通用搜索）出现之前，用户搜索后看到的就是 10 个文字结果，想看图片、视频等垂直搜索内容时，就要点击页面顶部的导航条，到图片或视频垂直搜索结果页面去看。2007 年出现的整合搜索，将垂直搜索内容直接混合显示在网页搜索结果页面上，用户不必再点击垂直导航链接。如图 2-16～图 2-19 所示是百度网页结果上显示的图片、视频、地图和资讯（新闻）整合搜索结果。

图 2-16　图片整合搜索结果

图 2-17　视频整合搜索结果

整合搜索结果现在很常见，我相信搜索引擎自己的评估数据也显示整合搜索结果带来的用户体验很好。是否显示整合搜索，显示哪种整合结果，显然是和用户需求有关的，如查询明星的用户，倾向于看图片和视频；查询饭馆等线下服务，很可能是地图结果更有用；爆红话题查询肯定要返回新闻等。搜索引擎在 AI 领域的进步、对查询词的理解、历史点击数据的机器学习，对整合搜索触发的准确性都有帮助。

移动端由于版面的关系，整合搜索结果占据的页面篇幅更大，比如地图结果，经常占据好几屏。

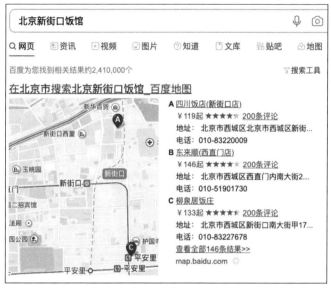

图 2-18　地图整合搜索结果

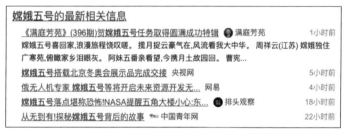

图 2-19　资讯（新闻）整合搜索结果

目前优化图片、视频、地图等内容的难度比页面要低一些，因为内容源少，竞争度低。而整合搜索结果在搜索页面上所占的篇幅和吸睛度是非常高的，所以整合内容的优化也是 SEO 必须考虑的方向。

2.3.5　全站链接

全站链接是 Google 首先开始使用的。对某些权重比较高的网站，当用户搜索一个查询词，这个网站的结果是最权威的内容来源时（比如品牌词查询），Google 除了显示正常搜索结果列表，还可能显示 3 行、2 列共 6 个内页链接，这被称为全站链接（Sitelinks），如图 2-20 所示。有的时候适合的内页不够，也可能显示 2 行共 4 个内页链接。在移动端，全站链接是 1 列 4 个内页。

Google 早在 2006 年左右就开始显示全站链接了，使用至今格式也几经变化，以前还使用过 4 行、2 列共 8 个内页的展现形式，也使用过 12 个内页的展现形式。

全站链接无疑为权重高的网站提供了多几倍的访问入口，从视觉上变得醒目，大大提高了点击率。某些情况下还会显示迷你全站链接（Mini Sitelinks），不是 3 行 6 个，而是 1 行 4 个链接，如图 2-21 所示。

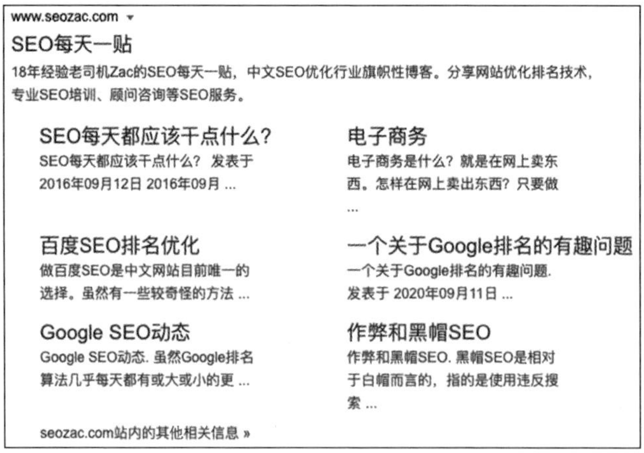
www.seozac.com
SEO每天一贴
18年经验老司机Zac的SEO每天一贴，中文SEO优化行业旗帜性博客。分享网站优化排名技术，专业SEO培训、顾问咨询等SEO服务。
SEO每天都应该干点什么?
SEO每天都应该干点什么? 发表于 2016年09月12日 2016年09月 ...
电子商务
电子商务是什么? 就是在网上卖东西。怎样在网上卖出东西? 只要做 ...
百度SEO排名优化
做百度SEO是中文网站目前唯一的选择。虽然有一些较奇怪的方法 ...
一个关于Google排名的有趣问题
一个关于Google排名的有趣问题. 发表于 2020年09月11日 ...
Google SEO动态
Google SEO动态. 虽然Google排名算法几乎每天都有或大或小的更 ...
作弊和黑帽SEO
作弊和黑帽SEO. 黑帽SEO是相对于白帽而言的，指的是使用违反搜索 ...
seozac.com站内的其他相关信息 »

图 2-20 Google 全站链接

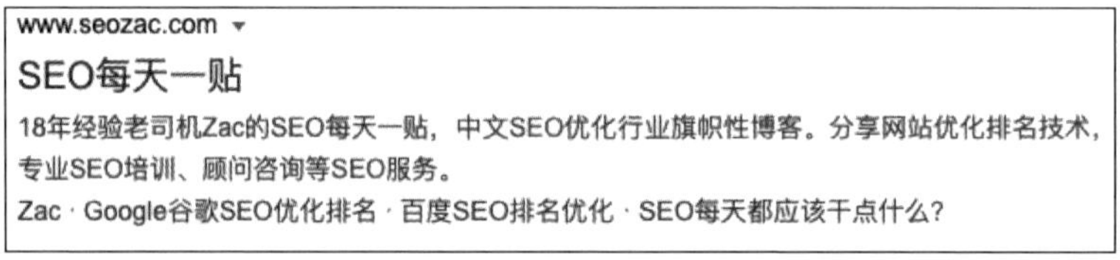
www.seozac.com
SEO每天一贴
18年经验老司机Zac的SEO每天一贴，中文SEO优化行业旗帜性博客。分享网站优化排名技术，专业SEO培训、顾问咨询等SEO服务。
Zac · Google谷歌SEO优化排名 · 百度SEO排名优化 · SEO每天都应该干点什么?

图 2-21 Google 迷你全站链接

百度也从 2009 年左右开始实验和显示全站链接，目前的百度全站链接如图 2-22 所示。

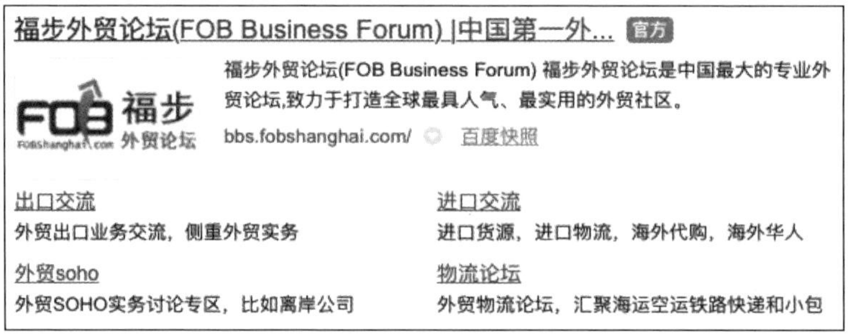
福步外贸论坛(FOB Business Forum) |中国第一外... 官方
福步外贸论坛(FOB Business Forum) 福步外贸论坛是中国最大的专业外贸论坛,致力于打造全球最具人气、最实用的外贸社区。
FOB 福步 外贸论坛
bbs.fobshanghai.com/ 百度快照
出口交流
外贸出口业务交流，侧重外贸实务
进口交流
进口货源，进口物流，海外代购，海外华人
外贸soho
外贸SOHO实务讨论专区，比如离岸公司
物流论坛
外贸物流论坛，汇聚海运空运铁路快递和小包

图 2-22 百度全站链接

2.3.6 框计算和 OneBox

用户搜索某些查询词时，搜索引擎可能直接在搜索结果页面上显示相关信息和答案，用户不用再点击到其他网站上查看。这样的显示方式首次出现在 Google，使用过不同称呼，如 OneBox 或 Direct Answer，百度更倾向于称之为框计算。如图 2-23 所示为百度的框计算结果。

框计算或 OneBox 呈现的信息种类繁多，诸如天气、体育比赛成绩、计算器、计量单位换算、距离计算、航班火车信息等，通常是可结构化的数据。如图 2-24 所示为 Google 的公斤－磅换算 OneBox。

图 2-23　百度框计算结果

图 2-24　Google 的 OneBox

2.3.7　富摘要

使用 schema、RDFa、Microdata、Microformats 等结构化数据标注的页面时，搜索引擎会尝试从页面提取结构化数据，并以富摘要（Rich Snippets）形式展现在搜索结果列表中，如图 2-25 所示的百度论坛结果富摘要，显示了发帖时间、回复数等信息。

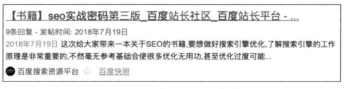

图 2-25　百度论坛结果富摘要

这样的排版格式无疑也会提高关注度和点击率。在富摘要中显示合适的信息，有助于说服用户点击结果，比如显示产品价格、用户评分、用户评论数目、是否有货等。如图 2-26 所示为 Google 产品页面富摘要。

常见的结构化数据包括产品、评论、How to 类教程、FAQ 等。但即使有结构化数据标注，也不保证一定会显示富摘要。

www.target.com > ... > Doll Playsets ▼
Cocomelon Roto Plush Bedtime JJ Doll : Target
Barbie You Can Be Anything **Baby** Doctor Blonde Doll and Playset ... Plan **toys** Wooden
Dollhouse Furniture ... Plan **Toys** Classic Dollhouse Furniture Set.
★★★★☆ Rating: 3.3 · 58 reviews · US$17.99 · In stock

图 2-26　Google 产品页面富摘要

2.3.8　知心搜索和知识图谱

2012 年 Google 推出了知识图谱，2013 年百度推出了知心搜索。我个人认为这两者很类似，所以放在一起介绍。

图 2-27 所示的右侧内容是百度知心搜索驱动的相关推荐。图 2-28 是 Google 知识图谱。

图 2-27　百度知心搜索

图 2-28　Google 知识图谱

根据当前查询词的不同，百度右侧的相关推荐显示各种不同内容，如相关运动员、相关学校、相关工具、相关书籍、相关人物、相关公司、相关网站、相关设备、相关方法、相关术语等，均以"图片+文字"的方式显示。在移动端，百度相关推荐通常显示在自然搜索结果中间。

这些相关推荐搜索是基于百度知心搜索技术生成的。知心搜索，顾名思义，就是猜测用户的心意和真实意图，这当然不是瞎猜，而是基于数据挖掘，建立大量实体和概念之间的关系，结合对用户需求的理解，令系统推荐与当前查询词相关的概念和实体。

Google 在搜索结果页面右侧显示的知识图谱风格与百度知心搜索不同，往往是信息整合的方式，显示查询词对应实体的基本信息和各种关系（也就是所谓图谱）。其中的基本信息大部分情况下摘自维基百科，所以品牌要想显示知识图谱，就必须有维基词条。图谱关系部分视具体查询词有很大不同，比如查询人物，经常显示出生地、特征数据、配偶、父母信息等，查询公司经常显示创始人、CEO、营业额、地址、产品等。Google 移动搜索的知识图谱显示在搜索结果页面的最上方。

知心搜索和知识图谱都是基于语义识别、实体关系的数据挖掘、用户行为分析等技术，将网上不同来源的知识点整合起来，以更系统的方式展现给用户。

百度会显示绝大部分查询词的相关推荐。Google 知识图谱显示范围要小得多，只有在用户搜索人名、地名、实体、事件、专业词汇等查询词时才出现。

2.3.9　面包屑导航

Google 搜索结果列表中经常显示面包屑导航格式，如图 2-29 所示，原本显示 URL 的地方，改为面包屑导航。刚出现这种显示格式时，面包屑的每一级名称都是指向对应分类页面的链接，用户可以直接点击访问分类页面，有面包屑导航的结果相当于多了几个点击入口。2014 年 12 月，Google 取消了这些链接，面包屑名称只是纯文字，不能点击。

页面有面包屑导航结构化数据，只要不报错，Google 通常都能顺利提取。即使页面没有面包屑结构化数据，只要页面有清晰可见的面包屑导航，Google 也会尽量检测并显示。

top.zol.com.cn › ZOL热门产品排行 › 手机排行榜 ▼

【2020华为手机排行榜】华为手机哪款好_华为手机推荐-ZOL ...

华为Mate40 Pro（8GB/256GB/全网通/5G版/玻璃版）. 综合介绍|参数|图片|点评｜评测. ￥6999. 8.8分. 对比. 2. 华为nova 7 Pro（8GB/128GB/5G版/全网通）

图 2-29　Google 显示的面包屑导航

2.3.10　精选摘要

很多情况下，用户在搜索引擎查询是想知道某个问题的答案，现在的搜索引擎如果有比较大的把握能给出正确答案，就会在搜索结果页面的最顶部把答案直接显示在页面上。Google 将这个直接显示的答案称为 Featured Snippets，官方翻译为"精选摘要"，百度称其为首条搜索结果精选摘要。

这个精选摘要几乎总是显示在最顶部，下面还有正常的搜索结果页面，所以也经常被称为"第 0 位"排名，比第 1 位还靠前。如图 2-30 所示为 Google 精选摘要，图 2-31 所示为百度精选摘要。精选摘要里的内容都是从网站页面中截选或总结的。

图 2-30 Google 精选摘要

由于位置靠前，第 0 位的位置经常是值得追求的。有时候，排在第 0 位不一定会给网站带来点击流量，因为答案已经直接显示在搜索结果页面上了，似乎没必要访问网站了。但稍微复杂一点的查询，光看摘要里的答案可能还不是很明白，需要继续阅读，精选摘要的位置和排版格式对点击吸引力就不言而喻了。

图 2-31 百度精选摘要

百度精选摘要有时候还包括了图片和视频，如图 2-32 所示。

图 2-32 带图片或视频的百度精选摘要

2.3.11　其他人还在搜

百度自然搜索结果中间最近两年还新增了"其他人还在搜"模块，如图 2-33 所示。与相关搜索类似，此处显示的是相关的其他查询词，但与相关搜索的区别在于，"其他人还在搜"列出的更偏向于长句或问句形式查询，如某事要怎么做、某物是什么、某物多少钱等。

图 2-33　百度"其他人还在搜"模块

Google 与之对应的模块称为 People Also Ask，如图 2-34 所示。

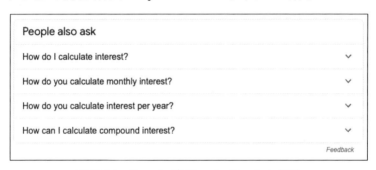

图 2-34　Google 的 People Also Ask 模块

目前中文搜索并不会触发 Google 的 People Also Ask，只在英文等搜索中才会触发。

People Also Ask 和百度"其他人还在搜"存在以下几个区别：

- 全部是问句式查询。
- 点击问题右侧箭头，会直接打开针对问题的回答，如图 2-35 所示。
- 点击最后一个问题右侧的箭头，除了打开回答，还会触发显示更多问题。

所以在 Google 的 People Also Ask 模块中可以发现很多相关问句式查询，这是扩充网站内容的很好方式。

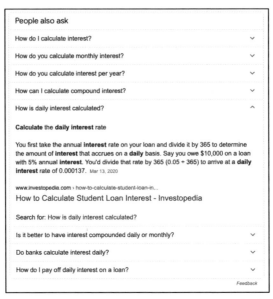

图 2-35　People Also Ask 模块点击箭头显示回答和触发更多问题

2.4　搜索引擎工作原理简介

搜索引擎的工作过程非常复杂，接下来的几节将简单介绍搜索引擎是怎样实现网页排名的。这里介绍的内容相对于真正的搜索引擎技术来说只是皮毛，不过对大部分 SEO 人员来说已经够用了。

搜索引擎的工作过程大体可以分成三个阶段。

（1）爬行和抓取：搜索引擎蜘蛛通过跟踪链接发现和访问网页，读取页面 HTML 代码，存入数据库。

（2）预处理：索引程序对抓取来的页面数据进行文字提取、中文分词、索引、倒排索引等处理，以备排名程序调用。

（3）排名：用户输入查询词后，排名程序调用索引库数据，计算相关性，然后按一定格式生成搜索结果页面。

2.4.1　爬行和抓取

爬行和抓取是搜索引擎工作的第一步，是为了完成数据收集的任务。

1．蜘蛛

搜索引擎用来爬行和访问页面的程序被称为蜘蛛（spider）或机器人（bot）。

搜索引擎蜘蛛访问网站页面的过程与普通用户使用的浏览器的过程相似。蜘蛛程序发出页面访问请求后，服务器返回 HTML 代码，蜘蛛程序把收到的代码存入原始页面数据库。搜索引擎为了提高爬行和抓取速度，常使用多个蜘蛛并发分布爬行。

蜘蛛在访问任何一个网站时，都会先访问网站根目录下的 robots 文件。如果 robots 文件禁止搜索引擎抓取某些文件或目录，蜘蛛将遵守协议，不抓取被禁止的网址。

和浏览器一样，搜索引擎蜘蛛也有标明自己身份的用户代理（User Agent）名称，站长可以在日志文件中看到搜索引擎的特定用户代理，从而辨识搜索引擎蜘蛛。下面列出常见搜索引擎蜘蛛的当前版本。

（1）百度 PC 蜘蛛

Mozilla/5.0(compatible; Baiduspider/2.0; +http://www.baidu.com/search/spider.html)

或

Mozilla/5.0(compatible; Baiduspider-render/2.0; +http://www.baidu.com/search/spider. html)从名称看是用于渲染的蜘蛛。

（2）百度移动蜘蛛

Mozilla/5.0(Linux;u;Android 4.2.2;zh-cn;) AppleWebKit/534.46 (KHTML,like Gecko) Version/5.1 Mobile Safari/10600.6.3 (compatible; Baiduspider/2.0;+http://www. baidu.com/ search/spider.html)

或

Mozilla/5.0 (iPhone;CPU iPhone OS 9_1 like Mac OS X) AppleWebKit/601.1.46 (KHTML, like Gecko)Version/9.0 Mobile/13B143 Safari/601.1 (compatible; Baiduspider-render/2.0; +http://www.baidu.com/search/spider.html)

（3）Google PC 蜘蛛

Mozilla/5.0 (compatible; Googlebot/2.1; +http://www.google.com/bot.html)

或

Mozilla/5.0 AppleWebKit/537.36 (KHTML, like Gecko; compatible; Googlebot/2.1; +http://www.google.com/bot.html) Chrome/W.X.Y.Z Safari/537.36

其中 W.X.Y.Z 是 Chrome 浏览器版本号。Google 蜘蛛从 2019 年开始使用最新版本的 Chrome 引擎抓取、渲染页面，所以这个版本号会保持更新。

（4）Google 移动蜘蛛

Mozilla/5.0 (Linux; Android 6.0.1; Nexus 5X Build/MMB29P) AppleWebKit/537.36 (KHTML, like Gecko) Chrome/W.X.Y.Z Mobile Safari/537.36 (compatible; Googlebot/2.1; +http://www.google.com/bot.html)

（5）Bing PC 蜘蛛

Mozilla/5.0 (compatible; bingbot/2.0; +http://www.bing.com/bingbot.htm)

或

Mozilla/5.0 AppleWebKit/537.36 (KHTML, like Gecko; compatible; bingbot/2.0; +http://www.bing.com/bingbot.htm) Chrome/W.X.Y.Z Safari/537.36 Edg/W.X.Y.Z

（6）Bing 移动蜘蛛

Mozilla/5.0 (Linux; Android 6.0.1; Nexus 5X Build/MMB29P) AppleWebKit/537.36 (KHTML, like Gecko) Chrome/W.X.Y.Z Mobile Safari/537.36 Edg/W.X.Y.Z (compatible; bingbot/2.0; +http://www.bing.com/bingbot.htm)

其中 W.X.Y.Z 是 Chrome 和 Edge 浏览器版本号。和 Google 一样，Bing 也使用最新版本的 Microsoft Edge 引擎抓取、渲染页面。Edge 和 Chrome 一样，也使用 Chromium 内核，所以 Bing 蜘蛛用户代理字符串里还包含一个 Chrome 版本号。

（7）搜狗蜘蛛

Sogou web spider/4.0(+http://www.sogou.com/docs/help/webmasters.htm#07)

2．跟踪链接

为了抓取尽量多的页面，搜索引擎蜘蛛会跟踪页面上的链接，从一个页面爬行到下一个页面，就好像蜘蛛在蜘蛛网上爬行那样，这也是搜索引擎蜘蛛这个名称的由来。

整个互联网是由相互链接的网站及页面组成的。从理论上说，蜘蛛从任何一个页面出发，顺着链接都可以爬行到网上的所有页面（除了一些与其他网站没有任何链接的孤岛页面）。当然，由于网站及页面链接结构异常复杂，蜘蛛需要采取一定的基于图论的爬行策略才能遍历网上所有的页面。

最简单的爬行遍历策略分为两种：一种是深度优先，另一种是广度优先。

所谓深度优先，指的是蜘蛛沿着发现的链接一直向前爬行，直到前面再也没有其他链接，然后返回到第一个页面，沿着另一个链接再一直往前爬行。

深度优先遍历策略如图 2-36 所示，蜘蛛跟踪链接，从 A 页面爬行到 A1、A2、A3、A4。爬完 A4 页面后，如果已经没有其他链接可以跟踪，则返回 A 页面，顺着页面上的另一个链接，爬行到 B1、B2、B3、B4。在深度优先策略中，蜘蛛一直爬到无法再向前，才返回爬行另一条线。

广度优先是指蜘蛛在一个页面上发现多个链接时，不是顺着一个链接一直向前，而是把页面上所有第一层链接都爬行一遍，然后再沿着第二层页面上发现的链接爬向第三层页面。

广度优先遍历策略如图 2-37 所示，蜘蛛从 A 页面顺着链接爬行到 A1、B1、C1 页面，直到 A 页面上的所有链接都爬行完毕，再从 A1 页面发现的下一层链接，爬行到 A2、A3、A4……页面。

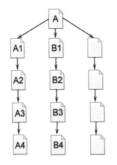

图 2-36　深度优先遍历策略

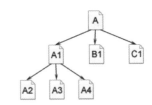

图 2-37　广度优先遍历策略

从理论上说，无论是深度优先还是广度优先，只要给予蜘蛛足够的时间，都能爬完整个互联网。但在实际工作中，蜘蛛的带宽资源、时间都不是无限的，不可能、也没必要爬完所有页面。实际上，最大的搜索引擎也只是爬行和收录了互联网的一小部分内容。

深度优先和广度优先这两种遍历策略通常是混合使用的，这样既可以照顾到尽量多的网站（广度优先），也能照顾到一部分网站的内页（深度优先），同时也会考虑页面权重、网站规模、外链、更新等因素。

3．吸引蜘蛛

由此可见，虽然理论上蜘蛛能爬行和抓取所有页面，但实际上不能、也不会这么做。SEO人员要想让更多自己的页面被收录，就要想方设法吸引蜘蛛来抓取。既然不能抓取所有页面，蜘蛛所要做的就是尽量抓取重要页面。哪些页面会被认为比较重要呢？有几方面影响因素。

（1）网站和页面权重。质量高、资格老的网站被认为权重比较高，这种网站上的页面被爬行的深度也会比较高，所以会有更多内页被收录。

（2）页面更新度。蜘蛛每次抓取都会把页面数据存储起来。如果下一次抓取发现页面与第一次收录的完全一样，说明页面没有更新。多次抓取后，蜘蛛会对页面的更新频率有所了解，不常更新的页面，蜘蛛也就没有必要经常抓取了。如果页面内容经常更新，蜘蛛就会更加频繁地访问这种页面，页面上出现的新链接，也自然会被蜘蛛更快地跟踪，抓取新页面。

（3）导入链接。无论是外部链接还是同一个网站的内部链接，要被蜘蛛抓取，就必须有能够进入页面的导入链接，否则蜘蛛根本不知道页面的存在。高质量的导入链接也经常使页面上的导出链接被爬行的深度增加。

（4）与首页点击距离。一般来说，网站上权重最高的是首页，大部分外部链接是指向首页的，蜘蛛访问最频繁的也是首页。与首页点击距离越近，页面权重越高，被蜘蛛爬行的机会也就越大。

（5）URL结构。页面权重是在收录并进行迭代计算后才知道的，前面提到过，页面权重越高越有利于被抓取，那么搜索引擎蜘蛛在抓取前怎么知道这个页面的权重呢？蜘蛛会进行预判，除了链接、与首页距离、历史数据等因素，短的、层次浅的URL也可能被直观地认为在网站上的权重相对较高。

4．地址库及调度系统

为了避免重复爬行和抓取网址，搜索引擎会建立地址库，记录已经被发现但还有没有抓取的页面，以及已经被抓取的页面。蜘蛛在页面上发现链接后并不是马上就去访问，而是将URL存入地址库，然后统一由调度系统安排抓取。

地址库中的URL有以下几个来源。

- 人工录入的种子网站。
- 蜘蛛抓取页面后，从HTML中解析出新的链接URL，与地址库中的数据进行对比，如果是地址库中没有的网址，就存入待访问地址库。
- 站长主动通过表格提交进来的网址。
- 站长通过XML网站地图、站长平台提交的网址。

蜘蛛按重要性从待访问地址库中提取URL，访问并抓取页面，然后把这个URL从待访问地址库中删除，存放进已访问地址库中。

无论是通过XML网站地图还是通过表格提交的网址，都只是存入地址库而已，是否抓取和收录取决于其页面的重要性和质量。搜索引擎收录的绝大部分页面是蜘蛛自己跟踪链接得到的。对中小网站来说，提交页面的作用微乎其微，搜索引擎更喜欢自己沿着链接发现新页面。大型网站提交XML网站地图对收录有一定帮助。

5．文件存储

搜索引擎蜘蛛抓取的数据存入原始页面数据库，其中的页面数据与用户浏览器得到的 HTML 是完全一样的，每个 URL 都有一个独特的文件编号。

6．爬行时的复制内容检测

检测并删除复制内容通常是在下面介绍的预处理过程中进行的，但现在的蜘蛛在爬行和抓取文件时，也会进行一定程度的复制内容检测。若发现权重很低的网站上出现大量转载或抄袭内容，蜘蛛很可能不再继续爬行。这也是有的站长在日志文件中发现了蜘蛛，但页面却从来没有被真正收录过的原因之一。

2.4.2 预处理

在一些 SEO 材料中，"预处理"也被简称为"索引"，因为索引是预处理最主要的内容。

搜索引擎蜘蛛抓取的原始页面，并不能直接用于查询排名处理。搜索引擎数据库中的页面数量都在数万亿级别以上，用户输入搜索词后，若靠排名程序实时分析这么多页面的相关性，计算量太大，不可能在一秒内返回排名结果。因此抓取来的页面必须先经过预处理，为最后的查询排名做好准备。

和爬行抓取一样，预处理也是在后台提前完成的，用户在搜索时察觉不到这个过程。

1．提取文字

现在的搜索引擎还是以文字内容为基础的。蜘蛛抓取到的页面 HTML 代码，除了用户在浏览器上可以看到的可见文字，还包含了大量的 HTML 格式标签、JavaScript 程序等无法用于排名的内容。搜索引擎在预处理时，首先要做的就是从 HTML 代码中去除标签、程序，并提取出可以用于排名处理的页面文字内容。

比如下面这段 HTML 代码：

```
<div id="post-1100" class="post-1100 post hentry category-seo">
<div class="posttitle">
<h2><a
href="https://www.seozac.com/seo/fools-day/"
rel="bookmark" title="Permanent Link to 今天愚人节哈">今天愚人节哈</a></h2>
```

除去 HTML 代码后，用于排名的文字只剩下这一行：

```
今天愚人节哈
```

除了可见的文字内容，搜索引擎也会提取出一些包含文字信息的特殊代码，如 Meta 标签中的文字、图片替代文字、链接锚文字等。

2．中文分词

分词是中文搜索特有的步骤。搜索引擎存储和处理页面内容及用户查询都是以词为基础的。英文等语言在单词与单词之间有空格作为天然分隔，搜索引擎索引程序可以直接把句子划分为单词的集合。而中文在词与词之间没有任何分隔符，一个句子中所有的字和词都是连在一起的。搜索引擎必须首先分辨哪几个字组成一个词，哪些字本身就是一个词。比如"减肥方法"就将被分词为"减肥"和"方法"两个词。

中文分词方法基本上有两种：一种是基于词典匹配，另一种是基于统计。

基于词典匹配的方法是指将待分析的一段汉字串与一个事先造好的词典中的词条进行匹配，在待分析汉字串中扫描到词典中已有的词条则匹配成功，或者说切分出一个单词。

按照扫描方向，基于词典的匹配法可以分为正向匹配和逆向匹配。按照匹配长度优先级的不同，又可以分为最大匹配和最小匹配。将扫描方向和长度优先混合，又可以产生正向最大匹配、逆向最大匹配等不同方法。

词典匹配方法计算简单，其准确度在很大程度上取决于词典的完整性和更新情况。

基于统计的分词方法指的是通过分析大量文字样本，计算出字与字相邻出现的统计概率，几个字相邻出现的次数越多，就越可能被确定为一个单词。基于统计的方法的优势是对新出现的词反应更快速，也有利于消除歧义。

基于词典匹配和基于统计的分词方法各有优劣，实际使用中的分词系统都是混合使用两种方法的，既快速高效，又能识别生词、新词，消除歧义。

中文分词的准确性往往会影响搜索引擎排名的相关性。搜索引擎对页面的分词情况取决于词库的规模、准确性和分词算法的好坏，而不是取决于页面本身如何，所以 SEO 人员对分词所能做的工作很少。唯一能做的是在页面上用某种形式提示搜索引擎，某几个字应该被当作一个词来处理，尤其是可能产生歧义的时候，比如在页面标题、H1 标签及黑体中出现关键词。如果页面是关于"和服"的内容，那么可以把"和服"这两个字特意标为黑体。如果页面是关于"化妆和服装"，可以把"服装"两个字标为黑体。这样，搜索引擎对页面进行分析时就知道标为黑体的几个相邻字应该是一个词。

3．去停止词

无论是英文还是中文，页面内容中都会有一些出现频率很高，却对内容没有实质影响的词，如"的""地""得"之类的助词，"啊""哈""呀"之类的感叹词，"从而""以""却"之类的副词或介词。这些词被称为停止词，因为它们对页面的主要意思没什么影响。英文中的常见停止词有 the、a、an、to、of 等。

搜索引擎在索引页面内容之前会去掉这些停止词，使索引数据主题更为突出，减少无谓的计算量。

4．消除噪声

绝大部分页面上还有一部分对页面主题没有什么贡献的内容，比如版权声明文字、导航内容、广告等。以常见的博客导航为例，几乎每个博客页面上都会出现文章分类、历史存档等导航内容，但是这些页面本身与"分类""历史"这些词没有任何关系。用户搜索"历史""分类"这些关键词时，仅因为页面上有这些词出现，就返回博客帖子，这种行为是毫无意义的，因为这些词与页面主题完全不相关。这些内容都属于噪声，对页面主题只能起到分散作用。

搜索引擎需要识别并消除这些噪声，排名时不使用噪声内容。消噪的基本方法是根据 HTML 标签对页面分块，区分出页头、导航、正文、页脚、广告等区域，在网站上大量重复出现的区块往往属于噪声。对页面进行消噪后，剩下的才是页面主体内容。

5．去重

搜索引擎还需要对页面进行去重处理。

同一篇文章经常会重复出现在不同网站或同一网站的不同网址上，搜索引擎并不喜欢这种重复性的内容。用户在搜索时，如果在前两页看到的都是来自不同网站的同一篇文章，那么用户体验就太差了。搜索引擎希望相同的文章只出现一篇，所以在进行索引前还需要识别和删除重复内容，这个过程称为"去重"。

去重的基本方法是对页面特征关键词计算指纹。典型的指纹计算方法如 MD5 算法（信息摘要算法第 5 版）。这类指纹算法的特点是，输入有任何微小的变化，都会导致计算出的指纹有很大差距。

6. 正向索引

正向索引也可以简称为索引。

经过文字提取、分词、消噪、去重后，搜索引擎得到的就是独特的、能反映页面主体内容的、以词为单位的字符串。接下来搜索引擎索引程序就可以提取关键词，把页面转换为一个由关键词组成的集合，同时记录每一个关键词在页面上出现的频率、次数、格式（如出现在标题标签、黑体、H 标签、锚文字等）、位置等信息。这样，每一个页面都可以记录为一串关键词集合，其中每个关键词的词频、格式、位置等权重信息也都被记录在案。

搜索引擎索引程序将页面和关键词形成的词表结构存储进索引库。简化的索引词表结构如表 2-1 所示。

表 2-1 简化的索引词表结构

文件 ID	内　　容
文件 1	关键词 1，关键词 2，关键词 7，关键词 10，……，关键词 L
文件 2	关键词 1，关键词 7，关键词 30，……，关键词 M
文件 3	关键词 2，关键词 70，关键词 305，……，关键词 N
……	
文件 6	关键词 2，关键词 7，关键词 10，……，关键词 X
……	
文件 x	关键词 7，关键词 50，关键词 90，……，关键词 Y

每个文件都对应一个文件 ID，文件内容被表示为一串关键词的集合。实际上，在搜索引擎索引库中，关键词也已经转换为关键词 ID。这样的数据结构就称为正向索引。

7. 倒排索引

正向索引还不能直接用于排名。假设用户搜索关键词 2，如果只存在正向索引，那么排名程序就需要扫描所有索引库中的文件，找出包含关键词 2 的文件，再进行相关性计算。这样的计算量无法满足实时返回排名结果的要求，所以搜索引擎会将正向索引数据库重新构造为倒排索引，把文件对应到关键词的映射转换为关键词到文件的映射，倒排索引结构如表 2-2 所示。

表 2-2 倒排索引结构

关　键　词	文　　件
关键词 1	文件 1，文件 2，文件 15，文件 58，……，文件 l
关键词 2	文件 1，文件 3，文件 6，……，文件 m
关键词 3	文件 5，文件 700，文件 805，……，文件 n
……	
关键词 7	文件 1，文件 2，文件 6，……，文件 x
……	
关键词 Y	文件 80，文件 90，文件 100，……，文件 x

在倒排索引中，关键词是主键，每个关键词都对应着一系列文件，这些文件中都出现了这个关键词。这样当用户搜索某个关键词时，排序程序就可以在倒排索引中定位到这个关键词，马上找出所有包含这个关键词的文件。

8. 链接关系计算

链接关系计算也是预处理中很重要的一部分。现在所有的主流搜索引擎排名因素中都包含网页之间的链接流动信息。搜索引擎在抓取页面内容后，必须事前计算出页面上有哪些链接指向哪些其他页面，每个页面有哪些导入链接，链接使用了什么锚文字。这些复杂的链接指向关系形成了网站和页面的链接权重。

Google PR 值就是这种链接关系最主要的体现之一。其他搜索引擎也都进行类似计算，虽然它们并不称为 PR 值。

由于页面和链接数量巨大，网上的链接关系又时时处在更新状态，因此链接关系及 PR 值的计算要耗费很长时间。关于 PR 值和链接分析，后面将有专门的章节进行介绍。

9. 特殊文件处理

除了 HTML 文件，搜索引擎通常还能抓取和索引以文字为基础的多种文件类型，如 PDF、Word、WPS、XLS、PPT、TXT 文件等。我们在搜索结果中也经常会看到这些文件类型。但目前的搜索引擎对图片、视频、脚本和程序等非文字内容只能进行有限的处理。

虽然搜索引擎在识别图片内容方面有些进步，不过距离直接靠读取图片、视频内容返回结果的目标还很远。对图片、视频内容的排名往往还是依据与之相关的文字内容来进行的，详细情况可以参考第 2.6 节中关于整合搜索的描述。

曾经很热门的 Flash 已经被 Adobe 停止支持，百度、Google 也都不再读取 Flash 文件了。

10. 质量判断

在预处理阶段，搜索引擎会对页面内容质量、链接质量等做出判断。近两年的百度的绿萝算法、石榴算法，Google 的熊猫算法、企鹅算法等都是预先计算，然后上线，而不是查询时实时计算。

这里所说的质量判断包含很多因素，并不局限于针对关键词的提取和计算，或者针对链接进行数值计算。比如对页面内容的判断，很可能包括了用户体验、页面排版、广告布局、语法、页面打开速度等，也可能会涉及模式识别、机器学习、人工智能等方法。

2.4.3 排名

经过搜索引擎蜘蛛抓取页面，索引程序计算得到倒排索引后，搜索引擎就已准备好，可以随时处理用户搜索了。用户在搜索框输入查询词后，排名程序就会调用索引库数据，计算排名并显示给用户。排名过程是与用户直接互动的。

1. 搜索词处理

搜索引擎接收到用户输入的搜索词后，需要对搜索词做一些处理，才能进入排名过程。搜索词处理包括如下几方面。

（1）中文分词。与页面索引时一样，搜索词也必须进行中文分词，将查询字符串转换为以词为基础的关键词组合。其分词原理与页面分词相同。

（2）去停止词。和页面索引时一样，搜索引擎也需要把搜索词中的停止词去掉，最大限度地提高排名相关性及排名效率。

（3）指令处理。查询词完成分词后，搜索引擎的默认处理方式是在关键词之间使用"与"逻辑。也就是说，用户搜索"减肥方法"时，程序分词为"减肥"和"方法"两个词，搜索引擎排序时默认用户寻找的是既包含"减肥"，又包含"方法"的页面。只包含"减肥"不包含"方法"，或者只包含"方法"不包含"减肥"的页面，则被认为是不符合搜索条件的。当然，这种说法只是为了极为简要地说明原理，实际上我们还是会看到只包含一部分关键词的搜索结果。另外，用户输入的查询词还可能包含一些高级搜索指令，如加号、减号等，搜索引擎都需要进行识别并做出相应处理。有关高级搜索指令将在后面详细说明。

（4）拼写错误矫正。用户如果输入了明显错误的字或错误的英文单词拼法，搜索引擎会提示用户正确的用字或拼法，并进行矫正，如图 2-38 所示。

图 2-38　输入的错拼、错字矫正

（5）整合搜索触发。某些搜索词会触发整合搜索，比如明星的姓名就经常触发图片和视频内容，当前的热门话题又容易触发资讯内容。哪些词触发哪些整合搜索，也需要在搜索词处理阶段计算。

（6）搜索框提示。用户在搜索框输入查询词的过程中，搜索引擎就会根据热门搜索数据给出多组相关的查询词，减少用户的输入时间。

（7）理解搜索真实意图。现在的搜索算法都会尝试深入理解用户的真实搜索意图，尤其是在查询词意义不明或存在歧义时，理解错误，自然会返回错误的页面。对查询意图的理解无法通过关键词的匹配实现，目前是以人工智能、机器学习方法为主，而且进展快速。后面的章节将详细介绍。

2．文件匹配

搜索词经过处理后，搜索引擎得到的是以词为基础的关键词集合。文件匹配阶段就是找出包含所有搜索关键词的所有文件。在索引部分提到的倒排索引使得文件匹配能够快速完成，如表 2-3 所示。

表 2-3 倒排索引快速匹配文件

关 键 词	文 件
关键词 1	文件 1，文件 2，文件 15，文件 58，……，文件 l
关键词 2	**文件 1**，文件 3，**文件 6**，……，文件 m
关键词 3	文件 5，文件 700，文件 805，……，文件 n
……	
关键词 7	**文件 1**，文件 2，**文件 6**，……，文件 x
……	
关键词 Y	文件 80，文件 90，文件 100，……，文件 x

假设用户搜索"关键词 2"和"关键词 7"，排名程序只要在倒排索引中找到"关键词 2"和"关键词 7"这两个词，就能找到分别含有这两个词的所有页面。经过简单的求交集计算，就能找出既包含"关键词 2"，又包含"关键词 7"的所有页面：文件 1 和文件 6。

3. 初始子集的选择

找到包含所有关键词的匹配文件后，还不能进行相关性计算，因为找到的文件通常会有几十万、几百万，甚至上亿个。要对这么多文件实时进行相关性计算，需要很长时间。

实际上，用户并不需要知道所有与关键词匹配的几十万、几百万个页面，绝大部分用户只会查看前两页的搜索结果，也就是前 20 个结果。搜索引擎也并不需要计算这么多页面的相关性，而只要计算最重要的一部分页面即可。经常使用搜索引擎的人都会注意到，搜索结果页面通常最多可显示 100 个。用户点击搜索结果页面底部的"下一页"链接，最多也只能看到第 100 页，也就是 1000 个搜索结果。如图 2-39 所示，Google 曾经显示 100 页搜索结果，现在则不固定，不同查询词可能显示 40～50 页搜索结果。

百度则通常显示 76 页搜索结果，如图 2-40 所示。

图 2-39 Google 显示 100 页搜索结果（曾经）　　**图 2-40 百度显示 76 页搜索结果**

总之，一次搜索最多显示 1000 个搜索结果，所以搜索引擎只需要计算前 1000 个结果的相关性，就能满足用户的搜索要求。

但问题在于，在还没有计算相关性时，搜索引擎又怎么知道哪 1000 个文件是最相关的呢？所以选择用于最后相关性计算的初始页面子集时，必须依靠其他特征而不是相关性，其中最主要的就是页面权重。由于所有匹配文件都已经具备了最基本的相关性（这些文件都包含所有查询词），搜索引擎通常会用非相关性的页面特征选出一个初始子集。初始子集的数目是多少？几万个？或许更多，外人并不知道。不过可以肯定的是，当匹配页面数目巨大时，搜索引擎不会对这么多页面进行实时计算，而必须选出页面权重较高的一个子集作为初始子集，再对子集中的页面进行相关性计算。

4．相关性计算

选出初始子集后，子计算集中的页面与关键词的相关性。计算相关性是排名过程中最重要的一步，也是搜索引擎算法中最令 SEO 感兴趣的部分。

最经典的关键词-文件相关性计算方法是 TF-IDF 公式：

$$W_{x,y} = tf_{x,y} \times \log(N/df_x)$$

- $W_{x,y}$ 是文件 y 与关键词 x 的相关性。
- $tf_{x,y}$ 是关键词 x 在页面 y 上出现的次数，即词频（term frequency）。
- df_x 是文件频率（document frequency），也就是包含关键词 x 的文件总数。
- N 是常量，所有文件的总数。

N 除以 df_x 后取对数，称为 IDF，逆文件频率（inverse document frequency）。取对数是为了归一化，使数值范围按比例缩小。

所以，TF-IDF 所代表的意思就是，相关性等于词频乘以逆文件频率。

关键词出现的次数越多，词频越大，文件与关键词的相关性就越高，这是仅凭直觉就可以想到的。但词频作为相关性因子存在几个问题：一是可以很容易地被人为提高、作弊。二是没有考虑文件的篇幅，所以真正使用时还应该考虑关键词密度。三是没有考虑关键词的常用程度，因此引入逆文件频率。

逆文件频率代表了关键词的常用程度。语言中越常见的词，包含这个词的文件总数越多，文件频率也就越高，逆文件频率越低，关键词与文件的相关性也越低。

所以逆文件频率也代表了这个词的语义重要性及其对相关性的贡献程度，或者说是区别文件的能力。举例来说，"的"在几乎所有文件中都会出现，文件频率极高，逆文件频率极低，也就是说，"的"这个词的语义重要性很低，对文件相关性没什么贡献，几乎无法用来代表和区别文件内容。

反过来，越不常用的词对文件相关性的贡献越大。"搜索引擎"这个词只出现在一小部分文件中，逆文件频率要高得多，对文件内容来说重要性要高得多。举个极端例子，假如用户输入的查询词是"作者昝辉"。"作者"这个词还算常用，在很多页面上会出现，它对"作者昝辉"这个查询词的辨识程度和意义相关度的贡献就很小。找出那些包含"作者"这个词的页面，对搜索排名相关性几乎没有什么影响，显然无法满足搜索需求。而"昝辉"这个词的常用程度极低，除了指我本人，大概没有其他意思，对"作者昝辉"这个查询词的意义贡献要大得多。那些与"昝辉"这个词相关度高的页面，才是真正与"作者昝辉"这个查询词相关的页面。

常用词的极致就是停止词，对页面意义完全没有影响。

所以搜索引擎在对搜索词字符串中的关键词进行处理时并不是一视同仁的，会根据其常用程度进行加权。不常用的词加权系数高，常用词加权系数低，排名算法对不常用的词会给予更多关注。

我们假设 A、B 两个页面都出现了"作者"及"昝辉"两个词。但是"作者"这个词在 A 页面出现于普通文字中，"昝辉"这个词在 A 页面出现于标题标签中。B 页面正相反，"作者"出现在标题标签中，而"昝辉"出现在普通文字中。那么针对"作者昝辉"这个查询，A 页面的相关性将更高。

TF-IDF 是最经典的相关性算法，其思路和公式很简单，搜索引擎真正使用的算法以此为基础，但肯定要复杂得多。

除了 TF-IDF，相关性算法还可能考虑：

（1）关键词位置及形式。就像在索引部分中提到的，页面关键词出现的格式和位置都被记录在索引库中。关键词越是出现在比较重要的位置，如页面标题、黑体、H 标签等，就说明页面与关键词越相关。这一部分就是页面 SEO 要解决的问题。

（2）关键词距离。切分后的关键词在页面上完整匹配地出现，说明此页面与查询词最相关。比如搜索"减肥方法"时，连续完整出现"减肥方法"四个字的页面是最相关的。如果"减肥"和"方法"两个词在页面上没有连续匹配出现，但出现的距离较近，此页面也被搜索引擎认为相关性较大。

（3）链接分析及页面权重。除了页面本身的因素，页面之间的链接和权重关系也影响其与关键词的相关性，其中最重要的是锚文字。页面有越多以查询词为锚文字的导入链接，就说明页面的相关性越强。链接分析还包括了链接源页面本身的主题、锚文字周围的文字等。

上面简单介绍的几个因素在本书后面的章节都有更详细的说明。

5．排名过滤及调整

选出匹配文件子集、计算相关性后，大体排名就已经确定了。之后搜索引擎可能还有一些过滤算法，对排名进行轻微调整，其中最主要的过滤就是施加惩罚。一些有作弊嫌疑的页面，虽然按照正常的权重和相关性计算排到前面，但搜索引擎的惩罚算法却可能在最后一步把这些页面调到后面。典型的例子是百度的 11 位算法，Google 的负 6、负 30、负 950 等算法。

6．排名显示

所有排名确定后，排名程序调用原始页面的标题标签、说明标签、页面发布或更新时间、结构化数据等信息显示就在搜索结果页面上。如果页面没有说明标签，或说明标签写得不好，搜索引擎也会从页面正文中动态生成页面说明文字。

7．搜索缓存

用户搜索的查询词有很大一部分是重复的。按照二八定律，20%的搜索词占到了总搜索次数的80%。按照长尾理论，最常见的搜索词即便没有占到80%那么多，通常也有一个比较粗大的头部，很少一部分搜索词占到了所有搜索次数的很大部分。尤其是有热门新闻发生时，每天可能有几百万人都在搜索完全相同的词。

如果每次搜索都重新处理排名，可以说是很大的浪费。搜索引擎会把最常见的查询词及结果存入缓存，用户搜索时直接从缓存中调用，而不必经过文件匹配和相关性计算，大大提高了排名效率，缩短了搜索反应时间。

8．查询及点击日志

搜索用户的 IP 地址、搜索词、搜索时间，以及点击了哪些结果页面，搜索引擎都会记录并形成日志。这些日志文件中的数据对搜索引擎判断搜索结果质量、调整搜索算法、预期搜索趋势、开发人工智能算法等都具有重要意义。

前文简单介绍了搜索引擎的工作过程，实际上搜索引擎的工作步骤与算法是极为复杂的。上面的说明很简单，但其中包含了很多技术难点。

搜索引擎还在不断优化、更新算法，并大力引入人工智能。不同搜索引擎的工作步骤会有差异，但大致上所有主流搜索引擎的基本工作原理都是如此，在可以预期的未来十几年，不会有实质性的改变。

2.5　链接原理

在 Google 诞生以前，传统搜索引擎主要依靠页面内容中的关键词匹配用户查询词的方式进行排名。这种排名方式的劣势现在看来显而易见，那就是很容易被刻意操纵。黑帽 SEO 在页面上堆积关键词，或加入与主题无关的热门关键词，都能提高排名，使搜索引擎排名结果的质量大为下降。现在的搜索引擎都使用链接分析技术来减少垃圾，提高用户体验。本节就简要探讨链接在搜索引擎排名中的应用原理。

在排名中计入链接因素，不仅有助于减少垃圾，提高结果相关性，也使传统关键词在匹配无法排名的文件时能够有办法进行处理。比如图片、视频文件无法进行关键词匹配，但是却可能附加了外部链接，通过链接信息，搜索引擎就可以了解图片和视频的内容并排名。

对不同文字的页面进行排名也成为了可能。比如在百度或 Google 搜索"SEO"，都可以看到英文和其他文字表示形式的 SEO 网站。甚至搜索"搜索引擎优化"，也可以看到非中文页面，原因就在于，有的链接可能使用"搜索引擎优化"为锚文字指向英文页面。

理解链接关系比较抽象，通过研究页面本身的因素对排名的影响，容易直观理解这一关系。举个简单的例子，搜索一个特定关键词，只要观察前几页搜索结果，就能看到：关键词出现在标题标签中有什么影响，出现在标题标签的最前面又有什么影响，有技术资源的还可以进行大规模统计，计算出关键词出现在标题标签中不同位置与排名之间的关系。虽然这种关系不一定是因果关系，但至少是统计上的相关性，使 SEO 人员大致了解如何进行优化。

链接对排名的影响就无法直观了解，也很难进行统计，因为没有人能获得搜索引擎的链接数据库。我们能做的最多只是定性观察和分析。

下面介绍的一些关于链接的专利，多少透露了链接在搜索引擎排名中的使用方法和地位。

2.5.1　李彦宏超链分析专利

百度创始人李彦宏在回国创建百度之前，就是美国顶级的搜索引擎工程师之一。据说李彦宏在寻找风险投资时，投资人询问了其他三个搜索引擎业界的技术高人一个问题：要了解搜索引擎技术应该问谁？这三个被问到的高人中有两个回答：搜索引擎的事就问李彦宏。由此投资人断定李彦宏是最了解搜索引擎的人之一。

这其实就是现实生活中链接关系的应用：要判断哪个页面（人）最具权威性，不能光看页面（人）自己怎么说，还要看其他页面（人）怎么评价。

李彦宏在 1997 年就提交了一份名为"超链文件检索系统和方法（Hypertext document retrieval system and method）"的专利申请，这是非常具有前瞻性的研究工作，比 Google

的创始人发明 PR 值要早得多。在这份专利中，李彦宏提出了与传统信息检索系统不同的、基于链接的排名方法。

这个系统除了索引页面，还建立了一个链接词库，记录链接锚文字的一些相关信息，如锚文字中包含哪些关键词，发出链接的页面索引，包含特定锚文字的链接总数，包含特定关键词的链接都指向哪些页面等。词库不仅包含关键词原型，也包含同一个词干的其他衍生关键词。

根据这些链接数据，尤其是锚文字，计算出基于链接的文件相关性。在用户搜索时，将基于链接的相关性与基于关键词匹配的传统相关性综合使用，将得到更准确的排名。

在今天看来，这种基于链接的相关性计算是搜索引擎的常态，每个 SEO 人员都知道。但是在二十多年前，这无疑是非常创新的概念。当然现在的搜索引擎算法对链接的考虑，已经不仅仅是锚文字，实际上要复杂得多。

这份专利的所有人是李彦宏当时所在的公司，发明人是李彦宏。感兴趣的读者可以通过下面这个地址查看美国专利局发布的"超链文件检索系统和方法"专利详情：

http://patft.uspto.gov/netacgi/nph-Parser?patentnumber=5,920,859

2.5.2　HITS 算法

HITS 是英文 Hyperlink-Induced Topic Search 的缩写，意译为"超链诱导主题搜索"。HITS 算法由 Jon Kleinberg 于 1997 年首先提出，并申请了专利，查看地址如下：

http://patft.uspto.gov/netacgi/nph-Parser?patentnumber=6,112,202

按照 HITS 算法，用户输入查询词后，算法会对返回的匹配页面计算两种值：一种是枢纽值（Hub Scores），另一种是权威值（Authority Scores），这两个值是互相依存、互相影响的。所谓枢纽值，指的是页面上所有导出链接指向页面的权威值之和。权威值指的是所有导入链接所在页面的枢纽值之和。

上面的定义比较拗口，可以简单地总结为，HITS 算法会提炼出两种比较重要的页面，也就是枢纽页面和权威页面。枢纽页面本身可能没有多少导入链接，但是有很多导出链接指向权威页面。权威页面可能本身的导出链接不多，但是有很多来自枢纽页面的导入链接。

典型的枢纽页面就是如 Yahoo!目录、开放目录或 hao 123 这样的网站目录。这种高质量的网站目录的作用就在于指向其他权威网站，所以被称为枢纽。而权威页面有很多导入链接，其中包含很多来自枢纽页面的链接。权威页面通常是提供真正相关内容的页面。

HITS 算法是针对特定查询词的，所以称为主题搜索。

HITS 算法的最大缺点是，它在查询阶段进行计算，而不是在抓取或预处理阶段进行。所以 HITS 算法是以牺牲查询排名响应时间为代价的。也正因为如此，原始 HITS 算法在搜索引擎中并不常用。不过 HITS 算法的思想很可能融入到搜索引擎的索引阶段，也就是根据链接关系找出具有枢纽特征或权威特征的页面。

成为权威页面是第一优先，不过难度比较大，唯一的方法就是获得高质量链接。若你的网站不能成为权威页面，就让它成为枢纽页面。所以导出链接也是影响搜索引擎排名因素之一。绝不链接到其他网站并不是好的 SEO 方法。

2.5.3　TrustRank 算法

TrustRank 是多年来常被讨论的基于链接关系的排名算法。TrustRank 可以被翻译为"信任指数"。

TrustRank 算法最初来自 2004 年斯坦福大学和 Yahoo!的一项联合研究，用来检测垃圾网站，并且于 2006 年申请专利。TrustRank 算法的发明人还发表了一份专门的 PDF 文件，说明 TrustRank 算法的应用。感兴趣的读者可以在下面这个网址下载这份 PDF 文件：

http://www.vldb.org/conf/2004/RS15P3.PDF

TrustRank 算法并不是由 Google 提出的，不过由于 Google 所占市场份额最大，而且 TrustRank 的概念很可能在 Google 排名中也是一个重要的因素，所以有些人误以为 TrustRank 是 Google 提出的。更让人糊涂的是，2005 年 Google 也曾经把 TrustRank 申请为商标，虽然后来放弃了。

TrustRank 算法基于一个基本假设：好的网站很少会链接到坏的网站。反之，则不成立。也就是说，坏的网站很少链接到好网站这句话并不成立。正相反，很多垃圾网站会链接到高权威、高信任指数的网站，试图提高自己的信任指数。

基于这个假设，如果能挑选出可以百分之百信任的网站，将这些网站的信任指数评为最高，将这些网站所链接到的网站信任指数稍微降低，但也会很高。依此类推，第二层被信任的网站链接出去的第三层网站，信任度继续下降。由于种种原因，好的网站也不可避免地会链接到一些垃圾网站，不过离第一层网站点击距离越近，所传递的信任指数越高，离第一级网站点击距离越远，信任指数将依次下降。这样，通过 TrustRank 算法就能计算出所有网站相应的信任指数，离第一层网站越远，是垃圾网站的可能性就越大。

计算 TrustRank 值首先要选择一批种子网站，然后人工查看网站，设定一个初始 TrustRank 值。挑选种子网站有两种方式：一种是选择导出链接最多的网站，因为 TrustRank 算法就是计算指数随着导出链接的衰减。导出链接多的网站，在某种意义上可以理解为"逆向 PR 值"比较高。另一种挑选种子网站的方法是选 PR 值高的网站，因为 PR 值越高，在搜索结果页面出现的概率就越大。这些网站才正是 TrustRank 算法应该关注的、需要调整排名的网站。那些 PR 值很低的页面，在没有 TrustRank 算法时排名也很靠后，计算 TrustRank 值的意义就不大了。

根据测算，挑选出两百个左右网站作为种子，之后就可以比较精确地计算出所有网站的 TrustRank 值。

计算 TrustRank 值随链接距离递减的公式有两种方式：一种是随链接次数衰减，也就是说如果第一层页面 TrustRank 值是 100，第二层页面衰减为 90，第三层衰减为 80。第二种计算方法是按导出链接的数目分配 TrustRank 值，也就是说，如果一个页面的 TrustRank 值是 100，页面上有 5 个导出链接，每个链接将传递 20%的 TrustRank 值。衰减和分配这两种计算方法通常会被综合使用，使用后的整体效果是随着链接层次的增加，TrustRank 值逐步降低。

得出网站和页面的 TrustRank 值后，可以通过两种方式影响排名。一种是把传统排名算法挑选出的相关页面，根据 TrustRank 值比较，重新进行排名调整。另一种是设定一个最低的 TrustRank 值门槛，只有超过这个门槛的页面，才被认为有足够的质量进入排名，低于门槛的页面将被认为是垃圾页面，从搜索结果中过滤出去。

虽然 TrustRank 算法最初是作为检测垃圾页面的方法，但在现在的搜索引擎排名算法中，TrustRank 概念使用更为广泛，常常影响网站的整体排名。TrustRank 算法最初针对的是页面级别，在现在的搜索引擎算法中，TrustRank 值也经常表现在域名级别，整个域名的信任指数越高，整体排名能力就越强。

2.5.4　Google PR 值

PR 值是 PageRank 的缩写。Google PR 理论是所有基于链接的搜索引擎理论中最有名的。SEO 人员可能不清楚本节介绍的其他链接理论，但不可能不知道 PR 值。

PR 值是 Google 创始人之一拉里·佩奇发明的，是用于表示页面重要性的概念。简单来说，反向链接越多的页面就是越重要的页面，PR 值也就越高。

PR 值的专利发明人是拉里·佩奇，专利所有人是斯坦福大学，Google 公司拥有永久性排他使用权。

Google PR 值的概念与科技文献中互相引用的概念相似，被其他文献引用较多的文献，很可能是比较重要的文献。

1．PR 值的概念和计算

我们可以把互联网理解为由节点及链接组成的有向图，页面就是一个个节点，页面之间的有向链接传递着页面的重要性。一个链接传递的 PR 值首先取决于链接所在页面的 PR 值，发出链接的页面本身 PR 值越高，所能传递出去的 PR 值也越高。传递的 PR 值也取决于页面上的导出链接数目。对于给定 PR 值的页面来说，假设能传递到下级页面 100 份 PR 值，如果页面上有 10 个导出链接，那么每个链接能传递 10 份 PR 值；如果页面上有 20 个导出链接，那么每个链接只能传递 5 份 PR 值。所以一个页面的 PR 值取决于导入链接总数，链接源页面的 PR 值，以及链接源页面上的导出链接数目。

PR 值计算公式是：

$$PR(A) = (1-d) + d(PR(t_1)/C(t_1) + \cdots + PR(t_n)/C(t_n))$$

A 代表页面 A。

PR(A)则代表页面 A 的 PR 值。

d 为阻尼指数。通常认为 d=0.85。

$t_1 \cdots t_n$ 代表链接向页面 A 的页面 t_1 到 t_n。

C 代表页面上的导出链接数目。$C(t_1)$即为页面 t_1 上的导出链接数目。

从 PR 值的概念及计算公式都可以看到，PR 值必须经过多次迭代计算才能得到。页面 A 的 PR 值取决于链接向 A 的页面 t_1 至页面 t_n 的 PR 值，而页面 t_1 至页面 t_n 的 PR 值又取决于其他页面的 PR 值，其中很可能还包含页面 A。计算时先给所有页面设定一个初始值，经过一定次数的迭代计算后，各个页面的 PR 值将趋于稳定，收敛到一个特定值。研究证明，无论初始值怎么选取，经过迭代计算的最终 PR 值不会受到影响。

下面对阻尼系数进行简要说明。如图 2-41 所示是一个链接构成的循环（实际网络上是一定存在这种循环的）。外部页面 Y 向循环注入 PR 值，循环中的页面不停地迭代传递 PR 值，如果没有阻尼系数，循环中的页面 PR 值将达到无穷大。引入阻尼系数，使 PR 值

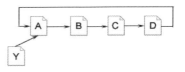

图 2-41　链接构成的循环

在传递时自然衰减，才能将 PR 值计算稳定在一个值上。

2. PR 值的两个比喻模型

关于 PR 值有两个著名的比喻。一个比喻是投票。链接就像民主投票一样，A 页面链接到 B 页面，就意味着 A 页面对 B 页面投了一票，使 B 页面的重要性提高。同时，A 页面本身的 PR 值决定了 A 所能投出去的投票力，PR 值越高的页面，投出的票也更重要。在这个意义上，基于关键词匹配的传统算法是看页面本身的自我描述，而基于链接的 PR 值则是看别人怎么评价一个页面。

另一个比喻是随机冲浪。假设一个访问者从一个页面开始，不停地随机点击链接，访问下一个页面。有时候这个用户感到无聊了，不再点击链接，就随机跳到了另外一个网址，再次开始不停地向下点击。所谓 PR 值，就是一个页面在这种随机冲浪访问中被访问到的概率。一个页面的导入链接越多，被访问到的概率就越高，因此 PR 值也越高。

阻尼系数也与随机冲浪模型有关。(1-d)＝0.15 实际上就是用户感到无聊，停止点击，随机跳到新 URL 的概率。

3. 工具条 PR 值

真正用于排名计算的 Google PR 值我们是无法知道的，我们所能看到的只是 Google 工具条 PR 值。需要清楚的是，工具条 PR 值并不是真实 PR 值的精确反映。真实 PR 值是一个准确的、大于 0.15、没有上限的数字，工具条上显示的 PR 值已经规范化为 0～10 这 11 个数字，是一个整数，也就是说 PR 值最小的近似为 0，最大的近似为 10。实际上，每一个工具条 PR 值代表的都是一个很大的范围，工具条 PR5 代表的页面 PR 值与真实 PR 值可能相差很多倍。

真正的 PR 值是不间断计算更新的，工具条 PR 值只是某一个时间点上真实 PR 值的简化快照输出。2013 年之前，Google 快则每个月更新一次工具条 PR 值，慢则近一年更新一次。在 Google 目录（Google Directory，现早已取消）上，甚至在搜索结果页面上，也曾都显示过工具条 PR 值。

但工具条显示的 PR 值对 SEO 的作用越来越与 Google 的初衷相背离，PR 值变成了一些站长的追求，甚至变成骗取交换链接的本钱，所以后期 Google 多次表达不打算更新工具条 PR 值了。最后一次工具条 PR 值更新是 2013 年 12 月 6 日，而且那次也是 Google 工程师在做别的事情时顺便（估计是不小心或不得已）输出的，并不在计划中。2016 年，Google 完全取消了工具条和浏览器显示 PR 值的功能。最后几次 Google 工具条 PR 值更新的日期如表 2-4 所示。

表 2-4　最后几次 Google 工具条 PR 值更新日期

2013 年 12 月 6 日
2013 年 2 月 4 日
2012 年 11 月 7 日
2012 年 8 月 2 日
2012 年 5 月 3 日
2012 年 2 月 6 日
2011 年 11 月 8 日

工具条 PR 值与反向链接数目呈对数关系，而不是线性关系。也就是说如果从 PR1 到 PR2 需要的外部链接是 100 个，从 PR2 到 PR3 则需要大致 1000 个，PR5 到 PR6 需要的外部链接则更多。所以 PR 值越高的网站想提升一级所要付出的时间和努力，比 PR 值低的网站提升一级要多得多。

4．关于 PR 值的几个误解

PR 值的英文全称是 PageRank。这个 Page 指的是发明人拉里·佩奇（Larry Page）的名字，巧合的是 Page 在英文中也是页面的意思。所以准确地说，PageRank 这个名称应该翻译为佩奇级别，而不是页面级别。不过约定俗成，再加上巧妙的一语双关，大家都把 PR 值称为页面级别。

PR 值只与链接有关。经常有站长询问，自己的网站做了很长时间，内容也全是原创的，怎么 PR 值还是 0 呢？其实 PR 值与站长是否认真、做站时间长短、内容是否原创都没有直接关系。有反向链接就有 PR 值，没有反向链接就没有 PR 值。一个高质量的原创网站，一般来说自然会吸引到比较多的外部链接，间接地提高 PR 值，但这并不是必然的。

工具条 PR 值更新与页面排名变化在时间上没有对应关系。在工具条 PR 值更新的过程中，经常有站长说 PR 值提高了，难怪网站排名也提高了。可以肯定地说，这只是时间上的巧合而已。前面说过，真正用于排名计算的 PR 值是连续计算更新的，随时计入排名算法。我们看到的工具条 PR 值几个月才更新一次，最后一次更新已经是 2013 年 12 月。即使在工具条 PR 值还更新时，当我们看到 PR 值有变化时，其时真实的 PR 值早在几个月之前就已更新和计入排名里了。所以，通过工具条 PR 值的变化来研究 PR 值与排名变化之间的关系是没有意义的。

5．PR 值的意义

Google 工程师说过很多次，Google PR 值现在已经是一个被过度宣传的概念，其实 PR 值只是影响 Google 排名算法的 200 多个因素之一，而且其重要性已经下降很多，SEO 人员完全不必太执着于 PR 值的提高。这也是 Google 不再更新工具条 PR 值的原因。

当然，PR 值还是 Google 排名算法中的重要因素之一。取消工具条 PR 值显示，不是取消 PR 值，真实的内部 PR 值还是一直更新和使用的。

除了直接影响排名，PR 值的重要性还体现在下面几点。

（1）网站收录深度和总页面数。搜索引擎蜘蛛爬行时间及数据库的空间都是有限的。Google 希望尽量优先收录重要性高的页面，所以 PR 值越高的网站就能被收录更多页面，蜘蛛爬行内页的深度也更高。对大中型网站来说，首页 PR 值是带动网站收录的重要因素之一。

（2）访问及更新频率。PR 值越高的网站，搜索引擎蜘蛛访问得就越频繁，网站上出现的新页面或旧页面上有了内容更新，都能更快速地被收录。由于网站新页面通常都会在现有页面上出现链接，因此访问频率越高也就意味着新页面被发现的速度越快。

（3）重复内容判定。当 Google 在不同网站上发现完全相同的内容时，会选择一个作为原创，其他作为转载或抄袭。用户搜索相关查询词时，被判断为原创的版本会排在前面。而在判断哪个版本为原创时，PR 值也是重要因素之一。这也就是为什么那些权重高、PR 值高的大网站转载了小网站的内容，却经常被当作原创。

（4）排名初始子集的选择。前面介绍排名过程时提到，搜索引擎挑选出所有与关键词匹配的文件后，不可能对所有文件都进行相关性计算，因为返回的文件可能有几百万、几千万个，搜索引擎需要从中挑选出一个初始子集，再做相关性计算。初始子集的选择显然与关键词的相关度无关，只能从页面的重要程度着手，PR 值就是衡量页面重要程度的指标。

现在的 PR 算法与当初拉里·佩奇专利中的描述相比肯定有了改进和变化。一个可以观察到的现象是，PR 算法应该已经排除了一部分 Google 认为可疑或者无效的链接，比如付费链接、博客和论坛中的垃圾链接等。所以有时候我们会看到一个页面有 PR6 甚至 PR7 的导入链接，经过几次工具条 PR 值更新后，却还维持在 PR3 甚至 PR2。按说一个 PR6 或 PR7 的链接，应该能把被链接的页面带到 PR5 或 PR4。所以很可能 Google 已经把一部分它认为可疑的链接排除在 PR 值计算之外了。

再比如，同一个页面上，不同位置的链接是否应该传递出相同数量的 PR 值？正文、侧栏导航、页脚的链接是否应该同等对待？如果按照最初的 PR 值设计，那么是的，因为没有考虑链接的位置。但显然，不同位置的链接重要性是不一样的，被真实用户点击的概率也是不一样的，那么传递出去的 PR 值是否也应该不一样呢？现在的 Google PR 值算法中是否已经引入了矫正呢？

虽然 PR 值是 Google 拥有专利使用权的算法，但其他所有主流搜索引擎也都有类似算法，只不过不称为 PR 值而已。所以这里提到的 PR 值的作用和意义，同样适用于其他搜索引擎。

6. Google 新版 PR 值

2019 年 7 月，Google 前员工 Jonathan Tang 在 Hacker News 透露，Google 早在 2006 年就不再使用 Google PR 值了。这些年 Google 与 SEO 行业的官方沟通人 John Mu 在 Twitter 上评论此事时并没有否认，只是说："SEO 们应该知道，20 年来 Google 工程师不可能没有对搜索做出修改。"间接肯定了这个说法。

那么从 2006—2016 年，工具条上显示的 PR 值是什么东西呢？Google 的另一位发言人 Gary Illyes，在 2017 年还发 twitter 消息明确说 Google 依然在排名算法中使用 PR 值，又是怎么回事呢？

Jonathan Tang 后续又解释了一下，他们 2006 年用另一个算法取代了 PR 值算法，那个算法给出的结果大致和 PR 值算法相似，但计算速度快得多。工具条显示的宣称是 PR 的数值就是这个替代算法的结果。这个替代算法的名字都和 PR 相似，所以 Google 这么宣称，在技术上也不能说是错的。

所以，从 2006 年开始，Google 算法中使用的、工具条所显示的，都不是原始 PR 值计算公式的结果，而是一个结果类似、名称类似、计算速度快得多的算法。我们姑且称之为 Google 新 PR 值吧。

那么这个 Google 新 PR 值的计算原理是什么？Jonathan Tang 没说，连真实名称也没说，大家只能猜测了。

专门研究 Google 专利的大神 Bill Slawski 发现，Google 的新版本 PR 值算法专利刚好于 2006 年通过，这有可能就是 Google 现在正在使用的新 PR 值算法，专利名称是

Producing a ranking for pages using distances in a web-link graph，中文译为基于链接距离的页面级别计算。

简单来说，新 PR 值不再计算导入链接的总数，而是计算这个页面与种子页面之间的距离，距离越近，页面质量越高，页面级别、新 PR 值越高。这个思路和 Yahoo!的 TrustRank 算法思路是极为相近的，其基本假设都是：好网站不会链接向坏网站，但会链接向其他好网站。

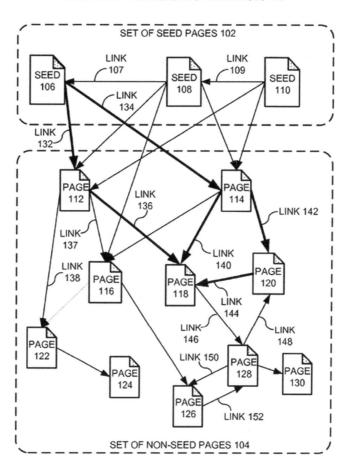

图 2-42 Google 新 PR 值算法示意图

这个专利涉及几个概念：种子页面（Seed Pages）、链接长度（Link Length）、链接距离（Link Distance）。

（1）种子页面（Seed Pages）

如图 2-42 的 Google 新 PR 值算法示意图所示，Google 选出一部分页面作为种子页面集合，如图中上半部分的种子页面 106、108、110，下半部分都是在种子页面集之外的、需要计算新 PR 值的页面。

关于种子页面的几个要点如下：

- 种子页面显然是高质量的页面，专利里举的例子是 Google 目录（其实就是开放目录的拷贝，这两个现在都已经不存在了）和《纽约时报》。

- 种子页面需要与其他非种子页面有很好的连通性，有比较多的导出链接指向其他高质量页面。
- 种子页面需要稳定可靠，具有多样性，能大范围覆盖各类主题。

（2）链接长度（Link Length）

种子页面和非种子页面之间有的距离近，有的距离远。如种子页面 106 通过链接 132 直接连向非种子页面 112，非种子页面 118 则没有种子页面直接连向它，要通过两层链接。

链接距离并不是简单地数链接层数。每个链接 Google 会计算一个链接长度，链接长度取决于链接本身的特征和链接所在页面的特征，比如页面上有多少链接、链接的位置、链接文字所用字体等。

所以，同样是一个链接，链接长度是不一样的：

- 页面导出链接越多，链接长度越长。这和原始 PR 值的思路是一样的，导出链接越多，每个链接分到的权重越少。
- 链接所在位置越重要，比如正文中、正文靠前部分，链接长度越短。
- 链接锚文字字号越大，或者在 H1 标签中，可能链接长度越短。

这正符合前一节提到的对原始 PR 值的修正。

（3）链接距离（Link Distance）

链接距离就是种子页面与非种子页面集合之间的最短链接长度之和。种子页面和非种子页面之间通常存在不止一条链接通路，如图 2-42 中，非种子页面 118 可以通过链接 132、136 从种子页面 106 到达，也可以通过链接 134、142、140 到达，还可以通过链接 134、140 到达，以及通过其他链接从其他种子页面到达，所有这些从种子页面集合到非种子页面的链接通路中，链接长度之和最短的那个被定义为链接距离。

如果一个非种子页面无法从任何种子页面出发并实现访问，就说明种子页面集合到这个非种子页面完全没有链接通路，那么二者之间的链接距离就是无限大。

Google 算法会根据链接距离计算出一个页面的排名能力分数，也就是新 PR 值，在最后的排名算法中，这个新 PR 值成为排名因素之一。也就是说，链接距离越短，离种子页面越近，Google 就认为这个非种子页面越重要，排名能力越高。

链接距离的计算不需要迭代，所以新 PR 值相比原版 PR 值的计算要快得多，而在代表非种子页面重要性上，我相信 Google 对两种算法做过对比，发现准确性差不多，所以就用来代替原来的 PR 值了。

专利最后面提到了另一个概念：简化链接网络图（Reduced Link-Graph），不过没有进一步说明这个概念有什么作用，仅用一个段落介绍简化链接网络图这个概念后，专利内容就结束了。不过简化链接网络图有可能和链接质量判断、企鹅算法更新等相关。

在图 2-42 中，所有页面之间的所有链接组成一个完整的链接网络图，其中只由最短链接距离通路组成的链接被称为简化链接网络图，也就是用来计算新 PR 值的那些链接。显然，简化链接网络图是完整链接网络的一个子集，不过每个页面的链接距离都已经保留在简化链接网络图中了，去掉的那些链接对页面链接距离和新 PR 值不造成影响。在简化链接网络图中，每个页面获得的链接权重来源都可以回溯到距离最近的种子页面。

如果一个非种子页面完全没有可以从种子页面集合到达的链接通路，也就是前面说的链接距离为无限大，这个非种子页面将被排除在简化链接网络图之外。如果一个非种子页面得到的链接都来自简化链接网络图之外，虽然链接总数可能很大，但其链接距离依然是无限大。

换句话说，在简化链接网络图之外的链接是被忽略掉的，无论其有多少个。联想到 Penguin 4.0 算法更新，其中一个特征就是，垃圾链接是被忽略掉的，不被计入链接的流动中，这和基于链接距离的 PR 值非常相似。

2.5.5　Hilltop 算法

Hilltop 算法是由 Krishna Bharat 在 2000 年左右研究的，于 2001 年申请了专利，并且把专利授权给 Google 使用，后来 Krishna Bharat 本人也加入了 Google。

Hilltop 算法可以简单理解为与主题相关的 PR 值。传统 PR 值与特定关键词或主题没有关联，只计算链接关系。这就有可能出现某种漏洞。比如一个关于环保内容的大学页面的 PR 值极高，上面有一个链接连向一个儿童用品网站，这个链接出现的原因可能仅仅是因为这个大学页面维护人是个教授，他太太在那个卖儿童用品的公司工作。这种与主题无关、却有着极高 PR 值的链接，有可能使一些权威性、相关性并不高的网站反而获得很好的排名。

Hilltop 算法就在尝试矫正这种可能出现的疏漏。Hilltop 算法同样是计算链接关系，不过它更关注来自主题相关页面的链接权重。Hilltop 算法把这种主题相关页面称为专家文件。显然，它针对不同主题或搜索词有不同的专家文件。

根据 Hilltop 算法，用户搜索查询词后，Google 先按正常排名算法找到一系列相关页面并排名，然后计算这些页面有多少是来自专家文件的、与主题相关的链接，来自专家文件的链接越多，页面的排名分值越高。按 Hilltop 算法的最初构想，一个页面至少要有两个来自专家文件的链接，才能返回一定的 Hilltop 值，不然返回的 Hilltop 值将为零。

根据专家文件链接计算的分值被称为 LocalRank。排名程序根据 LocalRank 值，对原本传统排名算法计算的排名做重新调整，给出最后排名。这就是前面讨论的搜索引擎在排名阶段最后的过滤和调整步骤。

Hilltop 算法在最初写论文和申请专利时对专家文件的选择有不同描述。在最初的研究中，Krishna Bharat 把专家文件定义为包含特定主题内容，并且有比较多导出链接到第三方网站的页面，这有些类似于 HITS 算法中的枢纽页面。专家文件链接指向的页面与专家文件本身应该没有关联，这种关联指的是来自同一个主域名下的子域名，来自相同或相似 IP 地址的页面等。最常见的专家文件通常来自学校、政府及行业组织网站。

在最初的 Hilltop 算法中，专家文件是预先挑选的。搜索引擎可以根据最常见的搜索词，预先计算出一套专家文件，用户搜索时，排名算法从事先计算的专家文件集合中选出与搜索词相关的专家文件子集，再从这个子集中的链接计算 LocalRank 值。

不过在 2001 年所申请的专利中，Krishna Bharat 描述了另外一个挑选专家文件的方法。专家文件并不预先选择，用户搜索特定查询词后，搜索引擎按传统算法挑出一系列初始相关页面，这些页面就是专家文件。Hilltop 算法在这个页面集合中再次计算哪些网页有来自集合中其他页面的链接，并为其赋予比较高的 LocalRank 值。由传统算法得到的页面集合已经具备了相关性，这些页面再提供链接给某一个特定页面，这些链接的权重自然就很高了。这种挑选专家文件的方法是实时进行的。

通常认为 Hilltop 算法对 2003 年底的佛罗里达更新有重大影响，不过 Hilltop 算法是否真的已经被融入进 Google 排名算法中，没有人能够确定。Google 从来没有承认，但也没有否认自己的排名算法中使用了这项专利。不过从对排名结果的观察和招揽 Krishna Bharat 至麾下等迹象看，Hilltop 算法思想得到了 Google 的极大重视。

Hilltop 算法提示 SEO，建设外部链接时更应该关注与主题相关，并且本身排名就不错的网站和页面。最简单的方法是搜索某个关键词，目前排在前面的页面就是最好的链接来源，甚至可能一个来自竞争对手网站的链接效果是最好的。当然，获得这样的链接难度最大。这里说的排在前面，是指排名前几百位的页面，而不仅仅是普通用户会看的前二三十位页面，能排在前几百位都已经算是专家文件了。

2.6　用户怎样浏览和点击搜索结果

用户搜索查询词后，搜索引擎通常返回 10 个自然搜索结果。由于上下顺序的差异，用户对这 10 个自然搜索结果列表的浏览和点击有很大差别，再加上地图结果、全站链接、整合搜索结果、精选摘要、知心搜索/知识图谱等各种内容的混排，用户在搜索结果页面的点击差异越来越大。本节介绍用户在搜索结果页面上的浏览方式，包括对关注度及点击的一些研究。

2.6.1　英文搜索结果页面

页面浏览主要的研究方法之一是视线跟踪（eye-tracking），使用特殊的设备跟踪用户目光在搜索结果页面上的浏览及点击数据。enquiro.com 就是专门做这方面实验和统计的公司。2005 年初，enquiro.com 联合 eyetools.com 和 did-it.com 两家公司进行了一次很著名的视线跟踪实验，实验数据于 2005 年 6 月发表，提出在 SEO 业界著名的用户视线分布金三角图像，也有人称其为"F 型"浏览图像，如图 2-43 所示。

图 2-43 中的颜色区块代表用户目光的停留位置及关注时间，图像中的"×"号代表点击。从图中可以看到，典型搜索用户打开搜索结果页面后，目光会首先放在最左上角，然后向正下方移动，挨个浏览搜索结果，当看到感兴趣的页面时，横向向右阅读页面标题。排在最上面的结果得到的目光关注度最多，越往下越少，形成一个所谓的"金三角"。金三角中的搜索结果都有比较高的目光关注度。这个金三角结束于第一屏底部的排名结果，用户下拉页面查看第二屏结果的概率大为降低。

这个浏览统计是针对 Google 搜索结果页面做的。后来 enquiro.com 针对 Yahoo!及 MSN 等主流搜索引擎搜索结果页面做的实验也取得大致相同的结果，如图 2-44 所示。

2009 年 Google 官方博客也发布了一个类似的视线跟踪实验结果，确认了 enquiro.com 的金三角图像。Google 的实验结果如图 2-45 所示。

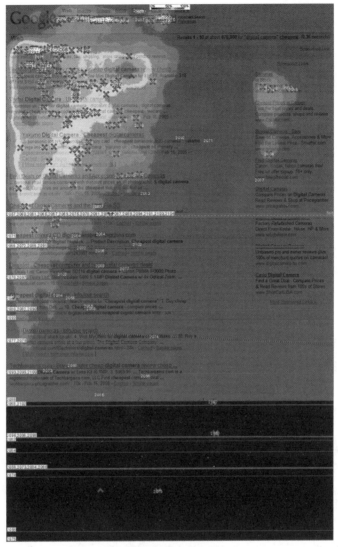

图 2-43　著名的用户视线分布金三角

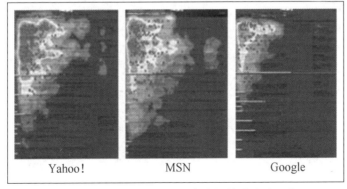

Yahoo!　　　　MSN　　　　Google

图 2-44　主流搜索引擎都存在视线分布金三角

Google

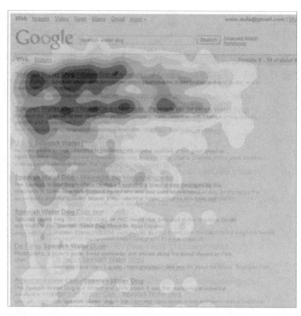

图 2-45　Google 官方博客发布的视线分布金三角图像

2006 年 10 月，康奈尔大学做了更进一步的实验和统计，记录了 397 次实验对象（搜索用户）对搜索结果的关注时间及点击分布，其实验显示的数据如图 2-46 所示。

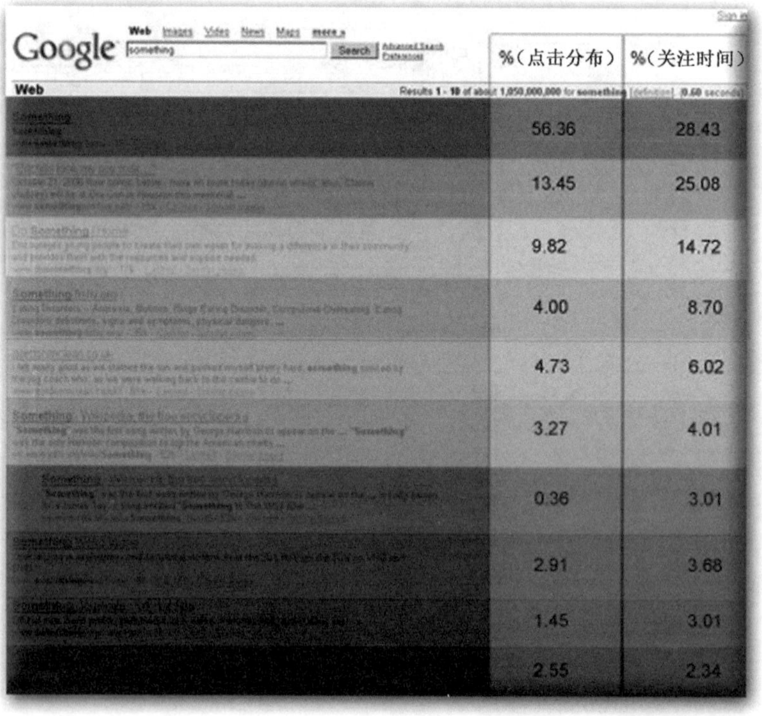

Google
Search
Web
%（点击分布）
%（关注时间）
56.36
28.43
13.45
25.08
9.82
14.72
4.00
8.70
4.73
6.02
3.27
4.01
0.36
3.01
2.91
3.68
1.45
3.01
2.55
2.34

图 2-46　康奈尔大学实验显示的搜索结果关注时间及点击分布

我们可以看到，排名在前三位的页面得到的关注时间相差不大，尤其是前两位差距很小，但是点击次数却有很大差异。排名第一位的搜索结果占据了 56.36%的点击，排名第二位的搜索结果,其点击量不到第一位的四分之一,第四位以后点击率更是急剧下降。唯一的特例是排名第十位的点击结果,比第九位稍微多了一点。原因可能是用户浏览到最后一个结果时没有更多的结果可看,也没有其他选择,于是就点击了最后一个页面。

中间还有一个值得注意的结果,排名第七位的页面点击率非常低,只占 0.36%。这是因为前六位结果都处在第一屏,用户如果在第一屏没有找到满意结果,就会拉动右侧滑动条看第二屏内容。不过大多数用户不会刚好把屏幕下拉到第七位结果排在最上面,而是直接拉动到页面最下面,这样第七位结果反倒已经跑到第二屏之外,很多用户根本没看到第七位排名页面。

图 2-47 所示为把关注时间及点击次数按曲线显示的结果。黑色是关注时间,灰色是点击次数。

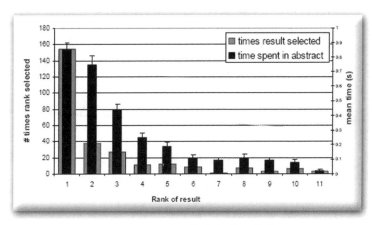

图 2-47　关注时间及点击次数按曲线显示

可以更清楚地看到,关注时间是按比较平滑的曲线下降的,而点击次数在第一位和第二位结果上有了巨大的差别,从第二位之后才形成比较平滑的曲线。

上面的实验数据来自于对用户搜索的观察记录,还不是来自搜索引擎的真正点击数据,而且样本数量有限。

2006 年 8 月,美国在线(AOL)因为疏忽泄漏了三个月的真实搜索记录,包括 2006 年 3 月 1 日到 5 月 31 日的 1900 万次搜索,1080 多万不同的搜索词,还包括 658 000 个用户 ID。这份资料泄露后引起了轩然大波。虽然用户 ID 都是匿名的,但是搜索词本身就可能泄露个人隐私,使得有心人士可以从这份资料中挖掘出不少与具体个人相关联的数据。

也有 SEO 人员对这些搜索记录做了大量统计,得出搜索结果页面的真实点击数据。有人从 9 038 794 个搜索中统计到 4 926 623 次点击,这些点击在页面排名前 10 名的搜索结果中分布如表 2-5 所示。

表2-5　根据 AOL 泄露数据计算的搜索结果点击分布(前 10 名)

页面排名	点击次数	占点击总数比例
1	2 075 765	42.13%
2	586 100	11.90%
3	418 643	8.50%

页面排名	点击次数	占点击总数比例
4	298 532	6.06%
5	242 169	4.92%
6	199 541	4.05%
7	168 080	3.41%
8	148 489	3.01%
9	140 356	2.85%
10	147 551	2.99%

从这个数据中可以看到，第一页点击分布与康奈尔大学的数据大体相当。排名第一位的结果获得了 42.13%的点击率，排名第二位的结果点击次数大幅下降，仅为第一位的四分之一。页面排名在第一页的 10 个结果，总共获得所有点击流量的 89.82%。第二页排名第 11～20 的结果，得到 4.37%的点击。第三页只得到 2.42%。前 5 页共计占据了 99%以上的点击。

这是目前为止我们所能看到的唯一一份来自搜索引擎的真实点击数据，对 SEO 有很大的参考价值。

比如，同样是提高一位排名，从第十位提高到第九位，与从第二位提高到第一位获得的流量提升有天壤之别。很多公司和 SEO 把排名进入前十或前五当作目标，但实际上第十名或第五名与第一名流量上的差距非常大。这就给我们一个启示，有的时候我们可以找到网站有哪些关键词排名在第二位，想办法把它提高到第一位，这样就能使流量翻好几倍。

AOL 的数据权威、真实，但距今已有十多年了，这个数据现在还适用吗？近些年还有不少公司统计并发布了搜索点击数据，其结论与上面 AOL 数据揭示的结果大同小异，有程度的变化，但没有趋势上的本质变化。

表 2-6 列出了几个公司近年来发布的搜索点击分布数据对比。由于采样范围、时间、统计方法等的不同，不同公司的数据有出入，但有三点是没有疑义的，且多年来没有大变化。

表 2-6　搜索点击分布数据对比

排　名	AOL（2006 年）	Chitika（2010 年）	Slingshot（2011 年）	Caphyon（2014 年）	IMN（2017 年）	Backlinko（2019 年）
1	42.1 %	34.35%	18.20%	31.24%	21.12%	31.73%
2	11.90%	16.96%	10.05%	14.04%	10.65%	24.71%
3	8.50%	11.42%	7.22%	9.85%	7.57%	18.66%
4	6.10%	7.73%	4.81%	6.97%	4.66%	13.60%
5	4.90%	6.19%	3.09%	5.50%	3.42%	9.51%
6	4.10%	5.05%	2.76%	3.73%（6～10 名总计）	2.56%	6.23%
7	3.40%	4.02%	1.88%		2.69%	4.15%
8	3.00%	3.47%	1.75%		1.74%	3.12%
9	2.80%	2.85%	1.52%		1.74%	2.97%
10	3.00%	2.71%	1.04%		1.64%	3.09%
前 10 名总计	89.71%	95.00%	52.00%	71.33%	57.00%	99.22%

- 排名第一位的点击率虽然没有 40%以上这么高，但依然远高于后面排名的点击率。
- 排名第二位到第六位的点击率急剧下降。
- 第一页搜索结果占据了大部分点击。

搜索结果点击数据对 SEO 人员预估流量也有着重要意义，第 3 章将进行更详细的讨论。

2.6.2　中文搜索结果页面

上面介绍的视线跟踪及点击数据都是针对英文网站及美国用户的。那么中文搜索引擎的情况如何呢？

2007 年 4 月，enquiro.com 做了 Google 中文及百度搜索结果页面实验。参与实验的是 50 个 18～25 岁的中国留学生，这些留学生来到美国不超过几个星期，正在就读语言培训班，所以其浏览习惯大体上还与主流中文用户相同，没有受英文用户浏览习惯太大的影响。这次实验的结果如图 2-48 和图 2-49 所示。

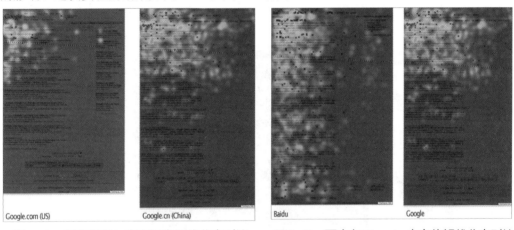

图 2-48　英文用户与中文用户视线分布对比　　图 2-49　百度与 Google 中文的视线分布对比

图 2-48 是英文 Google.com 与中文 Google.cn 上，英文用户与中文用户的视线分布对比。可以明显看出，相对于英文 Google 上比较规则的 F 型分布，中文用户在 Google 中文上的浏览更具随机性。虽然大体上呈现的还是对最上面的页面关注时间比较多，越往下越少。英文用户会视线垂直向下的浏览结果，看到感兴趣的结果则向右方移动目光，阅读页面标题或说明。而中文用户的目光更多地像是横向随机跳动，点击也是比较随机的，视线及点击分布都更广。

图 2-49 是百度和 Google 中文的视线分布对比。如果说用户在 Google 中文上的视线分布还大致符合越上面的页面得到的关注越多的规律，在百度上则连在垂直方向也呈现更多随机特性，用户目光从上向下并没有在关注时间上显现出急剧下降的趋势，百度用户不仅浏览页面上部的搜索结果，也在页面下部的搜索结果上花了不少时间浏览。对于页面底部的相关搜索，用户更是呈现出视线和点击聚集的情况。

与英文用户搜索浏览习惯对比，中文用户无论在 Google 中文还是百度上，似乎都花费了更长时间、浏览了更大范围，才能找到自己想要的结果。英文用户在 Google 上平均8～10 秒就找到想要的结果，而中文用户在 Google 中文上则需要花 30 秒，在百度上要花 55 秒。这一方面说明中文搜索结果比英文搜索结果的准确度低，另一方面也更可能是因为语言表达方面的差异。中文句子里的词都是连在一起的，用户必须花多时间真正阅读标题，才能了解列出的搜索结果是否符合自己的要求。而英文单词之间有空格分隔，更利于浏览，用户很容易在一瞥之下就能看到自己搜索的关键词。

目前还没有见到中文搜索结果页面的点击数据统计。显然，前面介绍的点击数据不完全适用于中文搜索结果页面。从视线分布的差异推论，百度搜索结果点击率没有呈现英文那样急剧下降的趋势，排在第五六位与排在第一位应该不会相差 10 倍之多。预估中文关键词流量时，不能照搬英文点击数据，还要参考自己网站的点击数据。

2.6.3　整合搜索及其他搜索功能

近几年随着整合搜索的流行，搜索结果页面中出现图片、视频、新闻、地图等结果，再加上精选摘要、框计算、知识图谱等展现方式，整个页面排版方式的变化必然影响用户的浏览和点击方式。

2007 年 9 月，enquiro.com 又做了整合搜索结果的视线跟踪实验，其视线分布结果如图 2-50 所示。图中的字母 A、B、C、D 是用户视线浏览顺序。

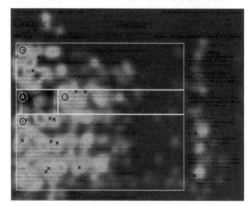

图 2-50　整合搜索结果对视线分布的影响

可以看到，当有图片出现在搜索结果页面上部时，用户目光不再是从页面最左上角开始，而是首先把目光放在了图片上，接着向右移动查看图片对应的搜索结果是否符合自己的要求。然后用户视线再回到左上角重新向下浏览，看到合适的页面时再向右侧移动目光阅读页面标题和说明。

很明显，图片的出现完全改变了用户的浏览方式，极大地吸引了用户视线。因此，整合搜索结果不仅获得排名比普通页面要容易，竞争更小，而一旦出现排名也更能吸引用户眼球并获得点击。

enquiro.com 对整合搜索结果的实验也发现，带有图片的列表常常起到分隔作用。

如图 2-51 所示，用户把图片当成了横向分隔线，分隔线之上的搜索结果获得很大的视线关注，分隔线之下的搜索结果则较少被浏览。

这对传统的关注于页面排名的 SEO 来说是个挑战，而且是自己无法克服的挑战。好在这个实验是 2007 年进行的，当时整合搜索结果还是个新鲜事物，用户不太习惯，因此会吸引更多的不成比例的视线。当用户对带有图片、视频等搜索结果习以为常后，其浏览和点击方式又会有变化。而且目前百度中文搜索结果绝大部分都是图文展现的形式，上述实验个别位置的图片对视线的吸引及分割作用就很小了。

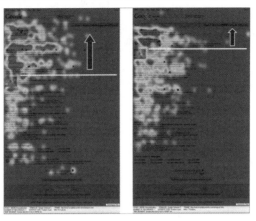

图 2-51　整合搜索结果中出现的图片起到分隔作用

2014 年 10 月，Mediative 公司（就是改名后的 enquiro.com）发布了更新后的搜索结果页面的视线跟踪实验。他们的实验内容很多，涵盖了知识图谱、地图结果、商户互动图片长廊（carousel）、广告等的影响。这里简单介绍几个。

实验结果表明，当搜索结果只包含传统的 10 个文字内容时，金三角图像基本保持稳定，但纵向浏览增加，浏览速度加快，2014 年视线跟踪实验的金三角图像如图 2-52 所示。

Mediative 公司也给出了点击数据，排在第一位的搜索结果得到 34% 的点击，比 2006 年有所降低，和其他点击统计到的变化趋势一样。前 4 位搜索结果共得到了 76% 的点击，比重略有上升，但在误差范围内。

当有广告、地图、图片等整合搜索结果出现时，视线分布产生了较大变化，如图 2-53 所示。

 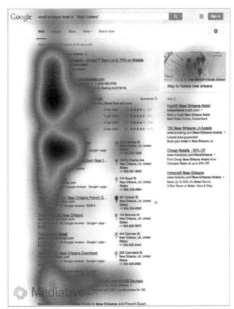

图 2-52　2014 年视线跟踪实验的金三角图像　图 2-53　2014 年有整合搜索结果时的视线分布

实验结果表明，用户视线不再形成位于左上角的金三角图像，由于第一个自然搜索结果往往不在左上角，用户开始在其他地方寻找自然搜索结果。同时，横向浏览（查看页面标题等）减少，纵向浏览大大增加，用户已经知道质量最高的自然搜索结果不一定在页面的固定位置，所以开始习惯于更快速地浏览，从而找到自己感兴趣的结果。用户在页面上浏览的搜索结果数量有所增加，但对每个搜索结果的浏览时间降低了，2005 年，用户对每个搜索结果查看了将近 2 秒，2014 年缩短到 1.17 秒。

虽然视线分布变化较大，但点击分布变化没有那么大。自然搜索结果中排名第一位的还是得到了 32.5% 的点击，前四名共计得到了 62% 的点击。用户视线虽然被干扰分散，但那些干扰因素并没有强到可以吸引点击。

前面介绍的知心搜索、知识图谱和 OneBox 等搜索结果显示样式现在出现得越来越普遍，这对 SEO 是个不小的打击，因为用户不用访问其他网站，在搜索结果页面上就看到答案了。Mediative 公司的实验也验证了这一点，知识图谱和 OneBox 结果对用户注意视线的影响如图 2-54 所示，用户在 Google 搜索"新奥尔良天气"，想找的信息在搜索结果页面上一目了然。

用户在百度搜索"北京天气"，搜索结果页面布局与 Google 几乎一样，如图 2-55 所示，百度 OneBox 和知心搜索同样影响用户注意视线。

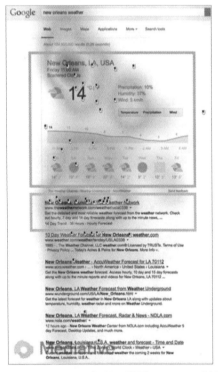

图 2-54　Google 知识图谱和 OneBox 结果
影响用户注意视线

图 2-55　百度 OneBox 和知心搜索同样
影响用户注意视线

Advanced Web Ranking 提供了一个很有意思的互动工具，用户可以使用其查看 Google 搜索结果页面在各种情况下的最新点击率，网址是：https://www.advancedwebranking.com/ctrstudy/。

如图 2-56 所示为 2020 年 9 月的 PC 搜索结果页面，出现全站链接时和只有自然搜索结果的点击率对比。只有自然搜索结果时，第一位搜索结果点击率为 37%，有全站链接时，第一位搜索结果（也就是全站链接那个网站）点击率上升到 57%，第二到第七位点击率下降，第一页最后三个和第二页前两个搜索结果点击率则明显升高。

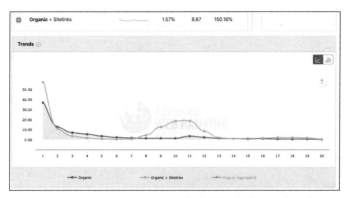

图 2-56　出现全站链接和只有自然搜索结果的点击率

图 2-57 是出现知识图谱或精选摘要时的点击率。有精选摘要时，精选摘要来源页面（排在第零位的搜索结果）的平均点击率并不会上升，而是下降到 21.32%，因为很多查询问题的答案已经显示在页面上了。但精选摘要的出现使排在第二、第三位的搜索结果点击率稍微上升。同样，有知识图谱时，左侧自然搜索结果第一位的点击率下降到 24.97%，第二位开始点击率更是极速下降。

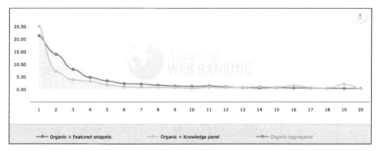

图 2-57　出现知识图谱或精选摘要时的点击率

图 2-58 是出现 OneBox 或图片搜索结果时的点击率。可以看到，这两种情况下，排在第一位的自然搜索结果点击率更是下降到百分之十几。

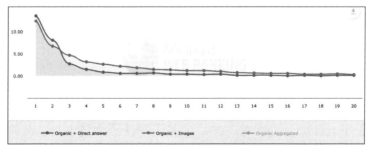

图 2-58　出现 OneBox 或图片搜索结果时的点击率

根据用户视线及点击率的最新数据，可以得出以下 5 点结论。

- 在出现整合搜索及各种其他显示格式（全站链接、知识图谱等）时，自然搜索结果的点击率差异非常大，第一位搜索结果点击率可低至百分之十几，也可高达百分之五十几。
- 除了全站链接显著提高了点击率，其他搜索功能和显示格式几乎都使自然排名结果点击率下降。
- 自然排名位置依然至关重要。用户即使不知道自然排名会在搜索结果的什么地方出现，还是会主动去寻找。很多用户已经习惯性忽略广告了。
- 虽然其他干扰因素吸引了大量注意力，但还没有吸引同等比例的点击，虽然点击率下降，但点击还是集中在自然排名上。
- SEO 应该想尽一切办法丰富自己页面的显示格式，如增加图片、视频、结构化标记，以形成富摘要和知心搜索/知识图谱、地图和本地信息等。现在不仅排名位置很重要，展现方式也越来越重要。

2.6.4　移动搜索结果页面

现在移动搜索已经超过 PC 搜索，那么用户在移动搜索结果页面上的点击情况如何？Advanced Web Ranking 提供的互动工具也可以查看移动搜索在各种情况下的点击率，感兴趣的读者可以选择、搭配不同情况进行对比。数据表明，上一节中最后的 5 点结论同样适用于移动搜索结果页面。

这里以 Sistrix 公司于 2020 年 7 月发布的专门针对移动搜索所做的点击数据分析作为佐证。Sistrix 公司收集、清理并分析了合作伙伴 Google 站长工具后台提供的 6 千万关键词，十亿级别页面的移动搜索显示和点击数据。

图 2-59 是只有自然搜索结果时的移动搜索结果第一页的点击率。排在第一的页面点击率是 34.2%，后面的搜索结果点击率快速下降。

图 2-60 是出现全站链接时的移动搜索第一页点击率。和 PC 端一样，全站链接对自身点击率有很大提升，达到 46.9%，但使后面几个搜索结果点击率下降得更快。

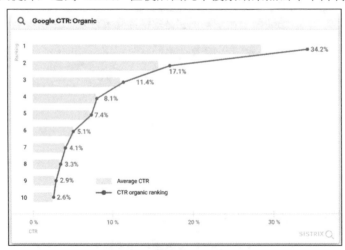

图 2-59　只有自然搜索结果时的移动搜索结果第一页的点击率

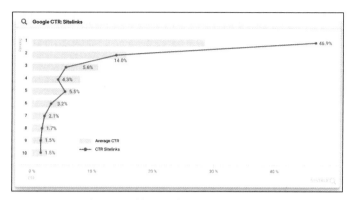

图 2-60　出现全站链接时的移动搜索第一页的点击率

图 2-61 是出现精选摘要时的移动搜索第一页的点击率。精选摘要会使来源页面的点击率下降，但有意思的是，它使排在第二位、第三位的搜索结果的点击率都上升了，这个特点也和 PC 端搜索一样。

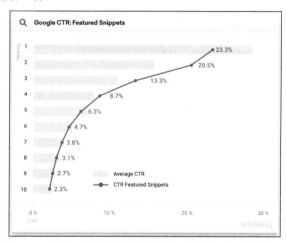

图 2-61　出现精选摘要时的移动搜索第一页的点击率

其他分析结果就不一一列举了，结果和 PC 端搜索基本一致，知识图谱、图片、视频、新闻等搜索结果都使其他自然搜索结果的点击率下降，OneBox 和顶部 Shopping 广告影响最大。

2.7　高级搜索指令

用户除了可以通过搜索引擎搜索普通查询词，还可以使用一些特殊的高级搜索指令。这些搜索指令是普通用户很少会用到的，但对 SEO 人员进行竞争对手研究和寻找外部链接资源却很有帮助。本节就简单介绍常用的高级搜索指令。

2.7.1　双引号

把搜索词放在双引号（""）中，代表完全匹配搜索，也就是说，搜索结果返回的页面包含双引号中出现的所有词，连顺序也完全相同。百度和 Google 都支持这个指令。

比如搜索"飞机钱包下载"，不带双引号的搜索结果如图 2-62 所示。

从图 2-62 中可以看到，返回的结果中大部分页面出现的关键词并不是完整的"飞机钱包下载"，有的页面中"飞机""钱包""下载"这三个词出现在不同地方，中间有间隔，顺序也不相同。把"飞机钱包下载"放在双引号中再搜索，搜索时带双引号的搜索结果如图 2-63 所示。可以看到，返回的搜索结果只剩下 2 个，而且是完全按顺序出现"飞机钱包下载"这个搜索字符串的页面。

图 2-62　不带双引号的搜索结果

使用双引号搜索可以更准确地找到特定关键词组的真正竞争对手，词组分开且不按顺序出现的页面，大概率只是因为偶然，查询词至少一次完全匹配地出现在页面上，才具有比较高的相关性。

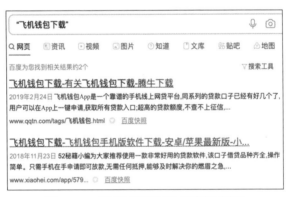

图 2-63　搜索时带双引号的搜索结果

当然，现在人工智能算法还能返回表面上没有完全匹配，甚至不出现查询词，但意义却高度相关的页面。具体可参考 10.14 节。

2.7.2　减号

减号（-）代表搜索不包含减号后面的词的页面。使用这个指令时，减号前面必须是空格，而减号后面没有空格，紧跟着需要排除的词。

比如搜索"新加"这个词时，Google 返回的普通的不使用减号的搜索结果如图 2-64
所示。

图 2-64　普通不使用减号的搜索结果

排名靠前的很多是关于新加坡的页面。如果我们搜索"新加-坡"，返回的则是包含
"新加"这个词，却不包含"坡"这个词的搜索结果，搜索时使用减号的搜索结果如图 2-65
所示。

图 2-65　搜索时使用减号的搜索结果

使用减号也可以更准确地找到需要的文件，尤其是在某些词有多种意义时。比如，搜索"苹果-电影"，返回的搜索结果页面就基本排除了《苹果》这部电影的结果，而不会影响苹果电脑和苹果作为水果的内容。

百度应该是支持减号指令的，其高级搜索有这个功能，但从实际搜索结果看，又好像不支持。

2.7.3 星号

星号（*）是常用的通配符，也可以用在搜索中。百度和 Google 都支持*号搜索指令。

比如在百度搜索"郭*纲"，其中的*号代表任何文字。返回的搜索结果不仅包含"郭德纲"，还包含了"郭明纲""郭的纲"等内容，也可以包含"郭纲"或"郭麒麟纲"等，搜索时使用星号的搜索结果如图 2-66 所示。

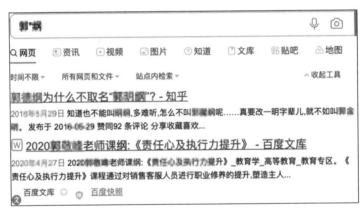

图 2-66　搜索时使用星号的搜索结果

2.7.4 inurl:

inurl:指令用于搜索查询词出现在 URL 中的页面。inurl:指令支持中文和英文。百度和 Google 都支持 inurl:指令。如图 2-67 所示，在百度搜索"inurl:搜索引擎优化"，返回的搜索结果是 URL 中包含"搜索引擎优化"的页面。

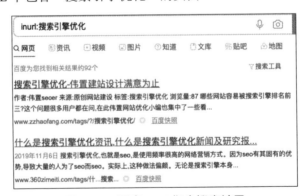

图 2-67　百度 inurl:指令搜索结果

由于关键词出现在 URL 中对排名有一定影响，在 URL 中包含关键词是 SEO 常规操作，因此，使用 inurl:搜索可以更准确地找到竞争对手，尤其是英文搜索。URL 中出现中文对用户并不友好，经常出现乱码，所以在 URL 中加入中文关键词越来越少见。

2.7.5　inanchor:

inanchor:指令返回的搜索结果是导入链接锚文字中包含搜索词的页面。百度不支持 inanchor:指令。

比如，在 Google 搜索"inanchor:点击这里"，从图 2-68 的搜索结果中可以看到，返回的搜索结果页面本身并不一定包含"点击这里"这四个字，而是指向这些页面的链接锚文字中出现的"点击这里"这四个字。

在后面的章节中会讨论，链接锚文字是关键词排名因素之一，有经验的 SEO 会尽量使外部链接锚文字中出现一定次数的目标关键词。因此，使用 inanchor:指令可以找到某个关键词的竞争对手，而且这些竞争对手往往是做过 SEO 的。研究竞争对手页面有哪些外部链接，就可以找到很多链接资源。

图 2-68　inanchor:指令搜索结果

2.7.6　intitle:

intitle:指令返回的是页面 Title 中包含关键词的页面。百度和 Google 都支持 intitle:指令。

Title（标题）是页面优化的最重要因素。做 SEO 的人无论要做哪个词的排名，都会把关键词放进 Title 中。因此使用 intitle:指令找到的文件才是更准确的竞争页面。如果关键词只出现在页面可见文字中，而没有出现在 Title 中，大部分情况是并没有针对关键词进行优化，也不是有力的竞争对手。

比如搜索"zac 博客"，普通搜索结果如图 2-69 所示，虽然我的博客首页 Title 没有这几个字，但搜索引擎还是能够知道用户想找的是什么。

图 2-69　普通搜索结果

但搜索"intitle:zac 博客"，我的博客就不会被返回，因为确实不满足 Title 包含"zac 博客"这个要求，返回的是符合要求的、Title 有这几个字的页面，搜索结果如图 2-70 所示。

图 2-70　intitle:指令搜索结果

2.7.7　allintitle:

allintitle:指令返回的是页面标题中包含多组关键词的文件。例如，搜索：

allintitle:SEO 搜索引擎优化

就相当于：

intitle:SEO intitle:搜索引擎优化

返回的是标题中既包含"SEO"，又包含"搜索引擎优化"的页面。

2.7.8　allinurl:

与 allintitle:指令类似。搜索：

allinurl:SEO 搜索引擎优化

就相当于：

inurl:SEO inurl:搜索引擎优化

2.7.9　filetype:

filetype:指令用于搜索特定的文件格式。百度和 Google 都支持 filetype:指令。

比如搜索"filetype:pdf SEO"，返回的搜索结果就是包含 SEO 这个关键词的所有 PDF 文件的页面，filetype:指令搜索结果如图 2-71 所示。

百度只支持下面几种文件格式：pdf、doc、xls、ppt、rtf、all。其中的"all"表示搜索百度支持的所有文件类型。Google 则支持所有能索引的文件格式，包括 HTML、PHP 等。

filetype:指令用来搜索特定的资源，比如 PDF 电子书、Word 文件等非常有用。

2.7.10　site:

site:指令是 SEO 最熟悉的高级搜索指令，用来查询某个域名下被索引的所有文件。

比如搜索"site:seozac.com"返回的就是 seozac.com 这个域名下的所有被索引页面，site:

指令搜索结果如图 2-72 所示。百度 site:指令还显示了直通百度资源平台的信息和链接。因此，这个指令是查询网站收录页面数最简单的方法。Google 的 site:指令很不准确，只能作为参考，若要查看自己网站的准确收录数，还应以 Google 站长平台数据为准。

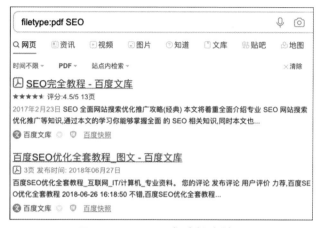

图 2-71　filetype:指令搜索结果

图 2-72　site:指令搜索结果

site:指令也可以用于子域名，比如：

site:blog.sina.com.cn

搜索的就是 blog.sina.com.cn 子域名下的所有收录页面。而

site:sina.com.cn

则包含 sina.com.cn 本身及 sina.com.cn 下面所有子域名（包括如 blog.sina.com.cn）下的页面。

2.7.11　link:

link:指令是以前 SEO 常用的指令，用来搜索某个 URL 的反向链接，既包括内部链接，又包括外部链接。比如搜索：

link: seozac.com

返回的就是 seozac.com 的反向链接。搜索：

link: seozac.com -site:seozac.com

返回的则是 seozac.com 的外部链接，并已去除 seozac.com 域名本身的页面，搜索结果如图 2-73 所示。

图 2-73　link:指令搜索结果

Google 的 link:指令返回的链接只是 Google 索引库中的一部分，而且是近乎随机的一部分，所以用 link:指令查反向链接只能看到部分样本。2017 年，Google 直接把这个指令作废了，所以现在搜索 link:seozac.com 返回的有些是反向链接，有些则是包含 link:seozac.com 这个字符串的页面。

百度从来不支持 link:指令。

2.7.12　linkdomain:

linkdomain:指令曾经是 SEO 们必用的外链查询工具，但随着 Yahoo!放弃了自己的搜索技术，这个指令已作废。保留这一节是为了做个纪念，新手 SEO 看到古老的 SEO 资料提到这个指令时也可以有个参考。

linkdomain:指令只适用于 Yahoo!，返回的是某个域名的反向链接。当年 Yahoo!的反向链接数据还比较准确，是 SEO 人员研究竞争对手外部链接情况的重要工具之一。比如搜索：

linkdomain:dunsh.org -site:dunsh.org

得到的就是点石网站的外部链接，因为-site:dunsh.org 已经排除了点石本身的页面，也就是内部链接，剩下的就都是外部链接了，搜索结果如图 2-74 所示。

图 2-74　Yahoo!的 linkdomain:指令搜索结果

2.7.13　related:

related:指令只适用于 Google,返回的搜索结果是与某个网站有关联的页面。比如搜索:

related:dunsh.org

我们就可以得到 Google 所认为的与点石网站有关联的其他页面,related:指令搜索结果如图 2-75 所示。

图 2-75　related:指令搜索结果

这种关联到底指的是什么,Google 并没有明确说明,一般认为指的是有共同外部链接的网站。

2.7.14　综合使用高级搜索指令

前面介绍的几个高级搜索指令,单独使用可以找到不少资源,或者可以更精确地定位竞争对手。把这些指令混合起来使用则更强大。

比如下面这个指令:

inurl:gov 减肥

返回的就是 URL 中包含"gov"页面中有"减肥"这个词的页面。很多 SEO 人员认为政府和学校网站有比较高的权重,找到相关的政府和学校网站,就找到了最好的链接资源。

下面这个指令返回的是来自.edu.cn,也就是学校域名上的包含"交换链接"这个词的页面:

inurl:.edu.cn 交换链接

SEO 人员从中可以找到愿意交换链接的学校网站。

或者使用一个更精确的搜索:

inurl:.edu.cn intitle:交换链接

返回的则是来自 edu.cn 域名,标题中包含"交换链接"这四个字的页面,返回的结果大部分应该是愿意交换链接的学校网站。

再如下面这个指令:

inurl:edu.cn/forum/*register

返回的结果是在.edu.cn 域名上,URL 中包含"forum"以及"register"这两个单词的页面，也就是学校论坛的注册页面。找到这些论坛后，也就找到了能在高权重域名上留下签名的很多机会。

下面这个指令返回的是与减肥有关，且 URL 中包含"links"这个单词的页面：

减肥 inurl:links

很多站长把交换链接页面命名为 links.html 等，所以这个指令返回的就是与减肥主题相关的交换链接页面。

下面这个指令返回的是 URL 中包含"gov.cn"和"links"的页面，也就是政府域名上的交换链接页面：

allinurl:gov.cn+links

高级搜索指令组合使用变化多端，功能强大。一个合格的 SEO 必须熟练掌握这些常用指令的意义及组合方法，才能更有效地找到更多竞争对手和链接资源。

第 3 章

竞争研究

初做网站的人很容易犯的大错误之一是：脑袋一拍就贸然进入某个领域，跳过竞争研究，没规划好目标关键词就开始做网站。这样做常常会导致两个结果：一是自己想做的关键词排名怎么也上不去；二是自己认为不错的关键词，排名到了第一也没什么流量。

进行竞争研究，确定适当的关键词是 SEO 的第一步，而且是必不可少的一步。竞争研究包括关键词研究和竞争对手研究。

3.1 为什么要研究关键词

按照市场营销理论，关键词研究就是市场需求研究。研究关键词的意义在于以下几方面。

3.1.1 确保目标关键词有人搜索

网站目标关键词的选择不能想当然，必须经过关键词研究才能确保这个关键词确实是有用户在搜索的，没人搜索的词没有任何价值。

对 SEO 没概念的人确定目标关键词时，常常会首先想到公司名称，或自己特有的产品名称、商标、品牌名称等。但是当企业或网站没有品牌知名度时，没有用户会搜索公司名、网站名或商标、品牌。产品名称如果不包含产品的通用名称，也往往没人搜索。

很多时候，即使使用行业最通用的名字，也不一定有足够的真实搜索次数。最典型的就是"SEO"这个词本身。百度指数显示"SEO"每天被搜索五六千次以上，但搜索"SEO"的很多是站长或工具在研究记录"SEO"这个词排名的新动向，而不是对 SEO 服务感兴趣。

想要确定适当的关键词，首先要做的是，确认此关键词的用户搜索次数能达到一定数量级。如果在这方面做出错误的方向选择，对网站 SEO 的影响将会是灾难性的。

3.1.2 降低优化难度

寻找有搜索量的关键词，并不意味着就要把目标定在最热门、搜索次数最多的词上，还得考虑有没有做上去的可能性。虽然搜索"新闻""律师""租房""机票""减肥""旅游""化妆品"等这些词的用户很多，但是对中小企业和个人站长来说，要把这些词做到前几位，难度非常大。可以说，没有强大的资源、人力支持，想都不用想。做关键词研究就是要找到被搜索次数比较多，同时难度不太大的关键词，网站优化才有可能在一定的预算、周期下取得较好的效果。把时间、精力、预算花在不可能达到的目标上就是浪费。

3.1.3　寻找有效流量

排名和流量都不是目的，有效流量带来的转化才是目的。就算公司有足够的实力将一些非常热门的通用关键词排到前面，也不一定是投入/产出比最好的选择。

假设网站提供律师服务，将目标关键词定为"律师"，一般来说并不是最好的选择，因为搜索"律师"的用户动机和目的是什么很难判定。用户有可能在寻找律师服务，但也可能是在寻找律师资格考试内容，还可能是在找大学专业报考指导，这样的用户来到提供律师服务的网站就没有什么机会转化为付费客户。

如果把目标关键词定为"北京律师"，则针对性就要强得多，因为搜索此词的用户已经透露出一定的购买意向。再进一步，如果目标关键词定为"北京刑事律师"，则购买意向或者说商业价值就更高，几乎可以肯定的是，搜索此词的用户是在寻找特定区域、特定案件的律师服务，一旦这样的用户搜索到你的网站，转化为客户的可能性将大大提高。

当然，如果贵公司确实是覆盖法律所有类型、律师服务的全国性法律服务公司或律师事务所，又有足够的人力、物力、耐心，那也不妨把"律师"之类的通用词定为目标关键词。

要记住，流量本身并不一定是资产，也可能是浪费带宽、客服的无谓付出，只有能转化的有效流量才是资产。寻找精准的、潜在转化率高的目标关键词才是关键词研究的目的。

3.1.4　搜索多样性

搜索词并不局限于我们容易想到的热门关键词。用户使用的搜索词五花八门，很多是站长自己想象不到的。

随着搜索经验越来越丰富，网民已经知道搜索很短的、一般性的词，往往找不到自己想要的内容，而搜索更为具体的、比较长的词效果更好。做过网站的人都会从流量分析中发现，很多用户现在不仅搜索关键词，甚至会搜索完整的句子。随着移动搜索，尤其是语音搜索的普及，句子式的查询就更普遍了。

无论是从用户意图和商业价值看，还是从搜索词长度来看，更为具体的、比较长的搜索词都有非常重要的意义。SEO 人员必须知道，用户除了搜索行业通称，还在搜索哪些更具体的词，以及搜索次数是多少，这样才能确定网站的目标关键词。

3.1.5　发现新机会

每个人的思维都会有局限。研发和销售某些特定产品的人，思路很容易被局限在自己和同事最常用的词汇上。而用户需求千变万化，上网经验也不同，他们会搜索各种各样我们意想不到的词。Google 员工多次提到过，Google 每天处理的查询词有 20%左右是以前没出现过的，很多以后也没有再出现了。

SEO 人员查询关键词扩展工具，或者分析网站流量，是非常有意思而且常常有意外发现的工作。我个人的经验是，利用关键词工具的推荐，挖掘相关关键词，很容易几个小时就过去了。期间，能看到太多自己完全不会去搜索但却实实在在有用户在搜索的查询词。在这个过程中，经常发现有共通性或明显趋势的主词和修饰词，把这些词分拆、组合、融入网站上，甚至增加新栏目，是发现新机会、拓展内容来源的最好方式之一。

3.2 关键词的选择

选择恰当的关键词是 SEO 最具技巧性的环节之一。只有选择正确的关键词，才能使网站 SEO 走在正确的大方向上。关键词的选择决定了网站内容规划、栏目设计、链接结构、外部链接建设等重要的后续步骤。

在介绍选择关键词的步骤前，我们先讨论选择关键词的原则。

3.2.1 内容相关

目标关键词必须与网站内容或产品具有相关性。SEO 早期曾经流行在页面上设置甚至堆积搜索次数多但与本网站没有实际相关性的关键词，也起到过一些作用，能带来不少流量。现在这样的做法早已过时。网站需要的不仅仅是流量，更应该是有效流量，是可以带来订单的流量。依靠欺骗性的关键词能够带来访客却不能实现转化，这对网站毫无意义。这样的排名和流量不是资产，而是负担，除了消耗带宽，没有其他作用。

如果你的网站提供"上海律师服务"，就不要想着靠"世博会"这种关键词带来流量。抛开难度和可能性不谈，就算搜索这种不相关关键词的访客来到网站，也不会购买你的产品或服务。

当然，某些类型的网站不必硬套这个原则。比如，新闻门户或纯粹依靠广告赢利的信息类网站。很多门户类网站内容包罗万象，各类查询词都有对应的相关内容，网站上也不卖产品或服务，对这些网站来说，只要有流量，就能显示广告，就有一定的价值。

3.2.2 搜索次数多，竞争小

很显然，最好的关键词是搜索次数最多、竞争程度最小的那些词，这样既能保证将 SEO 的代价降到最低，又能保证将带来的流量提升至最大。可惜现实不是这么理想。大部分搜索次数多的关键词，也是竞争大的关键词。不过，通过大量细致的关键词挖掘、扩展，列出搜索次数及竞争程度数据，还是可以找到搜索次数相对多、竞争相对小的关键词。

研究搜索次数比较直接、简单，Google 关键词工具、百度指数、百度竞价后台等都提供搜索量数据。

竞争程度的确定比较复杂，需要参考的数据较多，而且带有比较大的不确定性。这部分内容请参考 3.3 节。

根据搜索次数和竞争程度可以大致判断出关键词效能。在相同投入的情况下，效能高的关键词获得好排名的可能性较大，可以带来更多的流量。

3.2.3 主关键词不可太宽泛

这实际上是上面两点的自然推论。关键词宽泛，竞争太大，所花费的代价太高，搜索意图不明确，转化率也将降低。做房地产的公司，想当然地把"房地产"作为目标关键词，做旅游的公司就把"旅游"作为目标关键词，这都犯了主关键词过于宽泛的毛病。

一般行业通称都是过于宽泛的词，如"新闻""旅游""电器"等。把目标定在这种宽泛的词上，要么做不上去，要么费了九牛二虎之力做上去却发现转化率很低，得不偿失。而且还可能发现，宽泛的词查询量也不很大，并不能带来多少流量。

当然，如果你的公司就是本行业的绝对 No.1，那也不必太客气，不必把行业通称词留给别人，虽然这个词的流量与长尾总流量相比，可能只占很小比例，但把这种词做上去更关乎品牌。

3.2.4　主关键词也不能太特殊

选择主关键词也不能走向另一个极端。太特殊、太长的词，搜索次数将大大降低，甚至没有人搜索，因此不能作为网站的主关键词。

如果说"律师"这个词太宽泛，那么选择"北京律师"比较适当。根据不同公司业务范围，可能"北京刑事律师"更合适。但是如果选择"北京新街口律师"就不靠谱了。这种已经属于长尾关键词，可以考虑以内页优化，放在网站首页肯定不合适。

太特殊的关键词还包括公司名称、品牌名称、产品名称等。

所以，网站主关键词（或者称为网站核心关键词）既不能太长、太宽泛，也不能太短、太特殊，需要在二者之间找到一个平衡点。

3.2.5　商业价值

不同的关键词有不同的商业价值，就算搜索量、难度、长度相同，也会产生不同的转化率。

比如搜索"液晶电视原理"的用户购买意图就比较低，商业价值也低，他们很可能是在做研究，学习液晶电视知识而已。而搜索"液晶电视图片"的用户商业价值有所提高，很可能是在寻找、购买液晶电视的过程中想看看产品实物有哪些选择。搜索"液晶电视价格"，购买意图大大提高，已经进入产品比较选择阶段。而搜索"液晶电视促销"或"液晶电视购买"，其商业价值进一步提高，一个大减价信息就可能促成用户做出最后的购买决定。

在进行关键词研究时，SEO 人员可以通过各种方式查询到大量的搜索词，通过常识就能判断出不同搜索词的购买可能性。购买意图强烈、商业价值较高的关键词应该是优化时最先考虑的，无论内容规划，还是内部链接安排，都要予以侧重。

3.3　关键词竞争程度判断

关键词选择最核心的要求是搜索次数多、竞争程度小。搜索次数可以通过搜索引擎本身提供的关键词工具和指数查看，简单明了，数值比较确定。

而竞争程度判断起来就要复杂得多。下面列出几个可以用于判断关键词竞争程度的因素。每个因素单独看都不能完整、准确地说明关键词的竞争情况，必须整体考虑。更为困难的是，有的因素在数值上并不确定，比如对于竞争对手网站的优化水平，无法给出一个确定数值。这几个竞争程度表现因素哪个占的比例更大，也没有一定的结论。所以，基于经验的主观判断就变得非常重要了。

3.3.1　搜索结果数

搜索结果页面都会显示这个查询词返回的相关页面总数。这个搜索结果数是搜索引擎经过计算认为与查询词相关的所有页面，也就是参与这个关键词竞争的所有页面。

显然，搜索结果数越大，竞争程度越大。通常，搜索结果数在 10 万以下，竞争很小，稍微认真地做一个网站，就可以获得很好的排名。权重高的域名上经过适当优化的内页也可以迅速获得排名。

搜索结果数达到几十万，说明关键词有一定难度，需要一个质量和权重都不错的网站才能竞争。

搜索结果数达到一两百万及以上，说明关键词已经进入比较热门的门槛。新网站排名到前几位的可能性大大降低，需要坚持扩展内容，建立外部链接，达到一定域名权重才能成功。

搜索结果数达到千万级别以上，通常是行业通用名称，竞争非常激烈，只有大站、权重高的网站才能获得好的排名。

上面只是大致而论，实际情况千差万别。有的关键词虽然搜索结果数很大，但没有任何商业价值，竞争程度并不高，比如，"我们""方法""公园"等这些常见却很一般化的词，出现在网页上的概率高，搜索结果数自然很高，但搜索的次数不多，反而商业价值很小。

而某些关键词看似搜索结果数并不多，但是因为商业价值高，竞争程度非常高。比如，某些疑难杂症的治疗方法、药品等。

查看搜索结果数时，查询词可以加双引号，也可以不加双引号。由于双引号的意义是完全匹配，加双引号的搜索结果数通常比不加双引号的小，实际上起到了将竞争页面缩小到更精准范围的作用。当然，在进行比较时，要在使用相同方法的条件下比较，要不加双引号就都不加，要加就都加。

百度显示的搜索结果数上限是 1 亿。某些词已经达到上限，所以无法比较，就可以加上双引号缩小范围，然后才能比较搜索结果数。

3.3.2　intitle 结果数

使用 intitle:指令在百度搜索得到的结果数如图 3-1 所示。

单纯搜索查询词返回的结果中包括页面上出现关键词，但页面标题中没有出现关键词的页面，这些页面虽然也有一定的相关性，但很可能只是偶然在页面上提到关键词而已，并没有针对关键词进行优化。在第 5 章中将提到，页面优化的最重要因素之一就是 Title 中包含关键词。这些 Title 中不包含关键词的页面竞争实力较低，在做关键词研究时可以排除在外。

图 3-1　百度 intitle:指令搜索结果数

标题中出现关键词的页面才是真正的，而且往往是有 SEO 意识的竞争对手。

3.3.3　竞价结果数

搜索结果页面有多少个广告结果，也是衡量竞争程度的指标之一。

一般来说，广告商内部有专业人员做关键词研究和广告投放，他们必然已经做了详细的竞争程度分析、赢利分析及效果监测，只有能产生效果和赢利的关键词，他们才会持续投放广告。如果说搜索结果数还只是网上内容数量带来的竞争，那么竞价数则是拿着真金白银与你竞争的，真实存在的竞争对手数目。

以前所有 PC 搜索结果页面右侧最多显示 8 个广告，比较有商业价值的关键词，通常都会显示满 8 个广告结果。如果某个关键词搜索页面右侧只有两三个广告，说明关注这个词的网站还比较少，竞争较低。现在 Google 已经完全取消右侧广告位了。百度结果右侧如果出现"为您推荐"广告的话，就说明竞争程度比较大。

目前，百度在搜索结果页面左侧顶部有 5 个广告位，而 Google 则有 4 个，百度还有穿插在自然搜索结果中的混排广告。Google 在左侧底部有 3 个广告位。观察这些广告位是否显示满广告，可以帮助判断愿意出价的广告商，也就是竞争对手有多少。

要注意的是，竞价结果数需要在白天的工作时间查看。广告商投放竞价广告时，经常会设置为深夜停止广告。对于经常晚上工作的 SEO 人员来说，如果半夜查看搜索结果页面，没看到几个广告商，就认为没有多少人参与竞价，很可能导致误判。

3.3.4　竞价价格

几大搜索引擎都提供关键词工具，让广告商投放前就能看到某个关键词的大致价格，能排到第几位，以及能带来多少点击流量。如 Google 的关键词工具被称为"关键字规划师"：

https://ads.google.cn/intl/zh-CN_cn/home/tools/keyword-planner/

如图 3-2 所示是 Google 关键字规划师显示的与"减肥"相关的几个关键词竞价价格及预估点击流量。

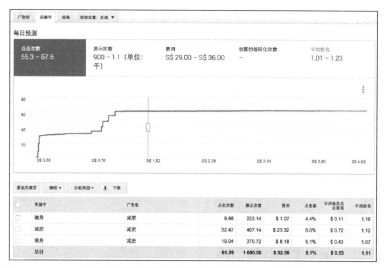

图 3-2　Google 关键字规划师显示相关的关键词竞价价格及预估点击流量

显然，竞价价格越高，竞争程度也越高。当然也不能排除是两三个广告商为了争抢广告位第一名而掀起了价格战，把本来竞争程度不太高的关键词推到了很高的价格。实际上，如果广告商只想出现在第四位或第五位的话，竞价价格就会大幅下降，参与竞价的广告商人数也没有那么多。

另外，某些利润率高的行业，搜索竞价经常超出自然排名的真正竞争程度，比如律师服务、特效药品，这些行业产品及服务的特性决定了一个订单的利润可能是成千上万的，因而企业可以把竞价提到相当高的程度，甚至一个点击几十元钱也不罕见。而销售书籍、服装、小家电等，利润不是很高，竞价价格也不可能太高。广告价格的巨大差异，并不能说明自然搜索竞争程度真的有这么大的差别。

3.3.5　竞争对手情况

自然搜索结果排在前面的主要竞争对手情况，包括外部链接数量质量、网站结构、页面关键词优化等。这部分很难量化，而且本身包含了众多因素。我们在后面的 3.11 节再详细讨论。

3.3.6　内页排名数量

搜索结果页面前 10 位或前 20 位中，有多少是网站首页？有多少是网站内页？这在一定程度上说明了竞争水平。一般来说，排在前面的内页数越多，说明竞争越小。

通常，网站首页是权重最高的页面，排名能力也最强。如果一个关键词排在前 20 位的页面多数是网站内页，说明使用首页特意优化这个关键词的网站不多。如果自己的网站首页能够针对这个关键词进行优化，获得好排名的机会就比较大。如果有权重比较高的域名，分类页面甚至产品页面也都有机会获得好排名。

要注意的是，这里所说的内页指的是一般网站内页。如果排在前面的是大型知名门户的频道首页，他们经常使用的也是单独子域名，这种页面应视同网站首页。权重高的网站，频道首页权重也比一般网站首页高得多。

综合上面几种指标，SEO 人员可以结合经验给关键词设定一个竞争程度指数，示例如表 3-1 所示。

表 3-1　关键词竞争程度指数示例

关键词	搜索结果数	intitle 数	竞价数	平均点击价格（元）	竞争对手实力	前 10 位内页数	竞争指数
减肥	66 400 000	9 030 000	8+3+2	¥1.64	9	4	10
运动减肥	17 800 000	829 000	6+1+1	¥0.99	5	8	7
快速减肥	16 400 000	2 050 000	8+3+2	¥2.04	7	4	9
饮食减肥	13 900 000	6 200 000	5+0+0	¥0.94	6	7	8
节食减肥	1 870 000	131 000	1+0+0	¥0	5	9	4
苹果减肥	3 370 000	5 790 000	1+0+0	¥0.76	6	8	7
腹部减肥	2 060 000	278 000	3+0+0	¥7.19	5	8	7
脸部减肥	6 520 000	192 000	1+0+0	¥0	3	10	3
快走减肥	5 110 000	14 500	0	¥0.34	4	9	3
跑步减肥	1 460 000	273 000	0	¥1.07	4	9	6

注：（1）除了竞争对手实力和竞争指数是估算得出，表中其他所列是实际数据。有些看似不合逻辑的地方，如有的有广告出现，平均竞价价格却是 0，以及有的有竞价价格，却没广告，这可能和观察时间、数据统计时间差异有关。（2）关于表中的竞价数以 8+3+2 为例，是指以前自然搜索结果页面右侧广告有 8 个，上部（自然搜索结果前）有 3 个，下部（自然搜索结果后）有 2 个。现在广告位分布已经不同，而且搜索引擎还可能继续修改，读者实际工作时可以改为其他适合的格式，如顶部广告数+混排广告数+右侧广告数。（3）竞争对手实力的判断请参考 3.11 节。

3.4　核心关键词

选择关键词的第一步是确定网站的核心关键词。

核心关键词通常就是网站首页的目标关键词。一般来说，整个网站会有很多目标关键词，这些关键词不可能都集中在首页上进行优化，而是合理地分布在整个网站，形成金字塔形结构。其中，难度最大、搜索次数最多的两三个是核心关键词，放在首页；难度次一级、搜索量少些但数量更多的关键词，放在栏目或分类首页；难度更低的关键词，搜索量更少，数量更为庞大，放在具体产品或文章页面。

整个网站的关键词按照搜索次数、竞争程度、优化难度逐级分布。关键在于确定核心关键词，首页的核心关键词一旦确定，其下的栏目及产品页面关键词也就相应确定了。

3.4.1　头脑风暴

确定核心关键词的第一步是列出与自己网站产品相关的、尽量多的、同时比较热门的搜索词，可以通过头脑风暴先列出待选词。

建议问自己如下几个问题：

- 你的网站能为用户解决什么问题？
- 用户遇到这些问题时，会搜索什么样的关键词？
- 如果你自己是用户，在寻找这些问题的答案时会怎么搜索？
- 用户在寻找你的产品时会搜索什么关键词？

只要具备一定的常识，并且了解自己的产品，就一定会列出至少一二十个备选核心关键词。

3.4.2 同事、朋友

一个人的思路有限，可以找几个同事一起“头脑风暴”。不要给自己和别人设限，想到什么就全都记下来。

有的时候公司内部人员因为对自己的产品太过熟悉，反倒限制了思路，不容易从普通用户的角度出发。这时就可以问一下公司之外的亲戚朋友，在寻找你公司的产品或服务时会搜索什么关键词。

3.4.3 竞争对手

另一个备选关键词的来源是竞争对手。查看竞争对手网站首页源文件，关键词标签列出了什么关键词？标题标签中又出现了什么关键词？有实力的竞争对手应该已经做了功课，他们的网站优化的关键词很可能就是不错的选择，竞争对手网站元标签如图 3-3 所示。

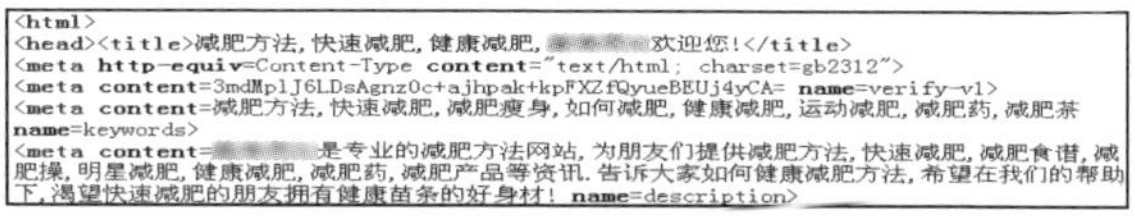

```
<html>
<head><title>减肥方法,快速减肥,健康减肥,欢迎您!</title>
<meta http-equiv=Content-Type content="text/html; charset=gb2312">
<meta content=3mdMplJ6LDsAgnz0c+ajhpak+kpFXZfQyueBEUj4yCA= name=verify-v1>
<meta content=减肥方法,快速减肥,减肥瘦身,如何减肥,健康减肥,运动减肥,减肥药,减肥茶
name=keywords>
<meta content=是专业的减肥方法网站,为朋友们提供减肥方法,快速减肥,减肥食谱,减
肥操,明星减肥,健康减肥,减肥药,减肥产品等资讯.告诉大家如何健康减肥方法,希望在我们的帮助
下,渴望快速减肥的朋友拥有健康苗条的好身材! name=description>
```

图 3-3　竞争对手网站元标签

现在很多网站没有写关键词标签。标题标签长度有限，再加上吸引点击的考虑，不一定完整列出目标关键词。但首页正文内容中一定会出现网站的核心关键词。

Google 关键词工具有一个功能很多人都忽略了，那就是除了列出关键词搜索次数，Google 关键词工具还可以根据某个页面的正文内容提炼出最相关的关键词。如图 3-4 所示，在“您的着陆页”输入竞争对手网址。

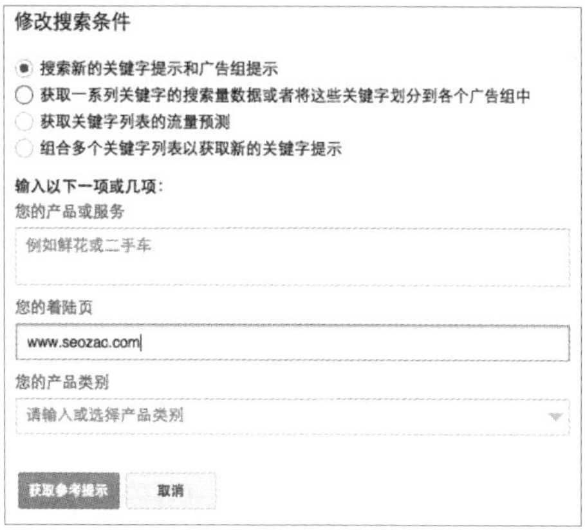

图 3-4　用 Google 关键词工具从页面提炼关键词

Google 关键词工具根据页面内容生成相关的关键词，如图 3-5 所示。

无论网站怎么写标签，正文内容是没办法隐藏的，从正文中提炼的关键词通常是非常准确的。

图 3-5　使用 Google 关键词工具根据页面内容生成的相关关键词

3.4.4　查询搜索次数

经过自己及朋友、同事的头脑风暴和检查竞争对手网站之后，再使用 Google 关键词工具、百度指数、百度竞价后台等工具，查询这些关键词的搜索次数，可获得如图 3-5 中所示的"平均每月搜索量"数据。同时，这些工具也会提供很多相关的关键词，也许有前面没有想到也没有查到的。

选出其中搜索次数比较多的几十个关键词，记录下 Google 搜索次数、百度指数，再列出这些关键词对应的竞争指数和潜在效能，示例如表 3-2 所示。

表 3-2　关键词对应的竞争指数和潜在效能示例

关　键　词	Google 月搜索次数	百度指数	竞争指数	潜在效能
减肥	673 000	7645	10	7
运动减肥	201 000	386	7	6
快速减肥	301 000	803	9	5
饮食减肥	135 000	118	8	4
节食减肥	165 000	155	4	8
苹果减肥	8100	176	7	5
腹部减肥	5400	202	7	5
脸部减肥	60 500	163	3	7
快走减肥	1000	0	3	4
跑步减肥	1300	236	6	2

有时候需要快速查看几个关键词的搜索次数对比，这时可以在 Google 趋势和百度指数中输入多个关键词，之间用逗号隔开，这两个工具将直观地显示搜索量差别，如图 3-6 和图 3-7 所示。

图 3-6　Google 趋势直观显示搜索量差别

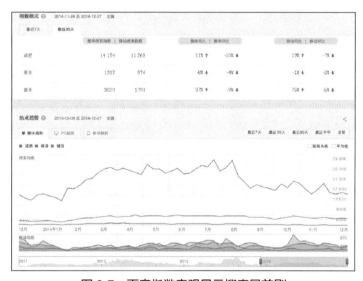

图 3-7　百度指数直观显示搜索量差别

3.4.5　确定核心关键词

面对几十个甚至是几百个关键词，要选出两三个作为网站的核心关键词，通常有几种情况和策略。

对中小企业网站、个人网站及有志于从事电子商务的新站来说，核心关键词最好是效能最高的几个关键词，也就是搜索次数相对比较多、竞争指数相对比较小的几个关键词，如表 3-3 中的"节食减肥""脸部减肥"。这样既保证了足够的搜索量及优化成功后带来的流量，又兼顾可行性。新站、小站把目标放在搜索次数最多的热门关键词上是不太现实的。

对于有资源、有实力并且有决心的公司来说，也可以把目标定在搜索次数最多的几个关键词上，只要这几个词不是太宽泛。像前面所说，除非你想打败新浪、搜狐等已形成品牌的行业网站，不然把"新闻"定为核心关键词是毫无意义的。就算把核心关键词确定在搜索次数最多的几个词上，也要做关键词研究，因为次一级关键词在网站上的分布还是需要研究和安排的。

有的公司产品早就存在，但没有太大的灵活性，所以不得不把核心关键词放在产品的通用称呼上。这时候可能需要在产品名称前加上限定词，才有可能获得比较好的排名。

这里强调一下，本节中列出的关键词搜索次数、竞争指数、潜在效能等数字只是示例，目的是让读者明白关键词研究的方法，请读者不要把示例解读为减肥领域的 SEO 建议。主要有以下几点原因。

- 作为示例，此处并没有列出可以判断全局的足够多的关键词。
- 列出的搜索次数、指数、竞价情况等虽然是真实数字，但都不是最新的，读者查询时得到的数据肯定已经发生变化。
- 各公司或站长有自己的产品情况，不能仅看关键词，还要与自己的产品相关。例如，如果公司销售运动器械，显然不适合把"节食减肥"作为核心关键词。
- 我本人对减肥行业没有任何了解，标识的竞争指数可能与实际情况有很大出入。目前排名靠前的网站可能是减肥行业很强的域名，而我不了解，只作为普通网站判断。

无论采取哪种策略，一般来说核心关键词设置 3 个左右比较合适，不要超过 4 个。上述过程列出的其他关键词数据，后面还会用到，并不会浪费。

3.5 关键词扩展

确定了核心关键词后，接下来就是进行关键词扩展。对一个稍有规模的网站来说，研究几十个关键词并不够，还需要找出更多比核心关键词搜索次数少一些的关键词，安排到次级分类或频道首页。挖掘扩展出几百、几千个关键词都很常见。

扩展关键词可以通过下面几种方式。

3.5.1 关键词工具

最常见的工具还是 Google 关键词工具、百度指数、百度竞价后台。我个人更习惯使用 Google 关键词工具，但这只是个人习惯而已。随着 Google 在中文市场份额的下降，以及国内访问 Google 越来越困难，国内 SEO 使用百度竞价后台应该更方便，二者的基本功能是一样的。

如图 3-8 所示，使用关键字规划师查询任何一个关键词，Google 都会列出至少几十个相关关键词。再取其中的任何一个重新查询，又可以带出另外几十个关键词。通过这种联想式的不断挖掘，就可以轻而易举地扩展出几百、几千个关键词。

SEO 可以把 Google 给出的关键词下载为 Excel 文件，在 Excel 中合并得到所有相关词，删除重复及搜索量很低的关键词，再按搜索次数排序，就能得到有一定搜索量的大量关键词。

百度指数也显示相关关键词，如图 3-9 所示。

图 3-8　Google 关键词工具（关键字规划师）生成大量相关关键词

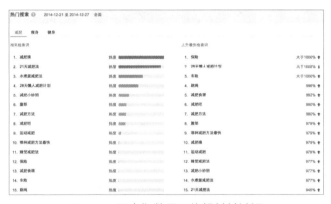

图 3-9　百度指数显示的相关关键词

3.5.2　搜索建议

在百度或 Google 搜索框中输入核心关键词，搜索框会自动显示与此相关的建议关键词，如图 3-10、图 3-11 所示。

图 3-10　百度搜索建议关键词

图 3-11　Google 搜索建议关键词

3.5.3　相关搜索

百度和 Google 的搜索结果页面底部可以看到搜索引擎给出的相关搜索，如图 3-12、图 3-13 所示。

图 3-12　百度相关搜索　　　　　　图 3-13　Google 相关搜索

　　一般来说，搜索建议和相关搜索中的扩展词在百度和 Google 的关键词工具中都会出现，但搜索建议和相关搜索使用最简单，是快速开拓思路的好方法。

3.5.4　其他关键词扩展工具

　　很多第三方工具也有关键词挖掘功能，如站长之家（ChinaZ）、爱站网（aizhan.com）、5118 营销大数据等。如图 3-14 所示是爱站网的关键词挖掘功能。

图 3-14　爱站网的关键词挖掘功能

　　第三方工具的一个优势是会集成显示很多相关数据，如百度指数、收录数等，有的还显示工具平台计算出来的优化难度（也就是竞争指数）和推荐度（也就是潜在效能）。

3.5.5　各种形式的变体

1．同义词

　　假设核心关键词是"酒店"，与酒店基本同义的还有饭店、旅馆、住宿、旅店、宾馆等。再如网站推广、网络推广、网络营销的意义也很相近。

2．相关词

　　这里指的是虽然不同义，但作用却非常类似的词。如网站建设、网页设计、网络营销与 SEO 非常相关，其目标客户群也大致相同。

3．简写

　　如 Google PR 值与 Google PageRank，北京大学与北大，马尔代夫与马代。

4．错字

　　还有一类字变体是错字。如艾滋病与爱滋病，SEO 每天一贴与 SEO 每天一帖，点石与电石。有不少用户使用拼音输入法经常会输入错字、同音字，所以产生一些搜索量。

但是优化错别字就不可避免地要在页面中出现这些错别字，可能会给网站用户带来负面观感，使用时需要非常小心。

3.5.6 补充说明文字

核心关键词可以加上各种形式的补充说明。

1. 地名

有的核心关键词配合地名就会很明显，比如：

- 旅游——云南旅游，海南旅游，北京旅游。
- 酒店——上海酒店，南京酒店。

有的关键词看似与地理位置无关，却有不少用户会加上地名搜索，经常与本地购买有关，因此商业价值比较高，比如：

- 北京办公家具，上海办公家具，广州办公家具。
- 上海鲜花，深圳鲜花。

究竟哪种核心关键词配合地名有搜索量，需要在使用搜索引擎关键词工具扩展时注意观察和总结，规律性往往是比较明显的。有的关键词就完全没有人加上地名进行搜索，比如：减肥。

2. 品牌

核心关键词加上品牌名称也是很常见的形式，比如：

- 电视机——康佳电视机，索尼电视机。
- 手机——三星手机，苹果手机，小米手机。

3. 限定词和形容词

包括前缀和后缀。比如：

- 主机——免费主机，国外主机，免费服务器。
- 电视机——电视机价格，电视机促销。
- 京东商城——京东商城官方网站。

上面提到的免费、促销、价格、官方网站这些附加限定词都很常见。便宜、怎样、是什么、好吗、评测、图片等也都是常见的限定词。

在做核心关键词研究、使用搜索引擎工具的时候，经常会见到各式各样的限定词和形容词，经常出现和查询数较大的词，都应该记下来。

3.5.7 网站流量分析

查看网站现有流量，分析用户都搜索什么关键词来到网站时，经常能看到一些站长自己并没有想到的关键词。用户之所以能搜索这些关键词找到网站，说明搜索引擎认为你的网站与这种关键词有比较高的相关性。把这些关键词输入到关键词工具，生成更多相关词，也是一个很好的关键词扩展方式。

3.5.8 单词交叉组合

上面提到的核心关键词、同义词、相关词、简写、地名、品牌、限定和形容词等，放在一起又可以交叉组合出多种变化形式。如北京办公家具价格、京东商城电视机促销、小米手机评价、云南旅游攻略等。

如果前面已经找到了几百个关键词，将它们交叉组合起来很容易生成数万个扩展关键词。这些组合起来比较长的关键词可能搜索次数并不多，但数量庞大，累计能带来的流量潜力也是非常可观的。这类关键词在词库生成、产品条件筛选系统等方面经常有很大用处。

3.6 关键词分布

经过核心关键词确定与关键词扩展，应该已经得到一个至少包含几百个相关关键词的大列表。这些关键词需要合理分布在整个网站上。

优化多个关键词是很多初学 SEO 的人都感到迷惑的问题。显然不可能把这么多关键词都放在首页上，否则页面内容撰写、链接建设、内部链接及锚文字的安排都将无所适从。

3.6.1 金字塔形结构

金字塔形结构是一个比较合理的整站关键词布局形式。

核心关键词相当于塔尖部分，只有两到三个，使用首页优化。

次一级关键词相当于塔身部分，可能有几十个，放在一级分类（或频道、栏目）首页。意义最相关的两三个关键词放在一起，成为一个一级分类的目标关键词。

再次一级的关键词则放置于二级分类首页。同样，每个分类首页针对两三个关键词，整个网站在这一级的目标关键词将达到几百个甚至上千个。小型网站经常用不到二级分类。

更多的长尾关键词处于塔底，放在具体产品（或文章、新闻、帖子）页面。

3.6.2 关键词分组

得到关键词扩展列表后，接下来重要的一步是将这些关键词进行逻辑性分组，每一组关键词对应一个分类。

以旅游为例。假设核心关键词确定为云南旅游，次级关键词可能包括昆明旅游、丽江旅游、大理旅游、西双版纳旅游、香格里拉旅游等，这些词放在一级分类首页。

每个一级分类下，还可以再划分出多个二级分类。如大理旅游下又可以设置大理旅游景点、大理旅游地图、大理旅游攻略、大理美食、大理旅游交通、大理旅游自由行等，这些关键词放在二级分类首页。

再往下，凡属于大理地区内的景点介绍文章，则放在大理旅游景点二级分类下的文章页面。

这样，整个网站将形成一个很有逻辑的结构，不仅用户浏览起来方便，搜索引擎也能更好地理解各分类与页面的内容关系。

有的行业并不像旅游一样有地区这种明显的划分标准，所以关键词分组的逻辑性并不明显。比如"减肥"这种词，就需要在进行关键词扩展时，可按照生活和行业常识将关键词分成多个组别。

经过关键词扩展得到相关关键词列表后，按搜索量排序，整体观察这些关键词后，可以从逻辑意义上分为几种，如图 3-15 所示。

	A 关键字	B 广告客户竞争程度	C 本地搜索量: 12月	D 全球每月搜索量	E
2	[减肥]	1	673000	673000	
3	[dhc 减肥]	0.4	673000	140	
4	[快速 减肥 方法]	0.93	450000	8100	
5	[瘦身 减肥 方法]	0.66	450000	6600	
6	[运动 减肥 方法]	0.86	450000	1600	
7	[绿色 减肥]	0.66	301000	12100	
8	[减肥 公斤]	0.73	301000	-1	
9	[快速 减肥]	1	301000	165000	
10	[减肥 瘦 身]	1	301000	550000	
11	[减肥 法]	1	301000	8100	
12	[冬季 减肥]	0.86	301000	3600	
13	[减肥 汤]	0.86	301000	880	
14	[减肥 绝招]	0.73	301000	260	
15	[运动 减肥]	0.86	201000	14800	
16	[苹果 减肥]	0.93	201000	3600	
17	[节食 减肥]	0.86	165000	1300	
18	[辟谷 减肥]	0.6	165000	720	
19	[夏日 减肥]	0.6	165000	260	
20	[腹部 快速 减肥 方法]	0.73	135000	2400	
21	[减肥 香蕉]	0.4	135000	28	
22	[饮食 减肥]	0.86	135000	1300	
23	[快速 减肥 瘦 身 方法]	0.8	135000	8100	
24	[苹果 餐 减肥]	0.6	135000	36	
25	[运动 减肥 瘦身]	0.66	135000	390	
26	[运动 减肥 法]	0.73	135000	590	
27	[针灸 减肥 食谱]	0.66	90500	1600	
28	[减肥 餐]	0.86	90500	2400	
29	[快速 减肥 食谱]	0.8	74000	1000	
30	[腹部 减肥 法]	0.66	74000	320	
31	[减肥 塑身]	0.86	74000	14800	

Sheet1

图 3-15　相关关键词按搜索量排序

减肥类关键词大致可以分为饮食减肥、减肥方法、局部减肥、快速减肥、运动减肥等一级分类。

然后将所有关键词按上述分类进行分组，放在不同的表内，如图 3-16 所示。

可以看到，凡是和局部减肥有关的词就放在局部减肥表内，饮食减肥、快速减肥等有关词做同样处理。

	A	B	C	D	E
1	[腹部 快速 减肥 方法]	0.73	135000	2400	
2	[腹部 减肥 法]	0.66	74000	320	
3	[脸 部 减肥]	0.73	60500	880	
4	[下半身 减肥]	0.8	22200	320	
5	[腹部 减肥 视频]	0.46	6600	390	
6	[腹部 减肥]	1	5400	33100	
7	[瑜伽 腹部 减肥 法]	0.4	480	320	
8	[大腿 减肥]	0.86	390	1900	
9	[腹部 减肥 的 最 好 方法]	0.66	390	1000	
10	[腰部 减肥]	0.86	390	1600	
11	[手臂 减肥]	0.73	390	720	
12	[腿 部 减肥]	0.8	260	1600	
13	[啤酒肚 减肥]	0.46	210	73	
14	[腿 减肥]	0.4	170	91	
15	[减肥 小腿]	0.53	170	110	

局部减肥 / 饮食减肥 / 快速减肥 / 健身减肥 / 总表

图 3-16　将关键词分组

从一级分类列表里可以看出能够进行划分的二级分类，如局部减肥可以分为腹部减肥、大腿减肥、脸部减肥等。使用 Excel 将关键词进行合并、排序、分组后，整个网站的关键词金字塔结构就清晰地展现出来了，整个网站的栏目规划和分类结构也就确定下来了。

做 SEO 一定要记住这一点，网站栏目规划和整体结构来源于关键词研究，不是来自自己的假设，也不是来自老板的指示。我见过不少网站，主导航下的一级分类页面是董事长的话、公司组织架构、最新团建活动……网站不是给自己或老板看的，是用来满足用户需求的，而用户需求是通过关键词表现出来的。

3.6.3　关键词布局

进行关键词布局时，还要注意以下几点。

（1）每个页面只针对两三个关键词，不能过多。这样才能在页面写作时更有针对性，使页面主题更突出。

（2）避免内部竞争。同一个关键词，不要重复在网站的多个页面上优化。有的站长认为同一个词使用多个页面优化，获得排名的机会多一点。其实这是误解，只能造成不必要的内部竞争。无论你为同一个关键词建造多少个页面，搜索引擎一般来说也只会挑出最相关的一个页面排在前面。使用多个页面既造成内容写作的困扰，也分散了内部权重及锚文字效果，很可能使所有页面没有一个是突出的。

关键词研究决定内容策划。从关键词布局可以看到，网站要策划、撰写哪些内容，在很大程度上是由关键词研究决定的，每个版块都针对一组明确的关键词进行内容组织。关键词研究做得越详细，内容策划就越顺利。内容编辑部门可以依据关键词列表不停地制造内容，将网站做大、做强。虽然网站的大小与特定关键词排名没有直接关系，但是内容越多，创造出的链接和排名机会就越多。

3.6.4　关键词—URL 对应表

关键词分组和布局完成后，建议 SEO 部门将关键词搜索次数、目标 URL 等情况列表，如表 3-3 所示。

表 3-3　将关键词分配至 URL

关　键　词	百度指数	Google月搜索	竞争指数	目标 URL	是否已收录	目前排名	目前月搜索流量（次）
减肥瘦身	2057	301 000	10	www.domain.com	是	78	35
饮食减肥	121	135 000	8	www.domain.com/yinshi/	是	21	29
腹部减肥	247	5400	7	www.domain.com/jubu/fubu/	否	无	无

尤其重要的是，每一个重要关键词（网站首页及分类首页）都必须事先确定目标页面，不要让搜索引擎自己去挑选哪个页面与哪个关键词最相关。SEO 人员自己就要有意识地确定好每一个关键词的对应优化页面，技术、前端、编辑等相关部门也都要知晓，这样在做内容组织和内部链接时才能做到有的放矢。

3.6.5　关键词库

有技术条件的公司和站长可以通过各种来源得到关键词表，建立包含几万、几十万，甚至上百万关键词的词库。前面讨论的关键词来源大多是通过自动收集获得的。百度和Google 竞价有 API。搜索建议、相关搜索、第三方工具数据是可以通过程序采集的。关键词和各种限定词交叉组合，也可以自动生成大量关键词。第三方工具的关键词库也是可以购买的。

几十万以上关键词的词库在使用上显然要复杂得多。不可能使用 Excel 之类的工具进行人工处理，必然要有数据库和程序。关键词分类不可能通过人工的方式处理，而使用程序处理就会产生分词、关键词提取、去重、关系识别、自动分类等技术问题。

在内容创建上，最简单的形式还是由编辑从词库中选取关键词，然后撰写、组织内容。大型网站内容足够多时也完全可以充分利用现有内容，以标签、聚合、站内搜索等形式生成针对特定关键词的内容聚合页面。词库越大，页面越多，覆盖关键词越多，越能展现大站和长尾的威力。

当然，这也不意味着几个大站就能独霸天下，把所有关键词都做了。即使是大公司、大站，在使用关键词库生成聚合页面时，也必须考虑页面相关性和质量问题，处理不好同样会被惩罚。这样的案例其实不少。

大型网站建立词库后不仅可以用于栏目、内容的规划，建立聚合页面，也可以应用于自动标签、相关产品或内容的推荐链接等方面。

3.7 长尾关键词

长尾理论来自著名的《连线》杂志主编 Chris Anderson 于 2004 年开始在《连线》杂志发表的系列文章，他在自己出版的《长尾》这本书中也进行了具体阐述。Chris Anderson 研究了亚马逊书店、Google，以及录像带出租网站 Netflix（是的，Netflix 当初是做录像带出租的）等的消费数据，提出了长尾理论。

3.7.1 长尾理论

所谓长尾理论，是指当商品储存、流通、展示的场地和渠道足够宽广，商品生产成本急剧下降以至于个人都可以进行生产，并且商品的销售成本急剧降低时，几乎任何以前看似需求极低的产品，只要有人卖，都会有人买。这些需求和销量不高的产品所占的市场份额总和，可以和少数主流产品的市场份额相媲美，甚至更大。

在传统媒体领域，大众每天接触的都是经过主流媒体（如电视台、电台、报纸）所挑选出来的产品，诸如各电台每个月评选的十大畅销金曲，每个月票房最高的电影。图书市场也如此，权威的报纸杂志经常推出畅销书名单。大众消费者无论品味差距有多大，在现实中都不得不处在主流媒体的狂轰滥炸之下，消费不得不趋向统一，所有的人都看相同的电影、书籍，听相同的音乐。

互联网及电子商务改变了这种情况。实体商店再大，也只能容下一万本左右的书籍。但亚马逊书店及 Netflix 这样的录像带出租网站，其销售场所完全不受物理空间限制。在亚马逊书店，网站本身只是一个巨大的数据库，网站能提供的书籍可以毫无困难地扩张到几万、几十万，甚至是几百万本。

有各种各样奇怪爱好的消费者都可以在网上找到自己喜爱的书籍、唱片。网上书店可以出售非常另类、没有广泛需求的书，可以上架一年只卖出一本的罕见书给一位消费者，营销成本并不显著增加。实体商店就无法做到这一点，不可能为了照顾那些有另类爱好的人，而特意把一年只卖一本的书放在店面里。实体商店货架展示成本是非常高的。

根据 Chris Anderson 对亚马逊书店、Netflix 网站及 Google 的研究，这种另类的、单个销售量极小的产品种类庞大，其销售总数并不少于流行排行榜中的热门产品。这类网站的典型销售数字曲线如图 3-17 所示，也就是著名的长尾效应示意图。

横坐标是产品受欢迎程度，纵坐标是相应的销售数字。可以看到，最受欢迎的一部分产品，也就是左侧所谓的"头"部，种类不多，但单个销量都很大。"长尾"指的是右侧种类数量巨大，但单个产品需求和销售都很小的那部分。长尾可以延长到近乎无穷。

虽然长尾部分每个产品销量不多，但因为长尾很长，其总销量及利润与头部可以媲美。这就是只有在互联网上才能实现的长尾效应。

图 3-17　长尾效应示意图

3.7.2　搜索长尾

在 SEO 领域，较长的、比较具体的、搜索次数比较低的词就是长尾关键词。单个长尾词搜索次数小，但词的总体数量庞大，加起来的总搜索次数不比热门关键词的搜索次数少，甚至会更多，而且搜索意图更明确，是名副其实的流量金矿。大型网站长尾流量往往远超过热门词的流量。另一个 SEO 人员关注长尾词的重要原因是，长尾词竞争小，使大规模排名提高成为可能。

搜索领域是长尾理论体现得最明显的地方，因为渠道足够宽，每个网民的电脑都是渠道；送货、生产成本低，搜索引擎返回每一个搜索结果的成本几乎可以忽略不计；用户需求足够多元化，搜什么的都有。

搜索引擎工程师确认过，被搜索的关键词中有很大一部分搜索量很小，但总体数量庞大。前面提到过，Google 工程师多次指出，Google 每天处理的查询词中有 20%～25% 是以前从来没出现过的。甚至有的搜索词只被一个用户搜索过一次，之后再也没有出现过。

在长尾这个词被发明以前，SEO 行业早就确立了同样的关键词原则，只不过没有长尾关键词这个名词而已。长尾理论被提出以后，最先经常使用的就是 SEO 行业，因为这个词非常形象地说明了大家一直以来已经在遵循的关键词选择原则。

很多站长从流量统计中也可以明显看到长尾现象。主要热门关键词就算排名不错，带来的流量也经常比不过数量庞大的长尾关键词。可以说，长尾关键词是大中型网站的流量主力。大部分大型网站长尾流量至少占到一半以上，达到百分之七八十以上也属于正常。所以做好长尾是增加流量的关键之一。

长尾效应在小网站上较难发挥力量。大中型网站主要关键词就算每天能带来几千访问量，与网站的几万、几十万日流量相比，还是个小小的零头。真正带来大量流量的，还是数百万的长尾网页。小网站没有大量页面做基础，也无法有效吸引长尾搜索。

3.7.3　怎样做长尾关键词

做好长尾既简单又困难。说它简单是因为，一般来说，不需要也无法做深入关键词研究，也不需要刻意优化特定的长尾关键词。由于数量庞大，去查看搜索次数、专门人工调整页面优化都是不可行的，只能通过大量有效内容及网站结构方面的优化确保页面收录。只要关键词库和网站规模够大，网站结构良好，页面基本优化做好，长尾关键词排名就能全面提高。

有的站长在论坛中询问,怎样做长尾关键词的研究?其实这很难。一个网站做几百、几千个关键词的研究具有可行性,但这个数量算不上是长尾词。真正体现长尾效应的网站至少要几万个页面,达到几十万、数百万个也只是普通的。长尾关键词数量至少有上万个。大致列出这些关键词,通过软件查询搜索次数或百度指数是可行的,但再进一步研究,如估计竞争程度、分配具体页面等,就几乎没有可行性和必要性。

所以做好长尾词的关键在于收录和页面基本优化,这两方面都是网站整体优化时必须要做的。不必考虑特定关键词,但结果是长尾词会全面上升。

说它难在于,做好长尾首先要有大量内容,对中小企业和个人站长来说,除了转载、采集,似乎没有更好的方法,除非网站是用户生产内容。真正做长尾词一定是基于海量内容的,批量、自动或半自动生产内容,自然而然地覆盖长尾词。

其次是网站基本优化,尤其是内部链接结构,必须过关,才能保证大量包含长尾关键词的页面被收录。对一些大型网站来说,保证收录并不是一件简单的事。

要提高长尾词的排名,域名权重也是个因素。网上相同或相似内容很多,域名权重低,页面排名必然靠后。

所以长尾理论是 SEO 人员必须理解和关注的概念,但是要真正显示长尾关键词的效果,却不能从关键词本身出发,而是从网站架构、内容及整体权重上着力。

经常在网上看到站长做长尾词的思路是这样的:热门词虽然搜索量大,但难度也大,基本不可能得到排名,所以要找那些搜索次数很小,但总数大、难度小的词,用网站首页做这些词的排名,或者为这些词做新页面,这样排名上去的可能性就大多了。这些词确实是长尾词,但这种优化方法可称不上是做长尾词,和长尾理论的本意相去甚远。这是做难度小的词,不是做长尾词。

3.8 三类关键词

按照搜索目的不同,关键词大致可以分为三种类型:导航类、交易类和信息类。

3.8.1 导航类关键词

导航类关键词指的是用户在寻找特定网站时,知道自己想去哪个网站,只是不记得网址或懒得自己输入网址,所以在搜索引擎直接输入品牌名称或与特定品牌有关的词。通常这类关键词排在第一的就应该是用户想访问的官方网站。

有的导航类关键词非常明确,比如 QQ 邮箱登录、京东商城官方网站。这种关键词最符合用户意图的结果通常只有一个,没有其他解释。有的导航型搜索稍微有些模糊,比如搜索京东商城、淘宝,用户既有可能是想访问京东商城或淘宝网站,也有可能是想看新闻或评价等。

如图 3-18 所示,导航类关键词常常搜索量巨大。导航类关键词的搜索量大致占总搜索量的 10%,这是一个不小的比例。甚至在 Google 搜索百度"相关词"(如图 3-19 所示)、在百度搜索 Google"相关词"的都大有人在。

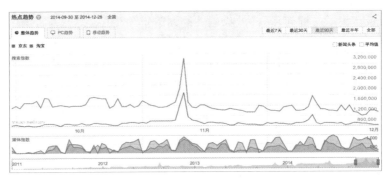

图 3-18　导航类关键词常常搜索量巨大

搜索字词	平均每月搜索量	竞争程度 ?	建议的出价 ?	广告展示次数份额 ?	添加到草案
百度	7 480 000	低	S\$ 0.06	–	»

第 1-1 个关键字，共 1 个 ▾　‹　›

关键字 (按相关性排序)	平均每月搜索量	竞争程度 ?	建议的出价 ?	广告展示次数份额 ?	添加到草案
百度首页	33 100	低	S\$ 0.09	–	»
百度搜索	60 500	中	S\$ 0.07	–	»
百度网站	22 200	中	S\$ 0.07	–	»
百度网	27 100	低	S\$ 0.05	–	»

图 3-19　在 Google 搜索"百度"相关词

　　用户心里明知道想访问哪个网站，却在搜索引擎搜索，通常是因为现在的用户把搜索引擎当书签使用，懒得把网站放入收藏夹，也懒得自己输入网址，干脆到搜索引擎搜索，然后直接点击第一个结果。

　　自己的品牌名称被搜索时，网站排在搜索结果页面的第一位是必要的。只要网站做得不是太差，就相对容易做到。

　　竞争对手或其他相关品牌被当作导航型关键词搜索时对自己是个机会。搜索广告领域对使用他人注册商标、品牌名称的行为有一些争议。现在通常的做法是，用户搜索任何品牌、商标，任何人都可以对这个关键词竞价，但是在广告文案中不允许出现其他公司的注册商标和品牌名称。

　　在自然搜索方面则没有什么限制，用户搜索竞争对手品牌时，你的网站排到前面并没有法律或道义方面的限制，只要不使用欺骗性手法，比如在页面上暗示与原商标、品牌有关系（其实没关系）、售卖劣质甚至非法产品。搜索导航类关键词，你的网站排在前面，从直接竞争对手的品牌搜索中获得流量，是一个可以接受而且目标比较精准的方法。

　　当然，在自己的页面中出现和突出竞争对手品牌名称一般不太适合。要想在竞争对手的导航类关键词中排名靠前，增强外部链接和锚文字，或者创建专题页面是比较主要的方法。

3.8.2　交易类关键词

　　交易类关键词指的是用户明显带有购买意图的搜索关键词。比如"电视机网上购买"

"小米手机价格"等。交易类关键词的搜索量占总搜索量的 10%左右。

显然交易类关键词的商业价值最大，用户已经完成商品研究比较过程，正在寻找合适的商家，离网上交易只有一步之遥。吸引到这样的搜索用户，转化率是最高的。所以在进行关键词研究时，发现这类交易意图比较明显的关键词，优先度应该放在最高，可以考虑特殊页面专门优化。交易类关键词在网站上的分布需要非常精确，把用户直接导向最能说服用户购买的页面，而不是分类或帮助等无关页面。

3.8.3　信息类关键词

信息类关键词指的是没有明显购买意图，也不含有明确网站指向性的搜索关键词。如"手机图片""减肥方法"等。这类关键词的搜索量约占总搜索数量的 80%。

信息类关键词搜索数量最多，变化形式也最多。用户通常还处在了解需求、商品研究阶段。虽然这类关键词并不一定立即导致购买，但是让它们在用户进行商品研究时进入用户视野也是非常重要的。好的网站设计、出色的文案，能让搜索信息的用户记住网站或品牌名称，使用户在日后需要的时候会选择直接搜索此网站的名称，也就是导航类关键词，进而实现转化。网站内容越多，出现在信息类关键词结果中的概率越高。

3.9　预估流量及价值

关键词研究的最后一步是预估搜索流量及价值。

个人站长做关键词研究不一定需要这一步。找到最合适的关键词就可以直接去做，能做多少就做多少。但正规公司，尤其是大公司则不行。整个 SEO 项目是否能获得批准，能否获得公司高层支持，能否申请预算，如何安排人员、工作流程及时间表等，都取决于 SEO 人员能否提供明确的预计搜索流量及给公司带来的价值。

3.9.1　确定目标排名

要预估搜索流量，首先需要根据前面得到的关键词竞争指数及公司本身的人员、资金投入，预计网站关键词可以获得什么样的排名。

前面做了关键词研究的所有核心关键词及扩展关键词都应该有预计排名位置。当然，这种预计与个人经验、团队决心有很大关系，与最后的实际结果不可能完全吻合，完全符合预计只是巧合而已。这是预估流量不可能很精确的第一个原因。

由于种种原因，项目执行下来能够达到预计排名的比例不可能是百分之百，只可能实现其中一部分关键词排名。所以在预估流量时，不能按照所有目标关键词都达到预期排名计算，只要能完成 30%～50%就已经不错了。好在网站通常还会获得一些没有预想到的关键词排名，使误差减小。

3.9.2　预估流量

现在 SEO 手上已经有了三组数据：关键词搜索次数、关键词预计排名、搜索结果页面各排名位置的点击率。有了上面三组数据，再结合百度和 Google 搜索的市场占有率，就可以预估出各关键词及整个网站预计能得到的搜索流量，如表 3-4 所示。

表 3-4　预估搜索流量示例

关 键 词	Google 月搜索次数	预计排名	点 击 率	预计 Google 流量
减肥	673 000	9	2.8%	18 844
运动减肥	201 000	8	3.0%	6030
快速减肥	301 000	8	3.0%	9030
饮食减肥	135 000	5	4.9%	6615
节食减肥	165 000	5	4.9%	8050
苹果减肥	8100	3	8.5%	688
腹部减肥	5400	8	3.0%	162
脸部减肥	60 500	7	3.4%	2057
快走减肥	1000	5	4.9%	49
跑步减肥	1300	5	4.9%	64
预计 Google 月搜索流量				57 786
Google 市场份额				33.2%
预计总搜索流量/每月				174 054
排名达成 50%时月搜索流量				87 027
排名达成 30%时月搜索流量				52 216

表 3-4 所示只是示例。读者做自己的网站关键词研究时应该列出不止 10 个关键词。表中的搜索次数、市场份额都不是最新数字，但对预估方法的说明没有任何影响。

另外，考虑到无法预见的长尾关键词，总搜索流量还会持续增加。

这样预估出来的流量不可能非常精确，除了预计排名不准确、百度和 Google 排名不相同等原因，还有多方面的影响因素。

1. 搜索次数

首先，关键词搜索次数很可能不准确。Google 关键词工具显示的数字虽然明确标为搜索次数，但很多统计数据表明，这个次数并不准确。一般 Google 给出的次数要高于实际次数。

实际有效搜索次数与发生过的搜索次数也有落差。比如搜索"SEO"或"搜索引擎优化"的次数可能不低，但其中有很大一部分是 SEO 人员在查看排名，他们不会点击其中任何一个结果，这些就是无效搜索。

即使排除站长查看排名的影响，普通关键词也有越来越多的查询没有带来任何点击。2019 年 Jumpshot 的统计表明，有 50%的查询实际没有产生任何点击。这个不产生点击的查询比例在手机端更高。所以，在预估流量时，将搜索引擎给出的搜索次数折半使用更为合适。

一个矫正搜索次数的方法是，找出自己网站上（或能拿到流量数据的其他网站）已经有不错排名的关键词，列出现有排名位置及对应的真实搜索流量，就可以计算出实际搜索次数与 Google 关键词工具给出的搜索次数之比，就可以根据实际流量估计较准确的搜索量，如表 3-5 所示。

表 3-5　根据实际流量估计较准确搜索量

关 键 词	搜索引擎优化
排名	2
月实际 Google 流量	174
第 2 位点击率	11.9%
实际有效搜索次数	1462
Google 工具显示搜索次数	8100

实际有效搜索次数只占 Google 工具显示搜索次数的 18%。像前面提到的，搜索"搜索引擎优化"的很多是 SEO 人员或软件在查排名，他们不会点击任何页面，所以实际有效搜索次数与 Google 关键词工具显示的搜索次数相差巨大。普通关键词则没有这么大差别，但通常在 Google 关键词工具显示的搜索次数还是多出 30%～50%，和上面提到的50%查询没有产生点击的情况相符。

同样的原理也适用于百度日均搜索量和百度指数。百度官方并没有说百度指数就是搜索次数，而只是表示关键词的受关注程度。有的 SEO 人员认为百度指数就是搜索次数，有的人则认为这两者相差很大。百度竞价后台显示的日均搜索量也经常与统计到的实际点击流量严重不符。如果知道某个关键词的排名及实际流量，就可以计算出百度竞价后台日均搜索量或百度指数与百度实际有效搜索次数的比例关系。

需要注意的是，这个比例并不是恒定的。不同行业关键词的实际有效搜索次数与 Google 关键词工具显示的搜索次数或百度指数之比并不相同，这可能与不同目标市场的用户行为方式不同有关。所以 SEO 人员需要针对自己的网站及所在行业自行计算比例，不能照搬别人的数据。当然，样本数越多，数据越准确。只计算一个关键词并不能准确说明情况。

2．点击率

搜索结果页面各排名位置点击率也不精确。第 2 章中提到过，不同公司发布的搜索结果点击率数据虽然整体趋势相同，但具体点击率还是有些许差别。而且在不同情况下，同样的排名位置本身点击率也不同。比如，品牌词与非品牌词的差别，主要关键词与长尾关键词的差别，行业的差别，用户搜索意图的差别，搜索词类型的差别，是否有广告的差别，整合搜索结果、精选摘要、全站链接等的影响等。

Caphyon 使用最新数据做的统计显示，品牌词和非品牌词搜索结果在第 1 页的点击率差别如图 3-20 所示。

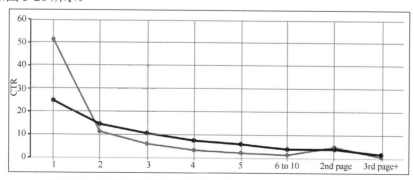

图 3-20　品牌词和非品牌词搜索结果在第 1 页的点击率差别

可以看到，品牌词排名第 1 位的点击率超过 50%，非品牌词的点击率曲线则平缓得多，第 1 位只有 25% 左右的点击率。这不难理解，用户搜索品牌词时有很强的目的性，很多是在寻找品牌官网，也就是导航类关键词，而只要搜索引擎不出大错，品牌官网应该就显示在第 1 位。

图 3-21 是不同行业关键词的点击率比较。

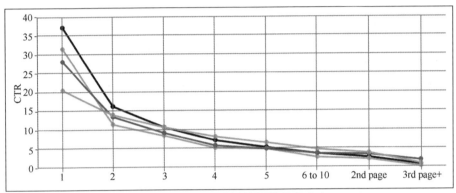

图 3-21　不同行业关键词排名点击率

图中处于排名第 1 位的 4 个行业按点击率由高至低是：财经、房地产、旅游和家居园艺。点击率为什么会有行业差别？在缺少进一步实验数据的情况下，恐怕谁也说不清楚，但差别是现实存在的。

Caphyon 提供了一个显示各种情况下搜索结果点击率数据的交互工具 Advanced Web Ranking，感兴趣的读者可以自己去查看更多数据：http://www.advancedwebranking.com/ctrstudy/。

总之，不同的搜索引擎、不同的用户、不同的行业、不同类型的词、不同的搜索功能，造成的搜索结果点击率分布都会有所不同。第 2 章给出的点击分布只是平均数，可以用来大致估算预计搜索流量。有条件的团队可以在本行业内尽量多收集已知关键词的排名位置和真实搜索流量数据，计算出比较可靠的搜索结果点击率，样本越多，结果准确度也越高。有些公司使用软件计算海量关键词排名数据，对预估流量有很大意义。

除了上面提到的两个主要原因，预估流量不准确还可能由于下一节要讨论的关键词搜索次数的季节性波动。如果查询记录的搜索次数刚好是在搜索高峰期，得到的预估流量可能会比实际的高出几倍甚至几十倍。

无论如何，即便预估流量不可能非常准确，甚至可能与实际情况相差几倍之多，但重要的是 SEO 人员能通过这一方式预知未来预期流量在哪个数量级，并建立心理预期，为公司高层做判断、决策时提供需要的数据。"预估流量是 5000，实际结果是 2000"是可以接受的。但是如果项目开始时，连最终流量会是几百、几千，或是几万都毫无概念，那么想要说服高层批准项目和预算将变得很困难。

3.9.3　预估搜索流量价值

流量并不是目标，订单和赢利才是目标。得出预计流量后，再结合网站转化率、平均订单销售额和平均每单毛利，就可以计算出预期通过 SEO 获得的搜索流量所能带给公司的实际价值。

如预计自然搜索流量为每月 8 万个独立 IP，网站历史平均转化率为 1%，则搜索流量将带来 800 个订单。如果平均每单销售额是 100 元，平均每单毛利是 30 元，则自然搜索流量每月将贡献 8 万元销售额，2.4 万元毛利。

上面的计算已经简化。搜索流量转化率不一定等于网站平均转化率。有些网站的搜索流量转化率远高于平均转化率，因为搜索流量质量较高，用户有较强的购买意图。也有些网站搜索流量转化率低于平均转化率，因为回头客很多，直接点击流量转化率很高。所以如果网站有一定的累积数据，还要根据流量分析数据进行矫正。

有的网站不直接销售产品，这时则需要根据网站目标计算出每次转化的价值，再计算搜索流量的价值。这方面内容将在第 8 章中深入探讨。

3.10 关键词趋势波动和预测

前面在研究关键词搜索次数时，通常只看一段时间的搜索次数，比如一个月之内。但绝大多数关键词搜索次数会随着时间波动，所以在做关键词研究时，除了当前搜索次数，还要考虑随时间变化的情况。

3.10.1 长期趋势

一部分关键词搜索量随时间的变化呈现稳定上升或下降趋势，其长期趋势如图 3-22 所示。

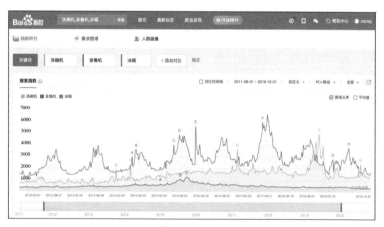

图 3-22 关键词搜索量长期趋势

如图 3-22 所示，同样是电器，从 2012 年到 2019 年，冰箱搜索量相对稳定；洗碗机自 2012 年至 2018 年底搜索量稳步上升，但进入 2019 年后出现停滞；录像机搜索量自 2015 年来稳步下滑。这种关键词搜索长期趋势对网站主题及内容的选择，甚至产品研发、判断是否进入某个行业都有决定性影响。搜索次数持续下降的关键词不一定就不能做，但企业和 SEO 人员都应该有正确的心理预期，就算排名很好，流量还是会下降。

这里要说明一下，由于搜索引擎市场份额的变化，这种横跨数年的长期趋势在搜索次数或百度指数的反映也不一定很准确，部分搜索量的升降可能是市场份额变化导致的，不过大致趋势还是可以判断的。

3.10.2　季节性波动

有很多关键词会随季节正常波动。最明显的是各个节日，在节日前后一段时间内搜索量剧增，而其他时间很少有人关心。

与特定节日或时间相关联的产品信息搜索量也随之产生季节性波动，如粽子、鲜花、巧克力、短语、节日祝福、高考等关键词，如图3-23所示。

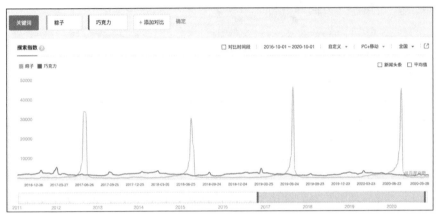

图 3-23　关键词搜索量季节性波动

有些关键词搜索量季节性波动原因不一定是显而易见的，如图 3-24 所示的两个词。

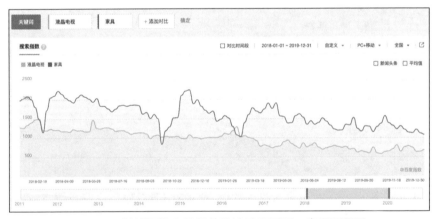

图 3-24　关键词搜索量季节性波动原因不一定显而易见

关键词"液晶电视"在一年之中有两次搜索高峰，分别出现在春节期间和四月底五月初。春节期间应该是正常购物高峰，但四月底为什么会出现购买液晶电视的高峰呢？这有些令人费解，但对行内人来说也许是很简单的原因（或许是因为五一期间打折）。可以肯定的是，每年液晶电视的搜索量都呈现这样的规律，不像是某个产品或型号推出新品产生的效应。

而关键词"家具"的搜索量则在每年春节期间急剧下降，春节后急剧上升。一般来说，春节期间上网的人数本身就会大幅减少。不过从与搜索液晶电视的次数相比可以看到，整体上网人数的下降并不能完全解释家具的搜索量在春节期间大幅下降的原因。也有可能是因为大家倾向于在春节后搬家或装修。

这种搜索量随季节波动比较大的关键词，SEO 人员应该事先了解趋势，提前做好内容建设、外链建设等方面的准备，有时候可能还需要开设专题，进行产品促销等。搜索引擎收录页面、计算排名都需要一段时间，因此 SEO 人员针对这些季节性关键词作为排名也必须提前准备。

3.10.3 社会热点预测

每出现一次社会热点新闻，都会带动一批关键词搜索次数大增。

我在自己的博客上做过一个简单的实验。2010 年 1 月 13 日，Google 第一次宣布退出中国，我在早上看到这个新闻后，意识到这是比较少出现的、与 SEO 还有关系的且有可能成为社会热点的新闻，所以赶紧在博客上发了一篇帖子，标题就是"Google 退出中国"，搜索量变化如图 3-25 所示。

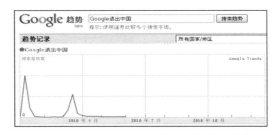

图 3-25　"Google 退出中国"搜索量变化

帖子内容其实非常简单，只是列出了我看到的 9 篇其他相关博客帖子的链接，没有给出自己的评论。Google 抓取和索引速度非常快，当天我这篇帖子在搜索"Google 退出中国"这个词时排到了第 5 位左右。

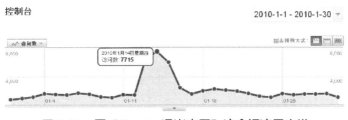

图 3-26　因"Google 退出中国"这个词流量大增

从图 3-26 所示的 Google Analytics 统计可以看到，13 日、14 日、15 日这几天博客流量大增，14 日独立 IP 数是 7000 多，其中绝大多数是因为这个热点新闻搜索而来的。

其实查看一下图 3-27 所示的 AWStats 显示的流量就可以看出，如图 3-27 所示，实际 IP 数已经上万，但是因为我的博客只是放在虚拟主机上，那两天的流量使主机运行十分迟缓，大部分用户打开网页比较困难，Google Analytics 的 JavaScript 代码很多时候没有被运行，流量也没有被 Google Analytics 记录。

2010年1月11	3615	14 195	58 541	1.20 G字节
2010年1月12	3723	10 359	53 510	815.21 M字节
2010年1月13	10 338	19 592	130 245	1.70 G字节
2010年1月14	12 178	23 095	150 771	2.11 G字节
2010年1月15	9689	18 981	121 768	1.87 G字节
2010年1月16	4348	10 182	60 120	937.56 M字节
2010年1月17	3262	8304	44 466	697.72 M字节

图 3-27　AWStats 显示的流量

从这个简单的案例可以看出，社会热点新闻搜索次数非常高。我的博客帖子只是在 Google 排在第五～六位，如果能排在第一位，流量应该翻上几倍。如果能进入百度前几位，流量又会翻几倍。如果是更能引起普通网民注意的社会热点，搜索次数又不知会翻多少倍。

当前的中国是一个绝不缺乏社会热点新闻的时代。千奇百怪的社会焦点、热播综艺话题几乎每天都会出现，网上热点层出不穷。有很多站长就是通过捕捉社会热点关键词，给网站带来每天几万、几十万的独立 IP 流量。

捕捉社会热点最好的工具当然是百度风云榜，在第 12 章中还有更详细的介绍。这些搜索词排行榜除了列出稳定的热门词，还列出了上升最快的关键词，这些关键词就是最有潜力成为热点的词。很多专门做社会热点的 SEO 人员每天都会留意上升最快的关键词，一看到合适的，就立即组织内容甚至专题。

对社会新闻的敏感度是捕捉热点关键词的关键。除了搜索排行榜，电视、报纸、微博、微信上的新闻都可能是灵感的来源。谁能先捕捉、先预计出哪件事会成为热点，谁就将得到这些流量。

除了针对热点组织相关内容，拥有一个权重比较高、爬行频率也高的域名也有很大帮助，否则有了内容却不能被快速收录，也无法达到效果。

当然，通过热点关键词带来搜索流量这一方式，不一定适合所有网站。前面讨论过，有效流量才是我们需要的。一个电子商务网站通过无关的社会热点带来流量，产生的价值到底有多大，要看网站营销人员是否能把自己的产品与新闻建立一定的逻辑或情感联系。如果从哪个角度看都毫无关系，那么这样的流量就没有什么意义了，除非网站纯粹靠广告赢利。

3.11　竞争对手研究

竞争对手研究是市场竞争研究的重要部分，对判断特定关键词竞争程度及了解行业整体情况非常有价值。

确定 SEO 方面的竞争对手很简单，在搜索引擎搜索核心关键词，搜索结果页面中排在前十名到前二十名的就是你的主要竞争对手。SEO 人员需要从下面几方面了解竞争对手情况。

3.11.1　域名权重相关数据

域名权重在很大程度上决定了整个网站的排名能力。需要查看的数据如下。

1．域名年龄

既包括域名最初注册的时间，也包括网站第一次被搜索引擎收录的时间。第一次被搜索引擎收录的时间没有办法直接查到，通常可以借鉴互联网档案馆（英文称为 Wayback Machine，可意译为"时间机器"）上网站最早出现的日期。

如图 3-28 所示，我的博客所在域名（seozac.com）第一次出现内容是 2011 年 1 月 15 日，与实际情况基本符合。这个域名是 2011 年 1 月 13 日注册上线的，搜索引擎当天就抓取索引了，Wayback Machine 也只是隔了一天就收录了。点击每个日期链接，还可以看到当时的网站页面内容。补充说明一下，我的博客"SEO 每天一贴"是 2006 年 4 月开始写的，当时是放在我另一个域名的目录下，2011 年 1 月才搬到现在的域名。

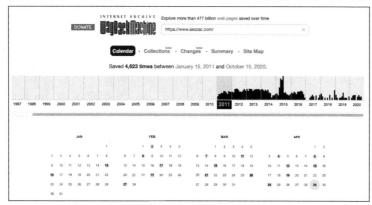

图 3-28　互联网档案馆记录网站历史

Wayback Machine 存储了大部分网站的历史记录，是非常珍贵的资料，也是非常有用的工具。比如，要了解竞争对手网站优化的历史轨迹，购买域名前要看看此域名以前做过什么内容，数据库被删又没备份要恢复以前内容，想要找一些现在已经被删除的老资料等，Wayback Machine 是无法替代的工具。

域名越老，权重越高。如果你有一个 10 年的老域名，针对中等竞争程度的关键词，你将有很大优势。如果你拥有一个 20 世纪 90 年代就注册了的域名，不用看其他部分，域名本身就是个宝藏。当然如果竞争对手是这么老的网站，想要超越的难度也很大。

2．特征关键词排名

这里的特征关键词指的是品牌词（公司名/网站名，商标名，特有产品名等）和主要页面（首页和栏目首页）的目标关键词。

品牌词排在第一位或至少前几位，不能说明域名权重有多高。但品牌词在搜索结果页面的前十页都看不到，就说明权重方面存在问题，甚至可能被惩罚了。主要页面的目标关键词获得好的排名越多，显然权重越高。如果主要页面目标关键词完全没有排名，很可能网站在搜索引擎眼里权重堪忧，或者是个新站。

3．快照日期

快照日期更新快，说明搜索引擎爬行收录的频率高，这在某种程度上说明域名权重不会太低。但反过来不成立，快照日期是比较久以前的，或者快照日期更新慢，不一定说明域名权重低。有的时候域名权重不错，搜索引擎抓取得很频繁，但页面没什么变化，搜索引擎就没有更新索引和快照。我的博客近年很少更新，百度快照显示得经常是几个月前的，但其实权重还好。

4．收录页面总数

一般来说网站越大，权重越高，收录数越多，同时也说明网站整体结构比较合理。当然我们没办法知道竞争对手网站真实页面有多少，无法知道对方收录率。但收录数量多至少说明网站比较大。

5．外部链接情况

包括域名总链接数、首页外部链接数量、内页外部链接数量、外部链接总域名数、锚文字分布等。还可以进一步看外部链接来自哪些网站，是否以交换链接、论坛、博客留言等低质量链接为主。

6．主要目录收录情况

如开放目录、hao123 等。这些高质量的目录只收录质量、权重比较高的网站，搜索引擎也清楚这一点，所以对被收录的网站会给予相应的权重提升。

7．社会化媒体出现情况

主要包括网上书签服务收录数目，如 Delicious、百度搜藏等，以及在社交媒体如微博、微信、豆瓣、知乎、Facebook、Twitter 等的出现、点赞、分享、评论、跟帖等互动情况。在社交媒体中出现次数越多，说明网站越受用户欢迎，搜索引擎也很可能把这一点计入排名算法中。

上面这些数据如果一个个人工查询，耗时耗力。幸运的是有工具可以帮助完成，如 SEOquake 浏览器插件，详见第 12 章。

3.11.2　网站优化情况

研究竞争对手实力和关键词难度时，对手网站本身的优化情况也要考虑在内，包括网站结构及页面针对关键词的优化。

有时排在前面的页面仅仅是因为外部链接比较强，主要竞争对手的优化做得都不是很好，这就存在更大的市场机会。

什么样的网站优化是合理的？这是本书第 4 章及第 5 章将要深入阐述的内容，读者看完本书就会很清楚。在动手优化网站之前，需要深入分析优化做得最好的一两个竞争对手网站，仔细研究每一个细节，在这个过程中常常会学到很多新的有效的优化技巧。

在做关键词研究时如果不能非常详细地分析所有对手，至少要分析以下几个要点。

- 页面标题标签是否包含关键词？
- 网站栏目分布是否清晰合理？
- URL 是否静态化？
- 是否有网址规范化问题？
- 网站链接结构是否合理有效？
- 内页距离首页点击距离有多远？是否能在三四次点击内到达所有内页？
- 网站主要页面是否有实质内容？
- 导航系统是否使用了 JavaScript 脚本等不利于爬行的方法？
- 页面是否使用了 H1 和 H2 标签？其中是否包含了页面目标关键词？

经过优化的网站在各个方面都能看出痕迹。而没有优化的网站，通常连上面这些最基本的地方都会存在问题。所以简单查看几处重要元素，就能看出网站是否经过了基本的 SEO。

3.11.3 网站流量

了解竞争对手的网站流量，既能更确切地知道对方的排名实力，也能在一定程度上印证预估流量数字。

外人无法得到竞争对手网站真实流量的确切数字，除非有卧底。

Google 趋势曾经有一个称为 Google Trends for Websites 的功能，可以比较准确地查询竞争对手网站的大致流量，其流量数据不仅仅来自流量分析工具 Google Analytics，还有 Google 工具条、关键词排名点击率、网络服务商 ISP 等来源。可惜 Google 已经取消了这个服务。我还没有找到其他较准确的查询所有网站流量的可靠方法或工具。读者有方法的话，请告诉我。

目前查询网站流量只能参考第三方工具。如中文网站可以用爱站网（图 3-29）、ChinaZ 等。这类国内工具大体上是靠网站搜索排名表现估算流量的，所以有两类网站的数据明显不大准确，一是搜索流量比例小的网站，二是刷百度指数的。这两种情况以外的大部分网站显示的数据还是不错的。

英文网站查询流量可以使用 Semrush、Ahrefs、SimilarWeb 等。由于这些工具不太关注中文网站，中文用户数据缺乏，搜索数据主要靠 Google，所以用来查中文网站流量不太准确，如图 3-30 所示。除了有大量直接访问的网站，这些工具显示的其他英文网站的流量数据相对可靠。

图 3-29 爱站网显示的网站流量估算

图 3-30 Ahrefs 显示的流量估算用于中文网站不靠谱

第 4 章

网站结构优化

网站内的优化大致可以分为两部分：一是网站结构调整，二是页面优化。本章讨论网站结构优化。

网站结构是 SEO 的基础。SEO 人员对页面优化讨论得比较多，如页面上关键词怎样分布、标题标签怎样撰写等，对网站结构则讨论得比较少。其实网站结构的优化比页面的优化更重要，掌握起来也更困难。

从 SEO 角度看，优化网站结构要达到以下几个目的。

1. 用户体验

用户访问一个网站时应该能够清楚地知道自己在哪里，要去哪里，根据常识和经验就能不假思索地点击链接，找到自己想要的信息。实现这个目标有赖于良好的导航系统，适时出现的内部链接，准确的锚文字。从根本上说，用户体验好的网站也是搜索引擎喜欢的网站，用户在网站上的行为方式也会影响排名。

2. 抓取和收录

网站页面的收录在很大程度上依靠良好的网站结构。理论上，清晰的网站结构很容易说清楚，只要策划好分类或频道，然后在分类下加入产品页面，整个网站就自然形成了树形结构。但在实际操作中，大中型网站往往会形成一个异常复杂的链接结构，怎样使搜索引擎蜘蛛能顺利爬行到所有内部页面成为一个很大的挑战。

3. 权重分配

除了外部链接能给内部页面带来权重，网站本身的结构及链接关系也是决定内部页面权重分配的重要因素。页面若能具备比较高的排名能力，部分取决于页面得到的权重。SEO 人员必须有意识地规划好网站所有页面的重要程度，即保证所有的页面都有基本权重，并通过链接结构把权重更多地导向重要页面。

4. 锚文字

锚文字是排名算法中很重要的一部分。网站内部链接锚文字是站长自己能控制的，所以是重要的增强关键词相关性的方法之一。在这方面，维基百科是 SEO 人员学习的典范，其内部链接及锚文字的使用达到了非常高的水平。

本章会经常提到分类、频道、栏目、产品、文章等页面名称。其中分类、频道和栏目页面从网站结构角度看是一回事儿，只不过电子商务类网站常称其为分类或类目，门户类网站喜欢称其为频道，信息类网站又可能称其为栏目。为了叙述简洁，后面大部分情况下不再将其表达为分类、频道或栏目页面，只表述为分类页面，但读者应该清楚，优化分类页面的技术同样适用于频道和栏目页面，它们在网站结构意义上是完全一样的。产品、文章页面也是如此。

4.1 搜索引擎友好的网站设计

如果我们从搜索引擎蜘蛛的角度去看待一个网站，其在抓取、索引和排名时会遇到哪些问题呢？解决了下列问题的网站设计就是搜索引擎友好（search engine friendly）的。

1. 搜索引擎蜘蛛能不能找到网页

要让搜索引擎发现网站首页，就必须要有外部链接连到首页，找到首页后，蜘蛛就能沿着内部链接找到更深的内容页，所以要求网站要有良好的结构，符合逻辑，并且所有页面可以通过可爬行的普通 HTML 链接到达。JavaScript 搜索引擎不一定会去执行，里面的链接就不能被跟踪爬行，就会造成收录问题。

网站所有页面与首页点击距离不能太远，最好控制在四五次点击之内。要想被搜索引擎收录，页面需要有最基本的权重，良好的网站链接结构可以适当传递权重，使尽量多的页面达到收录门槛。

2. 找到网页后能不能抓取页面内容

被发现的 URL 必须是可以被抓取的。带有过多参数的 URL、Session ID、整个页面是 Flash、框架结构（Frame）、可疑的转向、大量复制内容等都可能使搜索引擎对其敬而远之。

某些文件站长可能不希望它们被收录，除了不链接到这些文件，更保险的方法是使用 robots 文件或 meta robots 标签禁止抓取或索引，这两者在使用和效果上又有细微差异。

3. 抓取页面后怎样提炼有用信息

关键词在页面重要位置的合理分布、重要标签的撰写、HTML 代码精简、起码的兼容性等，可以帮助搜索引擎理解页面内容，提取有用信息。这部分内容在第 5 章再深入讨论。

只有搜索引擎能顺利找到所有页面，抓取这些页面并提取出其中真正有相关性的内容，网站才可以被视为是搜索引擎友好的。关于网站结构的优化，有一句话非常精辟："良好引用，良好结构，良好导航"。网上转载这句话的人很多，据我所知，其最早应出自车东的博客。

搜索引擎不友好的网站比比皆是，尤其是一些中小企业网站。不过这样的网站不太好举例，没得到网站主人的许可就将其当作负面案例讨论是非常不恰当的行为。在写本节时，我刚好在 zaccode.com 网站看到一个会员询问为何搜索引擎不收录他们的内页。我点击看了一下，不由得感叹，这个网站简直是集搜索引擎不友好之大成，是个相当不错的反面教材。在得到网站所有者的正式许可后，我将其作为例子在这里简单介绍。

网站域名是 llyez.com，南昌良良母婴用品有限公司，是一个母婴保健及家居用品企业网站。应该说网站视觉设计还是不错的，然而从 SEO 角度看，简直就是个"杯具"。网站首页抓图如图 4-1 所示。

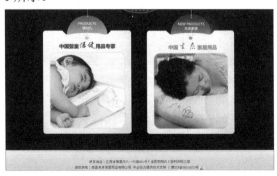

图 4-1　良良母婴用品网站首页

除了页脚的联系地址、版权声明两行字，页面其他部分就是一个大的 Flash，源代码如下：

```
<!DOCTYPE html PUBLIC "-//W3C//DTD XHTML 1.0 Transitional//EN"
"http://www.w3.org/TR/xhtml1/DTD/xhtml1-transitional.dtd">
<html xmlns="http://www.w3.org/1999/xhtml">
<head>
<meta http-equiv="Content-Type" content="text/html; charset=utf-8" />
<title>
南昌良良母婴用品有限公司官网--主营母婴用品 婴幼儿日用品 婴幼儿床上用品 婴儿枕头 尿垫 围嘴
睡袋 凉席
</title>
<link type="text/css" rel="stylesheet" href="../styles/common1.css" />

<meta name="Keywords" content="婴儿枕头, 婴幼儿日用品, 儿童枕头, 保健枕头, 婴儿凉席,
围嘴, 尿垫, 睡袋, 宝宝睡眠" />
<meta name="Description" content="南昌良良母婴用品有限公司生产的苎麻系列婴幼儿用品荣
获国家多项专利，被誉为中国婴童保健用品专家。主营婴幼儿日用品、婴幼儿床上用品、婴儿枕头, 儿童
枕头, 成人枕头, 保健枕头等枕头软家居用品, 还有婴儿围嘴、凉席、尿垫、睡袋等婴幼儿日用品。
" />
<!--由中企动力科技集团股份有限公司南昌分公司技术部设计制作<br>如果您有任何意见或建议请电
邮 dm-nanchang@ce.net.cn -->
</head>
<body>

<div class="index-a">
  <object classid="clsid:D27CDB6E-AE6D-11cf-96B8-444553540000"
codebase="http://download.macromedia.com/pub/shockwave/cabs/flash/swfl
ash.cab#version=7,0,19,0" width="980" height="600">
    <param name="movie" value="../images/intro.swf" />
    <param name="quality" value="high" />
```

```
      <param name="wmode" value="transparent" />
    <embed src="../images/intro.swf" quality="high"
pluginspage="http: //www.macromedia.com/go/getflashplayer"
type="application/x-shockwave-flash" width="980" height="600"></embed>
  </object>
<div>
    <div align="center"  style="padding-top:25px;">联系地址：江西省南昌市八一大道
461 号（省医学院内）医科所附三楼
    <br />
  版权所有：南昌良良母婴用品有限公司  <a href="http://nanchang.ce.net.cn"
target="_blank">中企动力提供技术支持 </a>| <a
href="http://www.miibeian.gov. cn/" target="_blank">赣 ICP 备 05010033 号
</a><script src="
http://s9.cnzz. com/stat. php?id=2047204&web_id=2047204&show=pic1"
language="JavaScript"></script></div>
  </div>
</div>
</body>
</html>
```

搜索引擎蜘蛛访问首页后，完全没有任何一个链接能通向内页，倒是有指向网站设计服务商及备案网站的链接。搜索引擎既不能抓取和索引 Flash 中的文字内容，也不能跟踪链接爬到内页。如果不给内部页面创建一些搜索引擎蜘蛛可爬行的外链的话，整个网站能被收录的基本上只有首页这一个页面，但其内容还不能被索引。

单击左侧婴儿保健用品链接（Flash 中的链接）进入内页，页面如图 4-2 所示。

看起来设计不错。可惜的是，除了左下角的新闻中心部分，页面上的其他文字、图

片还是一个大 Flash，包括顶部的导航条。所以就算站长给这个婴儿保健用品页面制造了一些外链，收录又到此为止了。企业概况、商品中心、在线商城等重要部分的页面还是没有任何爬行通路。

左下角的新闻中心设计也有些奇怪，鼠标放上去时才显示链接，而且只显示了一半，如图 4-3 所示。

图 4-2　婴儿保健用品页面　　　　　　　　图 4-3　新闻中心链接

点击第一篇新闻中心文章后来到如图 4-4 所示的新闻页面。

图 4-4　新闻页面及 URL

顶部导航依然是 Flash，蜘蛛想要从新闻中心爬到产品页面也不可能了。另一个可怕的地方是 URL，读者可以在抓图地址栏中看到一部分。下面是 HTML 代码的相应部分，读者可以看到完整的网址。

```
<a
href="/InfoContent/id=b49e4b44-5f38-413d-a0c2-bfc2edb7af2e&comp_stats=
comp-FrontInfo_listByAsyncWithOutAjax-123.html" title="良良第十一届京正·北京孕婴
童用品展览会" target="_blank">            良良第十一届京正·北...</a>
```

这种 URL 就算有外部链接，想被收录也难。

从婴儿用品首页点击商品中心来到如图 4-5 所示的页面。

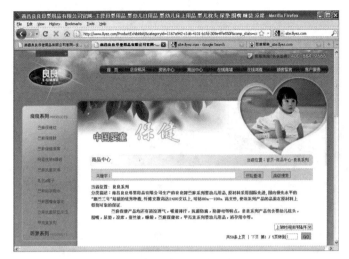

图 4-5　商品中心页面及 URL

同样，导航还是 Flash。值得欣慰的是，左侧产品链接是普通 HTML 链接，不过点击任何一个产品都可以看到长长的 URL，如图 4-6 所示的产品页面及 URL。

图 4-6　产品页面及 URL

带有这么多参数的 URL，被收录的可能性很低，除非是个权重非常高的网站。这些链接相应的 HTML 代码如下：

```
<div class="abouts_sidebar1">
<h4><a
href="/ProductExhibitlist/&categoryid=bfb98cc0-9890-4e54-b7a7 -26bf85d0
6280&comp_stats=comp-FrontProductCategory_showTree-110.html">苎麻保健枕
</a></h4>
<h4><a
href="/ProductExhibitlist/&categoryid=56f6b971-9021-4044-bccf -fbece16b
155a&comp_stats=comp-FrontProductCategory_showTree-110.html">苎麻保健袜
</a></h4>
<h4><a
href="/ProductExhibitlist/&categoryid=f2657c17-ac58-49c6-84cc -3fc14528
0cca&comp_stats=comp-FrontProductCategory_showTree-110.html">苎麻保健凉
```

```
席</a></h4>
<h4><a
href="/ProductExhibitlist/&categoryid=e000a25d-b6c2-40b2-b474 -952ac440
c8b8&comp_stats=comp-FrontProductCategory_showTree-110.html">纯蚕丝被&睡
袋 </a></h4>
<h4><a
href="/ProductExhibitlist/&categoryid=c400edfc-2f1a-49de-8b6f -7b01813f
2842&comp_stats=comp-FrontProductCategory_showTree-110.html">苎麻抗菌床
单</a></h4>
<h4><a
href="/ProductExhibitlist/&categoryid=46507f40-9384-438f-87a0 -f995be9e
7ea6&comp_stats=comp-FrontProductCategory_showTree-110.html">礼包&帽子
</a></h4>
<h4><a
href="/ProductExhibitlist/&categoryid=9bed3f9c-7a41-439c-be12 -018c4f15
97c6&comp_stats=comp-FrontProductCategory_showTree-110.html">苎麻浴孕用
巾</a></h4>
<h4><a
href="/ProductExhibitlist/&categoryid=34ef2bd6-ebb6-46d4-907e -9d09225a
ccc9&comp_stats=comp-FrontProductCategory_showTree-110.html">苎麻围嘴食
饭衣</a></h4>
<h4><a
href="/ProductExhibitlist/&categoryid=d1d7132d-174a-4079-9e0b -dd68f0e7
```

```
1b95&comp_stats=comp-FrontProductCategory_showTree-110.html">苎麻抗菌尿
垫床垫</a></h4>
<h4><a
href="/ProductExhibitlist/&categoryid=190a4b2d-02f8-4e20-92d0 -34497acd
333f&comp_stats=comp-FrontProductCategory_showTree-110.html">甲壳素系列
</a></h4>
</div>
```

产品页面本身就是一个大图片，没有可以索引的文字。

对比首页、商品中心首页及产品页面标题，大家可以看到，这个网站上除了新闻中心的几个页面，其他所有页面包括企业概况、商品中心、在线商城、在线调查等页面标题全都一样。

在本书第 2 版修改时（2012 年），我特意又访问了这个网站，发现网站并没有变化。做本书第 3 版、第 4 版修改时，我又好奇地访问了一下，发现网站已改版，但存在的问题几乎和以前是一样的。

这是一个典型的搜索引擎不友好的企业网站，只考虑了视觉设计，完全没有顾及怎样被搜索引擎收录，怎样获得搜索流量。读者看完第 4 章和第 5 章，再回头看一遍这个例子，会更了解这个网站搜索引擎不友好的原因，以及改进的方法。

4.2 避免蜘蛛陷阱

有一些网站设计技术对搜索引擎来说很不友好，不利于蜘蛛爬行和抓取，这些技术被称为蜘蛛陷阱。常见的并应该全力避免的蜘蛛陷阱如下。

4.2.1 Flash

Flash 曾经是热门的网站设计技术。较古老的网页在某一小部分使用 Flash 增强视觉效果是很正常的，比如用 Flash 做成的广告、图标等。这种小 Flash 和图片是一样的，只是 HTML 代码中的很小一部分，页面上还有其他以文字为主的内容，所以对搜索引擎抓取和收录没有造成影响。

但是有的网站整个首页就是一个大的 Flash 文件，这就构成了蜘蛛陷阱。搜索引擎抓取的 HTML 代码只有一个连向 Flash 文件的链接，没有其他文字内容。读者可以参考前面例子的源代码。搜索引擎是无法读取 Flash 文件中的文字内容和链接的。这种整个就是一个大 Flash 的网站，可能视觉效果做得精彩异常，可惜搜索引擎看不到，不能索引出任何文字信息，也就无从判断相关性。

有的老网站喜欢在首页放一个 Flash 动画片头（Flash Intro），用户访问网站看完片头后被转向到真正的 HTML 版本的文字网站首页。但搜索引擎不能读取 Flash，一般也没办法从 Flash Intro 跟踪到 HTML 版本页面。

搜索引擎曾经尝试读取 Flash 文件，尤其是里面的文字内容和链接，也取得了一定进展。但发明、维护 Flash 的 Adobe 公司已经宣布 2020 年底正式停止支持 Flash，所有浏览器也已不再支持 Flash。2017 年开始，搜索引擎已经忽略 Flash，不再尝试读取了，部分手机如 iPhone 从来就没有官方支持过 Flash。

所以如果网站由于历史原因使用了 Flash，即使不考虑 SEO，现在也得将其去掉了。

4.2.2　Session ID

有些网站使用 Session ID（会话 ID）跟踪用户访问，每个用户访问网站时都会生成唯一的 Session ID，加在 URL 中。搜索引擎蜘蛛的每一次访问也会被当成一个新的用户，URL 中会加上一个不同的 Session ID，这样搜索引擎蜘蛛每次来访问时，所得到的同一个页面的 URL 也是不一样的，并且后面还会带着一个不一样的 Session ID。这也是最常见的蜘蛛陷阱之一。

搜索引擎遇到这种长长的 Session ID，会尝试判断字符串是 Session ID 还是正常参数，成功判断出 Session ID 就可以将其去掉，收录正常 URL。但也经常判断失败，这时搜索引擎要么不愿意收录，要么收录多个带有不同 Session ID 的 URL，内容却完全一样，形成大量复制内容，这两种情况对网站优化都不利。

通常建议跟踪用户访问时应该使用 cookies 而不要生成 Session ID，或者通过程序判断访问者是搜索引擎蜘蛛还是普通用户，如果是搜索引擎蜘蛛，则不生成 Session ID。跟踪搜索引擎蜘蛛访问没有什么意义，蜘蛛既不会填表，也不会把商品放入购物车。

4.2.3　各种跳转

除了后面会介绍的 301 转向，搜索引擎对其他形式的跳转都比较敏感，如 302 跳转、JavaScript 跳转、Flash 跳转、Meta Refresh 跳转。

有些网站用户访问首页时会被自动转向到某个目录下的页面，如访问 www.domain.com，会被转向到 www.domain.com/web/ 或 www.domain.com/html/。如果是按用户地理位置转向至最适合的地区/语言目录，那倒是情有可原。但大部分情况下，这种首页转向看不出任何理由和目的，貌似只是因为站长想把所有文件存在/web/目录下，这种没有必要的转向最好能免则免。

如果必须转向，301 转向是搜索引擎推荐的、用于网址更改的转向，可以把页面权重从旧网址转移到新网址。其他转向方式都不利于蜘蛛爬行，原因在于第 9 章将要介绍的，黑帽 SEO 经常使用转向欺骗搜索引擎和用户。所以除非万不得已，尽量不要使用 301 转向以外的跳转。

4.2.4　框架结构

如果作为站长的你不知道什么是框架结构（Frame），那么恭喜你，你已经避免了这个蜘蛛陷阱，根本没必要知道什么是框架结构。如果你在网站设计中还在使用框架结构，我的建议是立即取消。

使用框架结构设计页面，在网站诞生初期曾经十分流行，因为这对网站的页面更新维护有一定方便性。不过现在的网站已经很少使用框架结构了，不利于搜索引擎抓取是其越来越不流行的重要原因之一。对搜索引擎来说，访问一个使用框架的网址所抓取的 HTML 只包含调用其他 HTML 文件的代码，并不包含任何文字信息，搜索引擎根本无法判断这个网址的内容。虽然蜘蛛可以跟踪框架中所调用的其他 HTML 文件，但是这些文件经常是不完整的页面，比如没有导航只有正文内容。搜索引擎也无法判断框架中的页面内容应该属于主框架，还是属于框架调用的文件。

总之，如果你的网站还在使用框架结构，或者你的老板要求使用框架结构，唯一要记住的是，忘记使用框架这回事，不必研究怎么让搜索引擎收录框架结构网站。

框架结构用来做后台、控制面板一类的功能是没问题的，这些不需要搜索引擎抓取索引。

4.2.5　动态 URL

动态 URL 指的是数据库驱动的网站所生成的，带有问号、等号及参数的网址。目前搜索引擎抓取动态 URL 都没有任何问题，但一般来说，带有过多参数的动态 URL 还是不利于搜索引擎蜘蛛爬行，也不利于用户体验，应该尽量避免。后文将对动态 URL 及其静态化进行更详细的讨论。

4.2.6　JavaScript 链接

除了很多必要的功能，JavaScript 还可以制造出一些吸引人的视觉效果，因而有些网站喜欢使用 JavaScript 脚本生成导航系统。这也是比较严重的蜘蛛陷阱之一。虽然搜索引擎可能会去执行 JavaScript 脚本，不过我们不能寄希望于搜索引擎自己去克服困难，而要让搜索引擎蜘蛛跟踪爬行链接的工作尽量简单容易。

Google 在技术上可以执行大部分 JavaScript 脚本，像浏览器一样渲染页面，解析出里面包含的链接，但 Google 的抓取和渲染是分步骤进行的，一些权重比较低的网站，或者 JavaScript 脚本太复杂的页面，或者仅仅是因为 Google 最近没有足够计算资源，都可能使 Google 不去执行脚本，也就无法发现脚本后的链接。百度则通常不会去执行脚本，也就不能发现里面的链接和文字内容。

所以网站上的链接必须使用最简单标准的<a>标签链接，尤其是导航系统。用 CSS 做导航系统一样可以实现很多视觉效果。

JavaScript 链接在 SEO 中也有特殊用途，那就是站长不希望被收录的页面（比如没有排名意义的页面、重复内容页面等），或是不希望传递权重的链接，可以使用 JavaScript 脚本加上 robots 文件阻挡搜索引擎蜘蛛爬行。

4.2.7　要求登录

有些网站将部分内容放在用户登录之后才能看到的会员区域，这部分内容搜索引擎蜘蛛也无法看到，因为蜘蛛不能填写用户名、密码，也不会注册。

4.2.8　强制使用 Cookies

有些网站为了实现某种功能，如记住用户登录信息、跟踪用户访问路径等，强制用户使用 Cookies，用户浏览器如果没有启用 Cookies，页面无法正常显示。搜索引擎蜘蛛就相当于一个禁用了 Cookies 的浏览器，强制使用 Cookies 只能造成搜索引擎蜘蛛无法正常访问。

4.3　物理及链接结构

网站结构分为两方面：一是物理结构，二是链接结构。

4.3.1　物理结构

网站物理结构指的是网站真实的目录及文件所在的位置所决定的结构。

一般来说，比较合理的物理结构有两种。一种是扁平式结构，也就是所有网页文件都存在网站根目录下。

- http://www.domain.com/index.html
- http://www.domain.com/cat-a.html
- http://www.domain.com/cat-b.html
- http://www.domain.com/page-a.html
- http://www.domain.com/page-b.html
- http://www.domain.com/page-c.html

……

这种结构比较适合小型网站。如果将太多文件放在根目录下，制作和维护起来都会比较麻烦，容易产生混乱。大中型网站如果把文件都放在根目录下，基本上就无法管理了。页面都在根目录下，统计收录、流量时也不便于进行细分分析。

扁平式物理结构的一个优势是，很多人认为根目录下的文件比深层目录中的文件天生权重高一点。比如，如果其他条件相同，URL：

http://www.domain.com/page-a.html

比 URL：

http://www.domain.com/cat-a/page-a.html

排名能力高一点。

第二种是树形结构，或称为金字塔形结构。根目录下以目录形式分成多个产品分类（或称为频道、类别、目录、栏目等），然后在每一个分类下再放上属于这个分类的具体产品（或称为文章、帖子等）页面。

比如分类分为：

- http://www.domain.com/cat-a/
- http://www.domain.com/cat-b/
- http://www.domain.com/cat-c/

……

分类下再放入具体的产品页面：

- http://www.domain.com/cat-a/product-a.html
- http://www.domain.com/cat-a/product-b .html
- http://www.domain.com/cat-a/product-c .html
- http://www.domain.com/cat-b/product-d .html
- http://www.domain.com/cat-b/product-e .html
- http://www.domain.com/cat-c/product-f .html

……

树形结构逻辑清晰，页面之间的隶属关系一目了然。

需要说明的是，这里说的物理结构指的是"真实的目录及文件所在的位置所决定的结构"，只是为了方便说明和理解。数据库驱动、程序生成的网站并不存在真实的目录和文件，URL 中的目录和文件都是程序实时生成的，但就网站结构来说，其与真实存在的目录和文件没有什么区别。

4.3.2　链接结构

网站结构的第二个方面指的是链接结构，或称为逻辑结构，也就是由网站内部链接形成的链接网络图。

比较合理的链接结构通常是树形结构，其示意图如图 4-7 所示。

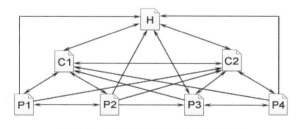

图 4-7　树形网站链接结构示意图

由图 4-7 可知，H 为网站首页，C1 和 C2 是分类首页，P1、P2 是分类首页 C1 下的产品页面，P3、P4 是分类首页 C2 下的产品页面。其中的链接关系如下。

- 首页链接向所有分类首页。
- 首页一般不直接链接向产品页面，除了需要特殊推广的产品页面，如 P3。
- 所有分类首页链接向其他分类首页，一般以网站导航形式体现。

- 分类首页都链接回网站首页。
- 分类首页链接向本分类下的产品页面。
- 分类首页一般不链接向其他分类的产品页面。
- 产品页面都链接向网站首页，一般以网站导航形式体现。
- 产品页面链接向所有分类首页，一般以网站导航形式体现。
- 产品页面可以链接向同一个分类首页的其他产品页面。
- 产品页面一般不链接向其他分类首页的产品页面。
- 在某些情况下，产品页面可以用适当的关键词链接向其他分类首页的产品页面，如 P2 链接向 P3。

从图 4-7 和以上说明中可以看到，这些链接会很自然地形成一个树形网络图。这种链接网络可以与物理结构重合，也可以不一样，比如扁平式物理结构网站完全可以通过链接形成链接上的树形结构。

当然，网站的链接结构在实际中要复杂得多，一级分类不可能只有两个，下面还可能有二级、三级分类，末级分类可能有很多个翻页，还可能有各种排序、排版、筛选页面等。但网站链接的基本形式大体相同。

对搜索引擎来说，更重要的是链接结构，而不是物理结构。不少人有误解，认为物理结构比较深的页面不容易被搜索引擎收录，比如：

http://www.domain.com/cat1/cat1-1/cat1-1-1/page-a.html

像这样物理目录结构比较深的 URL，是不是就不容易被收录呢？并不一定。如果这个页面在网站首页上有一个链接，对搜索引擎来说它就是一个仅次于首页的链接结构意义上的二级页面，收录容易与否在于页面处于链接结构的什么位置，离首页有几次点击距离，而不在于它的目录层次。

树形链接结构实现了网站各页面的权重均匀分布，深层内页可以从首页通过 4～5 次点击内达到。但当网站规模比较大时，还是会出现各种问题，这时无论怎么安排，深层内页都很难从首页仅通过 4～5 次点击内达到。第 4.14 节将着重讨论对树形链接结构的补充和修改。

4.4 清晰导航

清晰的导航系统是网站设计的重要目标，对网站信息架构、用户体验影响重大。SEO 也越来越成为导航系统设计时需要考虑的因素之一。

站在用户角度，网站导航系统需要解决两个问题。

（1）我现在在哪里？用户可能从首页进入网站，也可能从任何一个内页进入，在点击了多个链接后，用户已经忘了是怎么来到当前页面的。导航系统这时就要清楚地告诉用户现在正处在网站总体结构的哪一部分。

页面设计风格的统一、面包屑导航的使用、主导航系统当前所在分类高亮都有助于用户判断自己所在的位置。

（2）下一步要去哪里？有的时候用户知道自己想做什么，页面的导航设计就要告诉用户点击哪里才能完成目标。有的时候用户也不知道自己该干什么，网站导航就要给用户一个最好的建议，引导用户流向网站目标完成页面。

合理的导航及分类名称、正文中的相关链接、引导用户把产品放入购物车的按钮、相关产品推荐、网站地图、站内搜索框等都有助于帮助用户点击到下一页面。

站在 SEO 的角度，网站导航系统应该注意以下几点。

1. 文字导航

尽量使用最普通的 HTML 文字导航，不要使用图片作为导航链接，更不要使用 JavaScript 生成导航系统。CSS 也可以设计出很好的视觉效果，如背景、文字颜色变化，下拉菜单等。

最普通的文字链接对搜索引擎来说是阻力最小的爬行抓取通道。导航系统链接是整个网站收录最重要的内部链接，千万不要在导航上给搜索引擎设置任何障碍。

2. 点击距离及扁平化

良好导航的目标之一是使所有页面与首页点击距离越近越好。权重普通的网站，内页与首页的距离不要超过 4～5 次点击。要做到这一点，通常应该在链接结构上使网站尽量扁平化。

网站导航系统的合理安排对减少链接层次至关重要。主导航中出现的页面将处于仅低于首页的层次，所以主导航中页面越多，网站越扁平。但用户体验和页面链接总数都不允许主导航中有太多链接。SEO 人员需要在网站规模、用户体验之间做好平衡。

3. 锚文字包含关键词

导航系统中的链接通常是分类页面获得内部链接的最主要来源，数量巨大，其锚文字对目标页面相关性有相当大的影响，因此分类名称应尽量使用目标关键词。当然，首先要顾及用户体验，导航中不能堆积关键词，分类名称以 2～4 个字为宜。

4. 面包屑导航

面包屑导航对用户和搜索引擎来说，是判断页面在网站整个结构中的位置的最好方法。正确使用面包屑导航的网站通常都是架构比较清晰的网站，强烈建议使用这一导航形式，尤其是大中型网站。

5. 避免页脚堆积

随着 SEO 被更多站长认识，近些年出现一种在页脚堆积富含关键词的分类页面链接的倾向。在三四年前这种做法还有不错的效果，但是近来搜索引擎比较反感这种做法，常常会进行某种形式的惩罚。

4.5 子域名和目录

搜索引擎通常会把子域名（或称为二级域名）当作一个基本独立的站点看待，也就是说 http://www.domain.com 和 http://news.domain.com 是两个互相独立的网站。而目录 http://www.domain.com/news/就纯粹是 http://www.domain.com 的一部分。

顺便说一句，www.domain.com 其实是 domain.com 的一个子域名，只是约定俗成，网站一般以 www.domain.com 为主 URL。

如果抛开其他因素，只看这两个 URL：

- http://news.domain.com
- http://www.domain.com/news/

子域名 http://news.domain.com 的权重稍微高一点，因为搜索引擎会把这个 URL 当作网站的首页。另外，很多人观察到，主域名很多时候会传递一部分信任度（是信任度，不是链接权重）给子域名，这也是合情合理的。

所以单就 URL 来看，子域名天生比目录的权重和排名能力稍微高一些。但从 SEO 角度看，大部分情况下，我建议尽可能使用目录，而不是子域名。

子域名和主域名是两个完全不同的网站，要推广的也是两个网站，所有的优化工作都要进行两遍，尤其是外部链接建设，网站权重会被这两个独立的网站分散。主域名经过外链建设获得高权重，并不意味着子域名也获得了高权重。

子域名的使用会使网站变多，同时使每个子域名网站变小。目录会使一个网站越做越大。网站越大，包含的内容自然就越多，对用户的帮助越大，它所累积的信任度就越高。

当然，这只是对一般网站而言。在某些情况下，子域名是更适当的。比如：

- 网站内容足够多，每一个子域名下涵盖的内容都足以成为一个独立的网站且毫不逊色。诸如各类门户网站，像新浪、搜狐这种级别的网站，任何一个频道的内容都比绝大多数网站多得多。
- 跨国公司在不同国家的分部或分公司，使用子域名有利于建立自己的品牌。而且各个分公司的网站内容很可能是由不同国家的团队自行维护的，从形式上与独立网站没什么区别。
- 公司有不同的产品线，而且相互之间联系不大，或者完全是以不同的品牌出现的，这时每一个品牌或产品线都可以用子域名甚至是独立域名，如几乎所有汽车公司的每一个品牌甚至每一个车型，都有自己独立的品牌和网站。手机公司也如此。门户类网站推出不同服务时，如博客、微博、论坛、邮件，也以子域名为宜。
- 分类信息网站，不同城市使用不同的子域名。这些分类信息网站通常都有海量的数据，某一个省份或城市的内容都能独立成站。而且不同城市、省份很可能有不同的发展目标和发展规划，管理也是由不同的团队操作的。
- 平台类网站，如 B2B 和淘宝类的电商平台。每个用户都有自己相对独立的展示平台，使用自己的子域名对品牌建设、推广有好处。

除了网站规模和类型，子域名和目录的选择有时还得根据其他情况。比如，目标搜索引擎如果是百度，使用子域名或独立域名更有利，因为百度给网站首页的权重更高，但显然子域名只能用于少数重要词，绝大部分内容页面还是得放到目录上。相比之下，Google 给予网站首页、目录及内页的权重大致相同。如果是做英文网站，采用目录结构不会出现明显的不利，即使竞争度很高的词，排在前面的也不乏网站内页。

4.6 禁止抓取、索引机制

阅读 SEO 相关博客和论坛时能感觉到，很多 SEO 人员并没有理解爬行、抓取、索引、收录这些概念到底指的是什么、区别在哪，以及 noindex、nofollow、robots 文件的实质功能又是什么。对这些概念没有精准理解，处理大型网站结构，决定什么页面需要被抓取，什么页面需要被索引，哪些页面需要禁止抓取、索引等情况时，就很难明白 SEO 该怎么做。所以，这里先来弄清楚这些概念的意义。

4.6.1 爬行、抓取、索引、收录

1. 爬行

爬行指的是搜索引擎蜘蛛从已知页面上解析出链接指向的 URL，也就是沿着链接发现新页面（链接指向的 URL）的过程。当然，蜘蛛并不是发现新 URL 就马上爬过去抓取新页面，而是把发现的 URL 存放到待抓地址库中，按照一定顺序从地址库中提取要抓取的 URL。

2. 抓取

抓取是指搜索引擎蜘蛛从待抓地址库中提取要抓的 URL，访问这个 URL，把读取的 HTML 代码存入数据库的过程。蜘蛛抓取就是像浏览器一样打开这个页面，过程和用户浏览器访问一样，也会在服务器原始日志中留下记录。

3. 索引

索引的英文是 index，指的是将一个 URL 的信息进行整理，并存入数据库，也就是索引库。用户搜索时，搜索引擎从索引库中提取 URL 信息并排序展现出来。索引库是用于搜索的，被索引的 URL 是可以被用户搜索到的，没有被索引的 URL，用户在搜索结果中是看不到的。

要注意的是，所谓"一个 URL 的信息"，并不限于蜘蛛从 URL 上抓取来的内容，还有来自其他来源的信息，如外部链接、链接的锚文字等。有的时候，索引库中关于这个 URL 的信息，根本没有从这个 URL 抓取来的内容，但搜索引擎知道这个 URL 的存在，并且存在一些其他信息。

4. 收录

我个人觉得收录和索引没有区别，在本书里是混用的。只不过收录是从站长角度看的，搜索时能找到这个 URL，就是这个 URL 被收录了。从搜索引擎角度看，URL 被收录了，也就是这个 URL 的信息在索引库中存在了。英文中并没有收录这个词，它和索引使用的是同一个词 index。

有的时候，站长并不希望某些页面被收录（或者说被索引），如复制内容页面。网站上不出现链接，或者使用 JavaScript 链接，使用 nofollow 等方法都不能保证页面一定不被收录。站长自己虽然没有链接到不想被收录的页面，其他网站可能由于某种原因链接到这个页面，导致页面被抓取和收录。

有的时候，站长也不希望某些页面被抓取，如付费内容、还在测试阶段的网站等。还有一种很常见的情况，搜索引擎抓取了大量没有意义的页面，如电子商务网站按各种条件过滤、筛选的页面，各种排序、排版格式的页面，这些页面数量庞大，抓取过多会消耗掉搜索引擎分配给这个网站的抓取份额，造成真正有意义的页面反倒不能被抓取和收录的情况。如果通过检查日志文件发现这些无意义页面被反复大量抓取，想要收录的

页面却根本没被抓取过，那就应该直接禁止抓取无意义页面。

要确保页面不被抓取，需要使用 robots 文件。要确保页面不被索引，需要使用 noindex meta robots 标签。

4.6.2 robots 文件

搜索引擎蜘蛛访问网站时，会先查看网站根目录下有没有一个命名为 robots.txt 的纯文本文件，robots 文件用于指定搜索引擎蜘蛛禁止抓取网站某些内容或指定允许抓取某些内容。如百度的 robots 文件位于：

http://www.baidu.com/robots.txt

只有在需要禁止蜘蛛抓取某些内容时，写 robots 文件才有意义。robots 文件不存在或者是空文件时，都意味着网站允许搜索引擎蜘蛛抓取所有内容。有的服务器设置有问题，robots 文件不存在时会返回 200 状态码及一些错误信息，而不是 404 状态码，这有可能使搜索引擎蜘蛛错误解读 robots 文件信息，所以建议就算允许抓取所有内容，也要建一个空的 robots 文件，放在根目录下。

robots 文件由记录组成，记录之间以空行分开。记录格式为：

```
<域>:<可选空格><域值><可选空格>
```

最简单的 robots 文件：

```
User-agent: *
Disallow: /
```

上面这个 robots 文件禁止所有搜索引擎蜘蛛抓取任何内容。

User-agent：指定下面的规则适用于哪个蜘蛛。*通配符代表所有搜索引擎蜘蛛。只适用于百度蜘蛛则用：

```
User-agent: Baiduspider
```

只适用于 Google 蜘蛛则用：

```
User-Agent: Googlebot
```

Disallow：告诉蜘蛛不要抓取某些文件或目录。例如下面的代码将阻止所有蜘蛛抓取 /cgi-bin/ 和 /tmp/ 两个目录下的内容及文件 /aa/index.html：

```
User-agent: *
Disallow: /cgi-bin/
Disallow: /tmp/
Disallow: /aa/index.html
```

Disallow：这行代码中，禁止蜘蛛抓取的目录或文件必须分开写，每个一行，不能写成：

```
Disallow: /cgi-bin/ /tmp/ /aa/index.html
```

下面的指令相当于允许所有搜索引擎蜘蛛抓取任何内容：

```
User-agent: *
Disallow:
```

下面的代码禁止除了百度蜘蛛的所有搜索引擎蜘蛛抓取任何内容：

```
User-agent: Baiduspider
Disallow:

User-agent: *
Disallow: /
```

Allow：告诉蜘蛛应该抓取某些文件。由于不指定就是允许抓取，Allow: 单独写没有意义，Allow: 和 Disallow: 配合使用，可以告诉蜘蛛某个目录下大部分不允许抓取，只允许抓取一部分。例如，下面的代码将使蜘蛛不抓取/ab/目录下其他目录和文件，但允许抓取其中/cd/目录下的内容：

```
User-agent: *
Disallow: /ab/
Allow: /ab/cd/
```

通配符$：匹配 URL 结尾的字符。例如，下面的代码将允许蜘蛛抓取以.htm 为后缀的 URL：

```
User-agent: *
Allow: .htm$
```

下面的代码将禁止百度蜘蛛抓取所有.jpg 文件：

```
User-agent: Baiduspider
Disallow: .jpg$
```

通配符*：告诉蜘蛛匹配任意一段字符。例如，下面一段代码将禁止蜘蛛抓取所有 htm 文件：

```
User-agent: *
Disallow: /*.htm
```

位置 Sitemap：告诉蜘蛛 XML 网站地图在哪里，格式为：

```
Sitemap: <网站地图位置>
```

主流搜索引擎都遵守 robots 文件指令，robots 文件禁止抓取的文件搜索引擎蜘蛛将不访问，不抓取。

要注意的是，robots 文件是禁止抓取，并没有禁止索引。被 robots 文件禁止抓取的 URL 是可以被索引并出现在搜索结果页面中的。只要有导入链接指向这个 URL，搜索引擎蜘蛛就知道这个 URL 的存在，虽然不会抓取页面内容，但是索引库中还是有这个 URL 的信息，并可能以下面几种形式显示在搜索结果页面中。

- 只显示 URL，没有标题、描述。
- 导入链接的锚文字显示为标题和描述。
- 将搜索引擎从其他地方获得的信息显示为标题和描述。

最著名的例子是，淘宝整站用 robots 文件禁止百度蜘蛛抓取，如图 4-8 所示。

但在百度搜索淘宝还是会返回首页及少量其他页面信息的，只不过页面标题和摘要来自其他来源，而不是页面本身内容，如图 4-9 所示。

图 4-8　淘宝整站禁止百度蜘蛛抓取

图 4-9　百度返回淘宝首页

要想使 URL 完全不出现在搜索结果中，需要使用页面上的 noindex meta robots 标签禁止索引。

4.6.3　noindex meta robots 标签

noindex 是页面 head 部分 meta robots 标签的一种，用于指定搜索引擎禁止索引本页内容，因而也就不会出现在搜索结果页面中。

最简单的 meta robots 标签格式为：

```
<meta name="robots" content="noindex,nofollow">
```

上面标签的意义是禁止所有搜索引擎索引本页面，禁止跟踪本页面上的链接。

Google、Bing 都支持的 meta robots 标签如下。

- NOINDEX：告诉搜索引擎不要索引本页面。
- NOFOLLOW：告诉蜘蛛不要跟踪本页面上的链接。
- NOSNIPPET：告诉搜索引擎不要在搜索结果页面中显示摘要文字。
- NOARCHIVE：告诉搜索引擎不要显示快照。

百度的官方说法是目前只支持 NOFOLLOW 和 NOARCHIVE 两种标签。

meta robots 标签内容可以写在一起，以逗号间隔，中间可以有空格，也可以没有。多个 meta robots 内容也可以写成不同标签。

```
<META NAME="ROBOTS" CONTENT="NOINDEX">
<META NAME="ROBOTS" CONTENT="NOFOLLOW">
```

与下面这个是一样的：

```
<META NAME="ROBOTS" CONTENT="NOINDEX, NOFOLLOW">
```

meta robots 标签不区分大小写。

只有禁止索引时，使用 meta robots 标签才有意义。以下这个标签：

```
<META NAME="ROBOTS" CONTENT="INDEX, FOLLOW">
```

是没有意义的。普通需要被收录、索引，链接需要被跟踪的页面，不用写 meta robots 标签。

这个标签有时会用到：

```
<meta name="robots" content="noindex">
```

其效果是禁止索引本页面，但允许蜘蛛跟踪页面上的链接，也可以传递权重。

meta noindex 只是禁止索引，没有禁止抓取，和 robots 文件正相反。实际上，noindex 要起作用，这个 URL 是必须先被抓取的，不能用 robots 文件禁止抓取，不然搜索引擎看不到 HTML 代码中有 noindex 标签。

页面有 noindex 标签只是页面被抓取后不被索引的原因之一。页面不被索引还有可能是因为其内容是抄袭、转载、低质量的，搜索引擎虽然进行了抓取，索引过程中检测出这些内容问题，所以被丢弃，没有被索引。页面没有被收录，通常要先检查原始日志，查看是否被抓取过，如果被抓取过，最大的可能是内容质量问题（也可能是误加 noindex），如果根本没被抓取，建议先查看网站结构是否有问题。

4.7 nofollow 的使用

nofollow 是 2005 年由 Google 领头新创的一个标签（严格说是属性），目前主流搜索引擎包括百度、Bing 等都支持此标签。

4.7.1 nofollow 标签的意义

nofollow 代码形式为：

```
<a href="http://www.example.com/" rel="nofollow">这里是锚文字</a>
```

链接的 nofollow 标签只适用于本链接。上一节介绍的 meta robots 标签中的 nofollow 指的是页面上的所有链接。

nofollow 标签最初的目的是减少垃圾链接对搜索排名的影响，标签的意义是告诉搜索引擎蜘蛛这个链接不是经过站长自己编辑的，所以这个链接不是一个信任投票。搜索引擎蜘蛛看到这个标签就不会跟踪爬行链接，也不传递链接权重和锚文字。

注意，nofollow 既没禁止抓取，也没禁止索引。nofollow 只是告诉蜘蛛不要爬行这个链接，并没有禁止其抓取链接指向的 URL，也没有禁止其抓取索引链接指向的 URL。加了 nofollow 的链接蜘蛛不能爬行，但蜘蛛还可以通过其他没加 nofollow 的链接发现、抓取目标 URL。

nofollow 标签通常用在博客评论、论坛帖子、社交媒体网站、留言板等地方，因为在这些地方，任何用户都可以自由留下链接，站长一般并不知道链接连向什么网站，也不可能一一查看验证，所以是垃圾链接出现最多的地方。现在主流的博客和论坛软件都自动在评论和帖子的链接中加上了 nofollow。

后来 nofollow 又有了另外一个用途——广告链接。网络广告的初衷应该是曝光率和点击流量，而不是传递权重或试图影响搜索排名。但广告同时也是个链接，会影响权重流动和搜索排名。搜索引擎对试图影响、操纵排名的链接买卖是深恶痛绝的。给广告链接加上 nofollow 可以告诉搜索引擎，这是个广告，不要传递链接权重。

4.7.2　nofollow 用于控制权重流动

由于 nofollow 标签能阻止蜘蛛爬行和传递权重，很快又被 SEO 用在某些内部链接，以达到控制内部链接权重流动及分布的目的。最常见的是应用在联系我们、隐私权政策、用户条款、用户登录等链接上。这些页面往往有整站链接，如果没有使用 nofollow，整站的链接权重会平等地流动到这些网页上。而像隐私权政策这种网页一般来说用户很少关心，想通过搜索排名带来流量的可能性也极低。所以这些搜索价值不高的网页积累权重并没有必要。

有的网站通过 nofollow 控制权重流动，将权重导向需要收录和排名的页面后，网站整体收录、排名和流量就有明显提高，但有时候就没有明显效果。

也有人认为，用 nofollow 控制链接和权重流动是个迷思，有欺骗搜索引擎蜘蛛之嫌，因为展现给用户和搜索引擎蜘蛛的内容不一样。提高网站内部链接效率应依赖于构建合理的网站架构，而不是使用 nofollow 标签。

Google 资深工程师 Matt Cutts 曾对此评论说，nofollow 使用在内部链接上，确实能够影响 Google 排名，但这只是次要因素。好比你有 100 元钱，使用 nofollow 就好像仔细研究怎么花这 100 元钱，这对一些人有帮助。但更有用的是把精力放在怎么再多挣 300 元钱上，而不是琢磨怎么花这现有的 100 元钱。

2008 年上半年的某个时间，Google 对 nofollow 链接权重传递算法做了改变。假设页面权重有 10 元钱可以传递，页面上有 10 个链接，在 nofollow 标签出现之前，每个链接传递 1 元钱。如果其中 5 个链接加了 nofollow，在 2008 年的算法改变之前，剩下的没有 nofollow 的 5 个链接，每个链接传递 2 元钱，算法改变之后的处理方式是，剩下的 5 个非 nofollow 链接还是传递 1 元钱。当然，算法改变前后，nofollow 链接都不传递 PR 值和权重。也就是说，2008 年之后，加了 nofollow 相当于浪费了 PR 值和权重，页面本来有的 10 元钱，只传递出去 5 元，还有 5 元消失了。

Google 在做了这个变动一年多之后，2009 年 6 月 Matt Cutts 才在博客上宣布。在这一年多时间里，没有人注意到这个算法变动。这说明 nofollow 的具体细节和效果远不是 SEO 人员所能掌握的。从宏观的角度看，页面链接怎样分配和传递权重很可能更为复杂，并不是平均分配的。比如，导航及博客评论等地方的链接能传递的权重可能本来就很少。就算没有 nofollow 的存在，博客评论里的链接传递与正文里的链接一样的权重本来就不太合理。

所以英文网站（准确说是以 Google 为优化目标的所有网站）用 nofollow 是会浪费权重的，nofollow 阻断的链接权重并不会被传递到其他 follow 的链接上，而是凭空消失了。不使用 nofollow，隐私权政策之类的页面获得很高权重虽然没必要，但也无害，权重还会随着链接传递到其他页面。Google 官方也不建议使用 nofollow 控制权重流动。

在特定情况下，使用 nofollow 刻意降低某些页面的权重可能会有帮助。比如，如果某些页面（隐私权政策等）被大量抓取，抓取量大到影响其他正常页面的抓取，这时给指向这些页面的链接简单加上 nofollow，降低其权重，可能就大幅降低其抓取量了。再比如，某些完全不想被收录且数量又大的页面，如排序、排版、筛选页面，链接加上 nofollow，蜘蛛就基本不会在这些页面上浪费抓取份额了，因为这些页面基本不会有其他链接。

百度对 nofollow 的处理与 Google 不同，百度将加了 nofollow 的链接视为完全不存在，既不传递权重，也不浪费权重。这里仅指权重传递效果，不排除百度通过加了 nofollow 的链接发现新 URL。

所以，做中文网站时可以考虑给没必要传递权重的链接加上 nofollow，把权重更好地集中到需要的地方。做英文网站时加 nofollow 就要慎重，因为有可能起到反作用，没有特殊需要，通常建议不要使用。

4.7.3　nofollow 作用最新变化

2019 年 9 月，Google 公布了 nofollow 标签的作用，并宣布处理 nofollow 的方法又有了变化。一是增加了两个新的属性。

（1）rel="sponsored"：这个新属性用于标注广告、赞助商或其他因利益而存在的链接。

（2）rel="ugc"：这个新属性用于 UGC（用户产生内容），如论坛帖子、博客评论等。

（3）rel="nofollow"：这个原有属性依然用于没有任何投票、背书意味的链接，也不传递排名权重。

换句话说，新公布的两个标签为广告和 UGC 各新创了一个专用标签。

第二个重大变化是，这三个标签将被 Google 搜索算法在决定链接是否应该被考虑时视为一个"暗示"（Google 用的词是 hint），更容易理解的说法是一个"建议"，而不是指令。

以前的 nofollow 基本上是一个指令，Google 不会跟踪加了 nofollow 的链接。现在，Google 只把这三个标签当作建议，算法（包括爬行、抓取、排名）是否考虑这个链接，由 Google 综合其他因素来自行决定。

为什么会做这个改变？Google 给出的说法是为了更好地分析、使用链接信号。由于 nofollow 的使用，Google 失去了很多有用的链接信号。绝大部分社交媒体网站、新闻网站，现在所有指向外部的链接都一律加了 nofollow，如果忽略所有这些链接，那就没多少高质量链接可以参考了。把 nofollow 家族的三个标签当作建议，既能使 Google 不失去宝贵信息，又保留了站长表明链接不是投票的机制。

nofollow 作用的改变可能会对外部链接建设的方式产生影响，尤其是英文网站。从 Google 员工的后续解释看，nofollow 的作用改为建议也主要指的是外部链接。

一直以来，SEO 们建设外链时对 nofollow 链接的热情是远远小于 follow 链接的。但现在 nofollow 链接也可能会被 Google 当作一个正常、传递权重的链接了。比如在各社交媒体网站传播度高的网站，在 wiki、百科、问答网站被推荐比较多的网站，在论坛参与时间长、留有很多签名的网站，很多以前作用不大的 nofollow 链接可能变得更有效。

当然，到底哪些 nofollow 链接被当作普通链接，我们将无从知晓，那些把自己链接都加了 nofollow 的社交媒体网站、新闻网站自己也不会知道。做外链建设时，可以不用再考虑是否有 nofollow，只考虑是否有利于吸引用户了。

Bing 表示，他们一直以来就是把 nofollow 当作建议，而不是指令。百度是否跟进目前还未可知。

4.8　URL 静态化

URL 静态化一直以来都是最基本的 SEO 要求之一，但随着搜索引擎技术进步，抓取动态 URL 已经不是问题，SEO 行业对是否一定要做静态化也有了一些观念上的改变。

4.8.1　为什么静态化

现在的网站绝大多数是数据库驱动的，页面由程序实时生成，而不是真的在服务器上有一个静态 HTML 文件存在。当用户访问一个网址时，程序根据 URL 中的参数调用数据库数据，实时生成页面内容。因此动态页面相对应的 URL 原始状态也是动态的，包含问号、等号及参数，例如下面这种典型论坛的 URL：

http://www.domain.com/viewthread.php?tid=70376&extra=page=1

搜索引擎蜘蛛在发展初期（其实也就是 10 多年前而已）一般不太愿意爬行和收录动态 URL，主要原因是可能会陷入无限点击循环或收录大量重复内容，造成资源极大浪费。最典型的无限循环就是某些网站上出现的万年历，很多博客按时间存档，一些宾馆、航班查询网站也经常出现万年历形式，如图 4-10 所示。

搜索引擎蜘蛛碰到万年历，如果一直跟踪上面的链接，可以不停地点击下一月、下一年，陷入无限循环，每一个日期对应的页面内容也没什么区别。真实用户一眼就能看出这是个日历，但搜索引擎蜘蛛面对

图 4-10　万年历使蜘蛛可以无限点击下去

的只是一串代码，不一定能判断出其实这是个万年历。电子商务网站各种条件过滤、筛选页面也可能组合出数量庞大的页面，弄不好会近乎于无限循环。

有时就算不存在无限循环，动态 URL 也可能造成大量复制页面。比如 URL：

http://www.domain.com/product.php?color=red&cat=shoes&id=12345

和 URL：

http://www.domain.com/product.php?cat=shoes&color=red&id=12345

及 URL：

http://www.domain.com/product.php?color=red&id=12345&cat=shoes

很可能是完全一样的内容，都是序列号为 12345 的红色鞋子。URL 中参数顺序不同就是不同的网址，但调用参数一样，因此页面内容是一样的。如果 CMS 系统设计不周全，这些 URL 可能都出现在网站上。

更麻烦的是，有时某些参数可以是任意值，服务器都能正常返回页面，虽然内容全是一样或非常相似的。例如，上面 URL 中的参数 12345 改为 6789 或其他数字，服务器很可能也会返回 200 状态码。

所以以前的搜索引擎对动态 URL 敬而远之，要想网站页面被充分收录，站长需要把动态 URL 转化为静态 URL。

4.8.2　怎样静态化 URL

最常见的方法是使用服务器的 URL 重写模块，在 LAMP（Linux+Apache+MySQL+PHP）服务器上一般使用 mod_rewrite 模块，Windows 服务器也有功能相似的 ISAPI Rewrite 等模块。以 LAMP 服务器为例，要想把 URL：

http://www.domain.com/products.php?id=123

静态化为：

http://www.domain.com/products/123

需要启用服务器 mod_rewrite 模块，然后在.htaccess 文件中写入如下代码：

RewriteRule /products/([0-9]+) /products.php?id=$1

URL 重写代码基于正则表达式，每个网站的动态 URL 结构不同，服务器设置也可能不同，代码也就不同。正则表达式的写法比较复杂，千变万化，通常需要程序员编写。在写 URL 静态化代码时必须非常小心，错了一个字符、多了一个斜杠等微小的疏忽，都可能造成灾难性的后果。我本人就遇到过这样的案例。

严格来说，这里所说的 URL 静态化应该称为"伪静态化"，也就是说服务器上还是不存在相应的 HTML 文件，用户访问时还是动态生成页面，只不过通过 URL 重写技术使网址看起来像是静态的。也有的 CMS 系统可以实现真正静态化，编辑增添产品或文章后，系统会自动生成真实存在的静态的 HTML 文件。对搜索引擎来说，真正的静态与伪静态没有区别。

4.8.3　URL 不需要静态化吗

现在搜索引擎蜘蛛对动态 URL 的抓取有了很大进步。一般来说 URL 中有两三个参数，对收录不会造成任何影响。权重高的域名，再多几个问号也不是问题。不过一般来说还是建议将 URL 静态化，既能提高用户体验，又能降低收录难度。

2008 年 9 月，Google 站长博客发表了一篇讨论动态网址和静态网址的帖子，颠覆了整个 SEO 界的传统观念。在这篇帖子里，Google 明确建议不要将动态 URL 静态化。

Google 的帖子有几个要点。

（1）Google 完全有能力抓取动态网址，多少个问号都不是问题（百度等也都没问题）。

（2）动态网址更有助于 Google 蜘蛛读懂 URL 含义并进行鉴别，因为网址中的参数具有提示性。Google 举了这个例子：

www.example.com/article/bin/answer.foo?language=en&answer=3&sid=98971298178906&query=URL

URL 里的参数本身有助于 Google 理解 URL 及网页内容，比如 language 后面跟的参数是提示语言，answer 后面跟的是文章编号，sid 后面的肯定是 Session ID。其他常用的参数包括：color 后面跟的一般是颜色，size 后面跟的参数是尺寸等。有了这些参数名称的帮助，Google 更容易理解网页。

将网址静态化后，这些参数的意义通常就变得不明显了，比如这个 URL：

www.example.com/shoes/red/7/12/men/index.html

就可能使 Google 无法识别哪个是产品序列号，哪个是尺寸。

（3）URL 静态化很容易弄错，那就更得不偿失了。比如，通常动态网址的参数调换顺序所得到的页面是相同的，这两个网址很可能就是同一个页面：

- www.example.com/article/bin/answer.foo?language=en&answer=3
- www.example.com/article/bin/answer.foo?answer=3&language=en

保留动态网址，Google 就比较容易明白这两个 URL 是一个页面，因而自动合并权重。经过静态化后，Google 就不容易判断这两个网址是不是同一个页面，从而可能引起复制内容：

- www.example.com/shoes/men/7/red/index.html
- www.example.com/shoes/red/7/men/index.html

还有一个容易搞错的是 Session ID，也可能被静态化进 URL：

www.example.com/article/bin/answer.foo/en/3/98971298178906/URL

这使网站将产生大量 URL 不同，但其实内容相同的页面。

所以，Google 建议不要静态化 URL。百度的态度是静态、动态无所谓，百度没有歧视，只要尽量避免重复就好，当然动态的也不要太过分，弄几十个参数就是没有意义的。

但是我目前还是建议尽量要静态化 URL。原因如下。

（1）Google 给出的建议是从 Google 自己出发，没有考虑其他搜索引擎。Google 愿意抓取任何动态网址，并不意味着百度、Bing、搜狗、搜搜等都愿意，虽然技术上可以实现。

（2）Google 所说的静态化的弊端，基本上是基于静态化做得不正确的假设。问题是要做静态化就得做正确，假设会做错是没有什么道理的。有几个人会在静态化网址时把 Session ID 也放进去呢？

（3）用户体验。带有参数的 URL 可能有助于 Google 读懂内容，但是显然非常不利于用户在一瞥之下理解页面大致内容。例如，以下这两个网址哪个更清晰，更容易读懂，更有可能被点击呢？

- www.example.com/product/bin/answer.foo?language=en&productID=3&sid=98971
  298178906&cat=6198&&query=URL
- www.example.com/product/men/shoes/index.html

显然是第二个。

除了点击率，过长的动态网址也不利于记忆，不利于在邮件、社交媒体网站等地方抄送给别人。

4.9 URL 设计

URL 是搜索结果列表中的显示内容之一。设计网站结构时需要对目录及文件命名系统做好事先规划。总体原则是首先从用户体验出发，URL 应该清晰友好、方便记忆，然后才考虑 URL 对排名的影响。具体可以考虑以下几方面。

1．URL 越短越好

这主要是为用户着想。对搜索引擎来说，只要 URL 不超过 1000 个字母，收录起来都没问题。不过若真的使用几百个字母的 URL，用户看起来就费力了。曾经有人做过搜索结果点击实验，一个比较短的 URL 出现在一个比较长的 URL 下面时，短 URL 的点击率比长 URL 高 2.5 倍。

另外，短 URL 也利于传播和复制。站长做链接时，通常会直接复制 URL。短 URL 不会有问题，长 URL 复制时都会费劲，也可能复制得不完整，造成 404 错误。

2．避免太多参数

在可能的情况下尽量使用静态 URL。如果技术上不能实现，必须使用动态 URL，也要尽量减少参数。一般建议在 2～3 个参数之内。参数太多会使用户看着眼花缭乱，也可能造成收录问题。

3．目录层次尽量少

这里指的是物理目录结构。

当然目录层次与网站整个分类结构相关。分类层数越多，目录层次也必然增多。在可能的情况下，尤其是静态化 URL 时，尽量使用比较少的目录层次。根据观察，百度尤其喜欢目录层次少的页面。

当然，这不是说建议大家把页面全放在根目录下，那样的话，超过几百页的网站就不容易管理了，不仅搜索引擎无法根据目录层次了解归属关系，站长自己恐怕也不容易分清哪个页面属于哪个分类。

4．文件及目录名具描述性

尤其对英文网站来说，目录及文件名应该具备一定的描述性，使用户在一瞥之下就能知道这个 URL 内容大致应该是什么。比如 URL：

http://www.example.com/news/finance/

就比

http://www.example.com/cat-01/sub-a/

要好得多。

中文网站 URL 中包含简单、有提示性的英文单词也有利于用户体验。

5. URL 中包含关键词

英文网站关键词出现在 URL 中，能稍微提高页面相关性，在排名时贡献一点分数，也有利于用户体验。不过切忌为了出现关键词而刻意堆积。

中文网站就不必勉强了，不建议在 URL 中出现中文字符，容易显示为乱码，即使正常显示中文，看起来也很奇怪。

6. 字母全部小写

这有以下几方面原因。

（1）全部小写便于人工输入，不会因大小写掺杂而出错。

（2）有的服务器是区分大小写的，例如在 Linux 服务器上，http://www.example.com/index.html 与 http://www.example.com/Index.html 是两个不同的网址。无论站长自己在做链接时还是用户输入时，因为大小写混用出现错误都会造成 404 错误。另外，robots 文件代码也是区分大小写的，一个字母之差就可能使整个目录不能被收录。

本书举 URL 例子时有时用大写字母，只是为了表示强调，让读者看得更清楚。

7. 连词符使用

目录或文件名中单词间一般建议使用短横线 "-" 分隔，不要使用下画线或其他更奇怪的字符。搜索引擎把 URL 中的短横线当作空格处理，下画线则会被忽略。所以文件名 seo-tools.html 将被正确读取出 seo 与 tools 两个单词，而文件名 seo_tools.html 会被读解为 seotools.html。

更重要的是，URL 中用短横线分割单词是使用户看得最清楚的方式。

8. 目录形式还是文件形式

大部分 CMS 系统都可以把页面 URL 设置为目录或文件形式，比如 http://www.example.com/products/red-shoes/或 http://www.example.com/products/red-shoes.html。

站长可以选择其中之一。这两种格式对排名没有大影响。有人认为目录形式的权重稍微高一点，不过也无法验证，就算权重高一点，也应该是微乎其微的。

目录形式 URL 的一个优点是，以后如果网站更换编程语言，URL 可以不必变化，也不用经过特殊处理。文件形式 URL 可能文件扩展名会变化，这时就需要做 URL 重写和 301 转向。

9. 使用 https

建议新旧网站一律使用 https，无论是否为购物网站、是否需要传输敏感信息。首先，这是为用户安全考虑，现在网上的钓鱼、病毒、劫持等安全隐患太多了，使用 https 有助于增强安全性。

另外，https 也是排名因素之一，虽然只是个小的排名因素。Google、Bing 都明确表示 https 对页面排名有加分。百度没有官方公布，但百度工程师在开会时提到过，https 是大势所趋。四五年前百度抓取索引 https 页面还存在一些技术问题，近两三年已经完全没有了。

4.10 网址规范化

网址规范化（URL canonicalization）指的是搜索引擎挑选最合适的 URL 作为真正（规范化的）网址的过程。

4.10.1 为什么出现不规范网址

举例来说，下面这几个 URL 一般指的是同一个文件：

- http://www.domainname.com
- http://domainname.com
- http://www.domainname.com/index.html
- http://domainname.com/index.html

从技术上来讲，这几个 URL 都是不同的网址，搜索引擎也确实把它们当作不同的网址。虽然在绝大部分情况下，这些网址所返回的是相同的文件，也就是网站首页，但是从技术上说，主机完全可以对这几个网址返回不同的内容。

除了上面因为带与不带 www 造成的，以及结尾是否带 index.html 文件名造成的不规范网址，网址规范化问题还可能由于如下原因出现：

- CMS 系统原因，使同一篇文章（也可以是产品、帖子等）可以通过几种不同的 URL 访问。有时连分类页面都有多个 URL 版本。这种情况大量存在。
- URL 静态化设置错误，同一篇文章有多个静态化 URL。
- URL 静态化后，静态和动态 URL 共存，都有链接，也都可以访问。
- 目录后带与不带斜杠。例如，http://www.domainname.com 和 http://www.domainname.com/ 是不同网址，但其实是一个页面。
- 加密网址。例如，http://www.domainname.com 和 https://www.domainname.com 两个网址同时存在，都可以访问。
- URL 中有端口号。例如，http://www.domainname.com:80 和 http://www.domainname.com。
- 跟踪代码。有的联署计划或广告服务在 URL 后面加跟踪代码，如 http://www.domainname.com/?affid=100 和 http://www.domainname.com/ 显示的都是首页内容。有的网站为了跟踪用户轨迹，全站 URL 可能都加了跟踪代码。

4.10.2 网址规范化问题

网站出现多个不规范网址会给搜索引擎的收录和排名带来很多麻烦。比如，网站首页应该是固定的，只有一个，但很多站长在链接回首页时所使用的 URL 并不是唯一的，一会儿连到 http://www.domainname.com，一会儿连到 http://www.domainname.com/index.html。

这虽然不会给用户造成什么麻烦，因为这些网址其实是同一个文件，但是给搜索引擎造成了困惑，哪一个网址是真正的首页呢？哪一个网址应该被当作首页返回呢？

如果网站上不同版本的网址同时出现，那么两个或更多版本的 URL 都可能被搜索引擎收录，这就会造成复制内容。搜索引擎计算排名时必须找到所谓规范化的网址，也就是搜索引擎认为的最合适的 URL 版本。

网址规范化造成了几个问题。

- CMS 系统在不同地方链接到不同的 URL，分散了页面权重，不利于排名。
- 外部链接也可能指向不同 URL，分散权重。
- 搜索引擎判断的规范化网址可能不是站长想要的那个网址。
- 如果网址规范化问题太严重，也可能影响收录。一个权重不很高的域名，能收录的总页面数和蜘蛛的总爬行时间是有限的。搜索引擎把资源花在抓取、收录不规范的网址上，留下给独特内容的资源就减少了。
- 复制内容过多，搜索引擎可能会认为网站整体质量不高。

一般来说，搜索引擎会尝试判断，将非规范化网址合并权重至规范化网址，并只索引规范化版本，但问题就在于，搜索引擎不一定判断正确。与其把任务交给不可控的搜索引擎算法，不如自己做好规范化，不给搜索引擎判断错误的机会。

4.10.3 解决网址规范化问题

解决 URL 规范化问题需要注意很多方面，比如：

- 确保使用的 CMS 系统只产生规范化网址，无论是否有静态化 URL。
- 所有内部链接保持统一，都指向规范化网址。确定一个版本为规范化网址，网站内链接统一使用这个版本。这样搜索引擎也就明白哪一个是站长希望被收录的规范化网址。
- 在站长工具中设置首选域。
- 使用 301 转向，把不规范化 URL 全部转向到规范化 URL。下一节将深入讨论。
- 使用 canonical 标签。后文将深入讨论。
- 提交给搜索引擎的 XML 网站地图中全部使用规范化网址。

但这些方法都各有局限。

- 有的网站因为技术原因做不了 301 转向。
- CMS 系统经常不受自己控制。
- 内部链接自己可以控制，但外部链接不受控制。

所以，虽然有解决方法作为备选，但到目前为止，网址规范化一直是困扰站长及搜索引擎的一个问题。据估计，网上有 10%～30%的 URL 是内容相同但 URL 不一样的不规范化网址。为了确保万无一失，经常需要综合使用多个方法。

4.10.4 301 转向

1. 什么是 301 转向

301 转向（或叫 301 重定向、301 跳转）是浏览器或蜘蛛向网站服务器发出访问请求时，服务器返回的 HTTP 数据流中头信息（header）部分状态码的一种，表示本网址永久性转移到另一个地址。

其他常见的状态码如下。

- 200：一切正常。
- 404：网页不存在。
- 302：临时性转向。

- 500：内部程序错误。

网址转向还有其他方法，如 302 转向、JavaScript 转向、PHP/ASP/CGI 程序转向、Meta Refresh 转向等。除了 301 转向，其他方法都是常用的作弊手法。虽然方法本身没有对错之分，但被作弊者用多了，搜索引擎对可疑的转向都很敏感。

2．301 转向传递权重

网页 A 使用 301 重定向转到网页 B，搜索引擎可以肯定网页 A 永久性改变了地址，或者说实际上不存在了，就会把网页 B 当作唯一有效 URL。这是搜索引擎唯一推荐的不会产生怀疑的转向方法，更重要的是，网页 A 积累的页面权重将被传递到网页 B。

所以，假定 http://www.domainname.com 是选定的规范化网址，下面几个网址：

- http://domainname.com
- http://www.domainname.com/index.html
- http://domainname.com/index.html

都做 301 转向到 http://www.domainname.com，搜索引擎就知道 http://www.domainname.com 是规范化网址，而且会把上面列的网址权重传递集中到规范化网址。

目前 Google 会传递大部分权重，但不是传递百分之百的权重。百度会传递所有权重。Google 对 301 转向的识别、反应、完成权重传递，需要 1～3 个月时间。百度对 301 转向的处理则比较保守，新旧 URL 会同时存在于索引库很长时间，经常看到做了 301 转向一年的 URL 还出现在百度搜索结果中。

3．怎样做 301 转向

如果网站使用 LAMP（Linux+Apache+MySQL+PHP）主机，可以使用.htaccess 文件做 301 转向。.htaccess 是一个普通文字文件，通过 Notepad 等文字编辑软件创建和编辑，之后保存在网站根目录下。.htaccess 文件中的指令用于目录特定操作，如密码保护、转向、错误处理等。

比如把页面/old.htm 301 转向到 http://www.domain.com/new.htm，可以在.htaccess 文件中放上这个指令：

```
redirect 301 /old.htm http://www.domain.com/new.htm
```

或

```
redirect permanent /old.htm http://www.domain.com/new.htm
```

把所有不带 www（http://domain.com）版本的网址 301 转向到带 www 的版本（http://www.domain.com），包括：

http://domain.com/about.htm 转到 http://www.domain.com/about.htm，以及 http://domain.com/dir/index.htm 转到 http://www.domain.com/dir/index.htm 等，还要用到 mod_rewrite 模块，.htaccess 文件指令是：

```
Options +FollowSymLinks
RewriteEngine on
RewriteCond %{HTTP_HOST} ^domain.com [NC]
RewriteRule ^(.*)$ http://www.domain.com/$1 [L,R=301]
```

如果网站用的是 Windows 主机，可以在控制面板做 301 转向设定。

纯静态 HTML 页面无法通过 HTML 文件本身做 301 转向，HTML 一被读取，就已经返回 200 状态码了。在 HTML 里能做 JavaScript 转向或 Meta Refresh 转向。

如果页面是 ASP 或 PHP，还可以做 301 转向。

ASP 代码：

```
<%@ Language=VBScript %>
<%
Response.Status="301 Moved Permanently" Response.AddHeader "Location", "
http://www.domain.com"
>
```

PHP 代码：

```
Header( "HTTP/1.1 301 Moved Permanently" );
Header( "Location: http://www.domain.com" );
?>
```

4．301 转向的其他用途

除了解决网址规范化问题，还有很多需要做 301 转向的情形。比如，为保护版权，公司拥有不同 TLD 的多个域名：

- company.com
- company.net
- company.org
- company.com.cn
- company.cn

为避免造成大量复制内容，应该选定一个域名为主域名，如 company.com，将其他域名做 301 转向到 company.com。

或者公司注册了全称域名 longcompanyname.com，也注册了方便用户记住的缩写域名 lcn.com，可将其中一个做主域名，另一个 301 转向到主域名。

网站改版也经常需要用到 301 转向，如页面删除、改变地址、URL 命名系统改变等。更换域名也需要整站从旧域名做 301 转向到新域名。

动态 URL 静态化也可能要做 301 转向，将旧的、动态的 URL 做 301 转向到新的、静态的 URL。

4.10.5 canonical 标签

2009 年 2 月，Google、Yahoo!、微软共同发布了一个新的标签 canonical tag，用于解决网址规范化问题。目前百度也支持 canonical 标签。

简单说，就是在 HTML 文件的头部加上这样一段代码：

```
<link rel="canonical" href="http://www.example.com/product.php?item=
swedish-fish" />
```

表示这个网页的规范化网址应该是：

http://www.example.com/product.php?item=swedish-fish

下面这些 URL 都可以加上这段 canonical 标签：

- http://www.example.com/product.php?item=swedish-fish
- http://www.example.com/product.php?item=swedish-fish&category=gummy-candy
- http://www.example.com/product.php?item=swedish-fish&trackingid=1234&sessionid=5678

这些 URL 的规范化网址就都成为：

http://www.example.com/product.php?item=swedish-fish

canonical 标签相当于一个页面内的 301 转向，区别在于用户并不被转向，还是停留在原网址上，而搜索引擎会把它当作是 301 转向处理，把页面权重集中到标签中指明的规范化网址上。

另外有几个细节需要注意。

- 这个标签只是一种建议，不是指令，不像 robots 文件是个指令。所以搜索引擎会在很大程度上考虑这个标签，但并不一定百分之百遵守。搜索引擎还会考虑其他情况来判断规范化网址，防止站长把标签里指定的规范化网址写错。
- 标签既可以使用绝对地址，也可以使用相对地址。通常使用绝对地址比较保险。
- 指定的规范化网址上的内容，与其他使用这个标签的非规范化网址内容要完全相同或高度相似，否则很可能不起作用。使用 301 转向并没有这个限制。百度建议站长在使用 canonical 标签时要仔细检查，确认两个页面是完全相同的。即使页面高度相似，canonical 标签被遵守的可能性也很低。而且，一旦百度发现一个 canonical 标签存在问题，会不信任这个网站所有的 canonical 标签。
- 指定的规范化网址可以是不存在页面，返回 404 状态码，也可以是还没有被收录的页面。但是不建议这么做。
- 这个标签可以用于不同域名之间。

有些网站由于技术限制不能做 301 转向，这时 canonical 标签就显得非常灵活，不需要任何特殊服务器组件或功能，直接写在页面 HTML 中就可以了。现在几乎所有 CMS 系统都会在所有页面默认加上 canonical 标签，这对于自己开发的系统这也应该是标配。

4.11 复制内容

复制内容也可以称为重复内容。复制内容指的是两个或多个 URL 内容完全相同，或非常相似。复制内容既可能发生在同一个网站内，也可能发生在不同网站上。

4.11.1 产生复制内容的原因

下面这些原因可能造成复制内容。

- 前面讨论的网址规范化问题会产生复制内容。
- 代理商和零售商从产品生产商那里转载产品信息。这倒没什么不对，一般生产商也都同意，没有版权问题。但是绝大部分代理商、零售商、批发商都是直接复制，而不做任何改动，大家用的都是一模一样的产品说明，所以这些电子商务网站上充斥着大量复制内容。
- 打印版本。一些网站除了正常供浏览的页面外，还提供更适于打印的页面版本，如果没有用适当方式禁止搜索引擎蜘蛛抓取，这些打印版本网页就会变成复制内容。
- 网站结构造成的各种页面版本。如产品列表按价格、评论、上架时间等排序页面，博客的分类存档、时间存档等。

- 网页内容由 RSS 生成。有很多网站,尤其是新闻类网站,用其他网站的 RSS Feed 生成网站内容,这些内容在原始出处和其他类似网站上都已经出现过很多次了。
- 使用 Session ID。搜索引擎蜘蛛在不同时间访问网页的时候,被给予了不同的 Session ID,但实际上网页内容是一样的,只是由于 Session ID 参数不同,就被当成了不同的网页。
- 网页实质内容太少。每个网页上都不可避免地有通用部分,比如导航条、版权声明、广告等。如果网页的正文部分太短,内容数量远低于通用部分,就有可能被认为是复制内容。
- 转载及抄袭。有时是其他人抄袭了你的网站内容,有时是善意的转载,有时是作者自己在不同平台发布文章,这些都会造成复制内容。
- 镜像网站。镜像网站曾经很流行,当一个网站太忙或太慢的时候,用户可以通过替代镜像来看内容或下载,这也有造成复制内容的风险。
- 产品或服务类型之间的区别比较小。比如有的网站把自己的服务按地区进行分类,但实际上提供给每个地区的产品或服务都是一样的。这些按地区分类的页面只是把地名改了改,其他服务内容说明全都一样。
- URL 任意加字符还是返回 200 状态码。有的网站由于技术原因,用户在 URL 后加上任意字符或参数,服务器还能正常返回 200 状态码,并返回与没加上任意字符时一样的重复内容页面。

检查页面是否有复制版本被索引相对简单。拿出页面正文中的一句话,加上双引号,在搜索引擎中搜索一下,从结果中就能看到是否有多个页面包含这句话。一般来说,随机挑选的一个句子,完整出现在另一篇无关文章中的可能性很低。

举一个比较极端却很清楚的例子。我为了试验搜索引擎是否使用关键词标签,曾经在一篇博客帖子中提到"伍疗踢瓜 sdfghj"这么一个字符串。在我发这个帖子之前,搜索引擎没有这个字符串的任何结果。帖子发布后不久搜索一下,可以清楚看到有不少因为转载或抄袭形成的复制内容,如图 4-11 所示。

图 4-11　转载、抄袭造成的复制内容

在 Google 搜索得到的结果就更多了。令人无奈的是,绝大部分转载没有按版权声明链接到原出处，更有很多直接连作者都给修改了。

4.11.2 复制内容的害处

很多 SEO 对复制内容有误解，认为网站上有复制内容，搜索引擎就会惩罚。其实搜索引擎并不会因为网站有少量复制内容而对其进行惩罚或降权。搜索引擎做的只是从多个页面中尽量挑选出真正的原创版本，或者用户体验最好的版本，给予其应有的排名，其他复制版本不在搜索结果中返回或排在比较靠后的位置。

不过既然交给搜索引擎去判断，就有可能出现判断失误的情况，把本来是原创的页面当作转载或抄袭的复制内容，因而给予不好的排名。这对原创页面来说确实就像是惩罚，不过不是因为复制内容本身，而是因为搜索引擎判断原创失败。

同站出现复制内容看似没有那么严重，不管搜索引擎判断哪个版本是原创，都是自己网站上的页面。问题是，搜索引擎认为的最合适的 URL 与站长自己认为的最合适的 URL 有可能不一样，站长优化和做链接时把精力放在页面 A，搜索引擎却认为页面 B 最好（A 与 B 内容一样），站长花在页面 A 上的精力就浪费了。

同一个网站内的复制内容会分散权重。既然页面在网站上出现，就必然有链接连向这些页面。如果一篇独特内容只出现在一个网址，网站上的链接就能集中到这一个网址，使其排名能力提高。链接分散到多个网址，会使得每一个网址排名能力都不突出。外部链接也是一样，很可能分散到不同 URL。

同站复制也造成搜索引擎收录了过多没有意义的页面，在域名权重不高的情况下，很可能挤占了其他独特内容的收录机会。

如果网站上存在大量复制内容，尤其是从其他网站抄袭来的内容，可能使搜索引擎对网站质量产生怀疑，导致惩罚。

4.11.3 消除复制内容

网址规范化问题造成的复制内容，在前文已经讨论过。最好的解决办法是，确保一篇文章只对应一个 URL，不要出现多个版本，网站所有内部链接统一连到这个 URL。某些时候需要使用 301 转向。

不是由于网址规范化造成的同站内复制内容，解决的最好方法是选取一个版本允许收录，其他版本禁止搜索引擎抓取或收录。既可以使用 robots 文件禁止抓取，也可以使用 noindex meta robots 标签禁止索引。连向不希望收录的复制内容的链接使用 nofollow、JavaScript 等阻止蜘蛛爬行。

另一个解决复制内容的方法是使用 canonical 标签。canonical 标签既可以应用在网址规范化引起的复制内容上，也可以用在其他情况下。比如网站上同一个款式的鞋子可能分为不同序列号/sku，之间唯一的区别只是颜色。这些序列号生成多个网址，产品说明也几乎完全一样，只是说明颜色的地方不一样。这时就可以使用 canonical 标签，用户不会被转向，他们还是看到不同页面，但搜索引擎会把权重集中到其中一个型号上，从而避免复制内容。

排序、排版、条件筛选页面也可以加上 canonical 标签，canonical 版本指向分类首页，这样，用户如常使用，搜索引擎不会把内容差不多的页面当作复制内容。

带有 Session ID 的页面也可以使用 canonical 标签，如页面 http://www.example.com/page-a.html 放上代码：

```
<link rel="canonical" href="http://www.example.com/page-a.html" />
```

这样，后面无论生成什么 Session ID：

- http://www.example.com/page-a.html?sessionid=123456
- http://www.example.com/page-a.html?sessionid=456789

上面的 URL 都会被搜索引擎把权重集中到 http://www.example.com/page-a.html。

不同网站之间的复制内容解决起来就比较麻烦，因为其他网站上的内容是无法控制的。能够做的只有两点。一是在页面中加入版权声明，要求转载的网站保留版权声明及指向原出处的链接。有些聚合网站会抓取 Feed 自动生成内容，所以在 Feed 中也要加入版权声明和链接。一般来说，原创版本的外部链接会比转载多一些，就算在中文互联网这个对版权极不重视的环境下，也还会有一些站长转载时保留原出处链接。对搜索引擎来说，指向原出处的链接是判断原创的重要信号。

另一点就是坚持原创，假以时日必定能够增加网站权重，使网站上内容被判断为原创的几率增加。

如果有其他网站大量抄袭，造成原创内容不能获得排名，也可以考虑联系对方，要求加上版权链接或删除抄袭内容，或者向对方主机、域名提供商投诉，向搜索引擎投诉等。近年也有不少使用法律手段，起诉抄袭者胜诉的案例。

4.12 绝对路径和相对路径

绝对路径指的是包含域名的完整网址。相对路径指的是不包含域名的、被链接页面相对于当前页面的相对网址。

比如页面 A 的 URL 是：

http://www.domain.com/pageA.html

页面 B 的 URL 是：

http://www.domain.com/pageB.html

页面 A 链接到页面 B 时使用这种代码：

```
<a href="../pageB.html">
```

就是相对路径。

如果使用完整的 URL：

```
<a href="http://www.domain.com/pageB.html">
```

也就是浏览器地址栏中所显示的完整 URL，就是绝对路径。

网站应该使用绝对路径还是相对路径？对 SEO 有什么影响？没有绝对的答案，两者各有优缺点。

4.12.1 绝对路径

绝对路径 URL 具有以下优点。

- 如果有人抄袭、采集你的网站内容，抄袭者比较懒，连页面里面的链接一起原封不动抄过去，绝对路径链接还会指向你的网站，增加网站外链接及权重。
- 网站有 RSS 输出时，内容会被一些 Feed 聚合网站抓取显示。同样，页面里指向原网站的链接会被保留。
- 有助于预防和解决网址规范化问题。假设站长希望被收录的 URL 是带 www 的版本，由于技术原因不能从 http://domain.com 做 301 转向到 http://www.domain.com，所有页面中的链接使用绝对路径如：

http://www.domain.com/article.html

http://www.domain.com

链接绝对路径硬编码入 HTML 文件，这样就算有蜘蛛或用户偶然访问不带 www 的版本，如 http://domain.com/article.html，这个页面上的绝对路径链接还是会把蜘蛛和用户带回到 www 的 URL 版本，有助于搜索引擎蜘蛛识别到底哪个版本是规范化的。

就算网页移动位置，里面的链接还是指向正确 URL。

绝对路径 URL 具有以下缺点。

- 除非链接是动态插入的，不然不便于在测试服务器上进行测试。因为里面的链接将直接指向真正域名的 URL，而不是测试服务器上的 URL。
- 除非链接是动态插入的，不然移动页面将比较困难。因为页面位置发生变化，其他页面连向本页面的链接却可能无法跟着变化，将依然指向原来的已经硬编码的绝对路径。
- 代码比较多。链接数量大时，多出来的字符可能使 HTML 文件变大很多。

4.12.2 相对路径

相对路径 URL 正好相反。

其具有以下优点。

- 移动内容比较容易，不用更新其他页面上的链接。
- 在测试服务器上进行测试也比较容易。
- 节省代码。

其具有以下缺点。

- 页面移动位置，里面的链接可能也需要改动。
- 被抄袭和采集对网站没有任何益处。不过很多采集软件其实是可以自动鉴别绝对路径和相对路径的，所以使用绝对路径有助于自己的链接也被抄到采集网站上，但只在某些情况下是有效的。
- 搜索引擎解析 URL 时可能出错，不能正确读取页面上的链接 URL。

如果不能做 301 转向，因而产生了严重的网址规范化问题，使用绝对路径 URL 有助于解决网址规范化问题。如果文章被大量转载、抄袭，使用绝对路径 URL 可以带来一些外部链接。除此之外，使用相对路径 URL 比较简单。在正常情况下，相对路径 URL 不会对网站有什么副作用，绝对路径 URL 也不会有什么特殊好处。搜索引擎错误解析相对路径 URL 的可能性是非常低的。

在正确解析 URL 的前提下，绝对路径和相对路径本身对排名没有任何影响。

4.13 网站地图

网站无论大小，单独的网站地图页面都是必须的。通过网站地图，不仅用户可以对网站的结构和所有内容一目了然，搜索引擎也可以跟踪网站地图链接爬行到网站的所有主要部分。

4.13.1 HTML 网站地图

网站地图有两种形式。第一种被称为 HTML 版本网站地图，英文是 sitemap，s 需小写，特指 HTML 版本网站地图。HTML 版本网站地图就是用户可以在网站上看到的、列出网站上所有主要页面链接的页面。

对一些主导航必须使用 JavaScript 脚本的网站（虽然我想不到必须要这么做的原因），网站地图是搜索引擎找到网站所有页面的重要补充途径。

对小网站来说，网站地图页面甚至可以列出整个网站的所有页面。

但对稍具规模的网站来说，一个网站地图页面不可能罗列所有页面链接，这时可以采取两种方法。一种方法是网站地图只列出网站最主要部分链接，如一级分类、二级分类。另一种方法是将网站地图分成多个文件，主网站地图列出通往次级网站地图的链接，次级网站地图再列出一部分页面链接。多个网站地图页面加在一起，就可以列出所有或绝大部分重要页面。

实际上，一个具有良好导航系统和链接结构的网站，并不一定需要完整的、列出所有页面的网站地图，因为网站地图与分类结构经常是大同小异的。

4.13.2 XML 网站地图

网站地图的第二种形式是 XML 版本网站地图。英文 Sitemap 中的 S 需大写，通常特指 XML 版本的网站地图。

XML 版本网站地图由 Google 于 2005 年首先提出，2006 年微软、Yahoo!都宣布支持。2007 年各主要搜索引擎都开始支持通过 robots 文件指定 XML 版本网站地图位置。百度也支持 XML 版本网站地图。

XML 版本网站地图由 XML 标签组成，文件本身必须是 utf8 编码。网站地图文件实际上就是列出网站需要被收录的页面 URL。最简单的网站地图可以是一个纯文本文件，文件只要列出页面 URL，一行列一个 URL，搜索引擎蜘蛛就能抓取并理解文件内容。

标准的 XML 版本网站地图文件如下列代码所示：

```
<?xml version="1.0" encoding="UTF-8"?>
<urlset xmlns="http://www.sitemaps.org/schemas/sitemap/0.9">
   <url>
      <loc>http://www.example.com/</loc>
      <lastmod>2020-01-01</lastmod>
      <changefreq>monthly</changefreq>
      <priority>0.8</priority>
   </url>
</urlset>
```

其中，urlset 标签是必需的，声明文件所使用的 Sitemap 协议版本。

url 标签也是必需的，这是它下面所有网址的母标签。

loc 标签也是必需的，这一行列出的就是页面完整 URL。Sitemap 只应该列出规范化 URL。

lastmod 是可选标签，表示页面最后一次更新时间。

changefreq 是可选标签，代表文件更新频率。标签值包括：

- always：一直变动，指的是每次访问页面内容都不同。
- hourly：每小时。
- daily：每天。
- weekly：每星期。
- monthly：每月。
- yearly：每年。
- never：从不改变。

网站地图中声明的更新频率对搜索引擎来说只是一个提示，供搜索引擎蜘蛛参考，但搜索引擎不一定真的认为页面更新频率就如站长自己声明的一样。

priority 是可选标签，表示 URL 的相对重要程度。可以选取 0.0 到 1.0 之间的数值，1.0 为最重要，0.0 为最不重要。默认重要程度值为 0.5。站长可以使用 priority 标签告诉搜索引擎这个 URL 的优先级，比如通常首页肯定是 1.0，分类页面可能是 0.8，其他更深层页面重要性依次下降。这里所标志的重要程度只是相对于这个网站内部的 URL 所说的，与其他网站的 URL 重要性无关。所以把页面重要性标为 1.0，并不能让搜索引擎认为这个页面比其他网站的页面更重要，只是告诉搜索引擎这个页面在本网站内是最重要的。priority 值对搜索引擎也只是参考。

XML 版本网站地图文件最多可以列出 5 万个 URL，文件不能超过 50MB（百度是不超过 10MB）。如果网站需要收录的 URL 超过 5 万个，可以提交多个 Sitemap 文件，也可以使用网站地图索引文件（Sitemap index），在索引文件上列出多个网站地图文件，然后只提交索引文件即可。网站地图索引文件可以列出最多 5 万个 XML 版本网站地图文件。

制作好网站地图文件后，可以通过两种方式通知搜索引擎网站地图的位置，一是在站长工具后台提交网站地图文件。百度、360、Google、Bing 等的站长工具都有这个功能。另外一种方式是在 robots 文件中通知搜索引擎网站地图文件位置，代码如下所示：

```
Sitemap: http://www.example.com/sitemap.xml
```

所有主流搜索引擎都支持 robots 文件指定网站地图文件位置。

通过 XML 版本网站地图通知搜索引擎要收录的页面，只能让搜索引擎知道这些页面的存在，并不能保证一定被收录，搜索引擎还要看这些页面的质量、权重是否达到收录的最低标准。所以 XML 版本网站地图只是辅助方法，不能代替良好的网站结构。

大中型网站提交网站地图通常有比较好的效果，能使收录增长不少。但也有些网站，尤其是小型网站，提交网站地图没有什么效果，有的站长甚至认为有反效果。

4.14　内部链接及权重分配

前面提到了网站结构优化要解决的最重要的问题包括收录及页面权重分配。在理想情况下，经典树形结构应该是比较好的链接及权重分配模式。但是由于不同网站采取的技术不同，要实现的功能、网站目标、重点要解决的营销问题都很可能不同，某些看似是树形结构的网站，仔细研究起来其实是奇形怪状的。每个网站有自己的特殊问题需要解决，没有可以适用于所有网站的结构优化秘诀，必须具体问题具体分析。为了扩展读者的思路，本节将列举一些可能会遇到的情况及解决方法。

4.14.1 重点内页

首先考虑一个最常见也最简单的情况。一般来说，网站首页获得的内外部链接最多，权重最高。首页链接到一级分类页面，这些一级分类页面的权重仅次于首页。大部分网站有多层分类，权重依次下降，权重最低的是具体产品页面。

有时某些具体产品页面却需要比较高的权重，比如转化率高、利润率高或者新推出的重点产品，搜索次数很多的产品（有的产品名称搜索次数相当大，超过一些分类名称），还有为特定节日或促销活动制作的专题页面。这些页面按照经典树形结构安排，离首页通常有一定距离，权重不会太高。要想使这种重点内页获得高权重，最简单的方法就是在首页上直接加上几个重点内页的链接，甚至可以在侧栏推荐、促销部分加上全站链接。

在很多电子商务网站上，首页展示的是最新产品、热门产品等。这些产品的选择其实是有学问的，并不一定真的按发布时间列出最新产品，或真的是产生订单最多的产品。显然首页放哪些重点产品首先是商业考虑，而不会是从 SEO 出发，但 SEO 需要明白，首页可以放上自己想重点优化排名的产品页面，使这些内页权重提高。

依照我的经验，把产品页面链接放在首页上，哪怕没有其他外部链接的支持，这些页面的排名也会有显著提高。

4.14.2 非必要页面

每个网站都有一些在功能及用户体验方面很必要、但在 SEO 角度没必要积累很高权重的页面，比如隐私权政策、用户登录/注册页面、联系我们、甚至还包括关于我们页面。从用户角度看，这些页面是必需的功能，有助于提高网站信任度。不过搜索引擎既不能填表注册，也不能登录，一般网站也不会想优化"隐私权政策"这种关键词，这些页面既没有必要也不太可能获得任何排名。

麻烦的是这些页面通常在整个网站的每个页面上都会有链接，它们的权重将仅次于首页，与一级分类页面相似，甚至可能更高。不得不说这是一种权重浪费。为降低这些非必要页面的权重，可以考虑采取以下几种方式。

（1）只在首页显示链接，其他页面干脆取消链接，如隐私权政策、使用条款等页面。

（2）使这些页面的链接不能被跟踪或传递权重，例如使用 nofollow 标签或使用 JavaScript 链接。某些必须在所有页面显示的链接可以这样处理，如用户注册及登录页面。

（3）还可以将这些页面的链接通过一个程序页面做转向，如链接做成 redirect.php?page.html，redirect.php 程序只实现一个功能，就是根据后面的参数自动转向到 page.html，然后用 robots 文件禁止蜘蛛爬行 redirect.php 这个文件。

除了上面提到的几种明显的非必要页面，很多网站其实存在更多如电子商务网站列出的帮助信息、购物付款流程、送货信息、公司新闻等非必要页面。这些页面从 SEO 角度看都需要收录，但没必要给予太高权重。

SEO 人员应该对网站所有版块了如指掌。凡是在产品分类及具体产品页面之外的信息，都要问问自己，这些页面站在 SEO 角度看是必需的吗？能优化什么关键词？尽量减少能够传递权重的全站链接连向非必要页面。

4.14.3　大二级分类

典型树形结构首页链接到一级分类，一级分类页面再列出二级分类，这样，只要二级分类数目相差不太悬殊，权重值在二级分类页面上是大致平均分配的。不过有的时候某些二级分类下的产品数远远多于其他小一些的二级分类，甚至产品太多的二级分类下还可能再列三级分类。平均分配权重的结果就是，小分类被充分收录，产品数量大的大分类有很多产品页面因为距离首页过远，权重稀释，无法被抓取或收录。

解决这个问题的思路就是提高大二级分类页面的权重，使它能带动的产品页面增多。现在很多网站导航系统采用 CSS 下拉菜单方式，鼠标放在一级分类链接上时，菜单向右或向下就可拉出一部分二级分类页面。当由于空间有限和用户体验因素不能显示所有二级分类时，选择显示哪些二级分类就是个学问。显然不能按拼音或字母顺序把排在前面的 5 个或 10 个放入主导航。一种方法是从用户体验出发，优先选择热门二级分类。另一种方法是选择包含产品数量最多、需要权重支持才能充分收录的二级分类。这两者有时候是重合的，热门分类也是产品最多的分类，有时候则不尽然。

这个原则同样适用于多层分类。如果网站有三层分类页面，应该计算出每个三级分类下有多少产品，想办法把这些大三级分类页面放在首页上，如果可能，放在尽量多的导航中。

4.14.4　翻页过多

稍大型的电子商务或信息类网站都可能会在产品/文章列表页面存在翻页过多的问题。通常产品列表会显示数十个产品，然后列出翻页链接，除了"上一页"和"下一页"，网站可能列出 5 个或 10 个翻页链接。用户点击页面 10，第 10 页上又会列出 10～19 页的翻页，常见的翻页系统如图 4-12 所示。

图 4-12　常见的翻页系统

可以简单计算一下，如果这个分类下有 1000 个产品，每个页面列出 20 个产品，那么就需要 50 个页面才能显示完所有产品。如果页面列出 10 个翻页链接，那么第 50 个页面上的产品就需要从第一个产品列表页面开始连续点击 4 次才能到达，再加上分类页面本身与首页的距离，第 50 个页面上的产品距首页可能有七八次点击的距离了。

如果像图 4-12 那样列出 5 个翻页，当前页面居中，要到达第 50 页已经是二三十次点击之后了。

很多网站在某个分类下有成千上万的产品，可以想象，按传统翻页导航，列在后面的产品可能需要点击几十次甚至上百次才能到达。如果没有适当的结构优化，这些产品页面被抓取收录的可能性几乎为零。

解决这个问题的最佳方式是再次分类。假设一个分类下有 2000 个产品，排在最后的页面按上面同样的情况，需要点击 10 次才能到达。这时如果把这个分类再次细分为 20 个子类，那么每一个产品页面就都在两次点击距离之内。

稍微计算一下就会知道，多一层分类给大中型网站带来的结构利益是巨大的。我们假设一级产品分类由于用户体验原因只能分 10 个，每个一级分类下面都能再列出 30 个二级分类，这样二级分类总数就能达到 300 个。每个二级分类下最多有 200 个产品（每页 20 个产品，10 页显示完所有产品），就能保证每个产品页面都在距首页 4 次点击之内，总共能带动的产品页面数为 6 万个。而如果加多一级分类，每个二级分类下再分 30 个三级分类，三级分类数目将达到 9000 个。如果每个三级分类下有 200 个产品，所能带动的总产品数就达到了 180 万个，而到达每个产品页面点击数只增加了一次，这比列出几十、几百个翻页链接要好得多。

另外一个解决方式是对翻页链接进行格式变化，比如将翻页链接改为下面这种格式：

1，2，3，4，5，10，20，30，40，50

这样排在第 50 页的产品，只要再多一次点击也能达到。

如果产品数再多，甚至可以把翻页做成两排：

1，2，3，4，5，6，7，8，9，10
20，30，40，50，60，70，80，90，100

如上面所示两排翻页结构，2000 个产品多一次点击就可以全部达到。当然，缺点是设计难看，所以很少网站真的这么做。

只列一排翻页也可以有更多变化，SEO 可以根据产品数量和网站权重，调节页面可以列出多少翻页链接及链接之间的步长。

4.14.5 单一入口还是多入口

一般来说，网站的首页和分类页面收录不会有什么问题，除非主导航系统有严重蜘蛛陷阱，或者网站已经被惩罚。大部分网站在结构方面面临的挑战，是如何使更多最终产品页面被收录。就算尽量把网站结构扁平化，当产品数量巨大时，网站已经不太可能扁平。在这种情况下，要让最终产品页面被收录，有两个策略：一是多入口，二是单一入口，在选择上需要谨慎。

多入口指的是通向最终产品页面的链接路径有多条。比如典型电子商务网站的产品页面，一定会出现在相应的分类产品列表中，还可能出现在不同的排序页面上（按价格排序、按热门程度排序、按上架时间排序、按评论数排序等），以及不同的显示方式（按栅格显示、列表显示），如图 4-13 所示，也可能出现在相关的品牌或生产商产品列表中，也可能出现在标签聚合页面中，还可能出现在促销页面中，甚至有的网站还有按字母排序的产品列表页面。

排序方式： 销量　价格　好评度　上架时间　显示方式：

图 4-13　多种排序、显示方式

再比如博客系统，同一篇帖子的链接除了在博客主列表中出现，还会出现在分类存档、按时间存档、标签页面，有的还会出现在作者分类页面。其他 CMS 系统也大多具备这种多入口结构通向最终产品页面。

这种结构的优势是为最终页面提供了多条爬行收录渠道。即便蜘蛛由于某种原因没从分类页面爬行，还可能从其他页面爬行抓取。提供的入口越多，被收录的机会越大。

而缺点是这些入口页面本身也占用抓取份额，而且往往造成很多相似内容。一个给定的网站，权重是大致固定的，搜索引擎蜘蛛的爬行时间是有上限的，所能收录的总页面数也是有上限的。爬行、收录的分类页面、各种排序页面、条件筛选页面、品牌生产商页面、搜索标签页面越多，给最终产品剩下的抓取份额就越少。要提高整个网站的抓取、收录份额，就要想办法提高网站权重、提高内容质量、提高页面速度。如果网站能带动的收录页面数远远大于实际页面数，提供多入口就是最佳方式，因为那些冗余的入口页面并不会挤占产品页面的名额。

但是如果网站权重比较低，页面下载慢，产品数又很大，就可能需要使用单一入口方式，也就是从首页到产品页面只提供单一通路，通常也就是主导航的分类页面，其他各种排序页面、品牌、生产商页面，全部使用 JavaScript 脚本或 nofollow 标签，甚至 robots 文件，阻挡搜索引擎蜘蛛抓取、收录。对某些网站来说，多入口页面本身数量就很巨大，会占用很多抓取、收录份额。只要网站分类系统、导航及翻页设计合理，提供单一入口也可以达到收录尽量多最终产品页面的目的。

具体哪种方法最适合还得结合网站的自身情况，如域名权重、实际总页面数、当前抓取、收录实际情况等。

4.14.6　相关产品链接

无论单一入口结构还是多入口结构，对最终产品页面来说都可能有一个缺陷，那就是太过规则，有时候会造成某个分类的产品页面都不能被收录。单一入口结构更明显。比如某个分类首页因为导航设计不合理，离首页太远没有被收录，这个分类下的所有产品就都无法被收录。再比如在博客系统中，发表比较早的帖子，无论从哪个入口渠道看，都会被推到网站更深层，离首页比较远，老帖子虽然一般没有收录问题（早就被收录了），但权重却随着时间推移而下降。

在产品页面生成相关产品链接，可以在一定程度上缓解这个问题。这里所说的相关产品链接，不是写文章或发布产品信息时人工在正文中加进去的链接，而是系统通过某种机制自动生成的、连向其他产品页面的链接。

好的相关产品链接应该具有比较强的随机性，与正常的分类入口区别越大越好。常见的相关产品链接生成方法如下。

（1）购买这个产品的用户还购买了哪些其他产品。这种链接通常不会是同时上架、产品序号相连的页面，用户购买过的产品之间不一定有什么联系，往往横跨不同分类、品牌。

（2）同一个品牌或生产商的其他产品。同一个生产商或品牌，常常有不同分类下的产品，最终产品页面列出同一个生产商提供的不同分类的产品链接，也为更多产品提供了较为随机的入口。

（3）由标签生成的相似或相关产品。标签由编辑人工填写，或程序自动提取关键词，得到的标签与分类名称并不相同。通过标签聚合相似或相关产品，也具有比较大的随机性。

（4）最简单的相关文章链接，就是在博客和新闻类网站中常看到的"上一篇"和"下一篇"这种链接。不过这样的相关链接对产品页面收录的意义不大，因为时间上前后相连的文章本来就在时间存档及分类页面中相连，被同时收录和同时不收录的概率更大。与此类似，有的 CMS 系统在产品页面列出这个产品之前和之后的几个产品，意义也不大。

总之，相关产品链接要尽量随机，使本来在分类页面上不相连的页面能够交叉链接起来，为某些通过正常分类结构无法达到的区域提供入口。

4.14.7　锚文字分布及变化

前面提到过，合理的网站结构是在网站中分配锚文字的重要方法之一。最灵活常见的是在页面正文中或人工、或自动加上其他页面的内部链接，链接锚文字可以有各种选择。这方面的应用学习目标非维基百科莫属。

相比之下，网站导航系统中锚文字的分布及变化则很少有人注意。因为导航系统名称相对固定，分类该叫什么名称就叫什么名称，绝大部分网站在全站导航中不会给分类链接锚文字做任何变化。

其实仔细研究一下，即使在导航系统中锚文字也可以有变化。比如顶部导航使用"电脑"这个词，左侧导航改成"计算机"，或者左侧导航使用"快速减肥"作为分类链接锚文字，在面包屑导航中同样的分类改成"迅速减肥"。很少用户会注意到这种极细微的差别，就算注意到也无伤大雅，因为意义完全相同，对用户浏览网站没有任何影响。但对分类页面来说，却可以增加不同的导入链接锚文字。

如果分类页面可以有更多具有相同意义的名称，还可以在导航系统中找到更多可以变化的地方。比如在网站不同部分（分类首页及其下所有产品页面），导航系统使用的锚文字也可以不同。如电脑外设部分页面连向移动硬盘分类就用"移动硬盘"做锚文字，在电脑软件部分所有页面指向同一个分类（移动硬盘）时，锚文字可以改成"便携式硬盘"，在电脑耗材相关的所有页面上，导航系统锚文字又可以换成"USB 硬盘"。

当然这里只是举例，具体网站是否需要在导航系统中变化锚文字，该选择哪些锚文字，应该先做关键词研究，再做决定。变化的前提是，用作锚文字变化的词意义必须一样，不能影响用户体验，而且搜索次数差不多，都需要锚文字加强相关性。

4.14.8　首页链接 nofollow

很多页面上会有多个链接指向同一个 URL，比如几乎网站的每一个页面上都有多个链接连向首页，顶部 logo、顶部导航、面包屑导航、页脚、版权声明等处，都可以有链接到首页。很多观察和实验表明，当页面上出现多个链接到同一个网址时，第一次出现的链接最重要，第一个链接的锚文字也最重要。

如果页面上出现的第一个首页链接是顶部 logo，那么 logo 图片的 ALT 文字就相当于锚文字，需要放上首页的目标关键词。

也有的人认为图片 ALT 文字比真正的文字链接锚文字作用要小，因而不愿意把最重要的第一个链接放在图片上。在不影响用户体验的情况下，网站顶部 logo 也可以不放链接。这时页面上连向首页的第一个链接，往往就是顶部导航最左侧的首页链接。可惜的是，这里的链接锚文字一般来说就是"首页"两个字，而不能加上关键词。有人曾经尝试把顶部导航首页链接改用比较简短的关键词做锚文字，不过用户体验不好，用户不习惯，不能肯定这个链接就是通往首页的，搜索引擎也会认为有过度优化的嫌疑。

要解决这个问题有一个比较简单的办法，就是页面上第一次（或前几次）出现的以"首页"为锚文字的链接里，加上 nofollow 标签阻止搜索引擎跟踪，然后在页面上其他适合放一两个关键词的地方，如页脚，以关键词为锚文字链接向首页。这样，页面上第一个搜索引擎可以跟踪的链接就变成了页脚上的链接，而且锚文字中包含目标关键词。

另外一种方法，就是使用 CSS 控制页面表现，使页面上看起来第一个出现的以"首页"为锚文字的首页链接，实际上在代码中并不是第一个出现。代码中第一次出现的是以关键词为锚文字的首页链接，但表现上是出现在页面底部。

4.14.9　深层链接

给网站深层页面，尤其是具体产品页面建设一些外部链接，不仅有助于使外部链接构成趋向自然，也有助于页面收录。不仅对被链接的产品页面收录有帮助，还对与之在链接关系上相邻的区域内的页面收录都有好处。

外部链接进入网站最多的是首页，搜索引擎蜘蛛跟随外部链接进入网站后，爬行和抓取的路线就像扔一颗石子到水中形成的波纹一样，从中心进入点向外扩散。从首页进入的蜘蛛扩散后，就爬向分类页面、子分类页面，然后是具体产品页面。

跟随外部链接从某一个产品页面进入的蜘蛛，同样有这样的扩散爬行路线。蜘蛛进入后，会向与之相连的前后页面、上级分类页面、相关产品页面等扩散。因此，给一些距离首页较远、不太容易被蜘蛛爬到的页面适当建设几个外部链接，可以有效地解决一个区块的所有页面收录问题。

4.14.10　分类隔离

仔细检查本章前面讨论的典型树形链接结构，不知读者是否能看出一些问题。典型树形结构对大部分网站来说是最优化的，但有的时候由于域名权重比较低，就算网站比较扁平，最终产品页面还是权重过低，无法达到搜索引擎蜘蛛爬行收录的最低标准。这时可以考虑彻底改变树形结构。

仔细观察标准树形结构可以看到一个潜在弱点：分类页面得到太多链接和权重。不仅首页直接链接到分类页面，分类页面之间互相链接，网站上所有最终页面也通过主导航系统链接到所有一级分类，以及一部分二级分类页面。也就是说，在权重分配上，级别高的分类页面和首页几乎差不多，得到了网站所有页面的链接及传递的权重。

对大部分网站来说，分类页面收录不成问题。分类页面积累的权重过高，反而使得最终产品页面获得的权重比较低。站长可以考虑把树形结构改为将不同分类进行分隔的链接结构。

在这种结构下，一级分类只链接到自己的下级分类，不链接到其他一级分类。二级分类页面只链接回自己的上级分类，而不再链接到其他一级分类（包括其他一级分类下的二级分类）。同样，最终产品页面只链接回自己的上级分类页面，不再链接到其他分类页面。这样，分类之间形成隔离，首页权重将会最大限度地"灌入"到最终产品页面，而不是浪费在分类页面上。

这里所说的不链接到其他分类页面，既可以是真的取消链接，也可以通过禁止蜘蛛爬行的 JavaScript 等方式实现。

一些网站的实验证明，恰当使用这种方式可以使原本没有被收录的整个分类整体权重提升，达到被收录的最低标准。

但要注意的是，这种方法只考虑了收录，而没有考虑分类页面的排名问题。分类页面获得权重降低，也意味着排名力降低。

另外，更为重要的是，这种结构非常复杂，程序人员在处理页面之间的链接关系时必须非常小心，一不留神就可能使整个网站链接关系混乱。

这是比较难以掌握的方法之一，不到万不得已不要尝试。

这一节举例说明了一些网站内部链接结构方面可能会遇到的问题，以及建议的解决方法。要说明三点：

（1）前面只是举例，供读者参考。SEO 们面对的网站五花八门，要解决的问题也错综复杂，重要的是理解原理和思路，不能生搬硬套。

（2）遇到拿不准的内部链接结构问题，首先要抓住内链优化的核心，即让搜索引擎蜘蛛以最短的距离爬行到最多的页面，最好结构清晰、简单地将权重传递到重要页面。

（3）大型网站无法做到完美优化内部结构。即使 SEO 水平最高、资源最多的互联网公司也做不到，这是海量内容及 CMS 系统的复杂性所决定的。面对大型网站，SEO 只能尽力解决主要问题。

4.15　404 页面

用户访问网站上不存在的页面时，服务器通常应该返回 404 错误。如果站长没有在服务器端设置客制化的 404 页面，用户浏览器显示的将会是一个默认 404 错误页面，如图 4-14 所示。

图 4-14　默认 404 错误页面

这样的错误页面带来的用户体验肯定不会好。所有的主机都提供客制化 404 页面的功能，站长应该充分利用。

不能假设页面既然不存在，搜索引擎就不会来抓取这种网址。由于种种原因，网上很多地方可能出现指向你的域名却写了错误目录或文件名的 URL，搜索引擎蜘蛛会跟踪这种错误 URL，访问不存在的页面。

4.15.1　404 错误代码

首先要注意的是，当页面不存在时，一定要返回 404 代码。有的服务器设置有问题，或者站长有意在页面不存在时还返回 200 状态码，也就是表示页面数据正常，这样将使搜索引擎认为网站上有大量重复内容，多个 URL 正常返回页面，但内容全是一样的。

页面不存在时，也不要返回任何转向代码。有的站长觉得既然页面不存在，就将用户 301 转向到首页，这也是搜索引擎不友好的设置，可能会让搜索引擎认为网站上有大量与首页内容相同的页面。

也不要使用 JavaScript 转向或 Meta Refresh 转向，尤其是时间比较短的如 10 秒以下的 Meta Refresh 转向。这些转向都使搜索引擎误以为页面存在，却返回重复内容。

页面不存在时一定要确保正确返回 404 状态码。可以使用第 12 章中介绍的服务器头信息检测工具，任意输入一个肯定不存在的 URL，看服务器返回什么头信息，如图 4-15 所示。

图 4-15　确认服务器返回 404 代码

4.15.2　删除页面

一般来说，我不建议删除页面，哪怕是过时内容，也完全可以保留，或者改写、加入新信息。但有时候也不得不删除页面，如遇到法律问题、页面内容质量过低、确认产品永久下架、老内容过多导致新内容收录困难等。

页面被删除后一定要返回 404 代码，搜索引擎蜘蛛抓取到 404 代码后会再多抓取几次，以防 404 代码是失误造成的。多次抓取都确认是 404 代码后，搜索引擎就会把页面彻底删除，也不再抓取。

如果想让页面快点被搜索引擎删除，也可以返回 410 代码，意思是确认页面被永久删除，搜索引擎处理得会比 404 快一些。

4.15.3　404 页面设计

客制化 404 页面设计时需要注意以下几点。

（1）首先 404 页面要使用网站统一模板、设计风格、logo 及名称，不要让用户弄不清自己到了哪个网站。

（2）404 页面应该在最醒目的位置显示错误信息，明确提示用户，要访问的页面不存在。还可以加上几点可能性，如页面已删除、用户输入了错误的地址、链接中的地址错误、页面已转移到新的地址等。

（3）错误信息下面还可以为用户提供几种点击选项，如网站地图，包括通往首页和重要分类页面的链接、建议用户可以访问的页面，还可以加上站内搜索框。

如图 4-16 所示是淘宝网 404 页面，设计得比较全面。

很多网站还喜欢在 404 页面设计上卖个萌，写点与自己网站关联、又有意思的话，如图 4-17 所示为知乎 404 页面。

图 4-16　淘宝网 404 页面

图 4-17　知乎 404 页面

4.16　大型网站抓取份额管理

搜索引擎的存储、计算、带宽等资源都不是无限的，实际上他们的可用资源远少于索引网上实际存在的页面所需。所以搜索引擎肯定不能抓取、索引所有页面，只能抓取其中的一小部分。对一个给定网站，搜索引擎有一个相对固定的抓取上限。对大中型网站来说，这是个颇为重要的 SEO 问题，有时候会成为网站获取自然流量的瓶颈。

4.16.1　抓取份额是什么

抓取份额（crawl budget）是指搜索引擎蜘蛛分配给一个网站的页面抓取总时间。对于每一个网站，搜索引擎蜘蛛花费在这个网站上的总时间是相对固定的，不会无限制地抓取网站所有页面。

抓取份额是由抓取需求和抓取性能限制两个因素决定的。

1. 抓取需求

抓取需求（crawl demand），指的是搜索引擎"想"抓取网站多少页面。影响抓取需求的因素如下。

- 搜索引擎蜘蛛发现了多少页面。网站规模大，内部链接结构良好，提交准确 sitemap.xml 文件，都将提高搜索引擎发现的页面数，提高抓取需求。
- 页面质量。搜索引擎蜘蛛会先尝试抓取尽量多的页面，如果发现大量页面质量较低，如重复内容、已删除内容，抓取需求将被调低。
- 页面权重。权重高的页面需要经常抓取以保持更新。
- 更新度。页面更新频繁，搜索引擎蜘蛛就需要抓取频繁才能返回最新内容。

一般来说，搜索引擎还是希望索引尽量多有用内容，所以只要网站内容量高质，无论有多少内容，都不是问题，搜索引擎并不限制一个网站能抓取、索引多少页面。

2．抓取性能限制

抓取性能限制指的是搜索引擎"能"抓取的页面数。

虽然搜索引擎想抓取更多的高质量页面，但还是会受限于性能和技术限制。抓取性能限制最主要取决于网站速度，如果随着搜索引擎蜘蛛抓取，网站速度下降或开始出现报错，说明服务器无法承受，搜索引擎只能降低蜘蛛并发数量，延长抓取间隔。如果蜘蛛抓取对网站速度没影响，搜索引擎可能进一步提高上限。简单说，搜索引擎不想因为抓取而拖慢网站服务器。

当然，抓取性能限制也受搜索引擎当前能调度的资源影响，不过通常这不是造成网站抓取问题的原因，没几个网站能让搜索引擎资源不够用。

抓取份额是考虑抓取需求和抓取性能限制两者之后的结果，也就是搜索引擎"想"抓，同时又"能"抓的页面数。网站权重高，页面内容质量高，页面够多，服务器速度够快，抓取份额就大。

4.16.2　充分利用抓取份额

中小网站不用担心抓取份额的问题。如果几万个页面还不能做到充分抓取，那说明页面质量太低，或链接结构存在重大问题。

百万页面以上级别的网站，可能要考虑抓取份额的问题。抓取份额不够，比如网站有一千万个页面，搜索引擎每天只抓几万个页面，那么把网站抓一遍可能需要几个月，甚至一年，也可能意味着一些页面长期不能被抓取，所以也就无法获得排名和流量。

提高和充分利用抓取份额需要考虑以下几方面。

首先是文件下载速度。如前文中所述，抓取份额是蜘蛛抓取时间上限，不是抓取页面数上限。服务器慢，文件下载时间长，将直接导致蜘蛛在单位时间内能抓取的页面数下降。越是大网站，越是要提高服务器性能、增加带宽、布局 CDN、优化代码、优化数据库、压缩图片、减少非必要功能，不然即使有海量高质量数据，搜索引擎蜘蛛也无法大量抓取。

其次是良好的网站结构，使搜索引擎能够通过内部链接发现页面，且页面被分配到一定的权重。提交、更新 sitemap.xml 有助于搜索引擎发现 URL，但大网站远远不能靠 sitemap.xml 抓取。

再次是禁止搜索引擎蜘蛛抓取低质量页面和重复内容。抄袭、转载、伪原创一类的垃圾内容自不必说。有些页面用户是需要的，也不能说是低质量，但对搜索引擎来说是重复内容，是浪费资源，比如各种排序方式、显示格式、过滤筛选页面、万年历系统等。这些功能很容易就生成巨量页面，不要把有限的抓取份额浪费在这些无意义的页面抓取上，导致应该被抓取的重要页面却没有机会被抓取。同时，搜索引擎不想浪费资源，抓取这类无意义页面多了，会自动降低抓取份额。如前面几个小节讨论的，禁止抓取的最好方法是使用 robots 文件。某些情况下使用 nofollow 链接也可以大幅减少抓取。页面使用 noindex 标签对禁止抓取是没有用的。页面使用 canonical 标签也不能禁止抓取。

最后还要避免短时间内大量删除页面。虽然下线产品、清理过时内容是很正常的行为，但如果搜索引擎蜘蛛抓取的页面很大比例已被删除，就会对网站质量有所怀疑，进而降低抓取份额。少量删除的页面确保返回 404 或 410 状态码，这是让搜索引擎真正停止抓取的最快方法。

4.16.3　网站抓取、索引监控

抓取监控最可靠的是原始日志，以下问题都会在日志中显示出来。

- 服务器报错（5xx 错误）上升，可能性能需要提升了。
- 搜索引擎抓取量明显下降，可能内容质量下降？生成了大量无意义页面？
- 某些目录完全没有抓取，检查 robots 文件是否存在错误禁止。
- 重要页面或更新频繁的页面并没有被及时抓取，检查内链结构是否合理。

百度资源平台和 Google Search Console 也都有抓取监控工具。如图 4-18 所示是百度资源平台显示的 SEO 每天一贴这种小网站级别的数据，页面抓取频次和抓取时间没有什么大关系，说明没有用完抓取份额，不用担心。

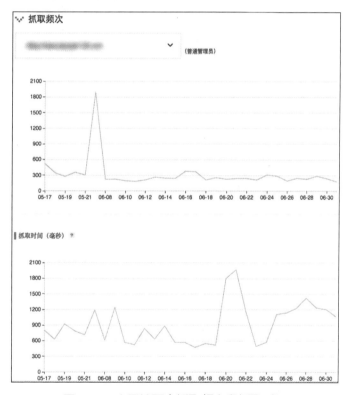

图 4-18　小网站百度抓取频次和抓取时间

有的时候，抓取频次和抓取时间是存在时间对应关系的，如图 4-19 所示为规模大一些的网站，文件抓取时间下降（减小页面尺寸、提高服务器速度、优化数据库），明显导致抓取频次上升，抓取页面数提高，遍历网站更快速。这种情况说明这个网站的抓取份额已经接近上限，不提高下载速度，已经很难提高抓取页面数了。

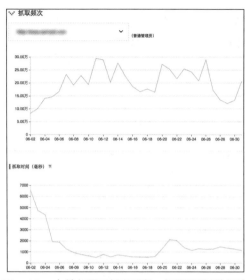

图 4-19　文件抓取时间下降，抓取页面数提高

如图 4-20 所示是 Google Search Console 里更大型网站的抓取量与抓取时间。

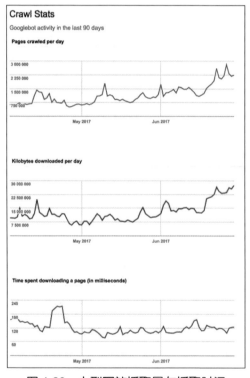

图 4-20　大型网站抓取量与抓取时间

　　最上面的是抓取页面数，中间的是抓取数据量，除非服务器出错，这两个曲线应该是一致的。最下面的是页面下载时间。可以看到，只要页面下载速度够快，每天抓取上百万页是没有问题的，抓取量明显上升，并且没有明显拖慢服务器。

　　网站页面索引情况和趋势在百度资源平台和 Google Search Console 中都有清楚展示，此处不再赘述。

第 5 章

页面优化

本章讨论页面本身可以优化的元素。页面和网站结构是 SEO 人员可以控制的，优化好这两方面就给网站 SEO 打下了良好的基础。

5.1　页面标题

在页面关键位置出现目标关键词是页面优化的基本思路，标题标签是第一个关键位置。页面标题是包含在 Title 标签中的文字，是页面优化最重要的因素。

标题标签的 HTML 代码格式如下：

```
<head>
<title>SEO 每天一贴</title>
…
</head>
```

用户访问时，页面标题文字显示在浏览器窗口最上方，如图 5-1 所示。

在搜索结果页面上，页面标题是结果列表中的第一行文字，是用户浏览搜索结果时最先看到的、最醒目的内容，如图 5-2 所示。

图 5-1　浏览器窗口显示的页面标题

图 5-2　搜索结果列表中的标题

建议将 Title 紧连在<head>之后，然后再写其他标签和代码，尤其不要在中间插上一大段 JavaScript 程序，这样搜索引擎可以迅速找到标题标签。

页面标题的优化要注意下面几点。

5.1.1　独特不重复

即使在同一个网站内，主题相同，不同页面的具体内容也不会相同，页面标题也不能重复，每个页面都需要有自己独特的标题标签。不同的页面使用相同的标题是不了解 SEO 的站长经常犯的错误，也是很严重的错误之一，就连一些重要的 IT 人物和大网站也经常会犯这个错误。

最常见的重复标题是忘记写标题标签，而使用了编辑软件新建文件的默认标题。在中文页面上经常表现为"未命名文件"，在英文里则显示为"Untitled Document"。如图 5-3

所示，本书写作第 1 版时，在 Google 搜索 Title 中包含"Untitled Document"的页面，返回 8500 多万个结果。现在这种页面已经减少很多了，但依然存在。

图 5-3　大量以"Untitled Document"为标题的页面

搜索串中加了一个"的"字，目的是只显示中文页面。通过图 5-3 可以看到，很多教育机构的页面经常不写标题标签。

再看如图 5-4 所示的 2010 年比尔·盖茨的博客的重复标题（现在已修改）。

图 5-4　比尔·盖茨博客的重复标题（2010 年）

虽然写了标题标签，但标题都是一样的。很多企业网站也是如此，充满了重复标题如图 5-5 所示。

标题是页面优化第一位的因素，是搜索引擎判断页面相关性时最重要的提示。不同页面使用重复标题是极大的浪费，用户体验也不好，搜索用户无法从页面标题看出这个页面到底是什么内容。

小网站经常需要人工撰写最合适的标题标签。大型网站的页面数量众多，不可能人工撰写每个页面，这时就需要设计一个标题生成的公式或模板，通过程序调用页面上特有的内容生成标题。最常见的是最内页直接调用产品名称或文章标题加上网站名称，分类页面使用分类名称加上网站名称，首页建议人工撰写。

图 5-5　企业网站的重复标题

有的时候要生成独特标题并不是一件简单的事，比如电子商务网站的分类页面，同一个分类下产品数量比较多时，产品列表页面必然需要翻页，大型网站可能会翻几十页到几百页。这些分类页面的标题通常都是"分类名称－网站名称"格式。这时程序员就需要在标题中加入页数，使翻页页面标题标签不同。分类第一页不必加页号，从第二页开始页面标题加上"第二页""第三页"等文字，形成的标题大致如下：

第一页：

分类名称－网站名称

第二页：

分类名称－第二页－网站名称

5.1.2　准确相关

这一点不言自明。每个页面的标题都应该准确描述页面的内容，使用户看一眼就能知道将访问的页面大致是什么内容，搜索引擎也能迅速判断页面的相关性。

很自然，准确描述页面的内容，就必然会在标题中包含目标关键词。唯一要注意的是，不要在标题中加上搜索次数高，但与本页面无关的关键词。这种方法在 10 年前还管用，现在早已没有任何效果，还会被认为是作弊。

5.1.3　字数限制

从纯技术角度说 Title 标签可以写任意长度的文字，但搜索结果列表页面标题部分能显示的字数有一定限制。百度最多显示 30 个中文字符，Google 显示 65 个英文字符，转成中文大概是 32 个字。Title 标签中超过这个字数限制的部分将无法显示，通常在搜索列表标题开头或结尾处以省略号代替。

前面介绍过，用户搜索的关键词会在显示的标题中被加红色高亮。如果搜索词位于 Title 标签后面超出显示字数部分，百度会显示 Title 中包含关键词那部分文字，前面和后面都可能加省略号。如图 5-6 所示。

所以标题标签不要超过 30 个中文字，为保险起见最好不要超过 25 个中文字。百度的官方说法是，百度后台处理标题时会保留 65 个字节左右，为保险起见，建议标题控制在 60 个字节以内。实际上为了提高用户体验及突出目标关键词,我通常建议标题标签使用 15~20 个中文字比较适合。

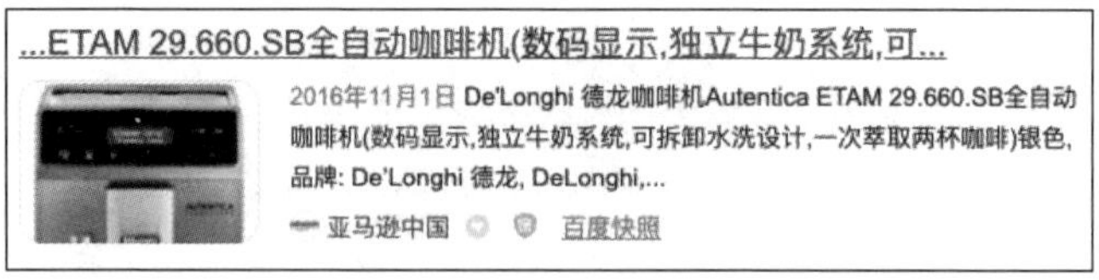

图 5-6　标题过长,只显示中间部分

标题标签之所以不宜超过搜索结果列表所能显示的字数限制,主要有以下三点原因。

（1）搜索结果列表标题不能完整显示时,标题会被切断,而站长又不容易预见在什么地方被切断。如图 5-6 所示是两头都截断。如图 5-7 所示是结尾处的字被拦腰截断,都给用户查看、理解标题制造了困难。

图 5-7　标题过长结尾被截断

（2）虽然超过显示字数限制的标题标签并不会引来搜索引擎的惩罚,但超过显示字数的部分搜索引擎可能会降低权重,对排名作用降低,甚至可能如百度所说,只保留前 65 个字节左右。

（3）标题越长,在不堆积关键词的前提下,无关文字必然越多,这会降低目标关键词密度,不利于突出关键词相关性。

5.1.4　简练通顺,不要堆砌

堆积关键词也是初学 SEO 的人很容易犯的错误,为了提高相关性,会在标题中不自然地多次出现关键词。比如把标题写成:

女装 | 女装批发 | 女装零售 | 女装批发零售 | ×× 女装网

其实这样的页面只要写成:

女装批发零售 | ×× 女装网

就可以了。

SEO 人员不仅要考虑搜索引擎的抓取,还要考虑到用户的阅读习惯,需要把标题写成一个正常通顺的句子,在这一点上百度百科是最好的教材,如图 5-8 所示。

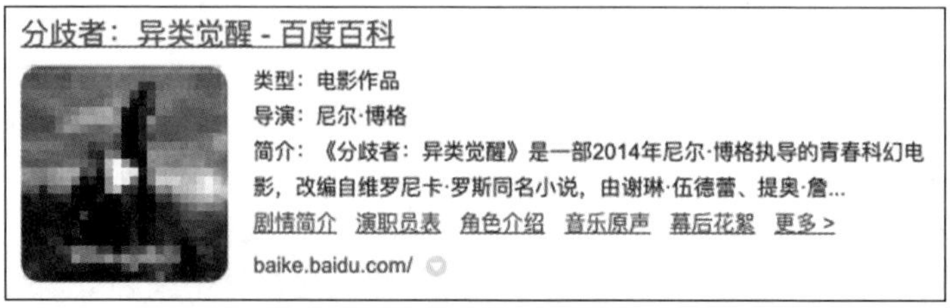

图 5-8　百度百科标题简洁

标题干净利索。SEO 人员都知道现在百度百科、百度知道、百度文库、百度贴吧等在百度本身及 Google 排名都非常好，简练通顺的标题很可能是重要原因之一。

5.1.5 关键词出现在最前面

在可能的情况下，目标关键词应该出现在标题标签的最前面。一些经验和统计都表明，关键词在标题中出现的位置与排名有一定相关性，位置越靠前，通常排名就越好。这和用户的使用习惯也是相符的，用户通常从左往右进行浏览。

对网站内页来说，通常是按：

产品名称/文章标题–子分类名称–分类名称–网站名称

的格式生成标题标签。

标题标签可以理解为倒置的面包屑导航，比如页面所在位置的面包屑导航是：

首页>电子产品>数码相机>索尼数码相机

那么页面的标题就写成：

索尼数码相机 – 数码相机 – 电子产品 – ××电器网

这个页面的目标关键词是索尼数码相机，出现在标题最前面。考虑到字数限制和突出目标关键词的要求，也可以拿掉分类名称，把标题缩减为：

索尼数码相机 – ××电器网

5.1.6 吸引点击

提高关键词相关度和排名是带来搜索流量的一个决定因素，点击率是搜索流量的另一个决定因素。标题标签要能够吸引用户目光，让用户欲罢不能，非要点击看个究竟，才能达到最好的 SEO 效果。比如，这样的标题就是中规中矩的：

减肥茶 – 减肥产品 – ××减肥网

如果写成这样点击率就可能有所上升：

减肥茶：无须节食，无须运动，快乐减肥 – ××减肥网
减肥茶 10 天减轻体重 5.5 公斤，真实用户证言 – ××减肥网
减肥茶免费样品大赠送 – ××减肥网

索然无味的页面标题即使出现在搜索结果前面也可能很少有人点击，好的标题即使排在后面也可能点击率更高，带来的流量也更大。单纯的排名没有意义，有人点击才有效果。

好的 SEO 人员除了要了解基本优化技术，还要研究用户心理、文案写作等。

5.1.7 组合两三个关键词

一般来说，一个页面最多针对三四个关键词进行优化，不宜再多。

如图 5-9 所示是目前当当网首页标题：

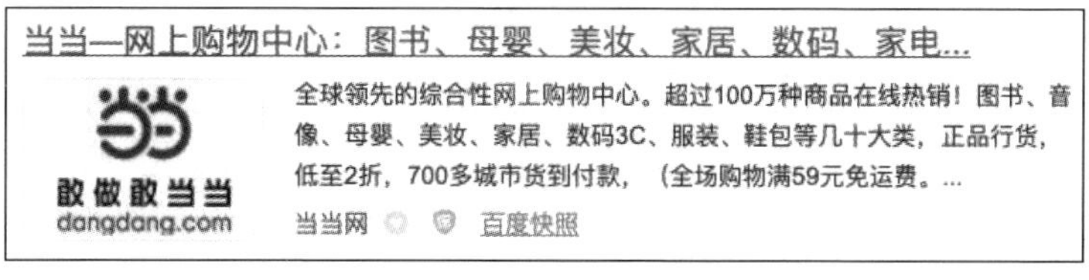

当当—网上购物中心：图书、母婴、美妆、家居、数码、家电…

全球领先的综合性网上购物中心。超过100万种商品在线热销！图书、音像、母婴、美妆、家居、数码3C、服装、鞋包等几十大类，正品行货，低至2折，700多城市货到付款，（全场购物满59元免运费。…

当当网 ⊙ 📄 百度快照

图 5-9 当当网首页标题

亚马逊中国也曾经把首页标题写为：

```
<title>卓越亚马逊:网上购物:图书, 手机, 数码, 家电, 化妆品, 钟表, 首饰等在线销售</title>
```

如果当当网、卓越亚马逊网这样做是想把这么多关键词定位在首页，那么这不是一个好的策略。像关键词研究部分讨论的，大量关键词需要合理分布到整个网站上，对应分类页面才是优化"图书""母婴""手机""数码""家电""化妆品"这些词的地方。在百度搜索"图书"就会看到，排在第一的是当当网图书频道页面，而不是首页，如图5-10所示。搜索母婴、美妆等词当然更看不到当当网首页了。

图5-10　在百度搜索"图书"的结果

普通企业和站长不能看到品牌网站这么做就盲目跟着学。当当网这种级别的网站流量肯定不能光靠SEO，虽然他们的SEO很强，但他们并不单纯依靠SEO，很多东西的安排不是从SEO角度出发的。实际上，目前亚马逊网站首页的标题已经改成"亚马逊中国z.cn.一站放心购全球"。

要针对四五个或更多关键词优化页面，往往无法突出页面的内容，文案写作上也会顾虑太多，无法自然融入这么多关键词。一个页面如果出现很多需要优化的关键词，往往是关键词研究没有做好，没有把关键词正确分组并分布到各栏目和内页中。

有的时候，两三个关键词只要并排放在标题标签中即可。比如你可能在做关键词研究时发现"韩版女装"和"韩国女服"这两个词搜索次数都不少（只是假设），而这两个词的意义显然完全一样，在标题中写成这样就可以了：

```
韩版女装, 韩国女服 - ××服装网
```

有时候三四个关键词还可以组合成更通顺的一个词组。在写这一节时，刚好浏览zaccode.com网站时看到一个朋友提问："如果页面想优化'SEO技术''SEO教程''SEO''免费SEO'这四个词，该怎么写标题？"我的回答是：

```
免费 SEO 技术教程
```

这是一句很通顺的话，而且搜索引擎可以拆分、组合出所有目标关键词。第15章中还有更多实际的例子。

当然，这样组合出的关键词有时不能完整匹配，比如上面例子中的"SEO教程"就不是完整匹配出现在标题中的。但与用户体验相比，为了刻意完整匹配而用一个不自然的标题是得不偿失的，如这样：

```
SEO - SEO 技术 - SEO 教程 - 免费 SEO
```

我建议还是先考虑用户体验。现在搜索引擎对完整匹配文字也没有那么看重，尤其是标题，搜索结果中没有完整匹配关键词的页面标题比比皆是。不自然的文字反倒可能被搜索引擎认为有作弊嫌疑。

把多个关键词组合为一句更为通顺的词组或句子，并不适用于所有情况的写法，只能自己发挥创意，不断练习，做久了自然熟能生巧，既能包含主要关键词，又让用户觉得没有优化痕迹。

5.1.8　公司或品牌名称

通常把公司或品牌名称放在标题最后是一个不错的做法。虽然用户在搜索公司名称、网站名称时，一般只有首页才会被排在最前面，分类页、具体产品页等内页既没有必要，也没有可能针对品牌名称做优化，但是品牌名称如果多次出现在用户眼前，就算没有点击也能让用户留下更深的影响。

有的时候品牌名称比任何关键词都重要，但写标题时关键词就不是考虑的重点了。例如"网上银行"的搜索次数不少，但银行网站首页标题如果写成这样：

网上银行，网上银行查询转账 – 招商银行

那就真是捡了芝麻，丢了西瓜。

5.1.9　使用连词符

标题标签中词组之间需要分隔时，既可以使用空格，也可以使用连词符"–""|"">"".""_"等。这些连词符在排名上没有什么区别，但是在显示出来的视觉效果上存在不少差别。选用哪个连词符，只取决于你认为哪种符号能让用户看得最清楚、看得最舒服。个人认为"–"">""|""_"都是不错的选择，我自己的话首选短横线（–），因为看得最清楚。

以前百度自己的产品更喜欢用下画线（_），视觉上与空格类似，一些 SEO 猜测百度是不是认为下画线最好。但我估计不是这个原因，只是百度内部传统和习惯而已。百度自己的产品现在也大部分改为短横线了，如图 5-8 所示的百度百科标题。

5.1.10　不要用没有意义的句子

标题标签是最宝贵的优化资源，不要浪费在没有意义的句子上。诸如"公司欢迎您""用户是我们的上帝"之类的语句，既不能提高相关性，也不能吸引用户的目光和点击量。

标题标签是 SEO 过程的重点之一，建议大家重要页面都人工撰写，如首页、分类或栏目页、热卖产品页面等。而撰写标题时又需要做最起码的关键词研究，才能知道哪几个关键词搜索次数最多或性价比最高。大型网站很可能有数百个分类或子分类，人工撰写标题是一件费时、费力、但一定有回报的工作。

5.2　描述标签

描述标签是 HTML 代码中 Head 部分除了标题标签，与 SEO 有关系的另一个标签，用于说明页面的主体内容。描述标签的代码格式为：

```
<head>
......
<meta name="description" content="18 年经验老司机 Zac 的 SEO 每天一贴，中文 SEO 优化行
业旗帜性博客。分享网站优化排名技术，专业 SEO 培训、顾问咨询等 SEO 服务。" />
......
</head>
```

描述标签的重要性比标题标签低很多。描述标签中的文字并不显示在页面可见内容中，用户只有查看源文件和在搜索结果列表中才能看到描述标签里的文字。

现在主流搜索引擎排名算法都已经不使用描述标签，所以描述标签对关键词排名没有直接影响，但是对点击率有一定影响，因为大部分情况下，搜索结果列表中的页面摘要说明就来自描述标签。

除了描述标签，搜索结果列表中的页面摘要还可能来自页面可见文字。尤其是没有描述标签、描述标签不够长或不包含所搜索的关键词时，搜索引擎经常从页面可见内容中动态抓取包含搜索词的内容，并显示为摘要文字。有时候搜索引擎也会把描述标签和可见内容组合起来，显示为页面摘要，如图 5-11 所示为从动态中提取的说明文字。

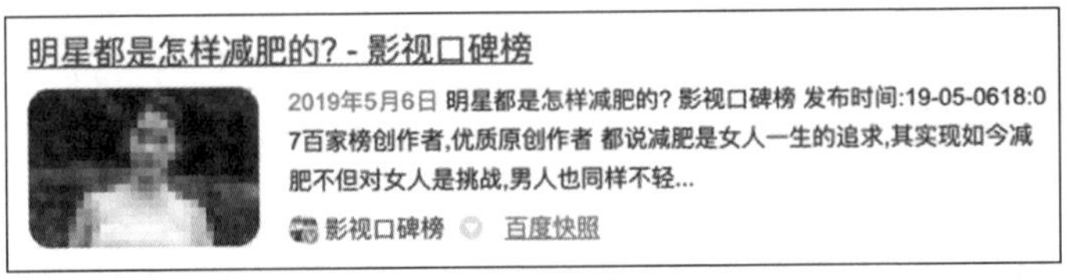

图 5-11　动态提取的说明文字

搜索引擎动态提取摘要文字时，站长就无法控制，所显示的摘要文字可能对用户不是很有帮助，也可能在重要的地方被截断。所以虽然描述标签不用于排名计算，但在可能的情况下还是建议写上准确说明页面内容的描述标签，以便控制页面的摘要文字。

在下面几种情况下，搜索引擎也可能动态抓取它认为合适的摘要文字。

- 描述标签包含大量堆积关键词。
- 描述标签与标题标签内容重复。
- 描述标签只是关键词的罗列，不能形成通顺的句子。

在描述标签的写作上，大部分标题标签的写作要点依然适用，比如文字需要准确相关、简练通顺、吸引点击，不要堆积关键词，每个页面要有自己独特的描述标签，包含目标关键词等。

与标题标签不同的是，搜索结果列表摘要部分通常会显示 77 个左右的中文字符，Google 英文结果显示 156 个英文字符，比标题标签写作空间大一点。为保险起见，建议描述标签不要超过 70 个中文字，不然也可能会被截断在不恰当的地方。

小型网站站长可以人工撰写描述标签，用一两句通顺的句子说明页面主题。大中型网站则不可能人工撰写，通常可以采取两种方法自动产生：一是从页面正文中提取一部分，一般会提取第一段文字中的内容。二是把产品的重要信息按模板生成句子，如产品名称、品牌、型号、价格、颜色、生产商等。在可能的情况下，大中型网站的首页及主要分类页面也可以考虑人工撰写描述标签。

最后要说明的是，如果不能生成恰当通顺、不重复的描述标签，那么就不要写描述标签，不要把描述标签写成和标题标签一样。

5.3　关键词标签

关键词标签是 HTML 代码 Head 部分看似与 SEO 有关、但目前实际上对 SEO 没有任何影响的标签。关键词标签的代码格式是：

```
<head>
……
<meta name="keywords" content="关键词 1，关键词 2，关键词 3……" />
……
</head>
```

关键词标签的本意是用来指明页面的主题关键词。十几年前，在关键词标签中重复关键词，甚至加上无关的热门关键词曾经是排名的重要方法。也正因如此，站长们发现了这个方法后，立即引发了大规模滥用。现在的主流搜索引擎无一例外，都没有在排名算法中考虑关键词标签的内容。

几年前关键词标签还可以放异体字、错拼单词等，但是现在的搜索引擎都有错字错拼提示功能，这个用法也失去了意义。

也许以后搜索引擎还会把关键词标签计入算法，但目前的建议是，不用浪费时间写关键词标签。

5.4　正文优化

和标题的优化一样，在正文中关键位置融入关键词是基础，同时还要考虑到语义分析、关键词变化形式等因素。

5.4.1　词频和密度

正文中的关键词牵扯到几个概念。一个是词频，也就是关键词出现的次数。另一个是关键词密度，也就是关键词出现的次数除以页面可见文字总词数，或者说关键词密度是规范化后（考虑正文长度后）的词频。

判断页面与关键词的相关性时，最简单的逻辑是关键词出现的次数越多，也就是词频越高，页面与这个关键词越相关。这就是前面介绍的 TF-IDF 公式的结论，相关性与词频成正比。但词频概念没有考虑内容的长度。页面正文如果是 1000 个词，显然关键词词频很容易比 100 个词的页面高，但并不必然比 100 个词的页面更相关。用关键词出现的次数除以总词数，得到关键词密度，是更合理的相关性判断标准。

现在的搜索引擎算法已经比简单的词频或密度计算复杂得多。站长可以很容易地人为提高词频和密度，页面价值却不一定更高。所以页面排名与词频或关键词密度已经没有直接联系，SEO 人员不必太在意。观察排名在前面的页面，我们会发现其中既有密度低到 1%或 2%的页面，也有高到 20%的页面。只要自然写作，页面中必然出现几次关键词，这就已经完成优化了。

一般来说，篇幅不大的页面出现 2～3 次关键词就可以了，篇幅比较长的页面出现 4～6 次也已经足够，千万不要堆积关键词。

TF-IDF 公式的另一个结论是，相关性与关键词的文件频率成反比，换句话说，关键词越常见，对相关性贡献越小。举个例子，如果要优化"新加坡旅游"这个词组，在 Google 搜索"新加坡"会返回 85 200 000 个结果，搜索"旅游"会返回 342 000 000 个结果，包含"新加坡"的文件数远小于包含"旅游"的文件数，Google 数据库的文件总数是固定的，所以"新加坡"这个词的文件频率小于"旅游"。或者换句话说，"新加坡"这个词相对不常见，对相关性贡献更大，在区别、辨识文件的能力上比"旅游"这个词更高。在优化文案时，增加"旅游"这个词出现的次数就没有增加"新加坡"这个词的次数更有效。

当然，这只是理论上的推论。真实的搜索引擎在计算相关性时比简单计算 TF-IDF 复杂得多，SEO 或编辑在写页面正文时，完全没必要考虑这么多。还是那句话，只要自然写作，关键词必然会自然融入，这就足够了。

5.4.2　前 50～100 个词

正文前 50～100 个词中出现的关键词具有比较高的权重，通常建议第一段文字的第一句话就出现关键词。

实际上这也就是自然写作的必然结果。和写议论文一样，页面的写作也可以分为论点、论据及最后的总结点题。文章最开头首先需要点明论点，也就自然地包含了关键词。接下来在论据部分再出现两三次，结尾点题再次出现关键词，一个页面的可见文字优化就完成了。

5.4.3　关键词变化形式

写作页面内容时可以适当地融入关键词的变化形式，包括同义词、近义词、同一件事物的不同称呼等。比如电脑和计算机是同义词，可以在页面中交叉出现。笔记本电脑和膝上型电脑也是同义词，减肥和瘦身是近义词，主机、服务器、网站空间基本上说的是一回事，这些词都可以在主体内容中交叉出现。

英文页面优化中还有一种特殊的关键词变化形式，就是同一个词根所生成的各种形式的单词，如 work 是词根，它的变化形式包括 works、worker、workers、working、worked 等。这些变化形式可交叉使用，使搜索引擎能更快速准确地提取页面主题，并且这些变化形式都有可能被用户所搜索，组合出更多的搜索词。

当然，还是以自然写作为前提，不要为了加入关键词变化形式而硬加一些别扭的句子。

5.4.4　关键词组邻近度

标题标签和正文写作时应该注意目标关键词组的邻近度，也就是说，查询词可以被分词时，也在页面上应该完整、按顺序出现关键词组几次，尤其是重要位置，如本节提到的第一段文字，其他小节说明的 H 标签、黑体、ALT 文字等。

百度对关键词完整匹配出现的要求比 Google 高一些。

5.4.5　词组的拆分出现

查询词可以被分词时，不仅查询词要完整匹配出现在页面最有权重的位置，被拆分后的词还可以各自单独出现在正文中几次。

如上面的例子所示，目标关键词是"SEO 方法"，页面重要位置不仅要完整匹配出现"SEO 方法"几个字，建议"SEO"和"方法"也可以分别单独在正文中出现几次。

5.4.6　语义相关词

算法和人不一样的地方是，人可以直接理解词语、文章的意思，算法不能理解。人看到"苹果"这两个字就知道指的是那个圆圆的、有汁的好吃的水果，搜索引擎却不能从感性上理解什么是苹果。

但搜索引擎可以掌握词之间的关系，这就涉及语义分析。SEO 业界很热烈地谈论过一阵潜在语义索引（Latent Semantic Indexing）。潜在语义索引研究的是怎样通过海量文献找出词汇之间的关系，当两个词或一组词大量同时出现在相同文档中时，这些词之间就被认为是语义相关的。

举个例子，电脑和计算机这两个词在人们写文章时经常混用，这两个词在大量的文档、网页中同时出现，搜索引擎就会认为这两个词是极为语义相关的，虽然搜索引擎还是不知道这两个词的意思。

再比如"苹果"和"橘子"这两个词，也经常一起出现在相同的文档中，虽然紧密度低于同义词，但搜索引擎可以判断这两个词是有某种语义关系的。同理，"苹果"和"水果"，以及"苹果"和"手机"也是语义相关的。

潜在语义索引并不依赖于语言，所以"SEO"和"搜索引擎优化"虽然一个是英语，一个是中文，但这两个词大量出现在相同的网页中，虽然搜索引擎还不能知道搜索引擎优化或 SEO 指的是什么，但是却可以从语义上把"SEO""搜索引擎优化""search engine optimization""SEM"等词紧紧地连在一起。语义分析技术发展到一定程度，其实就相当于搜索引擎能够理解查询词的真正意义，页面的主题内容、概念等。比如，搜索引擎看到有人查询"好吃的"，可以理解用户可能是在找饭馆、餐厅之类的地方。

这种语义分析技术可以在页面优化上给我们一些提示。

现在的搜索排名有一个现象，搜索某个关键词，排在前面的网页有时甚至并不含有所搜索的关键词，除了链接锚文字外，很有可能是潜在语义索引在起作用。比如搜索"饭馆"，排在前面的有可能包括只出现"餐厅""饭店""美食"等词，却没出现"饭馆"这个词的页面，因为搜索引擎通过语义分析知道这些词是紧密相关的，或者说搜索引擎理解了查询词及页面的真正意义，而不仅仅是进行关键词匹配，如图 5-12 所示。

上面例子可能和同义词、近义词相混淆，但要注意，语义索引和同义、近义词库是完全不同的机制。通过语义分析被判断为语义相关的词可以是意思相差很远的。比如要优化"奥巴马"，前总统、白宫、美国之类的词大概率会和"奥巴马"这个词一起出现在很多文档中，因此极为语义相关，但"奥巴马"和"白宫"可不是同义词或近义词。

在写作内容的时候，不要局限于目标关键词，应该包含与主关键词语义相关的词汇，以支持主关键词，使页面形成明显的主题。

其中的原因反过来想更清晰。如果一篇关于"奥巴马"的文章，正文完全没出现前总统、白宫、美国、参议员、政策之类的词，那么搜索引擎会不会怀疑：你写的这个"奥巴马"是谁？

图 5-12   搜索引擎理解查询词及页面的真正意义

5.4.7   分类页面说明文字

大部分网站首页及最终产品或文章页面优化并不困难，有足够的内容可以安排关键词，但分类页面往往被忽视。分类页面最常见的方式就是产品或文章列表，而产品名称或文章标题实际上都是产品或具体信息页面的重复内容，这就造成分类页面缺少自己独特且稳定的内容。

而分类页面的目标关键词往往是排在第二层次的搜索次数比较多的词。要想充分优化这类关键词，建议考虑人工撰写分类页面的说明文字，最好有至少两三段说明文字。

说明文字显示的位置需要合理安排。完全显示在页面顶部产品/文章列表前不是很合适，因为用户是来购物的，通常会预期马上看到商品列表。可以显示在产品列表之后，或者顶部只显示一句话，简单描述一下本分类，其他文字显示在产品列表之后。页面排版允许的话，也可以显示在侧栏。

从 SEO 角度看正文优化，最重要的还是自然写作。一些单页面网站，站长可以精雕细琢关键词分布、用词，但绝大部分网站制作时，无论是编辑还是专业 SEO 人员，都不可能时刻想着关键词密度、同义词、语义相关词、词组的拆分等细节，那样做效率太低。其实只要自然写作，上面讨论的这些方面就能做到八九不离十了。

如果头脑中能有关键词在重要位置的分布、同义词近义词使用、语义相关、词组的拆分组合等观念，写作时能下意识地运用这些方法，那就再好不过了。

5.5   H 标签

H 标签相当于正文中的标题，是关键词优化的另一个页面元素。通常认为 H1 标签的重要性仅次于页面 Title，但近两年百度和 Google 给予 H1 标签的权重都有所降低，甚至有的人认为，H1 标签比黑体的作用也大不了多少。不过，大部分 SEO 认为 H1 标签还是相对重要的页面排名因素之一。即使对排名作用降低，合理的 H 标签安排也是文章结构的体现，建议使用。

H 标签按重要性分为六层，从 H1 到 H6。H1 的 HTML 代码是：

```
<h1>SEO 每天一贴</h1>
```

H1 的重要性最高，H6 的重要性最低。在 H1 和 H2 中融入关键词，有助于提高相关性。H3 以下的标签权重已经很低，和普通页面文字相差不多了。

H 标签对应于文章的正常结构。文章一定会有一个标题，应该使用 H1 标签，其中包含最重要的关键词。文章中出现小标题，使用 H2 标签，可以包含辅助关键词或相关词语。如果还有更小的标题，可以使用 H3 标签。再低层的标题意义不大，不仅使文章结构过于复杂，而且搜索引擎给予的权重也很低了。

典型的 H 标签使用结构如下：

```
<h1>什么是 SEO？</h1>
<p>第一段文字…</p>
…
<h2>SEO 是搜索引擎优化</h2>
<p>扩展、论述上面 h2 中内容</p>
…
<h2>SEO 是策略</h2>
<p>扩展、论述上面 h2 中内容</p>
…
<h2>SEO 不是作弊</h2>
<p>扩展、论述上面 h2 中内容</p>
…
<p>最后点题</p>
```

要注意的是，H 标签在视觉表现上常常显示为黑体，但其语法意义与黑体完全不同，不要在页面上滥用。一般来说，一篇文章只有一个标题，H1 也只出现一次。大量使用 H1、H2，反倒使得关键词不能突出。整篇文章都放进 H 标签中，就和完全没用 H 标签一样了。

5.6　ALT 文字

ALT 文字是指图片的替换文字。代码如下：

```
<img src="images/default/logo.gif" alt="点石论坛" />
```

在某些情况下，比如用户浏览器禁止显示图片，或由于网络等原因图片文件没有被下载完成，以及视障人士使用的专用浏览器，导致图片不能被正常显示，图片 ALT 属性中的文字将被显示在页面上，如图 5-13 所示。

图 5-13　图片未显示时出现 ALT 文字

某些浏览器，如 IE7 以前的 Internet Explorer，鼠标放到图片上时，ALT 文字也会被显示出来。

图片 ALT 文字中出现关键词对页面相关性也有一定影响，近几年 ALT 文字重要程度有所提高，我个人感觉至少和 H1 的作用差不多。所以在图片 ALT 属性中以简要的文字说明图片内容，同时包含关键词，这也是页面优化的一部分。要注意的是，ALT 文字是要准确描述图片内容，不是要写成和页面 Title 一样。

与页面 Title 一样，ALT 文字中不要堆积关键词，只要出现一次关键词即可。

图片做成链接时，ALT 文字就相当于文字链接的锚文字。所以网站左上角出现的公司 logo，应该在 ALT 文字中包含首页目标关键词。logo 一般都链接到首页，而且通常是页面上出现的第一个连到首页的链接，ALT 文字中包含关键词，就相当于文字链接锚文字中包含关键词。

对百度 SEO 来说，由于搜索结果中大量出现图文展现，很可能页面上有图片就对排名有帮助，所以写新闻、文章时应该尽量放上至少一张题图。

5.7 精简代码

在 2.4 节中介绍过，搜索引擎预处理的第一步就是提取文字内容。SEO 人员应该尽量降低搜索引擎提取文字内容的难度，包括精简 HTML 代码，使真正的文字内容比例提高，尽量减少 HTML 格式代码、CSS 及脚本。从某种意义上来说，非可见文字代码对关键词来说都是噪声，精简代码就是提高信噪比。

常见的可以精简代码的地方包括以下几个方面。

（1）使用 CSS 定义文字字体、颜色、尺寸及页面排版。有很多网站既使用 CSS，又在可见文字部分用 style 或 font 再定义一遍字体、尺寸等，这是完全没有必要的冗余代码。

（2）使用外部文件。将 CSS 和 JavaScript 放在外部文件中，页面 HTML 中只要放一行代码进行调用就可以了。查看一些网站源文件时，我们经常可以看到大片大片的 CSS 及 JavaScript 代码，而且 JavaScript 代码还经常出现在 HTML 最前面，这就使真正有用的文字部分被推到后面。当然，这里有一个取舍问题。很多网站更愿意把 CSS 和 JavaScript 放在页面 HTML 代码中，以避免由于某种原因，外部 CSS 或 JavaScript 文件没能下载调入成功，页面排版或功能出现问题的情况。在页面其他方面比较精简、CSS 和 JavaScript 不是过分庞大的情况下，这样处理也无不可。

（3）减少或删除注释。代码中的注释只是给程序员或页面设计人员的提示，对用户、浏览器和搜索引擎来说毫无作用，只能成为噪声。

（4）减少表格，尤其是嵌套表格。现在的网页大多使用 CSS 排版，表格使用大大减少。但有的时候使用表格展现是最方便的，也不必刻意完全避免，只要不出现大量多层嵌套表格、产生大量无用代码就可以了。

精简代码也有助于提高页面打开速度，而速度也是搜索排名因素之一。页面打开速度对移动搜索排名的影响更大。

这里说明一下文件大小限制。百度建议 HTML 文件的大小不要超过 128KB。Google 技术指南曾经建议，HTML 文件最好限制在 100KB 以下，页面上链接数控制在 100 个以下。其实现在的搜索引擎已经完全可以抓取大得多的文件，几 MB 的文件也没有问题。

不过在可能的情况下，还是应该尽量使文件越小越好。虽然搜索引擎可以抓取很大的文件，但可能不会索引整个文件，而只索引文件前面的一部分内容。文件很大时，索引整个文件既没有必要，也是很大的资源浪费。文件过大，再加上大量冗余格式代码，可能使实质内容被推到实际被索引的部分之外。文件太大，打开速度降低，用户体验也是个问题。

5.8　内部链接及锚文字

在第 4 章中讨论过，内部链接对爬行和收录有着重要的意义。内部链接对页面关键词相关性也有影响，最主要的就是在内部链接中使用锚文字。

锚文字是告诉搜索引擎被链接页面主题内容的最重要依据之一。外部链接锚文字大部分是无法控制的，内部链接锚文字则完全由站长控制。锚文字中出现关键词，有助于提高链接目标页面的相关度，以及发出链接页面的相关度。当然在这方面还要避免过度优化。除了一部分使用完全匹配关键词做锚文字外，最好有一部分锚文字具有自然多样性。

锚文字出现的位置不能集中在导航或页脚中，也需要分散在正文中。在页脚加上很多重要页面的链接，锚文字使用完全匹配关键词，曾经是一种很流行的优化方法，效果也曾经很明显。不过近几年这种页脚过度优化常常是排名惩罚的原因之一。

不要为了增加内部链接锚文字而刻意在正文中增加大量链接，只是在真的需要帮助用户理解某个名词、被链接页面有更多信息时才放上这个链接。不少 SEO 新手为了增加一点内部锚文字的效果，把页面弄得一片蓝色，这是得不偿失的。一是可能被认为优化过度，二是容易把网站内部链接结构弄得更复杂，反倒使搜索引擎不容易判断出网站的重要页面。有 SEO 做过对比，数据显示网站内部链接总数（与类似网站相比）过大的网站，总体排名降低。

有的 CMS 系统有专门的功能或插件，文章中出现指定关键词就自动插入链接到指定页面。建议谨慎使用此功能，因为很难做到像人工写文章时加入链接那样自然。

5.9　导出链接及锚文字

链接对搜索引擎排名的重要性被越来越多的站长所了解和重视，造成很多网站"惜链如金"，不愿意导出链接到其他网站上。实际上导出链接到外部网站对发出链接的页面相关性也有一定影响。

比如说一个页面以"减肥方法"为锚文字链接到另外一个网站上的页面，一方面说明被链接的页面应该是在谈减肥方法，另一方面说明发出链接的页面本身也应该是与减肥方法有些关系的。不然一个谈笔记本电脑的页面，有什么原因要链接到一篇关于减肥方法的文章呢？所以链接到相关的、质量高的外部网站，也有助于提高页面本身的相关性。

在搜索引擎链接原理部分我们讨论过枢纽和权威页面的关系，得到链接的往往是权威页面，而指向权威页面的往往是枢纽页面。如果不能成为权威页面，第二选项就是成为枢纽页面。导出外部链接就是成为枢纽的方法。

5.10　W3C 验证

页面 HTML 代码兼容性相差很大，各种操作系统的不同浏览器，甚至相同浏览器的不同版本在解析 HTML 时都有所不同，越来越多的人在考虑 W3C 验证对 SEO 有什么影响。从经验和观察来看，W3C 验证通过与否对页面排名没有明显影响。只要页面没有严重错误，不会使浏览器无法渲染、搜索引擎无法提取文字内容，就不必太在意 W3C 验证。

实际上，绝大部分页面都无法百分之百通过 W3C 验证，搜索引擎也非常清楚这一点。SEO 人员可以尽量更正验证报告中的错误，警告信息通常可以忽略。

5.11　黑体及斜体

黑体、斜体是页面文字很早就使用的格式，将关键词设为黑体或斜体有一点点强调作用，搜索引擎也给予黑体、斜体中的文字比普通文字多一点权重，不过权重并不大。尤其是斜体使用需要很慎重，中文斜体对用户不友好，不容易辨认。在可能的情况下，适当使用黑体有些作用，但这属于非常细节的地方，不必过于关注。

黑体有时有助于帮助分词。比如为避免搜索引擎把"搜索引擎优化"这几个字分词为"搜索""引擎""优化"三个词，可以把"搜索引擎优化"全部设为黑体，帮助搜索引擎理解，这六个字实际上是不应该分开的一个词。

5.12　页面更新

对某些有时效性的网站来说，如博客和新闻网站等，页面更新也经常能帮助提高排名或至少帮助保持排名。百度和 Google 都有这样的现象，刚发布的文章很快就有比较好的排名，但几天后排名可能会下降。一方面是因为搜索引擎要给新页面排名机会，观察用户反应，然后再确定最终排名。另一方面，某些内容确实就需要有时效性。

Google 有一个名为 Query Deserves Freshness 的算法，针对需要时效性的查询，会给予最新内容更高权重和排名。所谓需要时效性的查询包括：

- 最新事件或热点话题，如疫情。
- 周期性发生的事件，如大选、奥运会。
- 需要不断更新的信息，如最新数码相机。

即使是老文章，补充、更新内容也会使搜索引擎认为内容有时效性，更相关。不过，如果没有更新文章、只改一下文章发布时间可能被判断为作弊。

页面更新频率也是吸引搜索引擎蜘蛛返回抓取的因素之一。

5.13　社交媒体分享按钮

现在社交媒体网站和 App 极为流行，如中文的微博、微信、各大视频网站、各大门户的空间、豆瓣、知乎，以及已经不再火爆的博客等，英文的 Facebook、Twitter、YouTube、Linkedin、Instagram 等。参与社交媒体对 SEO 的影响在第 10 章中有更深入的讨论，这里只建议站长们，不妨在页面放上社交媒体分享、点赞之类的按钮。

外部链接是搜索引擎判断页面权威性、被推荐程度的主要指标，但也不排除其他的推荐渠道，如这些社交媒体中的评论、推荐、分享，甚至 QQ、邮件中的分享，也可能会被搜索引擎当作排名因素，或者作为验证权威度、受欢迎程度的因素。

如果网站本身就是 Web 2.0 性质的，更应该加强用户评论、点赞、顶、投票之类的互动功能，这些用户参与的数据都可能被搜索引擎用来判断页面质量的高低。

5.14 页面用户体验

这几年搜索引擎非常强调页面的用户体验，百度和 Google 都是如此。不仅在官方优化指南和问答沟通中提到，也体现在已上线的算法中。

5.14.1 与用户体验有关的算法更新

2013 年 5 月，百度推出石榴算法，打击目标是含有大量妨碍用户正常浏览的恶劣广告的页面，尤其以弹出大量低质弹窗广告、混淆页面主体内容的垃圾广告页面为代表。

2014—2018 年，百度推出数次冰桶算法，主要打击移动页面用户体验不好的网站，包括强制弹窗 App 下载、大面积广告等。

2017 年，百度推出清风算法，打击虚假页面标题、骗取点击的网站。

2017 年，百度上线闪电算法，对页面打开速度慢的网站降权。

2012 年 1 月，Google 推出页面布局算法（Page Layout Algorithm），后来又两次更新，目的是打击第一屏有大量广告、实质内容很少的页面。

2015 年 11 月，Google 上线 App 安装插页惩罚（App Install Interstitial Penalty），降低弹出大幅 App 安装插页广告的移动页面排名。

2017 年 1 月，Google 上线移动页面干扰插页惩罚算法（Intrusive Interstitial Penalty），打击干扰用户的弹窗、大幅插页式广告页面。

2018 年 7 月，Google 上线移动速度更新（Mobile Speed Update），将页面打开速度正式作为移动搜索排名因素之一。

这类算法针对的都不是文字内容，而是用户体验。SEO 必须注意到这个趋势。

5.14.2 影响 SEO 的页面用户体验

用户体验以往不是 SEO 的职责和权限，但会越来越明显地直接影响 SEO 效果，SEO 们必须关注并将其纳入优化范围。用户体验包含的范围很广，本书无法深入探讨，只提醒页面排版布局方面常常被忽视、SEO 应该有优化权限的几点。

- 排版合理、清晰、美观。文字、背景颜色反差够大，用色不容易引起眼睛疲劳。字号够大，易于阅读。
- 选择易于阅读的常见字体，尤其是正文部分，不要为了装饰性而选择难以辨认的字体。
- 实质内容处于页面最重要的位置，要让用户一眼就能看到。
- 实质内容与广告能够清晰区分。
- 第一屏就有实质内容，而不是需要下拉页面才能看到。
- 广告数量不宜过多，位置不应该妨碍用户阅读。广告所占的页面篇幅不要过度，建议不要超过三分之一。
- 弹窗、插页广告的使用要非常谨慎，不能干扰用户阅读内容。
- 如果图片、视频有利于用户理解页面内容，尽量制作图片、视频。

5.14.3 什么是 Core Web Vitals

2020 年 5 月，Google 发贴预告，在 2021 年的某个时候，页面体验将会成为 Google 算法的排名因素之一。2020 年 11 月，Google 再次预告，页面体验成为排名因素的时间将会是 2021 年 5 月。

Core Web Vitals 是页面体验的最重要内容。Core Web Vitals 的大致意思是核心页面指标，是最新版 Google Search Console 提供的三个页面数据，如下所示。

- LCP：Largest Contentful Paint，主体内容显示所需要的时间，用来衡量页面加载速度。Google 要求在 2.5 秒以内。
- FID：First Input Delay，首次输入延时，指的是用户第一次做出互动（包括点击链接，点击按钮，或其他 JS 驱动的功能）动作后，浏览器开始真正做出反应、处理互动事件所需要的时间。这个数据用来衡量页面互动顺畅水平。Google 要求在 100 毫秒以内。
- CLS：Cumulative Layout Shift，累计布局移动，指的是页面访问过程中出现的、不能预期的页面元素位置移动总数，比如由于某个图片完成下载后突然显示，把下面已经显示的文字向下推。这种页面元素的无预警位置移动，轻者干扰用户阅读，重者使用户点击错误链接或按钮。这个指标用来衡量页面的视觉稳定性。Google 要求在 0.1 以内。

除了在 Google Search Console 中显示 Core Web Vitals 数据，Google 提供的页面速度测试工具 PageSpeed Insights 也能给出 Core Web Vitals 数据，可以测试任何网页：

https://developers.google.com/speed/pagespeed/insights/?hl=zh-cn

Chrome 浏览器的 Developer Tool 也有 Core Web Vitals 数据。

测试一些页面就知道，大部分大站的 Core Web Vitals 数据都不怎么样，估计这就是 Google 提前一年预告的原因，让大家赶紧做准备。Core Web Vitals 数据成为排名因素会造成多大影响？让我们拭目以待，到时候我会在博客 SEO 每天一贴中进行更新。

除了 Core Web Vitals，还有如下页面体验即将成为排名因素。

- 页面移动友好性。在第 6 章中将详细讨论。
- 安全性。网站没有病毒、钓鱼、欺骗等内容和行为。
- HTTPS 使用。这是个小的 Google 排名因素。百度是否作为排名因素不确定，但百度现在完全支持 https 页面爬行、抓取、索引是确定的。
- 没有干扰性插页广告。

最影响用户体验的是页面打开速度，这将在 5.16 节中单独讨论。

5.15 结构化数据标记

如果是做英文网站，还可以在页面加上结构化数据标记。

在网站建设领域，结构化数据是用来提供页面更多细节信息，以及把页面内容进行分类的标准化数据格式。网站结构化数据标准由必应、Google、Yahoo!于 2011 年共同发起，详细内容可以在 schema.org 网站查看。添加结构化数据标记可以帮助搜索引擎准确理解页面内容，增强相关性，也有助于页面以富摘要、知识图谱等更丰富的形式显示在搜索结果页面上，来提高点击率。

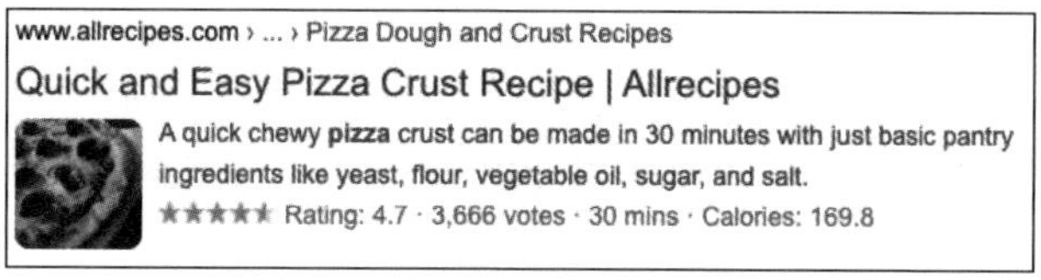

图 5-14 食谱结果页面结构化数据及富摘要

如图 5-14 所示的是一个典型的有结构化数据标记、以富摘要形式显示的食谱结果页面，页面信息中的星级、投票数、烹调时间、卡路里数都是结构化数据提供的。

目前适合结构化数据标记的内容类型包括：菜谱、面包屑导航、产品、FAQ、课程、事件、电影、评测等。其中对中国网站最有用的应该是产品类页面了。产品页面可以添加的结构化数据包括：产品名称、URL、图片、描述、sku、品牌、价格、平均星级、评论数、是否有货等，在搜索结果页面中展现如图 5-15 所示。

图 5-15 产品页面结构化数据及富摘要

结构化数据可以使用三种格式添加在页面上：JSON-LD、Microdata 和 RDFa，现在最流行的，也是 Google 更推荐的是 JSON-LD 格式。常见开源 CMS 系统都有各种现成插件实现结构化数据标记，没有什么技术门槛。如果是自己开发的系统，程序员就要学习一下技术文档了：https://developers.google.com/search/docs/guides/intro-structured-data。

结构化数据标记只是有助于搜索引擎提取信息，并不是排名因素。而且加了结构化数据标记也不能保证就会以富摘要形式展现。即使如此，只要内容适合，还是强烈建议添加结构化数据标记，降低搜索引擎理解内容相关性、提取信息的难度。

目前百度并不支持 Schema 结构化数据。百度的结构化数据是通过资源平台 sitemap.xml 提交和百度开放平台实现的，使用范围比 Google 要有限很多。

5.16 提高页面速度

页面速度是重要的排名因素，而且在未来几年将越来越重要。无论百度还是 Google 都已经有数次以页面打开速度为目标的算法更新，2021 年 Google 还会上线 Core Web Vitals 更新，同样以页面打开速度为核心。

5.16.1 页面打开速度的影响

即使不考虑搜索排名，页面打开速度显然也影响用户体验和转化率。有很多正面、反面的实际例子。

- Cook（一家卖冷冻食品的网站）把页面加载时间减少 850 毫秒，转化率提高 7%，跳出率降低 7%，平均访问页面数增长 10%。
- BBC 发现他们网站的页面加载时间每多 1 秒，用户就会丢失 10%。
- Modify，首页加载时间每减少 100 毫秒，转化率将增加 1.11%，付款页面加载时间减少 100 毫秒，转化率将增加 1.55%。
- AutoAnything，页面加载时间降低一半，销售将增加 12%～13%。
- Furniture Village，页面加载时间减少 20%，转化率将增加 10%。

有些页面元素的衡量有很大的主观性，比如标题怎么写更能吸引点击，但页面加载、打开速度是十分明确的，既有测试数据，又有直观感受，优化方向清楚，效果直接，不优化是很可惜的。

5.16.2　怎样提高页面速度

页面速度优化主要有下面几个方向。

1. 服务器速度

显而易见，服务器硬件、软件配置、带宽、负载、线路等，都直接影响响应和下载速度。如果发现页面打开过慢，首先要检查的是服务器速度。网上有很多测速工具，如站长工具的：https://tool.chinaz.com/speedtest.aspx。

使用 CDN 也是提高服务器速度的一个方式。

2. 图片压缩

大部分页面所需要和下载的文件数据量，图片会占至少一半，有时候多到 80%～90%。很多网站的图片文件又没有必要太大，所以压缩图片文件经常是效果最显著的方法之一。

网站上通常使用 jpag、png、gif 这几种图片格式。不要使用超出必要清晰度的图片，在不影响视觉效果的前提下，图片文件经常能压缩高达 60%～70%。

网站自己添加的图片，要用 Photoshop 或专门的图片压缩软件来压缩，网上也有很多免费的线上压缩服务。需要大量上传产品或文章的网站，编辑没有压缩图片的习惯或时间，上传程序要有自动压缩图片的功能。UGC 或平台类网站更要有自动图片压缩机制，千万不要任由用户把数码相机里的图片上传到服务器，不加处理就直接显示。

3. 启用 GZIP 压缩

字符类文件，如 HTML、CSS、JavaScript 文件，启用 GZIP 压缩，也能大幅降低文件的尺寸（可能高达 90%），减少文件的下载时间。

GZIP 压缩是服务器端设置，页面本身看不出来。如果对是否正确启用了 GZIP 不确定，可以用线上工具测试一下，如站长工具：https://tool.chinaz.com/gzips/。

在 LAMP 类型服务器，启用对某类文件的 GZIP 压缩，只要在.htaccess 文件加上类似这样指令：

```
<IfModule mod_deflate.c>
AddOutputFilterByType DEFLATE text/css
AddOutputFilterByType DEFLATE text/html
</IfModule>
```

意思是 CSS 和 HTML 文件开启 GZIP。

4. Minify 缩减代码

删除一些没必要的空格、回车、注释、字符等，也常常能大幅缩小文件，提高速度。包括 CSS、JavaScript、HTML 代码。没有使用的代码当然更要删除。

5. 启用浏览器缓存

页面下载后浏览器可以缓存很多信息，如图片、HTML、CSS、JavaScript，下次用户访问时，缓存里有的文件就不需要再次下载了，减少下载的时间，也减轻服务器的压力。

如果不设置缓存过期时间，默认过期时间是一个小时。缓存过期时间是服务器端可以设置的，不经常变动的文件，如图片、CSS、JavaScript 可将缓存过期时间设置长一点，如一至两个星期，图片甚至设置为一年也问题不大。用户打开页面，如果因为缓存遇到显示不正常的问题，按浏览器刷新按钮就可以强制下载所有文件了。

和 GZIP 压缩一样，页面缓存时间从页面本身看不出来，需要通过工具进行测试，如：https://www.giftofspeed.com/cache-checker/。

不同服务器设置缓存时间的方法不同，需要参考相应的技术文档。如我比较熟悉的 LAMP 服务器，只需要简单地在.htaccess 文件中加上类似这样的指令：

```
ExpiresByType image/jpg "access 1 year"
```

意思是把 jpg 图片缓存设置为一年。

6. 减少 JavaScript，尤其是阻塞渲染的 JavaScript

页面渲染时，浏览器需要先解析 HTML 并构建 DOM 树，如果解析器遇到 JavaScript 脚本，就得停止解析，先去执行脚本，执行完再继续解析。如果脚本大，执行慢，渲染就无法开始，页面就无法显示。如果脚本是调用外部文件，还要先等待外部文件请求、下载完毕。如果脚本是第三方外部文件，那就更无法预期和控制下载速度。

所以，在可能的情况下，需要尽量减少，甚至删除这类会阻塞渲染的 JavaScript。如果脚本对渲染页面不是必须的，建议延迟加载。

即使是不会阻塞渲染的脚本，也是能少用就少用。任何脚本都需要时间下载、执行，就算页面内容已经显示，如果因为还在执行脚本造成页面没有互动响应，可能连上下滑动都不行，用户体验也不会好。对需要脚本的功能要仔细考虑：这个功能对用户是必须的吗？对完成转化是必须的吗？不是的话，以拖慢页面速度为代价值得吗？

7. 图片懒加载

懒加载，英文写为 lazy loading，指的是第一屏不需要的图片将延迟加载，当用户向下滑动时，下面的图片才加载。懒加载现在是网站设计，尤其是移动页面设计的常用方法。

版本 76 之后的 Chrome 都已经自动支持浏览器端懒加载了，不再需要页面上的懒加载代码或 JavaScript 库，只需要给图片加上 loading 属性。但考虑到其他浏览器目前状况，还是需要页面本身做好懒加载。

5.16.3 检查页面速度

优化页面速度是否有效需要有数据检验，这里介绍两个我比较喜欢的工具。

一个是前面提到的 PageSpeed Insights：

https://developers.google.com/speed/pagespeed/insights/?hl=zh-cn

如图 5-16 所示，是 SEO 每天一贴在 PageSpeed Insights 上的速度评分。

读者访问我的博客时肯定觉得没有这么快，因为服务器在国外。

PageSpeed Insights 更有用的功能是会显示详细的诊断结果和优化建议，如图 5-17 所示是一个得分普通的网站 PageSpeed Insights 给出的优化建议。只要解决列出的问题，页面速度的大部分问题就解决了。

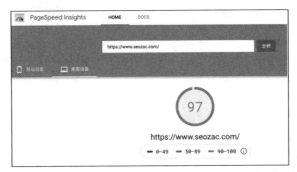

图 5-16　SEO 每天一贴在 PageSpeed Insights 上的速度评分

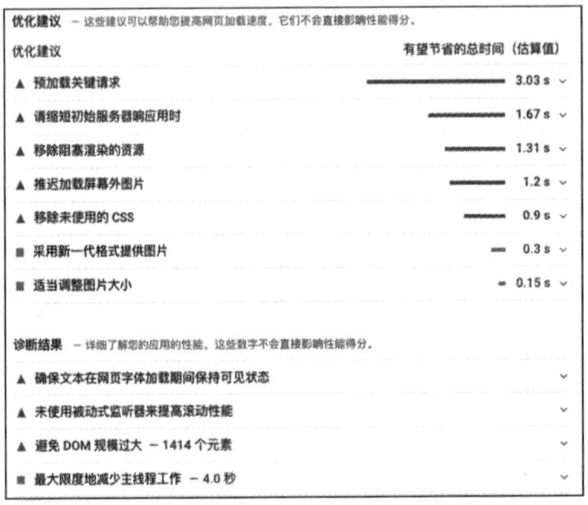

图 5-17　PageSpeed Insights 的优化建议

另一个工具是 webpagetest.org，如图 5-18 所示。

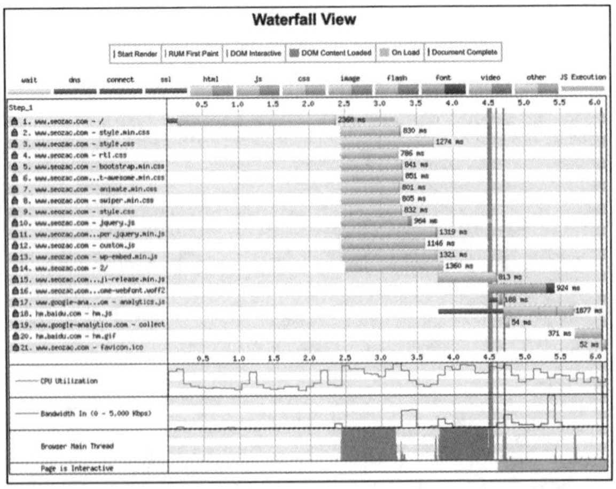

图 5-18　webpagetest.org 以瀑布流显示页面加载进程

从图 5-18 中可见，webpagetest.org 不仅显示页面的一些关键速度指标，还以瀑布流形式显示页面加载进程，哪一个文件、哪一个步骤用了多少时间，一目了然，使 SEO 可以有针对性地解决瓶颈问题。

大家可以看到，本章是本书中篇幅是最简短的，因为页面上能优化的地方就这么多，优化方法也相对固定。相比外部链接及网站结构来说，页面优化是比较简单的部分。

第 6 章

移动 SEO

现在使用移动设备上网已经成为日常和主流，移动端的搜索查询量已经超过 PC 端的搜索查询量。相应地，移动 SEO 也变得更加重要。

在我刚开始做 SEO 时，手机上网还是仅限于尝鲜的新事物，那时候完全没想过移动站 SEO 和 PC 站 SEO 有哪些差异，更没有想过在 2021 年，移动站 SEO 才是 SEO 的重点。如果是做英文网站，甚至可以在某种程度上忽略 PC 站的部分优化，因为 Google 将在 2021 年 3 月把全部网站转为移动索引，PC 站的网站完全不索引了。当然，PC 站的速度和用户体验等还是需要持续优化的，即使没有搜索引擎，也要为用户优化。

2020 年 9 月，CNNIC 发布的第 46 次《中国互联网络发展状况统计报告》显示，截至 2020 年 6 月，中国网民规模达 9.40 亿，其中手机网民规模达 9.32 亿，网民使用手机上网的比例达 99.2%。

从搜索市场看，2014 年第三季度百度的移动搜索量已经超过 PC 端的搜索量，而且是永久性的超越。百度移动搜索在国内市场占有绝对优势，每天导出的 Web 流量达到十亿量级。

2015 年 5 月，Google Ads 官方博客发布了一篇帖子，确认 Google 移动搜索量在 10 个国家（美国、日本等）已超过 PC 端的搜索量。随后不久，Google 移动搜索在世界范围内超过 PC 端。

移动搜索一般指的是手机搜索。平板电脑类设备通常被视同为 PC 端，因为屏幕尺寸和用户体验更接近 PC。

由于屏幕尺寸的不同，手机和 PC 的网站浏览、点击方式有很大不同。搜索引擎为了给用户带来良好体验，移动搜索对网站有不同的要求，用户在手机上不能轻松浏览、使用的网站，会被判定为不够"移动友好"（mobile friendly），搜索引擎不会在移动搜索中给予其好的排名。过去几年，百度和 Google 上线的不少算法更新就是针对页面移动友好性的。

目前，网站的 PC 端排名信号依然是移动搜索排名的基础，移动搜索排名可以简化地理解为在 PC 端搜索排名的基础上，加上根据移动友好性所做的调整。所以网站的移动搜索优化有一些特殊设置和考虑。但是，这种情况在近期可能发生变化。Google 在 2021 年 3 月完全转为移动索引后，移动端、PC 端排名都将以移动页面为依据。百度是否会有变化有待观察。

6.1 移动 SEO 的 3 种方式

移动网站大体上有三种设置方式可以选择。

1. 响应式设计（Responsive Design）
PC 站和移动站的 URL 是完全一样的（不管用什么设备访问都一样），返回给浏览器的 HTML 代码也是一样的，不同宽度的屏幕排版会有所不同，这是通过 CSS 控制的，浏览器在渲染页面时，会按照不同的屏幕宽度显示不同的布局。

2. 独立移动站（Separate m. site）

移动站的 URL 和 PC 站是不一样的，通常用单独的子域名，比如 PC 站是 www.domain.com，移动站是 m.domain.com。移动站的 HTML 代码（以及 CSS）与 PC 站也是不一样的，专门做了移动优化。换句话说，在这种方式下，移动站就是个独立的网站。

3. 动态服务（Dynamic Serving）

PC 站和移动站的 URL 是完全一样的，这点和响应式设计相同。但动态服务方式返回给浏览器的 HTML 代码（以及 CSS）是不一样的，PC 设备得到的 HTML 代码是 PC 版，移动设备得到的 HTML 代码是专门做了移动优化的移动版本，这一点和独立移动站相同。

这三种方式各有各的特点。

6.1.1 响应式设计

无论 PC 用户还是手机用户访问网站，所访问的 URL 是完全一样的，浏览器下载的页面代码也是一样的。

浏览器根据屏幕的宽度显示不同的布局。针对手机浏览器可能需要通过 CSS 做一些控制优化，如布局排版适合手机浏览、导航折叠、隐藏某些内容（如广告、侧栏）等。

SEO 需要注意，响应式设计一定不要禁止搜索引擎抓取 CSS、JavaScript 及图片文件，不然搜索引擎无法正常渲染，也无法判断页面在手机端是否易用。

另外，响应式设计的页面必须设置 viewport，告诉浏览器及蜘蛛要按照屏幕宽度自动调整页面排版：

```
<meta name="viewport" content="width=device-width, initial-scale=1.0">
```

百度还建议在响应式页面上加上如下 meta 标注，帮助百度理解页面适用于 PC 和手机，并根据屏幕尺寸调整布局和效果：

```
<meta name="applicable-device"content="pc,mobile">
```

所有搜索引擎都完全支持响应式设计，也都推荐响应式设计。除了上面提到的几点，使用响应式设计做移动 SEO 无须做其他设置。

既然 URL 一样，所有设备得到的 HTML 代码也一样，SEO 的优势显而易见：简单明了，搜索引擎不会被弄糊涂，不必检测 PC 站和移动站 URL 之间的对应关系，页面排名能力不会受到任何技术错误的影响。

从长远看，响应式设计从各方面考虑都是最理想的，其优点如下。

- 网站后端开发、维护更简单，成本更低，一套代码就可以了。
- 不需要判断设备、浏览器类型，不需要为 PC、移动版本设置转向，避免出错和影响用户体验。
- 不需要转向，减少请求次数，提高页面响应速度。
- 用户也不会被弄糊涂，收藏、分享 URL 更方便。
- 链接建设、权重信号集中在一个 URL，不会分散权重或出现其他问题。
- 减少对同样内容的重复抓取、索引，节省抓取份额，提高索引效率。

响应式设计也有缺点：一是对前端设计要求比较高，成本也高，同一套代码要在所有设备显示正常，还要尽快开始渲染，不同类型、不同版本的操作系统、浏览器，一一调试是很麻烦的。二是，移动设备由于屏幕大小的关系，经常要通过 CSS 隐藏一些内容和功能，但还是需要下载完整的 HTML 代码，可能还包括图片，所以会浪费带宽，影响下载速度。

总体上，响应式设计的简捷性使其更具优势，是大势所趋。一般公司的新网站，肯定建议直接采取响应式设计，不用考虑其他选项。

6.1.2　独立移动站

由于 PC 和移动设备需要访问不同的 URL，为了提高用户体验和帮助搜索引擎判断对应关系，网站需要做如下设置。

1. 自动转向

用户及蜘蛛访问时，根据设备类型的不同，可能需要进行相应的转向。

- PC 用户和 PC 蜘蛛由于某种原因访问移动 URL 时，需要自动转向到 PC 版本的 URL。
- 移动用户和移动蜘蛛由于某种原因访问 PC 页面 URL 时，需要自动转向到移动版本的 URL。
- PC 用户或蜘蛛访问 PC 版本 URL，或者移动用户或蜘蛛访问移动版本 URL 时，不做任何转向，直接返回相应页面代码。

百度建议使用 301 转向，不要使用 JavaScript 转向。Google 表态使用 301、302、JavaScript 转向都可以，但更推荐 302 转向。

即使不考虑 SEO 和搜索引擎，根据设备进行转向也是必要的，不然用户可能会访问到用户体验非常差的错误版本。

要注意的是，转向要在对应的页面之间进行，也就是说，手机用户访问 www.domain.com/news/123.html，要转向到 m.domain.com/news/123.html。有的网站设置错误，无论用户访问哪个页面，都转向到移动版的首页，这使得搜索引擎无法判断，用户体验也不好。如果 PC 版页面没有对应的移动版 URL，那就不要转向，给用户一个排版和体验不好的页面，也比给用户一个找不到想要信息的页面好。

2. meta 标注

PC 和移动页面在 meta 部分互相指向，使搜索引擎能判断两个版本之间的关系。

PC 页面（https://www.domain.com/）需要添加下面的 alternate 标签指明对应的移动版本位置：

```
<link rel="alternate" media="only screen and (max-width: 640px) " href="https://m.domain.com/">
```

百度还建议 PC 页面加上这段代码，表示本页面只适合 PC 设备：

```
<meta name="applicable-device" content="pc">
```

移动页面（https://m.domain.com/）需要添加下面的 canonical 标签指明对应的 PC 版本位置：

```
<link rel="canonical" href="https://www.domain.com/">
```

百度还建议移动页面加上这段代码，表示本页面只适合移动设备：

```
<meta name="applicable-device" content="mobile">
```

在搜索引擎两个版本都抓取了索引并且正确判断的情况下，PC 和移动版本就建立了一一对应关系。

百度还建议在 PC 版页面 HTML 代码的<head>部分加上以下 meta 标注，指向对应的移动版 URL：

```
<meta name="mobile-agent" content="format=[wml|xhtml|html5];url=https://m.domain.com/">
```

其中[wml|xhtml|html5]部分指的是在移动页面的三种协议语言中选择实际使用的一种。如移动页面是 HTML5 协议，就写为：

```
<meta name="mobile-agent" content="format=html5;url=https://m.domain.com/">
```

3. 提交对应关系

还可以通过站长平台通知搜索引擎 PC 页面和移动页面的对应关系。

在百度上，登录百度资源平台，在"资源提交 – 移动适配"部分提交对应关系。页面对应关系可以是规则适配或 URL 适配，规则适配更通用、简洁。

在 Google 上，可以在 PC 版本 Sitemap.xml 中加入与 HTML 代码同样的 rel="alternate"标注，在移动版本 Sitemap.xml 中加入 rel="canonical"标注。

当然，自动转向、meta 标注、提交对应关系这三种设置可以同时进行。但要注意，多种方式的逻辑和对应关系必须一致，不要给予搜索引擎矛盾的信号。

搜索引擎检测并理解 PC 版和移动版的对应关系后，会将排名信号整合，计算排名时两个版本会被当作一个整体，但会在 PC 搜索和移动搜索中返回各自正确的版本。

网站如要建立一一对应关系的 PC 版本和移动版本，页面内容需要保持一致，包括导航、主体内容、各种标签等。如果移动页面使用 JavaScript 异步加载主体内容，而 PC 页面内容都直接写在 HTML 代码中，就可能使搜索引擎判断两个版本内容不一致，因而无法建立一一对应关系，尤其对百度而言更是如此，因为百度通常不执行 JavaScript。

内容不一致的移动页面和 PC 页面之间不要做转向或指向标注。也不要出现一个移动页面对应多个 PC 页面，或一个 PC 页面对应多个移动页面的情况。

独立移动站的优点是移动页面可以单独优化，更为灵活，不想显示的内容以及在手机上不能实现或拖慢速度的功能，可以直接从 HTML 代码中删除。

和响应式设计相比，独立移动站显然后端开发、维护成本更高，需要开发、维护两套代码。随着国内人力成本提高，需要多次重复做的事情变得越来越不划算。

独立移动站更大的潜在麻烦是，URL 的不同可能造成混乱和各种出错。

比如做转向时，首先需要根据浏览器用户代理特征字符串判断用户设备和浏览器类型，上网设备和浏览器五花八门，程序检测 100%正确不是件容易的事。一旦判断出错，用户可能就只能看到一个排版错误的页面，某些功能也无法使用。搜索引擎蜘蛛也可能判断出错，导致不能建立两个版本的对应关系。meta 标签可能写错，使搜索引擎可能只抓取了一个版本，这都可能造成 PC 和移动页面 meta 标签不被承认。

国际公司需要用子域名做多语言 SEO 时，加上 m.独立移动站，会使子域名管理更加复杂，因为网站又要增加：

- sg.domain.com
- m.sg.domain.com

- cn.domain.com
- m.cn.domain.com

  ...

多语言 hreflang 标签和独立移动站的<link ref>标签排列组合起来，到底哪个是 canonical？哪个页面要用标签，用什么标签，目标 URL 不该指向哪里，很容易弄错。如果再加上 Google AMP 和百度 MIP 页面版本，所有版本之间的对应指向关系和标签写法，可能会把人绕晕。比如，读者可以思考一下，独立移动站、新加坡子站、移动 AMP 页面，也就是 m.sg.domain/amp/，它的 canonical 应该指向谁呢？

6.1.3　动态服务

动态服务和独立移动站一样，首先在服务器端判断设备和浏览器类型，然后在同样的 URL 上，根据浏览器类型返回不同的 HTML 和 CSS 代码，PC 设备返回 PC 版本，移动设备返回移动版本。

所以动态服务方法相当于把响应式设计和独立移动站的优点结合起来了，既有 URL 统一的简洁明了，又有独立移动站的专门移动优化，SEO 的效果是最好的。当然，代价是前后端成本都会提高。

对追求移动优化及速度极致效果，而且不差钱的公司来说，动态服务是最佳选择，如 Amazon 现在就是用动态服务做移动优化的，URL 统一简单，不会出错，两个版本的代码还可以分别优化。据说，亚马逊移动版本节省了 40%的文件下载量，对手机用户来说，提升页面打开速度至关重要。

是否使用动态服务要看公司的具体情况。对大部分网站来说，其页面内容、排版、功能没那么复杂，响应式设计已经满足需要，无须使用高成本实现动态服务来节省下载量。比如"SEO 每天一贴"这种博客，以及很多内容型网站，页面上连张图片都没有，除了留言也没有别的交互功能，节省的下载量是非常有限的，动态服务就没意义了。

当搜索引擎蜘蛛访问使用动态服务的页面时，不同的浏览器得到的 HTML 代码将会是不同的，但蜘蛛无从知晓。比如，PC 蜘蛛访问页面时，得到的是 PC 版代码，但蜘蛛并不必然知道移动蜘蛛来访问时会得到不同的代码，所以服务器端需要通过 Vary HTTP 头信息告诉搜索引擎蜘蛛，PC 蜘蛛和移动蜘蛛得到的代码是不一样的，两个蜘蛛都要来访问一下。头信息格式是：

```
Vary: User-Agent
```

意思是，根据浏览器用户代理的不同，返回的 HTML 代码是不同的。

这个 Vary HTTP 头信息也会告诉各个 ISP，浏览器不同，得到的页面代码也不同、ISP 使用缓存时要考虑浏览器的区别。

6.1.4　百度资源平台设置

除了用代码、标签、转向等方法帮助搜索引擎理解网站的移动 SEO 方式，百度还在资源平台"站点属性"部分提供了工具，站长可以提交所使用的方式。但百度资源平台所使用的选项名称和上面介绍的 SEO 行业通用的名称有些差异，所以在这里单独进行说明，SEO 们注意不要选错。

如果使用的是独立移动站，PC 站和独立移动站都要开通百度资源平台账号。在 PC 站账号中，在"站点属性 – 基础信息 – 设置类型"部分，选择"PC 站"，如图 6-1 所示。然后在"资源提交—移动适配"部分，填写对应的移动站点域名，如图 6-2 所示。要注意的是，百度平台写的是"指定正确的站点名称"，但需要填写的是移动子域名 URL，不是网站名称。

图 6-1　在百度资源平台选择站点类型

然后提交 PC 和移动 URL 的对应关系，如图 6-2 所示。如果 URL 设计得有规律，用规则适配最简单，通过正则表达式描述 PC 和移动 URL 之间的关系，只通过一条规则可能就完整描述了整个网站的 URL 关系。如果 URL 没有规律，无法用正则表达式描述，就只能用 URL 适配，也就是逐一列出对应的 URL。

图 6-2　在百度资源平台提交 PC – 移动 URL 关系

有独立移动站的移动站账号，站点类型选择"有对应 PC 站的移动站"。如果只有移动站，没有对应的 PC 站，站点类型选择"独立移动站"。

如果使用的是响应式设计或动态服务，则只有一个资源平台账号。响应式设计站点类型选择"自适应"，动态服务选择"代码适配"。这两种方式都不用提交 PC-移动 URL 对应关系。

6.1.5　对独立移动站的执念来自何处

国内很多公司和 SEO 对独立移动站情有独钟，认为 m.移动站 SEO 效果是最好的，做新网站的同时还要做独立 m.站。直到 2021 年依然有这种说法。这个执念可能来自两方面。

一是以前百度更建议使用独立移动站，其在四五年前对响应式设计的判断和支持有问题，我在博客中也说明过这一点。但情况已经改变了。百度现在的正式官方态度我没有看到，但百度现在也认为响应式设计是未来趋势，也推荐转向响应式设计。我的观察是，百度现在对响应式设计的支持没有问题。

Google 以前虽然表示过对三种移动优化方式没有偏好，但其实一直以来是倾向于响应式设计的。在转为移动优先索引后，更是明确推荐响应式设计。

二是目前在百度移动搜索排名靠前的 m.站较多。这是个准确的观察，确实百度移动搜索结果中排名好的 m.站很多，在不少行业，m.站排在搜索结果靠前位置的占大部分。不过，这并不必然说明独立 m.站有 SEO 优势，我觉得这更多是采样偏差造成的。

举个例子，有数据表明，发生车祸大部分是男性司机造成的，不过这是否说明男司机开车有劣势呢？恐怕不能这么认为，因为必须考虑司机的男女比例，有可能开车的 80% 是男的，造成了 70% 的车祸，所以 70% 车祸是男司机造成的，但这不能说明男司机开车水平或安全意识比女司机差。

移动搜索排名也是同样的道理。现在排名靠前的 m.站居多，很可能是因为这些站绝大部分是老站（所以排名能力高），而几乎所有老站当初开始做移动 SEO 时都是从 m.站入手的，不到万不得已，这些使用 m.站的老站不会改为响应式设计，因为结构变动太大了，有风险，目前又没有明显好处，所以没有动力改。

所以，老站、大站排名好，而老站、大站又以 m.站为主，就让我们认为 m.站排名似乎有优势了。

如前面讨论的，首先建议使用响应式设计，尤其是新站，不要学老站去做独立 m.站。已经使用独立移动站的老站，中文网站目前可以维持现状，但要注意百度的最新动向。英文站建议逐步转为响应式设计，种种迹象表明，Google 处理独立移动 m.站是存在技术问题的，很多情况下不能正确建立 PC 版和移动版 URL 的对应关系，而且 Google 也没有打算解决这个问题。

6.2 没有移动版本的处理

如果网站没有移动版本，而 PC 页面在手机浏览器上的显示效果也不好，这时百度和 Google 的处理方法是不一样的。百度会尝试将网站转码，也就是生成一个适合手机浏览的移动页面，供搜索用户访问。虽然在移动搜索结果中显示的 URL、标题等是网站的，用户点击搜索结果后看到的也是网站的内容，但实际上用户访问的是百度服务器上的移动转码页面。

转码并不能考虑网站自身的特点，页面体验不能与真正移动优化的页面相比。

站长通常不希望被转码，因为用户实际上并没有访问到网站，而且有些不适合手机浏览的内容和交互功能也被删除了。比如导航经常是被去掉的，这使得用户想访问网站其他页面变得很困难，只能返回百度搜索结果页面。很多时候对站长很重要的广告也被去掉了，用户访问转码页面，没有为站长带来任何利益。有时候转码后的页面在手机上的排版也并不易用。

其实百度也不希望转码，据我所知，百度移动搜索部门前几年的 KPI 之一就是减少转码，把流量导出到原本的网站上去。所以百度一直建议站长们做好移动 SEO。但有时 PC 页面内容不错，百度找不到对应的移动资源，出于对搜索用户体验的考量，为避免手机用户访问 PC 页面时获得的浏览体验太差，只好对 PC 页面转码显示。

如果站长不希望页面被转码，可以在页面加以下 meta 标签：

```
<meta http-equiv="Cache-Control" content="no-transform " />
```

Google 没有转码机制，没有移动版本的网站会直接返回其 PC 版本。

百度如果找不到对应的移动版本，转码效果又不好时，也会直接返回 PC 页面。

6.3 移动页面的优化

无论采用哪种方式进行移动 SEO，移动版本都要针对移动设备的特点进行页面优化。

首先要注意两点。第一，前两章讨论的传统 SEO 原则及方法，绝大部分同样适用于移动网站，如关键词研究、网站架构和 URL 设计、页面关键词布局、文案写作、导航及内部链接系统设计等。不要把移动优化当成和 PC 优化完全不一样的技术，说到底，它们为搜索用户提供高质量内容的目标是一样的，只不过需要额外考虑一些手机用户的特殊体验需求。

第二，无论哪种方式，移动页面都要使用自适应设计，即使都是手机，屏幕宽度差别也很大，而且还有横竖放置的不同,移动版本必须根据屏幕宽度调整页面宽度及布局。

其他方面的优化基本上是围绕两个目标进行的：一是在手机上能正常浏览、点击、使用。二是速度要快，毕竟手机的上网速度目前还比不过 PC 的上网速度。

为实现这两个目的，需要考虑的地方包括如下几点。

（1）确保手机用户能正常浏览、点击

这是个用户体验问题,而用户体验是移动 SEO 的重要内容之一,其中包括很多细节,如下所示。

- 字号要足够大，用户无须缩放就能看清文字。通常至少要使用 12px 的文字。
- 文字与背景有足够的对比度。通常建议浅色背景，深色字体，对比度要够大。
- 行距足够大，使内容看起来不至于太过拥挤。
- 上下滑动页面一般是必要的形式，但不要出现需要左右拉动横向滑动条才能看全内容的情况。这对 PC 页面也适用。
- 排版清晰、美观，段落分明，布局合理。既不要使页面过于拥挤，影响用户阅读，也不能有过多空白，浪费屏幕空间。
- 主体内容与次要内容（如导航、广告、翻页等）有明显视觉差异及空间区隔，使用户能快速定位内容位置。
- 第一屏中，主体内容要占主要位置和篇幅。百度建议主体内容至少占屏幕 50%以上，且位于屏幕的中间位置。
- 广告不能面积过大。百度要求第一屏广告不能超过屏幕面积的 10%，Google 要求广告不要超过屏幕面积的 25%。

- 不要使用弹窗、悬浮、插屏等阻碍用户浏览的广告，也不要使用抖动、闪动、轮播等干扰用户阅读的广告。
- 页面正文（从标题到翻页）之间不要插入广告。
- 任何可点击区域（包括文字、图片、按钮等）都要足够大，方便手指能够点击到。可点击区域之间有足够的距离，避免用户误点击。
- Title 不要太长。PC 搜索结果中页面标题可以显示 20 多个字，但在移动搜索结果中，这么长就被显示成两行了，虽然占的地方大了，但在视觉上比较乱，反而不明显。
- 手机横竖方向变化时，页面要自动调整显示方向和宽度。视频要支持横屏、竖屏播放。

（2）确保用户能正常使用

除了确保用户能浏览页面，还要检查用户是否能完成页面功能。

- 购物或其他功能足够简单，不要让用户在手机上填写很长的表格。
- 避免放置需要特殊插件才能访问或播放的内容，如特殊格式的视频、音频。建议用 HTML5 嵌入视频或动画。
- 功能按钮（播放、下载、加入购物车、客服聊天等）位置固定，符合用户习惯，能正常使用。
- 功能按钮不要与其他内容（如广告）位置重叠，避免用户误点击。
- 正文篇幅较长时，可以使用展开全文功能，但不要在第一屏就使用。功能按钮要有清楚的"展开全文"之类的标注，与其他内容要有足够的间距，避免用户误点击。
- 不要强制用户下载 App，也不要通过功能按钮误导或强制用户打开 App。
- 确认复杂的 JavaScript 效果或功能在手机上是可以使用的。
- 重要内容不要通过 JavaScript 调用，即使用户手机能调用，搜索引擎也不一定能调用。

（3）提高页面打开速度

百度在 2020 年 3 月发布的移动落地页体验白皮书中建议，页面第一屏内容要在 1 秒内加载完成，这不是一个能够轻易达到的目标。百度以前多次给页面的打开速度提出建议，从 4 秒，减到 3 秒，又减到 2 秒，要求越来越高。

提高移动页面打开速度的方法和 5.16 节中讨论的方法是一样的，只是要求比 PC 页面还要高。

（4）非主体内容、功能精简

由于屏幕宽度、面积的限制，通常手机版本页面要精简导航系统，包括顶部导航、面包屑和侧栏导航。

同样，广告、页脚、相关文章、tag 链接等 PC 页面上常见的内容，手机上也经常难以放下。非必要的内容和功能在移动页面上可以考虑精简。

响应式设计的页面一般是通过 CSS 折叠、隐藏非必要内容。动态服务和独立移动站则可以直接在 HTML 代码中删除非必要内容，减少 HTML 及 JavaScript 下载量。

建议 SEO 充分利用百度资源平台和 Google Search Console，里面的很多工具都支持移动网站，如移动 Sitemap、移动索引量、移动搜索关键词数据、URL 转向错误等。

6.4 Google AMP 和百度 MIP

移动页面的优化通常还是在 HTML 框架下进行的。搜索引擎为了更进一步提高移动页面速度，还推出了更为简化的、因而更快的移动页面标准。

6.4.1 Google AMP

AMP，Accelerated Mobile Pages，中文译意是"加速的移动页面"，是 Google 于 2015 年 10 月推出的一项开源技术框架，用于提高移动页面的访问速度。虽然开源，但主要还是由 Google 赞助和推动的，所以大家还是称其为 Google AMP。

2016 年 2 月，Google 开始在新闻搜索的顶部轮播图中返回 AMP 结果。2016 年 8 月，Google 公布 AMP 将应用于所有类型的页面和搜索，不再仅限于新闻。2016 年 9 月 20 日开始，AMP 页面全面出现在移动搜索结果中。

AMP 项目中文官网有详细的说明、文档、组件、举例等，如果要自己开发 AMP 页面，请参考官网。

简单地说，AMP 是大大简化了的页面，因此加载更快。AMP 有以下几个特点。

- AMP 的 HTML 代码是标准 HTML 的一个子集，代码简化了很多，某些代码在 AMP 页面不可用，如 table，frame 等。
- CSS 代码也进行了简化，只能内嵌在 HTML 中，不能调用外部 CSS 文件。CSS 文件大小不能超过 50KB。
- 起初自定义 JavaScript 是完全不能使用的，只能使用 AMP 提供的组件。2019 年 4 月才开始允许部分自定义 JavaScript。这就对功能有了很多限制。
- JavaScript 的使用有很多限制。JavaScript 只能异步加载，代码不能超过 150KB。第三方 JavaScript 不能在关键渲染路径中，不会阻塞页面 DOM 构建和渲染。
- AMP 页面出现在移动搜索结果中时，在用户还没点击时，Google 就预加载、预渲染 AMP 页面，用户点击后经常可以瞬间打开。
- 所有资源，如图片、广告、iframe 等，必须在 HTML 代码中声明其显示尺寸，这样 Google 在资源还没下载时就可以预留位置、加载页面布局。
- 资源加载顺序智能优化，只在需要时才加载资源。同时尽早预提取资源。
- 高度缓存，Google 将 AMP 页面缓存在自己的服务器中，用户点击时显示的是 Google 服务器上的缓存页面。

关于缓存这一点，既是优点，也是缺点。由于使用 Google 缓存，相当于使用了免费又强大的 CDN，对提高速度很有效。但用户访问时，AMP 页面浏览器网址也是缓存所在的 Google 域名，不是网站自己的域名，如图 6-3 所示，虽然在页面顶部显示了页面所在的原域名，但并不能点击访问原网站。这就可能在品牌、用户体验等方面造成一些不利影响。

图 6-3　AMP 页面浏览器网址显示的是 Google 域名

2019 年 4 月，Google 通过 Signed Exchange 方式解决了这个问题，浏览器可以显示网站自己的域名，但技术实现较为复杂，而且只支持 Chrome 浏览器，目前大部分使用 AMP 的网站并没有使用 Signed Exchange。

开发 AMP 页面后，原来的移动页面和 AMP 页面版本之间需要用<link>标签互相指向，使搜索引擎知道两者之间的对应关系。比如原移动页面的 URL 是：

https://www.domain.com/page/

AMP 页面的 URL 是：

https://www.domain.com/page/amp/

在原页面的 HTML 代码中，用 amphtml 标签指明 AMP 版本地址：

```
<link rel="amphtml" href="https://www.domain.com/page/amp/" />
```

AMP 页面的 HTML 代码中用 canonical 标签指明原页面地址：

```
<link rel="canonical" href="https://www.domain.com/page/" />
```

AMP 页面无须提交 Sitemap.xml，上面的标签就可以使搜索引擎发现 AMP 页面地址。

在移动搜索中，如果获得排名的页面有两个版本，Google 将返回 AMP 版本。目前 AMP 页面出现在搜索结果中时，URL 右侧会出现闪电标志，如图 6-4 所示。

图 6-4　Google 移动搜索结果中的 AMP 页面

Google Search Console 中有 AMP 菜单，列出有关 AMP 页面的各种报错可能。在搜索流量部分也可以单独显示 AMP 页面带来的流量数据。

AMP 的目的就是提高移动页面的打开速度。Google 提供的数据是，AMP 页面平均加载时间是 0.7 秒，普通移动页面平均加载时间是 15 秒。

AMP 本身并不是排名因素，但页面打开速度是排名因素。所以，如果原来的移动页面打开速度慢，采用 AMP 后可能会因为速度大幅改善进而排名提高。

AMP 的速度确实是快了，但不一定适合所有网站。比如，由于各种限制，AMP 可能不能实现某种功能，如果这个功能是网站必需的，就无法采用 AMP。AMP 页面的界面通常是大为简化的，有时候会影响用户体验。即使是纯信息类页面，可以拿掉所有交互功能，但精心设计的普通移动页面也是可以做到文件很小、打开速度很快的，甚至可能超过 AMP 页面，那么用 AMP 又有什么意义呢？除了免费 CDN，似乎并没有其他好处，花时间、精力开发 AMP 是否值得呢？

Google 一直不遗余力地推广 AMP，但 SEO 们的反应并不像采用 HTTPs 那样热情、迅速。我个人并不建议花太多精力去开发 AMP。如果使用的 CMS 有现成插件，如 WordPress，那自然可以使用，几分钟就能解决问题。如果需要自行开发，那就要考虑一下潜在效益。比较值得做 AMP 的是信息类网站，如果自己怎么优化还是速度慢，采用 AMP 能显著提高速度。其他情况下，建议先从原页面的优化入手，如果去除某些功能就可以提高速度，那么在原来页面上就可以去除，没必要到 AMP 上再去除。如果原来页面能做到 2 秒之内打开，开发 AMP 就没有太大必要了。

既然是开源项目，百度、搜狗、Bing 等都是支持 AMP 的。百度索引了少量 AMP 页面，只不过除非特意查询收录的 AMP 页面（如搜索 inurl:/amp/），在百度搜索结果中没有见到过出现 AMP 页面。

6.4.2　百度 MIP

MIP 是百度于 2016 年推出的类似 AMP 的移动页面标准，英文全称是 Mobile Instant Page，官方名称是"移动网页加速器"，翻译为"移动极速页面"好像更合适。

百度 MIP 无论是目的、原理（简化 HTML、CSS、禁用大部分 JavaScript、资源控制、缓存等）、推出步骤，还是原页面与 MIP 页面的互相引用方法（加标签），都和 Google AMP 一样，甚至连官网的页面布局、菜单安排、技术说明里的内容都是类似的，所以此处不再详述。

MIP 与 AMP 的最大区别在于 MIP 是排名因素，会直接影响百度移动排名。

2018 年，百度取消了搜索结果中 MIP 页面的闪电标记。2020 年 6 月，百度公布关闭百度资源平台的 MIP 入口，并逐步清退下线 MIP 缓存服务。虽然原来的 MIP 核心、组件保持正常维护与使用，不影响已经改造为 MIP 页面的访问、索引和排名，但中文网站可以不用考虑做 MIP 页面了。

6.5 Google 的移动优先索引

2016 年 11 月 4 日，Google 站长博客发表了一篇题为"Mobile-First Indexing"的帖子，拉开了 Google 全面转为移动索引的序幕。

6.5.1 什么是移动优先索引

移动优先索引，Mobile-First Indexing，指的是 Google 在索引、排名时主要使用网站的移动版本。

正如前面提到的，传统的移动搜索排名实际上还是以 PC 页面内容为基础的，加上移动友好性的指标，用于计算相关性、权重、排名的主要还是 PC 版，Google 抓取、索引的页面也主要是 PC 版本。

但随着移动搜索查询量超过 PC 端，以 PC 页面为基础的索引、排名可能会产生问题。比如，出于速度或排版原因，有的移动页面是 PC 端页面的缩减版，内容、图片、功能都减少了。移动搜索排名以 PC 页面为基础，有可能出现用户在移动页面上看不到所搜索的内容或功能的情况，用户体验、搜索相关性都会下降。在以前，PC 查询量远超移动，这类问题不太明显。现在移动查询量超过 PC，索引移动页面，以移动页面内容作为排名依据是顺理成章的。

开始实施移动优先索引后，Google 逐步改为索引网站移动版本，排名计算也使用移动页面。

虽然 Google 的索引从以 PC 页面为主转向以移动页面为主，但索引库只有一个，不存在一个移动索引库和一个 PC 索引库，只有一个统一的索引库。

网站什么时候转为移动优先索引完全是由 Google 判断的，网站自身无法选择。Google 的判断依据是转为移动优先索引后不会对网站搜索流量造成重大影响，也就是说，网站移动版足够友好、PC 版和移动版内容无明显差异，因此无论按照 PC 版排名还是移动版排名，在差异并不大时，Google 就会认为这个网站做好了准备，可以转为移动优先索引了。

从 2017 年年底开始，Google 分批将网站转为移动优先索引。转为移动优先索引的网站会在 Google Search Console 后台收到通知，而且 Google Search Console 索引功能部分明确显示抓取蜘蛛以移动蜘蛛为主。

有一点需要注意，Mobile-First Indexing 本身并不是排名因素。

6.5.2 移动优先索引进展情况

2016 年 11 月，Google 在发布的第一篇关于移动优先索引的博客帖子里说明，此形式还需要进行测试，以确保不会对用户体验造成负面影响，同时提醒 SEO 们做好页面移动优化，尽量保持 PC 版本和移动版本内容一致。

2017 年年底，Google 开始将少量网站转为移动优先索引。

2018 年 3 月，经过一年半的测试和监控，Google 开始大规模将网站转为移动优先索引。

2018 年 12 月，Google 表示一半以上的网站已经转为移动优先索引。

2019 年 5 月，Google 公布，2019 年 7 月 1 日之后上线的新站，默认处理方式就是移动优先索引，不会索引新站的 PC 页面，也不在 Google Search Console 另行通知。

2020 年 3 月，Google 公布，2020 年 9 月将把所有网站转为移动优先索引，不管网站是否做好了准备。但可能由于疫情关系，部分网站还没做好准备，这个计划并没有实现，期限后延了。

2020 年 10 月，Google 与 SEO 行业的沟通人 John Mueller 在线上 SEO 大会公布，Google 将把所有网站转为移动优先索引的最后期限是 2021 年 3 月。本章最后定稿时间是 2021 年 1 月初，让我们拭目以待。

John Mueller 还在会议上明确了一个本应该可以推论得出，但 SEO 们有些不确定的问题：2021 年 3 月所有网站转换为移动优先索引后，Google 将不再索引只在 PC 网站才有的内容，这类内容将被完全忽略，Google 的索引库将会是纯粹的移动页面索引库。

实际上，Mobile-First Indexing 这个名称即将不再准确，而是应该称为 Mobile Only Indexing，只有移动索引，不再有 PC 索引了。这指的是不再索引 PC 蜘蛛抓取的内容，只索引移动蜘蛛抓取的内容。如果网站只有 PC 页面，不是说网站就从 Google 消失了，而是 Google 移动蜘蛛抓取的是什么就索引什么，只有 PC 用户或蜘蛛才能看到的内容会被完全忽略。

我个人认为，不再索引 PC 页面，不一定意味着 PC 蜘蛛就完全不再抓取页面。Google 应该还会出于各种目的使用 PC 蜘蛛少量抓取页面，比如检查是否有作弊，判断 PC 页面打开速度等。

6.5.3　怎样应对移动优先索引

今后针对 Google 的 SEO 与以前刚好相反，一切必须以移动页面为基础，Google 将完全不看 PC 页面。也许以后会出现"PC 友好性"的概念，PC 搜索排名变成移动排名加上"PC 友好性"考虑。

既然以移动页面为依据，首先就要保证移动页面和 PC 页面主体内容一致，如果移动页面主体内容做了删减，被删减的部分就不会有索引，也不会有排名，覆盖关键词范围缩小，对没删减的内容深度、相关性也可能有影响，都会造成排名、流量下降。

主体内容不宜使用懒加载，搜索引擎不会与页面互动，也就不能索引懒加载后才能看到的内容。

移动页面导航、内部链接也要和 PC 页面一样完整。删除各类导航、翻页、相关产品链接是传统移动页面优化经常会做的，转为移动索引后，会造成网站链接结构变化，内页缺少抓取入口，影响页面抓取、索引效率。

图片也要与 PC 页面保持一致，而且移动页面也要使用高质量图片，否则可能会影响到查询量大的图片搜索。

需要保持一致的还包括小标题、各种标签（title、description、图片 ALT、noindex、nofollow 等）、结构化数据、robots 文件等。

在这个意义上，响应式设计确实就是最好的移动 SEO 方式。这么多页面元素需要保持一致，独立移动页面，甚至动态服务，都变得意义不大，响应式设计使页面天生就是一致的。

百度是否会跟进把索引库改为移动页面为主这一形式，目前还没有消息。不过，百度近两年也已把主要精力放在移动搜索上，公布的算法更新、优化指南、白皮书等已经很少提到 PC 页面了。

6.6 语音搜索优化

前些年在某次 SEO 行业大会上，INWAY Design 问过一个问题，未来理想中的搜索引擎将会是什么样子？我当时回答，理想状态的搜索引擎应该只返回一个搜索结果。现在看来，这种状态开始在语音搜索中实现了。

随着语音识别、移动搜索、人工智能、智能家居产品等相关技术的发展，语音搜索正在变为常态。科幻电影中常见的人与机器人的对话场景，虽然还没完全实现，但语音搜索已经具有其雏形，人对着手机、音箱、空调、手表下指令、问问题，已经是现实中的常见场景。SEO 也可以在其中扮演一定的角色。

6.6.1 语音搜索的基础

首先要明确语音搜索的两个基础。

第一，语音搜索基本上是以移动搜索为基础的。PC 搜索，无论是百度还是 Google，在搜索框中都是支持语音搜索的，只要开通浏览器的话筒权限就可以使用语音搜索。但一般来说，除了在科幻电影里，对着计算机说话搜索的情况是很少的，甚至有点怪异。

对着手机输入语音就很正常了，手机本来就是说话用的。据 ComScore 调查，2020年语音搜索将占到总搜索量的 50%，现在是否真的达到这么高的比例，我还没有看到最新统计。很大一部分用户与智能家电的语音对话是指令性的，如放音乐、定时钟等，扣除这些指令，真正的提问题式的语音搜索，大部分是发生在手机上的，估计还没有达到总搜索量的 50%。但有统计表明，50%以上的用户现在每天都会使用语音搜索。所以，要做好语音搜索 SEO，首先要做好移动 SEO。

第二，语音搜索与文字移动搜索的差别主要在于输入方式的不同，后面的过程是一样的。用户输入语音后，搜索引擎通过语音识别，将输入转化为文字，然后还是按照文字搜索返回排名。无论查询词是打字输入的，还是语音输入的，搜索结果大致相同（但不是 100%相同），所以排名算法本身应该是非常类似的。

所以，语音搜索对 SEO 的影响主要是在查询词的不同，而不取决于网站结构、索引、排名等方面。

6.6.2 语音搜索查询词的特点

那么语音搜索时的查询词与打字输入的查询词有什么不同呢？一些调查数据和用户体验都表明语音搜索查询词有以下特点。

- 语音搜索查询词长度更长。有统计表明，在英文中，语音搜索查询词比文字输入查询词平均长了 2～3 个单词。
- 语音搜索查询经常是一句话，对话性质很高，而不是罗列几个关键词。

- 语音搜索中问句占很大比例，而不是陈述句。
- 语音搜索更接近自然语言，因此查询词变化多端，难以预测。
- 语音搜索经常带有强烈的本地特征。这和搜索地点、场景关系很大。
- 语音搜索中经常出现特殊词，如"附近"，或者英文的"near me""nearby"等。

这些特点其实是相互联系的。如果说坐在电脑前研究时会搜索"新街口 饭馆"，拿着手机站在新街口的马路上时就会搜索"附近有什么好吃的饭馆"。在电脑上会搜索"北京 天气"，但语音搜索时更可能会问"北京天气怎么样"。在电脑上会搜索"红烧肉 菜谱"，对着手机更可能问"怎么做红烧肉"。

6.6.3　针对语音搜索的优化

针对语音搜索查询词的这些特点，做 SEO 时可以考虑以下因素。

1. 关键词研究

和传统 SEO 一样，第一步是关键词研究。要想在语音搜索中获得排名，首先要找到用户在语音搜索时经常用到的查询词，然后有针对性地组织内容。

图 6-5 是 BrightLocal 对英文语音搜索中常见词的统计。

Trigger Words	Count	% of Total
how	658 976	8.64%
what	382 224	5.01%
best	200 206	2.63%
the	75 025	0.98%
is	53 496	0.70%
where	43 178	0.57%
can	42 757	0.56%
top	42 277	0.55%
easy	31 178	0.41%
when	27 571	0.36%
why	25 980	0.34%
who	24 930	0.33%
new	24 779	0.33%
recipe	22 967	0.30%
good	22 807	0.30%
homes	21 132	0.28%
make	19 774	0.26%
does	19 449	0.26%
define	19 375	0.25%
free	18 315	0.24%
i	18 245	0.24%
list	17 136	0.22%
home	17 118	0.22%
types	16 575	0.22%
do	16 448	0.22%

图 6-5　BrightLocal 对英文语音搜索中常见词的统计

可以看到，前 25 个单词就触发了 20%以上的语音搜索。其中，前 3 个词，how、what、best，就占了 16%以上。这三个词的意图是比较明显的，都是在提问题：

- 怎样做某事？
- 某物是什么？
- 最好的某物有哪些？

前 12 个词里绝大部分其实都是在问问题，如哪里（where）、什么时候（when）、为什么（why）、谁（who）。

语音搜索常用词里还有一些是打字输入时比较少见的，如 the、is、can、does 等，显然，这些词是用在完整句子中的。

所以，做语音搜索 SEO 时，内容应该更关注于较长、较完整、FAQ 类型的问句。

2. 获得精选摘要地位

手机语音搜索结果的呈现有一个特点，对那些有明确、唯一、准确结果的查询，百度或 Google 经常会用语音念出答案，而这个答案往往是来自精选摘要相关段落文字的语音合成。向智能家电提问题当然就更是只能得到一个语音回答。

大家可以用手机百度语音搜索一下这类查询内容，看看是否触发语音回答，回答内容又是来自什么页面：

- 珠穆朗玛峰有多高？
- 美国现任总统是谁？

2019 年 6 月 Semrush 的最新统计数据显示，60% 的语音搜索结果来自精选摘要，80% 来自搜索结果前 3 名。

怎样优化精选摘要，请参考 10.12 节。

3. 第一段文字简洁回答问题

统计数字表明，以语音回答的搜索结果是相对简短的。

根据 2019 年 6 月 Semrush 在 SMX 西雅图大会上公布的研究数据，语音搜索结果的平均长度是 42 个单词。估计中文搜索的语音回答会更短。

10.12 节中也提到，在第一个段落以一两句话简洁回答问题是非常重要的。即使没有获得精选摘要地位，也要在页面第一段直接简短回答问题，这段文字就经常是被语音合成读出来的内容。

4. 口语化自然写作

随着搜索算法大量应用人工智能技术，搜索引擎对语言的理解已经相当智能。如果读者真的搜索上面提到的几个查询内容，就会发现搜索引擎知道问句里的"首府"其实指的是省会，"有多高"和"高度"是一回事。

所以，在创作内容时自然写作就好，不必太纠结于包含关键词，只要回答了问题就可以。甚至连页面 title 都不一定需要包含关键词，Backlinko 的统计研究表明，只有 1.7% 的语音搜索结果页面标题包含完整查询词。查询更口语化、长度更长、变化更多，要在 title 中覆盖所有查询词是不大可能的，从搜索结果看，也没必要。

写作页面文案时尽量使用自然语言，口语化。写完后自己念一遍，感觉一下是否别扭，可读性如何？Backlinko 的统计也表明，容易读、容易理解的内容在语音搜索结果排名中表现更好。文字被读出来是否通顺，是否容易理解是语音搜索的重要因素，使用简单的语法结构、简单的词汇更利于用户理解。

5. 关注域名权重、社交分享

链接权威度高的域名在语音搜索中的排名肯定是更好的。有意思的是，通过进一步分析可以发现，域名的链接权重比页面的链接权重要重要得多。Backlinko 分析了每个结果的域名强度和页面强度（使用的是 Ahrefs 的数据），语音结果的平均域名强度是 76.8，这是相当高的，但页面的平均强度只有 21.1，要低得多。

另外，语音搜索结果平均有 1199 个 Facebook 分享，44 个 Twitter 分享，一般页面的 Facebook 分享平均不到 2 个。

这说明要达到比较高的信心指数，搜索引擎更相信来自权威域名、被用户认可分享的结果，不轻易冒险返回弱域名的页面。

无论使用手机搜索还是向智能家电提问题，搜索引擎需要对语音读出来的那一条结果有很高的自信度。Stone Temple 对智能音箱的语音回答做过统计，Google Home 回答了 68.1%的问题，剩下的问题不够自信，所以没有回答。回答了的问题完全正确率达到 90%以上，亚马逊的 Echo、苹果的 Siri、微软的 Cortana 等稍低一点。

所以，要想成为被读出来的语音搜索结果，回答必须是搜索引擎认为最相关、最权威的那一个。

6. 页面打开速度

页面打开速度可能是语音搜索排名的重要因素之一。语音结果页面速度比其他大部分页面快得多。语音结果的平均接收到首字节时间（Time to First Byte）是 0.54 秒，其他所有页面平均 2.1 秒，语音结果页面完全下载时间为 4.6 秒，其他页面是 8.8 秒。

6.6.4　要不要做语音搜索优化

虽然写在最后，但这却是需要首先回答的问题：要不要花时间、精力做语音搜索优化呢？

从前面的讨论可以看到，做语音搜索优化的最大目标是让网站的内容出现在语音回答中，但达到这个目标却不一定能给网站带来多少搜索流量，大部分用户听完回答就结束了，不会点击结果页面，在智能家电设备上根本就不可能点击访问网站。那么花时间、精力做优化是否值得呢？

如果你的网站是提供地域性生活服务的，如饭馆、公园、修车、外卖等，那么出现在语音回答中是有意义的，用户可以听到网站或公司名称、地址，也可以直接导航。但如果是靠卖广告盈利的信息或新闻网站呢？回答了用户的问题对网站有什么好处？怎样吸引用户访问网站？或者如何提高品牌知名度？电商网站又该怎样利用语音搜索？语音付款技术已经出现，有多少用户会使用呢？

目前语音搜索还是新鲜事物，怎样通过语音搜索带来流量并实现转化，大家都还在探索中，没有现成的答案。感兴趣的读者可以把它当作新方向进行尝试，不管能否转化，先占据排名再说，不然以后商业模式清晰了，大家都开始做，尤其大公司一开始发力，可能就不好做了。

第 7 章

外部链接建设

网站优化分为网站内优化及网站外优化两部分。网站内优化主要指网站结构及页面元素优化，在前三章已经详细讨论过。网站外优化主要就是指外部链接建设，本章将深入讨论。

超文本链接，或者简称为超链接、链接，是互联网的基石。网民很大一部分时间是在浏览网页，而网页与书本、报纸的最大不同之处就在于链接。互联网可以被理解为一个由无数页面所组成的、相互之间交叉连接的巨大网络。以孤岛形式存在的网站和页面是网上的异类，甚至可以说很难真正存在。

早在搜索引擎诞生之前，网民在页面之间穿梭浏览靠的主要就是链接。那时候网站数目很少，大多没有商业目的，页面上谈到某个用户可能不太明白的名词时，把这个名词做成链接连向其他有更深入解释的页面，是一个很常态的行为。用户可以通过链接了解新概念，沿着链接无止境地在网上徜徉。站长在链接其他网站的相关资源时没有什么顾虑，不像现在惜"链"如金。

SEO 出现后，站长的链接行为发生了彻底改变。

7.1 外部链接意义

互联网的本质特性之一就是链接。内部链接自己可以控制，这在第 4 章已经做了讨论，本章讨论对 SEO 意义更为重大的外部链接。总体来说，外部链接对 SEO 有以下几方面影响。

7.1.1 相关性及锚文字

相关性是判断搜索结果质量的最重要指标。搜索引擎刚出现时，判断页面与关键词的相关性主要以页面上的元素为基础，也就是页面标题、可见文字、关键词标签、H 标签、ALT 文字等。在某种意义上说，这是根据页面对自己的定义进行判断的。

按照这种相关性判断方法，只要在页面上多次出现"减肥方法"，尤其在重要位置，甚至堆积关键词，搜索引擎就认为这个页面是与减肥方法相关的。

这种相关性和排序算法很快被站长们了解，并且被滥用到令人无法忍受的地步。如果一个页面确实是关于减肥方法的，那么在页面上堆积一点关键词，提高排名倒还有情可原，不过作弊的站长们绝不仅限于此。聪明的作弊者很快想到在页面上堆积查询次数很高的热门关键词，使搜索引擎误以为页面与热门词相关，实际上页面很可能与这些主题毫无关系。站长通过作弊得到搜索流量，然后再想办法诱导用户点击广告，至于用户来到网站后体验如何，并不是作弊者关注的问题。

根据页面自我描述进行判断的方法很快被证明不可靠，搜索引擎转而参考他人的评价，也就是通过外部链接及锚文字来判断相关性。如果很多网站证明你的页面是在谈减肥方法（以"减肥方法"为锚文字链接至你的网站），尤其如果很多美容健身网站证明你的网站是减肥方法领域的专家，那么有很大可能你的网站确实是关于减肥方法的权威。

导入链接的内容相关性及锚文字成为判断相关性及排名算法最重要的因素之一，尤其是来自其他网站的导入链接。因为内部链接还是自说自话，自夸不一定可信，别人吹捧就比较可信。如果有很多权威人士吹捧，那么一般就不是吹捧，而是真实的赞扬了。

7.1.2　权重及信任度

抛开页面相关性不谈，外部链接使被链接的页面及整个域名权重提高，信任度增加。外部链接越多，发出链接的页面本身权重越高，说明被链接的页面受人的信任和尊重越多。投向一个页面的权重和信任度，也会累计在整个域名上。

权重是现在搜索引擎排名中非常重要的影响因素之一。除了域名年龄、网站规模、原创性等，形成权重的最重要因素就是外部链接。权重高的域名使网站上所有页面排名能力提高。与被信任网站链接距离近的页面，被当作垃圾内容的可能性大大降低。

权重和信任度与特定关键词或主题没有直接关系。如果你的网站有来自央视、百度、清华大学、华尔街日报这种权重极高网站的链接，你的网站权重会有质的提升，不管网站的目标关键词是什么，对排名都会有帮助。

7.1.3　收录

页面收录是排名的基础，不能进入索引库就谈不上排名。

数据观察和经验都表明，外部链接数量及质量对一个域名所能带动收录的总页数有至关重要的影响。没有强有力的外链，仅靠内部结构和原创内容，大型网站很难被充分收录。

SEO 们都熟悉的一个链接结构观点是，内页与首页的距离必须在 3～4 次点击之内。原因就在于外部链接在很大程度上决定了搜索引擎蜘蛛的爬行深度，权重一般的网站，蜘蛛只会爬行 3～4 层链接。权重高的网站，与首页距离七八次或更多次点击的内页也能被收录，从而使整体收录能力提高。

外部链接也是爬行抓取频率的重要决定因素。外部链接越强，搜索引擎蜘蛛对网站的重新爬行次数就越多越频繁，就能更快地更新内容，发现新页面。权重高的网站，首页每几分钟就抓取一次都很正常。

外部链接对相关性、收录及权重的影响直接导致了关键词排名和搜索流量的不同。大多数 SEO 一般认为，目前外部链接因素超过页面本身优化的重要性。不过，近年来搜索引擎对页面内容质量和用户体验越来越重视，外链重要性占比持续缓慢下降。

7.2　Google 炸弹

最能说明外部链接效果的是所谓"Google 炸弹"现象。

7.2.1　什么是 Google 炸弹

Google 炸弹（Google Bombing）指的是以下这种情况。

- 数目众多的外部链接指向某一个 URL。
- 这些链接都以特定关键词为链接锚文字。
- 被链接的页面，其文字内容一般并不包含这个关键词，也就是页面内容和这个关键词基本无关。
- 达到的效果是，这个被链接的 URL 在搜索这个特定关键词时的排名急剧上升，很多时候能排到第一，虽然页面内容与关键词无关。

Google 炸弹大部分是出于恶作剧、政治、做实验等目的。Google 炸弹的实现验证了搜索排名算法中的以下两个事实。

- 外部链接是排名的重要影响因素之一，一般认为是最重要的因素。
- 锚文字非常重要。

所以当有大量包含特定关键词的外部链接指向某一个网页时，这个网页就算没提到这个关键词，即便没有相关性，排名也会非常好。

7.2.2　最有名的 Google 炸弹

美国白宫网站是最负盛名的 Google 炸弹例子。2003 年 10 月，一个叫 George Johnston 的人成功号召一些人用"miserable failure"（惨败）这个关键词为锚文字，链接向美国白宫网站前总统布什的个人介绍页。两个月后，在 Google 搜索"miserable failure"，布什的个人介绍页面在搜索结果中升到第一位，搜"failure"（失败）的时候也是第一。而在这个页面上，不论是 miserable、failure，还是 miserable failure，此类单词从未出现过。

2006 年 9 月，大概白宫有人试图扭转 Google 炸弹所造成的影响，把介绍前总统布什的网页做了 JavaScript 转向跳转到介绍所有总统的一个通用页面上，结果跳转传递了链接权重和锚文字，这个介绍所有总统的通用页面，在搜索"miserable failure"时排到了第一，如图 7-1 所示。

图 7-1　2006 年 9 月在 Google 搜索"miserable failure"的显示结果

2007 年 1 月，Google 对算法做了修正，防止 Google 炸弹的发生。对于具体算法 Google 并没做出解释，也不太可能解释，因为这涉及 Google 算法中非常核心的部分。众所周知，链接是 Google 排名中最重要的因素之一，哪些链接会被赋予权重，哪些会被降权甚至忽略，Google 当然不会告诉我们。

Google 做了调整后，大部分 Google 炸弹现象消失了。搜索"miserable failure"时，白宫的页面已经找不到了。

一般猜想 Google 预防判断 Google 炸弹时会参考以下几项。

- 短时间内大量外部链接指向某个页面时，有可能是 Google 炸弹。
- 这个页面并没有出现链接中所用的关键词锚文字。
- 关键词锚文字是负面名词。

2007 年 4 月，在 Google 搜索"failure"时，白宫的总统介绍页面再次排到了第一名，不过这次是因为白宫总统介绍页面上出现了"failure"这个词。这样，本来与 failure 这个词不相关的网页一下子变得相关了，预防 Google 炸弹的算法失去了作用。

这是 SEO 历史上颇为有名又有趣的围观事件。当然现在搜索"miserable failure"的话，排在前面的大概率只是讨论这个事件的文章了。

7.2.3　Google 炸弹不限于 Google

2007 年 1 月 Google 算法改变后，负面性质的炸弹消失了。但同样的效应在普通关键词上还是存在的。比如搜索"click here"（点击这里）时，2015 年之前长期排在第一的是 Adobe Reader 的下载页面，如图 7-2 所示，而这个页面上并不存在"click here"这个词，也没有单独出现"here"，只出现过一次"clicking"。出现这个结果的原因是大量页面用"click here"为锚文字链接向 Adobe Reader 下载页面，推荐人们下载 Adobe Reader。直到现在，这个页面还在搜索结果的第一页，排在前几位的变成教导站长锚文字不要用"click here"的文章。顺便提一下，这个页面是网上罕有的 PR10 页面之一。

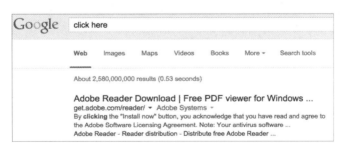

图 7-2　在 Google 搜索"click here"的结果

同样的道理，Apple 网站上的 QuickTime 下载页、iTunes 下载页都曾经排在第一页，两个页面上既没出现"click"，也没出现"here"。

Google 炸弹并不限于 Google。在 Yahoo!还活跃的 2007 年底，在 Yahoo!搜索"miserable failure"，排在第一的还是白宫页面。2015 年本书更新第 3 版时，白宫网站小布什总统的介绍页面还排在 Bing 的第二位和百度的第一位，如图 7-3 所示。和 Google 一样，随着讨论"miserable failure"排名现象的页面越来越多，现在排在前面的大部分是这类 SEO 文章了。

图 7-3 在百度搜索"miserable failure"的结果

7.3 链接分析技术

对 SEO 稍有了解的人都知道链接是影响网站排名的重要因素，但很多 SEO 不一定完整理解链接分析的内容。本节就简单总结链接以哪些方式影响排名。

链接分析技术的含义比单纯的外链数量要广泛得多，搜索引擎对链接特征的分析非常深入。链接分析包括所有反向链接，不仅限于外部链接，内容如下。

- 反向链接数目。显然，数目越大，投票越多，对排名越有利。
- 反向链接页面本身的重要性。并不是所有链接都有相同的投票能力，高权重网页的链接对排名影响更大。质量比数量更重要。
- 反向链接增加的速度。增加速度过快，可能引起作弊嫌疑，或进入沙盒。反过来，停止增加或甚至减少，也可能导致排名降低。
- 反向链接所在网站的内容主题。来自相关内容网站的链接对排名帮助更大。
- 反向链接所在页的内容是否相关。也属于内容的相关性。
- 反向链接的链接文字，也就是锚文字，是影响网页排名的重要因素之一。
- 反向链接锚文字前后的临近文字。有时候链接文字没有什么意义，比如常见的"点击这里"，链接文字前后的文字可以帮助判断链接目标页的内容。
- 链接在页面的位置。搜索引擎通过算法可以辨别导航、广告区、页面底部版权声明等区块。链接出现在页面不同位置意味着不同目的。通常出现在正文中的链接才是最有投票意义的链接。
- 外部链接所在域名年龄。历史越长的域名越被信任，来自老域名的链接也更被信任。
- 外部链接所在的域名是否曾经转手过。域名所有人一直没有变化，说明网站能持续经营。域名转手后，原来积累的信任度可能会受影响，因为无法保证网站转手后还保持高质量，需要重新考验。
- 反向链接所在页面第一次被收录的日期。发出反向链接的页面越老，收录得越早，越被信任。如果页面已经存在二十几年，比搜索引擎还老，上面的链接显然没有操纵排名的意图，很可能被高度重视。
- 反向链接所在页内容是否曾经有变化？有什么样的变化？大部分资料性的网页不会随时间产生明显内容变化，最多是增加更多资料。如果页面内容发生主题方面的重大变化，页面上的链接投票力也会变化，很有可能变得不再与内容相关。

- 反向链接第一次出现在页面上是什么时间？一个很老的页面上很早就出现的链接显然有比较高的可信度。最近才出现的链接则需要过一段时间才能走出试用期。老页面内容没变化，却突然在关键词处增加了一个链接，反倒有些可疑。
- 反向链接是否有变化？锚文字或链接的 URL 是否修改了？搜索引擎可能会认为修改链接是在刻意优化，因而给予较低的信任度。
- 反向链接所在页还链接向哪些网站？这些网站内容是否相关？质量如何？页面上所有链接都指向高质量网站，那么每一个链接的投票力都相应增强，被链接的网站获益也最大。其他被链接的网站如果内容不相关，整体质量也很低，从这样的页面得到的链接，效果不会好到哪里去。
- 外部链接是否有垃圾链接嫌疑？查看一些网站的外部链接，经常能发现绝大部分是来自论坛签名、博客评论，缺少页面正文里的有意义的推荐链接，这绝不是一个健康的链接构成。
- 链接点击率。在搜索引擎能够监测用户行为时，链接的点击率也说明链接的重要性及投票能力。用户的观感更说明问题，用户点击越多，说明其对用户帮助越大。
- 用户点击链接后在目标网站停留多长时间？这也是通过用户行为方式判断网站质量，看到底是否对用户有用。

7.4 什么样的链接是好链接

在查看关键词排名时，我们会注意到，排名与外部链接绝对数量之间并没有直接对应关系。很多外部链接数目较少的页面会排在有很多外部链接的页面之前。这也是很多 SEO 新手的困惑，为什么自己的页面外部链接很多，但排名却不如只有几个链接的竞争对手？这与外部链接的质量有很大关系。

下面从比较理想的情况讨论好的外部链接应该具备的条件。

1．点击流量

虽然从 SEO 角度看，外部链接是提高排名的最直接手段，但点击流量才是链接的最初意义。如果能从流量大的网站得到链接，就算链接有 nofollow 或转向，不能直接提高排名，只要能得到点击流量，就是个好的外部链接，毕竟 SEO 的目的还是得到流量。通过链接直接得到流量，实际上是少绕了一个弯子。

从这个意义上来说，Alexa 网站的排名和其他工具估算的流量也可以是快速判断链接质量的标志之一（只要不是靠作弊得到的）。某些链接带来每天几百、几千，甚至上万的点击流量都是有可能的。

2．单向链接

最好的外部链接是对方站长主动给予的单向链接，不需要链接回去。两个网站互相链接，如友情链接，效果比单向链接要差得多。当然，单向链接的获得比友情交换难得多。正因为难得，价值才更高。

3．自发及编辑

好的链接是对方站长自愿自发提供的，而且通常是站长的编辑行为，也就是说在文章中提到某个概念时，认为你的页面有最好、最权威的相关信息，所以链接到你的页面。这种有编辑意义的链接，才是真正意义上的投票。

4．内容相关性

寻找外部链接来源时，内容相关性非常重要。一群 SEO 人员说某个页面是关于减肥方法的，不一定可信；一群健身教练说某个页面是关于减肥方法的才更可信，投票力也更强。

内容相关度既适用于整个网站级别，也适用于页面级别。网站主题相关当然最好，有的时候某个页面不一定与整站主题完全吻合，页面本身的主题与被链接页面相关，也比无关页面的链接权重高。

内容相关度的判断并没有明确界限，只能靠外链建设人员的常识和直觉。我们无法明确知道美容、健身、医药主题到底哪个与减肥最相关，但是至少可以知道这些主题比金融股票与减肥的相关度要大。

5．锚文字

锚文字中出现目标关键词是最好的外部链接，在搜索引擎排名算法中占很大比重。但锚文字也不能过度集中。一个网站首页获得的外部链接全都使用相同的锚文字，通常这个锚文字就是首页的最重要目标关键词，这往往也是导致惩罚的原因之一，因为太不自然，刻意优化的痕迹太明显。

所以在可能的情况下，来自重要页面的链接尽量使用目标关键词做锚文字。权重不太高的页面，适当混合各种各样的锚文字。自发获得的链接通常锚文字五花八门，你无法控制别的站长用什么链接文字，这就从根本上避免了锚文字过度集中。

6．链接位置

页脚、左侧栏或右侧栏的广告部分，专门设置的友情链接页面都是最常见的买卖链接和交换链接的位置。搜索引擎通过对页面分块，可以鉴别出这些位置的链接，降低其投票权重。最好的外部链接出现在正文中，因为只有在正文中的才是最有可能带有编辑意义的自发链接。

7．域名权重及排名

发出链接的域名的注册时间、网站页面的目标关键词排名如何，都直接影响链接的效果。寻找链接来源时，最好搜索一下对方网站首页目标关键词（通常在首页 Title 中有体现），也要搜索一下对方网站或公司名称，看看排名在什么地方。排名越好，说明对方网站权重越高。搜索对方目标关键词并不一定要求排名在前十位或前二十位。就外部链接获得来说，排名在前十几页都说明其有一定的权重和排名能力，是不错的链接来源。

8．页面权重及排名

除了网站整体权重和排名，发出链接的页面权重及排名能力也是需要注意的地方。除了使用首页交换链接，从其他网站首页获得链接是很困难的，从内页获得链接就容易得多。

有的时候，从内页发出的链接不一定就比首页链接效果差。很多网站内页本身就有大量外部链接，内页的权重也很高。获得首页链接难度大时，可以主动寻求从权重高的内页获得链接。

9．导出链接数目

页面上的导出链接越多，每个链接所能分得的权重就越少。很多专门用于友情链接交换的页面没有其他实质内容，全部是导出链接，可能多达几十个甚至上百个。从这样的页面获得链接，效果就比较差了。有实质内容的博客帖子、新闻页面等，通常导出链接要少得多。

10．页面更新及快照

如果页面在搜索结果中的快照总是很新，说明这个页面经常被搜索引擎蜘蛛重新抓取。这样的页面不仅权重、投票力比较高，也意味着加上去的链接能很快被检测到，计入排名算法。

但反过来不成立。页面快照不新，不一定说明页面很少被重新抓取，也不一定说明页面有问题，可能只是页面内容没有更新，所以搜索引擎没有重新索引，也没有更新快照。

11．网站整体健康情况

网站总体流量如何？网站规模如何？是否持续更新？主要关键词及长尾关键词排名情况？是否有被惩罚的迹象？

12．来自好邻居

寻找外部链接时，只关注正规网站，不必考虑垃圾内容、色情赌博等违法内容网站。网站被搜索引擎删除或严重惩罚的也不能考虑。尤其在交换链接时，这种网站都要排除在外，链接到这种网站，对自己的网站一定有负面影响。

就算不存在交换，对方网站单向链接过来，也不会有正面效果。如果这样的链接过多，可能被搜索引擎认为你的网站与这些有问题的网站为邻，再加上网站本身存在一些过度优化的地方，惩罚的可能性会上升。

13．来自 edu、gov 等域名

大部分 SEO 认为，来自 edu、gov 这种不能随便注册的域名的链接效果最好。搜索引擎工程师多次否认这一点，他们的官方说法是，这些域名并不天生比其他域名权重高，搜索引擎没有特殊对待。

实际情况是，通常 edu、gov 域名上垃圾内容比较少。这些网站由于与其他政府、教学、科研机构有所关联，本身获得高质量外部链接的机会比商业网站高得多。所以就算 edu、gov 域名并没有天生的优势，却往往有累积下来的质量优势，它们给出的链接效果一般也更好。

当然，上面讨论的是理想状况。如果这些条件都能拿到高分，这样的外部链接可以说是极品，可遇而不可求。做外部链接建设时也不可能拘泥于这么高的要求，只能是尽量接近。

7.5　外部链接查询

做 SEO 就肯定要经常查询某个网页或某个网站的外部链接，不光是查自己的网站，也会查竞争对手的网站。

7.5.1　链接查询指令

查反向链接和外部链接最简单直接（但很不准确）的方法是在搜索引擎中使用高级指令搜索。也有一些线上工具能够帮助自动查询，但也是向搜索引擎发同样的查询指令，然后整理显示在页面上，与自己人工查询的效果是一样的。下面对几大搜索引擎的反向链接查询指令进行比较总结。

1．Google

Google 反向链接查询指令：

link:www.seozac.com

查询页面外部链接：

link:www.seozac.com-site:seozac.com

不过，Google 给出的反向链接数是最无用的，基本上可以忽略。Google 显示的反向链接数只是 Google 知道的一部分，更新的时间表只有他们自己知道，列出的反向链接顺序也没有什么规律。所以任何基于反向链接的工作，都不应该以 Google 反向链接查询为准。

2004 年前 Google link:指令返回的反向链接是 PR4 以上的网页，但是现在 Google 返回的反向链接基本上没有任何规律，近乎是随机的一个子集。

Google 不列出所有反向链接，也不按重要性排列，恰恰是为了防止 SEO 们研究出反向链接与排名的对应关系，也防止黑帽们给重要页面制造垃圾。

2．雅虎（Yahoo!）

Yahoo!的反向链接查询指令曾经是最准的，而且是大致按照重要性排列的，因此曾经是 SEO 们最重要的工具之一。由于现在 Yahoo!已经"自废武功"，下面介绍的两个指令都已经不再支持了，仅列在这里当作纪念。

Yahoo!当初的反向链接指令：

link:www.seozac.com

或

link:http://www.seozac.com

显示的是指定 URL 的反向链接。

另一个更有用的指令：

linkdomain:seozac.com

返回的是整个域名的反向链接。

linkdomain:seozac.com -site:seozac.com

这个指令给出的就是整个域名的外部链接。

3．微软必应（Bing）

早在微软的搜索引擎还称为 MSN Search 时也曾经支持 link:指令，但目前 Bing 不支持 link:或 linkdomain:指令，所以无法查询 Bing 收录的网站反向链接。

不过 Bing 有一个其他搜索引擎都不提供而且挺有用的指令：

linkfromdomain:seozac.com

显示的是 seozac.com 连向其他域名的所有链接。遇到权重高的网站，想大致判断一下从这个网站得到链接的可能性，以及什么样的页面和内容能得到链接，用这个指令看一下现有链接构成是很有帮助的。

4．百度

就我所知，百度没有指令用于查询反向链接。

7.5.2　工具查询外链

使用工具查询外部链接是现在更常用、更靠谱的方法，在本书其他章节中有更详细的介绍，这里只做简单总结。

Bing 站长工具：可以查询任何网站。这是目前唯一可以查询竞争对手外链的，来自真正搜索引擎的数据。

Google 站长工具：数据比较完整准确，可惜只能看到自己网站的链接数据。

第三方 SEO 综合工具：比较流行的包括 moz.com 的 Link Explorer、Majestic SEO、Ahrefs、Semrush 等。这些工具都有外链查询功能，可以查询任何网站。这些工具基于的是自己的蜘蛛抓取的链接数据库，不是搜索引擎抓取的链接，规模应该小于搜索引擎数据库。由于是商业工具，其提供的过滤、下载等功能比搜索引擎站长工具要丰富得多。

百度资源平台曾经是最有效、最权威的中文网站外链查询工具，在刚推出时还可以查询其他网站。目前，百度资源平台的外链查询功能已完全下线，连自己网站也不能查询了。

7.5.3　影响排名的链接

使用指令或工具查询得到的链接数据中有几个数字值得特殊关注：总链接数、总域名数和高质量链接数。

总链接数，顾名思义，就是外部链接总数。

总域名数指的是外部链接来自多少个独立域名。通常总域名数远远小于总链接数，因为有的外部链接是全站链接，大网站在页脚上全站链接到你的网站，可以带来成千上万个外部链接，但只是来自一个域名。

根据 SEOMoz 的数据研究，总域名数与排名有更强的关系，其作用比总链接数更大。因此，来自 100 个普通权重域名的链接，比来自 1 个权重较高的域名上的 100 个链接作用更大。现在有不少网站出售链接，花大价钱从一个高权重网站买一个链接，效果很可能不如从质量稍低的多个域名上各买一个链接。

SEOMoz 研究针对的是 Google 排名，不一定适用于百度和其他搜索引擎。不过在百度做一下简单的调查，也可以发现同样的规律。表 7-1 是在百度搜索"减肥方法"，排在前十名网站的链接数据。已经排除了百度百科、百度知道，因为百度自己的内容有特殊权重，不足以说明问题。

表 7-1　百度搜索"减肥方法"排名页面链接统计

页　　面	Majestic SEO 总域名数	Majestic SEO 总链接数	Open Site Explorer 总域名数	Open Site Explorer 总链接数	Yahoo！Site Explorer 总链接数	Google PR 值
第一位	16 000	157 106	4305	23 589	56 600	6
第二位	290	66 574	56	3419	31 822	7
第三位	3550	31 940	495	5145	6418	4
第四位	6703	144 558	1298	21 429	32 820	6

页　　面	Majestic SEO 总域名数	Majestic SEO 总链接数	Open Site Explorer 总域名数	Open Site Explorer 总链接数	Yahoo！Site Explorer 总链接数	Google PR 值
第五位	1018	5474	150	2915	2686	6
第六位	1727	20 034	319	28 924	9894	5
第七位	1610	8712	294	3522	2935	5
第八位	150	346	20	209	93	4
第九位	230	814	35	197	231	4
第十位	226	998	73	24 169	762	5

表 7-1 中列出了根据 Majestic SEO、Open Site Explorer 两个工具查询的总域名数和总链接数，以及根据 Yahoo!Site Explorer 得到的总链接数。其中排在第二位的是新浪子域名专题页面，总域名数不高，但新浪总域名权重极高，也使新浪的页面获得很好的排名。其他页面排名与总域名数相关性更强，总域名数越大，排名越好。感兴趣的读者可以做更新、更大规模的统计。

在做外部链接时，如果看到竞争对手有几万、几十万的总链接数，先不要灰心。查看一下对方的链接总域名数，很可能不超过几百或几千个，要追上竞争对手还是有希望的。链接总域名数达到几千个就已经很不错了。

另外一个影响排名的链接数字是高质量链接数。无论用哪种工具查询，如果排在前面的链接都是论坛博客留言，说明这个竞争对手并不可怕，哪怕总链接数很高。

7.6　外部链接原则

在讨论具体外部链接方法之前，先来探讨建设外部链接时需要遵循的几个原则。

1. 难度越大，价值越高

实际操作过 SEO 的人都知道，原创内容、外部链接和大型网站的内部结构是难点，都是费时费力的工作。外部链接甚至无法保证有投入就能有产出，获得好的外部链接就更难了。

不过一般来说，越是难度大的链接，效果越好。SEO 人员千万不能因为第一次联系时被拒绝就灰心丧气而放弃。很多时候从权重高的博客、新闻网站、论坛获得链接，需要与对方站长联系很多次。有时不能上来就要求链接，要先与对方交朋友、互相帮助，有了一定交情后再要求链接，才能水到渠成。

一些权重高的网站并不接受友情链接，只有对方了解你、相信你之后，才可能给你一个单向链接。这个过程也许要花上几个月时间。但越是这种难以获得的链接，才越有效果。

2. 内容是根本

"内容为王，链接为后"是 SEO 行业的老生常谈。有一些页面就内容质量来说并不是最好的，但因为链接的关系排名最好，所以有的 SEO 人员认为链接才是最重要的。不过我依然认为应该是内容为王，链接为后，原因在于高质量的内容可以带来高质量的链接，而链接不能使你的网站产生内容。

就像搜索引擎不在乎你的网站一样，其他站长也不在乎你的网站。但站长都在乎自己网站的用户。要想让对方链接到你的网站，就必须为对方网站用户提供价值，最重要的价值就是高质量内容。站长在自己网站上不能提供足够内容时，才会以外部链接的形式指向其他提供相关内容的网站。天下没有白吃的午餐，没有高质量的内容，获得的链接就只能是交换、购买或垃圾链接。

3. 内容相关性

这一点前面已经讨论过，寻找外部链接时，内容相关性是最重要的考量标准之一。正因为如此，参与相关论坛的讨论，访问同行业内其他人的博客并留言，相互沟通和支持，成为行业内的积极参与者，对一个 SEO 人员来说是非常重要的。

4. 链接来源广泛

上一节讨论了什么样的外部链接是好链接，但一个正常的网站不可能全都是好的链接，而没有一般的甚至质量比较差的链接。进行外部链接建设时，也应该大致上使外部链接的构成自然、随机，来源广泛，呈现出健康正常的分布特征。

这里所说的来源包括：

（1）网站种类。既有博客链接，也有论坛签名，又有新闻网站、社交媒体、商业网站等。

（2）链接位置。既有出现在页脚、导航条的链接，也有出现在正文中的链接。前面说过页面正文中的链接效果最好，但一个网站的外部链接全都处在正文中也不正常，操作痕迹太明显。全是页脚的链接就更不像是对用户有帮助的链接。

（3）各种权重链接都有。正常的网站一定有高权重的链接，也有来自低权重、新页面的链接。如果一个网站的外部链接全都来自高权重页面，就显得很可疑，按常理判断，恐怕以购买链接居多。

（4）不同域名。尽可能从各种不同域名获得链接。例如，.com、.net、.org，还有政府、学校网站，还可以有不同国家域名的链接。总域名数越多越好。

（5）IP 地址。只要不是链接工厂，正常外部链接建设的结果，一定是链接来自大量分散的 IP 地址，之间没有什么关联。如果大部分链接来自几个特定 IP 地址，被怀疑为链接工厂的可能性将大大提高。

（6）新旧网站。和权重一样，外部链接应该来自各种历史的网站，既有新网站，也有旧网站。

5. 深度链接

购买链接、交换链接一般仅限于首页及几个重要分类页面，很难顾及网站上的大量内页。一个靠高质量内容吸引外部链接的网站，则不仅首页有链接，还能自然吸引到连至内页的深度链接。

深度链接不仅使外部链接构成趋向自然，对内页权重也有很大影响。我注意到一个现象，很多网站首页权重不错，按正常情况，一级分类页面权重应该只比首页差一个等级。实际上却不一定这样，很多一级分类页面权重很低，从排名能力看，这些分类页面似乎并没有全部接收到内部链接传递过来的权重。只有当这些分类页面本身有外部链接时，排名能力和权重才提升到应有的位置。也就是说没有外部链接的内页，内部链接的权重也不能完全体现出来，有了外部链接，内页的内部链接权重及排名能力才完全释放出来。

6. 锚文字分散自然

前面提到过，锚文字对页面相关性影响很大，以目标关键词作为锚文字效果最好。但锚文字高度集中又常常是网站被惩罚的原因，所以锚文字的构成也必须自然而然。就像我的博客，外部链接锚文字各种各样五花八门，既有使用"SEO 每天一贴"的，也有使用"ZAC 博客"的，链接到内页（具体帖子）的链接锚文字则更分散。

所以，请求、交换、购买链接时，除了几个权重高的明确目标，其他大部分情况下并没有必要指定对方使用什么锚文字。

7. 平稳持续增加

外部链接最忌讳突击建设，如花费一个月时间增加大量外部链接，看到效果后却不再持续增加。真正对用户有用的网站，外部链接都是随时间平稳增加的，很少大起大落。没有新链接也经常是排名稳步下降的原因之一。与其一个月增加 100 个链接，然后几个月没有新增，不如把时间和精力分配到几个月时间里，每个月增加二三十个，并坚持下去。

购买链接就更是外链大起大落的常见原因。不续费，对方就撤链接了，而且经常是整站链接，造成总链接数起伏。即使购买链接，也应选择内容相关的内页正文中、一次性付费的链接，这样比较稳妥。

8. 质量高于数量

外部链接毕竟只是排名的影响因素之一，虽然可能是最重要的因素。外部链接绝对数量与排名并不呈线性关系。一个高质量外部链接常常比几十、几百个低质量链接有效得多。

统计一下搜索排名前两页的页面外部链接数量就可以看到，排名位置与链接绝对数量几乎呈现随机关系，看不出明显关联。但是两三个高质量链接常常使排名有质的飞跃。这也是很多 SEO 查看排名时疑惑的地方，有的页面从链接数量看没什么值得称道的，排名却稳稳处于前列——我们不一定能发现质量最高、真正起作用的那几个链接。

这里所说的外部链接原则实际上针对的是刻意的人工外部链接建设，对新站、小站来说也是不得已而为之。如果是真正以高质量原创内容取胜的网站，或者著名公司的网站，人工外链建设很可能是不必要的，其他站长自愿自发给予的链接就已经足够了，而且完全符合上面讨论的原则。

7.7 网站目录提交

网站目录编辑审核站长提交的网站，按一定的分类方法把收录的网站放在适当的目录分类下。网站目录并不抓取网站上的页面，只记录下网站的网址、标题、说明等。网站目录也常称为网址站、导航站等。

提交和登录网站目录是早期常用的网站推广手法。在搜索引擎流行之前，网上用户大多是通过网站目录寻找网站的，如 Yahoo!、开放目录，Yahoo!就是靠网站目录起家的。随着搜索引擎的发展和被普遍接受，现在网站目录对用户的重要性越来越低了。中文网民还有一小部分使用网址站，在英文网站领域，已经很少有人通过网站目录来寻找要访问的网站。只有几个最重要的网站目录，还能带来一点点直接点击流量，比如 BOTW、Business.com。

被高质量的目录收录对 SEO 依然有重要意义，因为带来不错的外部链接。所以寻找、提交网站到网站目录，依然是 SEO 人员必做的功课。

中文网站目录比英文的更有价值，有不少历史悠久、口碑好的网址站本身流量十分巨大，很多刚刚接触互联网的新手把网址站作为自己访问其他网站的出发点。很多网吧还把网站目录设置为浏览器首页。最著名的中文网站目录 hao123，是流量最大的中文网站之一，无数用户先到 hao123，再点击去其他自己感兴趣的网站。

各个网站目录的收录标准不同，有的付费就行，有的给交换链接就行，也有的对提交网站的要求比较高。下面以最难进入、要求最高的标准（以当年的开放目录为典型）讨论目录提交。

虽然开放目录已经于 2017 年关闭，但网上其实有不少开放目录数据的拷贝网站可以访问，如 odp.org，从这个意义上说，在开放目录关闭之前进入开放目录的网站占了很大便宜，留下不少永久链接，没进入的网站再也没机会了。

网站目录的质量差别也很大。总体上说，被收录越容易，往往质量越低。所以大部分交钱就行，而且价格还不高的目录，在搜索引擎眼里没什么价值。越是有较高的编辑要求的目录，越难进入，链接价值越大。

7.7.1　提交前的准备

在提交之前，首先要确保自己的网站有可能被网站目录收录，需要做好如下准备。

（1）内容原创为主。高质量的网站目录不会收录那些粗制滥造，完全以采集、抄袭内容拼凑而成的网站。只有原创内容丰富的网站，才能给网站目录本身带来价值。

（2）网站已经全部建设完成。不能出现大量 404 错误、打不开的链接、显示不出来的图片、"网站正在建设中"之类的文字。确保整个网站已经建设完成，所有功能正常运行。

（3）页面设计达到专业水准。与搜索引擎抓取页面不同，目录是由编辑审查提交的网站。网站设计给编辑的第一印象十分重要，如果设计过于简陋或业余，内容再好，编辑也很可能没有心情仔细审查。

（4）联系方式齐备。网站上应该清楚地标明公司或站长的联系方式，包括电子邮件地址、通信地址、电话。这体现着网站的正规和专业性。一些高质量的网站目录，如开放目录，对此有硬性的规定，凡是没有通信地址和电话的，一般情况下不予收录。

事先撰写好提交过程中可能需要用到的三项信息。

（1）网站标题。通常标题就是网站的官方名称。在可能的情况下，可以适当加进一些关键词，但是绝不要因为要加关键词把标题写得广告性太强。越是正规、质量高的目录，越是应该使用网站官方名称，哪怕名称中完全没有关键词。切记不要在标题中加入口号式、宣传式、广告式的语言。如公司网站是房地产行业，就把标题写为"鲲鹏房地产公司"，而不要写成"最专业的房地产公司"。

（2）网站说明/描述。用一两句话简要说明网站的内容和功能。同样，切忌在说明中使用广告性语言，诸如"最好""最便宜"之类的文字，目录编辑对自吹自播的语言有天生的反感。只要用平实的第三方角度简要叙述出网站的内容就可以了。

（3）关键词。有的网站目录还允许提交关键词，方便目录站内搜索使用。选出与网站最相关的，可能被搜索次数最多的 3~5 个关键词。

标题、说明及关键词事先都要准备好。虽然有的网站目录不一定需要这三部分的所有内容，但是事先花点时间撰写好备用，提交时会节省很多时间。

7.7.2　寻找网站目录

怎样找到能提交的网站目录呢？

首先最简单也最有效的方法，就是在百度或 Google 搜索与网站目录相关的关键词。虽然本书中都是使用"网站目录"这个词，但可以搜索的关键词还有很多，包括网站目录、目录提交、目录登录、分类目录、网址提交、网站登录、网址站、网站大全、导航站、网站导航、网址导航等。

第二个方法是看竞争对手都在哪些目录中被收录。这可以通过查询竞争对手外部链接找到。

第三个简单方式是，很多网站目录就收录了其他网站目录和网址站，尤其是与站长或网站建设、网络营销相关的网站目录。所以找到一个网站目录，就可以顺藤摸瓜，找出一串可以提交的网站目录。如开放目录（dmoz.org）收录的分类目录：

Top：World：Chinese Simplified：计算机：互联网络：搜寻：分类目录

第四个方法是在搜索"网站目录"类关键词时，可以加上行业或地域限定词，如房地产网站目录、小说网址站、北京网址大全等。不少行业目录、地区性目录质量是非常不错的，相信在搜索引擎眼里权重也不错，如设计师网址导航：https://hao.uisdc.com/。

另外，还有一些个人、学校、行业协会等维护的专业资源列表页面质量也很好，权重很可能也非常高，如 http://lib.hitwh.edu.cn/zylb/list.htm，灵活运用查询词与高级搜索指令能找到很多。能否被收录，就要看自己的网站质量和说服别人的能力了。

寻找网站目录时需要大致判断目录质量，尤其是对方要求友情链接或付费时。几个简易又重要的指标如下。

- 首页关键词排名。
- 内部分类页面，尤其是较深层次的页面，被收录比例高。
- 已收录了什么网站？如果目录充斥垃圾网站，就不要在这里浪费时间。
- 收录标准是什么？编辑是否会拒绝质量低的网站？还是来者不拒？
- 是否交钱就行？交多少钱？

7.7.3　网站提交

找到要提交的网站目录后，还要正确选择向哪一个分类提交网站。

网站目录都是按特定的方式进行分类的，提交时一定要在与自己网站最相关的那个分类中提交。有的站长喜欢把网站提交到比较大、层次比较高的分类中，实际上网站被收录的机会反而更小，应该在最适合的小分类里提交。

如果不是很确定应该在哪个分类提交，可以搜索一下主要竞争对手是在哪个分类中收录的，就到哪个分类提交。

使用百度及其他搜索引擎搜索一下要提交的分类页面，确保页面已经被搜索引擎索引，没有被搜索引擎索引的分类页面，网站被收录进去也没有用。

找到最适合提交的类别后，通常页面上有一个提交网址的链接，在提交页面上填写事先准备好的标题、说明、关键词，当然还有最重要的网站 URL。提交表格后，耐心等待。

现在很多中文网站目录要求提交的网站事先做一个友情链接，才会批准收录这个网站。这时候站长就应该自己做一个决定，是花更多时间寻找那些不需要做友情链接的网站目录，还是做友情链接？要求友情链接的网站目录实际上和交换链接没有太大区别。

建议站长在向要求友情链接的目录提交时，只选择那些相关性高或质量比较高的目录。如果碰到一个网站目录不管相关与否都提交，都要求做友情链接，那么需要做的友情链接就太多了。因为不相关的友情链接而放弃网站目录并不可惜。到网上逛一逛，能找到太多的网站目录。只要花时间，其实还是可以找到不需要友情链接的目录，尤其是行业网站目录、地方性网站目录等。

提交过的所有目录都要做记录，包括目录地址、提交时间、被收录时间、被收录的具体类别，自己网站上的友情链接页面等。目录提交是一个长期的、烦琐的过程，如果没有记录，时间久了就很难记得自己的网站已经提交过哪些目录，在哪里被收录，哪里一直没有回音等。

提交网站后，如果一两个月都没有收到对方回信，网站也没有在相应类别中出现，可以再提交一次。如果还是没有消息，也不必太过执着，放弃这个目录，去寻找其他目录就可以了。

这里所说的目录选择和提交过程，实际上是以质量比较高的网站目录为目标的，很多小型目录并没有这么高的要求。比如允许在网站标题中堆积一些关键词，只要和它交换友情链接，就会被收录。高质量的、要求比较严格的网站目录如果都能正确提交和收录，其他那些要求不高的目录就更容易处理了。

7.8 友情链接

友情链接，或称为交换链接、互惠链接，是外链建设最简单也最常见的形式。我链接向你，你链接向我，互相给对方带来一定的点击流量，也有助于搜索排名。

中文网站交换友情链接比英文网站要普遍得多。正规的英文网站就算交换也很少会在首页交换友情链接，通常是开设一个交换链接部分，把友情链接都放在专用的友情链接页面上。近几年由于 Google 企鹅算法的影响，交换链接在英文网站中越来越少见了。甚至很多网站由于被惩罚，或者害怕被惩罚，正在积极清理以前交换的链接。

中文网站不仅有友情链接页，大部分网站还接受首页友情链接，连很多门户和大公司网站也是如此。友情链接在中文网站推广中是个常态，站长们十分熟悉，搜索引擎也会考虑到这一点，不会单纯因为友情链接而惩罚网站。

有的 SEO 人员认为交换链接没什么作用，因为已经被搜索引擎大幅度降权。我的观察和看法是，来自主题相关的、正规网站的链接能带来不错的效果，尤其是中文网站。实际上，友情链接往往是无法避免的，没有刻意交换的网站也如此。我的博客从不交换友情链接，但 Blogroll 中列出了我确实在阅读的几个中文 SEO 相关博客，这些博客有一部分也在读我的博客，所以在他们的网站上也有链接指向我的博客。虽然我们没有交换，但形成了事实上的交换链接。

7.8.1 友情链接页面

除了首页，友情链接也可以放在内页，常见的有两种形式。

第一种是在网站上开设专门用于交换友情链接的部分。如果只计划小规模交换友情链接，这部分可以只是一个页面。计划大规模交换时，可以按主题进行分类，把友情链接放在不同主题页面上。在策划网站框架时就应该根据网站自身内容，按相关主题把友情链接分成 10～20 个页面。如果站长野心更大，网站规模也更大，可以分成更多类。整个友情链接部分类似于一个小型网站目录。

这样做有它的缺点。很多站长会觉得友情链接放在首页上最好，做成小型目录形式，友情链接大部分需要放在距离首页一两次点击的主题页面上。不过如果网站结构合理，这些友情链接主题页面同样可以得到很好的收录及不错的权重。

这种方法在十几年以前很流行，近两年则越来越少人使用了，主要原因在于：搜索引擎会怎样看待这种友情链接页面？显然，这种页面就是专为交换链接做的，没有其他意义，对普通用户也没帮助，而且交换链接就是刻意优化。搜索引擎不会喜欢这种页面。

所以现在的 SEO 要使用这种方法必须做一定的改进。例如，将友情链接页面真的做成一个高质量的行业网站目录，友情链接只是其中一小部分。再比如，在这些友情链接页面上放上其他文字内容，甚至完全以文章的形式出现，链接只是作为相关补充资源出现。

第二种是在正常页面上留出友情链接位置，把友情链接直接加在分类或内容页面上。友情链接既可以放在侧栏、页脚，也可以放在页面正文下面。这样，友情链接成为网站自然的一部分。

将友情链接放在多个内页，长远来看更有扩展性。首页的位置终归是有限的，不可能放上几百个友情链接。一个友情链接页面能放的也有限，如果真的把一两百个友情链接放在一个页面上，那么给予每个链接的权重将大大降低，站长们很可能不愿意与这样的网站交换。

7.8.2 软件使用

有一些现成的软件可以帮助管理专门设立的友情链接页面。站长可以在软件后台创建新分类，也可以人工添加友情链接，其他站长可以在友情链接页面上自行提交友情链接申请，站长在后台检查对方是否已做好连过来的友情链接，并进行网站标题和描述的审核和批准。

软件也会定期自动检查已经批准的友情链接，查看对方网站是否还保留着连过来的友情链接。如果对方因为某种原因已经拿掉连回来的链接，站长在后台会看到提示，可以进行人工审查及进一步处理。

虽然使用软件辅助省时省力，不过建议大家最好不要使用网上常见、常用的现成软件。友情链接管理软件生成的页面往往相似度太高，在代码、页面排版、文字措辞、分类等方面有明显的痕迹。友链管理系统和 CMS 的模板还不一样，系统管理的友链本身就是页面主体内容。如果你的网站和其他成千上万网站高度相似，不仅用户不喜欢，搜索引擎同样也不喜欢。有证据显示，几个常见的友情链接管理软件已经被搜索引擎检测和惩罚。所以建议要么完全人工管理友情链接页面，要么使用自己开发的管理软件。

7.8.3　寻找交换链接目标

寻找友情链接伙伴相对简单，网上有很多渠道。

- 在搜索引擎搜索目标关键词加"友情链接""交换链接"等词，会找到很多接受友情链接交换的相关网站。
- QQ 上有不少站长、交换链接群。
- 在站长聚集的论坛如 admin5.com、chinaz.com、seowhy.com，还有百度资源平台论坛，都能找到大批 SEO，有的论坛还有专门链接交换的版块或服务。

判断是否合适交换链接要先看对方网站的年龄。比较老的网站可信度更高，今后还将继续存在的可能性也更大。

对于新网站则需要注意看其发展潜力如何？查看一下其在 Alexa 的排名是否处于稳步提升中？第三方工具显示的流量是否平稳提升？网站是否持续更新？站长是否在用心做站？很多新网站有较大的发展潜力，这时候与它们交换链接的机会更大。一旦新网站过几年变成一个成功的大网站，想成为友情链接合作伙伴就不那么容易了。

曾经很多站长在寻找友情链接伙伴时会特别关注 PR 值。当然这是一个可以参考的指标。如果一个很老的域名首页 PR 值一直是零，这多少有些可疑，有可能是被搜索引擎惩罚，也有可能是对方站长从没有认真推广过网站，以后变得认真起来的概率也不大。但 PR 值不是很重要的因素。新网站 PR 值为零很正常，只要有发展潜力，对方认真做站，也可以考虑作为交换链接的对象。

现在 Google 已经不再显示 PR 值了，这是一件好事，只有这样，站长们才能在判断网站质量时回归根本，关注内容质量、更新情况、用户体验。也许这就是 Google 不再显示 PR 值的原因。

现在很多 SEO 交换链接时又开始特别关注百度权重。首先，百度权重和百度没有任何关系，不能说明网站在百度眼里的权重，详见第 12 章。其次，在交换链接前，建议检查一下百度权重是不是刷上去的，详见第 9 章。

寻找友情链接时还要注意网站内容的相关性。虽然友情链接应该是从友情出发的，但站在用户角度考虑，就算两个站长真的有友情，如果一个是 IT 资讯网站，一个是育婴网站，用户点击友情链接的可能性将大大降低。用户觉得没有用的东西，就是对网站没帮助的东西。交换友情链接最重要的考量之一是看能否带来有效流量，对方网站流量大，用户活跃，内容相关性又高，才是最佳选择。

7.8.4　交换链接步骤

如果有对方站长的 QQ，当然沟通起来很方便，需要讨论的要点都能实时反馈，迅速解决，过程大大简化。主动联系时，要注意基本的礼貌，被拒绝也不要计较，把时间花在更有效率的事情——寻找下一个目标上。

下面就以最麻烦的邮件沟通为例讨论一下需要注意的地方。做英文网站通常只能通过邮件联系或填写在线表格，欧美站长很少有上 IM 的习惯。

在发邮件与对方联系之前，应该先把对方链接放在自己的网站上，这是基本的礼貌。我相信所有站长都收到过交换链接请求，邮件里说希望和你交换链接，只要你把他的链接放上，他就链接回来。我想大部分站长看到这样的邮件直接就删除了。当你首先联系其他人时，应先把自己该做的做到，放上人家的链接，不要奢望你主动联系人家，却希望人家先链接向你。

发送链接请求邮件前最好先查看对方是否接受友情链接。如果对方网站上既没有首页友情链接，也没有专用的交换链接页面，网站内页上也没有可能是交换的"合作伙伴"之类的链接，就不要以友情链接的名义联系。对方很明显接受和欢迎友情链接时，通常会列出交换链接步骤，比如填写在线表格或发邮件时应该包含哪些内容，尽量按对方列出的步骤和要求去做。

邮件中用一句话写清自己和对方网站的基本情况，最起码得说清想和哪个网站交换链接。我经常收到交换链接邮件，里面根本没提是想和我的哪个网站交换链接。大部分站长运营不止一个网站，并不一定能自动明白要求的是哪个网站，而且接到这样的邮件就明白对方根本没用心，只是拿一个邮件模板在群发而已。

邮件中最好表明你真的浏览了对方网站，并且觉得双方网站能够形成良好互补，所以希望交换友情链接。还要告诉对方，已经把对方链接放在哪一个页面上，欢迎对方来检查。

另外还要提供你希望对方使用的链接文字及简短说明，对方站长同意交换链接时可以参考使用。甚至可以写好链接的 HTML 代码，既让对方省事，也对链接文字多些控制。同时要表明提供的链接文字只是建议，但不是必须的，对方可以随意使用他认为合适的链接文字。

发出邮件后 2～4 个星期如果没有收到对方的回复，可以再发一封邮件提醒一下，但是绝不要带着威胁或不满的口气。第二封邮件只要写个友好的提醒，并且向对方表示，不接受这个友情链接也可以理解，以后有机会再合作，就可以了。

不要用叹号。如果对方是英文网站，千万不要用叹号。更别说连续几个叹号了。用叹号是大声嚷嚷的意思，平白无故冲对方嚷嚷，就别指望办成事了。

发出提醒邮件后如果还没有消息，就不要再提醒或催促对方了。如果对方愿意交换，应该已经实现双方互链了。如果对方不愿意，千万不要强求，那是浪费自己的时间。继续联系下一个目标就可以了。

交换链接是一个长期又烦琐的工作，但效果也是明显的。持之以恒，必有收效。

7.8.5 内页正文链接交换

若想要达到最好的友情链接效果，可以考虑交换内页正文中的链接，也就是不把链接放在通常放友情链接的地方（专设的友情链接页面、页脚或侧栏中的友情链接位置），而是放在普通内容页面（帖子、文章、新闻等）的正文中，或者为新的链接伙伴新写一两句话放在正文中，并加上链接。

前面讨论过，正文中的链接价值比较大，被判断为友情链接的机会也比较小。置于正文中的友情链接与自然链接很难区分。

当然，要在内页正文中交换链接，要做的准备工作更多。

- 找出对方权重较高、比较可能给链接、内容又相关的内页。
- 建议对方在原有内容的哪处文字加上链接。如果能以目标关键词为锚文字，效果更好。
- 自己网站上哪个内页的什么地方适合给对方做链接。权重要大致对等。
- 如果可能的话，双方链接不要同时添加。

在这个过程中，需要与对方商讨、寻找合适的页面、记录并跟踪交换过的链接，比普通交换链接烦琐复杂得多。但要记得，越难得到的、越显自然的链接，效果越好，如果能在一些权重高的相关文章页获得正文中的链接，效果比普通友情链接好得多。

7.8.6　交换链接中的小花招

交换友情链接时，大部分站长还是能实现双方诚信合作的。但也有的站长喜欢耍点小花招，试图欺骗性地得到友情链接却不给予相应的回报。下面举一些例子，读者了解以后也能有所提防。

1．交换完链接后再删除链接

最简单的花招就是交换完链接后，过一段时间悄悄把链接删除，这样你连过去的链接就成了单向链接。

这种还算容易发现。有的站长用程序自动检查对方链接，有的不使用程序，但也应该经常看看友情链接伙伴网站上自己的链接还在不在。如果对方悄悄拿下了，我个人认为也没必要询问对方，把他的链接也删除就可以，以后再也不必相信这个站长了。对一些确实很有价值并且是大公司网站的友情链接，可以考虑询问一下原因，有可能是因为管理混乱、人员交接等造成了误删。小公司和个人站长不小心删除友情链接的可能性很小。

2．刻意把友情链接页的权重降低

设有专门的友情链接页时，有的站长会控制站内链接结构，使友情链接页面得到的权重非常低。

最典型的方法是只在首页或网站地图放上友情链接页的链接，其他页面都没有连向友情链接页的链接，或者链接放上 nofollow 标签。这样，友情链接页可以被搜索引擎收录，但整个网站只有一两个页面链接向友情链接页。这样的链接结构使得友情链接页的权重非常低。

正常的网站结构应该使友情链接页成为整个网站的有机组成部分之一，所有处理方法和其他页面相同。比如将友情链接部分就当作一个栏目处理，里面又分很多内页，这个栏目和其他内容栏目一样，在所有页面上都有一个导航链接（出于用户体验，可以放在页脚），使友情链接页面得到应有的权重。

3．使友情链接页根本不能被收录

有的站长使友情链接页看似普通网页，链接结构也正常，但其实使用了 robots 文件或 meta noindex 标签，使友情链接页根本不能被搜索引擎抓取或收录，因此交换链接时也要检查一下对方链接页面是否已经被搜索引擎收录。

4．友情链接本身不传递权重

有的站长给友情链接加上 nofollow 标签，有的在页面 HTML 代码头部加上 meta

nofollow 标签，使页面上所有链接不能传递权重，不查看源代码不容易发现。有的使用脚本转向，这样的链接实际上已经不是正常链接了，不一定能传递权重，如果脚本再被 robots 文件禁止抓取，链接就肯定不传递权重了。

有的站长做得更隐蔽一些，"链接"是经过转向的，但因为使用了脚本，鼠标放在链接上时浏览器状态栏却显示正常的链接 URL。这种情况下，除非你去检查页面的源代码，否则很难发现对方给的链接其实是通过脚本转向的。

比如，下面的链接代码：

```
<a href="http://www.domain.com/redirect.php?partner"
onMouseOver="window. status='http://www.partner.com';
return true" onMouseOut="window.status=''">Partner</a>
```

链接其实是通过 redirect.php 转向的，但鼠标放在链接上时，浏览器状态栏显示的信息和普通链接一样，目标 URL 是 http://www.partner.com。

5. 链接页可能根本就是只给你准备的

有的站长在发友情链接交换邮件时告诉你，你的网站链接已经被放在比如 http://www.domain.com/index.php 页上。点过去一看，果然有你的链接，而且还是首页，你就链接回去了。

但如果你再仔细检查一下对方网站，会发现网站首页根本不是你看到的这个页面。去掉 index.php 文件名，访问网站 http://www.domain.com 时，真正的首页是另外一个页面，有可能是 index.html 文件。

通常服务器配置使 html 文件比 php 文件优先度高，用户访问 http://www.domain.com 时返回的首页将是 domain.com/index.html 文件，搜索引擎收录的首页也是 index.html 文件。对方却误导你，让你觉得 index.php 文件是首页，页面上有你的链接。这个 index.php 文件只是给你看的。

6. 对方根本没链接到你的网站

有的站长检查了你的网站有哪些外部链接，然后写邮件给你说，我已经从网站 A 连向你，请你连向我的网站 B，这样是三向链接，比双向链接的效果要好。

我们姑且不论三向链接是否真的比双向链接好。你如果再仔细检查一下链接交换记录，有可能就发现网站 A 上的链接其实是你以前和其他网站交换链接时得到的，也可能网站 A 就是自发给你的单向链接，和现在请求交换链接的这位站长没有关系。他只不过检查了你的外部链接，知道网站 A 上有你的链接，于是假装那个链接是他做给你的，而有可能你的交换链接比较多，早就忘了是怎么回事了。

收到这种三向友情链接请求时，建议要想办法验证对方是否为链接向你的网站 A 的所有人，比如通过要求对方修改锚文字等方式。

7. 做一个垃圾网站和你交换链接

有的站长打着三向链接的旗号，要求你的链接必须得连向他的真正的商业性网站，但他却从一个垃圾网站链接向你。这种垃圾网站最常见的形式就是垃圾目录，没有什么权重，也没有真实访问流量，专门用来做友情链接。

7.9 链接诱饵

随着 SEO 观念和知识的普及，近几年传统外部链接建设手法变得越来越难。链接诱饵是目前比较有效、运用得当时，能快速、自然获得链接的好方法。

链接诱饵指的是创建有用、有趣、吸引眼球的内容，从而吸引外部链接。从下面几种具体的链接诱饵方法可以看到，通过链接诱饵得到的链接最符合好的外部链接标准：全部单向，自愿自发，来源广泛，大部分情况下内容相关度高，有点击流量，链接通常在页面正文中，锚文字自然等。

要想吸引链接，就必须吸引其他站长、博主的注意力，让他们觉得链接到你的诱饵页面对自己的用户有很大帮助。普通内容很少能有这种效果，能吸引注意的内容往往需要精心设计、制作，因此才有"诱饵"一词。

7.9.1 链接诱饵的制作

链接诱饵形式五花八门，很难有统一标准和适用于所有情况的模式。最重要的是创意。下面简单讨论几个需要注意的地方。

1. 目标对象

毋庸讳言，链接诱饵的最终意义在于链接。而能给予链接的不是普通网民，而是自己拥有网站的站长、博主，新闻媒体的记者、编辑，以及社交网站上的活跃用户。所以制作链接诱饵时需要研究这些人的需求，而不是普通网民和用户的需求。假设运营的是一个服装销售网站，你很难寄希望于买衣服的普通顾客能带来高质量链接，最多也只是在论坛里夸你两句。能吸引到高质量链接的目标对象很可能是自己也在写博客的服装设计师、造型师，或者其他服装行业的专家，你需要研究这些人会对什么话题感兴趣。

口碑传播、研究用户需求等当然很重要，但不在本节讨论的范围内，这里只讨论链接诱饵问题。

2. 刻意与偶然

了解链接诱饵的效果与常用方法后，很多 SEO 会尝试制作链接诱饵。不过链接诱饵不是百发百中的。花时间、精力制作的自认为不错的诱饵常常没有效果。我自己的博客上就有一些帖子，我自认为挺有创意，应该能带来不少链接，结果却完全不然。反倒是有时候没有带着太强目的性写出的文章效果更好。所以，要做好心理准备，链接诱饵的成功率是比较低的，而且有很大的偶然性。

尽管如此，有目的地制作链接诱饵，如果能达到 5%～10%的成功率就已经不错了。长期坚持下去，积累起来的链接数目将会很惊人。

3. 标题写作

再好的内容也需要好的标题才能吸引站长继续看下去。尤其是资源型的链接诱饵，好的标题就是成功的一半。就像在资源型诱饵中所讨论的"十大最好的×××"句式就是常见的好标题。平心而论，今天标题党的盛行，SEO 和网络营销人员"功不可没"。

4. 去掉广告

链接诱饵的主要目的是吸引站长的注意，不要让站长有任何逆反心理。在可能的情况下，去掉诱饵页面上所有广告性质的内容，不要放百度广告，不要放 Google AdSense，不要放联署计划代码，也不要推广自己的产品，纯粹以有用、有趣为目标。页面一有商业性，站长们就会对其产生天生的反感，毕竟，站长对各种网站推广手法太熟悉了。

5. 易于推荐分享

诱饵页面应该尽量方便站长分享，比如加上常见的网络书签或分享代码，站长点击一下就可以收录到自己的书签收藏中或者分享到其他社交媒体网站上。工具插件型诱饵要提供现成的 HTML 或 JavaScript 代码，站长复制一下就能放到自己网站上。在页面上也不妨提醒、鼓励，甚至奖励其他站长分享。

6. 设计与排版

页面视觉设计对站长的最初观感有很大影响。一个层次分明、排版整洁的页面，既方便其他站长、博主容易阅读，也吸引他们分享。统计表明，在资源型链接诱饵页面上加入图片、视频，或大量使用列表都会增加外部链接数量。

另外，资源型链接诱饵文章的长度越长，带来的外部链接也就越多。

链接诱饵是熟能生巧的一门技术，找到自己最擅长的一两种诱饵方法，不断推出同类诱饵，将其用到极致，长久坚持下去，效果通常比传统外部链接建设好得多。

下面讨论几种最常见的链接诱饵方法。所选案例以 SEO 行业为主，但同样的方法和思路适用于任何行业。

7.9.2 新闻诱饵

行业内有任何新闻，如果你能首先报道，这本身就是链接诱饵。Techcrunch.com 是最典型的英文 IT 新闻网站，在中国 IT 界也同样享有盛名，各种业界新闻，常常主流媒体还没反应过来时，就已先出现在这个网站上。每一篇新闻出来，都会带来很多链接。

以新闻作为诱饵，必须具备两个特点。一是够快够新，等其他网站都已经报道了，你再添上一笔，就不会有人注意。无论事情大小，第一个报道的总是获得眼球和链接最多的网站。二是够专业化，聚焦于某个垂直领域，切忌贪多。如果大家想看一般性新闻就直接去新浪了，不会到你的网站来看。专业快速的新闻报道最终将使用户产生依赖性，一想到这个行业的新闻，就想到你的网站。

这里举一个简单的例子，2010 年 4 月百度推出了站长俱乐部，也就是现在百度资源平台的前身。我作为最初几个被邀请的会员之一，得到消息后就在博客上发了一个简单介绍，链接获得情况如图 7-4 所示。这里说明一下，本书中查询链接用的 Yahoo!Site Explorer 已于 2011 年 11 月 21 日停止使用，不过并不影响说明所获得的链接数量和获得链接的技巧，所以保留 Yahoo!Site Explorer 抓图。

图 7-4 百度站长俱乐部帖子在 Yahoo!Site Explorer 显示的外链数

5 月初在 Yahoo!Site Explorer 查询，已经有 1500 多个外部链接。这可能是网上第一个对百度站长俱乐部的报道。

另一个典型的例子是"谷奥"（原域名是 google.org.cn，后改为 guao.hk，现在已经彻底关闭），这是一个专门报道谷歌最新资讯的团队博客，无论是搜索还是 Gmail、Google 地图，凡是与谷歌有关的新闻，谷奥都快速翻译整理，当时每天至少都发布四五个新帖子。谷奥网站的外链数如图 7-5 所示。

图 7-5 "谷奥"网站在 Yahoo!Site Explorer 显示的外链数

Yahoo!Site Explorer 工具显示，谷奥全站有将近 14 万个外部链接。谷奥网站友情交换链接并不多，绝大部分外部链接都是靠专业、迅速、勤奋的新闻报道得到的。即使现在（2020 年底），Majestic SEO 工具依然显示 guao.hk 有来自 926 个域名的 12 万多个外链。

7.9.3 资源型诱饵

这是最简单也最有效的一类链接诱饵。提供某一个话题的全面、深入资源，就能成为吸引外部链接的强大工具。所谓"资源"，既可以是一篇深入探讨的教程或文章，也可以是总结其他资源的列表。

比如著名的 SEOBook.com 博主 Aaron Wall 写的"博客 SEO 指南"，获得了 2000 多个外部链接。这是一篇非常深入、全面地探讨博客 SEO 方法的文章，篇幅很长，主题集中，在 SEO 领域有广泛影响，其外链数如图 7-6 所示。

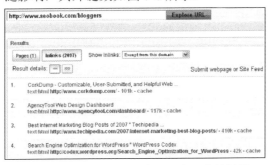

图 7-6 "博客 SEO 指南"英文原文外链数

我得到 Aaron Wall 的授权，将这篇指南翻译成中文，发表在博客上，也获得了 100 多个外部链接，其中包括来自 SEOBook.com 的指南原页面，如图 7-7 所示。网上没有保留原出处的转载、抄袭文章就更多了。

图 7-7 "博客 SEO 指南"中文翻译外链数

可能吧（kenengba.com）是一个非常善于使用资源型链接诱饵的博客。博主 Jason 写了很多篇幅长、有深度，同时关注热门话题的帖子。而且"可能吧"的所有文章排版展现突出，大小标题清晰严谨，大量使用插图，以颜色区分标题与正文，使用红色等鲜明颜色突出正文中的重点语句。这样的排版使访问的人一看到就觉得赏心悦目，内容又非常深入，对相关话题做了完整分析，自然吸引了大量关注，如图 7-8 所示。

图 7-8 "可能吧"页面排版出色

以"网络文化背后的法则"这一帖子为例，Yahoo!Site Explorer 工具显示其有 80 多个外部链接，如图 7-9 所示。

图 7-9 "网络文化背后的法则"帖子外链数

另外一篇"微博客里的信息干扰"，Yahoo!Site Explorer 工具显示其有 90 多个外部链接，如图 7-10 所示。

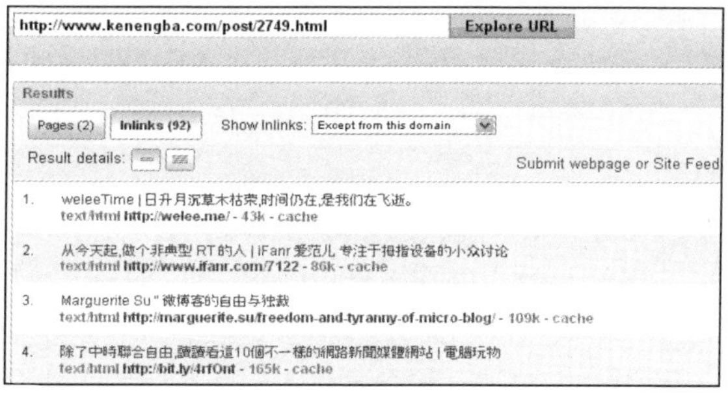

图 7-10　"微博客里的信息干扰"帖子外链数

资源型诱饵也可以是简单的资源列表形式,月光博客(williamlong.info)就深谙此道。读者留心的话会发现,月光博客上经常看到 10 大××、15 个××这种资源列表形式文章。这些列表性质的文章非常受欢迎,熟练以后还可以批量制作。例如"16 个扩大博客影响力的方法"这篇帖子就有 44 个外部链接,如图 7-11 所示。

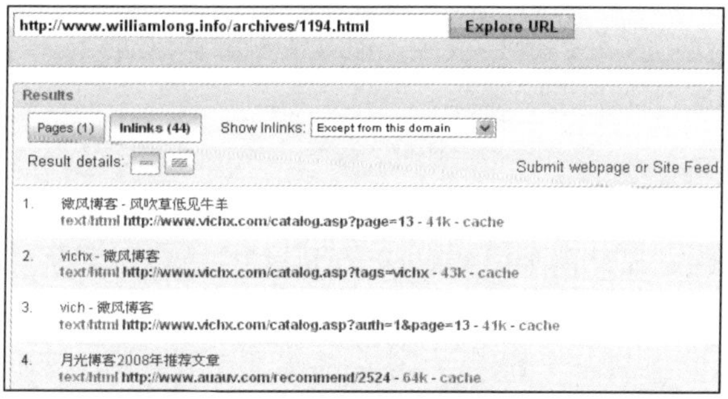

图 7-11　"16 个扩大博客影响力的方法"帖子外链数

"提高浏览体验的 50 个最佳 FireFox 扩展插件"这篇帖子有近 300 个外部链接,如图 7-12 所示。

图 7-12　"提高浏览体验的 50 个最佳 FireFox 扩展插件"帖子外链数

"可能吧"也有不少这种列表资源形式的帖子,图 7-13 是"可能吧"权重比较高的内页中的一部分帖子。读者可以看到列表资源类帖子占比一半。

再比如 SEObbs.net(是我上的第一个中文 SEO 论坛,现已停止运营)网站上的 SEO 工具列表页面,乐思蜀把收集到的 SEO 工具列出名称,并配以简单说明,链到相应工具页面,就获得了 80 个外部链接,如图 7-14 所示。

图 7-13 "可能吧"权重较高的帖子　　　图 7-14 SEObbs.net 工具列表页面外链数

　　SEO 人员都知道吸引外部链接很难。但其实,制作这种资源列表难吗?只要用心收集整理,一点都不难。

7.9.4　争议话题诱饵

　　带有争议性的话题显然能吸引到眼球,而且经常能吸引到争议双方你来我往地进行辩论,围观者传播、评论。

　　2007 年,著名网上创业家 Jason Calacanis 发表了一篇帖子,认为 SEO 是胡说八道,立即在英文 SEO 行业掀起争论热潮。很多知名 SEO 纷纷指出 Jason Calacanis 言论中的逻辑错误,但实际上 Jason Calacanis 在自己公司网站上把 SEO 列为公司优势之一,可见 Jason Calacanis 并不真的认为 SEO 是胡说八道,只不过是想为他新推出的网站造势、造链接而已。一部分 SEO 人员明白这一点,在讨论 Jason Calacanis 的文章时,刻意不给链接。不过还是有很多辩论帖子指向了 Jason Calacanis 的个人博客及公司网站。

　　给行业权威、名人挑毛病,甚至大骂一顿,是常见的能带来外部链接的争议话题。2010 年 5 月初,著名博客麦田发表一篇题为"警惕韩寒"的帖子,拉开了后来造成轩然大波的方韩大战的序幕。这里无意讨论谁是谁非,麦田和韩寒都是我非常喜欢的作者。麦田本人不是 SEO 人员,不会心里想着吸引链接才写这篇帖子,只是无意间成为很好的链接诱饵例子。

　　麦田的这篇帖子发表后引起的争议不小,带来的链接也不少。5 月中旬,在帖子发出一个星期后,通过 Yahoo!Site Explorer 工具查询,仅麦田在新浪的这篇帖子就得到了近 200 个外部链接,如图 7-15 所示。

　　当然,作为链接诱饵的争议性话题,还是得在理性的基础上讨论,千万不要捕风捉影,无端漫骂。

　　有时候争议性话题也不一定这么严肃。我在 2010 年 1 月发过一篇博客:修改页面标题是否影响排名。因为当时国内 SEO 行业有这么一种说法,修改页面标题就会被搜索引擎降权,使排名下降。我对此有怀疑,所以做了个实验,然后发帖说明实验结果。

图 7-15　麦田在新浪"警惕韩寒"帖子外链数

修改标题是否影响排名，但现在为止还是个争议性话题。我的实验只能说明一部分网站不受影响，比如像我的博客这种已经有了一定权重的域名的。对新站、小站是否有影响还是有不同意见。这篇具有争议性的帖子也得到了 60 个外部链接，如图 7-16 所示。

图 7-16　"修改页面标题是否影响排名"帖子外链数

7.9.5　线上工具诱饵

这是 SEO 最熟悉的链接诱饵，几乎每天要使用。网上 SEO 工具种类繁多，诸如查询百度权重、查询收录数、计算页面关键词密度、查询百度指数、查询相关关键词等，既有搜索引擎提供的官方工具，也有站长们自行开发的工具。本书第 12 章中介绍的大多数都是线上工具，每一个工具都有很强大的外部链接。原因很简单，这些工具是 SEO 人员所需要的，站长们会在自己的博客上、网站上、论坛里推荐给其他人。

以两个中文 SEO 工具为例。身在加拿大的 David Yin 的 SEO 网站优化推广博客（http://seo.g2soft.net/）很有参考价值。他开发的页面重定向检查工拥有 50 个外部链接，如图 7-17 所示。

图 7-17　David Yin 开发的重定向检查工具外链数

读者从图 7-17 中可以看到，链接过来的不乏 SEO 及 IT 行业的有名博客，权重都不错。

另一个我印象挺深刻的工具是莫大（meta.cn）。这个工具非常新颖，很难用一两句话说清楚，可惜这个工具上线没多久就停止了，因为其创始人后来把精力转向另一个网站上，就是大名鼎鼎的知乎。当时 meta.cn 网站完全没有友情链接，但是却有 14 000 多个外部链接，其中包括我本人的博客，如图 7-18 所示。

SEO 行业著名的 ChinaZ.com 站长工具和爱站网等工具页面也是这种类型，在快排泛滥前，在百度搜索"SEO"，这两个工具的排名非常好，这与工具类页面天生就能吸引链接的特性有很大关系。

图 7-18　meta.cn 外链数

当然，线上工具不仅限于 SEO 工具。如图 7-19 所示是一个估算博客价值的线上小工具。其原理是计算博客在 Technorati（一个曾经很流行的博客搜索服务）的外部链接，然后比照博客 Weblogs 被 AOL 收购的价格和外部链接，计算出其他博客的潜在价值。

图 7-19　博客估值线上工具

显然这个线上工具没有什么实际价值，只是有趣而已。就算你的博客被估值几万美金，几乎可以肯定没有人会用几万美金买你的博客。不过了解自己博客的潜在价值是一件挺有意思的事，所以这个工具被很多人推荐、介绍。博客估值线上工具有惊人的 100 多万个外部链接，如图 7-20 所示。

线上工具也不一定要和网站有什么关系，其他领域同样可以制作出有用或者好玩的线上工具，如计算贷款利息，计算一个人是否超重，计算一个婴儿从出生到六岁一共要喝多少罐奶粉，计算预产期等。关键在于开阔思路，线上工具有太多可能性。

7.9.6　插件诱饵

对于有技术基础的公司和 SEO 来说，写插件也是一个非常有效的链接诱饵。

最简单的插件可以是给各个开源 CMS 系统开发功能性插件。这方面最好的例子是擅长写 WordPress 插件的 Yoast。比如它给 WordPress 开发的面包屑导航插件，安装插件后，博客会自动生成面包屑导航。这个插件发布页面有 3000 多个外部链接，如图 7-21 所示。

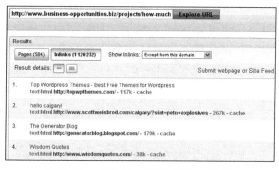

图 7-20 博客估值线上工具外链数

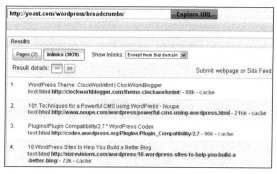

图 7-21 面包屑导航插件页面外链数

另一个更强大的链接诱饵是 Yoast 给 canonical 标签开发的功能插件。Google 等搜索引擎推出 canonical 标签后，Yoast 在几天之内就推出了这个插件，给 WordPress 博客上大量重复页面，如按时间存档、分类存档等自动加上 canonical 标签。这个插件页面有 600 多个外部链接，如图 7-22 所示。

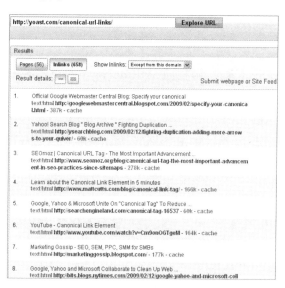

图 7-22 canonical 插件页面外链数

最让人惊叹的是，插件竟然吸引了来自 Google、Yahoo!官方博客的链接，也有来自 Matt Cutts 的链接，还有来自纽约时报、YouTube 的链接，最著名的 SEO 服务商 SEOMoz 的链接，SEO 行业第一人丹尼·苏利文（Danny Sullivan）主持的 searchengineland.com 的链接等。这些网站权重都非常高。Yoast 写的这个插件给自己域名带来的权重提升是非常惊人的。对 Yoast 来说，开发这样一个插件不会费太多事，重要的是敏感的嗅觉。

再举例一个国内 WordPress 专家写的插件。Google 推出 nofollow 标签后，大部分博客评论链接都自动加上了 nofollow 标签，不过百度是否支持 nofollow 标签在当时没有定论。为了确保博客留言中的垃圾链接不能传递权重，仅使用 nofollow 标签可能不够，最好能通过程序转向完全断绝权重传递。

我在线上与中文 WordPress 专家水煮鱼聊了几句后，水煮鱼在几分钟之内就写好了这个插件。水煮鱼发布的这个插件的页面现在有 70 多个外部链接，如图 7-23 所示。我个人觉得这个插件的性价比是很高的。

还有一类小工具作为链接诱饵也很强大。工具开发者提供一段 HTML 代码，站长把这段代码放在自己的网站上，就可以实现某种特殊功能。比如前几年颇为流行的 MyBlogLog，博主把 MyBlogLog 提供的代码放在博客侧栏中，这段代码就显示出有哪些人访问了这个博客。当然，访问者必须是 MyBlogLog 的注册会员才能被显示。如图 7-24 所示，这个功能区块的右下角会自动生成一个链接，指向 MyBlogLog 网站。

图 7-23　WordPress 评论转向插件外链数　　　　图 7-24　MyBlogLog 插件

使用 MyBlogLog 的博客越多，指向 MyBlogLog 的外部链接也就越多。对博主来说，MyBlogLog 提供了一个很有意思的功能，他们也不会介意给出一个导出链接。

上一节提到的博客估值工具也有这个功能。博主除了可以在线上工具查看自己博客估值，还可以把工具生成的 HTML 代码放在自己网站上，代码会自动显示本博客价值多少钱，如图 7-25 所示。

当然估值下面还有一个链接指向原工具页面，如图 7-26 所示的插件图标及链接，抓图中"How much is your blog worth?"这句话就是链接。

很多博主为了好玩或稍微炫耀一下，会把估值 HTML 代码放在自己博客上。这个工具页面有 100 多万个外部链接，没有这种插件式的工具恐怕也达不到。

这个博客估值工具也有中文替代品，如图 7-27 所示的中文博客估值工具线上版。

图 7-25　博客估值工具生成的 HTML 代码　　图 7-26　博客估值插件显示的图标及链接

　　用户单击"估值是"按钮后,工具除了显示网站价值,还给了一段 HTML 代码,站长可以把代码放在自己的网站上,炫耀一下自己网站的价值,如图 7-28 所示。

图 7-27　中文博客估值工具线上版　　　　图 7-28　中文博客估值工具生成
　　　　　　　　　　　　　　　　　　　　　　　　　的 HTML 代码

　　从代码里我们就可以看到,"我的网站价值是"这几个字被做成了链接,指向工具页面。用 Yahoo!Site Explorer 工具查询一下可以看到,此工具页面拥有 4000 多个外部链接,如图 7-29 所示。

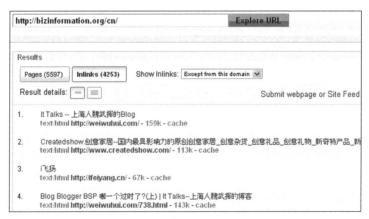

图 7-29　中文博客估值工具页面外链数

7.9.7　模板诱饵

网上有大量免费开源的 CMS 系统，很多网站尤其是个人网站和小企业建站，都是使用现成的 CMS 系统，如 dede、WordPress、ECShop、Magento、Drupal、Joomla！、osCommerce 等。

使用这些 CMS 系统的网站非常多，模板需求量自然很大。熟悉特定 CMS 系统模板制作的站长可以设计不同风格的模板，供其他站长免费使用。使用的唯一条件是，在模板的版权声明处留下设计者链接，如图 7-30 所示。

图 7-30　点石博客页脚处模板设计者链接

这也是一个很好的链接诱饵，往往能带来大量链接，因为模板上的版权声明通常会出现在网站所有页面。模板设计得出色，使用的网站多，可以有效提高链接总域名数。

我在博客中曾经提到过崔凯博客这个案例。在研究崔凯博客的外部链接时，我惊讶地发现他的博客有十多万个外部链接，如图 7-31 所示，绝大部分来自他设计的 WordPress 模板，主要是英文模板。

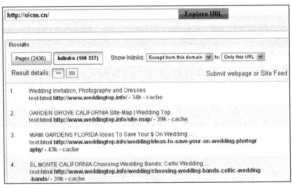

图 7-31　崔凯博客外链数

到 WordPress 官方网站上看看就会知道，很多模板下载量非常大，使用也很广泛。就算有一部分使用者删除了模板中的设计者链接，保留链接的数量还是很庞大。点石博客模板设计者的链接数如图 7-32 所示。

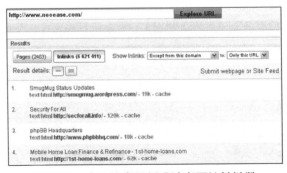

图 7-32　点石博客模板设计者网站外链数

其外链数达到了惊人的六百多万个！这要是靠交换链接得交换到什么时候呢？

需要注意的是，模板链接通常是全站链接，这是搜索引擎比较敏感的链接种类。所以建议锚文字不要商业化，用网站正式名称或设计者网名就可以了，不要使用想优化的目标关键词，尤其不要期望通过模板中的锚文字优化诸如仿品、六合彩这种关键词。重要的是提高权重，扩展链接来源总域名数。

7.9.8 利益诱饵

除了内容有用，站长提供链接就能得到某种好处，也是形成链接诱饵的不错方法。这里所说的好处不是金钱，而是其他方面的利益。涉及金钱利益得到的外链会被搜索引擎判断为买卖链接，属于作弊行为。

几个国内 SEO 网站免费给其他站长提供 SEO 诊断和咨询，唯一的条件是接受诊断的网站需要提供一个单向链接，这起过一些效果。

投票、排名、比赛也是常见的利益吸引方法。如 SEOMoz 举行的 Web 2.0 大奖，入围各奖项的网站为了给自己拉票，都会在各自网站上宣传这项竞赛，并放上链接以方便用户到大奖赛页面投票。最后获奖的网站，也免不了链接到奖项官方网站炫耀一下自己获奖了。当然，在评比过程中也引起了并没有参与奖项的网站和媒体的关注，给予了更多链接。SEOMoz 的 Web 2.0 大奖页面有 23 000 多个链接，如图 7-33 所示。

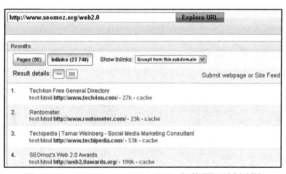

图 7-33　SEOMoz Web 2.0 大奖页面外链数

另一个例子是在中文 SEO 行业影响深远的第一届中文 SEO 大赛——渡虎谷大赛。除了参赛网站需要链接到大赛官方网站，站长社区的谈论、各参赛网站优劣评论也都吸引了很多外部链接。渡虎谷大赛官方网站早已经下线，但是 Yahoo!Site Explorer 工具还显示有 400 多个外部链接，如图 7-34 所示。

图 7-34　渡虎谷大赛官方网站外链数

我最欣赏的利益吸引外链诱饵是国内某著名 SEO 人的创意，由于他已经是某行业的"大佬"且涉及他人，在此就不提及他的名字了。他女朋友（现在已是他的太太）是律师，律师网站怎么做链接诱饵呢？免费提供法律咨询就太简单了。他的做法是，授权其他任何网站可以声称他女朋友是其网站的法律顾问，可以（其实是鼓励）链接到他女朋友的网站以验证身份。个人或小公司网站，光明正大地表明自己有正规法律顾问是件多么威风的事情！有时候还是挺有威吓作用的，并且这种利益吸引十分自然，不涉及金钱。

7.9.9　幽默搞笑诱饵

笑话和段子是网上传播最快的内容之一。幽默搞笑的内容也经常吸引到很多外部链接。一个很好的例子是在实时搞笑广告生成网站，用户在网站上输入自己的域名，网站将实时生成显示一段电视新闻报道片，其中有很多镜头是根据用户输入的域名实时修改的，所以效果是把用户域名嵌入到新闻片段里的电视屏幕、报纸、广告牌等地方，如同一段真实的宣传报道网站的新闻片段。如图 7-35 所示是输入点石互动域名后生成视频的一个镜头。

这个网站在某种意义上说也可以称为一个工具，不过是没有工具价值的工具，只是好玩，所以我把它放在幽默搞笑类的链接诱饵中。站长把自己的域名嵌入视频，自然会把视频 URL 放在自己的网站上，告诉其他人，博用户一笑。Yahoo!Site Explorer 工具显示，这个搞笑工具网站有 3200 多个外部链接，如图 7-36 所示。

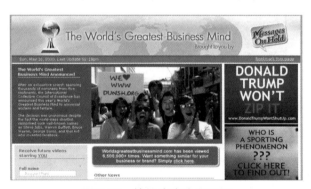

图 7-35　搞笑广告生成网站

图 7-36　搞笑广告制作网站外链数

幽默搞笑也不一定要这么复杂。每年愚人节很多博客都会愚弄别人一把，我也如此。

如图 7-37 所示是我博客上 2009 年愚人节帖子的外部链接，虽然只有 16 个，不过得来的非常简单，只不过是通过一个愚人节笑话而已。

图 7-37　我的博客 2009 年愚人节帖子外链数

著名网赚博客 ShoeMoney 曾经在他的博客上发过自己以前很胖时候的照片，告诉大家自己以前是个胖子，如图 7-38 所示。

这个帖子与 SEO、网赚都没什么关系，但是因为有趣，吸引了 100 多个外部链接，其中有不少权重很高的著名博客，如图 7-39 所示。

图 7-38　ShoeMoney 讲述自己以前很胖的帖子

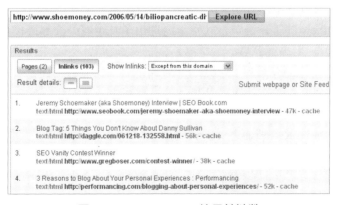

图 7-39　ShoeMoney 帖子外链数

7.9.10　链接诱饵之度

虽然链接诱饵吸引来的链接都是自愿、单向的，但也有个"度"的问题。做得过火，搜索引擎可能会认为有意图操纵排名之嫌。举个比较有名的例子来说明，读者可以大致了解搜索引擎的底线在哪里。

很有才华的前 SEOMoz 员工 Matthew Inman 自己建了一个网上交友网站 Mingle2，并想了一个很好的诱饵吸引外部链接。他编写了一些线上测试和问答程序，用户做完题目后，程序显示成绩，并且提供一段 HTML 代码，用户可以把这段代码放在自己的博客上，显示出测试分数。当然，代码中包含指向 Mingle2 的链接，锚文字是"免费网上交友"（free online dating）、"网上交友"（online dating）等。这是典型的小工具+插件链接诱饵。

Matthew 写的测试题都很有意思，比如，你能在月球上生存多久？你能在真空中生存多久？测试一下你在博客里是不是话太多了？如果被困在家里，你能生存多久？你在 5 分钟内可以想出多少个国家名称等。据 Matthew 说，他写了几十个这样的测试题，获得了很多外部链接。

他的个人网站取得了很大成功，网站被另外一个网上交友网站 JustSayHi 收购，人也被挖了过去。Matthew 在新公司继续发挥自己工具诱饵的特长，使 JustSayHi 网站的排名迅速提高。

到这里为止都挺好，之后麻烦就出现了。

JustSayHi 的母公司 Next Internet 又收购了一些其他网站，参与贷款、卖药等竞争激烈、黑帽充斥的行业。很显然，母公司希望 Matthew 使用同样的方法帮助推广新收购的网站。Matthew 就在自己的工具代码中放上了那些新网站的链接。没过多久，不但那些新网站排名没上去，连原来已经排名第一的网站 JustSayHi 也被惩罚了，连搜索网站名称时都没有排在前面。

好在 Matthew 与 Google 内部人员有些联系，经过询问后，得知被惩罚的原因主要是方法用过了头，工具插件中的链接不仅指向原来开发诱饵的 JustSayHi 网站，还开始指向第三方网站，有付费链接的嫌疑。链接锚文字也有关键词堆积嫌疑。

Matthew 提交了重新收录请求，承认了自己的错误，不过并没有使网站从惩罚中解脱出来。

从这个案例可以看出，有创意的链接诱饵也存在界限。若使用得当，SEO 效果威力惊人。若像 Matthew 的工具诱饵，几十天内造出了几十万个外部链接若使用了过头，搜索引擎"很生气"，后果很严重。

从 Matthew 自己的介绍和 Matt Cutts 对这个案例的非直接评论看，Google（相信其他搜索引擎也类似）对链接诱饵（尤其是工具型诱饵）是有些质量要求的。

- 链接是否是隐藏的？工具插件生成的代码不要把链接设置为隐藏文字或链接，或者把链接放在 NoScript 之类的代码中。
- 相关性有多高？插件本身的内容和链接指向的网站不要离题千里。
- 链接是连到开发工具的那个网站，还是链接到一个完全无关的第三方网站？链接向第三方很可能意味着这是一个出售或付费的链接。指向第三方的链接，很容易被检测到。

- 链接文字是否过度优化？链接锚文字是工具开发网站的正式名称很正常，一旦堆积上关键词就变得可疑了。
- 工具中包含有多少个链接？如果有一堆链接，对工具功能有什么帮助？还是仅仅为了制造更多链接？
- 放上工具插件代码的站长是否知道插件中含有链接？有的工具说明网页把链接的事藏在用户条款的第 26 条一类的地方，实际上用户不会看到这个条款，可能就不知道有这样一个链接。嵌入工具或插件的人必须知道代码中有链接，知道链接到什么地方，链接才是带有编辑投票意义的。

7.10 其他常规外链建设方法

本节简单介绍其他常规外链建设方法。

1. 自己网站

新网站建设外部链接比较困难，在没有权重、没有排名、收录也不充分的情况下，就连最简单的友情链接交换也很难实现。

我个人推荐的方法是新站先在自己的老网站上做几个链接，过几个月后，等权重提升到一定程度，收录也比较正常时再开始交换链接。拥有一两个至少是中等权重的网站，或者培养一些信息类网站、博客等，这对新网站建设很有帮助。

从自己的老网站建几个链接，使新网站有基本权重和排名，可以打消其他站长交换链接时可能产生的顾虑，至少搜索网站名称时排到前面，能让对方放心，认为这个网站没有被惩罚。

2. 博客

这里所说的博客是指建在企业网站独立域名上的博客，而不是第三方免费博客平台。

现在站长都知道外部链接的重要性，一般商业性网站、企业网站很少自发链接到其他网站，比较愿意给链接的只剩下几种网站，博客是其中最容易的一种。至少到目前为止，相关博客之间互相引用、评论还比较常见。博客通常是比较个人化的内容，商业性较低，积极参与本行业博客圈，与权威博主讨论话题还是能够吸引到不少高质量的外部链接的。

如果博客只是网站的一部分，建议把博客放在域名的二级目录上，而不要放在子域名上，不然通过博客获得的外部链接权重，将只传递到子域名而不是主域名上。

3. 文章发表

网上有很多自由发表文章的平台，如第三方免费博客平台，各大门户网站及区域地方性门户都提供博客平台。有的网站也提供能够发表普通文章的账号。每个行业几乎都会有自媒体平台，用户可以免费注册账号并发表文章。

还有一类专门收集文章的网站，用户可以建立账号，自由发表文章，其他站长也会到这种文章目录网站寻找优质内容转载到自己网站上。有很多此类的英文文章目录，搜索一下"article directory"之类的词就能找到几百个。

在以上这些可以发表文章的平台，SEO 都可以建立和积累账号，自己有博客帖子或窍门、信息类文章时，就能够在众多网站发表。每篇文章中都可以留下指向主网站的链接，既可以是版权声明中指向网站首页的链接，也可以是文章正文中相关内容处指向内页的链接。

有些发表文章的网站对包含的链接比较敏感，可能会在审核时删除链接。不过只要做得不过分，每篇文章中只含有少量链接，而且只在必要时才留下链接，坚持提供有意义、有价值的文章，审核通过率就能保持在一定水平。

文章发表是自己可以在一定程度上控制，而且有可能做到很大数量外部链接的方法之一。需要注意的是，文章首先要在自己的网站上发表，等被搜索引擎收录后再发表到其他地方。最好有链接连到自己网站上的原出处，帮助搜索引擎判断哪个是原创版本。如果有时间和精力，可以将自己网站上的原始版本稍作修改后再在其他网站发表，尽量避免成为复制内容，从而提高收录可能性。

4．论坛博客留言

在论坛留言中包含外部链接也是常用的方法。很多论坛签名也允许加上链接。站长和 SEO 行业论坛经常不允许在正文中留链接，甚至签名也不允许链接，比如点石论坛、英文的站长世界（webmasterworld.com）。站长世界更为极端，连具体网站名称、非链接形式的 URL 都不能出现。

但是网上还有很多其他行业论坛管理员并没有像 SEO 一样对链接这么敏感，还是允许留下链接的，而且部分论坛中的链接没有加 nofollow 属性。当然，在论坛中留链接，并不是鼓励大家到论坛里发垃圾留言，首先还是要参与讨论，提出有建设性的观点。

现在博客评论中的链接很少见到没有 nofollow 属性的，但博客留言是引起博主注意、与其他读者沟通联系的很好方法。只要在博客留言中言之有物，也能在圈子里留下美名，引起注意，间接吸引其他人访问你的网站。

现在有一部分博主对 nofollow 属性的大量使用颇为反感，认为 nofollow 属性破坏了博客互动的本质，所以在一小部分博主中兴起了 DoFollow 活动，使用插件将博客软件中默认设置的 nofollow 标签去掉。可以在 followlist.com 寻找 DoFollow 博客，在这种博客上的留言直接链接效果更好一些。

长远来说，通过有价值的评论引起博主注意，潜在外部链接的价值比任何形式的 DoFollow 留言都高得多。我的博客帖子经常会链接到其他人的博客和网站，很多人引起我的注意，使我订阅他们的博客，就是通过留言的方式。

不要小看留言这么简单的推广方法，现在在站长圈很红的卢松松博客，当初就是靠大规模留言起家的。

博客留言的一个变体是 trackback，在自己博客上评论引用并链接到其他人博客贴子，博客系统会自动 trackback 对方系统，在对方留言里可以看到你的贴子的 URL，本身就形成一个 nofollow 的链接，和普通留言一样。更重要的是可以引起其他博主的注意。我的博客当年引起互联网行业意见领袖 keso 的注意，就是因为我在我的贴子里讨论了 keso 的贴子观点。这样做的前提是，你得确保自己的文章、帖子是高质量的，不然权威人士来看了以后嗤之以鼻，就弄巧成拙了。

5．合作伙伴

所有公司企业都有各种各样的合作伙伴，供货商、客户、投资方、原材料供应商、生意伙伴都可以是外部链接来源。企业也可能参加了行业组织，隶属于某个地区性联盟、商会，也可能与某些政府部门有特殊合作关系，与学校科研机构有学术合作关系，等等。

每一个合作伙伴都是可以请求和获得外部链接的来源，而且来自合作伙伴的链接通常质量比较高。在谈合作时简单的一句话，就可能带来一个高质量的外部链接。

个人站长也一定有亲戚朋友，有同属于一个圈子的其他站长朋友。参加行业聚会、研讨会时，多与其他站长做线下沟通与联系。很多时候通过邮件、QQ 交流都搞不定的链接，见个面聊几句，一起吃顿饭就全部解决了。这种线下的日常合作伙伴往往是网站建设外部链接时所忽略的，但其实很容易获得的外部链接来源。

6. 网摘书签

网上有很多线上书签服务，如百度搜藏、Google 书签、Digg 等。站长可以注册这些线上书签服务，网站上有新内容时，先存到自己的书签账号中。网站上的内容页面还可以加上主要书签网站代码，方便其他用户收藏书签。被收藏的书签页面会出现在书签网站上，形成外部链接。书签网站本身还有很多用户，能够通过热门类别、分类、tag 集合等方式发现你的内容。

目前绝大部分书签网站都在链接中添加了 nofollow 属性，但也有一些没有添加。有些我们都以为添加了 nofollow 属性的书签网站，其实在某些特定页面上还保留了没有 nofollow 属性的链接。SEO 人员要多积累，善于发现。

而且就算书签中的网址加了 nofollow 属性，也可能带来点击流量。用户通过书签来到你的网站，如果觉得内容质量确实高，还可能间接带来外部链接。

7. 百科及问答类网站

现在百科和问答类服务很热门，常见的包括百度百科、百度知道、天涯问答、Yahoo! 问答等。这种线上服务页面中通常允许添加相关链接，方便用户查看更多资料。如果你的网站有与词条相关性很高的资源内容，可以添加在外部链接、扩展阅读部分，如图 7-40 所示。

图 7-40　百度百科词条中的外部链接

为了预防垃圾链接，这些服务对条目的编辑，尤其是增加链接都很敏感，所以使用时一定要实事求是，只有在你的页面确实对条目能起到很好的补充说明时再进行编辑。很多站长的经验表明，有一定权威度的网站、确实有价值的内容，在诸如百度百科中审核通过的机会并不低。

同样的方法也适用于维基类网站。

8. 客座及团队博客

近几年客座和团队博客多了起来。十几年前点石博客创建时还很少看见其他团队博客，一般博主都是单打独斗的。国内互联网行业有几个非常不错的团队博客，或者接受客座帖子的博客：

- "可能吧"除了最初的博主 Jason，后来也经常出现其他团队成员的博客。
- 著名的 IT 博客"月光博客"，现在也接受客座投稿，而且数量不小。
- 卢松松博客现在也大量接受投稿。

英文 SEO 行业很重要的 searchengineland.com、searchenginejournal.com 也都是团队博客，同时接受投稿。

这些接受投稿的博客，都会在发表客座帖子时链接到作者网站，并且保留帖子正文中的链接。团队博客也往往以作者落款的形式，允许链接到作者自己的主博客。这其实是一个非常好的外部链接机会。熟悉 IT 和互联网行业的人都知道，月光博客权重高、影响大，但想要自己的网站链接出现在月光博客上的难度很大。与月光博客交换链接也很困难，实际上月光好像不交换链接。以客座帖子的形式，使自己的文章和链接出现在月光博客上的价值不言而喻。

每个行业都会有几个权威博客。也许他们还不接受客座形式，SEO 人员完全可以尝试联系博主，建议以客座形式提供有价值的原创内容，对方就不一定会拒绝。这种合作也许还能在你的行业内掀起一股创新热潮。

9. 检查竞争对手网站

竞争对手网站链接来源是个取之不尽的宝藏。强烈建议 SEO 人员使用工具检查主要竞争对手外链情况，看看竞争对手有哪些外链？为什么人家会给予外链？是交换还是链接诱饵？还是新闻或者购买的链接？你能不能说服这些网站也给你一个链接？既然他们能给竞争对手链接，你能成功获得链接的可能性也不会很小。

强有力的竞争对手可能有成千上万的外部链接。SEO 人员没有其他任务时，把竞争对手外链检查一遍，一定能发现好的来源。如果你能得到竞争对手的部分外链，再加上从其他渠道获得的竞争对手没有的外部链接，你的排名和搜索流量超过竞争对手就是自然而然的事情了。

10. 网络广告

网络广告早在搜索引擎出现之前就已经存在了，以后还会继续存在下去。只要没有使用 JS 脚本或通过程序转向，普通 HTML 链接做成的广告就是正常的外部链接。大网站都有广告投放系统，广告链接必须使用脚本，以方便管理、显示广告并统计点击量。小网站就不一定了，可能是把广告做成普通 HTML 链接。

虽然网络广告经常是旗帜、按钮等图片形式，一般认为链接效果不如文字链接，但图片链接也还是链接，图片 ALT 文字大致相当于锚文字。网络广告使用得当，除了能带来点击流量、品牌价值，还能带来外部链接，何乐而不为？

网上有很多网站，尤其是信息类和个人网站，有不错的内容和流量，却整天发愁怎么赢利。主动联系这些没有清晰赢利模式的网站投放广告，有时能拿到非常便宜的价格，几十、几百元钱一个月，也许就能在一个流量不错的论坛或信息网站获得全站链接。要找到这种网站也相对容易，只要搜索相关关键词，那些没有出售自己的产品，大量出现百度联盟、Google AdSense、各种联署计划广告的网站，都是不错的备选广告目标。

11．购买链接

如果网络广告以文字链接的形式出现，就会变成购买链接，这是一个从 SEO 角度看比较灰色的模糊地带。搜索引擎明确反对以排名为目的的买卖链接，若检测出是购买链接，不仅会把链接的投票权重取消，还会对买卖双方的网站实施惩罚。

但是检测链接买卖是一件非常困难的事情，而且链接买卖也经常混杂着多重目的，不一定仅是为了影响排名。主要以点击流量为目的，又能带来曝光度、外部链接，这样的购买链接也不妨一试。

需要注意的是，尽量不要在明显的链接交易平台或论坛找卖家。这种大量卖家和买家聚集的地方，通常都是以 SEO 为目的的。在那里卖链接的网站也不会仅卖一两个链接，而是能卖多少就卖多少，不管质量。这种链接买卖网络可以比较容易地被检测出来。搜索引擎通过人工方式，确定少数几个存在链接买卖的网站，就能通过链接关系挖出一大堆参与其中的网站。想要尝试购买链接，最好搜索相关关键词，直接联系排名不错的网站站主，若对方没有主动出售过链接，效果则更好。

12．社交媒体网站

除了线上书签网摘服务，其他社交媒体网站也有助于外部链接建设，包括内容分享、社交网络等形式的网站甚至 App。

首先，社交媒体网站上引用、推荐、评论网址很常见，在诸如新浪、腾讯微博、微信、知乎、豆瓣、Twitter、Facebook 上，一个有很多粉丝的账号贴出网址，经常会带来大量点击访问。如果你的页面内容吸引了这些访问者，引起他们的评论、反馈欲望，就可能间接带来外部链接。

其次，虽然大部分社交网络上出现的导出链接都加了 nofollow 标签，但是搜索引擎到底怎样看待这种链接还是未知数，尤其是连 Google 都将 nofollow 标签当作建议，而非指令后。社交网站上大量链接及用户点击的流动，很可能是最新的排名信号之一。比较明显的是，很多人注意到维基百科（wikipedia.org）上的外部链接虽然一律加了 nofollow 标签，但似乎对页面排名还是有帮助，其原因既可能是搜索引擎对维基百科上的带有 nofollow 标签的链接早就做了特殊处理，也可能是点击流量间接带来其他地方的外部链接，还有可能点击流量本身就是一种排名信号。

13．联署计划

联署计划也就是站长们熟悉的网站联盟。广告商给参与计划的站长提供一个跟踪代码，站长把这段跟踪代码放在自己的网站上。用户点击链接来到广告商网站产生购买或其他转化，广告商支付佣金给站长。

在某些情况下，联署计划跟踪链接也能形成外部链接。只要联署计划程序运行于广告商自己的域名上，并且跟踪链接直接指向或做 301 转向到首页或相应的产品页面，这些联署计划链接就变成了普通外部链接。联署计划显然是有金钱往来的，如果链接没有加 nofollow 标签也没有标志为广告，搜索引擎又检测出这是联署计划链接，就可能会被当作买卖链接。

其实技术上可以实现无须跟踪代码，站长直接链接到广告商首页或产品页面，联署计划程序同样可以统计点击量和转化率，这种情况下的联署计划链接与普通链接没有任何差异，但搜索引擎检测起来就困难多了。

如果使用第三方网站联盟服务，联署计划链接实际上是指向第三方服务商域名，再转向到广告商网站，在第三方服务商网站上通常还要做 cookie 设置、跟踪脚本转向等，使得链接权重不能顺利传递，就不能形成外部链接。

14．新闻稿发布

网上有一些专门的新闻稿发布网站，在百度搜索"新闻稿发布""软文发布"或在 Google 搜索一下"press release"，就能找到很多新闻发布网站。

这些新闻发布网站允许用户注册、提交和发布新闻稿件。新闻结尾处通常允许留下发布者网站链接，正文中还可能允许留下一两个链接。新闻稿除了会出现在新闻发布网站本身，新闻发布服务商还会把新闻稿推到与自己有渠道合作关系的其他新闻类网站上。有些小的新闻网站会自动去新闻发布网站上抓取内容放在自己网站上。

大部分有价值的新闻发布需要付费，支付一定费用后，新闻发布服务将保证稿件出现在一定数量的渠道网站上。也有一些免费的新闻发布服务，当然他们的发布渠道很少，不过最差的情况也至少会出现在新闻发布服务自己的网站上。

正规新闻网站通常权重比较高，是比较好的外部链接。就算是付费服务，也只是一次性费用，就能永久保留链接。这比某些购买链接划算，通常购买链接是按月付费的。使用新闻发布服务时最重要的是确认服务商渠道网站是真正高质量新闻网站，而不是服务商自己的站群。

15．媒体公关

有公关实力和渠道的企业网站，在进行公关活动时不要忘记，除了提高曝光度，公关也可能成为外部链接建设的强有力方法。在发布新闻时提到公司网址，应该是公关标准流程之一。很多时候公司高层的一举一动都是新闻媒体追逐的对象，外链建设人员辛苦交换友情链接几个月，还不如高层说的几句话效果好。

16．请求链接

如果网站上真的有非常有价值的内容，比如制作好了链接诱饵，直接请求链接也是一个可行的方法。虽然大部分商业性质网站不会轻易链接到其他网站，但还是有很多科研机构、学校、政府部门、地方门户等网站及个人博客，会在页面上列出对用户有帮助的资源。尤其是如果对方网站上已经有现成的资源列表，写一封诚恳的邮件，告诉对方自己网站上有很好的内容，能增强对方内容的完整性，不少站长会同意加上你的链接。

17．购买网站

如果碰到不错的外链来源网站，但对方不同意链接，也可以考虑把对方网站购买下来。这在某些竞争非常厉害的行业是常见的手法，比如旅游、成人、药品、法律服务等类网站。

寻找的购买对象不一定必须要求排名非常好。排名在前十位、前二十位的网站不会轻易出售，要求的价格也一定比较高。可以找排名在搜索结果前十页或前二十页的网站，其实都有不错的权重和相关性，不然也不会战胜其他几十万、几百万个竞争对手出现在搜索结果前十页或前二十页。出现在搜索结果第十页，关键词点击流量微乎其微，对原来的所有人来说很可能是个鸡肋，报上一个不错的价格，也许对方就能将网站卖给你。

18. 站群

与购买网站有些类似的是通过站群建设外部链接，这又是一个有争议的灰色地带。搜索引擎明确认为站群是属于作弊的，但怎样算得上是站群是比较模糊的。拥有多个网站本身不一定是作弊或黑帽，但是超过一定程度被判断为作弊的可能性将大大提高。

通过站群建设外部链接要注意下面几点。

（1）数量不要过多。拥有十几个、二十个网站很正常，但一个小公司或个人站长拥有几百个甚至几千个网站就不正常了。敏感行业或提供链接服务的另当别论，几百个网站只是站群起步。

（2）站群之间不要交叉连接。使用站群的目的是集站群的力量，共同推一个主网站。所以从站群网站链接到主网站更为恰当，这些站群网站之间不应该交叉链接。

（3）不要使用重复内容。站群里的每个网站都应该有自己的独特内容，若使用一样内容，那么建多个网站毫无意义，既对用户没有帮助，搜索引擎也不会喜欢。

（4）网站主题不同。虽然应该尽量保持站群与主站的内容相关性，内容应该是相同或相近行业，但不同网站之间还应该有一定的主题差别。比如主网站是减肥药物，站群可以分别以健身、美容、减肥方法、养生等为主题。

（5）在可能的情况下，将站群网站放在不同的服务器和 IP 地址上。

（6）可以被接受的站群与黑帽站群之间的差别在于用户体验。建立站群时应该问问自己，一个新的网站是否能够为用户至少提供一定的独特价值？还是纯粹为了多些外部链接？

19. 赞助活动

赞助活动也是一个建立单向外部链接的不错方法。公司赞助各种形式的会议、公益活动，通常活动官方网站上会列出赞助商并且给予链接。有时候很难从政府或行业机构网站获得链接，赞助他们举办的活动几乎是唯一的途径。

当然赞助活动一定有成本，不过有的时候成本不一定很高。除了现金赞助，也可以是产品赞助。某些产品成本并不高，像软件、咨询服务等。甚至赞助活动可能以提供优惠券、打折券的形式就能实现，既能提高曝光度、带来外部链接，还能带来直接销量，非常划算。

20. 电子书发布

如果你有比较全面深入地针对某个主题的内容，可以将其做成电子书，书里自然可以放上作者网站链接。正文中需要引用和进一步解释时，还可以链接到网站的内页。

电子书最常见的格式是 PDF，也可以是普通的 Word 格式，甚至是 PPT 格式，文件中都可以留下链接。除了在发布者自己的网站上提供下载，电子书还可以自行提交到各大软件下载网站。很多用户喜欢传播电子书，只要在自己的网站和几个主要软件下载网站上发布，就会迅速在网上传播开来。我在自己的博客上发布的几本电子书，都没有做任何其他形式的推广，就有很多站长把电子书放在自己网站上提供下载。

无论 PDF 文件，还是 Word、PPT 文件，搜索引擎都会像对待 HTML 文件一样对待它们，所以电子书中的链接也会被搜索引擎当作外部链接。

21. 信息发布网站

网上有一些允许用户自由发布信息的网站，如 B2B、分类广告等。其中一部分允许用户在发布信息中包含链接。

本节简单讨论了 20 多个常规外链建设方法。这些方法全部使用既不现实，也没必要。外链建设人员尝试各种方法后，最好选择几种自己最擅长的，持之以恒，积累经验和资源。简单方法做到极致，就是最有效的方法。

7.11 非链接形式的链接

前面讨论的都是正常意义上的、写在<a href=>标签里的、连向网页的链接。

网上也有很多非链接形式的 URL 出现，这些在正常意义上来说隐藏着的链接，是否会对搜索引擎发现页面、传递权重、页面排名有影响呢？目前尚未可知。

比如我有几次亲耳听到百度工程师讨论怎样判断网站受欢迎程度，除了链接，还会参考其他分享、传播的渠道，包括 QQ，那么百度可以跟踪 QQ 里传播的 URL 吗？若可以的话，是与链接类似的效果吗？

再比如 Gmail 中出现的链接都是被 Google 跟踪的。点击 Gmail 里的链接，你会在地址栏中首先看到跟踪代码，然后再转向到真正的 E-mail 中出现的 URL。到目前为止，没有迹象表明 Gmail 里的链接会对页面收录有什么帮助，更别说对排名的影响了。那么，如果 Google 从来没想过利用这个数据，为什么从一开始就要跟踪呢？

非一般的、隐藏形式的链接（准确地说只是可能的链接）还包括：

（1）其他网站引用你网站上的图片文件，也就是图片盗链。网站 B 使用网站 A 的图片，HTML 代码为<img src="http://www.domainA.com/images/pic.jpg">，其中的 http://www.domainA.com/images/pic.jpg 算不算对域名 A 的一个链接？

（2）链接到 JavaScript 文件。<a href="http://www.domainA.com/script.js">算不算对域名 A 的一个链接？这里姑且不去讨论为什么要链接到一个 JS 文件。

（3）链接到 CSS 文件。<a href="http://www.domainA.com/style.css">算不算对域名 A 的一个链接？

（4）连到 RSS 种子的链接。<a href="http://www.domainA.com/rss.xml">算不算对域名 A 的一个链接？

（5）搜索引擎能看到的 E-mail 里的链接，诸如 Yahoo!邮箱，Hotmail，Gmail。

（6）在 JavaScript 脚本或 JavaScript 注释里出现的 URL。

（7）在 CSS 或 CSS 注释中出现的 URL。

（8）图片、视频文件 meta 数据中出现的 URL。

（9）HTML 文件注释里出现的 URL。

（10）HTML 文件头部，meta 数据，以及 ALT 标签等地方出现的 URL。

（11）可以被工具条跟踪、用户访问的，但没有出现在其他页面的 URL。

（12）需执行 JavaScript 脚本后才能看到的目标 URL。搜索引擎会尝试解析 JavaScript 中的链接，从而发现新页面，其中的 URL 算不算链接？能否传递权重？

（13）需登录才能看到的链接。有的付费内容网站可以通过所谓 "First Click Free" 机制，允许 Google 抓取需登录才能看到的内容和链接。

（14）纯文字、没放进<a>中的 URL，如页面上仅仅出现文字 http://www.seozac.com/，不是可以点击的链接。可以肯定，这种纯文字的 URL 对百度和 Google 发现、抓取 URL 是有帮助的，是否传递权重则不详。

（15）非网页文件，如 txt 文件中出现的链接。

（16）加了 meta noindex 标签的页面上的链接。

（17）域名注册数据和 DNS 数据。

（18）可提交的表单里出现的链接。

（19）小工具软件里的链接。

（20）广告链接如百度推广、Google Ads 指向的链接。

（21）图片中出现的链接。随着图像识别处理技术的进步，搜索引擎能否从图片中识别出 URL 呢？如果可以，百度地图、Google 地图街景照片中出现的广告 URL 能否被读取呢？

上面提到的这些 URL 是否有助于搜索引擎收录新页面？是否会在某种程度上传递权重？对排名有什么影响？目前 SEO 界尚无定论。以后如果有进一步信息，我会在 SEO 每天一贴博客中分享。

这里提一下"提及"，也就是网站、公司、站长等的名称（不是 URL）在其他网站出现，但没有链接。不可否认，链接目前还是搜索引擎判断权威性的主要因素，但现实生活中，权威度不仅仅体现在投票行为，或其他推荐、赞扬行为中，大家在对话、新闻、文章、小说等场景下大量提及或谈论某个名称或品牌，往往说明这个名称就是权威的，或至少是流行的、热门的。搜索引擎算法在某种意义上就是对现实生活的模拟，那么网上有大量页面提及（没有链接）某品牌，是否会提高这个品牌网站的权重，进而影响关键词排名呢？

随着网上垃圾链接越来越多，搜索引擎势必降低链接在算法中的比例，那么就需要通过更多信号来判断权重，品牌名称被提及次数很可能就是其中之一。目前这个因素是否在搜索引擎算法中，SEO 行业尚无定论，也很难逆向推导，这里提醒 SEO 们要在接下来几年时间里持续关注。

7.12　新形势下的链接建设

近几年，外链建设越来越不好做。一个原因是站长们出于各种原因越来越不愿意链接到其他网站，包括交换链接都越来越严格了。另一个重要原因是，搜索引擎对外链的质量也越来越挑剔。质量差的外链不仅没有作用，还可能伤害网站。

7.12.1　搜索引擎越来越挑剔

百度绿萝算法是对低质量链接的打击。绿萝 1.0 针对的是买卖链接的双方及中介，绿萝 2.0 针对的是推广软文，同样，不仅打击发软文的账号，也打击登软文的网站。

在绿萝算法推出之前，百度资源平台还发布过受打击的一些其他垃圾链接，如链轮/站群、在 Web 2.0 网站的群发、黑链、没有推荐意义的交换链接等。

Google 对低质量链接的态度更严厉。除了明确属于作弊的买卖链接、秘密博客网络、群发等，在我记忆中，Google 在官方博客或比较正式的场合由 Google 员工表态过，低质量链接有很高的机会被判断为垃圾链接，在此提醒 SEO 们要非常慎重对待的还有：

- 大量交换链接。
- 客座博客帖子（尤其锚文字含关键词时）。
- 新闻稿发布（尤其新闻稿加了关键词链接时）。
- 插件里的链接。
- CMS 模板链接。
- 以任何利益换链接（如有偿评测、联署计划）。
- 文章目录提交（尤其文章加了关键词链接时）。
- 为学校提供奖学金换取链接。
- 捆绑在使用条款、合同里的链接（如建站公司要求客户网站加链接）。
- 传递权重的广告链接（没加 nofollow 标签的广告）。
- 低质量网站目录。

2015 年 2 月，Google 员工 John Mueller 甚至在一次 Google+hangout 视频会议中说，建议 SEO 们根本不要建设外链。

如果真的严格按照搜索引擎们的建议做，对照一下前面介绍的常规外链建设方法，除了纯粹靠内容吸引外链，安全的方法实在也没剩下几个了。

当然，我不认为上面列出的外链建设方法完全不能用，关键在于把握好规模、文章质量和相关度。

长远来说，还有什么方法能有效又安全地建设外链呢？除了内容和创意，我也无法给出其他答案。可以这样说，一旦专门、刻意地去建设外链，就已经出现潜在的不安全因素了。也许很快就真的是 SEO 们停止外链建设的时候了。

在短期的未来，SEO 还不得不建设外链时，必应官方博客发布过一个帖子，可以作为判断某个方法是否安全的指标：真正好的链接，你事先不知道它会来自哪里，甚至不知道它的存在。

利用高质量内容吸引外链，请参考 7.9 节，其中的思路还是可以借鉴的。这里再简单讨论一下创意。不仅在内容策划、工具制作等方面可以发挥创意，外链建设也可以有创意。下面举几个例子，供读者扩展思路。

7.12.2　404 外链建设

站长们对 404 错误最熟悉不过了，但有没有想过通过 404 页面建设外链呢？

检查自己的网站外链是 SEO 的日常。无论通过百度资源平台、Google Search Console，还是第三方工具，查询、下载网站外链数据后，检查一下这些链接都指向自己网站的哪些页面，大概率你会发现有些链接指向的是网站上并不存在的页面 URL。几乎所有网站都会有这个情况，发生的原因各种各样，有的是因为自己删除文章，有的是自己调整了网站结构，有的纯粹是对方写错链接 URL。

不管原因是什么，指向 404 页面的外链权重是不能继续向下传递的，也就是指向你域名的外链权重白白消失浪费了。解决的方法很简单，把有外链的 404 页面通过 301 转向到其他存在的相关页面，或者干脆在那个 URL 建立个有内容的页面，外链就被自然而然地接收了。如果发出链接的网站有不错权重，就更是要这样做。

检查别人网站 404 错误也可以用来给自己网站建设外链。安装 404 检测浏览器插件，如 Chrome 的 Broken Link Checker、Check My Links 等，这类插件可以检查并显示当前页面上哪些链接指向 404 错误。平常看行业文章时，留意一下有没有链接指向外部网站却显示 404 错误。看到这种错误链接，联系站长，告诉他网站上有这些打不开的链接，提醒他这种无效链接会影响网站的质量，大部分站长会感谢你的。这时候可以顺便提一下，你的网站也有类似内容的文章，让他不妨把链接改为指向你的网站，一部分站长是会链接过来的，既是感谢，也是确实需要链接向能打开的页面。当然，前提是你有个好网站，有相关内容。

如果遇到相关又非竞争、权重不错的网站，用 Xenu 抓取工具（详见第 12 章）扫描一遍，很可能会发现不少指向外部却返回 404 的链接。

7.12.3　将"提及"变为链接

上一节提到了"提及"的概念。再进一步，既然对方提及了你的品牌或网站名称，只要不是负面性提到，有没有可能让对方在提及的地方加上你的官方链接呢？

如果你的网站有一定品牌知名度，且对方网站是正规网站，不妨联系一下，建议对方在提及名称的地方加上指向官网的链接。说服的出发点当然不能是给你的网站增加链接，而是对对方网站用户有好处，使用户能更方便地查看相关信息。

这个方法成功率并不高。我有做英文网站的朋友在尝试后统计了成功率，不到 5%，大部分站长收到邮件并没有回复。不同知名度、不同行业、不同联系目标、不同联系方法、不同措辞，很可能成功率不同，但 5%其实对某些公司来说也很可观了。而且，除了花些时间，自己也没有损失。

寻找被"提及"的地方很简单，搜索"品牌名称—自己域名"就能找到很多。第 12 章中介绍的"Google 快讯"也可以派上用场。

7.12.4　通过产品评测建设外链

产品评测是电商网站常用的建设外链方法。

请客户在自己网站或博客写产品评测，不一定要求都是夸奖，真实评测更好，验证后给予一定奖励，如现金回扣、折扣券、销售提成、积分等。或者直接给有一定网上知名度的潜在用户发免费产品，唯一条件是发表一篇评测文章。

不过，由于涉及金钱利益，一旦搜索引擎检测出有偿评测，可能会直接忽略链接，严重的话还可能被判断为作弊导致惩罚，因此需要非常谨慎。

那么反过来思考一下，自己给别人写评测是不是也有可能带来链接？自己买了什么产品，或者使用了什么软件、线上服务，在自己网站、博客写个真实评测，联系一下产品/服务提供商，告诉对方自己写了不错的评测文章，对方也有可能将其收录为用户证言，为了证明真实性链接到原始出处。

对方如果是大公司，很可能不会理睬，所以这种方式更适用于对方是中小品牌的情况。如果你在行业有一定知名度，对方可能会很高兴有你这样的用户给予背书并在他们网站上炫耀一下。

这里举的几个创意例子，不一定适合所有情况，成功率也不一定高，但好处是安全，成本低，尝试一下，即便不成功也无损失。针对自己网站的实际情况，开动脑筋，也许会找到很多巧妙的方法。

7.13 链接工作表

一般公司网站都应该有页面修改更新日志，方便日后查看哪些改变引起了什么效果。除此以外，外部链接建设也应该有一个工作表，方便统计记录工作进度、多个网站之间共享资源及新员工的工作交接等。

链接工作表至少应该包含以下内容（如表 7-2 所示）。

表 7-2 链接工作表

对方网站名称	首页URL	网站权重	主题匹配度	联系方式	链接页URL	链接种类	链接使用的锚文字	本站友情页面	第一次请求日期	跟进日期	状态	备注	处理人

- 对方网站名称。
- 首页 URL。
- 网站权重。根据域名年龄、更新情况、收录排名等进行评估。
- 主题匹配度。SEO 人员需要给目标网站大致做个判断，给予高、中、低评级。相关度越高，需要投入的时间精力分配越多。
- 联系方式。可以是对方站长 E-mail 地址、提交表格地址、QQ 号等。
- 链接页 URL。对方给予链接的具体页面，不一定是首页。
- 链接种类。可以是交换链接、博客文章发布、论坛签名、目录提交等。
- 链接使用的锚文字。
- 本站友情页面。如果是交换链接，列出对方网站在自己网站上的链接 URL。
- 第一次请求日期。表格提交或第一次联系友情链接的日期。
- 跟进日期。一段时间后对方没有回复，跟进联系日期。
- 状态。可以是已完成、已放弃、处理中等。
- 备注。其他相关信息，如付费目录费用。
- 处理人。

最简单的链接工作表可以是一个 Excel 文件。有技术实力的公司也可以把链接工作表做成软件或线上工具形式，方便团队沟通、协作。除了上面列出的内容外，还可以增加一些功能，例如：

- 友情链接认证。软件自动访问对方链接页，看自己的链接是否还存在。

- 计算工作量。根据处理人、联系日期、跟进日期及链接状态，自动计算外链建设人员的工作进度和工作量。
- 对方网站质量。自动查询线上工具，列出对方网站的收录数、域名注册日期等。
- 惩罚可能性。搜索对方网站名称、主要目标关键词，记录排名情况。如果搜索网站名称网站不在第一位，就可能是被惩罚的网站。
- 备选网站。根据第 2 章中讨论的特殊搜索指令，在搜索引擎中找到可能的链接来源，供外链建设人员人工联系和跟进。

第 8 章

SEO 效果监测及策略修改

效果监测是 SEO 项目的重要步骤之一。SEO 是一项不能停的工作，效果监测既是前一轮 SEO 的总结，也是下一轮 SEO 的开始。

8.1 为什么要监测

再漂亮的计划，再有力的执行，都有改进的空间，而不被监测的东西是无法着手改进的。

8.1.1 检验工作成效

SEO 监测的意义当然首先在于检验 SEO 成效，不仅能向公司高层和其他部门汇报 SEO 对网站流量及赢利的贡献，也能使 SEO 团队本身了解自己是否走在正确的方向上？需要做的工作完成了多少？到底对网站有多大贡献？

要比较准确地统计工作成效，就必须设定监测基准。在 SEO 实施之前就需要设定好哪些指标需要监测，记录网站实施 SEO 前各指标的表现数据。虽然效果监测是在第一轮 SEO 工作完成之后才能具体进行和分析，但监测事项必须在 SEO 开始实施前就做好规划。没有记录网站原始表现，到后面就无法判断 SEO 效果。

另外，为了更准确地知道 SEO 成效，还要同时监测主要竞争对手情况，如下面提到的应该监测的排名、流量、收录、外部链接等，只要是可以查询到的数字，都要进行周期性记录。SEO 不是自己网站单独能够体现出效果的，竞争对手也同时在优化、提高，只看自身数据，很可能无法完整了解 SEO 是否达到了应有的水平。

8.1.2 发现问题，修改策略

SEO 计划和实施是否真的符合搜索引擎质量规范和算法规律，谁也不能事先百分之百确定。很多细节问题 SEO 行业没有达成共识，而且不同网站有不同的适用方法，到底每一步、每一个元素是否优化得当，自己说了不算，只能以最后效果为依据。实施 SEO 一段时间后，检查各项指标、分析流量，才能发现 SEO 过程中可能存在的问题并进行策略修正。

在这个意义上，SEO 是个不间断的调整过程。当初的计划可能有偏差，很多细节一定有不完善的地方，竞争对手也在加强网站，搜索引擎算法同时也在不断调整中，因此，SEO 策略修正是必不可少的步骤。

8.1.3 SEO 完整过程

从前面几章的讨论可以梳理出 SEO 的完整过程。

- 竞争研究：包括关键词研究和竞争对手研究。
- 网站优化：包括结构调整、页面优化、移动优化。
- 外部链接建设：通常与网站优化同时进行。
- 效果监测及流量分析：本章讨论的内容。
- 策略修改：基于监测数据，必要时重复从关键词研究开始的全部流程。

所以，SEO 是一个循环往复的过程，效果监测和策略修改是其中重要的一步。

8.2 网站目标设定及测量

SEO 是网站营销活动的一部分，必须帮助达成网站目标。不同的网站目标对 SEO 策略有一定影响。这里说的网站目标指的是营销意义上的目标。

8.2.1 网站目标

做网站时，很多企业和个人站长经常会忽视的一个步骤是明确定义网站目标。每个网站都有它存在的原因，但很多站长说不清网站的目标。有的站长认为建站就是为了赚钱，当然这可以是建站的最终目的，却不能成为营销意义上的目标。我们需要再进一步明确：网站怎样赚钱？

网站目标必须是实在的、可以操作的、用来指导网站设计及所有网站运营行为的，而不是笼统的、表面的、敷衍了事的。

网站目标必须在动手建设网站之前就确定下来，而不能走一步看一步。网站建设、设计过程中遇到多种选择时，取舍的标准就是看是否有利于达成网站目标。

这里所说的网站目标是给企业和站长本身看的，而不是给用户、投资人或老板看的。在一些网站项目策划书或网站页面上，我们经常看到网站目标是诸如"给客户提供最大价值"或"为客户提供完整解决方案"。这是给客户看的，同时也是不着边际、无法操作的。有的可能说网站目标是"促进公司在线销售增长 20%"，这是给老板看的，对运营网站也没有直接指导意义。

网站目标要非常明确，具有可操作性。很多时候没有经验的人不一定能正确定义网站目标。最常见的错误就是把网站目标定得过于宽泛，无法指导实践。比如认为网站目标就是赚钱，或者就是促进销售，或者是建立网络品牌，这些都是看似正确却不能指导网站实践的很宽泛的目标。

对网络营销人员来说，网站目标就是你想让用户在网站上做什么。你最想让浏览者做的那件具体的事就是你的网站目标。

8.2.2 网站目标实例

网站目标有时候并不像说起来那么简单明显。大部分电子商务网站最容易想到的网站目标是让用户把产品放入购物车，最终实现购买。从放入购物车，到生成订单，到付款成功，会形成一个转化漏斗，每一步都必然有用户流失，需要运用各种方法降低转化阻力和减少流失。从 SEO 和网络营销角度，把产品放入购物车比较适合被定义为网站目标，因为这是进入转化漏斗的第一步。

但不是每一个网站都应该以直接产生销售为目标。不同的网站应该找出最适合网站产品、用户特征、业务流程的目标。下面通过几个具体的例子来帮助站长明确怎样定义网站目标。

用户在初次访问一个陌生网站时很少会立即购买产品。研究显示，用户与网站接触5～7次才达到较高的购买率。但除非网站是知名品牌，一般浏览者一旦离开网站很少会回来，那么怎样与潜在客户保持接触呢？电子邮件营销是最好的方法。如果网站运用了电子邮件营销方法，那么网站目标也应该是尽最大可能让浏览用户注册免费账号/电子杂志/邮件列表，收集尽可能多的潜在客户电子邮件，而不是试图说服初次访问者买东西。

如果销售的产品是软件，很可能网站目标不是让浏览者直接购买，而是吸引浏览者下载免费的试用软件。最后的销售是通过软件本身的易用性及强大功能达成的，试用软件有效期结束后用户需要付费才能继续使用，或者限制免费版功能。在网站上，站长最想让浏览者采取的行动是下载试用软件，这就是网站目标。免费下载也可以是电子书、行业报告、音频视频文件、屏幕保护、图片等。

有的网站是为了最终提供某种无法线上完成或必须客制化的服务，这时网站目标就可能是促使浏览者与企业联系，了解进一步情况。联系的方式可能是填写在线表格，可能是发电子邮件，也可能是直接给企业打电话。无论是哪种联系方式，站长都应该很明确，网站目标不是直接产生线上订单，而是促使浏览者采取行动，联系企业或站长。

有的网站延续线下营销模式，并不试图直接产生销售，而是希望用户索取样品并使用样品，然后再通过后续联系，或者业务人员直接推销等方法产生最终销售。这时网站目标就应该是促使浏览者填写表格，要求网站寄送样品或产品目录。

有的网站是为了辅助实体店的营销活动，网站本身并不能产生任何交易。当然对有实体店的企业来说，线下与网上直接销售并不矛盾。但有时企业由于某种原因，建设网站纯粹是为了辅助实体商店，这时网站目标该怎样定义就需要花费一点心思。比如，网站目标可能是促使用户拿起电话，询问实体商店的具体地址、营业时间。如果再进一步考虑，是否还能有更具吸引力的网站目标？比如在网站上提供专用折扣券，浏览者可在网上打印折扣券，之后到实体店使用。这时网站目标就可以很明确地定义为吸引用户打印折扣券。

有的网站主要依靠广告赢利，网站目标显然就会与上面讨论的以销售产品或服务为主的网站不同。如果网站是以PPC广告，也就是按点击付费广告为主，那么网站目标就是让浏览者点击广告链接。网站给出的其他选择越多，浏览者点击广告的可能性就越低。所以在设计网站时就要考虑如何在不产生欺诈的情况下，吸引用户点击广告，甚至有时候可以让用户别无选择，只能点击广告离开网站。

如果网站是以CPM广告，也就是按显示次数付费为主的广告，策略则刚好相反，这需要浏览者在网站上停留时间越长越好，打开页面越多越好，最好不要离开网站。

不同的网站有不同的赢利模式、产品特性、用户行为方式、业务流程，会形成不同的网站目标，站长需要潜心研究才能正确地定义网站目标。

8.2.3　网站目标确定原则

好的网站目标应该具备下面几个特点。

第一，现实性，要确定是用户有可能达成的目标。不要给用户增加难度，设定一些需要克服很大困难才能达成的网站目标。如果网站销售的是价值几十万、几百万元的工业设备，网站目标就不要设定为直接在线销售，而是设定为让浏览者联系企业，或者询问进一步情况，或者索取报价单、产品目录，或者直接打电话给销售部门。总之，不要让陌生用户在网上直接订购大额产品，这往往是不现实的。

第二，可测量性。网络营销相比传统营销最大的优势之一，就是营销效果可以精确测量和分析，并在此基础上改进营销手法。网站目标的设定也同样如此。站长想让浏览者做的事，应该是可以通过某种方式测量的。有时候测量方法简单明确，比如产生在线订单，或注册电子杂志，下载软件、电子书等，这些都会在网站后台或服务器日志文件中留下明确数据。

有的时候则要通过一些方法才能使网站目标的测量可以实现。比如，上面所说的吸引用户打印折扣券的情况。用户打开折扣券所在页面次数可以测量，但有没有打印，站长是不容易知道的。要想测量这个目标，就要结合几种方法，比如折扣券所在网页的浏览次数，折扣券在实体店被使用的次数，如果技术条件允许，可以动态生成折扣券系列号码等。

第三，行动性。网站目标应该是特定的用户行为，也就是用户要做的一件具体的事情。像上面所列出的例子，无论是生成订单还是注册电子邮件列表，或者下载、填写在线联系表格、打电话、点击链接等，这些都是明确的用户行为。似是而非的指标就不是真正的网站目标，如网站流量增长 10%，或转化率提高 1% 等。这些可以是用在企业展望上的目标，却不是设计、运营网站时用于指导实践的网站目标。

第四，明确单一。如前面提到的例子，网站目标都是明确的。网站目标设定不能太多，不然在建设网站的过程中需要做选择决策时，可能会产生冲突，难以抉择，不知道让浏览者做这个好，还是做那个好，网站设计也就无法突出重点。

单一目标是最有力的。在某些情况下若单一目标达成困难，可以增加一个辅助目标，如购物类网站，第一位的网站目标当然是放入购物车，如果浏览者没在网站购买任何东西，就想办法让他们注册电子杂志，作为辅助网站目标。除非是很大型的、功能复杂的网站，不然千万不要面面俱到，既想让浏览者做这个，又想让浏览者做那个，结果可能是哪个目标都没达成。

8.2.4　网站目标影响 SEO 策略

SEO 人员为什么必须清楚了解网站目标？因为网站目标影响 SEO 策略，这一点非常重要。

例如，部分信息类网站靠显示广告赢利，网站目标应是尽量增加页面访问数（PV）。电子商务网站，则要以在线销售为目标。两者的 SEO 策略就会有很大不同。电子商务网站希望得到的是能转化的高质量目标流量，关键词研究的重点在于挑选和优化最相关的、交易类的关键词。信息网站则对流量购买意图要求不高，只要是流量就能增加 PV，关键词研究重点在于发现新热点、不断扩展长尾。

在网站结构上，要提高 PV，将文章分页是方法之一，所以大家可以看到很多门户、资讯网站将明明不长的文章也分为几页。代价是页面和链接权重分散，其收录可能成为问题，甚至可能影响用户体验。电商网站则正相反，需要尽量减少步骤、减少干扰因素，不要让用户四处点击，尽快让用户把产品放入购物车。

另外，网站目标的正确设定和测量直接影响 SEO 效果的监测及策略修改。SEO 效果不仅表现在排名和流量上，更表现在转化上。

8.3 非流量数据监测

SEO 需要监控的数据可以分为非流量和流量两部分。本节讨论非流量数据，下一节介绍流量分析。

8.3.1 收录数据

收录是网站排名和流量的基础。尤其是大中型网站，优化不好时，经常收录不充分。SEO 团队要解决的一个重大问题就是，使尽量多的有价值页面被搜索引擎收录。下面几个收录数据需要记录跟踪。

1. 总收录数

传统基本做法是使用 site:指令查询搜索引擎对某个网站的总收录页面数，再根据站长自己知道的网站实际页面数，就可以计算出收录比例。小网站收录率应该达到 90%以上，大中型网站（几十万页面以上）若优化得当，页面收录率可以达到百分之七八十。

百度 site:指令相对准确，Google 的 site:指令结果往往不太准确。但 site:指令的好处是可以查看竞争对手网站页面收录数。

为了得到比较准确的收录数，可以尝试使用 site:domain.com，加上网站每个页面都会出现、同时是网站独有的词或句子，比如网站名称、出现在页面顶部的口号、电话号码、地址、备案号等。

需要注意的是，出现在 HTML 底部的文字有可能并没有被搜索引擎索引。有的页面文件太大，搜索引擎虽然抓取了整个页面 HTML 代码，但不一定把页面上所有文字进行索引，而只是索引前半部分。所以如果页面文件比较大，需要搜索页面上靠前的独特文字，才能得出较准确的收录数字，通常位于底部的备案号可能不适合。

查询总收录数最准确的是搜索引擎的站长平台。百度资源平台和 Google Search Console 还显示历史收录数据及变化曲线、各类页面索引错误的数据和 URL 示例，详见第 12 章。

2. 特征页面收录

除了网站首页，还要再从分类页面中选一部分有特征的或典型的页面，以及产品或文章页面中的一部分典型页面，查看这些典型页面是否被收录。大中型网站可能需要记录上万个特征页面。在选择典型产品页面时，既要兼顾到尽量多的分类，也要兼顾到不同时间发布的产品，既要有最早发布的、因此已被推到离首页比较远的页面，也要有比较新的、离首页比较近的页面。

查询特征页面收录与否，只要在搜索引擎输入这个页面的完整 URL，没有结果就是没有收录。

检查特征页面收录情况，经常能快速、直观地判断出网站哪些部分获得的链接少、权重低。

3. 各分类收录数

每个分类下的产品页面收录数是多少？记录这个数据有助于了解哪些分类收录完整，哪些分类由于内部链接结构或缺少外链等原因而收录不充分，并采取对应措施。

各分类下的页面标题标签和 URL 格式比较规范时，SEO 人员可以灵活运用 site:指令及 intitle:、inurl:等组合，得到各分类的收录数。例如，如果页面标题是第 5.1.5 一节推荐的标准格式：

产品名称/文章标题 - 子分类名称 - 分类名称 - 网站名称

使用指令：

site:www.domain.com intitle:分类名称

就可以得到这个分类的页面收录数。

如果页面 URL 比较规则，分类首页 URL 为：

http://www.domain.com/catA/sub-cat-1/

产品页面 URL 为：

http://www.domain.com/catA/sub-cat-1/page-1.html

产品页面都处于本分类目录下，使用指令：

site:www.domain.com/catA/sub-cat-1/

或：

site:www.domain.com inurl:/catA/sub-cat-1/

就可以得到子分类 1 的页面收录数。

如在我的博客里，在 Matt Cutts 语录这个分类下有 19 篇帖子，如图 8-1 所示。

百度收录 Matt Cutts 语录页面为 24 页，如图 8-2 所示。

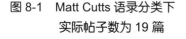

图 8-1　Matt Cutts 语录分类下　　　图 8-2　百度收录 Matt Cutts 语录页数为 24 页
　　　实际帖子数为 19 篇

Google 收录 Matt Cutts 语录页面恰巧也是 24 页，如图 8-3 所示。

图 8-3　Google 收录 Matt Cutts 语录页数为 24 页

收录页面包括分类页面本身及翻页等，所以超过实际帖子数。大致可以判断，Matt Cutts 语录这个分类的帖子收录情况不错。

如果各分类下页面标题、URL 等都不规范（这可能说明网站结构规划有问题，本应该尽量避免），可以采取抽样统计方法，选取每个分类下一定比例的页面，检查收录与否，进而计算出这个分类下页面的收录比例。这可以与统计特征页面结合起来做。

百度资源平台页面索引量查询功能支持定制规则，也可以用于统计特定目录/分类下的收录量。

如果网站不同分类提交了不同的 Sitemap.xml 文件，在 Google Search Console 可以看到更详细的每个 Sitemap.xml 文件、也就是每个分类的收录数据。

从前面几章的讨论可以看出，网站收录不充分，经常是出于下面几个原因。

- robots 文件、noindex 标签禁止抓取或索引。
- 域名权重不够高，很多内页权重降到收录最低标准之下。
- 网站结构有问题，使搜索引擎无法顺利爬行、抓取。
- 抓取收录了过多无意义的页面，挤占了需要收录的页面的份额。
- 内部链接分布不均匀，使某些分类权重不够高，这个分类下的大量页面不能被收录。
- 搜索引擎不友好的因素，如 JavaScript 链接、框架结构、大量使用 Flash 等。
- 网站内容原创度不够，存在大量转载和抄袭内容，使搜索引擎认为没有必要收录。

跟踪、记录网站页面收录情况，能够使 SEO 人员知道网站结构在调整后，是否达到了提高收录率的目的，如果没有，应该仔细检查是否出现了上述几方面的问题。

4. 有效收录数

收录数据的局限在于，收录数高并不一定意味着流量高（虽然大部分情况下是如此）。有的页面即使被收录，由于权重太低或页面优化不好，也没有任何排名，带不来流量。为了矫正这个偏差，SEO 人员也可以记录网站有效收录页面数，也就是某一段时间，如过去 3 个月内，带来过至少一个搜索流量的页面数。

不同流量统计服务查看方法不同，以 Google Analytics（谷歌分析，GA）为例，打开菜单"行为 - 网站内容 - 着陆页"，点击右上角的"添加细分"按钮，选择流量细分中的搜索流量，如图 8-4 所示。

GA 将列出所有带来过搜索流量的着陆页，右下角显示这种页面的总数，也就是有效收录数，如图 8-5 所示。

图 8-4 选择来自搜索流量的着陆页

图 8-5 有效收录页数

其他页面即使已被收录，却没能带来哪怕一个搜索流量，可以在一定程度上理解为是无效收录。GA 显示的数字来源于真实流量，不依赖于 site: 之类指令的算法可靠性，所以数字是比较准确的。

大部分情况下，有效收录数才是真正与自然搜索流量成正比的。跟踪有效收录变化情况，检查哪些分类的有效收录比例偏低并优化这些分类，经常能收获很好的效果。

竞争对手的有效收录数是没办法获知的。

8.3.2 排名监测

所有 SEO 都不会忘记的肯定是监测关键词排名。一般来说，为了完整地了解网站关键词排名情况，需要监测以下几种关键词。

- 首页目标关键词。
- 分类页面目标关键词。
- 典型最终产品或文章页面关键词。

视网站大小，可能需要监测几十个甚至上千个分类和最终内容页面。最好每天记录排名，或至少每周固定时间记录排名。需要记录的关键词比较多时，人工查询不太现实，肯定需要关键词排名查询工具，具体可参考第 12 章。

传统的关键词排名监控就是通过人工或使用工具在搜索引擎查询关键词，记录排名位置。但近几年搜索引擎大量引入个性化排名和地域性排名，使得人工或工具查到的排名与其他用户实际看到的排名不一定相同。这里并不存在作弊或误导，只不过是搜索引擎为增强用户体验引入的功能。所以在搜索结果中记录、监测关键词排名重要性越来越低，现在国外一些 SEO 服务商已经不再提供排名报告给客户。

取而代之的是搜索引擎站长平台的关键词排名报告。百度资源平台的"流量与关键词"部分和 Google Search Console 的"效果"部分，都列出了网站有一定表现的关键词，除了关键词平均排名，还提供了展现量、点击量、点击率，这些宝贵数据在其他工具是看不到的。唯一的缺点是，百度只显示前 5 万条数据，Google 更是只显示前 1000 条。

排名只能作为 SEO 指标的一部分，不是 SEO 的最终目的。监测关键词排名的局限在于，排名与流量不一定是直接对应关系。查询量小的词即使排名在前面，也不会带来多少搜索流量，甚至完全没流量。所以，全方位监控关键词排名更多的是为了掌握网站健康情况，如页面基本优化、页面收录、权重流动等，而不是用来预测或监控流量。

8.3.3 外部链接数据

外部链接增长情况也是衡量 SEO 工作成效的重要部分。需要记录以下的数据。

- 首页总链接数。
- 网站所有页面的总链接数。
- 连向网站的总域名数。
- 特征页面链接数。

搜索引擎与几乎所有的外链工具都不实时更新外部链接数字，所以每天查询没有什么意义，能做到每周甚至每个月查询一次就足够了。记录下不同时间的外部链接数，可以大致看到：

- 随着网站内容建设和外部链接建设的进行，外部链接总体增长趋势如何？
- 哪个链接诱饵计划、实施得当？
- 哪个新闻或公关活动获得成功？
- 与排名或流量升降是否有时间和因果上的关系？
- 竞争对手外链有没有突然增减？为什么？有什么可以借鉴的？

查询外部链接时，使用搜索引擎自身的 link:指令非常不准确，百度甚至根本不支持这个指令。百度资源平台链接分析（查询自己网站外链）功能也已经于 2020 年 6 月下线，所以百度外链目前没有任何可靠方法查看。现在可用的外部链接查询工具包括只能查自己网站的 Google Search Console，可以查询任何网站外链的 Bing 网管工具以及第三方外链工具如 Moz、Majestic SEO、Semrush、Ahrefs 等，在第 12 章中有更多介绍。

近几年负面 SEO 颇为流行。以外链为目标的负面 SEO 是指黑帽 SEO 给竞争对手制造大量垃圾链接，使搜索引擎产生误判，以为是竞争对手自己建设了这么多垃圾链接，进而惩罚网站。所以现在外链监测的内容也包括检查是否有外链突然异常增加的情况，人工访问外链所在页面，如果是垃圾页面及链接，可以在百度资源平台反馈或在 Google Search Console 拒绝这些外链。

8.3.4 转化和销售

无论是收录、排名和流量，最终都是为了转化。记录网站每个时期的转化和销售数字，可以更直观地看到 SEO 给网站带来的实际好处。

除了记录转化次数，还可以根据平均每单销售额计算出每一个独立 IP 的价值。如网站转化率为 1%，100 个独立 IP 带来一个销售，平均每单销售额为 50 元，那么一个独立 IP 的价值就是 0.5 元。给流量赋予一个金额后，SEO 成效就能体现在非常具体的、给公司带来的销售额甚至是利润上。

从 8.4 节还可以看到，转化及销售额、利润都可以和具体流量来路（搜索流量、直接输入流量、来自其他网站的点击流量）一一对应。什么样的流量价值最高，通过网站流量分析一目了然。

在 SEO 项目中监测转化与销售数字的局限是，转化与销售并不受 SEO 控制，更多的是受制于产品本身质量、价格、文案写作、客服水平、品牌知名度等。

8.4 流量数据监测

大部分情况下，流量分析要借助于流量分析软件，但直接阅读网站日志还是 SEO 的基本功之一。

8.4.1 怎样读日志文件

网站服务器会把每一个访问信息、每一个服务器动作、每一个文件调用自动记录下来，存在服务器原始日志文件中。所以，日志中的信息是最准确、最全面的。有些 SEO 需要知道的信息在流量分析软件中很少支持，必须直接查看日志，如服务器返回的状态码，蜘蛛爬行记录等。

原始日志就是一个纯文本文件，只要用文字编辑软件如 WordPad 或 Notepad 就可以打开。一般主机商会在控制面板提供日志文件下载。

下面是从我的博客"SEO 每天一贴"（seozac.com）2020 年 12 月的日志文件中随机选取的一行，我们来看一下它包括哪些信息：

```
117.40.124.246 - - [28/Dec/2020:20:05:28 +0800] "GET /seo-news/dunsh-10-years/
HTTP/1.1"  200  25835  "https://www.baidu.com/link?url=qdQkraDXZ1y9z9zK2xNyBdYzmV07pyH-
EvCxKyLuJLNn07h3TKmXd-uO72Pimt9bEeTCR0UCEM_e15-0jCVE2a&wd=&eqid=cfce820a001
e8365000000065e833201" "Mozilla/5.0 (Windows NT 6.3; Win64; x64; rv:74.0)
Gecko/20100101 Firefox/74.0"
```

用户 IP 地址：

```
117.40.124.246
```

访问用户所在的 IP 地址，可以显示出访问用户的地理位置。在 IP 地址信息服务查一下这个 IP 所属位置，可以看到这位访客来自南昌（如图 8-6 所示）。

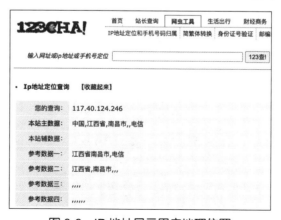

图 8-6　IP 地址显示用户地理位置

日期/时间：

```
28/Dec/2020:20:05:28
```

这是文件被访问的准确时间。和 IP 地址结合起来，查看多条日志记录就可以跟踪某一个特定的用户从一个网页到另一个网页的访问轨迹和在网站上的活动。

时区：

```
+0800
```

相对格林威治时间的时区，中国、新加坡处于东 8 区。

服务器动作：

```
"GET /seo-news/dunsh-10-years/ HTTP/1.1"
```

服务器要做的动作要么是 GET，要么是 POST。除了一些脚本外，通常都应该是 GET，也就是从服务器上获取某个文件，可以是 HTML、图片、CSS 等。

例子里的这段记录意思就是，按 HTTP/1.1 协议获取 URL/seo-news/dunsh-10-years/处的文件。这里的 URL 是相对地址，已经省去了域名部分。

上面的例子是访问一个页面时的记录。在日志中，每一个图片、JS 脚本等文件的访问都会有一行记录。如：

```
117.40.124.246 - - [28/Dec/2020:20:05:29 +0800] "GET /wp-includes/css/dist/
block-library/style.min.css?ver=5.3.2  HTTP/1.1"  200  6163  "https://www.
seozac.com/seo-news/dunsh-10-years/" "Mozilla/5.0 (Windows NT 6.3; Win64;
x64; rv:74.0) Gecko/20100101 Firefox/74.0"
```

这行日志代表获取的是 CSS 文件。

服务器状态码：

```
200
```

服务器返回的状态码。200 指成功获取了文件，一切正常。如果返回 404，就是文件不存在/没有找到。其他常见状态码如下。

- 301——永久转向。
- 302——暂时转向。
- 304——文件未改变，客户端缓冲版本还可以继续使用。
- 400——非法请求。
- 401——访问被拒绝，需要用户名、密码。
- 403——禁止访问。
- 500——服务器内部错误，通常是程序有问题。
- 503——服务器没有应答，如负载过大等。

文件大小：

```
25835
```

指的是所获取文件的大小，例子中是 25 835 字节。

来路：

```
"https://www.baidu.com/link?url=qdQkraDXZ1y9z9zK2xNyBdYzmV07pyH-
EvCxKyLuJLNn07h3TKmXd-uO72Pimt9bEeTCR0UCEM_e15-0jCVE2a&wd=&eqid=
cfce820a001e8365000000065e833201"
```

显示访问者是从哪里来到当前网页，也就是来到这个网页之前访问的那个网页 URL。来路可能是同一个网站的其他页（用户通过点击网站内部链接浏览），有可能是其他网站（用户通过其他网站上的链接点击过来），也有可能是搜索引擎的结果页面，如上面所示的例子。

以前搜索引擎来路中包含关键词信息，如下面这行典型的来路日志：

```
"http://www.baidu.com/s?wd=SEO&ie=utf-8 "
```

wd 参数后面就是查询词"SEO"。

现在搜索引擎出于各种原因把关键词等信息隐藏起来了，所以流量统计工具无法知道搜索流量来自什么查询词，这对 SEO 来说是一大损失。

用户代理（User Agent）：

```
"Mozilla/5.0 (Windows NT 6.3; Win64; x64; rv:74.0) Gecko/20100101 Firefox/74.0"
```

最后一段显示的是浏览器和用户计算机的一些信息。

例子中这段信息表示用户使用的是：

- 与 Netscape 兼容的 Mozilla 浏览器。实际上大部分浏览器 User Agent 都使用 Mozilla/为开头，所以并不能区分浏览器。

- 浏览器是 Firefox 74.0 版本。

- Windows NT 操作系统。

如果用户使用的是其他类型系统或浏览器，在这一段还可能看到这类代码：

- Mozilla/4.0 (compatible; MSIE 6.0; Windows NT 5.0; Maxthon; Alexa Toolbar)——傲游浏览器。

- "Mozilla/5.0 (Windows NT 6.1; Win64; x64) AppleWebKit/537.36 (KHTML, like Gecko) Chrome/79.0.3945.130 Safari/537.36"——Chrome 浏览器。

- "Mozilla/4.0 (compatible; MSIE 8.0; Windows NT 6.1; WOW64; Trident/4.0; SLCC2; .NET CLR 2.0.50727; .NET CLR 3.5.30729; .NET CLR 3.0.30729; Media Center PC 6.0; .NET4.0C; .NET4.0E; 360SE)"——360 浏览器。

- "Mozilla/5.0 (Windows NT 10.0; Win64; x64) AppleWebKit/537.36 (KHTML, like Gecko) Chrome/64.0.3282.140 Safari/537.36 Edge/18.17763"——微软 Edge 浏览器。

搜索引擎蜘蛛就相当于一个浏览器，第 2.4.1 节提到的搜索引擎蜘蛛用于表明身份的用户代理就是这段信息。如百度蜘蛛以如下信息表明自己：

```
"Mozilla/5.0 (compatible; Baiduspider/2.0; +http://www.baidu.com/search/spider.html)"
```

日志是网站访问的最真实记录。分析用户访问时还可以借助下面介绍的 GA 等流量分析工具，但检查某些问题，如访问错误、蜘蛛爬行情况等，非依靠原始日志不可。大中型网站日志文件可能很大，人工进行完整查看是不可能的，SEO 部门可以开发专用日志分析工具，用于统计各种访问错误和蜘蛛爬行、抓取数据。

8.4.2　常用流量分析工具

除非要查看非常细微或者只有日志中才能发现的东西，大部分情况下 SEO 人员分析流量时并不是去看原始日志文件，而是使用流量分析软件或服务。

流量统计和分析系统一般分为两种。第一种基于在页面上插入统计代码。站长在需要统计的所有网页上（通常是整个网站所有页面）插进一段 JavaScript 统计代码，这段代码会自动检测访问信息，并把信息写入流量分析服务商数据库中。统计、分析软件在服务商的服务器端运行，站长在服务商提供的线上界面查看网站流量统计和分析。

常用的基于统计代码的流量统计服务如下。

- 百度统计：https://tongji.baidu.com/
- 我要啦：https://www.51.la/
- 友盟+：https://www.umeng.com/web
- 360 分析：https://fenxi.360.cn/
- Google Analytics（谷歌分析，GA）

本节举例以 GA 居多，只是因为我个人更常使用 GA。鉴于 Google 各项服务从国内访问多有不便，建议做中文站的 SEO 们还是使用百度统计等国内服务更为准确和便利。这些工具没有本质差别，原理、功能大同小异。

第二种基于对原始日志文件进行分析。这类软件把日志文件作为输入，直接统计其中信息。这种统计软件既有装在服务器上的，也有运行在自己计算机上的。

装在服务器上的常见软件如下。

- The Webalizer：http://www.webalizer.org/
- AWStats：https://awstats.sourceforge.io/
- Analog：http://mirror.reverse.net/pub/analog/

可以运行在自己计算机桌面的如 Loggly（loggly.com）。

这两种系统各有优缺点，比如：

- 以统计代码为基础的流量分析服务的优势是简单易用，站长无须安装运行任何软件，服务升级维护、新功能开发都无须站长操心。
- 有的浏览器不支持(或用户有意关闭)JavaScript 脚本,使统计代码方式数据不准。
- 有时网速慢，JavaScript 代码又可能在 HTML 底部，还没来得及被执行，用户已经离开网站，也使数据不准确。
- 用户计算机或路由器或 ISP 网络上都可能存在页面缓存，用户访问页面，可能访问的是缓存，没有在日志中留下记录，所以原始日志也有无法准确反映用户访问的情况。

8.4.3 流量统计分析基础

网站流量分析是个宝藏，它不仅能告诉站长网络营销的结果，还能揭示原因。流量分析也是门很深的学问，涉及内容广泛，限于本人水平和篇幅，不能在本书中详细介绍。建议感兴趣的读者参考下面这两个博客学习。

- 宋星的"互联网分析在中国"：http://www.chinawebanalytics.cn/，深入分析网站流量，语言通俗易懂。
- Google 员工、GA 专家 Avinash Kaushik 的博客：https://www.kaushik.net/avinash/，这是最好的流量分析博客，可惜是英文的，而且是比较晦涩难懂的英文。

本节主要以 Google Analytics（GA）为例，简单介绍与 SEO 最相关的几个流量分析指标。

1. 用户数（Users）

用户数指的是在某段时间内访问网站的实际人数。在 GA 中,选择"受众群体－概览"

菜单，默认显示就是用户数，如图 8-7 所示。

图 8-7　用户数

GA 这种基于统计代码的软件一般是通过设置在用户设备中的 cookies 识别不同用户的，所以一台设备只对应一个实际访问人数，不管他访问了多少次。但也不能排除一台设备有多个人使用、用户删除 cookies、一台设备使用多个浏览器等情况，这些都将使用户数不会 100%准确。

基于日志文件的统计服务一般是以 IP 地址识别不同用户的，一个 IP 地址对应一个用户。通常我们说网站流量是多少个独立 IP，指的就是这个数字。但独立 IP 也不能与独立用户完全对等，比如公司局域网内的所有用户可能只记录下一个共用 IP 地址。所以没有方法能使用户数 100%准确，基本准确和了解变化趋势对 SEO 人员就足够了。

2. 会话数（Sessions）

会话数指的是某段时间内网站被访问的总人次。大致相当于以前 GA 版本中的访问数（Visits）。在 GA 受众群体概览页面，点击"会话数"，如图 8-8 所示。

会话数通常高于用户数，因为有些人会多次访问同一个网站，虽然会话数被计算为两次、三次，但只被计算为一个用户。如果某个用户今天访问网站，明天又来访问，将被计算为两个会话数。用户在网站上超过 30 分钟没有进行任何活动（GA 的定义，其他服务可能定义不同时间），也将被重新计算为新的会话数。但用户数和会话数通常是成比例、趋势相同的。

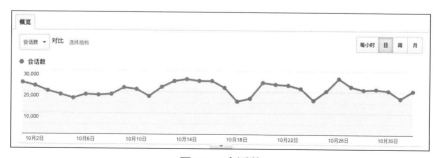

图 8-8　会话数

用户数、会话/访问数是网站流量最重要的指标，体现了网站推广的总体效果。流量分析软件都可以按时间显示，比如每天或每星期的用户数和会话数。很多软件还可以通过图表方式显示，更加直观。

在进行了某项营销活动后，检验效果如何的第一个指标就是看活动所带来的用户数和访问量。比如网站被名人在微博推荐或哪怕提到一下，经常会带来访问数的急剧提高，但通常在一两天内又会下降到和以前差不多的水平。通过访问数的变化及趋势，就可以看出营销活动的大致效果。

访问量的变化有时与营销活动无关。如图 8-8 所示，每到周末访问量都会降低，很多网站都是如此。春节期间中文网站流量下降更大。有些网站的主题是与季节或时间相关的，呈现流量起伏十分正常，不一定能反映出营销活动的成功或失败。

3．浏览量（Pageviews）

浏览量也可以称为页面访问数，指的是在某段时间内被访问的页面总数，如图 8-9 所示。这就是站长谈论流量时经常提到的 PV，英文 Pageviews 的缩写。PV 是网站卖显示广告时的重要依据。

通常用户访问网站时会访问不止一个页面，所以浏览量会比用户数和会话数高，但二者大致上也是成比例的。

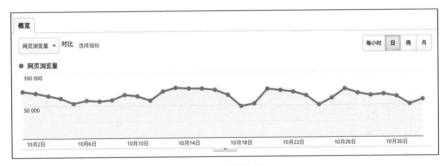

图 8-9　浏览量

4．每次会话浏览页数（Pages/Session）

每次会话浏览页数就是浏览量除以会话数，也就是用户每次访问网站时平均看了多少个页面，所以也可以称为平均页面访问深度（每次会话浏览页数）。如图 8-10 中深蓝色曲线所示，案例网站的平均页面访问深度是 3.03，也就是说用户来到网站后，平均看了 3.03 个网页。

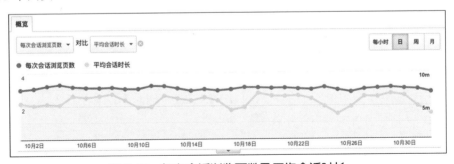

图 8-10　每次会话浏览页数及平均会话时长

每次会话浏览页数代表了网站的黏度。一般而言，网站质量越高，黏度越高，用户看的页面越多，每次会话浏览页数也就越高。

每次会话浏览页数和网站类型也直接相关。最典型的情况是，论坛、社区类网站通常黏度很高，平均页面访问深度也比较高，常常达到十几页以上。

不同流量来源的每次会话浏览页数也不同，说明不同流量来源的质量有区别。这在后面的流量来源部分还会提到。

与每次会话浏览页数密切相关的另一个数据是平均会话时长，如图 8-10 中浅蓝色曲线所示，也是网站黏度的表现，其基本上与每次会话浏览页数是成正比的，当然，与页面内容长短也有很大关系。从图 8-10 看到一个有意思的现象，虽然每次会话浏览页数起伏很小，但周末平均会话时长会降低很多，从工作日的 6 分多钟，降到周末的 4 分多钟。用户周末还是看 3 个左右页面，但看得没那么认真了。这些用户特征肯定是因网站而异的，游戏网站可能就反过来了。

5. 跳出率（Bounce Rate）

浏览者来到网站，只看了一个网页，没有点击页面上的任何链接就离开，称为跳出。这些只查看了一个页面的访问占总访问数之比就是跳出率，如图 8-11 所示。

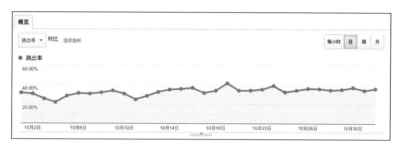

图 8-11　跳出率

跳出率是判断网站是否满足用户需求的重要指标。如果大部分用户来到网站，只打开一个网页，再也没有点击其他链接、查看其他网页就离开，很可能说明网站的易用性很差，用户不知道下一步该做什么，或者内容很不相关，无法吸引用户继续看其他页面，也可能页面打开很慢，用户等不及就跳出了。图 8-11 所示例子，平均跳出率是 33%，且还在平稳上升中，这是个不好的讯号，需要对内容质量、页面用户体验等方面进行检查。

跳出率与网站类型及行业有很大关系。比如博客跳出率经常达到百分之六七十，因为很多博客用户是来看最新文章的，看完以后就离开，所以博客跳出率偏高是普遍现象。

如果一个普通信息类网站或电子商务网站跳出率达到 60%左右，这是一个非常值得注意的警讯，应该研究到底哪些页面跳出率高（GA 等流量分析工具都有显示），以及为什么如此。找出高跳出率页面的问题，修改页面内容、设计，实际上是在解决用户体验问题，而用户体验是近年搜索引擎一再强调的有利于 SEO 的因素。

6. 流量来源（Traffic Sources）

所有的流量分析软件都会清楚地显示主要流量来源所占的比例，各自的流量细节以及随时间的变化趋势。最常见的三种主要流量来源是：直接访问、点击流量、自然搜索流量，如图 8-12 所示。

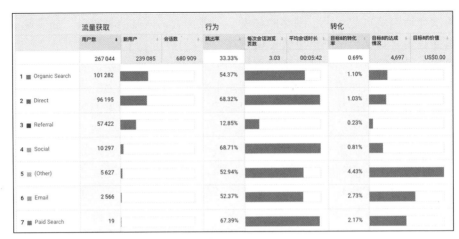

图 8-12 流量来源

直接访问（Direct），指的是用户通过存在浏览器里的书签或直接在浏览器地址框打入网址等直接方式访问网站。直接流量在一定程度上代表了网站忠诚用户的数量，因为只有用户觉得网站对他有帮助，才有可能存入书签或记住域名。

第二种是来自其他网站的点击流量（Referral），也就是网站链接出现在其他网站，用户点击了链接后访问网站。点击流量可能是其他网站、博客、论坛等有人提到你的网站，也可能是站长自己在其他网站购买的网络广告、交换链接等。GA 还单独列出了 Social 来源，也就是来自社交媒体网站的流量，其实这部分传统上也属于点击流量。

第三种是 SEO 最关心的自然搜索流量（Organic Search），也就是用户在百度、Google等搜索引擎查询关键词后，点击搜索结果访问网站。自然搜索流量代表了网站的 SEO 水平。

根据跟踪代码参数的不同设置，GA 还可能列出其他流量来源，如 Email（来自邮件营销的流量）、Paid Search（付费搜索流量）、Affiliate（来自联署计划的流量）、Other（GA无法辨认来源的其他流量）等。

网站各流量来源占比因站而异。一般来说，网站越有名，直接访问流量越多，也就越安全。自然搜索流量比例过高，虽然在一定程度上说明 SEO 做得不错，但其实是很危险的，尤其对商业网站，搜索引擎算法的微小改变都可能对一个严重依赖自然搜索流量的网站造成致命打击。如果自然搜索流量超过 50%，建议认真考虑分散流量来源问题，加强品牌建设、广告、社交媒体运营等。

7. 着陆页（Landing Pages）

指的是用户来到网站时首先访问的那个页面，或者说进入网站的入口页面，如图 8-13所示。

用户进入网站，虽然很大一部分是从首页开始浏览的，但也有一部分用户是从栏目页或具体内容页进入的，尤其是大中型、长尾做得好的网站。带来流量最多的着陆页面通常就是网站上最吸引用户、最受欢迎的内容，流量可能是来自搜索引擎，也可能是其他网站的推荐链接。

SEO 人员可以检查排在前面的着陆页面是不是计划中专门优化的重点页面？表现好的页面有什么共通之处可以应用到其他页面？着陆页面的关键词是不是页面的目标关键词？

图 8-13　着陆页

8. 转化（Goal Conversion）

排名、流量都是手段，不是目的，转化才是网站存在的目的。如 8.2 节中所讨论的，确定合适的网站目标后，还需要记录每一次转化，统计转化数据，改进网站易用性、销售流程等，从而提高转化率。GA 等流量分析服务可以完成简单的转化跟踪、统计，设定一个网站目标完成页面，用户访问了这个特定页面，就计算为一个转化，如图 8-14 所示为网站目标转化。

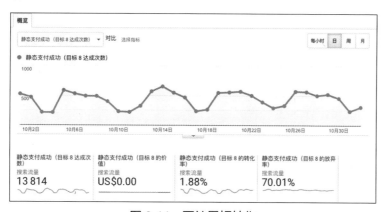

图 8-14　网站目标转化

例如电子商务网站，每当有用户来到付款确认完成页面，流量分析系统都会记录网站目标达成一次。以订阅电子杂志为网站目标时，每当有用户访问订阅确认页面或感谢页面，流量系统就记录网站目标达成一次。

GA 还可以列出不同流量来源、不同着陆页、不同用户等细分的转化率，这是非常重要的统计数字。前面提到的黏度指标如跳出率、平均会话时长、平均页面访问深度等，虽然在一定程度上说明了流量质量，但是都没有最终的转化数据更能表明其商业价值。高转化率的流量来源或关键词不一定就是黏度最高的来源或关键词，比如一部分忠实用户经常访问网站，却不一定有购买行为。

转化数据结合访问数、平均每单销售额和利润，可以较为准确地计算出各种流量来源、关键词的价值，这就为进一步扩展 SEO、购买广告及 PPC 广告定价等奠定了基础。

上面讨论的只是几个 SEO 必须了解的最基础概念，实际工作中的流量分析要复杂、有趣、有意义得多。GA 的功能也非常强大，除了左侧主菜单列出的从受众群体、流量获取来源、用户行为、网站内容、转化等各个角度分析流量，每个功能还可以各种维度显示、流量细分、排序、条件过滤、数据对比、时段选择等。流量分析是个金矿，有了 GA 这类强大工具的辅助，就能发现网站各种各样的问题。

8.5 策略改进

研究记录 SEO 数据，除了能验证 SEO 效果、为其他部门提供数据，更重要的是能发现问题、改进 SEO 策略。不同网站可能遇到的情况和问题千差万别，通过效果监测发现问题并没有一定的套路，SEO 人员必须深入研究数据，积累经验。下面列举一些常见到的情况。

8.5.1 收录是否充分

最简单的是查询总收录数，与网站实际页面总数对比。但是发现收录不充分，不一定能发现问题所在，还要进一步分析。

首先要检查原始日志文件，查看没有收录的页面有没有被抓取过？如果根本没有抓取，说明网站链接结构有问题，或域名权重太低。如果页面被抓取过，但不被收录，说明页面本身有质量问题。

有时候用户和站长自己访问网站看不出什么问题，但搜索引擎访问会发现问题。除了查看日志，百度资源平台和 Google Search Console 都显示抓取错误的数据，如图 8-15 所示，百度蜘蛛抓取时出现了大量服务器错误，那就要技术部门排查一下百度给出的示例 URL 为什么经常出现 50×错误。

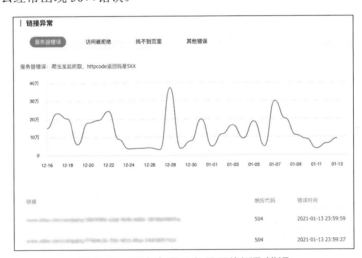

图 8-15　百度资源平台显示的抓取错误

通常 SEO 人员还需要进行深入研究，到底哪个部分收录不充分？还是整个网站所有分类收录都有问题？如果所有分类收录比例都很低，则重点考虑以下可能性。

- 域名权重过低，建设一些高质量外链。

- 网站导航系统有技术问题，内页缺少抓取入口。
- 存在大量复制内容或低质量内容，搜索引擎认为没必要收录。
- 服务器性能、带宽问题，用完了抓取份额。

大中型网站经常遇到的另一种情况是，部分分类的收录情况不错，另外一部分则存在问题。发现到底哪些分类收录不充分，才能检查是否因为链接结构有问题，导致指向这些分类的内部链接太少？是否需要给收录不充分的分类建立外部链接？有问题的分类在内容和页面优化上有什么与其他分类不同的地方？有问题的分类是否内页过多，需要进一步分类？

对收录不充分的分类，还可以检查一下列表及其翻页页面是否被抓取和收录？列表页没有收录，最终页就缺少抓取入口，那么翻页链接设计是否合理？如果列表和翻页收录充分，最终页链接有没有问题？是否有妨碍抓取的脚本、跟踪码之类的东西？最终页URL 有没有静态化？是否过长？最终页内容质量是否不高？比如大量重复或类似的产品？

大中型网站 Sitemap 提交和百度的 API 提交有一定帮助，但是否收录主要还是靠内容质量和网站链接结构。

8.5.2 哪些页面带来搜索流量

在 GA 着陆页菜单选择搜索流量细分，或者在自然搜索流量菜单选择着陆页维度，都可以看到哪些着陆页面带来了搜索流量，如图 8-16 所示。

图 8-16　自然搜索着陆页

观察带来搜索流量的着陆页是否符合预期？重要页面、查询量大的关键词对应的页面、热门新闻或产品页面是否带来了应有的流量？如果没有的话，为什么？是没有排名，还是标题写得不好，不能吸引点击？

各个栏目/分类是否表现不均衡？流量不好的栏目/分类是否需要增加内链？还是内容不够丰富？有什么不在规划中的页面带来了不错流量？为什么会有流量？是长青内容还是突发事件？是否需要添加相关内容的栏目？还是迅速组织专题？

着陆页分布有什么异常的地方？如图 8-16 所示的自然搜索着陆页，为什么首页搜索流量占了 83%？除非是单页面网站，不然这是不正常的。是网站页面数太少？还是导航结构有重大问题？还是内页收录有问题？图 8-16 所示的网站，经检查发现，部分栏目内页没放统计代码。

在图 8-16 的 GA 自然搜索着陆页数据中，次级维度选择"来源/媒介"，进一步显示出流量来自哪些搜索引擎，如图 8-17 所示，如果与搜索引擎市场份额比例相差过大，可能需要研究一下特定搜索引擎的排名算法。

图 8-17　着陆页流量来自哪些搜索引擎

8.5.3　检查流量细节指标

流量分析系统除了显示流量来源数量、比例，还显示流量数据细节，包括跳出率、平均会话时长、平均页面访问深度、转化率等，如图 8-18 所示的自然搜索流量按来源列表显示的质量细节。

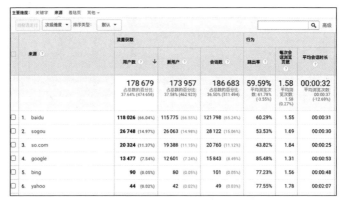

图 8-18　自然搜索流量按来源列表显示的质量细节

如图 8-18 中所示，从流量数量看，百度占比最大，带来自然搜索流量的 66%。从流量质量来看，360（so.com）搜索最高，跳出率低，访问深度高，但访问时间稍短。当然，这不能说明 360 搜索流量总是质量最高，要看具体网站和行业。

点击流量数据也不一定代表来源网站本身的质量，更多地显示带来的流量相关性高低。有的时候某个网站本身质量非常高，但由于链接文字的误导性，或者设计方面的误导性，用户很容易点击链接来到另一个网站，实际上有一部分用户是误操作。这样的流量对目标网站来说相关性将大大降低，跳出率一定升高。

流量数据如果显得不正常，进一步挖掘后，经常能发现一些在网站本身不可能看到的问题。如图 8-19 是我的博客“SEO 每天一贴”2020 年 10 月的流量分布。

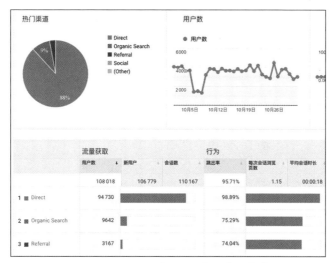

图 8-19　“SEO 每天一贴”流量分布

直接访问流量占总流量 88%，且每天有 3000 以上用户直接访问，对一个小众技术博客来说，这是不大可能的。而且时间曲线还显示，中间有几天直接访问流量莫名其妙消失了。

查看一下直接访问流量按着陆页列表的细节，如图 8-20 所示为流量数据显示的负面 SEO 攻击，可以看出问题所在。除了首页直接访问，栏目页也有大量直接访问，这是很罕见的。再看流量质量，跳出率全部 99%以上，访问深度基本上只有一个页面，访问停留时间 0～2 秒，显然，有人在负面 SEO 攻击我的博客，大量模拟访问，迅速跳出，意图误导搜索引擎认为我的博客完全不受用户欢迎，从而导致降权。

过去五六年，这种负面 SEO 攻击几乎是不间断的。这也是为什么本章的 GA 流量抓图大部分不再像前 3 版那样用“SEO 每天一贴”为例了，因为数据被污染了，看起来很怪异。

主要维度：着陆页　其他

绘制选定行　次级维度　排序类型：默认

着陆页	流量获取			行为		
	用户数	新用户	会话数	跳出率	每次会话浏览页数	平均会话时长
	94 730 占总数的百分比：87.70% (108 018)	94 605 占总数的百分比：88.60% (106 779)	95 478 占总数的百分比：86.67% (110 167)	98.89% 平均浏览次数：95.71% (3.32%)	1.04 平均浏览次数：1.15 (-9.50%)	00:00:07 平均浏览次数：00:00:18 (-59.48%)
1. /	7007 (7.38%)	6871 (7.26%)	7451 (7.80%)	89.85%	1.43	00:01:19
2. /services/	1779 (1.87%)	1774 (1.88%)	1783 (1.87%)	99.78%	1.02	00:00:01
3. /service/	1682 (1.77%)	1682 (1.78%)	1682 (1.76%)	100.00%	1.00	00:00:00
4. /wechat/	1671 (1.76%)	1667 (1.76%)	1671 (1.75%)	99.76%	1.00	00:00:01
5. /internet-web/	1649 (1.74%)	1649 (1.74%)	1649 (1.73%)	100.00%	1.00	00:00:00
6. /google/	1644 (1.73%)	1642 (1.74%)	1646 (1.72%)	99.09%	1.03	00:00:02
7. /baidu/	1598 (1.68%)	1593 (1.68%)	1599 (1.67%)	99.31%	1.01	00:00:02
8. /gg/	1557 (1.64%)	1556 (1.64%)	1559 (1.63%)	99.42%	1.01	00:00:02
9. /about/	1535 (1.62%)	1532 (1.62%)	1535 (1.61%)	99.61%	1.02	00:00:02
10. /blackhat/	1529 (1.61%)	1529 (1.62%)	1529 (1.60%)	99.87%	1.00	<00:00:01

图 8-20　流量数据显示的负面 SEO 攻击

被负面攻击是特殊情况，研究流量数据更多的是为了发现其他问题。比如，自然搜索流量先按着陆页列表，再按跳出率排序（默认是按用户数排序），为了减少着陆页流量太低带来的偶然性，还可以设置过滤器只显示有一定访问量的页面，比如 20 个用户数以上，如图 8-21 所示。然后仔细观察排在前面的这些有一定流量、高跳出率的页面有什么内容、用户体验或技术问题？有没有共性？解决了这些页面的问题，就可以显著降低网站整体跳出率，还能留住用户。

主要维度：关键字 来源 **着陆页** 其他

绘制选定行 | 次级维度 | 排序类型：默认 | 已启用高级过滤器

着陆页	流量获取			行为	
	用户数	新用户	会话数	跳出率 ↓	每次会话浏览页数
	178 679 占总数的百分比: 37.64% (474 658)	153 586 占总数的百分比: 33.18% (462 923)	162 607 占总数的百分比: 31.79% (511 494)	59.59% 平均浏览次数: 61.78% (-3.55%)	1.58 平均浏览次数: 1.58 (0.27%)
1. [illegible]	27 (0.02%)	27 (0.02%)	27 (0.02%)	**100.00%**	1.00
2. [illegible]	21 (0.01%)	21 (0.01%)	21 (0.01%)	**100.00%**	1.00
3. [illegible]	23 (0.01%)	23 (0.01%)	23 (0.01%)	**100.00%**	1.00
4. [illegible]	29 (0.02%)	29 (0.02%)	29 (0.02%)	**100.00%**	1.00
5. [illegible]	21 (0.01%)	21 (0.01%)	21 (0.01%)	**100.00%**	1.00

图 8-21 有一定流量、跳出率高的自然搜索着陆页

8.5.4 哪些关键词带来流量

另一项 SEO 们分析流量时最关注的数据是自然搜索流量按查询关键词细分，如图 8-22 所示为本书第 3 版举例用的自然搜索流量按关键词细分抓图，从中可以清楚看到带来搜索流量的是哪些关键词。

关键字	流量获取			行为		
	会话 ↓	新会话百分比	新用户	跳出率	每次会话浏览页数	平均会话持续时间
	18 033 占总数的百分比: 63.79% (28 268)	77.98% 网站平均值: 80.47% (-3.09%)	14 062 占总数的百分比: 61.82% (22 747)	59.55% 网站平均值: 64.18% (-7.22%)	2.34 网站平均值: 2.17 (7.77%)	00:02:02 网站平均值: 00:01:47 (13.99%)
1. seo	**6 220** (34.49%)	77.12%	4797 (34.11%)	53.04%	2.34	00:01:48
2. zac	**953** (5.28%)	68.21%	650 (4.62%)	36.20%	3.56	00:03:50
3. (not provided)	**852** (4.72%)	81.46%	694 (4.94%)	63.97%	2.19	00:02:06
4. seo优化	**622** (3.45%)	86.33%	537 (3.82%)	57.88%	2.09	00:01:42
5. seo每天一贴	**560** (3.11%)	70.36%	394 (2.80%)	34.64%	3.41	00:02:47
6. seo每日一贴	**250** (1.39%)	59.60%	149 (1.06%)	27.60%	5.67	00:06:52
7. 智辉	**245** (1.36%)	71.43%	175 (1.24%)	33.06%	4.36	00:04:46
8. 博客营销	**165** (0.91%)	88.48%	146 (1.04%)	78.18%	1.56	00:00:39
9. 搜索引擎优化	**158** (0.88%)	91.14%	144 (1.02%)	68.99%	2.17	00:02:18
10. 点石互动	**126** (0.70%)	60.32%	76 (0.54%)	58.73%	2.52	00:02:10
11. seo是什么	**113** (0.63%)	89.38%	101 (0.72%)	73.45%	2.15	00:02:26
12. google seo	**101** (0.56%)	77.23%	78 (0.55%)	52.48%	2.53	00:05:02
13. seo技术	**99** (0.55%)	80.81%	80 (0.57%)	52.53%	2.59	00:02:19
14. seo博客	**87** (0.48%)	60.92%	53 (0.38%)	54.02%	2.37	00:02:21
15. seo培训	**82** (0.45%)	69.51%	57 (0.41%)	65.85%	1.90	00:01:20

图 8-22 自然搜索流量按关键词细分（第 3 版）

针对关键词的统计数字清楚显示出：

- 哪些关键词带来的流量最大？是否符合预期？
- 哪些关键词带来的流量黏度高，转化率高，对网站价值更大？
- 哪类主题的内容关键词多？对网站搜索流量贡献更大？
- 哪类关键词对实质收入贡献更大？
- 应该在哪类内容上花更多的时间？
- 哪些没有刻意优化的关键词反倒带来质量很高的流量？
- 同一个关键词在不同搜索引擎表现是否不同？怎样改进？
- 什么关键词是自己以前没有想到的却有了排名和流量？能否扩展？
- ……

可惜，如 8.4.1 节在说明原始日志时提到的，现在几乎所有搜索引擎的结果页面都不再传递关键词信息了，流量统计系统无法辨别流量来自什么查询词，所以关键词细分时绝大部分都显示为“not set”或“not provided”，如图 8-23 所示是现在的自然搜索流量按关键词细分的结果。

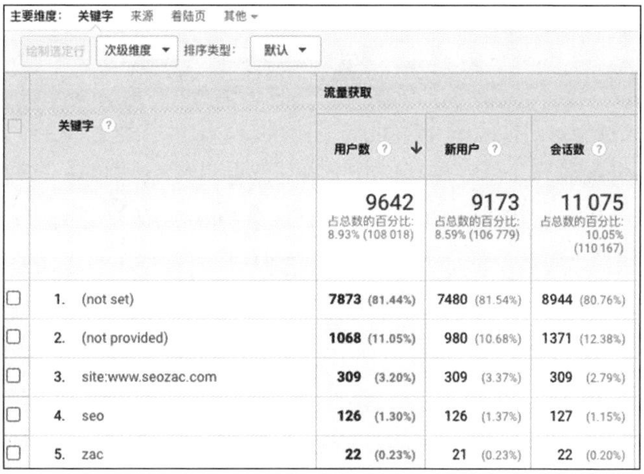

关键字	流量获取 用户数	新用户	会话数
	9642 占总数的百分比：8.93% (108 018)	9173 占总数的百分比：8.59% (106 779)	11 075 占总数的百分比：10.05% (110 167)
1. (not set)	7873 (81.44%)	7480 (81.54%)	8944 (80.76%)
2. (not provided)	1068 (11.05%)	980 (10.68%)	1371 (12.38%)
3. site:www.seozac.com	309 (3.20%)	309 (3.37%)	309 (2.79%)
4. seo	126 (1.30%)	126 (1.37%)	127 (1.15%)
5. zac	22 (0.23%)	21 (0.23%)	22 (0.20%)

图 8-23　自然搜索流量按关键词细分（现在）

现在要分析哪些关键词带来搜索流量，更主要的是依靠搜索引擎自己的站长平台，也就是百度资源平台和 Google Search Console 等。当然，这些平台只能显示自己搜索结果中的关键词数据。如图 8-24 所示百度资源平台的热门关键词列表。

前面列出的关键词数据要回答的问题，大部分从站长平台的热门关键词可以得到回答，但关键词流量的黏性和转化水平是看不出来的。站长平台的关键词列表给出的是用户在搜索结果页面点击之前（包括点击）的数据，点击之后的数据（转化、访问时间、访问深度等）只能在流量统计系统中寻找。

搜索引擎对日志、流量统计系统隐藏了关键词信息，等于把点击前和点击后的数据之间的联系切断了。现在想要了解关键词的黏性和转化率等情况，一个绕弯子的估算方法是，将关键词和页面进行匹配，然后以页面的质量数据替代关键词的质量。在如图 8-24 所示页面中，点击关键词右侧的“查看”链接，会显示这个关键词对应的排名页面，如图 8-25 所示为“SEO 技术”这个词的对应页面。

输入关键字				热门关键词	热门页面
关键词	点击量	展现量	点击率	排名	详情
seo技术	35506	1588862	2.23%	3.7	查看
seo是什么	30098	1239147	2.43%	6.5	查看
seo服务	16166	763054	2.12%	5.1	查看
百度seo排名	2581	42900	6.02%	6.4	查看
seo每天一贴	2124	151362	1.40%	5.8	查看

图 8-24　百度资源平台热门关键词列表

页面	点击量	展现量	点击率	排名
https://www.seozac.com/seo-tips/	33214	1484409	2.24%	3.8
https://www.seozac.com/	69	3302	2.09%	6.4
https://www.seozac.com/baidu/	0	11	0.00%	277.7
https://www.seozac.com/google/	0	2	0.00%	386.5
https://www.seozac.com/interviews/	0	1	0.00%	17
https://www.seozac.com/seo-tips/seo-guide-details/	0	1	0.00%	15

图 8-25　关键词对应的排名页面

虽然一个关键词经常对应多个页面，但一般只有一个是主要的，其他的要么排名很靠后，要么只是偶尔显示一下。然后在 GA 中查看百度自然搜索流量，用过滤器找到这个主要页面的流量数据，如图 8-26 所示，把这个数据当成关键词流量质量数据。

图 8-26　用页面流量质量代替关键词流量质量

一个页面的流量通常是多个关键词带来的，所以这种方法只能是近似，但目前也没有更好的方法查看关键词流量细节了。

另外，请读者注意看一下图 8-25 和图 8-26，两张图显示的是同一段时间（2020 年 12 月 17 日至 2021 年 1 月 15 日）的数据，为什么百度显示点击量 3 万多，GA 显示对应着陆页流量才 3000 多？即使考虑 GA 的不稳定性，这比例也相差太悬殊了。显然，有人在刷这个词的指数和快排，而且为了使数据看起来自然些，还顺带点击了我的页面。关于这些黑帽 SEO 方法，请参考第 9 章。

也有工具可以帮助恢复显示 GA 中的关键词数据，如 Keyword Hero 等。这些工具的基本思路也是"关键词 - 页面匹配"，但更为复杂，集成的不仅是 Google Search Console 和 GA，还有排名监控、Google Ads、谷歌趋势（Google Trends）等数据，还用到了人工智能算法。不知道国内有没有人考虑做个适用于百度的中文版本。

8.5.5 挖掘关键词

在第 3 章中也提到过，流量分析是发现新关键词的途径之一。在站长平台查看带来流量的关键词，除了预期中的目标关键词，还经常发现自己以前完全没想到的、五花八门的搜索词。其中与网站主题不相关，只是因为页面上偶然提到而来的流量可以置之不理。对那些与网站主题有一定相关度、以前却没发现的关键词，应该考虑是否可以增加这方面内容。把这些关键词输入关键词研究工具，查看还能生成哪些相关的关键词，如果搜索量足够大，甚至可以考虑增加栏目或专题。

在关键词列表中也经常可以发现限定词。如果某些限定词表现出一定的规律性，带来不少流量，可以考虑将这些限定词优化进相应页面。

结合 GA 数据，找到黏性、转化率高的关键词，就找到了应该投入更多链接、增加更多相关内容的关键词。如果有流量大、转化率低的词，也可能是个宝藏，要思考一下怎样更好满足用户需求。转化率不高可能是因为进入的对应页面内容质量存在问题，需要改进页面内容，也可能是用户体验不够好，没有引导用户完成网站目标。

8.5.6 其他搜索引擎流量

做中文网站时都关注百度，做英文网站一般只关注 Google，而忽视了其他搜索引擎，如 360、Bing、搜狗等。其实这些第二集团的搜索引擎有时也能带来不少流量。

随着 Yahoo!舍弃了自己的搜索技术，转用微软 Bing 数据，Bing 在英文搜索引擎市场也占据了一定份额。在中文领域，搜狗、360 也值得注意，它们可能可以带来百分之三四十的搜索流量。

如图 8-18 所示，某些中文网站在 360 的流量质量更高。

图 8-27 所示是某英文网站流量来源，可以看到，虽然 Bing、Yahoo!带来的流量不多，但它们的流量质量比较高，尤其是 Bing，用户黏性比 Google 稍高，但转化率比 Google 流量高出 41%。如果网站在 Bing 排名和流量表现比较差，流量比例远低于 Bing 市场份额，SEO 人员可能需要投入更多精力关注 Bing 的优化。在相同流量情况下，Bing 带来的转化及赢利可能远远高于 Google。当然，这种差别是因网站而异的，企业要查看自己网站的具体情况。

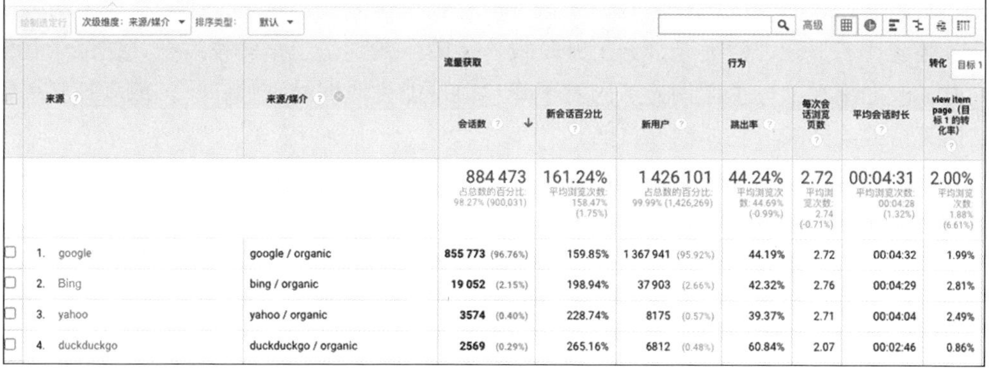

主要维度： 关键字 来源 着陆页 其他

次级维度：来源/媒介 排序类型： 默认 高级

来源	来源/媒介	流量获取：会话数	新会话百分比	新用户	行为：跳出率	每次会话浏览页数	平均会话时长	转化 目标 1：view item page（目标 1 的转化率）
		884 473 占总数的百分比: 98.27% (900,031)	161.24% 平均浏览次数: 158.47% (1.75%)	1 426 101 占总数的百分比: 99.99% (1,426,269)	44.24% 平均浏览次数: 44.69% (-0.99%)	2.72 平均浏览次数: 2.74 (-0.71%)	00:04:31 平均浏览次数: 00:04:28 (1.32%)	2.00% 平均浏览次数: 1.88% (6.61%)
1. google	google / organic	855 773 (96.76%)	159.85%	1 367 941 (95.92%)	44.19%	2.72	00:04:32	1.99%
2. Bing	bing / organic	19 052 (2.15%)	198.94%	37 903 (2.66%)	42.32%	2.76	00:04:29	2.81%
3. yahoo	yahoo / organic	3574 (0.40%)	228.74%	8175 (0.57%)	39.37%	2.71	00:04:04	2.49%
4. duckduckgo	duckduckgo / organic	2569 (0.29%)	265.16%	6812 (0.48%)	60.84%	2.07	00:02:46	0.86%

图 8-27　不同搜索引擎流量的转化率

8.5.7 长尾效果

对大中型网站来说，长尾流量往往占总流量的大部分。而网站是否达到应该有的长尾效果，靠检查排名很难确认，通常要从流量分析入手。

参考前面的图 8-24，在百度资源平台很容易统计到头部几个关键词流量占总搜索流量的比例。由于 SEO 行业的查询词已经被刷得一塌糊涂，图 8-24 中的具体数字已经没有参考意义。以前没被刷得这么厉害时，我的博客来自"SEO"和"ZAC"这两个词的流量就占了 40%，前十个关键词带来的流量超过总搜索流量的 50%。这说明我的博客远远没有长尾效应。原因主要在于博客规模太小，只有几百篇帖子。

对收录几十万、上百万的大中型网站来说，如果前 10 个关键词占到流量的 50%，说明关键词研究、网站内部链接权重分配和页面基本优化有重大问题，没有发挥出大型网站应有的潜力。

长尾效果也可以通过流量在着陆页面的分布查看，既可以看百度资源平台的热门页面列表，也可以看流量统计，如图 8-28 所示，前面提到的内页忘记放统计代码的网站，在所有页面放上代码后，数据就正常多了，但搜索流量首页占比 36%依然是偏高的。我个人的看法是，即使品牌查询量很大的网站，首页流量在 20%以下才是比较安全的。

图 8-28　首页流量占比偏高

8.5.8 关键词排名下降

从连续记录的关键词排名数据应该可以看到哪些关键词排名在下降。很多时候一部分关键词排名下降，而另一部分上升是很正常的，尤其是当下降幅度在几位或十几位之内时。但如果大部分关键词排名同时下降，很可能说明网站被惩罚了，或者搜索引擎算法的某个改动影响了整体网站排名。

遇到关键词排名整体下降时，通常建议先按兵不动一个月左右。有时候排名下降是因为搜索引擎算法的改变，搜索引擎还可能会继续微调算法，最终使排名恢复。

如果一到两个月后排名没有变化甚至下降更多，则需要研究下降后的位置被哪些网页占据，排在前面的有没有新出现的竞争对手，这些页面有什么特点，有没有共性，有哪些方面是与自己网站不同的。

8.5.9 发现链接伙伴

在 GA 中查看来自其他网站的点击流量，也是个很有意思、有时得到意想不到回报的工作，因为经常能看到自己从没听说过的网站，之所以会有点击流量过来，一定是对方链接到自己的网站，如图 8-29 所示，点击流量来源可能也是最好的链接来源。

主要维度： 来源 着陆页 其他

绘制选定行 次级维度 排序类型： 默认

来源	流量获取 用户数	新用户	会话数
	1750 占总数的百分比：0.60% (293 071)	1527 占总数的百分比：0.52% (292 154)	2150 占总数的百分比：0.72% (299 807)
1. lusongsong.com	279 (15.67%)	226 (14.80%)	319 (14.84%)
2. daohang.lusongsong.com	250 (14.04%)	218 (14.28%)	286 (13.30%)
3. link.zhihu.com	160 (8.98%)	153 (10.02%)	189 (8.79%)
4. zhizhu-t.com	149 (8.37%)	149 (9.76%)	149 (6.93%)
5. williamlong.info	73 (4.10%)	60 (3.93%)	80 (3.72%)
6. guxiaobei.com	51 (2.86%)	47 (3.08%)	79 (3.67%)
7. boke112.com	42 (2.36%)	35 (2.29%)	46 (2.14%)
8. 02516.com	38 (2.13%)	37 (2.42%)	38 (1.77%)
9. seo.com.cn	35 (1.97%)	28 (1.83%)	37 (1.72%)
10. baiyangseo.com	34 (1.91%)	27 (1.77%)	37 (1.72%)

图 8-29 点击流量来源可能也是最好的链接来源

访问对方网站，看看链接出现在什么地方，想想对方站长为什么会链接过来，是否因为对自己网站上的某类内容很感兴趣，在评论什么内容或功能，以及今后增加这方面内容是否能够吸引更多类似链接。有的时候也可以主动通过某种方式，如博客留言等，与对方站长增强联系，制造更多的链接机会。

8.5.10 寻找高性价比关键词

百度资源平台和 Google Search Console 都会列出关键词的平均排名，SEO 人员可以看看有哪些关键词能够通过最少的工作，获得最多的流量增长。

比如平均排名处于第 2 页最前面的关键词，只要稍微调整相应页面，或者增加几个外部链接，就有可能使这些页面进入第 1 页。我们从搜索结果点击率分布知道，第 2 页上的结果获得的点击远远少于第 1 页，而第 1 页 6～10 名获得的点击，又远远少于排在前 3 位的结果。第 2 页最前面和第 1 页 6～10 名就属于投资回报率比较高的，只要花不太多的精力，就有可能提高几位排名，获得数倍的流量。而排在第 7 页或第 8 页的页面，即使通过努力爬到第 3 页或第 4 页，也不会带来明显流量增加。

监测效果、流量分析、修正策略是个循环往复的过程。在每一次循环中，SEO 的思路和大致步骤是相同的。

- 监控、查询数据，了解网站收录和流量情况。
- 分析为什么会出现这种情况。
- 依据数据和分析结果，对未达预期的部分采取相应修正优化。
- 在数据中寻找以前未注意到的流量机会。

我个人觉得，流量分析是 SEO 过程中最有趣的步骤，经常会从数据中得到意想不到的发现。

8.6 SEO 实验

除了按部就班地执行优化，然后对结果进行监测，SEO 也经常需要主动进行 SEO 实验并监测效果，从而找到或确认对自己网站最有效的优化方法。网站情况千差万别，本书建议的方法未必是最适合你网站的方法，读者需要在学习思路的基础上结合自己网站的实际情况进行实验。

8.6.1 网络营销实验

相对于线下营销，网络营销的最大优势之一就是可以不停地进行实验，了解哪种营销活动最有效，进而优胜劣汰。网络营销实验具有以下两个特点。

（1）快速。很多时候是实时的，只要网站有足够流量，对转化率等用户行为的优化可以在几小时内看到结果。

（2）精确。网站表现的很多方面是可以用数据准确记录和比较的。

网络营销实验通常有两种基本方法：A/B 测试和多变量测试。有关详情，请参考我的另一本书《网络营销实战密码》中的相关章节，这里就不详细讨论了。下面的讨论假设读者对 A/B 测试和多变量测试已经了解。

作为网络营销方法的一种，SEO 同样可以进行实验，但 SEO 实验有特殊的问题和解决方法。

8.6.2 SEO 实验的难点

SEO 实验有两个不同于其他网络营销实验的难点。

一是以普通方法进行测试时，测试的变量与结果之间难以建立确定的因果关系。在网站上进行以转化率为主要目标的实验时，比如 A/B 测试购物车按钮颜色，A 组按钮颜色为红色，B 组为黄色，除此之外，页面没有任何其他区别。两组分别随机显示给 50% 的用户，如果结果是 A 组转化率高，我们可以断定原因就是红色按钮有利于提高转化率，因为没有别的变量。

SEO 实验则不同，设计不周密，我们将没办法 100% 确定搜索结果的变化就是测试变量引起的。可能引起搜索结果变化的因素太多了，可能是因为网站外链或权重变化了，可能是搜索引擎算法更新，也可能是竞争对手页面变化，而这些都不在 SEO 的控制范围内，甚至可能不在 SEO 能观察到的范围内。

二是时间长。上小节刚提到，网络营销实验的特点之一是快速，但这点经常不适用于 SEO 实验。页面修改后，要等搜索引擎抓取、索引、计算，实验结果什么时候体现在搜索结果中，我们无法预计，更无法控制，少则几天，多则几个月。有时候这是比较令人抓狂的，实验设计不合理的话，当搜索结果没变化时，我们不知道是因为测试变量没有引起变化，还是因为搜索引擎还没完成重新计算。

8.6.3　SEO 实验的设计

鉴于 SEO 实验的难点，SEO 实验设计时有以下几个需要注意的地方。

1. 多变量测试不适用

其他场合效率很高的多变量测试基本无法用于 SEO。多组页面版本，加上前面提到的无法控制的外部因素，将使变量与结果之间的关系乱成一锅粥，无法得到有意义的结论。而且搜索引擎蜘蛛相当于是一个不支持 cookie 的浏览器，怎样将页面不同版本返回给搜索引擎都是个问题。

2. A/B 测试的分组

SEO 实验可以使用 A/B 测试。分组方法与转化率优化实验不同。

进行转化率 A/B 测试时，最直接的方法有两个。一是同一个页面，第一天给用户看版本 A，第二天给用户看版本 B，统计转化数字，就可知道哪个版本更好。二是同一段时间，同一个页面，给 50%的用户看版本 A，另 50%的用户看到版本 B，同样可以知道哪个版本好。

显然，第一种方法完全不能用于 SEO，你不可能第一天给搜索引擎蜘蛛返回版本 A，第二天返回版本 B，搜索引擎可能就没看到第一天或第二天的版本。实验时间再长也没用，我们没办法确切知道搜索引擎结果什么时候会改变，改变又是哪个版本引起的。

第二种方法也无法实现。搜索引擎蜘蛛不支持 cookie，你将无法通过 cookie 保证一部分蜘蛛看到的是版本 A，另一部分看到的是 B。即使通过 IP 地址做到这一点，我们还是无法知道哪个版本在什么时候会引起搜索结果的哪个变化，无法建立不同版本与结果之间的对应关系。

所以 SEO 的 A/B 测试要这样分组：将网站一部分页面设为 A 组，另一部分设为 B 组。例如，要测试 Title 中出现一次关键词好，还是两次关键词好，可以将某个分类下的一部分页面设为 A 组，Title 中出现一次关键词，而将另一部分页面设为 B 组，页面 Title 出现两次关键词。

这样，外部因素（如外链、权重变化，算法更新等）将同时对两个组起同样作用，因而可以忽略。如果经过一段时间跟踪到 A 组页面排名不如 B 组，我们可以基本确认 Title 中出现两次关键词更好。

在规划 A/B 分组时，还要考虑下面这些问题。

（1）A/B 两组页面要尽可能相似。像前面提到的，都选择同一个小分类的页面。如果两组页面在不同分类下，就可能会引入其他变量，如关键词难度的不同、分类规模的不同、页面权重不同等。我们无法在同一个页面上做实验，但至少要在尽可能相似的页面上实验。

（2）实验页面原来的关键词排名要长期稳定，这样才能更确认排名变化是实验内容引起的。如果页面排名本来就一直上下起伏不定，观察结果就没有意义了。在这里，长期监测排名就起作用了。

（3）实验页面原来处于第二页的排名比较有利于实验。如果原本排名就在前三位，那可能页面改变什么都不足以引起任何变化。如果原本在第10页开外，任何未知因素的微小变化都可能引起排名的大幅波动。这两种情况都不利于判断实验结果。实验页面样本足够多，就可以抵消这类不准确性，但会增加统计工作量。

（4）SEO实验一定要从很小一部分页面开始做，千万不要一上来就在整个网站范围实施。比如，先在电视机分类下实验，然后扩展到照相机分类，再扩展到整个电器大类，等实验结论明确了，再在整个网站实施。这样其实也是在进行重复的实验，从而验证结果可靠性。

3. SEO实验的对象

网站结构和页面优化两章的很多内容可以拿来实验，比如：

- Title中出现几次关键词最好？
- Title长短对排名有没有影响？
- 增加相关产品链接是否能提高收录率和排名？
- 页面内容中有无图片对排名是否有影响？
- 图片ALT文字对排名有没有影响？
- 启用用户评论功能是否影响排名？

4. SEO实验的衡量指标

当然，最直观的、也是最首要的是看各种因素对关键词排名的影响。但排名不是唯一的指标。如果实验表明某种修改有利于流量提高，就算没有监测到明显的关键词排名提升，流量数据就足以支持将实验扩展到整站。如果某种修改既没有带来排名提高，也没有带来流量变化，但引起了用户体验提升，如访问深度提高，或是停留时间增加，那么毫无疑问也应该推广到整站。

第 9 章

SEO 作弊及惩罚

本书主要介绍正规 SEO 手法。本章简单介绍一些 SEO 作弊手法，以及可能带来的搜索引擎惩罚。

SEO 行业通常把作弊称为黑帽 SEO，把正规手法称为白帽 SEO。使用黑帽或作弊手法有时是因为站长不了解而无意中误用，也有很多时候是为了提高排名和流量而刻意使用。作弊经常导致网站被搜索引擎惩罚，甚至可能导致网站被完全删除。

9.1 白帽、黑帽、灰帽

在 SEO 行业，一些不符合搜索引擎质量规范的优化手法，也就是作弊的 SEO 手法，被称为黑帽，英文为 Blackhat。而正规的符合搜索引擎网站质量规范的优化手法就称为白帽，英文为 Whitehat。由于搜索引擎公布的质量规范和准则比较笼统，常常有各种解释的空间，那些不能被明确归入黑帽或白帽，介于两者之间的优化手法就被称为灰帽 SEO，英文为 Greyhat。

9.1.1 白帽、黑帽是风险度判断

虽然被称为"作弊"，但大部分黑帽 SEO 谈不上价值或道德判断，只是站长的一个风险度判断而已。很多黑帽手法只涉及 SEO 在自己的网站上进行超出搜索引擎规范的操作，并不直接影响其他网站。所以就算是作弊，也谈不上是道德问题。虽然 SEO 行业主流不提倡黑帽，但也并不是从价值观角度出发的。

黑帽 SEO 往往会导致网站被搜索引擎惩罚，站长需要自行判断：风险到底有多大？网站作弊可能带来的流量与可能的惩罚相比到底哪个更划算？对一个公司网站来说，能承受的商业风险有多大？网站被惩罚或删除对品牌和口碑影响有多大？公司必须事先做好判断。一般来说，正规商业公司是无法承受网站被删除这种后果的。

白帽 SEO 认为，用黑帽技术可以得到排名和流量，但是过不了多久网站就会被惩罚，或被封掉，又得重新去做另外一个网站。那么为什么不用白帽手段踏踏实实地做一个健康的、对人们真正有用、排名和搜索流量更长久的网站呢？

白帽网站不用担心会被搜索引擎封掉，站长也可以骄傲地说："这个网站是我的"。十年、二十年以后，这个网站还在给你带来流量和利润，何乐而不为呢？

但站在黑帽 SEO 的角度，他们也有他们的道理。很多黑帽 SEO 是使用程序自动生成或采集网站内容的，他们建立一个几万、几十万页的网站不费吹灰之力，只要放他们的蜘蛛出去抓取就可以了。就算过几个月网站被惩罚，也可能已经赚了一笔钱了，投资报酬率还是相当高的。

白帽 SEO 关注的是长远利益，至少是两年三年，甚至是十年八年以后的利益。只要你坚持认真做站，不使用作弊手段，坚持十年，如果不出大的意外，你的网站大概率会

得到很好的流量。有了流量，就有了赢利。十年以后，当你的网站有稳定赢利时，对搜索流量的依赖就小多了。你也不必每天花费大量时间在你的网站上，网站会自动带来源源不断的流量。

站在黑帽 SEO 的立场上，这种放长线钓大鱼的策略，即使很正确，有的人也不愿意这么做。认真建设网站经常是一件很无聊的事，需要写内容，做关键词研究，做流量分析，和用户交流沟通等。更何况要坚持几年！

黑帽 SEO 要做的就简单多了。买个域名，甚至可以就使用免费子域名，连域名都省了。主机也有很多免费的。程序一打开，放上百度联盟、Google AdSense 代码，到其他论坛或博客留言，这些留言也有可能是程序自动群发的，然后就等着收钱了。

黑帽 SEO 还有一个无法否认的论据是：你不能保证完全遵守搜索引擎的规则，就一定能在十年后得到一个有不错搜索流量的网站。谁知道搜索引擎什么时候会上线一个算法更新，让成千上万的白帽网站搜索流量剧降呢？

黑帽 SEO 短、平、快的赚钱方法，也有它的优势。

所以说，抛开道德观念不谈，黑帽 SEO 和白帽 SEO 的选择，更多的是对风险度的判断以及对生活方式和企业模式的选择。你是要花时间和精力建立一个长久健康的企业？还是轻松简单地赚一笔快钱，但是要冒很高的、随时被封站的危险？

要做黑帽 SEO，得在不影响其他人的前提下，同时自己对自己负责。

9.1.2　道德及法律底线

也有一部分黑帽手法超过了道德或法律的底线。比如在其他网站上大量群发垃圾留言，这就不仅是在自己网站上操作，而是直接影响到其他网站。轻者给其他网站带来删除垃圾的工作量，重者影响对方网站质量，这就已经属于不道德的范畴了，应该坚决反对。

再比如使用黑客技术攻入其他网站，加上自己的链接，还有常见的非法采集、抄袭别人内容，这都已经超过了法律底线，变成了违法犯罪行为，更是不能容忍。这是黑客，不是黑帽，更不是 SEO。

9.1.3　SEO 服务商的底线

在自己网站上使用黑帽手法是自己的事，被惩罚或删除也不能怪别人。若作为 SEO 服务商，在客户网站上使用黑帽手法，则需要非常小心。如果是竞争很强的行业，如果不尝试黑帽手法就没有效果时，必须事前清楚地告诉客户搜索引擎对黑帽手法的态度，以及黑帽带来的风险，由客户自行判断和取舍。只有在客户清楚风险并且能够承担后果的情况下，才能在客户网站上尝试黑帽手法。

国外已有 SEO 服务商在客户网站上使用黑帽手法，导致客户网站被惩罚，客户因而起诉 SEO 服务商的案例。甚至还有客户对服务不满意、不续约，黑心服务商删除客户网站数据，威胁让客户网站被搜索引擎惩罚、删除的，这可能已经涉及刑事案件了。

9.1.4　黑帽 SEO 的贡献

一些黑帽 SEO 人员对搜索引擎排名算法了解很深，技术也很高超。这类黑帽 SEO 在自己的网站上做实验，测试搜索引擎的底线，对所有 SEO 从业者都是不小的贡献。没有黑帽的探索和尝试，我们往往就不能明确知道哪些手法被搜索引擎接受，哪些会触及搜索引擎的底线。在这个意义上，不逾越道德和法律界限的黑帽对整个 SEO 行业并不是一件坏事，很多黑帽 SEO 在业内是很受尊重的。

9.1.5 承担风险，不要抱怨

虽然说很多黑帽 SEO 手法谈不上不道德，但搜索引擎肯定是痛恨黑帽的，因为黑帽降低了搜索结果的相关性和用户体验，动了搜索引擎的"饭碗"，属于必须严厉打击的范围。所以做黑帽被惩罚是正常的，甚至可以说，从长远来看是必然的。

在了解黑帽风险的基础上，如果自己使用了黑帽被搜索引擎惩罚，就不必抱怨，只能自己承担后果。

经常在论坛上看到站长抱怨自己网站排名下降，被搜索引擎惩罚甚至删除，站长感觉很无辜，认为搜索引擎没有原因就惩罚了网站。这种抱怨其实往往是误导，深入研究下去就会发现，被惩罚的原因恰恰是使用了被搜索引擎认为是作弊的手法。

举一个典型的、有喜剧效果的例子。2009 年 5 月 21 日，Google 英文帮助论坛里一个站长发帖，很"无辜"地表示自己被 Google 删除了所有网站。他列出了 5 个信息类网站，据他所说都是真正的、人工做的信息类网站，针对不同主题，没有一个是那种自动生成内容的垃圾网站。5 个域名，无一例外都是充满关键词的长域名。

站长感到很迷惑也很委屈，这是为什么？这不公平啊！

然后有人指出，这几个网站都有很大一部分是专门用来做友情链接交换的页面，所有这些网站互相交叉链接起来，形成链接农场。站长又很纯真地回答，我们这些交叉链接不是为了 Google PR 值和链接，因为我们早知道同一个 IP 上的交叉链接是没有用的。

又有人发现网站的一些页面有重复内容，最典型的就是隐私权政策页面。这倒不是什么大问题，隐私权政策本来就都差不多。这位站长严正声明，我们公司有政策，要求员工不可以抄袭内容，所以大部分内容都是原创的。

然后一位 Google 员工忍不住跳出来指出，这位站长网站上经常有类似这样的内容：

```
Every year, millions of people suffer from head injury symptoms. Most of these
are minor because the skull is designed to protect the brain. Most closed
head injury symptoms will usually go away on their own. However, more than
half a million head injuries a year, are severe enough to require
hospitalization.
```

而这些内容在其他网站上早就有了，只不过差几个字：

```
Every year, approximately two million people sustain a head injury. Most of
these injuries are minor because the skull provides the brain with
considerable protection — thus symptoms of minor head injuries usually
resolve with time. However, more than half a million head injuries a year are
severe enough to require hospitalization.
```

很显然，这位站长所谓的原创就是加减一些"的、地、得、可能、也许"之类的词，替换同义词、近义词，再更换段落顺序和语序。这就是国内 SEO 们耳熟能详的伪原创。但请记住，"伪原创"就已经表明了不是原创。

然后这个站长又不经意地提到，他的一个合作伙伴的哥哥，针对不同关键词做了很多所谓的原创内容网站，数量多达好几百个。

有人列出来一些这位站长的网站，点进去查看就知道是典型的单页面站群，只有一个页面，两三段文字，而且还是抄袭的，然后放上 Google AdSense 或联署计划链接，整个网站剩下的就是交换链接页面。刨去一页抄袭内容、广告和交换链接，就什么都没有了。

这位站长还是觉得很无辜，百思不得其解，提出一个最可爱的问题："有没有可能 Google 的工程师能跟我们当面谈一下，告诉我们原因是什么呢？不用 Google 工程师到我们这里来，我们愿意去 Google 拜访。"

我也尝试过查看几个站长抱怨被无故惩罚的中文网站，要么有作弊嫌疑，要么是无意义的内容抄袭网站，无一例外，本就不该有好的排名。

9.1.6　了解黑帽，做好白帽

在这里介绍黑帽，并且说黑帽不一定是不道德的事，并不意味着鼓励大家使用黑帽。恰恰相反，对一个正常的商业网站和大部分个人网站来说，做好内容，正常优化，关注用户体验，才是通往成功之路。

要做好白帽就必须了解黑帽都包括哪些手法，避免无意中使用了黑帽手法。我自己在刚开始接触 SEO 时，就曾经天真地使用过与背景颜色相同的隐藏文字，当时丝毫不觉得有什么不妥，完全不知道这在搜索引擎眼里是作弊。

有些黑帽手法风险相对较大，近乎"杀无赦"。只要被发现，网站一定会被惩罚或删除，比如恶意隐藏文字。有的黑帽手法风险要低一点，搜索引擎还会考虑网站的其他因素，惩罚比较轻微，也有恢复的可能，比如关键词堆积。

做白帽就要花更多时间和精力，而且并不能保证一定能做出一个成功的网站。但相对来说白帽更安全，一旦成功，网站就可以维持排名和流量，成为一份高质量资产。

黑帽手法常常见效快，实施成本低。问题在于被发现和惩罚的概率很高，而且会越来越高。一旦被惩罚，整个网站常常就不得不放弃了，一切要重新开始。长久下去，很可能做了几年后，手中还是没有一个真正高质量、能被称为资产的网站。

9.2　主要 SEO 作弊方法

9.2.1　隐藏文字（Hidden Text）

隐藏文字指的是在页面放上用户看不到，但搜索引擎能看到的文字。当然，这些文字是以搜索排名为目的，所以通常包含大量关键词，意图提高关键词密度和文字相关性。有时隐藏的文字与可见页面内容无关，目的是希望与本页面无关但搜索次数高的热门关键词能有排名和流量。

实现隐藏文字的方法有多种。比如，文字与背景颜色相同，页面背景设置为白色，文字也设置为白色。这是最简单的方法，也是最容易被检测出来的方法。

经过改进后，有的作弊者把文字放在一个图片背景上，而图片就是一个单色图案，与文字是同一个颜色，比如白色文字放在白色图片上。由于搜索引擎通常不会也不能读取图片内容，就可能无法判断这是隐藏文字。

有的时候作弊者也使用相近颜色。比如，背景颜色是纯白色，HTML 代码是#FFFFFF，文字设置为非常非常浅的灰色，比如使用#FFFFFD。这样，搜索引擎读到的颜色代码是不同的，但用户靠肉眼其实分辨不出这两种颜色的区别。

使用微小文字也可以实现隐藏文字，比如把文字大小设置为一个像素，这样用户在页面上是看不到这些文字的。

还有的黑帽使用样式表隐藏文字，这种方式近几年更为流行。通过 CSS 文件把文字定位到不可见区域，比如文字放在屏幕左边或右边很远的地方：

position:absolute；

margin-right:-100000px；

这样用户在正常情况下是看不到这些文字的。或者把文字放在不显示的层上：

<div style="display: none">隐藏文字</div>

用户正常情况下很难发现隐藏文字，但可以查看 HTML 源代码，有的隐藏文字可以通过按 Ctrl+A 键，选择页面上所有文字就可以看到。对搜索引擎来说，有些隐藏文字确实很难通过程序检测出来。但是一旦用户或竞争对手举报，人工审查就很简单了。隐藏文字是一旦被发现通常就会被惩罚的、风险较大的黑帽手法。

有一点要注意，隐藏文字指的是用户无论在页面上做什么正常浏览操作都看不见的内容（除非看源代码、Ctrl+A 这种非浏览行为），但如果页面刚打开时用户看不见，点击一下就能看见了，则不算隐藏文字。比如选项卡（Tab）下的内容，页面刚打开时只显示默认 Tab 下的内容，用户点击其他 Tab 自然就看到其他内容了。再比如现在移动页面常见的为节省版面的"显示更多+"按钮，用户点击后打开更长内容。这都属于正常排版，不是隐藏文字。

9.2.2　隐藏链接（Hidden Links）

与隐藏文字相似，隐藏链接就是用户看不到，但搜索引擎能看到的链接。实现方法与隐藏文字也相似。

隐藏链接可能是站长在自己网站上链接到自己的页面。更常见的是黑入其他网站，加上指向自己网站的隐藏链接。这样，被黑的网站站长看不到链接，被发现和删除的可能性就会降低。

隐藏链接属于明确的作弊，但是在判断谁应该被惩罚上有一定难度。假设 A 网站上有隐藏链接连到 B 网站，那么搜索引擎是该惩罚 A 网站还是 B 网站呢？如果因为 A 网站上有隐藏链接而惩罚 A 网站，但其实可能是 B 网站黑进了 A 网站加上的链接，A 网站本身是无辜的。如果因为隐藏链接惩罚 B 网站，但也可能是 A 网站甚至是第三方恶意陷害 B 网站。

这时候对搜索引擎来说，比较保险的方法是使隐藏链接效果归零。另外配合网站上出现的其他作弊模式进行判断，在有确切证据证明网站作弊的情况下，还是可能给予惩罚。

9.2.3　垃圾链接（Link Spam）

所有主流搜索引擎都把外部链接当作排名的主要因素之一，而从其他网站获得自然链接又不是一件容易的事，垃圾链接就应运而生了。

垃圾链接通常是指站长为了提高排名，在任何可以留言的网站留下自己的链接，比如开放评论的博客、留言板、论坛，文章带有评论功能的网站，社交媒体网站等。

与正常留言不同的是，垃圾留言常常有两个明显特征。一是留言与原本的帖子或文章主题毫无关系，只是为了留下链接而留言。我们经常看到博客留言里有"非常同意""不错"之类毫无意义的话，很大一部分是垃圾链接。有的垃圾留言貌似有内容，其实是放哪都行的一句话，如"确实，现实就是这样的"之类。还有的垃圾留言是从前面留言抄的，站长不可能记得所有留言，一不小心就通过了。

第二个特征是，留下的链接中锚文字常常是目标关键词。这也就是为什么在博客评论中经常看到把自己称为"加湿器""起重机""深圳搬家""注册公司"等的留言，其目的都是为了这些关键词的排名。正常的、有礼貌的留言者应该留下自己的真实姓名或网名，而不是这些垃圾关键词。

很多时候垃圾留言是通过群发软件完成的，网上还有不少人在出售这种群发软件。

垃圾链接判断对搜索引擎来说并不难。使用过 WordPress 防垃圾评论插件 Akismet 的人都会注意到，Akismet 插件判断垃圾留言的准确率相当高。Akismet 系统会根据留言特征判断是否垃圾留言和链接。

- 留言字数。很多垃圾留言往往只是"好文章""说得不错""顶"之类的话。这种短小而又没什么意义的文字，会增加被过滤的可能性。
- 链接数量。一段留言包含一个链接是正常的，包含几个链接，还排在一起，就值得怀疑了。
- 是否包含常见垃圾关键词。大量使用垃圾留言的经常聚集于某些特定关键词，如前面提到的"加湿器""起重机""深圳搬家""注册公司"之类。物以类聚，人以群分，这句话在 SEO 中也适用。
- 链接指向的网站是否在黑名单中。反垃圾软件会收集垃圾网站及 IP 地址。一旦上了黑名单，留言就直接被过滤掉了。
- 人工过滤。博主可以在 WordPress 后台人工删除没有被自动识别出来的垃圾留言，被很多博主人工删除的网站离黑名单就不远了。

搜索引擎比反垃圾插件的数据掌握和判断力无疑更强。除了上面提到的留言本身特征，搜索引擎还可以同时看到多个页面、多个网站的数据。

- 留言的时间关系。比如同一个博客几秒钟内在不同帖子下出现同一个网站的留言链接，这肯定不正常。或者同一个网站的垃圾链接在几乎同一时间段出现在多个博客上。单个博客作者看不到这些信息，但搜索引擎检测到这些数据易如反掌。
- 博客帖子的存在时间。如果博客帖子已经是两年前的，而且一年半没有新留言了，冷不丁冒出一个留言，这多少也有点可疑。
- 留言相关性。搜索引擎可以通过语义分析判断留言与博客帖子是否有一定的相关性。群发软件留下的垃圾，通常是一些没什么意义，放在哪儿都看似读得通，其实不知所云的话。
- 多个博客留言模式。群发软件会同时往大量博客发垃圾，而且留下的域名及留言内容都一样或相似，这种模式会引起怀疑。

- 垃圾链接出现的速度。与真正的读者留下的有意义的留言不同，群发软件是快速留下大量链接，搜索引擎也可以检测到这一点。
- 语言不同。在一个中文博客发大量俄语留言有什么意义？同样，除非是讨论时事，不然到英文网站发大量中文评论有多大概率会被当作正常呢？

垃圾链接的效果是非常值得怀疑的。有的 SEO 看到一些网站排名很好，检查外部链接后发现大部分链接是垃圾链接，就认为垃圾链接还是很管用的。其实，造成网站排名不错的很可能是其他少量的、不易被发现的高质量链接。

对搜索引擎来说，通常最简单的处理方法是直接忽略，把垃圾链接效果归零。因为垃圾链接而惩罚网站则比较谨慎，这些垃圾留言既可能是站长自己留下的，也可能是竞争对手恶意陷害。

9.2.4　买卖链接（Paid Links）

自然获得外部链接非常困难，需要大量高质量内容、创意，付出大量时间、精力。链接建设是 SEO 最难的部分之一。

相比之下，用钱买链接就显得比较简单，直截了当。不过，为了排名而买卖链接是所有搜索引擎深恶痛绝的。

百度最早公布的绿萝算法就是打击买卖链接双方及中介网站的。2009 年 2 月，Google 不惜挥刀自宫，将 Google 日本网站 PR 值从 9 降到 5。Matt Cutts 确认就是因为 Google 日本网站使用了付费评论，评论中包含有链接。

这都是给 SEO 行业鲜明的信号，搜索引擎对链接买卖的打击是明确而且不遗余力的。

当然，链接买卖并不一定就是为了排名。在搜索引擎出现之前，网站之间买卖链接本来是很正常的，那时候是作为广告的一种形式，带来的是直接点击流量，而不是为了搜索排名。所以买卖链接是否为 SEO 作弊行为就变得比较模糊了，搜索引擎并不能百分之百地准确判断出有金钱关系的链接交易是否以提高排名为目的。

搜索引擎对链接买卖的检测算法正在快速进步中，除了对手举报导致搜索引擎人工审查，在算法上还可能考虑以下因素。

- 内容主题是否具有相关性。通常买链接的目标都是高权重的大网站，往往就会忽略内容相关性。同行业的网站之间买卖链接比较少见，而且同行业网站之间链接也很正常。
- 链接的突然出现和消失，也是链接买卖的常见特征之一。一旦买链接的网站觉得没有效果，不再继续付费，链接也就突然之间消失了。
- 链接出现的位置。买卖链接最常出现的位置就是页脚和左右导航栏中的赞助商或广告商链接部分。也有很多买卖链接是出现在页脚的全站链接中。
- 使用知名链接交易服务。搜索引擎工程师可以很容易地注册一个账号，挖出几个参与链接买卖的网站，就能带出一大群交易网络中的网站。
- 与已知买卖链接的网站有关。通常卖链接的网站不会只卖一两个链接，而是看到有利可图就会上瘾，不停地卖链接。经常买链接的网站也同样如此，会从很多不同网站买链接。所以，确认几个网站买卖链接，从链接关系上可以挖掘出更多可能买卖链接的网站。

当然，买卖链接的判断不可能百分之百准确。不要说算法，连人工审查也不可能百分之百准确。想象一下，两个站长在线下聚会时认识了，一起吃饭喝酒时就把链接买卖的事敲定了。搜索引擎不可能有方法确认这两个网站之间的链接实际上有金钱来往。

不以排名为目的的链接买卖也应该注意，不要被误判为意图操纵排名。比如应该做到以下几点。

- 按照搜索引擎的要求，给广告性质的链接加上 nofollow 属性，或者新推出的 sponsored 属性。
- 链接来源和锚文字多样化。既有来自高权重网站的链接，也有来自普通甚至低质量网站的链接。锚文字既有目标关键词，也有公司名称，或者甚至"点击这里"之类的文字。通常买来的链接都是来自高权重的网站，锚文字是目标关键词。作弊的站长一般不会花钱从一个小网站买一个锚文字为"点击这里"的链接。
- 链接匀速增加，既不要出现不成比例的大量增长，也不要突然消失一批链接。正常的网站外部链接应该是大致匀速增长的，除了偶尔因为链接诱饵等活动出现了爆发点。
- 尽量寻找不经常卖广告的网站。对方网站卖的广告越多，上面的链接都被判断为买卖链接的可能性就越大。
- 链接的形式多样。链接可以出现在博客的 Blogroll 中，也可以出现在正文中。既可以是文字链接，也可以采取旗帜广告的形式。既有首页链接，也可以有内页链接。在链接来源网站上，也是既有来自首页的，也有从内页获得的。
- 尽量避免链接出现在页脚中。

总之，就算是有金钱交易，也尽量把它当作商业扩展的一部分，而不是为了排名而做的链接买卖，不可 SEO 目的太强。对正规网站的 SEO 来说，链接买卖风险比较大，应该尽量避免。

9.2.5　链接农场（Link Farm）

链接农场指的是整个网站或网站中的一部分页面，没有任何实质内容，完全是为了交换链接而存在。交换链接页面上全部是指向其他网站的链接，其他网站也都链接回来。这些网站之间就形成了一个链接农场，互相交叉链接。

很多时候这种链接农场是同一个公司或站长所控制的一群网站，也有的时候这些网站都参与了某个交换链接联盟。

更危险的是，有时参加链接农场的网站还使用相同的软件来管理页面上的链接。参加交换链接联盟的站长申请链接、批准链接都通过软件自动实现，交换链接页面也是软件自动生成。因为这类软件所生成的页面格式相同，有时页面的分类都基本相似，搜索引擎很容易就能判断出整个链接农场。

链接突然大量增加，大量同质外链（IP、网站结构、设计等方面的雷同），锚文字集中，内容不相关等，都是链接农场常见的特征。

检测出链接农场或有链接农场嫌疑的，搜索引擎可能会采取以下措施。

- 这些页面的链接在计算权重时完全不被考虑。
- 页面上的链接权重被降低。

- 页面上的链接权重被惩罚。
- 这些页面本身重要性被降低。
- 这些页面本身重要性被降低，同时导出链接的重要性也被降低。

9.2.6 链接向坏邻居（Bad Neighborhood）

自己的网站链接到已经被判断出作弊、并且被惩罚的网站，这个作弊和被惩罚的网站就是一个坏的邻居。

坏邻居网站通常是一个特定的域名，在极少数情况下也可能是一个 IP 地址上的很多个作弊网站。

所以在正常交换链接时，要大致判断一下对方网站是否作弊，是否已被惩罚。坏邻居网站链接到自己的网站并没有关系，因为你没办法控制其他人的网站。但你链接到坏邻居网站，就可能使自己的网站也被惩罚。

9.2.7 隐藏页面（Cloaking, Cloaked Page）

隐藏页面也被翻译为障眼法。

隐藏页面指的是使用程序判断访问者是普通用户还是搜索引擎蜘蛛，如果是普通用户，程序返回一个不考虑 SEO、只给用户看的正常页面，如果是搜索引擎蜘蛛，程序就返回一个高度优化，甚至可能优化到语句已经没有可读性或包含不相关热词的页面。所以普通用户和搜索引擎看到的页面内容是两个不同版本。

搜索引擎蜘蛛根据自己抓取到的高度优化页面进行排名，而用户看到的却是没有堆积关键词，看起来比较自然的文字。

用户要判断网站是否使用了隐藏页面，可以有几种方法。

比较简单的方法是，访问网站时改变浏览器的用户代理（user-agent），将自己的浏览器伪装成搜索引擎蜘蛛。第 12 章中介绍的插件 User Agent Switcher 可以实现这个功能。

不过比较高级的隐藏页面程序不仅会检查浏览器类型及版本信息，还会检查访问来自哪个 IP 地址，只有在访问者 IP 地址是已知搜索引擎蜘蛛 IP 时，程序才返回优化的版本。

另外一个判断方法是查看网页在搜索引擎中的快照。如果快照中显示的和用户在浏览器中看到的内容差别巨大，就说明网站使用了隐藏页面技术。

近几年也经常有作弊者使用隐藏页面骗取友情链接。普通用户访问时，显示带有正常友情链接的页面，而返回给搜索引擎蜘蛛的版本则删除了所有友情链接。这样，与之交换友情链接的站长以为对方放了自己的链接，但其实搜索引擎完全看不到。

搜索引擎判断隐藏页面方法与用户类似。几乎所有的搜索引擎都会发出匿名蜘蛛，也就是访问时模仿普通浏览器的用户代理信息，抓取页面后与正常蜘蛛抓取的数据相比较，从而判断隐藏页面。

隐藏页面与正常的 IP 传送（IP Delivery）之间容易混淆。IP 传送指的是网站程序检查来访者的 IP 地址，然后根据 IP 地址返回不同内容。比如全国范围的分类广告网站必须使用 IP 传送方式，来自不同城市的用户将看到针对自己所在城市生成的内容。北京的用户看到的就是北京地区分类广告，上海用户看到的就是上海地区分类广告。其中还可能包括了转向，北京用户访问首页时，会被自动转向到北京地区专用的子域名或二级目录分站。

IP 传送还可以应用在其他很多场景，如根据地域不同显示不同货币、运费、快递选项，甚至是不同产品。

IP 传送的实质也是让不同用户看到不同版本。隐藏页面与 IP 传送的区别在于，隐藏页面是针对普通用户和搜索引擎蜘蛛返回不同内容，IP 传送是针对不同 IP 地址返回不同内容。只要一个来自北京 IP 地址的搜索引擎蜘蛛看到的内容，与来自北京 IP 地址的用户看到的内容是一样的，就是 IP 传送，而不是隐藏页面。如果同样是来自北京的 IP 地址，但搜索引擎蜘蛛看到的内容与用户看到的内容不一样，就是隐藏页面。

隐藏页面和隐藏文字类似，属于比较严重、明确的 SEO 作弊手法。

9.2.8　PR 值劫持（PR Hijacking）

虽然工具条 PR 值已经看不到了，但作为 SEO 还是应该了解 PR 值劫持的概念，一是因为太经典了，二是类似的原理还在其他作弊中经常出现。PR 值劫持指的是使用欺骗手段获得工具条上比较高的 PR 值显示，方法是利用跳转。

前面提到过，一般搜索引擎在处理 301 转向和 302 转向时，是把目标 URL 当作实际应该收录的 URL。当然也有特例，不过在大部分情况下是这样处理的。

所以如果作弊者从页面 A 做 301 转向或 302 转向跳转到页面 B，而页面 B 的 PR 值比较高，页面 A 的 PR 值更新后，也会显示页面 B 的 PR 值。有人就利用这一点，把自己的页面 PR 值伪装得很高。

最简单的就是把域名首页先做 301 转向或 302 转向跳转到高 PR 值的页面 B，等工具条 PR 值更新过后，立刻取消转向，放上自己的内容。用户访问这个网站 A，看到的是高 PR 值，却不知道 PR 值是通过转向劫持得到的，不是这个网站的真实 PR 值，而是另外一个网站的。劫持的 PR 值显示至少可以维持到下一次工具条 PR 值更新，一般有两三个月时间。

更隐晦一点的办法是，通过程序检测到 Google 蜘蛛，对其返回 301 转向或 302 转向，对普通访问者和其他蜘蛛都返回正常内容。这样，用户看到的是普通网站，只有 Google 才会看到转向。

劫持 PR 值的作弊者的目的也很明显，就是为了卖链接、卖 PR 值。如果卖链接的诉求是广告性的直接点击流量，还有情可原，如果主要诉求或唯一诉求就是高 PR 值，这无疑就是欺骗，这种网站上的链接对 PR 值没有任何贡献。在寻找和买链接的时候，如果对方炫耀的就是高 PR 值，就要非常小心。

怎样鉴别是否为劫持得来的 PR 值呢？最准确的是看 Google 的网页快照，如果你看到的网页是一个样子，Google 快照显示的却是另外一个样子，网站标题和 Logo 都是另一个网站，这很可能就是 PR 值劫持了。

9.2.9　桥页（Doorway Pages, Bridge Pages）

桥页又称为门页。作弊者针对不同关键词，制作大量低质量，甚至没有文字意义、只是充满关键词的页面，寄希望于这些页面获得排名带来流量。

通常桥页是由软件生成的，页面上的内容是没有意义的文字排列，用户根本没办法阅读。也有不少桥页是抓取搜索引擎结果页面生成的。桥页对用户毫无帮助，不太可能在热门关键词中获得排名，只能是针对长尾关键词，所以需要大量甚至巨量的桥页才有意义。

桥页完全是以关键词排名和流量为目标，根本不考虑用户体验。

用户来到桥页后，又可以有两种处理方式。第一种方法是在页面最重要位置，比如顶部，以大字号链接到网站首页或其他网站（也就是作弊者真正要推广的网站）。用户在页面上看不到有用的内容，很大程度上也就不得不点击这个链接来到其他网站，给作弊者带去有价值的流量。

第二种方法是页面自动跳转到真正要推广的网站上，比如使用 meta 刷新或 JavaScript 脚本跳转。通常这种跳转设置的时间是零，也就是用户来到页面上并没有看到桥页上的任何文字，就马上被自动转向到其他网站上。

9.2.10 跳转

前面提到过，搜索引擎接受度最高的是 301 跳转。在页面 URL 改变时使用 301 转向，搜索引擎会自动删除原来的 URL，把权重转移到新的 URL 上。

其他形式的跳转或转向，对搜索引擎来说就比较可疑。如 meta 刷新、JavaScript 跳转、使用 Flash 实现跳转等，其原因就是跳转常常被用来作弊，所以连累其他使用跳转的页面也会被搜索引擎怀疑是否有作弊目的。

除上面介绍的 PR 值劫持、桥页经常会使用跳转，还会有采集+跳转，伪原创+跳转，租用子域名/目录+跳转，黑入其他网站加跳转代码，泛解析+跳转，播放/下载按钮跳转，购买域名+跳转等情况。

所以网站应该尽量避免使用除 301 跳转之外的跳转方式。万不得已时，跳转时间应该设置得长一点，而不能设置为零。比如 meta 刷新，可以设置成这样：

```
<meta http-equiv="refresh" content="10;url=http://www.domain.com/">
```

用户打开页面 10 秒以后才跳转。作弊网站很少 10 秒以后才跳转，毫无用户体验可言的网站，还不等跳转，用户就退回到上个页面了。

这种有延时的跳转还有其他用处，比如用户注册网站账号或订阅电子杂志后显示的感谢页面就可以设置为 10～20 秒之后跳转到网站首页或其他合适的页面。

9.2.11 诱饵替换（Bait and Switch）

诱饵替换指的是作弊者先针对一些普通关键词制作页面，获得排名后，再将页面换成其他内容。一般有两种情况，一是先针对比较容易的长尾关键词制作页面，获得排名和点击后，把页面全部换成商业价值更高的内容。第二种是先针对普通正当的关键词制作内容，获得排名后页面换成非法、成人、赌博等内容。

我们经常在搜索引擎结果中看到这种现象，页面内容完全改变后（有时候这种改变并不是诱饵替换，而是正当的业务更改），原来的页面排名并不会立即消失。甚至在搜索引擎重新抓取页面新内容后，也不会立即消失，而是维持一段时间。由于搜索引擎有这种记忆特性，再加上诱饵替换页面被重新抓取、索引、计算本身就需要一段时间，所以诱饵替换页面往往能在原来正当的或比较容易的关键词搜索中保持一段时间的排名。

9.2.12　关键词堆积（Keyword Stuffing）

正如这个名词本身所提示的，关键词堆积指的是在页面上本来没有必要出现关键词的地方刻意重复或者堆积关键词，寄希望于通过提高页面的关键词相关度或关键词密度的方式，来提高排名。

关键词堆积的地方既可能是用户可见的文字，也可能是用户看不见的文字，比如：

- 网页标题标签。
- 说明标签。
- 关键词标签。
- 页面可见正文。
- 图片 ALT 文字。
- 页面内部链接锚文字中，尤其容易出现在页脚部分。
- 页面 HTML 代码中的评论部分。
- 隐藏在表格中等。

关键词堆积在程度上有很大区别，所以是一个比较模糊的作弊概念。有的网站属于轻度堆积，比如标题本来可以写成通顺自然的"童装批发零售"，却偏要写成"童装，童装批发，童装零售"。

有的作弊者则走向极端，在页面标题、说明标签、甚至页脚处的可见文字中列出几百个关键词。更有甚者，堆积的关键词与本页面内容无关，本来是卖童装的页面，却加上更热门、搜索次数更多的如周杰伦、iPhone、小游戏等不相关的关键词。作弊者的想法是搜索这些词的人数量巨大，希望能给自己带来流量。其实使用这种与页面内容无关的这种热门词，反倒可能被搜索引擎认为是在作弊，连原本的内容都无法获得好排名。

9.2.13　大规模站群

站群是很多 SEO 喜欢使用的手法。自己制作一定数量的网站，既可以用来与其他网站交换链接，也可以用这些网站共同推一个主网站。由于站群是控制在自己手中的，想要建立外部链接就容易多了。

站群的使用涉及一个度的问题，少量的网站，而且每个网站都有实质内容，搜索引擎不会因此给予惩罚或封杀。但是网站数量太大，网站质量很低时，搜索引擎就不能接受了。因为这样的站群唯一目的就是影响搜索排名，对用户已经没有什么价值了。大致上来说，几十个网站问题不大，这个数量通常还谈不上是站群，但几百个甚至几千个网站，就会被认为是有作弊意图的站群了。

由于网站数量达到一定程度才有站群效果，站群的使用经常需要配合其他黑帽或灰帽方法。如内容采集和伪原创（数量大，不可能原创），垃圾链接群发（站群网站本身需要链接，提高权重），买卖链接（这是建立站群的直接目的之一）等。因此，站群是高危险性的作弊方法之一。

站群网站之间可以用不同方式链接起来。国内 SEO 圈子经常看到的链轮概念就是站群的一种，站群网站之间转着圈连成环状，就是链轮。也有把站群安排为金字塔形式，一层一层向上链接的。也有尽量切断网站之间联系，不互相链接的。

链轮之类的形式对搜索引擎来说，辨别毫无压力，不明白为什么国内部分 SEO 好像十分推崇链轮。网站之间不链接的站群，搜索引擎要想准确判断有一定难度。SEO 人员为了避免被判断为站群，应该使用不同公司、不同 IP 的主机，不同的域名注册信息，不同的网站模板，不同的网站内容，网站之间没有交叉链接。但完全隐藏站群是非常困难的，有太多细节要做到不露痕迹。

9.2.14　利用高权重网站

我们都知道域名权重对搜索引擎排名作用很大，有时候甚至大到了夸张的程度。

很多黑帽、灰帽自然会利用搜索引擎的这种算法特性为自己服务，在提升自己的域名排名实在困难时，利用别人的已经具备高权重的域名为自己服务。使用的方式既可以是建链接到自己的网站，也可以直接用高权重域名的网页获得排名再转向到自己网站。

数年前，在维基百科建页面、建链接是不少黑帽乐此不疲的事。维基百科权重高，可以自由创建条目页面，自由加链接（链接长久保持在维基百科页面上难度很大，高级编辑和其他人都可能把链接删除），自由编辑，而且那时候导出外部链接没有 nofollow。现在维基百科给所有导出到外部的链接加了 nofollow，所以大部分作弊者对比没这么热心了。

被利用的高权重域名还包括那些免费但主流的博客托管商、图片分享网站、社交网络、百度自己的大量产品等。很多人建立大量免费博客或社交媒体网站账号，就是为了建设链接。

现在还有一种常用的黑帽手法是在高权重域名上建页面，如地方门户、行业门户、大学网站、甚至政府机构网站。黑帽 SEO 通过各种方式在高权重网站上建立一些网页，获得排名后再链接到自己的网站，或者直接做转向把流量导入自己的网站，或者只是在搜索结果中获得曝光。

这些作弊页面和高权重网站本身经常没有关系。我们经常看到类胆固醇药物、赌博、减肥、治脱发等高竞争度的关键词，排在最前面的是一堆大学的二级域名页面，这种页面 99% 是作弊者放上去的，想要靠域名权重获得好的排名。当然，搜索引擎也一直在修正算法，清理这些寄生在高权重域名的页面。

怎样在高权重域名，甚至大学或政府域名上做网页呢？可以有很多方法。比如：

- 大多数大学生可以在自己学校网站上创建个人网页，金钱、个人关系等就都可以派上用场了。
- 几乎所有大学老师都有在本校域名上的个人网页，很多教授的网页权重是相当高的。
- 有的大学网站可以自由发布消息，如分类广告、招聘信息等。
- 很多网站用的是现成的 CMS 系统，这些系统有的允许未经认证的用户自由创建账户，有的存在安全漏洞，如果你熟悉它的 CMS 系统，就能找到方法创建账户。

- 当然还有的是直接黑进网站，尤其国内不少网站（包括政府网站）的安全性是很差的。为了不被发现，通常不会直接更改页面内容，而是注入些 JavaScript 或 iframe 之类的属性，有时候 JavaScript 还可以写入数据库，搜索用户访问被跳转，直接访问则显示正常内容。有的黑帽称这种方法为劫持。
- 获得其他网站 shell 权限，哪怕权重不高的域名，上传寄生虫程序到目录，有用户访问时（当然，主要目标是蜘蛛访问），会自动生成更多页面，就像是自我繁殖一样，所以名为寄生虫。这些页面数量巨大，总有一些可以获得排名。
- 中国各级各部门政府单位数量巨大，.edu.cn 网站也很多，管理这些网站的其实很多是规模很小的当地网站设计公司，有的就是个人站长。找到这些人并不很难。
- 租用高权重域名的目录或子域名。有时候租用目录或子域名的目的是运营某个频道，有时候直接目的就是做关键词排名。估计大部分 SEO 都曾在 QQ 群里看到过收购目录广告。
- 利用其他域名管理的漏洞，开通域名泛解析，也就是子域名以通配符*代替，解析到自己服务器，服务器端配合泛域名程序，可以建立无数子域名页面。
- 利用高权重网站搜索功能，生成带有关键词和自己品牌/联系方式的搜索页面 URL，给 URL 做外链，比如放入所谓的蜘蛛池，使页面获得收录和排名。这些 URL 获得排名通常没办法转向到自己网站，但至少能得到曝光。

注意：上面举例的部分方法属于违法犯罪行为，在这里进行简要介绍的目的不是建议大家去使用这些方法，而是希望读者有所了解，万一自己网站被利用，出现莫名其妙的排名，也好有个诊断和解决的起点。

另外，有些大公司网站也并不像外人想象得那样纯洁无瑕。比如福布斯这样的大公司网站上就有莫名其妙的孤立网页在宣传某种药物。这是怎么回事呢？只有内部的人知道。

有时候利用高权重域名不一定是为给自己排名，也可能是为了打击对手，间接提高自己流量。这里举一个灰帽的例子进行说明。比如维基百科权重很高，如果有些词自己实在排不上去，而对手网站排在前面，就有人创建维基百科页面，然后在维基其他页面连向创建的新页面。维基内部链接并没有 nofollow，链接权重传递通畅，内部链接是维基百科本身排名好的原因之一。

绝大部分站长自己的域名权重不高，但如果在维基百科的页面做得适当的话，可以战胜其他绝大部分网站。维基百科的页面排名上升要简单得多，既打击了对手，也可以再想办法引导些流量到自己网站。

这个手法的坏处是，一旦你把维基页面做上去，自己想再超过它，也是难上加难了。

9.2.15　采集和伪原创

采集，顾名思义，就是把别人网站上的内容搬到自己网站来。通常使用程序自动采集。如果采集后发布在自己网站时留下原出处链接，还可以称得上是转载，但国内几乎没人会保留链接。采集后不提原出处，就冒充是自己的原则内容发布，在国内属于常态，所以采集差不多就是大规模自动抄袭。

单纯采集过来就发布其实很难获得排名，除非是高权重网站。所以采集来的内容经常还要做伪原创，也就是进行少量文字性的修改，试图让搜索引擎误认为是原创内容。伪原创也经常是通过软件完成的。伪原创是近年国内 SEO 圈子里的热门话题，也是应用很广的作弊方法。

我个人反对采集和伪原创，这是明确侵犯他人版权的行为，与尊重版权的转载是有本质区别的。所以本书不介绍采集和伪原创软件，只是从 SEO 角度讨论使用的方法和搜索引擎的处理。

伪原创常见的手法如下。

- 更改、重写标题。
- 颠倒段落次序。
- 从多篇文章抽取段落，整合为一篇文章。
- 加入一段原创，如在最前面加一段内容提要。
- 文字简单增减，如感叹词、修饰语。
- 同义词、近义词替换。
- 强行插入关键词，如在一篇小说中插入关键词。用户体验极差。

伪原创的水平足够高，有时可以骗过搜索引擎，获得不错的排名。但是简单使用上面列出的方法是骗不了搜索引擎的，第 2.4 节中介绍的"去重"过程就可以很好地鉴别伪原创。

"去重"的基本方法是对页面特征关键词计算数字指纹，也就是说从页面主体内容中选取最有代表性的一部分关键词（经常是出现频率最高的关键词），然后计算这些关键词的指纹。这里的关键词选取发生在分词、去停止词、消噪之后。

典型的指纹计算方法如 MD5 算法（消息摘要算法第五版）。这类指纹算法的一个特点是，输入（特征关键词及其顺序）有任何微小的变化，都会导致计算出的哈希值，也就是数字指纹，出现巨大差异。每个页面正文都计算哈希值后，页面的对比就变成了哈希值的对比。哈希值相同，指纹相同，说明页面内容相同。指纹算法就是为了验证文件是否被篡改的，鉴别重复内容使另一种方式的应用。

了解了搜索引擎的去重算法，SEO 人员就应该知道简单地增加"的""地""得"，调换段落顺序这种所谓的伪原创方法，并不能帮助逃过搜索引擎的去重算法，因为这样的操作无法改变文章的指纹。而且搜索引擎的去重算法很可能不止于页面级别，而是进行到段落级别，混合不同文章、交叉调换段落顺序也不能改变指纹。

9.2.16　百度点击器及快排

用户搜索及访问行为在一定程度上影响排名，这在第 10 章中有更详细地讨论。

影响排名的用户行为方式之一是点击率，搜索结果列表中的页面点击率越高，说明越受用户欢迎，搜索引擎越信任这个页面，很可能进一步提高页面排名。如果算法不能准确鉴别出人工刷点击行为，就会成为被黑帽 SEO 利用的漏洞，百度点击器就应运而生。

点击器，就是刻意使用软件模拟或人工点击搜索结果中的特定页面，提高其点击率，进而提高其排名。百度点击器自 2011 年左右兴起，两三年后由于百度的打击，绝大部分点击器都不起作用了。

2015 年、2016 年左右，另一种作弊方法，百度快速排名，简称百度快排，又开始大行其道。

据我了解，快速排名的原理依然是模拟点击。当然，模拟点击的技术比以前的点击器进步了不少，更为精准细腻，比如：

- 怎样控制搜索和点击的时间、数量。
- IP 地址的获取和分布，有时候可能不是通过合法渠道获得 IP。
- 用户标识模拟。
- 各种浏览器及操作系统的模拟和分布。
- 用户后续访问行为的模拟，如跳出率、停留时间等。
- 百度搜索结果页面 URL 参数的破解和构造，这个是有技术含量的。

做快排的人都在不停地做测试和改进，是颇为勤奋的一群人。

提到快排，读者大概还会看到所谓发包技术这个概念。发包这个词，听起来可能会误以为有什么百度的特殊接口，做快排的人能直接把数据提交给百度。其实并没有，发包和模拟点击没有什么本质区别，只是一个听起来高深的名词而已。模拟点击是在百度（或其他百度搜索入口，如 hao123）做搜索，然后点击指定结果，发包只是在破解搜索结果页面 URL 参数的基础上，直接构造一个搜索结果页面 URL，用爬虫类程序向百度发出访问请求，再点击特定结果。在百度端，这和普通浏览器访问搜索结果页面 URL 没有任何区别。至于普通点击在网站肯定会产生流量，发包技术在网站却统计不到流量，只是看到排名会上升，很简单，使用爬虫程序禁止 JavaScript 就行了。

百度点击器和快排到底有没有作用？我本人亲自挑选查询词，指定页面，亲眼见证，在部分情况下是有作用的。虽然 2017 年底百度上线了打击快排的惊雷算法，但到目前为止，百度还没有完全解决快排问题，打击了一批快排网站，又会有另一批上来。既然有作用，比辛辛苦苦做白帽 SEO 省事多了，那要不要做快排呢？正如本章开头所说，这需要对风险承受力的权衡，你的网站能不能承受被百度惩罚甚至长期封禁？而且可能追溯既往。我验证了点击器、快排确实在很多情况下有作用，但也同样眼看着一些网站因为用点击器、做快排，被检测出来而失去排名。

快排的原理可以被白帽 SEO 借鉴，做好用户体验，降低跳出率，写好标题、做好图片、提高点击率，提高访问深度、停留时间，都是白帽 SEO 应该做的。

根据我和 Google 工程师的交流以及跟踪英文 SEO 行业的讨论，我几乎可以肯定，点击率也是 Google 排名因素之一，但 Google 找到了清除无效数据的方法，所以没有出现 Google 点击器之类的东西。国内不少做百度点击器和快排的也尝试过开发 Google 方面，目前为止，没听说有成功的。

9.2.17　镜像网站

镜像网站，顾名思义，就是制造出和原站一模一样的网站，像照镜子一样。通常做镜像的黑帽会选择内容丰富的网站作为镜像目标，买几个域名，安装镜像程序，也经常被称为小偷程序，设置镜像目标域名，有用户以及搜索引擎蜘蛛访问时，镜像程序实时从被镜像网站抓取对应 URL 的内容，并显示在自己域名上。

镜像网站相当于完整拷贝别人网站，用别人的内容做排名。由于内容是复制的，绝大部分情况下不会有好的排名，但页面数量多了，部分页面有点排名，总归会带来一些点击流量。

当然，镜像网站不是好心给别人做备份，而是要达成自己的目的，所以这些镜像内容页面获得排名，有用户点击时，通常会被转向到其他赚钱的网站，其中又以赌博、色情等灰色产业居多。

镜像网站和采集的网站表现形式类似，但实现方法是不一样的。采集网站是提前抓取别人网站的内容，存入自己数据库，和普通 CMS 一样调用数据库内容显示在页面上。被采集网站有新内容时，采集网站并不能实时同步更新，要在采集之后才能出现。一旦被采集，内容就已经在对方数据库里了，从技术上是无法阻止采集网站显示这些内容的。

镜像网站并不事先抓取内容，而是在有人访问网站时，实时从被镜像的网站抓取内容，并实时显示。被镜像的网站有任何更新，镜像网站是实时同步的。

通常镜像小偷程序还有附加功能，如替换 URL、过滤标签、替换指定字符串、近义同义词替换、伪造 IP、伪造用户代理等。

如果被恶意镜像，最根本的技术解决方法是屏蔽对方用来实时抓取时的 IP 地址。也可以向域名注册商、主机商投诉，或采取法律行动。

9.2.18 刷各种数据

和刷单一样，与 SEO 有关的很多数据也是可以刷的。有些只是刷出来好看，有些会带来搜索和流量。

下面举几个例子来进行说明。

1. 刷 Alexa 排名

简单来说，让公司员工全部下载 Alexa 工具条，时不时访问公司网站，就能刷出不错的排名。要想再进一步还可以用一些流量软件，自动启动 Alexa 工具条刷访问和排名。网上还有不少第三方服务替客户刷排名。

即使 Alexa 排名上去了，对 SEO 也没什么直接影响，只是看着好看，或者糊弄一下投资人。

2. 刷相关搜索

百度和 Google 的搜索结果页面底部的相关搜索生成原理类似，都是根据用户搜索查询词前后还搜索了其他什么查询词，来建立查询词之间的相关关系。比如用户先搜索"SEO"，看了一会儿对结果不满意，又搜索了"SEO 每天一贴"，这样的搜索行为多了，搜索引擎就会认为这两个词大概率有关联，又有用户需求，就可能把"SEO 每天一贴"显示在"SEO"的相关搜索结果里了。

刷相关搜索时，使用人工连续搜索肯定比较麻烦。观察一下搜索引擎结果页面的 URL 参数会发现一些可利用的规律，比如在百度搜索"seo"，得到的结果页面 URL 类似如下：

https://www.baidu.com/s?ie=utf-8&wd=seo

可以看到，跟在参数 wd 后面的就是查询词。

然后再搜索"seo 每天一贴"，得到的结果页面变成类似如下：

https://www.baidu.com/s?ie=utf-8&wd=seo 每天一贴&oq=seo

参数 wd 后面依然是当前查询词"seo 每天一贴"，参数 oq 后面就是上一次查询词。所以刷相关搜索时，直接构造并访问第二个 URL 就行了。

这两个 URL 只是举例，已经删除了其他参数，好让读者看得清楚，真实 URL 中还有很多其他参数。刷相关搜索时，需要把其他重要参数构造进去，以使访问看起来像是真实用户。

刷相关搜索的时候，可以自己刷，也可以加入联盟互相刷，更有效的是把 URL 放在自己网站页面的一个像素尺寸的 iframe 里，有真实用户访问页面时，顺带就帮着刷了一次搜索数据，用户自己还看不见，并不影响用户体验。自己网站流量不够时，也可以买垃圾流量刷。

相关搜索生成算法应该还有其他因素，但查询的前后关系肯定是其中重要部分。

刷相关搜索，对流量多少有些影响，因为刷的词通常要么带有品牌名称，要么是自己网站已经排名靠前的词，这样的搜索词曝光多了，自然会带来一些点击和流量。

3. 刷百度指数

百度指数基本上就是根据查询量决定的。和刷相关搜索一样，构造好特定搜索词的结果页面 URL，想办法增加访问次数就行了，并不需要真的有用户搜索，也不需要有用户看搜索结果页面。

4. 刷百度权重

找到自己网站已经排名第一的关键词，给这些关键词刷百度指数，爱站网等网站计算百度权重的原理就是从搜索流量倒推，这些词的百度指数上去了，理论上其搜索流量就上去了，网站的百度权重也就上去了。即使网站没有真正用户会搜索的词排名第一，至少还有品牌名称、公司名称等词总能排名第一，刷品牌词的指数都可以把百度权重刷上去。

刷百度权重对真实搜索流量并没有什么作用，或许交换链接时能糊弄一些新手站长。

5. 刷搜索框建议

用户在搜索框输入搜索词时，搜索引擎自动提示的建议词也可以刷。有人称为刷下拉框。

搜索框建议也基本上以查询量为主，刷的方法和百度指数是一样的，增加特定词的搜索结果页面访问量就行了。但刷词的选择和相关搜索类似，带有品牌名称更好。

上面介绍的只是刷各种数据的简单原理，真正刷时还有更细节的技巧，搜索引擎肯定有检测、清洗数据的机制。

9.2.19 负面 SEO（Negative SEO）

网上搜索排名竞争日趋激烈，有些不道德的站长无法把自己的网站优化好，就开始想歪主意，通过 SEO 方法陷害竞争对手，这类方法被称为"负面 SEO"。

想要想陷害别人，无非从两方面入手：网站内和网站外。DDOS 攻击，黑入对方网站加上隐藏文字、隐藏链接、非法内容、病毒、转向，甚至修改 robots 文件禁止收录，显然可以陷害竞争对手。不过这是与 SEO 无关的违法行为，原理也显而易见，在这里不去讨论。

其他可能的负面 SEO 方法如下。

- 给竞争对手购买大量链接，比如买卖链接最常见的页脚全站链接，使对手网站一夜之间多出成千上万搜索引擎最讨厌的买卖链接。
- 从典型的链接农场给竞争对手制造链接，锚文字全部一样。商业性热门关键词作为锚文字，可能产生的效果最大。
- 给竞争对手制造大量桥页，页面充满关键词，机器生成内容，还可以用上各种作弊方法，如隐藏链接、隐藏文字、关键词堆积，然后链接向竞争对手。
- 制造大量垃圾页面或违法内容，然后用 301 转向、JavaScript 转向、meta 转向等转向到竞争对手网站。
- 制造大量垃圾链接，如群发博客评论、论坛、留言本等。
- 大量采集、复制、镜像竞争对手网站内容，发布到多个域名上，试图使搜索引擎判断竞争对手网站存在大量复制内容。
- 在第三方评论网站制造大量虚假差评，拉低对手网站星级。
- 假冒身份，联系给予竞争对手网站外链的第三方网站，以各虚假种理由要求第三方网站拿下链接。

竞争对手能否通过负面 SEO 陷害成功呢？由于负面 SEO 绝大部分是从网站外着手，模仿搜索引擎明确认为是作弊的方法，搜索引擎在判断这些垃圾内容、垃圾链接到底是谁制造的时确实有一定难度。

搜索引擎通常表示负面 SEO "基本上" 无法破坏无辜网站的排名，换句话说：在极特殊的情况下还是可能破坏的。有不少人观察过负面 SEO 的现实案例，我本人也看到过被竞争对手制造大量黑链，导致网站被惩罚很长一段时间的例子。所以无论从原理上还是现实中，竞争对手通过负面 SEO 陷害别人是可能实现的，虽然极为罕见。

要防止负面 SEO，最好的方法是提高自己网站的质量和权重。负面 SEO 案例都是发生在新站、小站上，还没有看到过真正的权威网站被竞争对手陷害成功的案例。负面 SEO 只有在网站自身没有高质量内容，没有比较强的外部链接情况下才会发生，所以只要花时间做好、做强自己的网站，竞争对手就没办法陷害。

一般来说，SEO 不必为负面 SEO 担心。当你的网站没权重、没排名时，没人会陷害你；当你的网站有权重、有排名时，陷害是很难的，成本也是很高的。

如果怀疑有人陷害，首先要对网站做全面安全性检查，确保程序没有安全漏洞，再充分利用百度资源平台和 Google 站长工具的外链查询功能，以及第三方外链工具，随时监控是否有垃圾外链飙升的现象。

某些特殊行业，黑帽 SEO 泛滥是常态，如博彩业，更是十八般武艺能上的都上，大规模站群、内容采集、各种转向、寄生虫程序、JavaScript 劫持、隐藏页面、快排等，通常都是综合使用才能有效果，域名封禁了一批就再换一批。普通网站的 SEO 如果这么做的话需要非常慎重。

再次强调，这里介绍黑帽 SEO 方法，不是鼓励读者去使用，而是为了在了解的基础上防止误用以及被人利用、糊弄。

9.3 搜索引擎惩罚

从上面介绍的常见 SEO 作弊手法可以看出，黑帽与白帽之间的界限有时并不明显。看似作弊的手法，也很可能是因为疏忽或站长并不了解什么方法被搜索引擎认为是作弊。有的时候也可能是竞争对手有意陷害，比如垃圾链接，搜索引擎并不能百分之百正确判断出留在论坛、博客上的垃圾留言是谁制造的。再比如关键词堆积，多大数量、多高频率的堆积才被认为是作弊，也很难有个明确的标准。

搜索引擎也明白这一点，所以网站上出现单一涉嫌作弊的技巧时，并不一定就会导致惩罚。不同作弊技术风险高低不相同，导致的惩罚力度也不一样。

9.3.1 作弊的积分制

搜索引擎的作弊惩罚机制类似一个积分系统，每出现一个涉嫌作弊的地方，就给网站加一些作弊积分。当网站的作弊积分达到一定程度时，才给予不同程度的惩罚。

采取积分制另一个原因是，作弊的网站常常使用多种作弊手法，而不会只使用一种。网站上出现一定程度的关键词堆积，或者偶尔链接向一个坏邻居，还都可以解释为疏忽。但如果又有关键词堆积，又有大量垃圾链接，还有买卖链接，网站还是站群的一部分，目标关键词又是那些热门又敏感的，就很难用疏忽和不了解来解释了。

下面举一个真实被惩罚网站的例子。

这是个卖家具的英国网站，站长发现他的网站被惩罚，Google 排名下降了 40～60 位，所以在 Google 帮助论坛发帖寻求帮助。

Matt Cutts 很少在 Google 帮助论坛里回复，不过这次 Matt Cutts 发了一个回复，问发帖的站长是不是使用了不自然的建立外部链接的方法，如果有的话，应该特别注意。Matt 还特意举了个例子，是不是赞助了 WordPress 模板（花钱请别人设计模板，把自己网站的链接放在版权声明处，然后免费提供给别人下载使用）？这些赞助模板带来的链接被检测到以后，投票权重会被去掉，可能造成网站排名下降。

这个回复大概会让很多人心惊肉跳。如果赞助 WordPress 模板里面的版权链接就能导致网站被惩罚，那么就意味着可以给竞争对手赞助一堆链接，消灭竞争对手。当然，赞助模板和自己设计模板提供给他人使用还有着微妙的区别。赞助意味着付了费，变成付费链接。但如果这就是被惩罚的原因，Google 怎么知道模板是赞助的还是自己设计的？这是不可能的。

Matt Cutts 的回复促使我一直留意这个帖子。后来的发展说明，设计或赞助 WordPress 模板本身并不是问题。

这个英国家具网站所赞助的模板很多被用在了色情网站上。Matt Cutts 给出了很具体的例子，如图 9-1 所示。

随着讨论，这个网站被发现有个论坛，论坛里面有很多垃圾内容。站长的辩解是，论坛并不完全受自己控制。很多人在签名及会员资料页留下色情网站链接，他也没办法。我以前的观察是，论坛如果不注意删除这些明显有问题的内容，就会伤害论坛本身。毕竟站长不能说自己完全无法控制论坛。不过这也不是主要原因。

图 9-1　WordPress 模板大量用于色情网站

　　另一位 Google 员工 John Mu 后来又进行了回复，提醒那位站长，除了清理自己的论坛，也应该清理一下这位站长留在其他论坛、博客和新闻网站的垃圾评论。这些垃圾评论都是些"我同意""我不同意""顶"之类的话，留言人的名字是以关键词为锚文字的链接，是典型的垃圾评论链接。

　　看来 Matt Cutts 和 John Mu 说话都比较含蓄，点到即止。John Mu 的评论让我意识到，实际情况恐怕和这位站长自称的完全不是一回事。检查一下这个站的反向链接，就发现类似的垃圾博客、垃圾论坛评论数量很多，如图 9-2 所示。

　　同时我还发现了几个付费博客帖子，当然帖子里包含链接，如图 9-3 所示。

图 9-2　大量垃圾评论

图 9-3　付费博客帖子及链接

　　怀疑其是付费帖子的原因是，这个博客一会儿谈助听器，一会儿说迪士尼乐园，一会儿说 USB 硬盘，一会儿又推荐英国家具网站，完全没有固定主题，内容不具有相关性，而且没有什么评论，显然也没有什么人看这个博客。

这些作弊手法单独出现，一般不会有严重后果。适当做一下页面优化，留几个博客评论，无伤大雅。但如果把作弊的十八般武艺全用上，作弊积分达到惩罚门槛，就很难辩解说自己是无辜的了。

9.3.2 不要学大网站

这种积分系统的惩罚门槛很可能不是固定的，而是一个可以滑动的范围，不同的网站有不同的惩罚门槛。SEO 人员必须理解的一点是，权重高的网站和成名网站能做的事，小网站不一定能做。经常在论坛中看到有人说，某某网站关键词堆积，也没被惩罚，所以自己也要尝试一下。这种想法对中小网站是很危险的。搜索引擎不是看不到大站的一些垃圾手法，只不过对大站的容忍度更高。

2006 年，德国宝马网站因为隐藏文字被 Google 删除。但这只是杀一儆百，告诉 SEO 行业搜索引擎对作弊的态度。宝马网站被删除后很快就做出了反应，修改网站，拿下隐藏文字，又很快被重新收录。很多人猜测，宝马与 Google 之间其实有我们所不知道的沟通渠道，所以才能这么快解决问题。对于一个普通站长来说，网站被删除或惩罚，几乎没办法了解具体原因，不具备任何沟通渠道，所以还是不试为妙。

同样是在 2006 年，纽约日报网站被发现使用了隐藏页面，但是并没有被惩罚。在这个意义上说，世界确实是不公平的。千万不能因为大站这么做，普通站长就跟着学习。

从某种意义上说，对大站名站容忍度更高是为了搜索引擎本身的用户体验，因为用户本来就期望看到大站的内容。如果搜索新闻内容时看不到新浪、搜狐的页面，用户不会认为新浪、搜狐出了问题，而会认为这个搜索引擎不好，搜不到要找的新闻。

另一方面，大公司网站即使被惩罚了，外人也不一定知道。盲目跟风是有风险的，除了上面提到的宝马、纽约时报，阿里巴巴、华盛顿邮报、WordPress、BBC、Mozilla、eBay 等一线网站都被惩罚过，但又有多少人知道呢？

9.3.3 不要存侥幸心理

对搜索引擎来说，其目标并不是百分之百消除垃圾和作弊，而是通过算法自动检测出大部分垃圾就可以了。只要把用户在搜索结果中看到的没有价值和意义的页面控制在一定比例之内，就已经足够了。所以一些网站采用作弊手法没有被发现，或者发现了也没有被惩罚。

但今天不惩罚，不意味着今后也一定不会被惩罚。搜索引擎反垃圾团队是质量控制很重要的一部分，他们的检测算法在不断改进中，一旦找到不会伤及无辜的检测和惩罚方式，搜索引擎对作弊就会毫不留情。因为作弊和垃圾网站伤害的是搜索质量，这是搜索引擎黏住用户、保持和增加市场份额的根本所在，SEO 人员切不可有侥幸心理。

9.3.4 搜索引擎惩罚的种类

搜索引擎惩罚的形式很多，其中最容易判断的是整站删除。使用 site:指令搜索域名，如果网站完全没有被收录，就可以肯定是以下几种情况。

- robots 文件有问题，禁止了搜索引擎抓取。
- 页面误加了 meta noindex 标签。
- 服务器问题，使网站无法被搜索引擎抓取。
- 严重作弊行为被删除。
- 违法内容（如侵犯版权）被投诉后删除。

有的网站只是在搜索最主要关键词时被惩罚，其他次要关键词和长尾词排名不变。这种情况往往是外部链接优化过度或垃圾链接造成的，其中，高度集中的锚文字是主要原因之一。

有的网站是所有的关键词全面排名下降。这里所说的下降是指大幅下降，比如从前十页降到几十页以后。如果只是从第一页降到第二页，一般不是被惩罚，而很可能是算法更新或竞争对手优化得当排到了前面。

还有一种惩罚是排名下降固定数值。SEO 行业人员对一些名称一定都不陌生。比如百度著名的 11 位现象。我和朋友针对某著名网站反复做过验证，无论搜索什么词，这个网站都排在第 2 页第 1 位，甚至修改搜索结果页面设置，每页显示 20 个结果，此网站依然排在第 2 页第 1 位。就我个人的观察，百度貌似也有固定下降 20 位现象。

Google 排名下降固定位置就更多了，如负 6 惩罚、负 30 惩罚、负 950 惩罚等。这里只简单介绍 Google 负 30 惩罚。

负 30 惩罚这一名称源自 2006 年 10 月一个站长在站长世界（webmasterworld.com）发的帖子。楼主发现他的一个网站很长时间排名第一，不过近几天排名降到 31 名，整整下降了 30 位，并且排名稳稳地就停在那里了。不少跟帖的人也发现类似问题，都是原来排名第一的网页，下降了整整 30 位。

有人认为，这种负 30 惩罚和链接锚文字过度优化有关，有人则认为和 Google 的人工审查有关。

被称为小 Matt Cutts 的 Adam 在 Google 帮助论坛回答这个问题时提到：
- 你确认你的网站提供了独特的内容了吗？
- 大部分用户是不是觉得你的网站比其他网站更有用？
- 你的网站是否遵守了 Google 的站长指南？

有人认为，Adam 说的这三条好像并没回答问题。Adam 再次强调说，这三条已经清楚地解释了这个问题。Adam 并没有承认也没有否认这种惩罚是否真实存在，而是直接列出了可能的原因，一般认为这是在暗示负 30 惩罚是存在的。他列出的三条原因都是老生常谈，却很符合逻辑。从他的回答看，负 30 惩罚应该主要是由于页面内容的质量不高。

Google 的惩罚从机制上分为两类：人工惩罚和算法惩罚。人工惩罚，顾名思义就是 Google 员工检查网站后做出的惩罚决定，Google 会在站长工具后台发信息给站长，通知站长惩罚的大致原因，并举出违反 Google 质量指南的 URL 示例。站长需要尽可能清理违反 Google 质量指南的地方，然后在站长工具后台提交重新审核申请（Reconsideration Request），Google 员工会再次人工审查，符合要求就取消惩罚。

凡是在 Google 站长后台没有收到通知，但 Google 排名和流量剧降的日期与公布的算法上线时间吻合，通常都是受到了算法惩罚，如后面章节介绍的熊猫算法、企鹅算法。

被算法惩罚是无法人工解除的，Google 员工也没有这个权限，只能清理网站，等待算法重新计算。

9.3.5 搜索引擎惩罚的检测

首先要明确的是，搜索引擎惩罚并不容易检测。网站一些关键词排名下降，流量下降，到底是因为被惩罚还是因为搜索引擎算法变动？或者有新的竞争对手加入进来？或者现有的竞争对手加强了 SEO？还是因为外部链接权重降低？这些情况之间很难准确区分。

下面提供几种方法作为参考，帮助站长进行判断。

1．使用 site:指令搜索网站域名

site:seozac.com

如果没有任何结果，这是最简单的，网站被严重惩罚删除了。

2．搜索网站名称

在搜索引擎搜索网站名称，如果排在第一的不是你的官方网站，通常说明网站被惩罚了。当然这里所说的网站名称，不能是那种很宽泛的随意起的名称，像"计算机网""冶金网"之类的，而必须是真正的独特的网站名称或公司名称，如"月光博客""SEO 每天一贴"。

3．站长平台

百度、搜狗、360、Google、Bing 都提供站长工具或站长平台。强烈建议所有站长注册账号，验证自己的网站。这些站长工具会提供非常有用的信息，帮助站长判断网站是否存在问题。百度、Google 站长工具都会通知站长网站是否有被黑、病毒等情况。在出现人工惩罚时，百度和 Google 也会在站长平台通知站长。

4．搜索网站上特有的文字

和搜索网站名称类似，搜索一段自己网站上才有的特定文字，比如电话号码、邮件地址、备案号、联系地址等，如果排在第一的不是你的网站，说明网站受到了某种形式的惩罚。

5．全面跟踪关键词排名

如果网站本来有排名的关键词全部或大部分大幅下降，说明网站很可能受到了惩罚。这里要强调的是"全面"记录跟踪关键词排名。很多时候网站一部分关键词排名下降，另一部分关键词排名上升或不变，这种情况一般并不是被惩罚。尤其是大中型网站，不同的关键词升升降降，一部分今天消失，另一部分明天上涨，都是很正常的现象。只有在所有或大部分关键词全面排名下降时，才可能是惩罚。

6．检查日志

查看搜索引擎蜘蛛来访的次数、频率是否有变化。如果搜索引擎蜘蛛来访次数大幅下降，且几个月都不恢复，而网站本身规模和更新速度都没有变化，就说明搜索引擎不再喜欢这个网站，很可能是因为某种形式的惩罚。

7．检查搜索流量

查看搜索流量的变化，如果在某个时间点网站搜索流量明显开始下降，这往往是被某种搜索引擎算法惩罚的迹象。如果这个时间点正是搜索引擎公布的算法更新上线的时间，那么几乎可以肯定是被这个算法所影响或惩罚。

如果网站搜索流量没有一个明显的下降起始点，而是平稳地缓缓下降，在大部分情况下，这不是被惩罚，而是网站内容质量不高、没有持续更新、竞争对手网站优化水平提高等原因。这才是最难处理的情况，流量下降是网站整体质量不如其他网站，需要全面检查、全面提高，有时候比重新做个网站还困难。

检查搜索流量时可能需要对比不同搜索引擎的流量。比如，如果来自百度的流量明显下降，而来自搜狗和 Google 的保持稳定，这很可能说明是被百度的某个算法惩罚了。如果所有搜索引擎的自然流量同时下降，建议先检查一下网站是否出现了技术问题，造成用户无法访问或访问速度很慢。

8. 排除其他可能性

排除其他与惩罚、质量都无关的可能性。这一点虽然列在最后，但其实应该是最先检查的。比如，是否出现了季节性波动、新闻事件、整个行业衰退等情况？查一下往年的流量，以及关键词的百度指数、谷歌趋势变化。同时检查一下流量统计的 JavaScript 代码是否在所有页面都已正确安装？是否改版时某些板块漏掉了统计代码？

9.4 被惩罚了怎么办

经常在论坛里看到有人问，某网站被惩罚了，大家帮忙看看是为什么。我也经常收到类似的邮件。

惩罚检测不容易，惩罚的恢复就更是一件头疼的事情。要想知道为什么被惩罚，纠正错误，恢复原有排名，必须非常清楚地知道这个网站以前做了什么？排名怎么样？流量怎么样？过去一段时间更改了什么内容？有没有涉嫌作弊的内容？做了什么推广？惩罚的形式是哪种？这些详细情况很难用一两段文字说清楚，所以给其他网站诊断惩罚问题是比较困难的。最了解自己网站的是站长自己。只给个域名，基本上看不出是什么问题，也无法提供靠谱的建议。

9.4.1 知道惩罚原因

如果搜索引擎通过站长平台通知站长被惩罚，这是最简单的情况，因为搜索引擎会告诉站长为什么被惩罚。

如果通过流量下降和搜索引擎上线算法更新的时间对比，能确认网站是被搜索引擎的某个算法影响，这也算比较幸运的了，搜索引擎通常会通知站长们这些更新要打击的对象，被惩罚的站长有比较明确的整改目标。

上面两种情况都相对容易处理。如果百度在站长平台通知站长，网站有违反百度规范的链接，或者网站在百度绿萝算法上线时来自百度的自然搜索流量下降，那么要检查的就是网站的外链，包括买来的链接、群发垃圾链接、软文里的链接等，尽可能删除这些外链。

9.4.2 不知道惩罚原因

如果被惩罚的网站确实就是一个垃圾网站，那么原因很明确。只有做一个好网站，对用户有益的网站，才能解决根本问题。一个内容全是转载、抄袭，外部链接全部是博客论坛垃圾链接的网站，很难有好的排名，不值得费时费力。

如果没有收到搜索引擎的惩罚通知，也不知道是被什么算法影响，同时你认为自己的网站不是垃圾网站，确实是对用户有帮助的网站，却受到了惩罚，可以尝试以下方法。

1．检查 robots 文件

这是一个看似不可能，实际却常常发生的、导致惩罚的原因。尤其是网站被全部删除时，更是要仔细检查 robots 文件。不仅要人工查看代码，还要用站长工具验证是否存在错误，造成禁止搜索引擎抓取某些目录和页面。

2．检查服务器上其他网站

虽然搜索引擎一般不会因为站长使用的服务器上有作弊网站而惩罚服务器上的其他网站，但是现在垃圾和作弊网站数目巨大，如果刚好有一个拥有大批垃圾网站的站长和你使用同一架服务器，服务器上大部分网站都是作弊和被惩罚的网站，那么你的网站也可能被连累。

3．检查网站是否使用了转向

除了 301 转向，其他 meta 更新、JavaScript 转向都有可能被怀疑为作弊，哪怕站长的本意和想达到的目的其实与 SEO 作弊无关。如果网站上存在大量转向，建议尽快删除。实际上，一个设计得当的网站根本没有使用转向的必要。

4．检查页面 meta 部分代码

检查页面 meta 部分是否有 noindex：

```
<meta name="robots" content="noindex, nofollow" />
```

和 robots 文件一样，这也是看似不会出现，但真的有人会犯的错误。可能是公司其他部门人员加上去的，也可能是竞争对手黑进网站加上去的，还有可能是网站测试时加上去，正式开通却忘了删除。

5．彻底检查网站是否优化过度

查看页面是否有任何关键词堆积的嫌疑？是否为了加内部链接而加内部链接？是否锚文字过度集中？是否页脚出现对用户毫无意义、只为搜索引擎准备的链接和文字？若有过度优化的地方，要下决心"去优化"（减少优化）。很多关键词全面下降就是优化过度造成的，掌握优化的度是合格 SEO 人员必须亲身体验一遍的必经之路。

6．少安毋躁，切莫轻举妄动

如果确信自己网站没有作弊，遇到排名下降，切忌轻举妄动，不要忙着修改网站，先观察几天甚至几星期再说。排名下降不一定就是自己网站的问题，搜索引擎不断改变算法，有时推出新算法，监控数据表明新算法效果不好，过几天又改回去了。

有时排名下降正是搜索引擎对网站的考验，坚持按兵不动一段时间，搜索引擎就知道是个正常网站。一遇到排名波动网站就修改，反倒会引起搜索引擎的特别注意，知道这是一个刻意在做优化的网站。真正为用户而做，而不是为搜索引擎而做的网站，基本上无须关心排名波动，这种网站才会得到搜索引擎的青睐。

7．检查服务器头信息

虽然用户访问网站时看不出问题，页面正常显示，但搜索引擎访问时，服务器返回的头信息却可能有问题。我以前就遇到过客户的网站，访问完全看不出问题，但用服务器头信息检查工具查看时，返回的全是 404 代码，或者完全没有反应。

本书第 12 章将介绍检查服务器头信息的线上工具。百度资源平台和 Google 站长工具都有模拟抓取工具,站长可以看到搜索引擎蜘蛛访问自己网站某个页面时抓取的内容,不仅可以查看头信息是否正确,还可以检查页面是否被黑客加上了病毒代码、黑链、隐藏文字等。

8．检查删除可疑链接

所谓可疑的链接如下所述。

- 大量交换友情链接。
- 页脚上出现的只为搜索引擎准备的内部链接。
- 买卖链接。
- 连向坏邻居的链接。
- 自己网站的大量交叉链接。
- 与网站主题内容无关的导出链接等。

这些链接看似不算严重作弊,但是与其他有作弊嫌疑的手法相加,就可能使网站作弊分值达到被惩罚门槛。

9．检查是否有重复内容

包括网站本身不同 URL 上的相同内容,也包括与其他网站相同的内容。既可能是转载、抄袭造成的重复内容,也可能是技术原因造成的重复内容。如果一个网站从一开始就以转载、抄袭为主,被惩罚是应该的。加强原创内容是一个网站刚开始时必不可少的过程。

10．检查是否有低质量内容

页面内容是真的原创还是伪原创?是真的对用户有帮助还是泛泛而谈?有没有大量篇幅很短的文章?是不是从供应商那里拿来的产品说明?是不是转载或抄袭的?是不是没多少真正产品/文章,却学大站用词库生成大量低质量的聚合页面?聚合页面相关度如何?

11．有没有屏蔽搜索引擎抓取

这又是一个看似不会发生,但实际会发生的问题。仔细检查有没有屏蔽搜索引擎蜘蛛访问,至少要检查以下几方面。

- 人工修改浏览器用户代理为搜索引擎蜘蛛访问。
- 线上抓取工具模拟搜索引擎蜘蛛访问。
- 百度资源平台或 Google Search Console 抓取工具。
- 检查服务器原始日志。
- 询问技术部门同事有没有针对搜索引擎蜘蛛做特殊处理。

我见过几个大公司网站屏蔽了搜索引擎蜘蛛访问,有的是设置 CDN 规则时出现了失误,有的是技术人员觉得搜索引擎抓取太多浪费资源,还有的屏蔽了所有外国 IP。

12．知道什么时候该放弃

被搜索引擎严重惩罚的网站,获得恢复的可能性不高。不要说站长经常弄不清楚为什么被惩罚,所以无法完全改正,就算很清楚为什么被惩罚,清除了所有作弊内容,也未必能得到搜索引擎的原谅。有时候网站排名恢复是惩罚两三年之后的事了,有时候根本没机会恢复。在很多时候,尝试恢复还不如直接放弃,重新开始做一个新网站。

第 10 章

SEO 专题

本章讨论一些经常遇到的 SEO 问题。

10.1 垂直及整合搜索优化

SEO 们最关注的，也是本书的主要内容，是网页的排名和流量。搜索引擎还有其他排名和流量机会可以优化利用，其中图片、视频、新闻、地图的搜索查询量是非常可观的。

10.1.1 垂直搜索和整合搜索

所有主流搜索引擎早就有垂直搜索，主要有新闻资讯、图片、视频、地图、购物等，用户只要点击搜索结果页面上方的垂直搜索导航，就可以显示相应的结果，图 10-1 所示为百度的垂直搜索选项。

图 10-1　百度的垂直搜索选项

不过人都是懒惰的，搜索引擎可能发现很多用户很少点击垂直搜索导航，所以 Google 率先把垂直搜索结果整合进传统网页搜索结果页面，用户不再需要点击垂直搜索导航就能看到垂直搜索内容。这就是所谓整合搜索（Blended Search），又称为通用搜索（Universal Search）。

整合搜索是 2007 年年底 Google 首先推出的，很快就被所有主流搜索引擎采用。

图 10-2 所示的就是一个出现多种整合内容的搜索结果页面，包括图片、新闻资讯、视频结果。

对搜索引擎来说，显示整合搜索结果需要解决几个难题。首先，搜索结果页面格式的安排。以前都是文字网页的时候，搜索结果格式整齐划一，用户也都熟悉了。现在要把视频、图片、新闻、地图等内容整合在同一个页面里，既不能显得混乱，还要实时处理，在网页的格式安排上要下一番功夫。

其次，不同类型的内容之间怎么比较相关性和权威度？以前返回的内容都是网页，只要比较两个网页之间的相关性。但现在有了新闻、地图、视频、图片等，视频和文字内容的相关性和权威性应该怎么比较？

再次，哪些搜索词会触发哪种整合结果？不太可能所有关键词都能从所有垂直搜索中找到结果。这需要根据具体的查询词，以大量用户数据为基础来判断用户的搜索意图。比如我们搜索"刘德华"时，图片、视频、新闻大概是用户想看的，因此这些是必须要返回的内容，而地图内容就不重要了。而若搜索"北京饭馆"，地图内容就必不可少了。

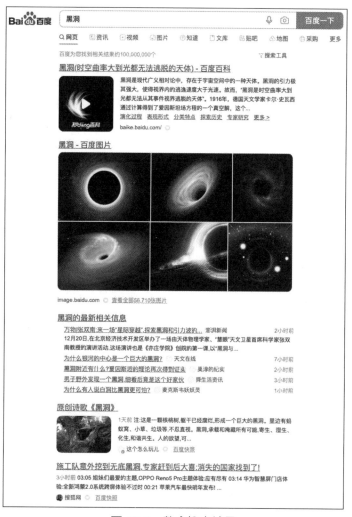

图 10-2　整合搜索结果

10.1.2　机会和挑战

无论百度、Google，还是其他搜索引擎，整合搜索结果已经成为常态，现在比较热门的查询词几乎很少看到只有网页的搜索结果页面了。

整合搜索和垂直搜索对 SEO 来说既是机会也是挑战。说它是机会的原因在于，一些中小型网站在文字页面没机会排到前两页，却有机会通过整合搜索结果进入前几名。大网站很可能还没有时间、精力顾及这些垂直领域内容，中小型网站多花一些时间和精力，做得更专业化，就有机会在比较热门的搜索结果中脱颖而出。

统计表明，虽然整合内容出现的次数比网页少，但竞争也小得多，图片、视频、地图等内容出现在第一页的概率比网页高出 10 倍以上。

同时，垂直搜索带来的流量和曝光次数也非常惊人。据统计，来自 Google 图片搜索的流量占搜索总流量的 20%左右。从我接触到的数据看，某些行业网站，如服装、饰品这一类电商，图片搜索流量可以占到搜索流量的一半以上，说明对于某些产品，部分用户很喜欢看着图片找产品。

百度和 Google 工程师都多次表示，图片、视频等多媒体内容目前在网上还比较缺乏，是 SEO 性价比高的优化方向。

说是挑战是因为，传统 SEO 要优化的只是普通页面，以文字为主。现在 SEO 的工作范围更加广泛，各种多媒体内容和社交媒体内容都要被纳入 SEO 的范围。SEO 人员必须从战略思考上提高一个层次，不再局限于传统意义上的页面优化。

从 SEO 角度，垂直搜索和整合搜索的优化是一回事。垂直搜索中排名靠前的就是进入整合搜索的内容。

下面简单讨论几种常见垂直领域的优化技巧。

10.1.3　新闻搜索

以前要想进入新闻（资讯）搜索结果页面，最重要的是被搜索引擎纳入新闻源，但现在百度、Google 都取消了新闻源机制，搜索引擎的正常页面抓取、索引技术已经可以自动识别、索引时效性新闻内容。

进入新闻搜索的网站还是有一定门槛的，需要被搜索引擎判断为新闻资讯类网站，包括传统媒体（报纸、杂志、电台、电视台等）、政府和组织机构、有原创资讯的垂直行业资讯网站、地方门户等。具有时效性的博客、论坛等通常不会被当作新闻网站，企业网站、个人网站就更不会，即使有资讯板块也不行。

搜索引擎返回资讯内容时，先选定哪几条新闻应该被显示，如图 10-3 中的几条新闻，这主要根据用户关注度及媒体报道数量判断。再选择应该显示哪个网站的新闻内容，同一条新闻可能有几个至几千个来自不同网站的报道，但搜索结果中只能显示一个。

图 10-3　新闻整合结果

新闻内容的排名与普通网页的排名算法不同，除了遵循客观、真实等新闻报道本身的原则外，还需要注意以下几点。

- 发布和更新时间。由于新闻内容本身的特性，越新发布的内容越有排名优势。
- 原创。转载其他新闻源的内容，效果没有原创那么好。就算转载内容的发布时间更新，如果没有附加价值，排名也没有发布时间较早的原创内容高。
- 地域相关。很多新闻有地域性，在本地区的新闻网站具有优势。比如说上海地区发生的新闻，上海的新闻网站就更有排名优势。
- 标明时间、地点。新闻稿中最前面标明时间、地点是标准的新闻写作格式，如"中新社华盛顿 3 月 17 日电"，也有助于搜索引擎判断新闻内容的地域性和实效性。
- 网站权重。新闻网站本身的权重也是重要因素。这里所说的权重与来源于外部链接的权重不同，更多的指的是与主题相关的权重。比如说大量发布金融新闻内容的网站，在金融领域就会有更高的权重。

- 点击率。如果说普通页面的点击率影响排名只是个猜测或影响很小，新闻内容的点击率则有明确的直接影响。同样的新闻内容，点击率高的那一条排名会上升得更快。
- 图片。新闻页面中的图片经常会被显示在搜索结果中，有助于吸引目光，提高点击率。
- 易用性。指页面的浏览器兼容性，打开速度，移动友好性。
- 其他页面因素。与普通页面相似，页面标题及正文出现目标关键词，也都会计入新闻排名当中。

10.1.4　图片搜索

图片是现在搜索结果页面中最常出现的内容之一，流量潜力很大。

图片的搜索优化，应该注意下面几点。

- 尽量使用图片。无论是新闻、博客，还是文章、FAQ，都尽量配图，既能美化页面，还经常能更清楚地解释主题，很可能对网页排名也有帮助。
- ALT 替代文字。这是图片优化最重要的部分，因为 ALT 文字本身就是为了说明图片内容的。ALT 文字应该出现目标关键词，准确描述图片内容。
- 图片标注文字（image caption）。这是页面上可见的图片说明文字，显示在图片下面。图片标注文字也应该包含关键词，准确描述图片内容。
- 页面标题和描述。图片所在页面的标题和描述标签也很重要，对页面上的图片有说明作用。标题和描述写法参考前面页面优化部分。
- 图片文件名。英文网站，图片文件名包含关键词有助于提高相关性。图片命名为 solid-wood-photo-frame.jpg 显然比 DSC_0076.JPG 更容易让搜索引擎了解图片内容。
- 文字环绕图片。图片周围的文字内容在一定程度上也表明了图片内容。
- 图片质量。图片的解像度和像素，也就是图片质量也影响图片优化。质量越高，被排到前面的可能性越大。搜索引擎并不想返回低质量的图片。
- 图片压缩。保留图片解像度，也要兼顾图片文件尺寸，不要影响下载和打开速度。在不影响视觉效果的前提下，图片往往能大幅压缩。

10.1.5　视频搜索

视频和直播大概是近两年最火爆的互联网应用，连带着视频搜索也更加热门。这在百度移动搜索中表现非常突出，现在绝大部分查询词都会返回视频整合结果，占据页面很大篇幅。

图 10-4 所示的是百度移动搜索结果中的整合视频内容。

视频文件既可以放在自己网站上，也可以放在如好看视频、爱奇艺、B 站、YouTube、Facebook、优酷、搜狐视频、腾讯视频等视频分享网站上。在实际使用中，大家会发现，搜索结果中出现的视频内容绝大部分来自视频分享网站，很少有来自企业或个人网站上的视频，原因之一是这些视频分享网站的权重往往远高于普通网站。由于成本问题，大家都把视频文件放在视频网站上，自己网站上本来就很少有视频是另一个因素。

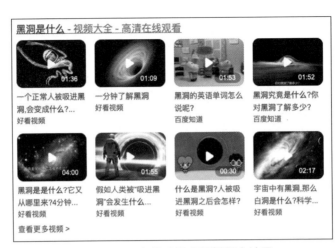

图 10-4　百度移动搜索视频整合结果

所以，通常优化视频内容需要把视频文件放在视频分享网站上，这时得到的搜索流量绝大部分情况下其实是对视频网站的访问，而不是对自己的网站。这就需要 SEO 人员再想办法把用户从视频网站引流到自己的网站上，比如在视频中加入片头、片尾，版权字幕，或者视频本身就包含品牌信息，在视频说明文字中也可以加入链接。

视频页面的优化需要注意以下几个方面。

- 标题。视频文件所在的页面标题，通常就是提交视频时自己撰写的视频标题。和普通页面一样，应该自然地嵌入目标关键词。
- 文字说明。与标题类似，提交时填写的文字说明会显示在页面的视频说明部分，也需要包含相应关键词。说明部分允许长篇幅写作，因此可以自然融入关键词的变化形式。
- 播放次数。几乎所有视频网站都会显示本视频的播放次数，次数越多说明视频越受欢迎，搜索引擎给予的权重也就越高。
- 用户评分。同样，几乎所有视频网站都允许用户给视频评分、点赞，并且显示在视频页面上。分数越高，视频内容质量高的可能性也越大。
- 频道订阅和视频保存。订阅或关注账号/频道的用户越多，视频被保存的次数越多，说明越受欢迎。
- 用户评论及留言。主要是看留言数目，播放次数有时还可以作假，留言数目作假的难度就大大提高了。播放次数、订阅、评分及留言，都在一定程度上表明了视频的受欢迎程度，有点类似于页面的导入链接。
- 链接。和普通页面一样，外部链接越多，视频页面权重越高。与文字页面相比，视频排名需要的链接数就少多了（至少目前是这样）。
- 标签。提交视频时，系统通常要求用户填写几个说明视频内容的标签。在主题相关的情况下，尽量多填写几个相关标签，这样提交的视频出现在其他相关视频里的机会就更多，被看到、被评分、留言的机会也更多。
- 视频嵌入。视频分享网站都提供代码，允许站长把视频嵌入其他网站。鼓励其他网站嵌入视频，因为都会计入播放次数，提高曝光度。
- 缩略图。一张好的缩略图不仅能吸引视频分享网站上的用户，还能吸引搜索引擎的用户。对视频内容来说，缩略图比标题更显眼、更重要。除了从视频中选择一帧合适的画面，如果视频平台允许上传缩略图，最好制作一个构图突出、色彩协调、带有简短文字的图片，如图 10-4 中左下角的视频。

另外一个可以考虑的给网站直接带来搜索流量的方向，是把视频嵌入自己的网站页面。前面提到过，通常得到视频搜索排名的是视频平台页面，但有时自己网站的页面也有机会。比如自己网站的页面已经在网页搜索中有不错的排名，在这个页面上嵌入相关视频（哪怕视频是放在视频平台上的），也可能会获得视频搜索排名，点击流量将会直接来到自己网站页面。也可以将教程、纪录片等类型的视频嵌入自己页面后，放上视频文字解说稿，提高页面内容相关度，这些内容通常不会出现在视频平台页面上，能提供独特价值，提高页面获得视频排名的机会。

10.1.6　地图搜索

地图整合搜索结果在视觉上非常突出，占了页面很大篇幅，如果出现在最前面的话，其他文字网页几乎被推到第二屏。所以某些查询词，如与位置有关的生活服务，出现在地图整合搜索结果中显得非常重要。

- 注册验证。要出现在地图结果中，首先需要在搜索引擎的本地商户中心注册。百度地图商户中心的网址为：https://bgc.map.baidu.com/。Google 本地商户中心网址为 http://www.google.com/intl/zh-CN/business/。完成标注、认领、验证后，提交的商户内容才会出现在地图结果中。
- 提交信息。准确提交商户官方名称，如果能加入关键词最好，但百度要求与营业执照上的名称相符。准确填写行业类目，在商户详情和标签中可以适当融入关键词。
- 上传图片和视频。提交本地商户内容时，注册人还可以上传图片及视频，展现公司形象。
- 完善信息。包括营业状态、联系电话、营业时间、发布促销活动等。
- 标记、标签、分享。百度用户可以给百度地图中的商户加标记、加入收藏夹、分享。Google 用户可以给不同的地图地址加标签，SEO 人员可以自行在提交过的地址上标注上自己的企业名称。多一些人做标记、标签、分享，效果当然更好。
- 点击率。和网页搜索结果一样，点击率很可能影响地图搜索排名。
- 本地服务、目录及黄页登录。把公司网站提交到黄页及本地服务网站、目录中，只要搜索引擎收录了这些网上黄页和本地服务、目录页面，就会把公司与相应的地址联系起来，对提交的本地商户信息再次验证和加强。搜索引擎地图结果页面经常标注信息来源，SEO 也应该到这些信息来源网站注册验证商户信息。
- 评论。提交内容在地图中出现后，允许所有用户进行评论，商家可以回复。评论越多，说明关注的人越多，也代表了某种受欢迎程度。其他点评类网站数据也会被整合进来，如大众点评网、Yelp 等。鼓励现有用户到地图上发表评论。
- 其他网站出现公司地址。除了上面说的黄页及本地目录外，在其他任何网站，如分类广告、合作伙伴网站等地方出现公司名称、网址及联系地址时，都可以使搜索引擎更加确定所提交的公司与地址之间的联系真实性，使提交的内容在地图排名中提前。

10.2 域名与 SEO

域名是互联网公司以及个人站长最重要的无形资产之一，所有品牌、搜索排名、SEO、流量都是绑定特定域名的。本节讨论域名对 SEO 的影响。

10.2.1 域名的选择

域名的好坏对 SEO 及网站运营都有一定的影响。由于域名迁移的复杂性，通常不是万不得已，不建议更换域名，所以域名的选择在网站建设最初阶段就要考虑周全。那么，从 SEO 角度，域名的注册和选择需要考虑哪些因素呢？

1. 域名后缀

SEO 行业曾经流行这样一种观点：.edu 和.gov 等不能随便注册的域名天生有更高的权重。.edu.cn 域名只有教育和科研机构可以注册，而且需要教育网 IP 地址，.gov.cn 只有中国政府部门才能注册。同样，.edu 只有美国大学等教育机构才能注册，.gov 只有美国政府部门才能注册。注册限制决定了这些域名很少能被用作垃圾网站，因而搜索引擎给予排名优势。还有人认为.org 域名比.com 域名更有排名优势。

这种说法有一定道理，但并不准确。.edu 和.gov 的权重和排名优势并不是天生的，而是由于这种域名上的内容往往质量确实比较高。而.org 域名比.com 域名更有 SEO 优势的说法，则没有什么确实根据。

还有人认为.info 域名权重比其他域名低，这也没什么根据。我们在搜索结果中很少看到.info 域名，只是因为用.info 域名认真做站的公司和站长本来就很少。

SEO 行业公认.edu、.gov 网站是最好的外部链接资源，其原因也就在于这些网站通常质量比较高，权重比较高，但是这些权重并不是天生的。

所以域名后缀的选择并不需要特意从 SEO 角度考虑，还是品牌形象、用户体验更重要，在可能的情况下以.com 为最好，因为这是大部分用户最习惯的域名，如果不提是哪种域名，用户都会默认认为是.com 域名。

2. 域名年龄

域名注册越早，对排名越有利。正因为如此，购买老域名是 SEO 行业的常见做法。如果你有一个 20 世纪 90 年代就注册了的域名，这绝对是个宝，做绝大部分关键词时相对新域名都有很大优势。注册一些不错的域名然后养起来，放上一些简单页面，过几年有了更充实的内容、更好的计划，再正式做网站，是一个不错的选择。

3. 域名第一次被收录时间

除了域名注册日期以外，域名上的内容第一次被搜索引擎收录的时间也很重要。有的老域名注册以后没有解析，所以没有被搜索引擎收录任何内容，其年龄优势就比不上很早就被收录内容的域名。

虽然我们并不能查询到特定域名到底什么时候开始被搜索引擎收录，但可以使用第 3 章中介绍的互联网档案馆查询网站历史内容。互联网档案馆中第一次出现的域名内容与搜索引擎第一次收录的时间未必完全一样，但通常不会相差太远，有重要的参考作用。

4. 域名续费时间

Google 在 2003 年 12 月申请的一份名为"基于历史数据的信息检索"的专利中提到，域名续费时间可以作为排名的因素之一。其逻辑在于，续费时间长，说明站长对网站认真，不太可能把域名用作垃圾网站。通常做垃圾网站的黑帽 SEO 只会注册域名一年，看看效果如何，如果带不来流量或被惩罚，域名就被放弃了。

当然，专利中提到的内容是否真实地运用在排名算法中，谁也不知道。我没有看到百度对域名续费时间的明确态度，但真正认真的公司和站长，把域名多续费几年也没有任何损失。当年 Google 的这份专利刚被发现时，站长世界的创始人 Brett Tabke 马上把 webmasterworld.com 域名续费了十年，可谓对 SEO 的嗅觉非常敏感，也为其他 SEO 做了一个很好的提示。

5. 域名包含关键词

这一点主要适用于英文网站。

域名中包含目标关键词对搜索排名有一定帮助。原因有两方面：一是域名中的关键词本身就被给予了排名权重，二是很多网站转载文章时留的链接就是原文 URL，如果域名中包含关键词，那么相当于链接锚文字中就包含了关键词。前面提到过，锚文字是页面排名的重要因素之一。

但域名包含关键词不能走向极端。如果说 scobook.com、seowhy.com 是不错的域名，bestsingaporeseoservice.com 就显得垃圾味道很浓厚了。Google 于 2012 年上线了"完全匹配域名惩罚"算法，针对的就是这种堆积关键词的域名。

6. 连词符使用

十几年前，曾经很流行在域名中使用连词符(或称为短横线)，甚至使用多个连词符。前面提到，域名中包含关键词对 SEO 有些好处，但是这种好的域名一般早就被注册了，很多 SEO 就转而注册用连词符把关键词分开的域名。比如 k1k2.com（k1 和 k2 是关键词）早就被注册了，站长就去注册 k1-k2-k3.com。

现在不建议注册这种使用连词符、包含关键词的域名。因为特殊原因包含一个连词符，问题不大，包含两三个，则可能弊大于利。第一，连词符给用户的印象不好，很容易让人联想到垃圾网站甚至是骗局网站。我们很少看到大公司、大网站使用带连词符的域名。第二，搜索引擎对域名中包含多个连词符也比较敏感。虽然不至于直接惩罚，但很可能使网站的可疑度又增加了一点。

7. 品牌优先

在域名中包含关键词，其实是仅仅考虑了 SEO 因素，而没有站在更高的视角。我们可以观察到一个规律，真正的大品牌名称往往不含有行业关键词。比如最大的中文搜索引擎是百度，国际搜索引擎领域最大的品牌是 Google。"Google""百度"这两个词都与"搜索引擎"毫无字面关系。最大的搜索引擎并不是 searchengine.com。最大的英文网上书店是 amazon.com，而不是 books.com。较著名的中文网上书店是 dangdang.com，"dangdang"或"当当"，与"书"也没有任何字面关系。

在某种意义上说，品牌名称与行业或产品名称相距越远反倒越好。离得越远，越容易被记住。另外一个好处是有扩展性。如果网站名称是"深圳 SEO"，以后发展大了，想要做全国 SEO 时，这名字就"鸡肋"了。

互联网公司还有一个明显的现象，大品牌很多是硬造出来的词，品牌名称诞生之前就不是一个词，更不要说是关键词了，如 Google、YouTube、Twitter、Facebook 等。中文领域虽然没有造出新字，但小米、京东、天猫、当当一类的名称也可算是新创词。

而品牌名称一旦确定，域名也就随之确定。所以如果你想创造一个真正的大品牌，域名中反倒不要包含关键词。

8. 域名长短

要想在域名中包含目标关键词，往往就得使用比较长的域名。在很多情况下，长域名所带来的 SEO 优势，远远小于在品牌和用户体验方面带来的弊端。所以在可能的情况下，域名越短越好，不必为了包含关键词而使用一个超长的域名。

关键词与品牌相比较，永远是品牌优先，用户易用性优先。短域名易读、易记、易写、易传播，由此带来的好处会远远超过域名中含有关键词的好处。当然，要是既包含关键词域名又短，就再好不过了。

9. 域名买卖历史

域名注册以后是否曾经转手？域名主人是否与垃圾网站有关联？这对域名权重也有一定的影响。所以在购买二手域名时，应该注意查看一下域名曾经转手多少次，主人是谁，互联网图书馆中收录的内容是什么，有没有与敏感内容相关联，如色情、赌博、药品买卖等领域，经常作弊泛滥。

10. 匿名注册信息

为了逃避搜索引擎检查域名注册人信息、转手历史，有的人使用匿名注册信息。这是一柄双刃剑。虽然搜索引擎无法从域名注册信息判断这是谁的网站，但是也很可能在可疑性上增加了一分。一个正常的网站，最好还是使用真实注册信息。

11. 域名权重

域名权重是一个很宽泛的概念，与域名年龄、内容原创度、用户体验度、网站规模、外部链接数量质量都有关系。权重高的域名往往做任何关键词都能很快看到效果，无往不利，如英文维基百科。连很多普通用户都注意到，不管搜索什么关键词，几乎总能看到维基百科条目排在第一页。当然，要达到这样的权重，就不单单是 SEO 所能做到的了。

10.2.2　更改域名

一般来说，在网站策划阶段就应该选择一个最恰当的域名，一旦确定域名，就不要轻易改动。但有时更改域名也可能是迫不得已的。比如：

- 发现了更好的域名。策划网站时最中意的域名被注册了，后来发现对方没续费，自己又拿到了这个域名。或者花钱把域名买了过来。
- 公司合并或改名。这种商业决定的重要程度当然远高于域名的选择，不可能为了保留域名，公司就不进行合并。
- 法律问题。侵犯了其他公司/人的注册商标等。

一些著名网站有过更改域名的经历，如新浪微博从 t.sina.com.cn 改到 weibo.com，京东商城从 360buy.com 改为 jd.com 等。优酷、土豆、1 号店、乐蜂网等很多知名网站都改过域名。我的博客"SEO 每天一贴"也曾顺利换过域名。

由于更改域名必然使所有 URL 发生变化，从 SEO 角度来说需要做恰当的处理。

（1）全站做 301 转向，旧域名上的所有页面（不仅是首页）全部按原有目录及文件格式转向到新域名。这样旧域名的权重大部分会转移到新域名。

（2）尽量把指向旧域名的外部链接改到指向新域名。这是一个不易完成的工作，因为绝大部分外部链接是来自其他人的网站，不是自己所能控制的。可以通过流量统计和外部链接查询工具，找到能带来点击流量及来自高权重域名的外部链接，联系对方站长说明情况，把链接指向新的域名。尽最大可能，能联系多少就联系多少。

301 转向虽然能比较好地解决 URL 变化问题，但并不能传递 100%的链接权重，每一个 301 转向都会造成链接投票力的损失。而且搜索引擎识别 301 转向并重新计算权重需要比较长的时间，通常要几个月。与其依靠搜索引擎自己判断，不如自己把问题解决，尽量减少不可控因素。

（3）保留旧域名，并一直保留 301 转向，除非因为法律问题不能再持有旧域名。一部分指向旧域名的外部链接是永远不会改到新域名的。只要旧域名和 301 转向一直存在，这些链接就会传递大部分权重到新域名，不至于浪费。

（4）新旧域名都要在百度资源平台及 Google Search Console 注册验证。两个都有网站改版功能，可以通知搜索引擎网站域名从哪个换到哪个。然后密切关注平台中两个域名的抓取频次、抓取异常、索引量、排名和流量报告，看抓取、索引和排名是否从旧域名切换到新域名。

最后要提醒的是，除非有一个非常好的理由，不然不到万不得已，不要更改域名。域名的历史和信任度是没办法完全传递的。

10.2.3　多个域名的处理

多个域名对应一个网站是常见现象。原因如下。

- 为保护公司品牌注册多个类型的域名，以及各个国家的地区域名。比如主域名是 abc.com，公司还可以注册 abc.net、abc.org、abc.co.uk、abc.sg、abc.com.cn 等。
- 类似的和错拼的域名。为了不使用户混淆，也减少可能发生的骗局、名誉损害等，很多公司还会注册或购买与公司主域名类似或错拼的域名。如 google.com 是主域名，还可能注册 goolge.com、gooogle.com 等。
- 闲置域名。很多做域名买卖的人手中有大量闲置域名，一些闲置域名还有用户直接输入网址访问。与其让闲置域名无法解析与访问，不如利用起来指向有内容的网站。

上面几种情况都属于合理使用多个域名。但有一种说法是对多域名的误解，那就是有的 SEO 和站长认为，多个域名直接解析到同一个网站，也就是说多个域名都可以访问，返回的是一模一样的网站，搜索引擎会给予多个网站排名。这是不会发生的。

将多个域名不做任何处理地解析到一个网站，最好的情况是搜索引擎只返回其中一个网站给予排名。如果运气不好，可能因为复制内容和疑似作弊，所有域名都被惩罚。

处理多个域名对应一个网站的方法很简单，选择其中一个最好的域名当作主域名正常解析，其他所有域名全部做 301 转向到主域名。

检查 goolge.com、gooogle.com 这类域名的服务器头信息就可以看到，都是通过 301 转向到 google.com 的：

```
#1 Server Response: http://www.gooogle.com
HTTP Status Code: HTTP/1.0 301 Moved Permanently
Location: https://www.google.com/
```

10.3 服务器与 SEO

服务器的选择看起来是纯技术问题，在很多大公司，SEO 对服务器的选择基本上是没有话语权的，但有时候服务器会对 SEO 有致命影响。

10.3.1 服务器的选择

服务器性能直接影响 SEO 效果。作为 SEO 人员，需要知道从 SEO 角度对服务器的基本要求，还要了解一些必须避开的坑。

1. IP 及整个服务器惩罚

一个 IP 地址或整个服务器被搜索引擎惩罚是很罕见的情况，除非这个 IP 地址上的大部分网站都因为作弊被惩罚，这种情况下，没有作弊的网站也可能受连累。不过使用虚拟主机时，同一台服务器刚好碰上大部分网站都作弊的可能性非常低。通常黑帽站长租用整台服务器，把自己的作弊网站都放在同一台服务器上，才会发生整个 IP 和服务器被"连锅端"的事情。

使用虚拟主机并不一定比租用整台服务器效果差，网络上大部分网站都是使用虚拟主机的。搜索引擎并不歧视虚拟主机用户。

2. 服务器设置

有的主机设置有问题，整台服务器都禁止搜索引擎爬行，或者因为负载问题限制蜘蛛访问次数，普通用户访问网站时则没有问题。

有的服务器 404 页面设置不正确，页面不存在时，用户看到的是 404 错误信息，但返回的服务器头信息却是 200 状态码，这样会使搜索引擎认为网站存在很多复制内容。SEO 人员需要检查日志文件，确保搜索引擎蜘蛛能够顺利抓取，并且返回正确的头信息。

3. 稳定性

服务器经常死机，必然会影响搜索引擎蜘蛛的抓取和收录。轻者不能及时更新页面内容，抓取新页面，重者搜索引擎蜘蛛会认为网站已经关闭，抓取频率大大降低，甚至整站被删除。好在主机稳定性的展示是非常直观的，经常打不开网站的站长最好及时换其他主机服务商。

4. 主机速度

除了影响网站用户体验和转化率，主机速度慢也严重影响网站收录和排名。对一个给定网站来说，搜索引擎会分配一个与网站规模、质量、权重匹配的相对固定的抓取总时间。如果网站速度比较慢，搜索引擎抓取一个页面就需要更长时间，能抓取的页面数必然下降，这样就会影响总收录页面数。

这对小网站问题还不大，对大中型网站来说，文件下载时间长，抓取占用时间就长，必然影响整个网站所能抓取、收录的页面数量。而对大中型网站来说，提高页面收录率是 SEO 的最重要工作之一。在这个意义上，服务器速度直接影响 SEO 效果。

除了影响网站收录，页面打开速度也是影响自然搜索排名的直接因素之一。而主机性能和速度是影响页面打开速度的主要原因之一。

5. URL 重写支持

现在的网站绝大部分使用 CMS 系统，数据库驱动，所以将动态 URL 重写为静态是 SEO 必不可少的工作。URL 重写需要主机支持。有一部分站长对虚拟主机有误解，认为虚拟主机不支持 URL 重写。其实虚拟主机可以完美支持 URL 重写。如果你使用的主机不支持，这只是主机提供商没有安装相应模块而已，并不是说虚拟主机不支持。

要支持 URL 重写，LAMP（Linux+Apache+MySQL+PHP）主机需要安装 mod_rewrite 模块，Windows 主机可以使用 ISAPI Rewrite 等模块。

6. 服务器地理位置

服务器所在地理位置对用户访问速度会有一定影响，一般来说，服务器位置离用户的物理距离越远，速度越慢。但只要都在国内，服务器位置的影响并不大，很多时候还没有主机商线路、带宽等因素的影响大。所以如果目标用户在国内，只要选择稳定、资源丰富的服务商就可以，至于在哪个城市，通常不是大问题。

如果目标用户在国内，但由于某种原因不能选择国内服务器，将是个很尴尬的情况，页面访问稳定性及速度都会受到明显影响，且没有解决办法。只要有可能，还是建议把服务器放在国内。若实在不可行，则优先考虑离大陆比较近的区域，如中国香港地区、日本、新加坡等。

同样，如果做外文站，目标用户在国外，服务器当然选择国外的。如果网站只针对某个国家，服务器就放在那个国家。不要假设自己访问速度快，国外用户访问速度也应该不错，国际出口和防火墙的影响还是很大的。

10.3.2 更换服务器

更换服务器也是网站经常遇到的问题。有不少站长询问更换服务器会不会影响网站排名。只要操作得当，网站转移到另一台服务器上，不会对排名有任何影响。除非你倒霉地把网站转移到了一个已经被搜索引擎惩罚的 IP 地址上。

正确的服务器转移过程如下。

- 进行完整备份，包括数据库和所有程序、页面、图片文件，以防万一。
- 将 DNS（域名服务器）TTL 设置为很短的时间，如几分钟。TTL 控制 DNS 服务器的缓存时间，所有 ISP 及搜索引擎将随时查看 DNS 信息，而不是使用缓存中的 IP 地址。
- 开通新服务器，上传文件。
- 确认所有文件在新服务器上一切运转正常后，更改域名服务器，将网站解析到新服务器 IP 地址，同时旧服务器上的网站保持运行。一些用户贡献内容的网站，可以考虑暂时关闭旧服务器上用户发布新内容的功能，以防万一转移过程出现问题，可能会造成新发布的数据丢失。
- 在新服务器上检查日志文件，确认搜索引擎蜘蛛已开始爬行新服务器上的页面后，说明转移已经完成。域名解析理论上最长需要三天时间，当然为保险起见，也可以再多等两三天，确保所有搜索引擎蜘蛛都知道网站已经转移到新的服务器和IP地址。

- 确认解析过程完成，旧服务器上已经没有任何用户及搜索引擎蜘蛛的访问后，旧服务器账号可以关闭，转移过程完成。

在整个服务器转移过程中，网站一直是可以正常访问的，因而不会对抓取、收录、排名有任何影响。

百度资源平台也有工具可帮助确认转移过程是否顺利。网站解析到新服务器后，在资源平台抓取诊断部分，输入域名的任何URL，点击抓取按钮，百度会发出蜘蛛实时抓取页面并给出抓取到的诊断，如图10-5所示。

可以看到，资源平台在抓取详情中显示了百度解析的IP地址，SEO可以清楚地知道百度是否开始抓取新IP。如果更改域名服务器3天后百度还是解析到旧IP，还可以在资源平台报错。

图 10-5　百度资源站长平台抓取诊断

10.4　用户行为影响排名

前面讨论过，SEO的根本原理在于提高网站内容的相关性、权威性和实用性，其中的实用性指的就是用户行为。网站实用性高，用户表现出来的行为又会反过来影响网站排名。

10.4.1　用户行为信息收集

有一个很明显的现象，所有主流搜索引擎都提供浏览器工具条，用户不必到搜索引擎网站进行搜索，只要在工具条中输入关键词，就可以直接来到搜索结果页面。所有搜索引擎都花大钱大力，希望成为浏览器的默认搜索提供商，或者将自己的工具条绑定浏览器，比如给浏览器开发商搜索广告回扣，或者与电脑厂商达成协议，在出售的电脑上预装工具条。浏览器和电脑提供商与哪家搜索引擎达成合作，换用哪家搜索引擎，都是搜索行业的新闻。

现在主流搜索引擎都有自己的浏览器，Google、微软、搜狗、360，连只有俄罗斯使用的Yandex都有自己的浏览器。可惜百度2019年9月宣布停止了百度浏览器更新，可能是因为多年来其市场份额毫无进展。

搜索引擎不遗余力地推广自己的浏览器、工具条，其目的不仅仅在于提高自身的搜索市场占有率，另一个重要意义是搜集、记录用户搜索及访问网站的行为。自己的浏览器就不用说了，即使是别人的浏览器，只要启用了工具条，用户搜索了哪些关键词，访问了哪些网站，在网站上访问了哪些页面，停留多少时间，搜索引擎都可以进行数据统计。

除了浏览器、工具条，主流搜索引擎还开发了很多其他服务，用以收集用户访问数据，比如百度、Google、微软、360等都提供网站流量统计服务、搜索广告联盟等。搜索引擎之所以免费提供这些服务，肯定不是一无所图，他们从中得到的数据既可以用来了解互联网整体发展趋势，也可以用来了解用户的行为方式。

搜索日志本身也提供了大量用户行为数据，如页面点击率、跳出率，点击后是否返回搜索结果页面，多快或多久返回，返回后是否点击了其他页面，是否搜索了其他查询词等。

当然，用户访问时的行为方式是一种噪声比较高、作弊可能性也比较大的数据。搜索引擎在使用这种数据作为排名因素时都会非常小心。百度没有明确表示用户访问数据是否是百度排名因素，但 SEO 行业都认为是，不然也不会有百度快排的存在。Google 工程师多次强调过，用户访问数据没有用于 Google 排名，但很多 SEO 人员持怀疑态度。必应则明确表示用户访问数据是必应算法排名因素。

实际上大部分 SEO 专家认为，用户行为数据肯定或多或少地被用在排名上，而且随着 AI 应用于搜索，在未来几年用户行为数据挖掘会更精准，在算法中所占的比重会越来越高，SEO 人员必须重视。

10.4.2 影响排名的用户行为

可以影响排名的用户行为包括以下几点。

1．网站流量

这是最直接的因素。网站总体流量毕竟在一定程度上说明了网站的受欢迎程度。

2．点击率

这指的是网站页面在搜索结果中被点击的比例。虽然点击率主要是由排名先后决定的，但是由于网站的知名度、用户体验、标题写作、显示格式等方面的差别，有的网页也可能排名靠后，却有比较高的点击率。所有搜索引擎都记录搜索结果的点击率，若发现某些页面有超出所在排名位置应有的平均点击率，就可能认为这些页面对用户更有用，因而给予更高的排名。这也就是为什么会出现百度点击器和快排，详见 9.2.16 节。

3．网站黏度

跳出率、用户停留时间、访问页面数这些反映网站黏度的指标，也都可以被浏览器、工具条和流量分析系统记录。跳出率越低，停留时间越长，访问页面数越多，说明网站用户体验越好，可能对排名有正面影响。

4．用户特征

不管是新用户还是老用户，一个用户多次返回访问同一个网站，说明这个网站有用处，应该给予更好的排名。如果用户本身是某个领域的专家，他也可能对所访问网站的排名有影响。

5．重复搜索以及相应的点击

用户第一次搜索，点击一个网站之后，可能没有找到有用的答案。点击"返回"按钮再次来到搜索结果页面，点击另一个网站，才找到对自己有帮助的结果。这种行为模式可能影响这两个网站的排名。有的时候用户返回搜索结果页面还会重新组织搜索查询词。

6．品牌名称搜索

如果某个品牌名称或域名本身被很多用户搜索，这个品牌的官方网站就很可能是受用户欢迎的网站，整体排名可能相应提高。甚至网上提及品牌名称次数多了也可能被搜索引擎注意到，成为其知名度的佐证。

7．社交媒体网站

社交媒体网站出现页面的链接或网站名称，有更多粉丝、点赞、转发，也说明网站受用户欢迎，可能影响网站排名。

10.4.3 回归用户体验

我们可以想象这样一个场景，一个用户自身拥有 SEO 网站，微博账号有大量 SEO 内容，粉丝里有很多站长、SEO 人员，经常看其他 SEO 博客，参与 SEO 论坛。这个至少对 SEO 比较关注、很可能是 SEO 专家的用户，在搜索引擎搜索 "SEO"，点击第一个结果后 10 秒钟就按返回按钮重新来到搜索结果页面，点击了第三个结果，在这个网站上访问了 10 个页面，停留了 30 分钟，然后每过几天，这个用户都会再访问排在第三名的网站，并停留较长时间，访问多个页面，还在微博上发了关于这个网站的评论，得到大量点赞转发。类似访问行为模式如果被很多用户大范围重复，对原本排在第三位的网站很可能有正面影响。

所以，要做好 SEO，还是要回归根本，那就是提供好的用户体验，提高用户忠诚度，为用户提供好的产品和服务。这既是做网站的基本，也是 SEO 的未来。

10.5　多语种网站

随着外贸行业不断发展，发布多语种内容的网站也越来越常见。很多国内企业把外文网站当作重要的营销渠道。不同语种的网站在 SEO 原则上是相同的，熟练掌握中文 SEO，也可以把同样的方法用在其他语种的网站上。

不同语种之间不会造成复制内容。同样的文章从中文翻译成英文、法文、日文，这些不同语种页面对搜索引擎来说都是不同的内容。

要注意的是，除特殊情况外（如翻译网站），尽量不要在一个页面中混合不同语言。有的网站把英文内容紧接着放在中文内容下面，这样不能达到最好效果。应该把不同语种内容完全分开，中文页面就是中文页面，英文页面就是英文页面，不然搜索引擎在判断页面语种时可能会混淆。

10.5.1 多语种页面处理

多语种网站可以有以下三种处理方式。

（1）不同语言的网站完全独立，放在不同国家域名上。如中文版放在 abc.com.cn，日文版放在 abc.co.jp，美国英文版放在 abc.com，英国英文版放在 abc.co.uk。这样做的好处是用户及搜索引擎都能轻易分辨语种和适用区域。不同语种的页面写作、内容安排上也都可以自由发挥。不同国家域名的网站建议放在相应国家的主机上，有助于关键词排名的地理定位。这是大网站以多国为目标市场时的最好选择。

如果要覆盖的国家比较多，显然这么做的缺点是成本要提高不少。有的国家域名注册还可能需要满足在相应国家建立分公司、有固定联系地址等要求。

另一个缺点是，这些域名是各自独立的，如果处理不当，若搜索引擎不能判断出是同一个网站的不同语言版本，域名权重将无法集中，互相之间也不能继承权重。如果不同国家域名上内容也不同，就更是会被当作独立网站。

（2）不同语种网站放在主域名的子域名上。如中文版本作为主网站，放在www.abc.com，英文版本放在en.abc.com，法文版放在fr.abc.com。用户和搜索引擎依然可以轻易分辨出这些子域名是不同语言和国家版本。不同子域名也可以放在相应国家的主机上。

其缺点和独立国家域名一样，二级域名也可能会被搜索引擎当成独立网站，权重不能集中。

另一个缺点是不如国家域名那样正规化、本地化，使部分用户的心理信任度会降低。

（3）不同语种的网站放在主域名的二级目录下。如中文版主域名为abc.com，英文版放在abc.com/en/下面，法文版放在abc.com/fr/下面。这样做的优点是二级目录完全继承主域名权重，在搜索引擎眼里，所有语言版本就是一个网站，无须任何处理。

缺点是不同二级目录很难放在不同国家的主机上，技术上虽然是可以的，但实现起来比较困难，这对关键词地理定位不利。而且二级目录在本地化程度、信任度等方面的观感都比不上独立国家域名。

10.5.2　页面语言标签的使用

多个网站版本针对不同国家/地区、使用不同语言的用户时，有时候情况还挺复杂，既有中国这样一个国家一种语言的，也有一个国家多种语言的，如加拿大使用英语、法语，瑞士使用德语、法语、意大利语，还有一种语言在多个国家使用的，英语在英国、美国、加拿大、澳大利亚、新西兰，甚至新加坡，都是使用最广泛的语言，法语、西班牙语等也都在多个国家广泛使用。

为了使搜索引擎能判断各个国家/语言版本之间的关系，多语言网站需要在页面meta部分加上hreflang语言标签，不同地区的用户搜索时才能返回最合适的语言版本。

目前Google、Bing等支持hreflang标签。百度由于专注中文搜索，并不支持这个标签。

hreflang标签的标准格式是这样的：

```
<link rel="alternate" href="https://www.abc.com.cn" hreflang="zh-cn" />
```

hreflang标签分为两部分，短横线前面是语言，后面是地区。上面标签指的是中文（zh）、中国地区用户（cn）。

hreflang属性可以只标明语言、不标明国家（或地区），但不能只标明国家、不标明语言。所以，hreflang="zh"（只标明了语言）和hreflang="zh-cn"（标明了语言和国家）都是可以的，但hreflang="cn"（只标明国家）是无效的。

假设网站中文版本的URL是：https://www.example.com/，对应的英文版本URL是：https://en.example.com/，两个页面的meta信息部分都要加上语言标签：

```
<link rel="alternate" hreflang="en" href="https://en.example.com/" />
<link rel="alternate" hreflang="zh" href="https://www.example.com/" />
```

这样搜索引擎就能知道这两个页面是同样内容的不同语言版本。

不同语言版本之间必须互相指向，页面A通过语言标签指向页面B，页面B也必须指向页面A，否则标签无效。所以，隐含的前提是，不同语言版本页面都要被收录才能起作用。

同一种语言在多个国家使用，网站存在同一语言的不同版本针对不同国家时，可以使用语言标签指示语言及国家。比如爱尔兰、加拿大、澳大利亚都使用英语，如果网站有不同的版本针对这三个国家的英语用户，可以使用这些语言标签：

```
<link rel="alternate" href="https://example.com/en-ie" hreflang="en-ie" />
<link rel="alternate" href="https://example.com/en-ca" hreflang="en-ca" />
<link rel="alternate" href="https://example.com/en-au" hreflang="en-au" />
<link rel="alternate" href="https://example.com/en" hreflang="en" />
```

前 3 行指定了爱尔兰、加拿大、澳大利亚三个国家的版本网址，虽然都是英文版本。最后一行指定了一个通用版本，或者说适用于其他所有地区英文用户的版本网址。同样，所有 4 个页面都要包含所有 4 行标签。

只要搜索引擎正确判断出这些页面是同样内容的多语言版本，就不会被当作重复内容，哪怕都是英文。

hreflang 标签还有一个默认选项：

```
<link rel="alternate" href="https://example.com/en" hreflang="x-default" />
```

上面的代码表示指定页面不针对任何特定语言或国家，如果没有更好的语言匹配页面，就显示这个默认页面。

hreflang 标签可以放在同一个域名的不同页面上，也可以跨域名，所以独立国家域名的不同语言版本也可以使用。

hreflang 属性中的语言代码需符合 ISO 639-1 标准，国家代码需符合 ISO 3166-1 Alpha 2 标准。写代码时最好到官网查一下，不要想当然。以下是几个常用又常出错的代码。

- 英国的地区代码是 GB，不是 UK，和域名后缀不一样。
- 中文的语言代码是 ZH，不是 CN。
- 日语的语言代码是 JA，不是 JP。
- 韩语的语言代码是 KO，不是 KR，虽然韩国的地区代码和域名后缀是 kr。

搜索引擎检测出带有 hreflang 标签的页面后，会把符合要求的、互相指向确认的一组页面（内容相同，但针对的语言和地区不同）当作一个整体看待，换句话说，所有语言版本都继承了权重最高那个版本的权重。用户搜索时，搜索引擎通常应该返回权重最高的那个语言版本，但如果通过 hreflang 标签发现有一个权重虽低，但更满足用户语言和地区需求的页面，那么搜索引擎会返回这个权重低些的语言页面。

比如，一个在法国的用户搜索某个词，按正常排名算法返回的是权重最高的 en 版本页面，同时搜索引擎通过 hreflang 标签发现这个 en 页面有对应的 fr 版本，更符合法国用户的需求，所以就在搜索结果中返回 fr 页面了。有时候，这个 fr 页面可能权重比较低，外人看不出为什么这个页面会排名这么高，其实不是它自己的原因，是对应的 en 页面权重高。

不过，虽然这组多语言页面被当作一个整体，但页面权重不会叠加。

10.5.3　语言本地化

做多语种网站运营推广需要尽量本地化。由于需求和投入的不同，本地化的程度差异很大，从最简单的只是把页面做机器翻译，到建立本土团队独立运营，本地化涉及很多方面，本书就不深入讨论了。

从 SEO 角度来看，首先要考虑的是语言本地化。只是简单机器翻译页面是无法达到目的的。虽然由于 AI 的使用，近几年机器翻译的水平大幅提高，但与人工写作、编辑还是有差距的，机器翻译的内容用户一眼就能看出来，用户体验不会好到哪去。搜索引擎也明确表示，纯机器翻译的内容会被视为低质量内容，甚至是作弊。

所以多语种内容最好还是人工翻译，可以想象，对大站来说，这是不小的工作量。除了一般媒体网站才有足够翻译人才，很多网站会寻找低成本翻译服务，如寻找大学生、实习生翻译内容，或通过兼职、自由职业平台发布兼职翻译岗位。

如果内容太多，只能机器翻译的话，至少要经过人工编辑修改再发布。这种方法可以大幅降低工作量，也符合搜索引擎质量要求。

若内容更多，如平台类电商网站，连人工编辑都不可能了，那至少要保证重要模板内容、主要分类名称是人工撰写编辑的。

无论翻译还是编辑，最好由母语使用者完成。对于外语只是第二语言的人来说，要让用户觉得内容顺畅、可信任，并不是容易的事。

比如同样是英语，美式英语和英式英语就有不小区别。我们都知道很多单词的美式英文和英式英文拼法不同，如颜色这个词，美式英文拼为 color，英式英文则拼为 colour。所有 SEO 的效果都体现在文字上，在进行关键词研究和网站内容的撰写上，都必须顾及到拼写的差异。

中文也有类似情况。中国大陆把 SEO 翻译为"搜索引擎优化"，中国台湾将其称为"搜寻引擎最佳化"；中国大陆称为"网络营销"，中国台湾称为"网路行销"；中国大陆称为"服务器"，中国台湾称为"伺服器"；中国称为"奔驰"，新加坡称为"马赛地"等。

更不易掌握的是很多在中文中相同的事物。在英式英文和美式英文中是两个不同的单词。如手电筒，美式英文称为 flashlight，而英式英文称为 torch。反过来也一样，以英文为母语的人，做出来的中文网站也不一定能符合我们的语言习惯。

即便是母语使用者，若是对行业不熟悉，也可能将内容翻译得很别扭。我在一本翻译得很不错的 SEO 书中看到作者把 Anchor Text 翻译为"锚定文字"，其实在中文 SEO 和互联网行业，大家都称其为"锚文字"。显然作者把 Anchor 这个词在机械行业中的译法原封不动地搬到 SEO 行业来了。

10.5.4 运营本地化

除了语言，运营各方面也都要考虑本地化。此处简单提几个和 SEO 相关的注意事项。

比如，电商网站的货币、运费计算、发货配送时间估算，都要根据国家、语言版本的不同做差异处理，优惠、促销活动可以结合当地特色。

再比如，由于文化、习俗的不同，某些产品在某些地区可能是不适合的，甚至是禁止的。某些图案、用语、颜色，可能在不同国家有不同意义，使用时一定要谨慎。

不同语言版本需要注册各自的 Google Search Console 账号，用以监控抓取、收录等情况。

带有地域属性的行业，如中国人常涉及的房地产、留学移民中介、外卖送餐等，尽量注册当地 Google My Business 并维护账号。

另外一个需要注意的是外部链接。不同语种的网站，最好建设相同语种的外部链接。

经常看到有朋友问，自己做的英文网站但建立的外部链接来自中文网站，是否有效？这样的链接有效果，但没有同样来自英文网站的外部链接效果好。

10.6　地理定位

很多做英文 SEO 的人经常会遇到这样的状况：SEO 人员在自己的电脑上搜索到的关键词排名较好，但客户在美国或欧洲搜索同样的关键词，排名却很差，甚至找不到。很多时候这是地理定位（Geo-targeting）在起作用。

10.6.1　什么是地理定位

地理定位指的是搜索引擎根据用户所在的位置及关键词本身的地理位置特性，返回不同结果。地理定位是个性化搜索的表现形式之一。相对于个性化搜索中的用户搜索历史、网站浏览历史等无法控制的因素，地理定位的影响因素中有一些是站长可以控制或影响的，所以值得优化一下。

地理定位在国家之间表现得非常明显，不同国家的人搜索同一个词，看到的结果往往并不相同，搜索引擎会尽量返回适合用户所在国家的结果。如图 10-6 所示的 Google 搜索结果地理定位，是我在新加坡搜索"baby toys"的前 6 个结果，其中第 1、第 4、第 5、第 6 个都是纯新加坡本地商家。不用对比也知道，其他国家用户看到的肯定不是这些结果。

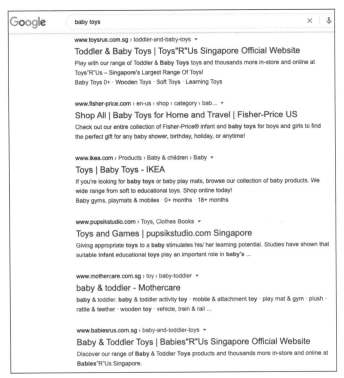

图 10-6　Google 搜索结果地理定位

在同一个国家内，不同州/省份之间也经常会有地理定位的表现。如百度搜索的地理定位至少可以精确到省级。根据 2010 年 4 月 20 日做的一个小调查可以观察到，在百度搜索"SEO"，星箭的博客（鉴于那个域名过期后，已被人用作其他用途，这里就不提是什么域名了）就表现出明显地理定位特征。3 位北京用户搜索"SEO"时，星箭的博客都是排在第 3 位，而其他 12 位不在北京的用户搜索，星箭的博客都是排在第 8 位或第 9 位。显然，星箭的博客被百度认为带有北京地理特征，与事实相符。有意思的是，当时星箭的博客主机在美国，百度应该是通过域名注册信息、关于作者页面上的地址等信息判断的。

10.6.2　地理定位的表现形式

地理定位有几种表现形式。

第一种最明显直观，搜索词中包含有地名，如"北京租车"和"上海租车"两个关键词，返回的结果肯定不同。虽然结果中的一些页面有可能来自同一个公司。

第二种是搜索引擎根据用户所在的地理位置，返回不同搜索结果。比如北京的用户和上海的用户同样在百度搜索"租车公司"，得到的结果通常也不一样。北京用户看到的结果以北京服务提供商为主，上海用户看到的结果则以上海服务商为主。英文网站也同样如此。在美国搜索"银行"和在新加坡或英国搜索"银行"看到的结果都不相同，虽然都是在 google.com 上搜索，但返回结果会偏重于用户所在国家的银行信息。

一些与用户所在位置高度相关的生活服务查询词，如修车、电影院、饭馆、商场、加油站等，经常会出现地图结果，排名更是可能按与用户当前位置的距离排列，精确到街道级别。

第三种表现形式是，用户使用同一个搜索引擎，在不同国家的版本也会看到不同的信息。比如在 google.com、google.com.sg 和 google.co.uk 搜索同样的关键词，得到的结果也往往不相同。

做外文网站，更需要理解和关注地理定位效应。SEO 人员必须首先清楚自己的目标用户群在哪个国家，再通过下面提到的几个因素尽量影响自己网站在目标国家的排名，而不仅仅是自己所看到的排名。一个中国站长做英文网站，自己看到的排名再好，英美国家的人看不到排名也没有任何效果。

10.6.3　地理定位的影响因素

影响地理定位的主要因素如下。

1. 页面文字

首先页面内容要有相关性。在北京的用户搜索"饭馆"或其他地方的用户搜索"北京饭馆"，没出现"北京"两个字的页面想要获得排名就很困难。

2. 国家域名

每个国家有自己的国家域名。如果目标用户群限定在某个特定国家，那么网站最好就使用那个国家的域名。如针对英国的网站就使用.co.uk 域名，针对新加坡的就使用.com.sg 域名，针对国内用户的中文网站就使用.com.cn 或.cn 域名。具有国家后缀的域名是影响搜索结果地理定位的最重要因素。

3. 主机 IP 地址

网站服务器最好放在目标用户群所在的国家或地区。目标用户在北京，网站就放在北京机房，目标用户在英国就把主机放在英国，针对美国用户就把主机放在美国。

主机 IP 地址比国家域名作用小一点，但也可以辅助地理定位。如 co.uk 域名无论服务器在哪都有强烈英国地理定位性质，但.com 域名在全世界通用，主机 IP 就成了判断网站地理属性的重要因素。.com 域名本身几乎很少能代表网站的地理属性，虽然其本身是美国域名。

4. 本地商户登录

搜索引擎大多提供本地商户登录服务，在前面的地图搜索部分已经有所介绍。登录相应国家、城市的本地商户信息，是帮助搜索引擎判断网站地理属性的比较强的信号之一，且能精确定位地址，对生活服务类查询有很大帮助。

5. 站长工具设置

Google 站长工具允许站长设置网站的地理位置。

6. 联系地址及域名注册地址

网站页面上显示的公司联系地址、电话、区号、邮政编码及域名注册信息中显示的联系地址，都可以帮助搜索引擎判断网站与哪个地区相关。所以在网站上的"联系我们"等页面上，应该清楚写明完整的联系地址，联系电话应该包括国家及地区区号。

7. 本地网站链接

来自其他有地理属性网站的链接，也有助于自己网站的地理定位。尤其是一些具有鲜明地域特色的网上黄页、分类广告、生活资讯社区、本地商业组织、政府部门等类网站，都有着很明显的地理特征。来自这些网站的链接有助于提高网站地理定位排名。

8. 页面语言

不同语言对网站的地理属性当然也有直接影响，比如中文往往表明目标用户在中国（但也不是百分之百）。有一些文字在多个国家使用，就需要有不同国家的语言特征，比如不同的拼法，对同一件事情的不同称呼，或多或少都会影响网站的地理定位信息。

9. 标注地理位置

百度移动搜索支持以 meta 标注地理位置信息，如果网站提供线下服务信息，目标用户可以更快找到你的网站。Meta 标注的格式：

```
<meta name="location" content="province=北京;city=北京;coord=116.306522891,
40.0555055968">
```

其中 coord 表示经纬度坐标。

10.7 社交媒体的影响

社交现在几乎成了网民上网的主要目的，越来越多的人整天挂在社交媒体 App 和网站上，这些用户之间的互动，亲戚朋友往来，个人的喜怒哀乐及日常需求都被拴在了社交媒体上。甚至有人认为，社交媒体搜索就快要取代搜索引擎搜索了。除了传统的论坛、视频网站、博客，稳步发展的内容分享服务如豆瓣、知乎、小红书，社交网络如微博、QQ 空间，还有近几年火爆的短视频、微信，国际范围的 Facebook、Twitter、Instagram、

YouTube、Pinterest、LinkedIn 等，无一不是流量和用户数巨大。

社交媒体已经影响了互联网用户，尤其是新一代用户的生活方式和网站浏览方式，也不可避免地对网络营销及 SEO 产生不小影响。社交媒体营销本身就是一种网络营销方式，近年来受到越来越多人的重视。社交媒体营销所能带来的流量、关注度，经常具有爆发性，能使品牌和产品信息在网上迅速传播。

社交媒体营销对 SEO 有一定的影响，甚至可以说这两者有不小程度的交叉。最愿意尝试社交媒体营销的人士常常有 SEO 背景。

另一个引起 SEO 关注的是搜索排名与网站在社交媒体上的表现呈现强相关性。SearchMetrics 和 cognitiveSEO 等发布的统计数据都表明，页面排名与页面的社交媒体指标强烈正相关。图 10-7 所示的是网站搜索排名与社交媒体活动之间的相关性。

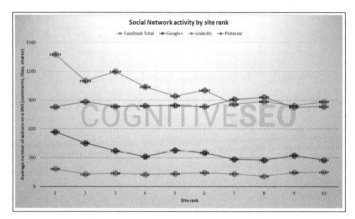

图 10-7　网站搜索排名与社交媒体活动

可以清楚地看到，网站搜索排名与其在 Facebook 和 Google+的活跃度呈现明显正相关，与其在 LinkedIn 和 Pinterest 的活动相关性不大。

图 10-8 所示的是网站搜索排名与其在 Facebook 点赞数、转发数、评论数之间的关系。可以看到，搜索排名前 4 位与其 Facebook 上的活跃度强烈正相关。

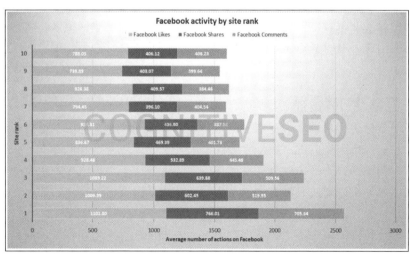

图 10-8　网站搜索排名与其在 Facebook 上的指标

SearchMetrics 做的百度排名因素统计还发现，百度搜索前 10 位结果中，99%会在网站上列出至少一种社交媒体联系方式，如 QQ、微信、微博。

虽然相关不意味着因果，无法从相关性推导出社交媒体表现是排名因素之一，但积极参与社交媒体互动的网站搜索排名较好，这中间一定有它的道理。两者之间可能有因果关系，也可能没有因果关系，但都是其他因素的结果。

社交媒体对 SEO 的影响主要通过以下几个方面。

10.7.1　带来链接

社交媒体上的活动产生在自己网站之外，对页面本身的优化没有影响，但对外部链接建设可能产生重大影响。

大部分社交媒体都是用户贡献的内容，用户可以自由留下网址，但对 SEO 人员来说，带来链接并不是发帖子留下网址这么简单。绝大部分用户能留下网址的地方都已经做了处理，留下的网址并不能成为普通意义上的链接。

比如微信基本上对搜索引擎是封闭的，微博、Facebook 上的很多内容需要用户登录才能看到，搜索引擎根本看不到用户写的东西，更不要说链接了。有的网站对链接审查十分严格，比如百度百科、百度知道。webmasterworld.com 完全不允许留任何链接，连网站的名字都不能提。绝大部分搜索引擎能收录、用户又能留网址的地方，或者导出链接使用脚本转向，或者做了 nofollow 处理。也有的网站使用短 URL 服务，把用户留下的链接转换成短 URL，然后转向到目标网站。

可以说，凡是用户能轻易留下网址的地方，社交媒体都已经做了预防，不会让 SEO 留下正常链接。所以通过社交媒体建设外部链接是间接的，需要在社交媒体上让其他用户关注你的品牌、产品或话题，然后用户在自己的网站、博客上再次讨论和提到你的网站，从而带来链接。

正因为有了这样一个多余却必要的步骤，在社交媒体上的普通互动很难带来链接。只有那些成为热门话题，比如在微博被转发成千上万次，在论坛被热烈讨论的话题，被转载无数的分享内容，才能带来大量流量及可贵的外部链接。通过这种方式带来的外部链接优势明显，非常自然，完全是用户主动贡献的，完全是单向链接，其中不乏高权重域名的链接。在百度绿萝、Google 企鹅等算法推出后，这种纯自然的链接才是最有效的链接。

10.7.2　互动及口碑传播

在社交媒体进行营销，最重要的是与其他用户互动，建立品牌知名度，这有助于口碑传播。积累几个强有力的、有众多关注者的社交媒体账号，当网站有什么新鲜话题和产品时，一句微博或一个公众号文章就能迅速传达到成千上万人，产生大量直接点击访问。搜索引擎如果能通过某种方式检测到网站有大量自有流量和点击流量，也很可能把它当作用户行为方式信号计入搜索算法中。

社交媒体传播的用户不乏在网上有影响力的人士，也不乏自己管理网站、博客的人士，他们的二次推动能使你的信息迅速传播。通过这种方式，你的文章和链接会出现在更多网站上，你的网站会有更多人讨论。由此带来的影响很难精确统计，从长远来看，却能影响排名和 SEO 效果。

10.7.3 新形式的链接流动成为排名信号

前面说过，留在社交媒体网站上的链接，大多不是搜索引擎能直接用来计算权重的正常链接。但是社交媒体网站用户数量巨大，留下的链接数量惊人，俨然已经形成了新形式的链接和权重流动模式。

普通网站很少会主动链接到其他网站。博客出现后多少改变了这种状况，博主一般还是很愿意链接到其他资源的。随着 SEO 观念的普及，现在博客也"惜链如金"了。再加上原来积极写博客的人，近两年都不更新博客了，博客上的推荐和链接流动大大减少。原来写博客的人，现在反而更频繁地到微博和社交网站上推荐网址。

大家可以思考下，现在还能在什么网站上见到非交换的正常导出链接？连主流门户转载文章都不给原出处任何链接了，新闻报纸杂志网站给的链接一律加 nofollow 了。再到微博、视频网站、Twitter、Facebook 上看看，导出链接四处都是，但都有 nofollow。

社交媒体网站上加了 nofollow 的链接，是否真如搜索引擎所说被完全忽略，是很值得怀疑的。社交媒体网站上的链接、点击、用户流动已经是网上最活跃的一部分，必然会被搜索引擎检测到，并且不太可能无动于衷。

百度支持 nofollow，但经常在提到外部链接时强调用户的推荐、分享、传播才是最重要的，甚至提到过通过 QQ 分享也代表了受欢迎程度，那么社交媒体上的分享，即使有 nofollow，搜索引擎真的完全不予考虑吗？

Google 从 2019 年 9 月开始在排名算法中将 nofollow 作为一个提示（hint），而不是原来的指令，换句话说，nofollow 链接是被考虑在排名算法里，还是被忽略，Google 会综合其他情况处理。2020 年 3 月开始，nofollow 在抓取、索引算法中也开始被当作提示，而非指令。Google 改变对 nofollow 的处理方法就是因为，如果完全忽略 nofollow 链接的话，就没多少链接可以参考了，就会丢失大量链接信号。有意思的是，2019 年 9 月和 2020 年 3 月，是 Google 改变 nofollow 处理的时间点，而 Google 搜索排名并没有出现大幅变动，这说明 nofollow 链接可能从来没有被完全忽略。

Bing 更是直接表示，Bing 从来就只把 nofollow 当作提示，不是指令。

当然，nofollow 链接噪声比较高，不太可能都像普通链接那样传递权重，但随着 AI 在搜索算法中的广泛应用，搜索引擎对 nofollow 链接作用的判断准确性应该有实质提高，nofollow 链接成为普通链接之外的重要辅助排名信号。

10.8 SEO 与网络危机公关

网络危机公关和名誉管理是近几年非常热门的话题，也是 SEO 可以发挥作用的地方。

10.8.1 网络危机公关的难点

网络上的危机事件常常起源于论坛、微博、知乎，爆发于搜索引擎，所以搜索引擎、SEO 与网络危机公关有着天然的联系。从事 SEO 的人现在都意识到控制负面新闻、进行名誉管理及危机处理是 SEO 的强项之一。

利用 SEO 进行网络危机公关的原理很简单，搜索自己品牌或公司名称出现负面新闻、评论时，想办法把自己控制的网站页面通过 SEO 做到前面，把负面新闻挤出前两页或前三页。但执行起来却不简单。

要想有效压制负面新闻，通常需要占领前两页到前三页的搜索引擎结果。这 20～30 个网页靠自己的网站很难实现，无法快速反应。当网络危机和负面新闻出现时，再建设 30 个网站进行 SEO，等这些域名有了权威度，排名上去时，新闻事件早已成了明日黄花。

利用企业官方网站压制负面也很难，因为能竞争排名的页面不够。同一个网站上的不同页面通常不会多次出现在搜索结果前面，能出现两次就算不错了。Google 甚至对同一个主域名下的二级域名也这样处理。对百度来说，在一个域名下建多个二级域名，可以实现多个排名，但若想要数十个二级域名快速进入前三页，还是很有难度的，弄不好可能有作弊之嫌，得不偿失。

所以，靠自己的网站做网络危机公关不是一个有效的方法。动用公关部门，联系论坛、博客、新闻网站删除也不一定能达到效果。即使能联系几十个大网站删帖，但很难联系几千、几万个转载的小网站，删不胜删。

10.8.2　负面信息监控

想要做好网络危机公关，首先要有敏锐的网上信息搜索能力，在负面新闻刚出现时就能发现并及时处理。监控百度风云榜、品牌/公司名称百度指数、微博热搜、知乎热搜，在微博、微信、知乎搜索品牌词，都应该是日常工作内容。

一旦负面信息在其他网站出现，监控范围又要扩大，在这方面 Google Alerts 是一个非常好用的工具。用户在 Google Alerts 设定要监测的关键词，通常是公司名、品牌名、老板名字或者你自己的名字，一旦设定的关键词出现在新网页上，Google 就会通知你。这和 Google 市场份额没关系，SEO 要关注的不是 Google 排名，而是新出现的评论页面，而 Google 的抓取、索引范围和速度最适合这个任务。

10.8.3　通过 SEO 压制负面信息

负面信息若已经出现在搜索结果中，就需要通过 SEO 压制。

仔细观察一下搜索引擎返回的负面信息就会发现，这类新闻或评论大部分来自已经有权威度的社交媒体网站、论坛、新闻门户、博客等。

要把这些负面内容挤出前两页，最好的方法就是在这些已经排到前面的社交媒体平台、论坛、博客、新闻门户、视频等网站上发表正面帖子、视频或新闻。比如你看到一篇负面内容来自某论坛，就在这同一个论坛上发起一个正面消息讨论帖子。排在前面的其他自媒体平台、博客、新闻门户等也同样处理。当然，除了已经排到前面的网站，到更多网站发帖效果更好、更快。

你所提交或发表的内容，与那些已经有好的排名的负面内容具有同样的域名权重（来自同一个域名），排名能力不会输给那些负面内容，你的正面信息已经有 50%左右的机会超过负面消息。唯一的区别只是你发表的内容可能时间要晚一点。这时可以再进一步，给这些你提交或发表的正面内容造几个外部链接。不需要很多，几个链接就足以使这些正面新闻页面权重超过那些负面新闻，因为很少有发表负面评论的人还给自己的评论造外部链接的。

搜索引擎通常不会在前几页给同一个网站很多排名，这样，你的正面信息具有同样的域名权重、同样的相关性及更多的外部链接，足以把负面信息挤出前两页或前三页。

如果这些负面信息页面竟然还有很多外部链接，这说明你碰到的是个行家，不是普通消费者在发牢骚，或者发牢骚的是位权威人士，内容被更多人转载和链接，那么你需要开展更高级的策略，做更多的弥补性工作。

在没有发生危机事件时，企业就应该尽量在常见社交媒体网站建立账号，发布企业信息。用户搜索与企业有关的品牌名称时，主流社交媒体官方账号有很强的排名能力，这些账号又会占据前两页的几个位置，对日常推广和危机控管都做好了准备。

虽然 SEO 是网络危机控管的有力手段，但毕竟不是治本的办法。即使不算马后炮，也只能算亡羊补牢。网络危机公关和名誉管理远远超出 SEO 的范围。危机和品牌管理要想做到最好，关键不在危机与品牌管理本身，而在于产品、服务的质量及售后支援。满足了客户需求，没有被愚弄、被欺骗、被激怒的用户，自然就没有了负面评论，这才是根本。

10.9　针对不同搜索引擎的优化

Google 和百度的优化有什么不同？简单来说，二者为针对不同搜索引擎的优化，原理相同，方法也相同，只是在一些细节上有不同而已。从长远来说，搜索引擎的未来趋势是越来越相似的，SEO 人员应该更多地考虑搜索引擎的相似之处。

10.9.1　SEO 原则不变

十多年前，SEO 行业曾经有过这样的阶段，针对不同搜索引擎做不同的网站，使用不同的优化手法。比如针对 Google 做一个网站，迎合 Google 的口味，禁止 Yahoo!、AltaVista 等其他搜索引擎收录。再做另外一个网站去迎合 AltaVista 胃口，禁止 Google 和其他搜索引擎收录。现在已经没有人再这样做了，百度、Google 等所有主流搜索引擎的排名算法越来越趋同，完全没有必要做不同的网站，使用不同的方法来优化了。

我经常在博客留言里看到类似"已经不关注 Google 很久了"之类的评论，显然很多 SEO 只做中文网站，因为 Google 在国内市场份额可以忽略不计，所以对讨论 Google 排名和算法的内容不大感兴趣。这是很错误的想法。就算只做百度 SEO，一样要关注 Google SEO 动态。百度和 Google 算法是高度趋同的，而且通常是 Google 算法有新方向，百度及其他搜索引擎过不了多久就跟随。研究现在的 Google 排名，就是研究一两年后的百度排名，有百利而无一害。当然，如果你只是想利用百度独有的漏洞，如快排一类，对做一个高质量网站没有兴趣，那另当别论。

读者可以参考第 14 章，通过对比百度和 Google 上线的算法更新就可以发现，搜索引擎近年对搜索质量和排名因素的关注点几乎是一样的。

- 打击垃圾链接（百度绿萝和 Google 企鹅更新）。
- 打击低质量内容（百度石榴和 Google 熊猫更新）。
- 重视页面打开速度（百度闪电算法和 Google 页面速度更新）。

- 高度重视移动友好性。
- 重视用户体验。
- 打击干扰正常浏览的广告、强制下载等。
- 强调网站整体质量（百度细雨、飓风等算法和 Google 核心算法更新）。
- 重视内容生产者背景和可信度（百度称之为"出身"）。

从实践上来看，只要抓住 SEO 的根本原理，做好基础优化，一般来说，在所有搜索引擎都会有不错的排名。不同搜索引擎算法上的细微差别造成排名不同是正常的。但对一个真正优秀的网站来说，不会出现天壤之别。

10.9.2 百度和 Google 的区别

下面举几个 Google 和百度的不同之处。

1. 收录难易有差别

在收录方面，Google 很容易收录新网站和新页面，一两个质量不必很高的外部链接，就能让新网站被收录。网站上有转载内容影响也不大。不过， Google 虽然收录门槛很低，但想获得好的排名比较难。百度正相反，很多新网站要被百度收录是个难题，有时需要比较长的考核期。而一旦被收录，就比较容易获得排名和流量。网站刚开始时的原创性对百度来说比较重要。

2. 百度首页有优势

百度有比较大的首页优势，而 Google 对所有页面一视同仁，不管是首页还是内页。在搜索结果页面上，Google 较多返回网站内页，哪怕是热门词在第一页的结果中也存在大量内页。而竞争程度高的词要想在百度上获得较好的排名，经常需要靠首页。这就可能影响网站架构及关键词在网站上的分布处理。子域名基本被当作独立网站，在百度排名中使用子域名有更多机会，因此也会影响子域名的使用。

3. Google 更重视外链

Google 对外部链接很重视，对页面元素则没有那么敏感。我们经常可以看到在搜索结果第一页的页面上，有的关键词出现了一次，有的关键词出现了十次。Google 对于关键词在页面上的出现次数、位置，看不出明显的、有规律的偏好。而查看排在前几十位的页面的外部链接，就能看出比较一致的趋势，排在前面的通常比排在后面的外部链接质量高，数量也多。

4. 百度更重视页面因素

百度对外部链接的依赖性比较小，甚至很可能大部分低质量链接都被百度忽略了。百度对页面本身的相关性却比较敏感。这种敏感既体现在，关键词出现在正确的地方有助于排名，也体现在关键词显得堆积时更容易引来惩罚。相比之下，Google 既不会因为关键词出现次数多而给予好的排名，也不会因为关键词出现次数多而给予惩罚。

5. 百度更重视信任度

百度对网站权重和信任度的重视远高于 Google。老站、大站、有历史排名的网站，发布一些低质量内容，或者转载、抄袭别人的文章，依然可以轻易获得排名和流量。新站、小站，即使辛辛苦苦原创高质量内容，往往也得不到排名，而且不一定是百度没能判断出谁是原创，而是因为百度认为老站、大站的用户体验更好。Google 也重视权重，但新站、小站基本上有平等的机会，只要内容质量高，无名小站排名超过名站的比比皆是。

6. 排名稳定性

百度排名经常有大起大落。我接触的一些网站常常在优化后的某一个特定时间，很多关键词排名同时上升，流量也突然增长。而 Google 对网站的排名处理总是渐进式的，在几个月的时间内平稳增长，很少在一个时间点上有爆发式增长。对网站的惩罚同样如此，百度排名可能在一夜之间全部消失，Google 则较少出现这种情况，除非严重作弊被人工惩罚。

7. 网站更新

百度对网站更新比较看重，持续有规律地增加内容往往可以有效地提高在百度的排名。Google 对内容更新没有百度那么敏感。当然持续有新内容肯定是件好事，但很多网站几年没有任何更新，排名也不会下降很多。当然也有例外，有时效特点的网站，比如博客和新闻网站，Google 也要求其持续更新。

8. 对 JavaScript 的支持

Google 会读取、解析、执行 JavaScript 和 CSS 文件，渲染出和用户看到的一样的页面内容及布局，所以英文网站不要用 robots 文件禁止 Google 蜘蛛抓取 JavaScript 和 CSS 文件，这会妨碍 Google 理解页面完整内容。百度只会解析并执行非常有限的 JavaScript 脚本，所以中文网站切忌用 JavaScript 生成导航链接、用 JavaScript 调用可见内容等依赖 JavaScript 的功能。

总体来说，上面这些不同并不是本质上的区别。SEO 人员只要做好基本优化工作就可以了，不必拘泥于细节上的不同。

10.9.3 英文网站优化

这里说一个与不同搜索引擎优化相关的话题，英文网站的优化。常有站长问我怎么优化英文网站，与中文网站有什么区别？简单来说，英文网站优化与中文网站优化没有本质区别，从关键词调查，到网站架构，再到页面优化，以及外部链接建设，整个过程和方法是一样的。

由于中文网站优化应该更关注百度，英文网站则自然以 Google 为目标，中英文网站优化的区别很大程度上就是百度和 Google 算法上的不同。这在上一节已进行了讨论。

优化英文网站最重要的不是过多考虑 SEO 方面的不同，而是语言上的问题。语言不过关，可能从关键词研究阶段就错了。

做英文网站也应该考虑欧美用户的网站使用习惯。比如，欧美用户更习惯简洁的页面设计，中文门户那种满满长长的、广告四处闪，甚至四处飞的首页，搬到英文网站上一定不会受欢迎。英文用户点击链接习惯于在原窗口打开，中文网站这种在新窗口打开页面的方式会让一部分英文用户郁闷的。

英文网站建议放在美国或欧洲的服务器上。国内服务器的打开速度在国外有的还不错，有的极慢，严重影响用户体验。

10.10 网站改版

这里所说的网站改版指的是网站内容主题没有变化，只对页面设计或网站架构做出比较大的改变。如果网站主题内容发生重大改变，把域名从一个行业换成另一个行业的内容，从 SEO 角度说，这不是网站改版，而是网站自杀。这种情况下，不如把老网站留着，重新做一个新网站。

首先应该明确，网站结构改版是万不得已时才做的变化，能不改最好不要改。不过很多时候由于种种原因，如需要改进用户体验或公司发生了合并收购等变化，网站必须做大幅变动，甚至有时候公司换了个老板，都可能不得不改版网站。

10.10.1 设计还是 CMS 系统改变

进行网站改版时，首先要确定网站只需要页面设计的改变，还是需要改用新的 CMS 系统。如果只是页面设计方面的改变，通常页面内容和网站结构都不会有什么大的变化。很多内容与表现分开的 CMS 系统，更换或修改模板，页面 HTML 代码几乎没有什么变化，页面视觉展现却可以完全不一样。这种情况对 SEO 几乎没有什么影响，可以放心进行。

如果需要新的 CMS 系统，就要小心计划并执行。像前面所说的，能不换尽量不换，如果必须要换，尽量做到网站 URL 命名系统不要更改。如果旧的 CMS 系统目录及文件名命名是有规则的，使用 URL 重写模块，可以在更换 CMS 系统后还保持原来的 URL 结构。

10.10.2 不要改 URL

不到万不得已，千万不要更改 URL，否则对搜索引擎来说，新的 URL 就是新的页面。整站 URL 改变，意味着这几乎是一个新的网站，搜索引擎需要重新抓取、索引所有页面，重新计算排名。同时旧的 URL 还在搜索引擎数据库中，可能会造成复制内容、页面权重分布的混乱，网站排名及流量都会有一段混乱期。对大的网站来说，整个网站重新爬行抓取一遍可能需要几个月甚至更长的时间。

如果实在没办法保留 URL，那么尽量从旧 URL 做 301 转向到新 URL。如果连 301 转向都不能做完整，至少也要挑选重要页面做 301 转向。这里所说的重要页面包括栏目首页、带来比较多搜索流量的内容页面、有比较多外部链接的页面。如果不能使用 URL 重写模块及正则表达式进行整站 301 转向，至少也要人工挑选出这些重要页面做 301 转向。

10.10.3 分步更改

网站改版时尽量不要同时更改导航系统。对主要导航系统的修改，往往会使网站链接结构、页面权重的流动和分配产生重大改变，处理不好将会对网站新页面的收录造成影响。所以应该在网站 CMS 系统或 URL 系统修改完成几个月之后，收录已经恢复原有水平之后，再修改导航系统。

同样，无论是页面设计改版，还是采用新的 CMS 或 URL 系统，不要同时修改网站内容，要确认网站收录没有问题之后，再优化页面内容。

对大网站来说，无论怎样小心，重大改版经常不能保证顾及所有 URL，这时一个恰当的 404 页面就变得很重要了。404 页面的设置请参考第 5 章中的说明。正确返回 404 代码，搜索引擎会自动把已经不存在的页面从数据库中清除，但需要一段时间。

网站改版经常是商业决定，不是 SEO 部门所能控制的。SEO 人员必须参与到改版的计划过程中，提前认真规划，预想到所有可能的情况，尽量一次改版正确，避免改来改去。尤其是 URL 有变化时，搜索引擎对大量新出现的 URL 会很敏感，需要重新收录、计算权重。如果不能一次完成，多次更改很可能对网站产生重大负面影响。

10.11　全站链接优化

全站链接由 Google 于 2006 年推出。Google 全站链接官方名称是网站链接（Sitelinks），中文 SEO 行业一般称其为全站链接。

10.11.1　全站链接的出现

全站链接指的是排名列表的一种扩展显示，某些权重高的网站除了正常搜索结果，还会显示三行两列共计 6 个内页链接，如图 10-9 所示为 Google 目前的全站链接。

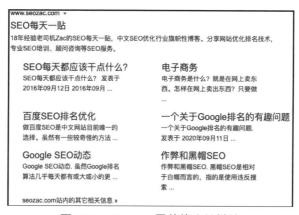

图 10-9　Google 目前的全站链接

Google 全站链接的格式不断变化。以前是四行两列共计 8 个内页链接，没有说明文字，如图 10-10 所示。还曾出现过 12 个内页。现在不仅自然搜索有全站链接，广告部分也有，如图 10-11 所示。有的网站全站链接中间还加入了站内搜索框，如图 10-12 所示。

图 10-10　以前的 Google 全站链接

全站链接在搜索结果中给予了网站更大篇幅，也提供了更多点击访问入口，能在很大程度上提高点击率。数据表明，网站以全站链接的形式出现时，点击量比原来的普通排名增长 40%。

图 10-11　Google 广告中的全站链接

图 10-12　Google 全站链接中的站内搜索框

全站链接的出现和链接选择是完全自动的，由 Google 算法生成，站长本身并不能控制。影响全站链接的可能因素包括以下几点。

- 全站链接只出现在权重高的域名上，很少有两年以下的网站出现全站链接。这也使得全站链接成为判断网站权重的一个不错方式。不过，近两年全站链接的门槛似乎降低了很多。
- 全站链接只有在网站长期稳定排在第一位时才出现。也就是说，只有网站是某个关键词的最权威结果情况下才会出现。搜索品牌或网站名称是最常出现全站链接的，但非品牌查询词也会出现。
- 有全站链接的网站并不是搜索所有查询词时都会出现，只是几个最相关、排名最好的查询词才出现。而且这几个查询词都需要达到一定的搜索量。一些长尾关键词就算网站排名第一，通常也不会出现全站链接。
- 出现全站链接的网站需要具备良好的导航及内部结构。Google 算法是通过网站链接结构选择出最多 6 个内部页面。一般来说，这 6 个内部页面都在首页上有链接。
- 除了链接结构，点击和流量分布也很可能是影响因素之一。也就是说，选择出的 6 个内页，通常是用户最经常点击访问的页面。
- 内部链接锚文字对全站链接也有很大影响，尤其是链接标题经常是由内部链接锚文字决定的。页面本身的标题标签、H1 标签也必须有高度相关性，对全站链接标题也有一定影响。

所以，想要以链接的形式出现全站，只能努力提高网站权重。出现全站链接，但出现的内页不理想，需要靠调整内部链接结构来影响，比如，经常有网站全站链接出现用户登录、购物车之类的内页，对吸引用户点击作用不大，那就要考虑这些页面获得的内部链接是否过多，权重过高？

10.11.2 迷你全站链接

除了 3 行 2 列的经典全站链接，Google 还有一个所谓的迷你全站链接。官方名称是单行全站链接（Oneline Sitelinks），也就是只显示 1 行最多 4 个内页链接，如图 10-13 所示。Google 广告也有迷你全站链接。

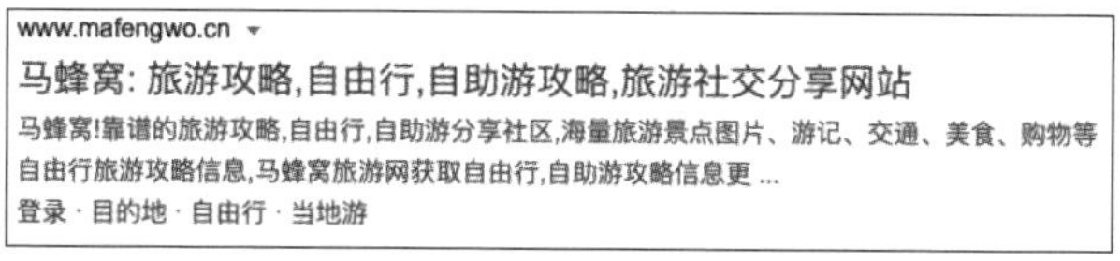

图 10-13　Google 迷你全站链接

与经典全站链接不同的是，迷你全站链接不要求网站是针对特定关键词的最权威网站，只要内容相关就有可能出现。所以迷你全站链接既可能出现在排名第一的网站，也可能出现在排在后面的网站。在同一个搜索结果页面上，还可能出现多个网站都有迷你全站链接的情形。

10.11.3 百度全站链接（站点子链）

百度也从 2009 年左右开始显示全站链接，但百度称其为站点子链。如图 10-14 所示为目前的百度站点子链。

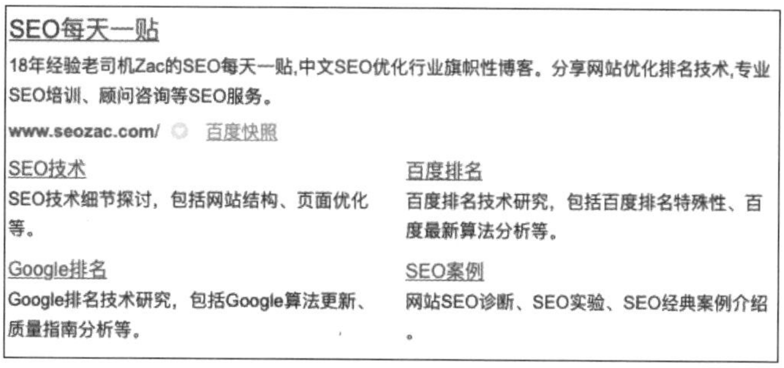

图 10-14　百度站点子链/全站链接

百度站点子链都显示两列，可能出现 2 个、4 个或 6 个内页链接。目前还没有见到过百度迷你全站链接。

就我的观察，百度站点子链相对于 Google 全站链接有两个明显不同。一是出现的门槛比 Google 高很多，二是通常只有在搜索品牌或公司名称时才出现。一旦出现站点子链，内部页面的选择与 Google 相差不大。

2015 年 1 月 23 日，百度资源平台开通了站点子链工具。站长可以在资源平台论坛积极发帖回帖、参加活动，获得积分后申请开通站点子链权限，申请通过的站长可以提交最多 6 条子链，还可以对这些子链进行标题、摘要的改写，进行排序以及删除操作。虽然提交的子链只是参考，不一定被百度采纳，但也无疑降低了出现站点子链的门槛，并且使 SEO 对哪些内页出现在站点子链有了一定控制。

站长提交的内页如果被认为不适合，可能会被拒绝，这说明提交的内页应该经过了资源平台人工审核。从我个人的经验，提交时要注意以下几个小问题。

- 尽量提交对用户有用的重要频道、分类页面。
- 不要提交自我推广、对用户没有多大意义的内页，如关于作者、关于我们。
- 不要提交商业性强的内页，如公司服务。
- 标题要短小、精确。
- 摘要字数在 21~40 个范围内，显示的长度是一行多一点。

10.12 精选摘要优化

如第 2 章中所介绍的，百度和 Google 搜索结果中都有精选摘要这种很吸引眼球的展现格式，因此可能是值得优化的方向。

10.12.1 要不要优化精选摘要

首先要衡量一下是否要优化精选摘要。

在 2.6.3 节中介绍过，精选摘要结果虽然所占篇幅较大，但并不会提高点击率，比没有精选摘要时排名第一的普通结果点击率还要低。出现精选摘要时，排在它下面的第二、第三位结果比没有精选摘要时的第二、第三位结果点击率稍有上升。换句话说，精选摘要本身点击率会下降，它下面的结果反而点击率上升。

所以，如果页面排名已经在第一位，以普通页面格式出现，通常就不要去刻意优化成精选摘要了，不然点击率和搜索流量反而会下降。

如果页面目前排名在第 2~10 位，按照下面讨论的方法优化为具有精选摘要资格，这个页面可能会以精选摘要格式直接显示在最上面，超过原来的第一位，因此也被称为第 0 位。即使点击率不如第一位的搜索结果，那也比原来的第 2~10 位强得多，优化精选摘要就是有意义的。

需要注意的是，具备精选摘要资格、被提升到第 0 位的页面，不意味着正常排名超过了其他页面，它还是应该排在原来的位置，只是因为具备精选摘要资格被显示在最上面。实际上，直到 2020 年初，Google 还会给精选摘要页面两个排名，一个是最上面的精选摘要显示，一个是正常的、处于原位置的排名显示。比如一个页面正常排名第 5 位，因为获得了精选摘要资格，就会在第 0 位（最上面）按精选摘要格式显示一次，在第 5 位再以传统页面格式显示一次，页面上一共有 11 个结果。甚至如果正常排名就是第 1 位，又获得精选摘要资格，那就连着显示两次（第 0 位和第 1 位）。由此可以看出来精选摘要页面按照正常排名算法应该是第几位。

2020 年 1 月，Google 改变了显示方法，精选摘要页面只显示一次，原来位置的排名显示取消，页面上保持 10 个结果，也看不出精选摘要页面正常排名在哪里了。

衡量要不要做精选摘要优化时的另一个考虑是查询词的类型。某些一句话就能回答的查询，通常就不要作为精选摘要优化的重点了，不然用户直接在搜索结果页面上看到答案，更不会点击页面了。比如"姚明是谁""明朝最后一个皇帝"一类的查询，答案显示在精选摘要中，此时再优化点击率恐怕也不会很好。

10.12.2 精选摘要优化准备工作

1. 关键词研究

和传统 SEO 一样，第一件事是关键词研究，寻找到容易出现精选摘要的查询词。

最经常出现精选摘要的就是新闻写作的 5 个 W、1 个 H：Who、What、When、Where、Why、How，也就是：

- ×××是谁？
- ×××是什么？
- ×××是什么时候？
- ×××在哪里？
- 为什么×××？
- 怎样做×××？

由于中文语法很松散，上述问句有各种变化形式，不像英文，比如说"怎样做×××"几乎都是"How to×××"这种句式，中文就有多种句式：

- 怎样做×××？
- ×××怎么做？
- 如何做×××？
- 怎样×××？

其实表达的都是一个意思，可以归为一类。

现在找到这些问句式查询很简单，中文就用百度的"其他人还在搜"，英文就用Google的"People Also Ask"，详见 2.3.11 节。

还有一类查询也容易出现精选摘要，就是商品挑选、数据对比类型，如"抠图软件有哪些""SUV 推荐""豆浆机品牌""床垫种类""各省人均 GDP"之类。

容易出现精选摘要，不意味着一定会出现精选摘要。做关键词研究时，可以查看一下当前搜索结果，如果已经有了精选摘要，自己的页面同样有机会被选为精选摘要。如果目前没有精选摘要，则无法确定结果，但通常"×××是什么""为什么×××""怎样做×××"这几类查询词出现精选摘要的概率是很高的，目前没有，很可能是因为目前排名前 10 位的页面都不符合要求，这样的词就更值得一试。

2. 挑选优化页面

确定了目标查询词后，下一步是确定或创作对应的内容页面。

通常被赋予精选摘要资格的是已经排名在前 10 位的页面，前 5 位的页面机会更高。极小部分是排名 11～20 位的页面。所以，如果自己网站已经有排名前 10 位的页面，可以直接按照下节介绍方法优化精选摘要。

如果搜索目标查询词，网站没有已经排名前 10 位的页面，那就需要找到有一定排名的页面，比如目前排名在第 2～10 页上，按照第 3 章、第 4 章中介绍的正常 SEO 方法把这个页面排名先做到第 1 页，如增加内链、以目标查询词为内链锚文字、优化标题标签和描述标签、丰富页面内容、添加相关图片、确保关键词在关键位置出现、增加几个外链等。一般来说，排名前 100 位的页面已经有不错的相关性和权重，精选摘要的目标词又通常是相对长尾的，认真人工优化一下，进入前 10 位是很有希望的。

如果网站上并没有目标查询词对应的内容，那就去创作。实际上，精选摘要关键词研究是扩展内容非常好的方法，问句式的查询词很多可以直接拿来做文章标题了。如果有对应内容，却没有任何排名，说明内容质量太低，需要大幅改进甚至重写。

10.12.3 怎样优化精选摘要

搜索查询词，发现有页面排名进入前 10 位，但没有被挑选为精选摘要，就需要根据查询词类型和精选摘要的几种形式进行进一步优化。

精选摘要主要有 3 种形式，不同形式优化方式存在差别。

1. 文字段

精选摘要第一种形式是文字段这在百度和 Google 搜索结果中都是最常见的形式，搜索引擎从一段文字中截取查询答案，如图 10-15 所示。

图 10-15　文字段形式精选摘要

经常以文字段形式显示精选摘要的包括"×××是什么""为什么×××""×××是谁"等查询词。

页面被选为文字段式精选摘要的最重要优化点其实很简单：文章标题下面紧接着用一个段落，通常就是一两句话，简洁明了地回答查询词中的问题。

图 10-15 所示为"为什么鱼离开水会死"的精选摘要，访问来源页面就可以看到，文章标题后第一段文字简洁地回答了问题，这也就是精选摘要选取的内容，如图 10-16 所示。页面后面的内容可以就问题再详细解释，但最前面的回答必须是简洁的。

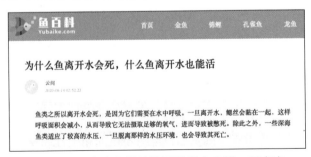

图 10-16　文字段精选摘要通常来自第一段文字

回答问题时尽量用符合查询词逻辑、也最容易让搜索引擎判断的用词和句式。比如回答"为什么×××"时，很自然地要用"因为"，或者如图 10-17、图 10-18 所示的"之所以……是因为"句式，或者相近的"由于……所以""×××的原因是……"等。

回答"×××是什么"时，就直接用"×××是……"句式下定义，或者如图 10-17 所示，用"×××，又称为×××，指的是……"这类句式。同样，图 10-17 中的摘要也是页面第一段文字。

图 10-17　摘要来自页面第一段文字

2. 列表

第二种精选摘要形式是列表。列表又分为如图 10-18 所示的无序列表精选摘要和如图 10-19 所示的有序列表精选摘要。

图 10-18　无序列表精选摘要

无序列表精选摘要常见于产品推荐、对比类查询词。

图 10-19 有序列表精选摘要

页面要想以无序列表格式显示为精选摘要，正文需要结构非常清晰，让搜索引擎能从页面上解析出列表文字。常用的是两种方法。一是把列表放入无序列表 html 代码中，比如：

```
<ul>
<li>2020 Honda CR-V</li>
<li>2020 Toyota RAV4</li>
<li>2020 Mazda CX-5</li>
...
</ul>
```

在<ul>列表后，可以再对每个项目进行解释。

二是不要<ul>列表，但以 H 标签、黑体等标志出列表项目，如：

```
<h1>2020 年度最值得推荐的 10 款 SUV</h1>
<p>这里写点介绍文字...</p>
<h2>2020 Honda CR-V</h2>
<p>介绍一下 2020 Honda CR-V ...</p>
<h2>2020 Toyota RAV4</h2>
<p>再介绍一下 2020 Toyota RAV4 ...</p>
<h2>2020 Mazda CX-5</h2>
<p>该介绍一下 2020 Mazda CX-5 ...</p>
...
<p>总结一下...</p>
```

其中的<h2>也可以用黑体、h3 等，总之，要让搜索引擎判断出哪些文字是列表项目，哪些不是。

有序列表常见于"怎样做×××"、排行榜这种和步骤或顺序有关的查询。

优化格式和无序列表一样，要让搜索引擎能够提取出列表项目及顺序。方法一是放入有序列表代码中：

```
<ol>
<li>首先要正确树立概念</li>
<li>改造和增加设点</li>
<li>取缔旧的垃圾回收方式</li>
    ...
</ol>
```

<ol>列表后再对每个步骤详细解释。

方法二是不要<ol>列表，但以数字清晰标出顺序，如：

```
<h1>如何做好垃圾分类工作</h1>
<p>这里写点介绍文字...</p>
<h2>1、首先要正确树立概念</h2>
<p>介绍一下怎样正确树立概念 ...</p>
<h2>2、改造和增加设点</h2>
<p>再介绍一下怎样改造和增加设点 ...</p>
<h2>3、取缔旧的垃圾回收方式</h2>
<p>再介绍一下怎样取缔旧的垃圾回收方式 ...</p>
...
<p>总结一下...</p>
```

或者更简单的不用 h2 也可以：

```
<h1>如何做好垃圾分类工作</h1>
<p>这里写点介绍文字...</p>
<p>1、首先要正确树立概念。接着介绍...</p>
<p>2、改造和增加设点。接着介绍...</p>
<p>3、取缔旧的垃圾回收方式。接着介绍...</p>
...
<p>总结一下...</p>
```

遇到"怎样做×××"类的查询，放上一个视频常常有助于获得精选摘要位置。

百度很少显示无序列表精选摘要，所以做百度中文 SEO，即使是产品推荐类、没有顺序关系的内容，也要按有序列表精选摘要来做。

3. 表格

第三种精选摘要形式是表格，如图 10-20 所示。

表格精选摘要常见于数据对比、产品优缺点对比等查询词。显然，表格形式精选摘要需要在页面上也是以表格形式（table 代码）显示数据。

百度很少显示表格形式精选摘要。

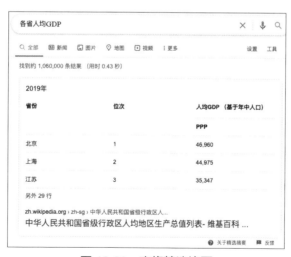

图 10-20　表格精选摘要

10.13　沙盒效应

沙盒效应的概念出现得很早，现在已经不大有人讨论，但所有 SEO 都要做好迎接沙盒效应的心理准备。

10.13.1　什么是沙盒效应

沙盒效应最早是 2004 年 3 月开始在 Google 搜索中被注意到的。所谓沙盒效应（Sandbox Effect），指的是新网站无论怎么优化，在 Google 都很难得到好的排名。换句话说，一个新的网站，有很丰富的、相关的内容，有大量外部链接，网站既搜索引擎友好，也用户友好，所有的一切都优化得很好，但是在一段时间之内，就是很难在 Google 得到好的排名，尤其是竞争比较大的关键词。百度也存在类似现象。

沙盒有点像给予新网站的试用期，在这段试用期内，新网站几乎无法在搜索竞争比较激烈的关键词上得到好的排名。

沙盒效应更多地发生在竞争比较激烈的关键词上。那些不太商业的，竞争比较小的关键词，发生沙盒现象的机会就比较小。进入沙盒的网站，搜索竞争大的主关键词找不到它，搜索竞争比较小的关键词时则排名正常，收录也正常。

有的新网站一开始就有非常强的外部链接，如某些成为社会热点的网站，也可能不进入沙盒。

有时候老网站也可能因为短时间内增加大量外部链接而进入沙盒。

沙盒本身不是一个独立的、把所有新网站排名暂时调后的过滤算法，而是很多其他排名因素所造成的一种效应或现象。比如，搜索引擎把域名年龄、链接的年龄、链接页的历史情况、网站获得链接的速度都考虑在排名算法内，这些与时间有关的因素组合起来，就可能对新网站产生沙盒效应。

大部分人认为搜索引擎之所以会在算法中使用产生沙盒效应的时间因素，是为了清除垃圾网站。通常垃圾网站建站后会快速买大量链接，得到好的排名，在赚了一笔钱后，作弊手段被发现了，网站被删除或被惩罚，但是作弊者也不在乎，这个域名也就被放弃了，转而开始做另外一个新的网站。有了沙盒效应，使用这种快速建垃圾站，快速赚钱的方法，效果就大大降低了。

通常沙盒效应会维持几个月，也有长达一两年的。关键词竞争不大的网站在沙盒里时间会短一些。行业竞争越高，沙盒效应越长。

10.13.2　进入沙盒怎么办

如果网站进入沙盒，SEO 人员该怎么办呢？首先要放宽心，因为从根本上说，站长没有好办法逃避沙盒效应。随着时间的推移，大概过 6 个月以后，新网站或新域名自然会从沙盒里出来。

同时，当网站在沙盒里时，应该利用这段时间增加网站内容，建设外部链接，踏踏实实做好网站。实际上，沙盒效应对很多网站运营者来说可能是一件好事。因为在大概半年的时间里，只能把精力放在网站内容上面，而不会去考虑排名。从长远来看，一旦走出沙盒，外部链接的年龄足够长了，被记入算法当中，网站也有了足够的内容，排名和流量会有一个质的飞跃。

10.14 人工智能与 SEO

2016 年以来，IT 行业最大的技术突破应该是人工智能（AI）了，仅用一年多时间，人工智能就在最后一个人类曾经自以为机器很难战胜人类的游戏项目上完胜人类，后来更是出现了逆天的 AlphaGo Zero，完全不用借鉴人类知识，自学 3 天就超越了人类。

人工智能领域最牛的公司，国外是 Google，国内是百度。都是搜索引擎。这恐怕并不是巧合，而是因为搜索引擎是最适合开发人工智能的公司，他们拥有最大量的数据，包括文字、图片、视频，还有地图、路况、用户使用数据等。

10.14.1 机器学习与人工智能的发展

先看看前两年人工智能领域引起大众注意、又和搜索有关的几件事。

- 2011 年，吴恩达创建了 Google Brain，一个超大规模的人工神经网络。这可能是最早的 Google 人工智能项目。
- 2014 年 5 月，吴恩达加入百度，任首席科学家，主要负责的也是 AI。2017 年 3 月 20 日，吴恩达辞职。
- 2015 年，Google 上线以深度学习为基础的算法 RankBrain，并且声称 RankBrain 是第三大排名因素。前两大排名因素是内容和链接。
- 2015 年 10 月，AlphaGo 以 5:0 战胜欧洲围棋冠军樊麾。这条消息在 2016 年 1 月才被报道出来。
- 2016 年 3 月，完成大量自我对局后的 AlphaGo 以 4:1 胜李世石。李世石赢的那一盘可能是人类战胜 AI 的最后一局棋。
- 2016 年 9 月，Google 陆续上线各语种的采用深度学习方法的谷歌翻译，机器翻译水准比几年前有实质性提高。
- 2016 年 12 月 29 日到 2017 年初的短短几天内，以 Master 为用户名的 AlphaGo 在弈城、野狐网络平台上，快棋 60:0 狂胜中日韩几乎所有人类顶尖棋手，包括柯洁、聂卫平、古力、常昊、朴廷桓、井山裕太……期间平了一局，是因为网络断线。
- 2017 年 5 月，乌镇围棋峰会上，AlphaGo 以 3:0 胜人类顶尖棋手柯洁。之后，AlphaGo 宣布退役，并公开了自我对局的棋谱，供人类研究。
- 2017 年 10 月 19 日，研发 AlphaGo 的 Google 人工智能部门 DeepMind，发表了一篇标题为《从头开始》的博文，介绍了他们同一天发表在《Nature》杂志的论文：《不依赖人类知识掌握围棋》。

简单来说，在开发了吊打人类的围棋 AI AlphaGo 之后，DeepMind 又开发了 AlphaGo Zero，而这个 AlphaGo Zero 具有以下特点。

- 完全没有学习人类棋谱，纯自学。
- 72 小时（也就是 3 天）后超过 2016 年 3 月战胜李世石的 AlphaGo Lee 版本，战绩为 100:0。
- 21 天后超过 2016 年底以 60:0 战胜所有人类高手，2017 年 5 月 3:0 战胜赢了柯洁的 AlphaGo Master 版本，战绩 89:11。
- 第 40 天超过所有其他 AlphaGo 版本，成为地表最强围棋选手。

最令人震惊的是，AlphaGo Zero 在 3 天之内，纯靠自学，达到了人类顶尖高手的水平。以前的 AlphaGo 是在学习大量人类历史棋局之后，再开始巨量自我对局。AlphaGo Zero 则完全没有学习人类棋局，从零开始就是自我对局，3 天内完成 490 万盘自我对局，并达到了吊打 AlphaGo Lee 版本的水平。

10.14.2　以人工智能为基础的搜索算法

搜索引擎花这么大精力研究人工智能，肯定不止是在外围或新业务上使用，他们没理由不把人工智能用在自己的核心业务，也就是搜索上。

1. 人工智能用于搜索

AlphaGo 下围棋与搜索排名要解决的问题看似相隔甚远，但其本质是非常相像的，是可以用同一种方式解决的。

- AlphaGo 通过学习无数棋局，其中有人类的历史棋局，更多的是 AlphaGo 自我对局，累积海量数据，训练 AI 在面对某一盘面时做出判断：下一手，在哪里落子胜率比较高？
- 搜索算法通过学习页面索引库、搜索日志、质量评估员打分等，训练 AI 在面对页面和搜索结果时做出判断：这个页面是高质量还是低质量的？这个搜索结果是高质量还是低质量的？

传统搜索算法是工程师根据常识、工程知识、情怀、用户反馈等情况，选出排名因素，调整排名因素的权重，按既定的公式计算结果。传统方法的一个弊端是，当系统复杂到一定程度后，调整排名因素及其权重是件很困难的事。例如，降低一个排名因素的权重，可能会造成其他因素重要性相对上升，进而导致无法预见的结果。调整多个因素时，更是无法预期因素之间的相互作用和最终结果。

而从海量数据中寻找模式或规律正是 AI 擅长的工作。以人工智能为基础的算法不需要工程师告诉它使用什么排名因素，而是会自己去学习用那些排名因素，以及它们各占多少权重。

吴军老师在《智能时代》中有句话，可以特别贴切地用于理解这种情形（大意）："在智能时代，可以在大数据中直接找到答案，虽然可能不知道原因。"

传统搜索算法，工程师要知道原因，才能写算法。而人工智能直接从数据中找答案，不需要工程师知道原因。

AI 算法通过大量打了标签的数据进行训练，自动学习，寻找模式和规律。比如，在围棋中，AI 系统有大量棋局数据，以及这些棋局的输赢结果，这个结果就是标签。然后 AI 系统自我学习棋局盘面与结果（输赢）之间的关系。

在搜索中，AI 系统有海量页面数据，也就是搜索引擎本身的索引库，还需要标签，也就是要知道哪些页面是高质量的，哪些搜索结果是用户满意的，然后 AI 算法自己学习页面特征（也就是排名因素）与高质量页面及排名之间的关系。

那么由谁来打标签？

训练 AI 搜索算法时需要打了标签的数据，那么这些标签数据是从哪来的？以下几个是可能的数据来源。

（1）搜索日志。搜索引擎的所有查询结果都有很详细的日志、查询词、查询时间、查询用户的信息，哪些页面排名在第几位，各页面点击率、跳出率、停留时间是多少，等等。日志数据在一定程度上表现出用户对页面质量的判断，比如，页面点击率高、跳出率低、停留时间长，说明页面质量高。所以，搜索日志就相当于真实搜索用户打的标签。

（2）上线算法更新时的测试数据。搜索引擎正式上线新算法前通常会做测试，给部分用户返回新算法结果，除了监测和正常搜索一样的点击率、跳出率、停留时间等，还可以对比不同算法的总点击率、返回结果页面并调整查询词的比例等数据，以判断新算法的有效性。这些测试日志在一定程度上表现出用户对搜索结果质量的判断，也可以当作用户打的标签。如总点击率高，重新调整查询词比例低，说明搜索结果质量高。

（3）人工质量评估员。这个是最可能的，也是最有效的。Google 和 Bing 都有人工质量评估员，他们是真实的用户，不是搜索引擎的员工。在学习、培训质量评估方法后，评估系统让评估员查看真实网站、真实查询词搜索结果，然后打分，最主要的就是：

- 给页面质量打分。
- 给特定查询词的搜索结果打分。

搜索引擎的质量评估员很早就存在了，不是为了开发 AI 算法招募的，而是日常用来评估算法质量的。评估员数据刚好就是真实用户打的标签，可以用来训练人工智能系统。

百度是否有人工质量评估员不得而知。我的猜测是没有，因为完全没有听说过这方面信息。所以百度很可能主要依靠日志及测试数据。

搜索引擎本来就有海量页面特征数据，现在，AI 系统也有了真实用户打过标签的输出数据，下一步就是训练系统，寻找页面特征和高质量搜索结果之间的关系。

2. 训练人工智能搜索算法

搜索引擎并没有公开描述 AI 搜索算法的训练方法。根据搜索工程师的零星介绍及我对 AI 的粗浅理解，人工智能搜索算法的大致训练方法猜测如下。

搜索引擎可以把打了标签的搜索结果数据分成两组。一组用训练，一组用验证。

AI 算法辨别训练组搜索结果中的页面有哪些特征，这些特征又应该给予什么样的权重，由 AI 学习、拟合出某种计算公式，按照这个公式，AI 算法计算出的高质量页面和高质量搜索结果与用户打过标签的结果刚好一致。

与传统算法不同的是，需要考虑哪些特征（排名因素），这些特征给予多少权重，不一定是工程师决定的，更多是 AI 系统自己学习和评估的。这些因素也许是工程师想得到、早就在用的，比如：

- 页面的关键词密度。
- 页面内容长度。
- 页面上有没有广告。
- 页面有多少外部链接。
- 页面有多少内部链接。
- 页面有多少以查询词为锚文字的链接。
- 页面所在域名有多少外链。
- 页面打开速度多快。

等等，可能有成百上千个。

有些是工程师从没想过的，有些是表面上看起来毫无关系、毫无道理的，比如：

- 页面正文用的几号字。
- 文章作者名字是三个字。
- 页面第一次被抓取是星期几。
- 页面外链数是奇数还是偶数。

以上只是举例，为了说明 AI 寻找的不是因果关系，而是相关关系。只要 AI 学习到排名好的页面有哪些特征就够了，至于把这些特征与排名联系起来是不是看着有道理，并不是 AI 关心的。

其中，有些因素可能是负面的，比如域名长度，很可能与高排名是负相关的。

AI 系统被训练的就是找到这些排名因素（无论人类看着是否有道理），给予这些因素一定权重，拟合出排名算法，刚好能得到用户满意的那个搜索结果。这个拟合过程应该是迭代的，从一套排名因素、权重数值、算法公式开始，这套不行，自动调整，再次计算，直到比较完美地拟合出评估员及用户打过标签的搜索结果。这个训练过程也许要几天，也许几个星期，要看数据量。

3. AI 搜索算法验证

被训练过的 AI 搜索算法就可以实际应用于其他没在训练数据里的查询词了。

在应用之前，再用前面提到的验证组数据验证一下，如果新训练出来的算法给出的搜索结果与验证组数据（同样是评估员打过标签的）吻合，说明算法不错，可以上线了。如果 AI 算法给出的搜索结果与验证组搜索结果里的页面不同，或者页面基本相同但排序差别很大，就可能需要重新训练 AI 系统。

当然，对于所有查询词，若想 AI 算法给出的搜索结果与评估员打过最满意标签的搜索结果完全一样，是不大可能的。估计只要排在前面，比如前 20 名的页面顺序差异在一定的容错范围内就可以了。越靠前的结果，需要越低的容错率，比如排在第一页或第二页的页面不对，可能需要重新训练，排在第三页的页面不对则可以容忍。

验证后的算法就可以上线，接受真实用户的检验了。

新的 AI 算法上线后，搜索引擎日志数据说明用户满意，算法就成功了。由于网上内容在不断变化，用户需求也在不断变化，排名因素和权重也需要不断调整，AI 搜索算法也应该是一个不断优化的过程。

人工智能的一个最大缺点是，它对人来说更像是个黑盒子，工程师也不能确切地知道 AI 是怎么判断的。结果正确时，一切都挺好，但结果不对时，工程师想要 debug 就比较困难了。Bing 的工程师最近就表示，Bing 的搜索算法现在已经以 AI 为主了，Bing 工程师大概知道排名因素是哪些，但各自权重是怎么分配的连工程师也不知道。这也可能是为什么到目前为止，AI 还只是应用于解决搜索中的部分问题，而不是整个搜索算法。

下面介绍搜索引擎自己公布和确认过的 AI 在算法中的一些应用。

10.14.3　百度 DNN 模型

百度是开展深度学习研究最早的公司之一，其 DNN 模型已经开放给所有用户使用，在百度 AI 开放平台有详细技术文档。

2017 年，百度首席架构师朱凯华做过一次以《AI 赋能的搜索和对话交互》为题的演讲。演讲内容很多，感兴趣的读者搜索标题就能找到全文，演讲稿值得深入阅读。演里提到百度 2013 年上线的 DNN 模型是怎样极大提高了语义相关性的判断范围和准确性的。2013 年百度相关性提高的 34%来自 DNN 模型，2014 年全年相关性提升的 25%来自 DNN 模型。

DNN 模型使用的就是深度学习方法，通过 100 亿的用户点击数据训练模型，有超过 1 亿个参数。下节将介绍的 Google RankBrain 是 2015 年上线的，所以百度是世界上第一个将人工智能应用到实际搜索算法中的公司。

如图 10-21 所示是百度 DNN 模型训练示意图。

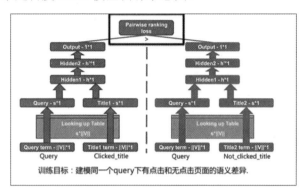

图 10-21　百度 DNN 模型训练示意图

简单地说，就是对同一个查询词，模型分析了真实用户点击了的页面的标题及没有点击的页面标题，从而更深入理解哪些标题是满足了用户需求的。经常出现的情况是，页面标题并不包含查询词，用户却更愿意点击这些页面，说明这些页面满足了用户需求，这些页面的标题，即使不包含查询词，也被用户认为是相关的。这是经典的 TF-IDF 相关性算法无法计算出来的。

图 10-22 是一个具体例子。在 DNN 上线之前，用户搜索"ghibli 车头如何放置车牌"时，相关信息很少，没有什么页面是以这个查询词为标题或者页面内容出现这些关键词的，所以搜索结果质量不高，传统搜索算法只能按关键词匹配返回一些 ghibli 的相关信息，却几乎没有"车头如何放置车牌"的信息。

图 10-22　百度 DNN 模型上线前搜索结果

百度 DNN 模型上线之后的搜索结果如图 10-23 所示。

图 10-23　百度 DNN 模型上线后的搜索结果

可以看到，搜索结果中还是没有以"ghibli 车头如何放置车牌"为标题的页面，但已经解决了用户的需要，算法理解了"前""前面"和"车头"是一个意思，"放哪里啊""怎么装""咋挂"和"如何放置"是一个意思，所以"ghibli 车牌咋挂"这种页面回答了"ghibli 车头如何放置车牌"这个查询，虽然他们包含的关键词是不一样的。

人类很容易看懂这些标题是回答了查询问题的，但机器就困难了。这种对相关性的理解不是传统的以关键词匹配为基础的搜索算法能算出来的，也不是前面介绍过的潜在语义索引能统计出来的（"如何放置"和"咋挂"恐怕不会经常出现在同一个文件中），而是 AI 系统经过大量真实用户的点击数据训练出来的。用户搜索"ghibli 车头如何放置车牌"时，经常点击"ghibli 车牌咋挂""ghibli 前面车牌照怎么装"这些页面，DNN 模型被训练后知道，这些词之间是有强相关性的。

再举一个我自己看到的、觉得很能说明问题的例子。用户查询"二姐夫"，是想了解二姐的先生吗？搜索引擎很可能通过机器学习用户点击数据理解到，用户其实是想了解羽毛球拍，百度搜索"二姐夫"的结果如图 10-24 所示。

图 10-24　百度"二姐夫"搜索的结果

这样的结果很难用关键词匹配或潜在语义索引理论解释，但从点击数据训练 AI 的角度看就是顺理成章的了。

10.14.4　Google RankBrain

2015 年上线的 Google RankBrain 解决的也是对查询词的深入理解问题，尤其是比较长尾的词，经过训练的 AI 系统能够找到与用户查询词不完全匹配、但实际上很好地回答了用户查询问题的那些页面，和百度 DNN 模型是非常相似的。

2015 年 RankBrain 上线时，15%的查询词经过 RankBrain 处理，2016 年所有查询词都要经过 RankBrain 处理。

Google 自己经常举这个查询作为展示 RankBrain 的例子是：

What's the title of the consumer at the highest level of a food chain.

这个查询词相当长尾，字面匹配的结果比较少，而且查询中的几个词容易有歧义，比如 consumer 通常是消费者的意思，food chain 也可以理解为餐饮连锁，但这个完整的查询和商场、消费者、饭馆之类的意思没有任何关系，但 RankBrain 能理解其实用户问的是食物链顶端的物种是什么。同样，搜索结果不能按照传统的关键词匹配来处理。

这种长尾查询数量很大，每天 Google 收到的查询里有 15%是以前没出现过的。这种查询要靠关键词匹配就比较难以找到高质量页面，数量太少，甚至没有，但理解了查询的语义和意图，就能找到满足用户需求的、但关键词并不匹配的页面。

Google 没有具体说明 RankBrain 的训练方法，估计和百度 DNN 模型也是类似的。2019 年，Google 工程师 Gary Illyes 在 Reddit 上举办的一次问答活动上曾这样描述 RankBrain 的工作原理（大意，已剔除 Gary Illyes 擅长的冷笑话）：

RankBrain 是一个机器学习排名算法组件，对某些查询量很小，甚至以前没出现过的查询词，RankBrain 也可以使用历史搜索数据预测用户最可能点击哪个页面。RankBrain 一般来说依靠的是数月的搜索结果点击数据，而不是网页本身。

就我对 Gary Illyes 的话的理解，RankBrain 的训练方法和百度 DNN 模型是一样的。

10.14.5　Google BERT 算法

2019 年 10 月，Google 宣布 BERT 算法上线。

1. 什么是 BERT

BERT 是 Bidirectional Encoder Representations from Transformers 的缩写，中文意思大概是"双向 transformer 编码器表达"，"transformer"是一种神经网络的深层模型。BERT 是一种基于神经网络的自然语言处理预训练技术，其用途不仅限于搜索算法，任何人都可以把 BERT 用在其他问答类型的系统中。

BERT 的作用简单来说就是让电脑能更好、更像人类一样地理解语言。人类在自然语言处理方面已经探索了很多年，BERT 可以说是近年来最强的自然语言处理模型。BERT 使用在搜索算法之前，就在机器阅读理解水平 11 项测试中获得了全面超越人类的成绩，包括情绪分析、实体识别、后续词语出现预测、文字分类等。

Google 在 2018 年已经把 BERT 开源了，谁都可以使用。感兴趣的读者搜索一下就能看到很多关于 BERT 技术的中文文章。

2. 什么是 Google BERT 算法更新

Google 官方博客在 2019 年 10 月 25 日发了一篇帖子,公布了 BERT 算法的一些情况。

BERT 算法影响大致 10%的查询词。Google 认为 BERT 是自 5 年前的 RankBrain 之

后最大的算法突破性进展，是搜索历史上最大的突破之一。

BERT 用在搜索中理解语言时的特点是：一句话不是一个词一个词按顺序处理，而是考虑一个词与句子里其他词之间的关系，也就是说，BERT 会看一个词前面和后面的其他词，因此能更深入地根据完整上下文理解词义，也能更准确理解查询词背后的真正意图。

从 Google 的描述和举例来看，"考虑一个词与句子里其他词之间的关系"包括了：

- 这个词前面以及后面的词。
- 不仅包括前后紧邻的其他词，也包括隔开的其他词。
- 词的顺序关系。
- 从前往后的顺序，以及从后往前的顺序（所谓双向）。

3. BERT 解决了什么搜索问题

搜索的核心是理解语言，对用户查询词的理解是其中的重要部分。用户查询时用的词五花八门，可能有错字，可能有歧义，可能用户自己都不知道该查询什么词，搜索引擎首先要弄明白用户到底想搜索什么，才能返回匹配的结果。

比如查询"新加坡 上海 机票"，人类可以理解为大概率是想找"新加坡到上海"机票，但搜索引擎很可能无法判断到底是在找"新加坡到上海"机票，还是在找"上海到新加坡"机票，因为两个查询词在分词后是完全一样的。语义分析也失效，因为都与机票、旅游相关。在这个查询中，顺序关系是很重要的。

这就是 BERT 大显身手的时候了。如前所述，BERT 会考虑上下文以及词之间的顺序，还知道从前向后和从后向前的顺序是有不一样意义的。

对英文来说，查询有 for、to 之类的介词，而且这些介词对查询意义有重大影响时，还有比较长的、对话形式的查询，BERT 能够更好理解查询的上下文及真正意义。

由于以前搜索引擎的理解力不足，搜索用户也都被迫形成了一种以关键词为主的查询习惯。但我们生活中有问题问朋友时可不是用几个关键词来问的，而是以完整问句来问的。有了 BERT 对查询词的更准确理解，用户才能以更自然、更人性的方式搜索。可能就是在这个意义上，Google 认为 BERT 是搜索技术的一大突破。

Google 举了几个例子，我觉得第一个是最能说明 BERT 特点的，如图 10-25 所示。

图 10-25　BERT 算法上线前后的 Google 搜索结果对比

图 10-27 显示的是 BERT 算法上线前后的 Google 搜索结果对比，查询词是"2019

brazil traveler to usa need a visa"（2019 年巴西游客到美国需要签证）。英文里的"to"在经典搜索算法里很可能会被当作停止词而忽略了，但在这个查询里，"to"对查询意图有决定性意义，"巴西游客到美国"与"美国游客到巴西"的签证要求是完全不同的两个意义。

使用 BERT 前，Google 返回了美国游客去巴西不用签证的信息，使用 BERT 之后，Google 正确判断"谁 to 谁"是十分重要的，返回了巴西游客到美国是否需要签证的结果。

Google 提供的另一个例子是查询"Can you get medicine for someone pharmacy"（在药店能给别人买药吗），介词 for 也经常被忽略，但这里的 for 要是被忽略了，意思就差远了，变成了"在药店能买药吗"。

10.14.6　人工智能在搜索算法中的其他应用

前面 3 节介绍了搜索引擎官方公布名字的 AI 搜索算法，这里再介绍几个搜索引擎非正式提到过的用于解决特定问题的 AI 算法。

Google 的 John Mueller 和 Gary Illyes 都提到过用 AI 解决网址规范化问题。传统算法是工程师选出 20 多个参与判断计算的因素，部分如下。

- PR 值。
- https 的使用。
- canonical 标签。
- 转向关系。
- 内部链接。
- Sitemap.xml 文件提交的网址。

在传统算法中，工程师按照自己的猜测，给每个因素赋予一定权重，让算法试一下，看看效果怎么样，效果不好的话就继续调整权重。但人工调整权重是非常困难的，调整一个因素权重会引起其他因素相对权重的变化，进而导致无法预期的不合理结果，再去调整其他因素，会引起更多连锁反应。用 Gary Illyes 的话说，人工调整权重就是个噩梦。

AI 算法的方法是，工程师告诉 AI 判断因素是哪些，并给训练数据打标签，告诉 AI 正确的结果应该是什么样的，也就是告诉 AI 正确的规范化网址是哪一个，然后由 AI 自行学习各因素的权重应该是多少，才能得到想要的结果。

用 AI 解决特定问题相对简单、可控，问题和结果都可以清晰定义，AI 算法确定的权重数值是工程师可以知道并调整的，并不完全是个黑盒子。如有需要，搜索工程师是可以深入了解 AI 做出判断的依据的。在这个意义上，AI 只是一个从海量数据中自动快速寻找规律的工具。

Google 的 Martin Splitt 在视频问答中还提到过，Google 在抓取过程中使用机器学习主要完成两个任务，一是在抓取页面之前预测页面质量，二是在抓取之前没有多少历史信息的页面，并在这一情况下预测页面新鲜度，使 Google 能更智能地调度、抓取页面，节省时间、资源。

Bing 在官方博客透露过，Bing 在搜索框建议和 People Also Ask 模块都使用了人工智能和自然语言处理模型。

2020 年 10 月 15 日，Google 在标题为"How AI is powering a more helpful Google"的官方博客帖子中又介绍了几个 AI 在搜索中的应用，例如：

- 错拼纠正。每 10 个查询词就有 1 个错误拼写，这是我第一次看到这个数据。错拼纠正改为深度神经网络算法后，效果提升超过了过去 5 年的所有改进。
- 段落索引。Google 不仅索引整个页面，还可以索引每个段落，理解段落意义，而不仅仅是整个页面意义。这个技术可以在深层段落中找到回答查询的文字，犹如"大海捞针"。
- 子主题。使用神经网络理解某话题的子主题，使搜索结果更为多样化。
- 视频关键画面。AI 算法更深入理解视频语义，自动寻找视频的关键画面，使用户能快速浏览到视频的特定部分。
- 数据库深入理解。通过自然语言处理寻找到数据库中回答查询问题的数据点。

人工智能并不完美，至少目前是这样，在实际工程中使用肯定有出错的时候，搜索是可以承受一定出错率的领域，所以搜索引擎们都在快速采用。Bing 早在 2019 年初就公开表明，他们的核心算法 90%以上已经使用人工智能。但有些领域对错误的承受力要低得多，比如医疗、交通。

10.14.7　SEO 怎样应对人工智能算法

随着网上信息越来越多，用户需求越来越复杂，用户要求越来越高，排名因素随时间变化，搜索算法将越来越复杂，人工设定、调整排名因素将越来越困难，所以，我觉得人工智能是搜索算法无法回头的大方向。

那么作为 SEO，要怎样应对人工智能搜索算法？

就我个人来说，人工智能对 SEO 的影响目前还不明朗，还需要一段时间观察、思考。现在只有几个想法和读者分享。

1. 作弊难度将大大提高

第 9 章中讨论过，搜索引擎反垃圾的原则是把垃圾内容控制在一定范围之内，检测出疑似作弊的网站，往往不会轻易惩罚或删除，而是忽略作弊得到的分数，以防误判。这是因为传统算法准确度不够高。即使人工查看网站，有时候也无法准确判断作弊是意图操纵排名还是无意中使用，还是被陷害。算法判断作弊的准确性还比不上人工。

记得聂卫平和柯洁等人看了 AlphaGo Zero 的自我对局棋谱后说，AlphaGo Zero 的棋力在 20 段以上，远远超越所有人类。设想一下，如果搜索算法判断能力远远超过最厉害的人类，搜索引擎还会不会那么客气？黑帽 SEO 又该怎样才能逃过算法的检测？

所以做黑帽 SEO 的人现在就需要做好心理准备，搜索引擎判断页面质量的准确度可能会有质的飞跃，钻空子的难度将大大提高。

2. 什么是高质量内容

现在算法判断内容质量时主要还是依靠页面内容本身，相关性、篇幅、完整性、深度、排版等。真实用户判断质量大致上也是依靠页面本身。

如果搜索算法不仅能读懂页面本身内容，还能准确判断页面在所有用户中的接受度、满意度，还能找到方法判断作者背景、专业程度，还能判断数据、引用资料的准确性，还能根据用户水平、查询词意图返回不同难易程度的内容，还能知道哪些页面做到了图文并茂、引人入胜、深入浅出，等等，我们对高质量内容的定义将发生不小的变化。

3. 用户体验将越来越重要

从直觉上讲，用户体验数据本就应该是排名的重要因素，越受欢迎的内容当然越应该给予好的排名。问题是用户体验数据的噪声比较大，界限也比较模糊，用于判断受欢迎程度时并不容易准确。比如，用户停留时间短就一定意味着页面质量不高吗？某些查询，用户看一眼就了解答案了，正说明页面质量高。再比如，页面打开速度多快才算快？强制规定为一秒或两秒真的符合用户感受吗？

4. 用户体验数据还可以作弊

哪些查询应该依据哪些标准来判断，哪些数据是作弊，传统算法很难在这些比较模糊的领域做到准确。而人工智能却擅长在海量数据中准确判断，因此搜索引擎才能更放心地引入用户体验数据。

所以，SEO 今后的优化内容不得不和 UX 大量交叉。

5. 关键词研究变为查询意图研究

做 SEO 的第一步就是关键词研究。但如 10.14.3 节和 10.14.4 节中所述，今后搜索引擎返回的内容和查询词是可以没有关键词匹配的，那我们做关键词研究的意义何在？

关键词研究还是要做的，因为这就是市场需求调查。但方法和观念需要改进。SEO 要把关键词研究转变为查询背后意图和需求的研究，换句话说，要研究的是用户搜索某个查询词时，他想要解决的问题是什么。

比如，用户搜索"饭馆"，尤其是在手机上，他要解决的问题大概率是要吃饭。在这个意义上，用户是搜索"好吃的"，还是搜索"美食"，还是搜索"小吃"，背后意图是一样的，你的页面内容只要帮助他解决在附近吃饭的问题就是高质量的，而不必拘泥于关键词必须匹配。

6. 文案写作不必考虑关键词

这是查询意图研究的自然延伸。

理解了查询意图，只要自然写作，真正解决用户问题，不必过多考虑包含关键词的事，即使页面不包含用户搜索的查询词，也会被认为是相关的高质量内容。

第 10.14.3 节中的例子就是最说明问题的。哪怕你的页面写的是"车牌咋挂"，完全没出现"如何放置"这个词组，搜索引擎一样能知道你的页面解决了用户问题，会返回在"如何放置"的搜索结果中。这将给予写作者最大的自由度，从解决问题出发，而不是像 SEO 一样总是想着关键词。

上面所谈的几点想法是基于对未来几年搜索算法和 SEO 的预期，目前搜索引擎的表现还没有进展到那一步。现在写作的页面还是建议尽量包含关键词。

第 11 章

SEO 观念及原则

前面章节讨论了具体的 SEO 技术和细节。但完全聚焦于技术容易只见"树木",不见"森林",本章我们就从总体上审视 SEO,谈谈 SEO 观念和原则。

11.1 搜索引擎的目标

搜索引擎的目标到底是什么?看似简单的问题,很多人不一定能答对。要深入理解 SEO,需要深入理解搜索引擎本身的目标是什么。

11.1.1 搜索引擎的目标是满足搜索用户

用搜索引擎自己的话来说,百度的使命是"让人们更便捷地获取信息,找到所求"。Google 的使命是"整合全球信息,使人人皆可访问并从中受益"。

搜索引擎自己标榜的使命写得比较宏大,其实简单来说就是:用户搜索任何关键词时都能找到需要的信息。

搜索引擎的用户是网上搜索信息的人,客户是广告商。站长们(以站长身份出现时)说到底不是搜索引擎的用户,更不是他们的客户。搜索引擎并不欠站长或 SEO 人员什么东西,网站收录不收录,排名怎么样,都是搜索引擎自己的事。就算我们的网站被完全删除,其实也没什么好抱怨的。

目前所有的搜索引擎都是通过搜索竞价广告赢利的,不同搜索引擎的区别只在竞价广告出现的位置、数量及标注广告的方法,其 PPC 本质是一样的。要想通过搜索广告赢利,就必须有搜索用户使用搜索引擎,用户越多越好,搜索次数越多越好。

更换搜索引擎服务商的成本近乎为零,这是搜索引擎最大的风险之一。我们使用的其他互联网服务,想要更换或多或少都有些麻烦,比如更换 E-mail 地址,把博客从一个提供商搬到另外一个提供商,从一个社交平台换到另外一个等。这些都可以做到,只是需要些时间和工作。人都是很懒的,凡是需要花时间精力的,都能避免则避免。更换搜索引擎是成本最低的,从使用百度换到使用 360,或者反过来,用户既不用费时间,也不用花钱,也不费事,只是习惯问题,而保持或改变这个习惯的唯一动力无非是这个搜索引擎能否提供令人满意地回答。

这就决定了搜索引擎要想保持甚至提高搜索市场份额,进而通过广告赢利,就必须最大限度地满足用户的搜索需求,也就是返回让用户满意的信息。搜索引擎不断推出新产品、更新算法、更新数据库,所有的工作都是围绕着返回相关、有用信息这个根本点。失去这一条就失去用户,就失去赢利的机会。

当然,迁移成本为零不意味着用户就会经常迁移。习惯的作用是很强大的。在搜索领域,品牌和心理作用也很重要,即使搜索质量不相上下,用户也还是会有品牌倾向性。要想让用户转移到另一个搜索引擎服务,搜索质量必须有飞跃性的提高,或者用户体验有革命性的提升。同时,国内还存在一些政策因素。

不过无论如何，提供高质量搜索结果是搜索引擎吸引、保持用户的前提。有用户才有广告商。

11.1.2 搜索引擎不在乎我们

深入了解这一点，对 SEO 思维其实有很大影响。看似简单的道理，使很多 SEO 迷思都迎刃而解。

举个例子。有的站长抱怨，自己费了很多心思去做网站，没有作弊，信息很全面，为什么排名就上不去呢？甚至为什么搜索引擎就不收录呢？我们站在搜索引擎的角度去想就会明白，对搜索引擎来说，收不收录你的网站，是否给予排名，搜索引擎一点都不在乎，只要搜索用户能找到他们需要的信息就足够了。至于信息来自哪个网站，搜索引擎本身是无所谓的。

搜索引擎缺了哪个网站都没关系，除非你的网站是搜狐、新浪级别的。如果在搜索结果中找不到新浪、搜狐这样的网站，那么搜索引擎的用户体验会大大降低。一个找不到新浪、搜狐页面的搜索引擎哪里还称得上是搜索引擎，用户一定会认为这个搜索引擎有问题，而不是新浪、搜狐网站有问题。但是对于绝大多数中小企业和个人网站来说，缺了我们，搜索引擎还真无所谓，因为搜索用户无所谓，他们本来也没期望看见我们的网站。

一个网站是站长的心血，但是同样质量、同样信息的网站，没有几十万个恐怕也有成千上万个。缺少哪个网站，对搜索引擎、对搜索用户都没什么影响。

搜索引擎都希望与站长社区沟通，以方便其更快、更好、更全面地收录网上信息。百度近几年非常积极地参与甚至组织 SEO 圈子的活动，为站长提供工具。Google 员工拍摄 SEO 视频，定期开直播回答问题，参加世界各地的 SEO 大会。就整体而言，没有站长们的网站，搜索引擎就没有信息，就无法满足用户。但对特定网站来说，搜索引擎就无所谓了。

这也就是为什么很多新闻网站，如默多克的新闻集团旗下的新闻网站，一直抱怨 Google 在自己的搜索结果中显示新闻网站内容摘要，赚取广告费，新闻网站本身却没得到什么（我们姑且不论这个观点是否符合事实），Google 的回应很明确，如果新闻网站不想被显示在搜索结果中，请放上 robots 文件禁止抓取，一切就都解决了，Google 既不会抓取，也无法在结果页面显示新闻集团的网站内容。Google 无所谓。没有了新闻集团的网站，还有成千上万的其他新闻网站想要被收录、被显示。新闻网站抱怨归抱怨，却没人禁止搜索引擎抓取自己网站。

同样，淘宝禁止百度抓取，但这对于百度搜索倒不会产生太大影响，虽然淘宝是超巨型网站。网上还有无数电子商务网站的信息能够满足搜索用户的需求，对百度的搜索质量并不会产生实质影响。当然，淘宝屏蔽百度，对网购用户们还是有长远心理影响的：想要网购时，就直接去淘宝了，而不去百度。这是另一个层次的问题了，而且恐怕正是淘宝的目的：牺牲短期搜索流量，但长期来说，可以彻底摆脱对搜索可能产生的依赖性，把流量强行留在自己网站。绝大部分社交媒体网站也都是这样做的。

明白这一点，站长的心态才能平和。无论有没有你的网站，搜索引擎的信息质量都不会被影响。

11.1.3　搜索引擎在乎垃圾

在搜索引擎对于垃圾网站的打击上，SEO 人员也往往缺乏足够的认识。让我们再站在搜索引擎的立场去考虑，返回垃圾内容，如"挂羊头卖狗肉"的无关内容，或欺诈性页面，对搜索引擎的用户体验会带来很大的伤害。如果我们在一个搜索引擎上查询减肥方法，看到的净是六合彩信息，一次两次可以容忍，若老是如此，我们就再也不会使用这个搜索引擎了。

所以千万不要小看了搜索引擎无情、严厉打击垃圾网站的信心和动力，垃圾网站会严重影响搜索引擎的赢利能力。

从另一个方向看，有时候 SEO 人员也会抱怨某某网站作弊，可是却没有被惩罚或删除，大叹不公平。这也是没有深入理解搜索引擎的目标。搜索引擎对特定网站既不偏爱，也没有深仇大恨，只要做到把垃圾内容控制在一定比例之下就够了。搜索引擎并不会花太多的人力物力来针对特定网站，而是通过算法把大部分垃圾清除，让用户很少看到低质量内容，就已经完成目标了。100%清除垃圾要付出的代价和副作用太大了，没有必要去追求这个效果。

做网站和做 SEO 的人现在都知道，首先要从用户出发，做用户喜欢的，搜索引擎就会喜欢。同样，遇到 SEO 方面的疑问时，也要站在搜索引擎的角度思考。网站上的内容或方法是否与搜索引擎本身的目标相冲突？诚实地回答了这个问题，一些疑惑就会迎刃而解了。

11.2　相关性、权威性、实用性

大部分关于 SEO 的文章喜欢探讨细节问题，包括我自己的 SEO 博客。探讨细节问题，容易让初学者知道从哪里下手优化网站，所以更受站长欢迎。但当你掌握了技术细节后，还需要跳出来，从宏观上看，到底什么样的网站在搜索引擎排名中具有优势。

在我看来，一个网站要想被搜索引擎喜欢，必须具有相关性、权威性和实用性。

11.2.1　网站内容的相关性

相关性是指页面内容与用户搜索的查询词是否真正匹配，是否有效地回答了问题。

相关性的强化可以通过页面内优化和一部分链接优化来实现，包括文案写作、网页标题、页面内的关键词位置布局、关键词的强调、写作时考虑语义分析、内部链接的安排，以及外部链接的锚文字、链接页的内容、链接源网站的主题等。

内容的相关性是做网站的人最容易控制的，也是最容易作弊的。第一代搜索引擎主要以相关性做排名判断，但在被钻空子钻得一塌糊涂后，不得不引入了权威性指标。

11.2.2　网站及网页的权威性

目前网站或网页的权威性有一部分是通过外部链接来衡量的。高质量的外部链接越多，网站或网页本身的权威性就越高。搜索引擎还可以通过资质认证、网上口碑/评论、页面内容质量等方面对权威性进行判断。

另外，域名注册历史、网站的稳定性、内容作者是谁、作者本身的权威性、是否有隐私权政策、联系地址等一些细节，也会在一定程度上影响网站的权威性和可信度。

外部链接对网站权威性的影响是有选择性的，也就是说，来自相关内容网站的链接对提高权威性帮助最大，不相关内容的链接帮助很小。比如我要是在 SEO 每天一贴的博客首页加一个链接到某个美食网站，对提升对方的权威性几乎没什么帮助，因为很明显，我的博客本身在美食方面就没有任何权威性。

网站的权威性不能被站长自己完全控制，要想作弊比较费时费力，大量群发、买卖链接、刷评论等现在也越来越容易被检测出来。但是在某种程度上，权威性还是可以被操作，无论是花钱还是花时间，都可以得到一定效果。现在搜索引擎开始考虑网站的实用性。

11.2.3　网站的实用性

实用性是指对用户来说，你的网站到底有多大用处？用户是不是喜欢你的网站？除了内容相关、有效、权威，这里还涉及了用户体验。

如果用户在你的网站花的时间多，浏览页数多，经常来看你的网站，还加入了书签，并且四处评论推荐，这些都可以帮助搜索引擎理解你的网站对用户的实用价值。搜索引擎的搜索日志、工具条、广告代码、流量统计服务等可以帮助收集这类信息，越来越多的社交媒体网站也能表现网站的受欢迎程度。

在网站的实用性上想作弊就更难了，因为无法以合法的方式控制用户的行为。当然这也并不是完全没有可能。但如果你的网站在相关性、权威性、实用性上都很出色，还都是通过作弊得来的，这可能性就很低了。

搜索引擎算法大致是按照相关性、权威性、实用性的顺序发展的。现在的搜索引擎不仅要看页面内容，也要看外部链接，还要看用户是否喜欢。SEO 的工作内容也随之发展。其实，如果能做到用户喜欢你的网站，外部链接自然会来，页面内容也不可能不相关。

所以，满足用户需求才应该是今后 SEO 的重点。与其花费大量时间在一些不太重要的页面细节调整和交换链接上，还不如多审视一下自己的网站，问自己一些问题。

- 用户在你的网站上能看到什么在其他地方看不到的内容？
- 用户能在你的页面上一眼就看到文章正文吗？
- 用户需要等很久才能打开页面吗？
- 你确信你的文章不是人云亦云、无病呻吟吗？
- 你的产品有什么特殊之处？你清楚告诉用户了吗？
- 用户为什么要在你的网站买东西？你自己是用户的话能真心被说服吗？
- 用户能在你的网站轻松下单吗？
- 视频站真有视频可以播放吗？软件下载站真能下载软件吗？
- 用户会把你的网站存入书签，频繁点击吗？

11.3　SEO 与赚钱

通过 SEO 赚钱是所有个人站长都关心的问题，本节就简单对此探讨一下，也为商业化的公司网站提供一些借鉴和参考。

通过 SEO 赚钱无非有两个出路：一是帮别人做 SEO，二是给自己做 SEO。

11.3.1　给别人做 SEO

先说帮别人做 SEO，也就是某种形式的 SEO 服务。

1. SEO 服务的优势

提供 SEO 服务有很明显的优势：入门快，成本低，市场大。网上有无数关于 SEO 的博客、论坛、电子书，您现在手里就拿着一本 SEO 入门教程。只要有一定的网站制作基础，把教程读完之后，做一两个网站实践一下，对 SEO 的过程和效果有了一定认识，就可以提供 SEO 服务了，整个学习过程几个月就可以完成。相对于许多其他行业，SEO 入门算是很快速的了。

提供 SEO 服务也不需要任何额外设备，只要有一台能上网的电脑足矣。刚开始时连办公室也不用，自己在家里就能做，起步时需要投入的资金成本几乎为零。

中国市场那么大，企业那么多，需要 SEO 服务的公司和网站的数量巨大。当然这些公司还不一定意识到自己需要 SEO 服务，需要你去说服他。

刚入门的 SEO 服务商也不需要很有名。可以先从自己身边寻找可能的客户，亲戚朋友、同学、本地企业，先免费或低价做一两个客户，客户又可以向其他人推荐，因此要找到一些客户并不很难。

成为一个 SEO 服务商确实是一件很简单的事情，这也是现在网上 SEO 服务泛滥，水平参差不齐，价格天差地别的原因。对整个行业来说，这不是件好事，SEO 服务的整体形象也可能被连累。但是对一个想要迈入 SEO 行当的人来说，这就变成了优势。

2. SEO 服务的劣势

从另外一个角度说，提供 SEO 服务有天生的致命缺陷，其中最主要的是，SEO 服务难以扩展。SEO 服务基本上是人工处理，虽然网站流量分析、排名跟踪、外部链接的查询跟踪，甚至网站基本优化水平的判断，都有很多软件可以协助自动化，但是针对一个特定网站进行诊断，找到需要优化的地方，提出方案，执行优化，创造性的建设外部链接，数据分析，这些还只能通过人工完成。

每个网站有自己的特点和运营模式，不同行业有不同的竞争情况和要求，所以不同网站的优化方案全都不一样，没有一个方案可以适用于所有网站。再加上 SEO 的不确定成分很大，谁也无法确保排名一定进入第一页，也无法保证获得的排名不会下降。SEO 过程中需要很多说不清、道不明的经验、直觉，这部分就更无法自动化。

所以说到底，提供 SEO 服务是在出卖自己的时间。凡是出卖时间的生意，都注定了其扩展性很差。如果服务一个客户需要一个人，服务两个客户就需要两个人。这与生产和销售大部分产品很不一样。生产一百件衣服可能需要一个人一天时间，但生产一千件可能只是需要两个人一天时间，而不会是十个人。

这种低扩展性决定了 SEO 服务有内在风险。业务量增长时，服务商不得不扩大公司规模，没有其他解决方案。一旦业务量下降，人员成本可能就成为公司的巨大负担。即便没有扩充计划，个人 SEO 服务提供者也一样受限制。一个人的时间是有限的，不可能同时服务很多客户。

3．SEO 服务的注意事项

这里给有志于 SEO 服务的站长提几条建议。

（1）清楚定位。

自己擅长什么？目标是高端市场还是低端市场？是专做关键词排名还是整站优化？站长必须对这些有一个清醒的认识，才能使自己的服务有特色。

（2）考虑 SEO 细分市场。

SEO 说起来简单，但其中的每一个过程要想做精通也不容易，所以可以专注于特定部分，做专做精才有号召力、吸引力。比如：

- 专门做关键词研究。
- 专门做链接诱饵。
- 专门做 follow 链接的论坛、博客链接发布。
- 专门做某个行业（如医药、旅游行业）的 SEO。
- 专门做某个 CMS 系统的 SEO。
- 专门做 SEO 软件、工具等。这是少有的有扩展性的方向。
- 专门做流量分析。
- 专门做负面信息压制。

不要小看了这些细分市场，每一个细分市场都有巨大的容量。

（3）卖出一个好价格。

前面说过，SEO 没有良好扩展性，无法以数量取胜。要想提高利润，就只能提高价格。实际上像 SEO 这种相当专门化的服务，是应该卖出比较高的专业价格的。

网上很多所谓的 SEO 提供商以几千元甚至几百元的价格优化一个网站，这确实是太低估了自己的价值。大家可以对比一下，一个好的补习老师每小时收费都可以达到几百元，SEO 是更少人懂得和精通的技术，一天的服务时间定价几千元人民币一点都不过分。从客户角度出发，如果 SEO 服务能让一个商业网站流量翻倍，那么给网站带来的销售和利润是多少？很可能是几十万元、几百万元甚至是上千万元。这样的 SEO 服务却只收费几千元就太不正常了。

（4）流程化。

虽然大部分 SEO 工作无法自动化，但是有一定规模的服务商应该尽量做到流程化。公司内部完整配备 SEO 人员，清楚划分工作范围，项目必须制定任务清单、时间表及考核标准。随着越来越多的网站认识到了 SEO 的重要性，它们在搜索引擎上的竞争也越来越白热化。靠感觉、靠一个人的力量已经很难适应 SEO 服务的市场，团队作业是一个最好的方向，而流程化是团队作业中不可缺少的要素。

11.3.2 给自己做 SEO

SEO 的第二个、也是更光明的出路是给自己做 SEO。我在 2006 年开始写博客"SEO 每天一贴"时就说过，SEO 的最终出路是做自己的电子商务网站。现在这个观点已经被很多 SEO 人员接受和认可，并认为我在十几年前就提出了这样的观点是十分超前的。其实这个观点也谈不上超前，因为 SEO 从诞生那天开始，就主要是为了给自己的网站做优化、带来流量的。早期的 SEO 人员都是从解决自己网站排名和流量问题开始的，哪里会首先想到给别人做 SEO。

SEO 只是一个工具，并不是目标。但 SEO 是最强大的网络营销工具之一。掌握 SEO 就掌握了网站赚钱最重要的要素之一 —— 流量。给别人做 SEO，自己只能获得 SEO 价值的一部分，常常是一小部分。如果你能帮助其他网站流量翻倍，利润翻倍，你作为服务提供商，服务费只能是利润的十分之一，甚至百分之一。如果你是给自己做 SEO，你就能拿到利润的大部分。

自己做网站，既可以做信息类网站然后卖广告营利，或通过联署计划赚取佣金，也可以直接做电子商务网站卖产品。

如果英文好，做外贸网站也是一个非常好的方向。中国是制造大国，各种物美价廉的产品应有尽有。掌握货源是国内公司和站长的巨大优势，若能再通过 SEO 带来流量，就将如虎添翼。

很多 SEO 人员对 SEO 行业的前途感到迷茫，其实退一步，把 SEO 作为一个工具，你就会豁然开朗。传统 SEO 服务提供商现在也纷纷开始做自己的电子商务网站或内容站，因为既能赚取更多利润，无限扩展业务范围，也能降低风险。做自己的网站甚至对 SEO 服务反过来也有促进作用，比如对于太过挑剔，把价格压得很低的客户，你就可以很有底气地拒绝。与其花时间做收费低廉的 SEO 服务，还不如做自己的网站，这样才能避免成为廉价劳工。

11.4 SEO 不是免费的

很多人在讨论 SEO 的优势时会提到，SEO 是免费的。其实 SEO 并不免费，也是要付出成本的。这里所说的成本不是指雇用其他公司来优化网站的服务费用。就算你的网站不用任何外部服务，也不买任何软件，完全自己动手优化，也还是要付出成本的。有时这个成本还很高。

11.4.1 人力成本

最显而易见的是人力成本。网站本身一般来说只要大规模优化一次，以后再小幅度修改即可，这部分的人力成本也许可以算入技术部门。但是外部链接建设、网站流量的跟踪、SEO 策略更正、发现热点建设专题内容、持续优化用户体验、遇到问题时分析寻找原因等这些工作，都不是一次性的，需要长年进行，更不要说遇到搜索引擎算法更新，网站被惩罚，那就有更多工作要做了。比较依赖搜索流量的网站必然需要有专门的 SEO 人员。一些大网站还需要有一个 SEO 团队，所投入的工资等人力成本往往比外部服务费还要高很多。

11.4.2 机会成本

另一个不容易直接看到的是时间及机会成本。通过 SEO 做流量是需要一段时间的，尤其是新网站。不要指望几个月内有很好的流量，虽然不是没有可能，但不要把赌注放在小概率事件上。对 SEO 的预期效果至少要放在半年到一年之后。然而，网上机会稍纵即逝，某些当红类型的网站要想迅速占领市场，靠 SEO 推广是不现实的。等过了半年一年，早就过这个村没这个店了。想象一下推广诸如团购、小黄车等网站，SEO 根本就不是一个选项。等你通过 SEO 做出一定流量时，竞争对手早就占领市场和用户的头脑了，或者可能连行业本身都不存在了。

所以 SEO 只适用于那些耗得起时间的网站，即便过了半年到一年之后，市场也不至于出现惊人的变化。

11.4.3　失败风险

最终是否有明显效果也是 SEO 的一个风险。搜索引擎不是我们能掌控的，谁也无法百分之百确保做了 SEO 就一定能有排名和流量。相信一些网站有这样的经验，花了时间、人力、精力、服务费，却没有收获什么效果。

这与 PPC 是不同的。PPC 只要花了钱就一定有流量，SEO 做了却没有效果反而是经常发生的情况。在这种情况下，使用 PPC、网络广告、事件营销、口碑传播等要比 SEO 划算得多。

11.4.4　SEO 成功风险

就算通过 SEO 得到了很好的流量，也可能会因为过度依靠搜索的流量带来风险。我看过一些网站，搜索流量占到总流量的 80%甚至更高。这一方面说明 SEO 做得不错，另一方面也意味着巨大的潜在危险。一旦搜索引擎改变算法，哪怕并不是针对你的网站进行任何惩罚，也可能造成网站流量急剧下降甚至消失。如果没有广告流量、口碑流量和直接访问流量作为平衡，很可能对网站是一个致命性的打击。SEO 做得好的公司和站长，还必须花费更多精力去开拓流量来源，千万不可过度依赖自然搜索流量。

11.5　解决基本问题就解决了 95%的问题

网上 SEO 信息汗牛充栋，读者您现在又在看这本厚厚的 SEO 教程，涉及方方面面的 SEO 问题，颇为繁杂。在实践中，没有网站能够面面俱到，优化好本书中提到的所有方面。好在 SEO 人员也完全没有必要解决百分之百的问题。一般来说，解决了最基本的问题，就解决了 95%的 SEO 问题。

这里所说的基本问题主要包括：

- 关键词研究。
- 网站结构及内部链接，解决收录问题。
- 页面标题标签、H1 标签等几处最重要代码。
- 页面正文出现两三次关键词。
- 网站内容原创性和避免复制内容。
- 找到一两个最拿手的外部链接建设方法。

其他诸如关键词密度、关键词出现的位置、链接锚文字、URL 的设计等，如果花很少时间就能完成优化，那当然最好。如果非基本问题需要花很多时间、精力才能解决，也大可暂时搁置。把时间花在刀刃上，往往解决了少数基本问题就能看到 95%的效果。花再多的时间解决细枝末节的技术问题，往往对排名和流量的贡献很可能不超过 5%。与其花大把时间在小问题上面，还不如去建立新的网站，或者专心扩展内容、建立外部链接。在这个意义上，SEO 其实是很简单的。

11.6 自然和平衡的艺术

我一直觉得 SEO 更多的是一门艺术，而不只是一门技术。

11.6.1 SEO 应该是自然而然的

相信做网站设计和 SEO 的人以学理工科的居多，但是真正的 SEO 所要求的文科基础也不少，比如市场营销、广告、心理学、写作等。当然，它也要求一些技术基础，比如 HTML、编程、服务器基础知识等。但对这些技术内容的要求不是很高。一个高级程序员并不一定能成为一个好的 SEO，甚至一个搜索引擎工程师也不一定能成为最好的 SEO。

说 SEO 是自然的艺术，指的是对网站的优化应该是自然而然的，无论搜索引擎还是用户都不应该感觉到你对网站做了优化。

说 SEO 是平衡的艺术，指的是不能把 SEO 手段用到极致。对一个网站必须有总体的考量和计划，不同的推广渠道，不同的 SEO 手法，要取得一个均衡，不应该有任何一个因素显得非常突出。

当然，这是最理想的情况。实际上这两方面都是说起来容易，做起来困难。有很多人觉得 SEO 很简单，读过一些资料后就成专家了。实际上，一些细微的地方需要积累很多经验，对搜索引擎和 SEO 有深刻的理解，才能找到感觉。

自然和平衡体现在 SEO 的方方面面。举一个自然性的例子。我们都知道登录分类目录是获得外部链接的一个常用方法。有的站长会在网站设计完成后，集中时间向所有能找到的分类目录提交，这也是很多专家所推荐的。但在实际工作中，我建议不要同时向这些目录提交。

站在搜索引擎的角度看，如果某一个网站突然在某一天或某一段很短时间内，在大量网站分类目录中出现，这自然吗？恐怕只有脑子里想着 SEO 的人才会这么做。不懂 SEO 的人会想到大规模向分类目录提交吗？绝大部分不会。

再比如，SEO 知道内页正文链接有助排名，尤其是锚文字有助于提高相关性。使用软件给文章页面正文中第一次出现关键词全部自动加上链接，这在搜索引擎眼里会显得自然吗？人工写文章加链接会做得这么整齐划一吗？有的软件设置为所有关键词都自动加上链接，那就更不自然了。

再举一个平衡性的例子。一般来说，最好的优化能使网站的很多关键词排名提高，而不是只有几个最受关注的关键词排到第一，但其他相关关键词与其他网页都排得很靠后。也就是说，不应该有一个全明星网页（一般来说是主页）在搜索行业最热门关键词时排第一，而在其他相关关键词上都找不到你的网站。

这也同样适用于权重在整个网站的均衡分配。通过适当的内部链接结构，将主页权重均匀地分散到各个网页，使所有网页的权重得到提升，既有利于收录，也有利于排名能力的提高。就算有几个网页是想着重优化的，也不能使这几个重要网页和其他网页之间悬殊太大。

外部链接也需要平衡。例如，虽然说外链锚文字有助于关键词排名，但以关键词为锚文字的外链比例过高可能会导致被惩罚。外链锚文字需要在品牌词、主关键词，以及长尾词之间取得适当的平衡。

SEO 应做到自然和平衡，换句话说，做了 SEO 却看起来像没做 SEO，这才是 SEO 人员应该追求的最高境界。近些年，百度、Google 各类算法更新的推出对 SEO 自然平衡性的要求有上升的趋势，有些以前的 SEO 方法现在越来越不被搜索引擎接受，凡是被认为刻意的做法渐渐会被搜索引擎惩罚。

所以还是回到前面讨论过的，做好最基本的优化，然后把时间花在对用户有帮助的内容上，貌似无为，实则是最厉害的 SEO 方法。

11.6.2　避免过度优化

过度优化这个概念有点悖论的意味。所谓"过度优化"，其实已经是错误优化，或者说不优化。严格来说，不存在过度优化，但是为了讨论方便，我们也没必要咬文嚼字，此处还是使用"过度优化"这个用语。

SEO 人员应该了解网站上及网站外有哪些地方可以优化，应该怎样优化，同时也应该了解，当所有能优化的地方都被做到极致时，就可能产生负面效果，这也是一个度和平衡的问题。

如果一个网站具备下面一些特征，就可能被搜索引擎认为是过度优化，因而有被惩罚和降权的可能。

- 前面讨论的页面上可以针对关键词优化的地方，比如标题标签、H 标签、关键词和描述标签，黑体、斜体，内部链接锚文字，图片 ALT 属性，页面第一段文字，正文内容，URL，页面最后一段文字，这些应该突出关键词的地方都放上了关键词。
- 外部链接锚文字都使用目标关键词。
- 获得的链接都来自高权重网站。
- 外部链接的锚文字与页面标题、H1 标签高度吻合。
- SEO 人员突击建设链接，外部链接短时间内快速增长。

当你把上面这些可以优化的地方都优化了之后，就离过度优化的门槛不远了。如果你的网站在内容质量和用户体验方面确实在同行业网站中出类拔萃，那么问题应该不大。但如果内容水平普通，甚至大部分内容是转载或抄袭的，只有 SEO 做得突出，那么过度优化就很可能是导致惩罚的最后一根稻草。

过度优化所导致的惩罚既可能是特定关键词排名下降，也可能是网站整体排名全部下降。如果你的网站排名下降很多，又找不到硬伤，过度优化很可能是原因之一。

解决的方法就是"去优化"。网页上的标题、H 标签、链接锚文字等地方多一些变化，稀释关键词，使整个网站的优化程度降到被惩罚的门槛之下。

网站内部页面优化就算做到极致，所能获得的排名分数也是有限的。而外部链接只要自然成长，潜力却是无限的。所以建议大家在做内部优化时，宁可欠缺一点，也不要全部做到极致。外部链接方面，只要是靠内容吸引外链，可以尽情发挥。把时间、精力放在创造高质量内容上，比把时间花在页面细节上要有效得多，也安全得多。

11.6.3 不要做奇怪的事

经常在论坛看到或者有朋友直接问我一些奇怪的问题，有的问题比较大，涉及整个网站，有的是很小的代码细节问题。看到这样的问题，我的第一个反应经常是好奇：为什么要做这种奇怪的事情呢？

比如有的站长会把同一个域名的网站内容改成完全不同的行业或主题，比如从减肥信息网站转眼之间改成股票投资知识网站。有些域名确实没什么内容针对性，比如数字组成的域名，但是这不意味着整站改变主题会有什么好结果。进一步问对方为什么要这么大幅度地改变内容，原因常常是一些无关紧要的小事，诸如旧内容做了几个星期没看到效果。若是抱着这样的想法更换网站内容，估计过几个星期还是不会看到效果。

搜索引擎面对这样奇怪的网站也会犯糊涂，这个网站究竟是讲什么的呢？抓不住网站的主题，自然无法给予好的排名。我们经常看到这样的现象，一个网站的内容更改了很长时间后，还会在搜索原来的关键词时看到排名。这说明搜索引擎对网站历史数据有记录，并不会因为网站当前页面内容彻底改变而完全忘记以前的内容。

面对这样的问题，我想说但不好意思说的是，想做新网站，买个新域名那么难吗？旧网站放在那里不管，两三年后也许自己就有起色了，主机、域名费用还比不上吃顿饭的钱吧。

再比如，还有人问过，在 http://www.abc.com 和 http://abc.com 放上不同的内容会怎么样？技术上来说，www.abc.com 是 abc.com 的子域名，http://www.abc.com 和 http://abc.com 这两个 URL 完全可以放不同的内容。http://www.abc.com 和 https://www.abc.com 也可以显示不同内容。但是无论搜索引擎还是用户都约定俗成，这些 URL 应该是同一个网站首页。搜索引擎访问这些 URL 时，如果都能正常返回 200 代码，还会自动选一个 URL 版本作为网站的规范化网址。这也就是通常建议选择一个版本的原因所在。这些网址放上不同的内容，搜索引擎又会被搞糊涂。而这样做也不会获得什么好处，也无法实现额外的功能。

再比如一些细节问题。有的 SEO 喜欢把图片放在 H1 标签中，认为这样会增强图片 ALT 文字的权重。实际上这也是一件比较奇怪的事。把图片放在 H1 标签中，用户在浏览器上看不出任何区别。仅从代码上看，你也可以把图片放在黑体标签中，用户也看不出任何区别，图片又不能加粗。所以这样的代码对用户毫无意义，搜索引擎也会感到困惑。

诸如此类奇怪又没必要的做法，只能把搜索引擎搞糊涂。

网站之所以需要 SEO 的其中一个原因就是，让搜索引擎能更快速、更容易地提取网站内容，千万不要给搜索引擎设置障碍，让搜索引擎自己琢磨是怎么回事。SEO 要做的是尽量减少搜索引擎的工作量，让网站内容在搜索引擎眼里直接明了、符合常规。在网站上做些奇奇怪怪的事，搜索引擎要么被搞糊涂，要么也以奇奇怪怪的方式处理。

当然，出于好奇、研究、探索的目的，在实验站上做测试是另一回事。

11.7 SEO 是长期策略

缺乏耐心是 SEO 的大忌，却是在 SEO 新手身上最常看到的心态。

经常在 SEO 论坛看帖子的人都会碰到一些站长问，自己的网站没有排名、没有流量很着急，该怎么办？再深入问一下对方网站运营多久了，才发现域名刚注册两个星期，站长就已经心急如焚了。对这样的站长，除了劝他多等几个月，也没有什么好建议了。

11.7.1 实施 SEO 需要时间

任何事情都有自身的规律，不以人的意志为转移。SEO 是一项长期策略，除了一些特例，比如竞争程度比较低的关键词，或大公司网站、引起社会关注的网站，很少能快速看到效果。这是搜索引擎本身原理造成的，并不会因为 SEO 人员努力就能有改变。

对有一定规模的网站而言尤其如此。我们姑且不论优化整站需要花的时间、精力，从完成优化算起，搜索引擎把一个大中型网站页面重新抓取一遍，往往就需要几个月的时间，再进行索引，重新计算权重分配，还要加上外部链接的收录，计算域名信任度的累计，这些都需要时间，而且是不短的时间。所以正常的 SEO 策略制定都是以至少半年到一年为周期的。

一些公司网站并不是 SEO 人员没有耐心，而是老板不允许有耐心，老板们希望立即看到效果。SEO 应该与老板实话实说，告诉他们 SEO 就是需要比较长的时间，可以说这是它的劣势。要想立即看到效果，请做 PPC。对个人站长来说，没有上层的压力，完全可以耐心地等待。实际上我经常有这样的体会，一个网站做好后放在那里不再管它，既没有内容更新，也没有链接建设，过两三年后排名和流量自然而然就上升了。

11.7.2 不进则退

网站排名和流量提高并稳定以后，也不能说就大功告成了。SEO 是个没有结束的过程。有一些网站不再继续做 SEO，排名可以稳定很长时间。有的网站却不进则退，停止优化就很可能导致排名和流量慢慢下降。

造成排名下降的原因有很多方面，首先，搜索引擎算法在不断改进。百度算法每星期都有变化。Google 算法在 2019 年有过 3600 多次规模不等的更新。以前有效果的 SEO 技术，现在可能不再有效。以前大家都不注意的地方，搜索引擎可能悄悄增加了其在算法中的权重。比如，六七年前外部链接数量最重要，后来慢慢转化到以质量取胜，再后来锚文字越来越重要，近期锚文字作用又有所下降。页面上的优化同样如此，以前 H1 文字权重比较高，近两年有所下降，图片 ALT 文字权重有所上升。这些细小变化都会引起网站排名、流量的波动。SEO 人员必须长期积累，关注搜索引擎算法的改变，必要时对网站做出改进。

其次，竞争对手也在不断提高。任何有商业价值的领域都会有多个竞争对手。你的网站排到前面就停止优化，竞争对手却不会闲着。他们在研究你的网站，不断自我修改，增加外部链接。不进则退，SEO 人员必须始终关注竞争对手的动向，持续增加高质量内容，建设外链，才能保持排名领先。

用户的搜索习惯也常常随时间而改变。以前搜索用户还没有经验，喜欢搜索比较短的词，现在大部分网民都知道搜索长的词组甚至句子能得到更准确的结果，平均搜索词长度一直在稳步增长中。

某些行业受到的关注度也有起有落。比如搜索"SEO"这个词的人数近几年在稳步上升。同样与网站相关的"网站设计"之类的词，则没有提高，甚至还在下降。SEO 人员必须关注用户习惯和社会焦点的变化，思考网站是否需要增添新的内容，紧跟新的社会热点。

互联网每时每刻都在变化。每天都有新网站出现，也有旧网站关闭，甚至完全消失。以前做的外部链接可能因为对方网站消失，或者页面被推到更深层的内页，以至不再被收录或权重下降。

SEO 人员无法控制整个网络的变化，只能从自己网站出发，将自己做大做强，才能立于不败之地。

11.7.3　SEO 是网站运营的一部分

SEO 是网络营销利器。SEO 做得好与不好，有时候是一个网站能否成功的关键。

但 SEO 只是网站运营的一小部分。SEO 人员不仅要了解 SEO 技术，也要梳理好 SEO 在整个网站运营中的地位，不能喧宾夺主。影响网站运营的因素太多，SEO 只是其中很小的一部分，有时候甚至是非必需的部分。

SEO 只是搜索营销中的一种，搜索营销还有 PPC。搜索营销又只是网络营销中的一种。网站完全可以抛弃搜索营销，抛弃 SEO，靠其他网络营销方式带来高质量流量，比如电子邮件营销、联署计划营销、论坛营销、口碑和病毒式营销、博客营销、社会媒体营销、电子书营销等。任何一个网络营销方法使用得当，都可以成就网站流量。SEO 虽然是最有效的流量建设方法之一，但绝不是唯一的方法，并不是每个网站都要做 SEO。

网络营销也只是网站运营的一部分。除了流量，运营网站还要处理很多其他事情，如产品的研发或采购、物流管理、人员管理、资金流动、品牌建设、网站技术系统研发等，任何一个环节做不好，都有可能导致网站失败。

所以，有经验的 SEO 一直强调，给自己做 SEO，卖自己的产品是最好的出路，但实施起来难度也不小。SEO 做好了只是解决了流量，却不能解决产品、物流、客服、抗风险等一系列问题。很多时候单纯从 SEO 的角度出发，会与网站运营的总体目标相冲突，这时 SEO 就要服从网站运营总体规划，毕竟，光有流量是没有用的。

11.8　没有 SEO 秘籍

看完本书，读者大概会感觉到 SEO 是一个挺辛苦的工作。要做好 SEO，提高网站流量，没有捷径，只能踏踏实实做好基本优化，扩充内容，吸引链接。

11.8.1　为什么没有 SEO 秘籍

有的 SEO 初学者以为有什么 SEO 秘籍。我经常在论坛看到有会员问一些问题，没有人能给予明确回答时，大家会怀疑高手们有所保留，不愿意透露自己的秘密。其实大家尽可以放心，根本没有 SEO 秘籍。高手没回答你的问题，不是因为想保密，而是问题常常太宽泛，所以无从回答。

我接触的国内外 SEO 人员应该算比较多的，个人也接触了大大小小不少的 SEO 项目。据我所知，没有所谓的 SEO 秘籍。如果你在网上看到谁在出售 SEO 秘籍，或者提供绝对百战百胜的 SEO 培训，你购买或去参加的话，注定会失望而归。如果真的有 SEO 秘籍，不用说几百元，几百万元也不会有人卖给你。如果真有人掌握并且能利用搜索引擎算法秘密，想做什么关键词就做什么关键词，那想赚几百万元，甚至几千万元都是轻而易举的，谁还有工夫卖几百几千元的秘籍呢？

11.8.2　搜索引擎排名算法的秘密

实际上，掌握搜索引擎全部核心算法的一共也没有几个人。就算是搜索引擎工程师，也只是了解自己负责的那一小部分。世界上知道搜索引擎全部排名秘密的，大概不会超过几十个人，不然每年从搜索引擎离职的工程师人数也不会太少，这些工程师如果都知道排名的秘密，这些秘密也早就泄露出去了，或早就出现了几个百战百胜、玩弄搜索引擎于股掌之间的 SEO 公司或电子商务公司。实际上并不存在这样的公司，就连顶级的 SEO 团队和商业网站也经常搞不懂排名变化的原因，也在不断研究和尝试中。

Lee 是前几年在中文站长圈子大名鼎鼎的百度发言人，这个账号经常就 SEO 问题给站长们提建议。虽然 Lee 这个账号背后是个团队，但主要发言的是百度搜索产品部门的核心人物之一。大家仔细看百度站长平台中 Lee 发布的帖子会发现，Lee 经常提到某个具体细节需要问他的同事才能确认。Lee 活跃的那几年，我和 Lee 多次见面聊天，真的没问出过什么 SEO 秘密。

为本书作序的 Matt Cutts 是 Google 最资深的工程师之一，他在博客和评论中也经常提到，某个算法或处理细节得询问其他同事。有的时候 Matt Cutts 发了帖子后发现并不准确，还要更正。连这个层级的工程师都有很多不知道的算法细节，就更不要说做 SEO 的了。

现在的搜索引擎算法有这样一种趋势，那就是基本规则相对透明化。但是就算 SEO 和所有站长都明知道这些算法和规则，也很难用来作弊和进行人为控制。比如我们都知道高质量链接有效果，但是得到高质量链接是一件很困难的事，不是靠作弊能做出来的。所以搜索引擎算法中能被利用的漏洞越来越少。

11.8.3　SEO 绝招

SEO 没有秘籍，不过可以有绝招。这种绝招是建立在对大家都知道的基本规则的深入理解和经验上的。比如大中型网站的收录是 SEO 的一个难题。其基本原理非常简单，可以归纳为两条：一是页面必须有导入链接，搜索引擎才能发现页面，并收录；二是页面与网站首页点击距离越短越好。对一个中等权重的网站来说，四五次点击之内的页面应该可以被收录，七八次点击以上才能达到的页面就很难被收录了。

了解了基本原理，却不意味着 SEO 人员能解决收录问题。面对一个有一定规模的网站，栏目或分类众多，随时有新内容加入，要怎样调整网站内部结构和链接关系，使所有页面都符合上面两条要求？各人有各自的绝招。

再比如建设外部链接。有的人纯熟掌握一两种绝招，诸如擅长写作能吸引眼球的文章，或制作 CMS 系统模板，或者擅于开拓行业人脉资源，把它用到极致，在外部链接上就能战胜绝大多数竞争对手。

这些绝招都不是建立在秘密之上的，而是建立在大家都知道的规则上的。

11.9　SEO 不仅是排名

对 SEO 缺乏了解的新手、最常出现的误区之一是把 SEO 等同于关键词排名。其实关键词排名仅仅是 SEO 的一部分，而且是比较初级的部分。真正的、全面的 SEO 所包含的内容比关键词排名要广泛得多。这一点大部分稍有经验的 SEO 都知道。不过口头上说是一回事，真正优化网站时很多人又不自觉地把关键词排名作为目标。

做过大中型网站的人一定都会有这样的感触，真正带来大量流量的反而是长尾关键词，而不是自己设想的那几个主要目标关键词。我所接触的 SEO 项目几乎都经历这样一个过程，网站整体优化之后一段时间，网站流量有质的飞跃，但是最主要的几个关键词排名没有明显提升。

本书第 15 章介绍的网站就是一个很好的例证。从 2009 年 10 月开始逐步优化，2010 年 1 月 1 日上线第一个比较完整优化的版本，上线后又发现了不少事先没有预见到的问题需要改正，到 2010 年 2 月时，优化还没有全部完成，不过 2010 年 2 月的搜索流量已经增长了二十倍以上。但是我个人监控的 50 多个关键词排名绝大部分没有明显变化。带来流量的是那些不可能预先研究的长尾关键词，既包括由于网站结构优化而收录的新页面，也包括原有页面优化后获得的更多长尾关键词排名。

当然，提倡整站优化并不意味着不能去做关键词排名。如果搜索量大的关键词排名好，也可以带来很多流量及品牌效应。不过执着于特定关键词排名是一个不确定性高、难以规模化的方法。通常建议的方法是先做整站优化，带动长尾流量，主要关键词要慢慢做。时间久了，整站实力提升，自然会带动主关键词。

强调 SEO 不仅是排名的另一个原因是，由于地理定位及个性化搜索的原因，不同的人搜索相同查询词看到的结果并不相同，尤其是地理定位因素现在已经很明显了。这就从根本上瓦解了关键词排名的意义，因为已经不存在一个大家都能看到的相同排名。

另外，有了排名，也不一定意味着有点击和流量，更不意味着一定能带来订单。排在前面的页面要被用户点击，还要受品牌效应、页面标题吸引力、有没有吸引眼球的显示格式等因素的影响。

经常遇到潜在客户问：某某关键词排到第一页收费多少？遇到这种咨询，我个人首先会做的不是按照他们的要求报价，而是先扭转对方的观念。

11.10　SEO 不是作弊

SEO 已经是网站标配，但毋庸讳言的是，SEO 在很多网民心目中名声并不好。在很多人眼里，SEO 就等同于作弊，一提起 SEO，大家就想到群发垃圾信息和关键词堆积。网上一有人提到博客上的垃圾留言就会有人说，又是那些 SEO 干的。就连很多互联网从业人员也持有这种想法。这应该是早期 SEO 作弊、垃圾泛滥给大家造成的负面印象，也算是咎由自取。

其实 SEO 并不是作弊。

网上有一种说法，认为 SEO 是在网站上做手脚，钻搜索引擎的空子，把一个只能得 50 分的网站，伪装得看起来像是 90 分，从而提高排名。真正的 SEO 并不是如此。SEO

的目的是做强做大网站，是把 50 分的网站做强到确实能得 90 分。

读者们从本书就可以看到，SEO 涉及的内容很广泛，绝不是在页面上堆积一些关键词或发垃圾评论那么简单。做关键词研究和竞争对手调查，也就是在了解用户需求，扩展网站内容也就是满足用户需求。良好的网站架构和内部链接是提高用户体验很重要的方式，页面的优化也使用户更容易抓住内容重点、易于浏览。流量分析和策略改进，相当于重视用户反馈意见，改进网站。外部链接建设也是另一种形式的公共关系，与其他网站和用户更有效地互动。所以说，SEO 的整个流程无不是为了把网站做好做强，与作弊有天壤之别。

还有的人认为 SEO 违反了搜索引擎规则，其实恰恰相反，SEO 是搜索引擎的朋友。搜索引擎要给用户提供有用的信息，就必然需要信息源。搜索引擎友好、易于收录、主题突出、内容丰富的网站能为搜索引擎提供信息源，满足用户需求，搜索引擎求之不得。如果网上净是些不容易被发现、被收录的页面，搜索引擎才真正头大了。

也正因如此，Google 多年来有很多员工在 SEO 行业博客、论坛中很活跃，发布信息、回答问题，积极参与搜索引擎营销行业大会，拍视频、开直播，以各种形式指导站长做 SEO。

更能说明问题的是百度的转变。2006 年至 2007 年我刚开始写博客时，以及点石互动活动最频繁时，没有任何百度内部的人针对 SEO 发表看法，更不要说给站长们提供优化建议了。那时候组织行业会议，也没有百度的人公开参与（其实是有人参会的，但不会发言）。百度从 2010 年 4 月开通了半官方的百度站长俱乐部，开始回答 SEO 有关问题，后面又建立站长平台，积极参与行业论坛、会议，非常重视与站长圈子的沟通。显然，如果对百度没有好处的话，他们不会这么积极的。

百度、Google 和 Bing 都发布过优化白皮书或 SEO 教程。主要搜索引擎从来没有反对 SEO，甚至可以说大力支持白帽 SEO。

而且搜索引擎本身也在做 SEO。Google、Yahoo!、MSN 都公开招聘 SEO 人员，优化他们自己的网站。百度自己的百度知道、百度百科、百度贴吧、百度文库等都优化得非常好，这些百度自有内容的运营人员也会学习 SEO。

要扭转 SEO 在普通网民心目中的形象，还要靠 SEO 从业人员自己的努力，不要作弊，坚持白帽，做好网站，提升用户体验。

11.11　内容为王

这里所说的内容指的是高质量的原创内容，而不是转载甚至是抄袭的内容。

11.11.1　原创内容是 SEO 的根本

内容为王，链接为后，这个说法 SEO 人员应该都很熟悉。其原因不仅仅在于搜索引擎给予原创内容和外部链接很高的排名权重，更在于这两者是 SEO 最大的难点。网站结构、内部链接、页面优化、关键词分析、流量分析，这些重要的 SEO 步骤大体上都在 SEO 人员控制范围之内，一个有经验的 SEO 可以相对顺利地完成。但是高质量的内容和外部链接，往往超出 SEO 的控制，经常是可遇而不可求的。

互联网的发展使我们进入真正的信息爆炸时代。不过仔细审视一下又可以感受到，这也是一个信息匮乏的时代。网上转载、抄袭、复制的低质量内容实在太多了，真正有价值的原创内容却又太少。近两年，刻意误导、胡编乱造的信息也迅速增多。

中小网站站长都会有这种体会，面对一个或一系列产品，总感觉没什么内容可写。产品说明写来写去都差不多，找不到原创的切入点。对一个有决心、有毅力的 SEO 来说，这也是机会。别人都不写，你写了就占据了很大的优势。在这方面，SEO 应该向淘宝卖家们学习，他们太能写了。

高质量的内容首先符合了搜索引擎的目标。前面说过，搜索引擎的目标是给搜索用户提供信息，而不是给你的网站带来客户。只有你的网站提供了内容，才能与搜索引擎的目标达成一致。

原创内容也是页面收录的重要推动力。不少站长都为网站收录问题发愁，搜索引擎蜘蛛要么只访问首页，不再进一步抓取内页，要么收录之后又被删除。缺少原创内容是关键原因之一。一个以转载、抄袭为主体内容的网站对搜索引擎来说毫无价值。收录这样的页面越多，越浪费搜索引擎的带宽、数据库容量、爬行时间、计算时间，却不能给搜索用户提供更多信息，所以搜索引擎根本没有收录这些内容的理由。

原创内容也是外部链接建设的重要方法。除非是交换或购买链接，不然其他站长没有理由链接到一个没有实质内容的网站。

11.11.2　内容策划是 SEO 策略

内容为王的道理大家都清楚，但在实践中往往又感到迷茫。花时间、花精力做原创内容到底值不值得？这一点我们从一个缺乏内容的网站能看得更清楚。做中小型电子商务网站的人都会感到做 SEO 非常困难，原因之一就是中小电子商务网站基本上没有独特的内容。就算网站有成千上万的产品，但整个网站还是内容匮乏。除了首页可以想办法写几段原创内容外，分类页面都是产品名称加链接，产品页面无非就是产品说明、型号、图片，看似有不错的内容，但其实大部分都是从生产商那里照搬过来的，网上已经有成百上千的网站在使用相同的产品说明。如果站长仅仅把来自生产商的内容放上去，很难看到 SEO 效果。

在这一点上，中小电子商务网站无法与有实力的大型电子商务网站相比。大公司网站就算没有实质内容，也可以靠公关、广告把域名权重做得很强。这种高权重域名上的复制内容，反倒会被当成原出处得到好的排名。

若想要解决这个问题，不是修改代码这种技术性的优化能做到的，而必须上升到 SEO 策略层次，也就是说，在策划网站时就要计划好怎样产生原创内容。有几种 SEO 内容策略可以考虑。

最直接的笨办法就是自己写作。博主自己写贴子，新闻网站自己组织编辑、记者写稿件，内容站经常雇佣写手提供文章，电商网站可以增加商品使用技巧、导购、员工博客等部分，在重复的产品说明之外，增加原创内容。

中小电子商务网站分类页面，必须人工添加原创分类说明文字，长度至少在两三段文字以上。虽然要花时间，却是不得不做的。好在分类页面应该不会太多。

有的电子商务网站大力推动用户评论和问答，消费者写评价可以换取积分、折扣。看看亚马逊书店的页面就知道，用户评论是非常重要的内容策略，调动了用户积极性，用户贡献的内容既是绝对的原创，又能无限扩展。

有的网站在设计功能时就以用户产生内容（UGC）为主，如分类广告、B2B、论坛、短视频、问答网站等。这类网站只要设计好搜索引擎友好的平台架构，用户就自动为网站创建了内容，这是最好的内容策略。

B2B 网站的 SEO 人员还可以花时间在优化用户发布内容的流程上，指导用户怎样写最适合的标题、正文及标签，选择哪个产品分类最合适。

有的网站以信息整合为内容策略。请注意，这里提到的是整合，不是抄袭。这往往需要强大的信息抓取能力（有时候是特殊渠道和独特技术）和数据挖掘能力。如公司工商信息查询、社交媒体大 V、大号影响力分析、电商热门分类/产品监控等。

网站规划一开始时就要进行内容设计。如果除了转载、抄袭，想不到网站还能怎么制作内容，那就先别急着做网站了。

11.11.3　内容推广

另外一个需要注意的是，有了好的内容并不意味着别人就会自动知道，要让用户发现内容，让其他站长看到有意思的内容进而链接过来，你需要做初始推广。仅有好的内容，缺少最初的推动，也很难发挥原创内容的威力。不过初始推广其实是很简单的，关键在于找到行业中几个有话语权的人，让他们知道你的网站。这些人一旦发现你确实有好的内容，一定会影响到更多人看你的网站。

很多人对这一点有所怀疑。但根据我的经验，这种方法屡试不爽。觉得这种方法没有用的人其实都没有真正认真地尝试过。

如果你的行业没有几个权威人物存在，你也可以到相关的论坛上深入参与讨论一段时间，在不唐突的情况下稍微推广一下你的网站，就会有人注意到。越是别人都不愿意做原创内容，大家都看不到好的内容时，你就越有机会通过简单的初始推广，发挥原创内容的效力。

11.12　具体问题具体分析

和其他任何事物一样，SEO 也需要具体问题具体分析，不存在放之四海而皆准的真理或公式。本书中介绍的 SEO 技术，或者在网上、其他书里看到的技术，都是就一般而论的，只是告诉你 SEO 的规律性技术。但每个网站有自己的具体情况，面对一个特定网站，应该怎样诊断？应该怎样优化？既不能照搬书本，也不能盲目套用其他网站的手法。

影响网站具体技术运用的因素如下。

- 网站本身情况。是大网站还是小网站？内容是原创为主？还是只能转载为主？CMS 系统是开源的？还是自己设计的？产品分类有多少种？能否使网站尽量扁平化？还是产品数量巨大，怎么做也不可能扁平化？
- 公司情况。公司是否有足够的决心做 SEO？能投入多少人力物力？能耐心等待多长时间？技术部门是否愿意配合？内容编辑部门是否具备基本 SEO 知识？公司公关部门实力如何？SEO是否得到公司高层的足够重视？

- 市场及竞争对手情况。与最强的竞争对手外链、排名差距到底有多大？是只有一两个有实力的竞争对手，还是有一二十个？整个目标市场容量有多大？是否有足够的关键词搜索次数？

这些因素都将影响一个网站到底该采取什么样的SEO策略和手段。

在第3章中讲解关键词研究时曾提到过，确定关键词的宗旨是查询次数多，竞争者少，相比之下，最容易使SEO效能最大化的词就是最合适的关键词。但在实际操作中，这并不是唯一的选择。如果公司预算够多，公关部门实力强，又愿意配合SEO，公司高层决心大，那么也不妨把关键词定位在查询次数最多的词上，而不管竞争对手情况，不达目的誓不罢休。如果你是个人站长，也可以采取这种策略，因为你有足够的时间和耐心，可以等上几年。而对一些能投入的资源少，却又必须尽快看到结果的公司来说，就只能按一般规律找到效能最高的关键词。

关键词在网站上的分布也同样需要具体问题具体分析。在第3章中曾针对关键词讨论过，不同热门程度的关键词应该分好层次，与网站的首页、目录页相对应，均匀分布在整个网站上。但有的时候没办法做到对关键词进行完整规划，比如第15章介绍的网站是一个比较购物网站，页面包罗万象，不针对特定产品或市场。而分类又无法按关键词热门程度而定，因为整个网站包括了几乎所有网上能卖的产品，每个大分类都有特别强的对手，无论是首页还是一级分类页面，都肯定无法与相应分类的市场领跑者竞争。所以产品分类页面的关键词几乎可以说只能暂时放弃，必须把精力放在产品页面和长尾关键词上。

优化网站的其他步骤同样如此，必须根据网站的特定情况，选择最适合的方法。有的时候，书上告诫你不要使用的方法，可能正是最适合你网站的方法。

第 12 章

SEO 工具

做网站优化的一个瓶颈是 SEO 的自动化。到目前为止，绝大部分网站优化工作还得人工去做。一些 SEO 工具可以辅助，但还没办法完全取代人工操作。

SEO 工具软件大致可以分成四类。严格来说只有前两类可以算真正的 SEO 工具，不过后两类也被讨论得很多，这里简单提一下。

1．SEO 信息查询工具

包括线上工具和可以下载、运行于客户端的软件，主要查询一些与 SEO 有关的数据，包括排名位置和网站基本信息，如百度权重、关键词排名跟踪、关键词搜索次数、页面打开速度、反向链接等。

这种查询工具对 SEO 的前期调查及效果监控是必不可少的，对提高工作效率无疑很有帮助，而且准确性较高，与自己手动查询没什么很大区别，又能节省很多时间。

搜索引擎并不喜欢大量工具自动查询排名，这对它们的资源是个浪费。不过只要别太过分，限制一段时间内的查询次数，一般问题不大。如果来自一个 IP 的自动查询次数过多，搜索引擎可能会暂时屏蔽这个 IP 地址，所以很多 SEO 工具需要从多个 IP 查询。

本章介绍的 SEO 工具主要是信息查询工具。

2．网站诊断工具

网站诊断工具又分为两类。第一类是页面优化诊断工具，这类工具比较少见，制作起来不容易，也很难准确。由于搜索算法的复杂性和变动性，诊断软件给出的建议最多只能作为参考。

网站诊断工具还很不成熟。比如，软件抓取目标网页，进行分析之后可能会告诉站长，需要把关键词密度提高到一个数值，标题中关键词需要重复两次或者三次。这些建议无非是针对相关关键词排名前十位或二十位的网站进行统计得出的。

问题在于这些统计数字经常是有误导性的，缺少了一个好的 SEO 人员应有的全面观察、直觉和经验。我们看到的排名与页面元素之间并不一定具备因果关系，虽然可能会呈现某种统计相关特征。

举个例子，查询某关键词时，排在前十位的网页标题平均出现关键词两次，而排在比较靠后的网页标题平均出现关键词的次数比两次高或者低。这是不是意味着在标题中重复两次关键词是最优化的呢？乍看之下是这么回事，但仔细思考一下，这两者之间并没有因果关系，前十位的网页很可能是因为其他因素排在那里的。更何况排名往往和页面特征没有明显关联。

所以，目前的页面诊断软件给出的某些建议可以采纳，比如建议加上 H1 标签，有些建议则没什么意义，甚至可能有害。掌握基本的优化技术后，可以将自己的想法与软件的建议互相印证一下，如果有差异，还是应该以自己的想法为准。

相比之下，百度资源平台的页面优化建议应该是经过了认真考虑的，给出的建议基本上是技术性并且明确的，如建议优化图片、开启 gzip 压缩、合并 CSS、设置缓存等，而不是试图告诉你应该在哪儿放上关键词。

第二类是网站爬行、抓取模拟工具。这类工具模拟搜索引擎蜘蛛，对网站进行爬行和页面抓取，给出页面基本信息，或者在网站不能被爬行、抓取时给出报错信息。SEO可以通过这类工具了解网站在整体结构、搜索引擎友好性方面存在的重大缺陷，如果工具不能顺利抓取页面，搜索引擎蜘蛛很可能也不能。

3．内容生成工具

给定关键词，软件自动生成网页内容。可以想象，这种软件生成的内容要么是可读性很差的胡言乱语，要么是采集搜索引擎结果页面或者其他网站上的内容，然后拼凑起来，也有的会进行所谓的伪原创处理。不建议使用这种软件，除了用户体验很差，既违反搜索引擎质量规范，也可能侵犯他人版权。

4．链接生成软件

主要是留言本、论坛、博客评论的群发。这种软件在黑帽中一直很流行，不建议使用。搜索引擎对垃圾留言的判断已经相当准确，会把这种链接的权重传递降为零，更严重的可能会对群发的网站进行某种程度的惩罚。随着搜索引擎对垃圾链接判断力的提高，使用链接群发软件将越来越危险。最危险的是，一旦群发，证据就留在其他网站上了，很可能永远无法删除，即使现在搜索引擎没惩罚，谁知道以后会不会惩罚？这是个随时可能引爆、自己还无法拆除的炸弹。

下面介绍我个人觉得较有价值、经常使用的 SEO 工具。两点说明如下。

（1）排列顺序与工具重要性、使用频率完全无关。比如，百度资源平台现在是最重要的中文 SEO 工具，但它的上线已经是本书第 1 版出版很久以后的事了，所以就放在后面了。

（2）本书尽量多介绍一些很有意思但较少人讨论的工具。有些工具，如爱站网、ChinaZ.com 站长工具等，大家耳熟能详，功能也显而易见，本书只简单提一下，但不意味着这些工具不重要。

12.1 Xenu

Xenu 是一款功能简单、对 SEO 十分重要的蜘蛛爬行模拟工具。它是英文软件，但支持中文页面，使用很简单。

其界面非常简洁，用户输入一个网址，通常是网站的首页，点击"OK"按钮，这个软件就能从所输入的网址顺着链接爬行到其他网址。所以使用 Xenu 可以方便地检查网站内部链接可爬行性、是否有错误链接、页面是否报错等，如图 12-1 所示。

Xenu 界面有几个可选的参数。左上角的选择框（Check external links）是让用户选择是否检查外部链接，如果只是想检查本网站链接，则不用选择。

下面有两个文本框，第一个在爬行时把某种特定 URL 当作内部链接（Consider URLs beginning with this as 'internal'）。比如你有几个网站链接在一起，Xenu 可以从输入的第一个 URL 开始，同时爬行检测到其他网站。第二个文字框是排除某些 URL（Do not check any URLs beginning with this），比如网站上一些功能链接、带脚本的链接等。

图 12-1　Xenu 软件只需要非常简单的设置

Xenu 运行之后，在其给出的结果中可以看到哪些链接是有错误或打不开的，如图 12-2 中标为 not found 的几处，在软件中是以红色显示的，所以一目了然。

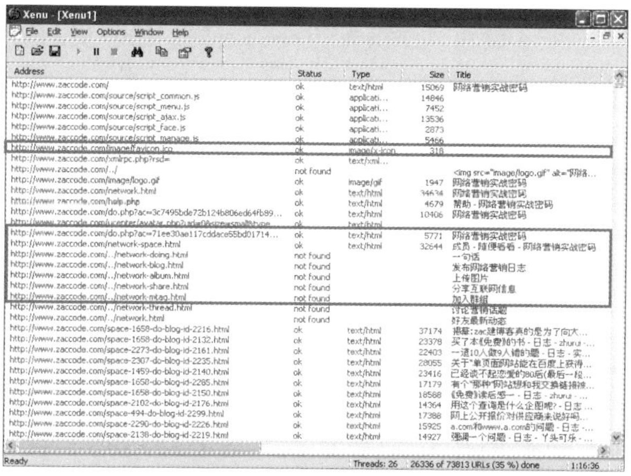

图 12-2　Xenu 软件运行后显示的有问题链接

再认真的站长也可能会发生错误，网站稍大一点，人工就很难检查到这些错误链接了，软件却可以轻易发现。

Xenu 还可以发现一些你并不想让搜索引擎发现和爬行的链接，如图 12-3 中所示的这些动态 URL，是网站上的功能链接，用来发表评论。

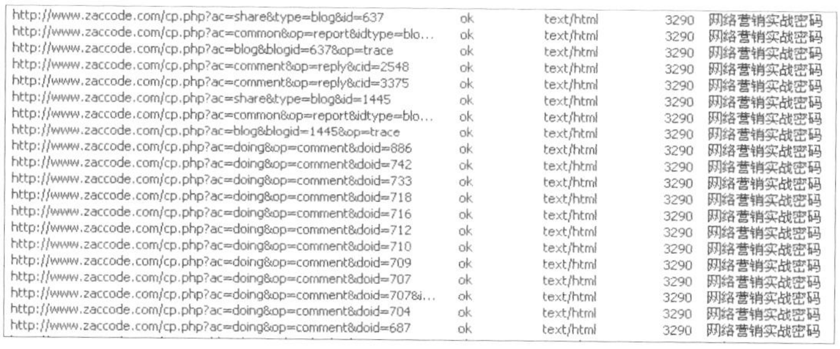

图 12-3　动态 URL

这些链接被收录也没什么实际价值。人工看页面时不容易全部发现，用 Xenu 运行一遍，就可能看到一些奇怪的、并不想收录的 URL，然后通过页面链接调整或直接用

robots 文件禁止搜索引擎抓取。

Xenu 运行完毕后，会把所有错误链接以列表形式呈现，供你参考，并且生成一个网站地图。还有一个很有用处的功能是，Xenu 可以按抓取的 URL 生成 XML 网站地图。

Xenu 是一个检查网站内部结构和链接的常用有效工具。只有 Windows 版本，下载地址为：http://home.snafu.de/tilman/xenulink.html。

颇受欢迎的网站模拟爬行抓取工具还有 Screaming Frog（https://www.screamingfrog.co.uk/seo-spider/）、DeepCrawl（https://www.deepcrawl.com/）等。几个综合 SEO 工具也有网站爬行功能，如 Semrush、Ahrefs、Moz 等。

12.2　Alexa

Alexa（https://www.alexa.com/）是最老牌的网站流量排名服务，现在已经发展成为功能全面的竞争对手调研工具，其是亚马逊旗下网站。其最初数据来源是装有 Alexa 工具条的用户，近几年 Alexa 又引入了其他方面的数据，如购买网络接入商 ISP 的数据，并且加大了过滤作弊的力度。

以前 Alexa 是完全免费的工具，现在有了付费账号，一些深度数据只有付费账号才能看到。不过大家最关心的基本流量数据还是免费的。

做 SEO 和网络营销的人都知道，所谓"刷流量"是一个产业。很多网站通过作弊手法把 Alexa 数字刷上去，然后去忽悠投资人。这几年 Alexa 经常把大量网站流量数据下调，尤其是中国的网站，通常认为这是其在应对"刷流量"的作弊形式。

就算没有作弊因素，Alexa 数据也并不一定准确，排名越靠后越不准确，主要原因是安装了 Alexa 工具条的人只占全体网民的很小一部分，而且常常是特定的一部分，比如需要查看 Alexa 数据的站长们。

不过无论怎样，Alexa 是一个查看竞争对手网站流量的不错的工具。如图 12-4 所示为豆瓣（douban.com）的 Alexa 流量排名。

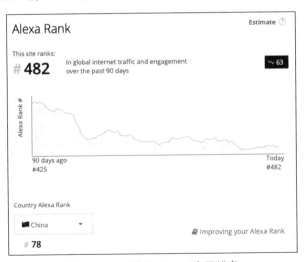

图 12-4　豆瓣的 Alexa 流量排名

最常用的数据是网站流量的世界排名（Global Rank）和国家排名（Rank in China）。排名数字越小，排名越靠前，表示流量越大。如图 12-4 中所显示的 Alexa 排名中，2020年 11 月豆瓣网站流量在全世界排名第 482 位，在中国网站中排名第 78 位，比前几年有所下降。

Alexa 还给出了一些其他有意思的数据。如图 12-5 所示为网站黏性数据，豆瓣跳出率为 42.6%，用户访问深度为 5.42 个页面，每天访问时间为 4 分 41 秒。虽然豆瓣依然属于用户访问页面多、花时间较长的网站，但比前几年也下降不少。

图 12-5　Alexa 显示的网站黏性数据

另一个 SEO 们比较关心的数据是网站的外部链接，如图 12-6 所示，Alexa 付费版显示了 Alexa 蜘蛛自己爬行抓取的链接向豆瓣的全部域名，每个域名列出一个流量最大（是页面本身流量大，不是点击到豆瓣的流量大）的链接页面，而且数据还可以下载。Alexa 的外部链接数据已经排除了链接农场和流量过低页面的链接，所以列出的是比较高质量的外部链接域名。

What sites link to douban.com?		⬇ Export CSV　　?
Total Sites Linking In	**19 531**	
Site ?	Global Rank ?	Page ?
1. youtube.com	3	youtube.com/channel/UCanZ8yA53fCar5UBh...
2. ebay.com	19	ebay.com/itm/Cicatricial-Diathesis-s-t-Metalc...
3. reddit.com	24	reddit.com/r/China/comments/28ne4x/some...
4. baidu.com	4	apistore.baidu.com/astore/serviceinfo/1303...
5. wikipedia.org	6	ar.wikipedia.org/wiki/ورود_شون_لایل...
6. yahoo.co.jp	16	detail.chiebukuro.yahoo.co.jp/qa/question_d...
7. taobao.com	9	1900s.taobao.com/hy/index.htm?
8. qq.com	10	blog.qq.com/qzone/622001372/1303137836...
9. pinterest.com	31	pinterest.com/pin/132856257732673992
10. sina.com.cn	14	bbs.jiaju.sina.cn/thread-11273417-1.html
11. weibo.com	15	app.weibo.com/detail/1l9yqe
12. 163.com	55	adriana.pp.163.com/me
13. tumblr.com	30	tumblr.com/search/a gift from my love
14. msn.com	36	123.msn.com
15. stackoverflow.com	53	stackoverflow.com/users/225262/satoru
16. hao123.com	22	kan.hao123.com/search?id+134
17. microsoft.com	41	academic.research.microsoft.com/Author/48...
18. fc2.com	47	1000shadow.blog127.fc2.com/blog-date-201...
19. cnn.com	78	cnn.com/2014/08/04/travel/nanjing-ming-dy...
20. alibaba.com	45	05390.1688.com

图 12-6　Alexa 显示的网站外部链接

Alexa 还提供一些其他数据，比如：

- 用户来自哪些国家、各占多少比例。
- 搜索流量、社交媒体流量、点击流量、直接流量各占总流量比例。
- 带来流量的查询词，有挖掘潜力的查询词。
- 用户在访问这个网站之前和之后还访问了哪些其他网站。

- 流量有交叉的类似网站（通常是主要竞争对手）。

Alexa 曾于 2009 年开通中文版，但于 2011 年关闭。

12.3　谷歌趋势

谷歌趋势（Google Trends）用于查看关键词在 Google 的搜索次数及变化趋势。网址为：https://trends.google.com/trends/?hl=zh-CN。如图 12-7 所示，Google Trends 用图表形式直观显示关键词查询量大小及随时间的变化趋势。

其最大的缺点是并没有显示具体查询量，而只是给出一个相对数字，但用于比较不同关键词之间的查询量已经足够了。SEO 人员可以使用谷歌趋势进行市场和关键词调研。图 12-7 显示的是不同行业关键词查询量，可能决定了你要进入哪个行业。如图 12-7 中顶部菜单所示，用户可以选择把数据限定在某个国家或某段时间之内，或者限制在某个类别（有"美容与健身""餐饮"等 20 多个类别选项），除了网页搜索，也可以选择图片搜索、新闻搜索等数据。

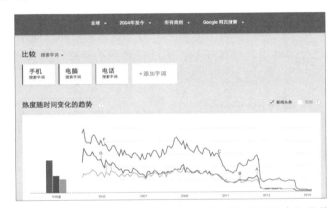

图 12-7　Google Trends 显示关键词相对搜索量及变化趋势

还可以通过谷歌趋势进行更细致的分析。比如，检查同一个产品的不同说法哪一个查询量更大，以便确定网站主关键词。例如"减肥"和"瘦身"这两个词，如图 12-8 所示。

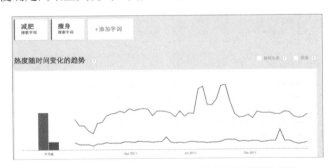

图 12-8　使用 Google Trends 比较关键词搜索量

两个词说的是同一件事，但查询量有巨大不同，搜索"减肥"的远远多于搜索"瘦身"的。这就决定了如果你要做减肥瘦身网站，在不考虑竞争程度的情况下，要想达到最大搜索流量，以减肥为核心关键词更适合。还有很多类似情况，比如关键词使用"电脑"还是使用"计算机"？是使用"主机"还是使用"服务器"？

本来谷歌趋势是个很好的查询"趋势"的工具，SEO 人员可以根据关键词查询次数横跨数年的长期趋势，从而判断行业兴起或衰落。但这个功能现在已经无法用于中文搜索 10 年以上的长期趋势。再仔细看一下图 12-7，搜索量有几次同步骤降，比如 2010 年 8—12 月、2012 年 7—8 月、2014 年 5 月（这个时间点后几乎趋近于零了），显然这种断崖式下降不是用户查询量的降低，而是 Google 在中文搜索市场份额的骤降。读者可以自行查询原因。

这个功能在英文搜索中依然很有效。比如，同样是与网站有关的"SEO"和"网站设计"，如图 12-9 所示，可以清楚地看到，搜索"网站设计"的人数呈逐年下降趋势，而搜索"SEO"的人数直到 2019 年年底还一直处于上升状态，2020 年 1～7 月，可能由于疫情的原因，"SEO"查询量又有不太正常的飙升，8 月开始回落至正常。这两个词的搜索次数在 2009 年达到了交叉点，在这之后 SEO 的搜索需求稳定超过网站设计。这两个行业哪一个在未来会更受关注，流量更大，一目了然。

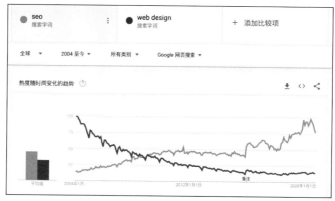

图 12-9　使用 Google Trends 比较英文关键词搜索量变化趋势

中文搜索，由于 Google 市场份额的剧烈变动，跟踪查询量长期趋势使用百度指数更方便靠谱。

Google 趋势以前还有一个重要功能是显示网站流量，Google Trends for Websites。就我所能验证的数据看，Google 趋势显示的网站流量是所有工具中最准确的。不过这个功能已经取消了，非常可惜。图 12-10 是当时 Google 趋势显示的网站流量。

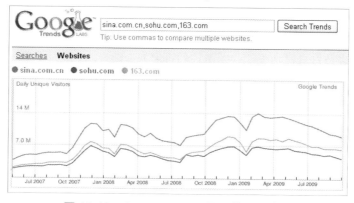

图 12-10　Google Trends 显示的网站流量

12.4　百度指数

百度指数是与 Google 趋势非常相似的一个关键词研究工具。如图 12-11 所示，百度指数同样以图表方式显示关键词查询量及其随时间的变化。

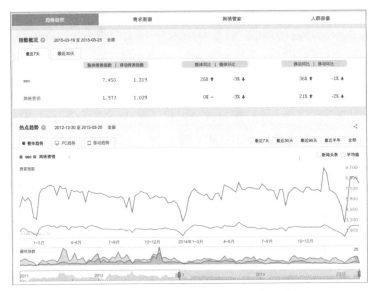

图 12-11　百度指数显示关键词查询量变化

比 Google 趋势更好用的是，百度指数标出了与关键词查询量相关的所谓"搜索指数"，而 Google 趋势只给出一个与绝对搜索量没有直接关系的相对数值。百度指数以网页搜索关键词的搜索量为基础，加上过滤和加权调整，大体上体现了搜索量。但某些情况下搜索指数高，不一定意味着有效搜索次数一定高。举例来说，搜索"SEO"这个词的绝对搜索次数可能不小，但其中有很大一部分是无效搜索次数，是 SEO 人员在查这个词的排名，却不会点击任何一个结果页面。而搜索"维生素 C"或"红烧肉做法"这种词的，相信绝大部分是普通用户，他们搜索之后，大部分是要点击结果的，与有效搜索更接近。还有的词是有人出于各种目的在刷指数。

所以，不同行业搜索指数与有效搜索次数之间的比例，很可能是不同的。SEO 人员如果只是为了比较不同关键词之间的相对搜索量，或者观察某个关键词随时间的变化趋势，其实并不用关注具体数字。

如果要预估流量，可以选择一些自己网站已经排到前面的关键词，记录下这些关键词的搜索指数，以及自己网站上这些关键词的百度搜索流量，再加上前面介绍的前 10 名搜索结果点击率，就可以估算出百度指数与有效搜索次数的比例关系。这对大型网站来说尤其有效，当掌握的已知排名关键词达到成百上千个时，这个比例关系就会趋于准确。

除了关键词搜索趋势及搜索指数，百度指数还显示了其他相关信息，如在需求图谱部分列出相关搜索词，以及上升最快的相关搜索词，如图 12-12 所示。

这对关键词扩展和发现新的有潜力的关键词也都有很大帮助。

百度指数的人群画像部分也列出了用户人群分布数据，如地域、性别、年龄、兴趣，SEO 人员可将其作为参考，但不可全部相信。

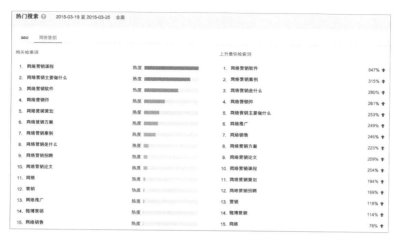

图 12-12　百度指数显示其他相关信息

百度指数对周期性关键词的查询量变化也有清楚的显示，如图 12-13 所示。了解关键词周期性变化规律有助于提前计划什么时候开始与此相关的内容布置、链接建设、促销配套等。

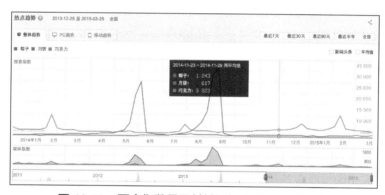

图 12-13　百度指数显示关键词搜索量周期性波动

使用百度指数的基本版本不需要登录任何账号，网址是：http://index.baidu.com/v2/index.html。百度还给企业用户提供了专业版（vip.index.baidu.com），功能、数据源、统计维度更全。

与百度指数类似的还有搜狗指数（http://index.sogou.com/）、360 趋势（https://trends.so.com/rank）等。

12.5　百度搜索风云榜

百度搜索风云榜列出了主要行业和主题的热门搜索词，以及上升最快的搜索词。这对发现新的有潜力的关键词非常有帮助。

一些热门搜索词可能几个月甚至几年都保持热门，当然竞争也保持很高水平。

但一些突发的社会热点谁也无法预期。当这些热点发生时，就会反映在上升最快的搜索词中，这就给了所有网站一个相对公平的机会。很多新闻、综合门户类的网站都有

SEO 或栏目编辑人员时刻关注着上升最快的关键词，从中捕捉有潜力的流量来源，一旦发现与自己网站相关的热词，就迅速组织专题，推出大量相关内容。谁先推出内容，谁就将在热点搜索爆发时获得靠前的排名，收获大量流量。这种方法在近几年显得非常有效，因为社会热点实在太多了。

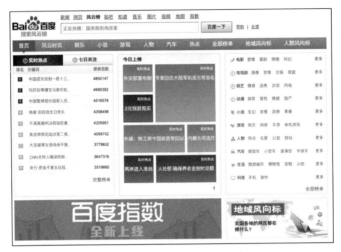

图 12-14　百度搜索风云榜

当然，对纯粹电子商务网站来说，这种方法不一定适合。与自己产品无关的流量再多，转化率也会极低，对企业的收入不会有什么影响。

百度搜索风云榜的网址为：http://top.baidu.com/。与此类似的工具还有搜狗热搜榜、微博热搜、知乎热点等。

12.6　GoogleAds 关键词工具

GoogleAds 关键词工具是最重要的 SEO 工具之一，也是我个人最常用的工具之一。这个工具经过了多次改版、改名，Google 目前将其称为"关键字规划师"，网址是：https://ads.google.cn/intl/zh-CN_cn/home/tools/keyword-planner/。

GoogleAds 关键词工具本来是提供给 GoogleAds 广告商扩展、挑选关键词时使用的工具，以前对所有人开放，不管是否登录了 Google 账号，所有访问者都可以使用这个工具，没有任何限制；现在似乎只提供给 GoogleAds 用户使用，不过开通 GoogleAds 是非常简单快速的，完全自助，也没有什么成本。我开通账号是很久以前的事了，记忆中好像没有开户费，没必要通过代理开户。

如图 12-15 所示是 GoogleAds 关键词工具登录后的界面，用户只要输入一个关键词，然后点击"获取参考提示"按钮，工具就会列出与此相关的关键词，以及竞争程度、建议竞价和搜索量等数据；也可以进行更多设置，如把数据限制在某种语言，限制在某个国家、城市，限定数据日期范围，只显示月搜索量大于某个数值的关键词、密切相关的关键词（或显示广泛相关的关键词）等。如图 12-16 所示是 GoogleAds 关键词工具设定地区时的选项。

图 12-15　GoogleAds 关键词工具　　图 12-16　在 GoogleAds 关键词工具设定地区

　　点击"获取参考提示"按钮之后,工具会生成大量相关关键词,以及很多重要信息,如图 12-17 所示。

图 12-17　GoogleAds 关键词工具生成大量相关关键词

　　"建议的出价"和"竞争程度",这两个参数可以帮助 SEO 人员估计关键词的竞争程度。"平均每月搜索量"表明了关键词能带来流量的潜在能力。

　　从图 12-17 看出,平均每月搜索量与 Google 趋势保持同样的搜索量骤降趋势,这种人为造成的 Google 市场份额的不可预测的变化,使得 GoogleAds 关键词工具提供的中文搜索量趋势几乎失去意义。所以,GoogleAds 关键词工具对中文 SEO 的最大意义是关键词扩展,是一个非常强大的关键词扩展工具。从图 12-17 中可以看到,根据用户输入的关键词"减肥",Google 给出了 800 个相关关键词。每搜索一个关键词,都会看到一些你原来没想到的相关扩展词。再搜索这些扩展词,又会得到更多的相关搜索,很容易就能够找出成千上万的搜索词;而且可以下载进行进一步处理,详情见第 3 章中对于关键词研究的介绍。

Google 显示的搜索量是否是真实数据在 SEO 界有一些争论。但通常认为其显示的搜索量还是比较符合事实的，只是部分查询是不会产生点击的。根据我自己对一些网站的估算，GoogleAds 关键词工具所显示的搜索流量常常超出实际有效搜索量的 30%～50%。预估搜索流量时，建议把 Google 显示的查询量减半，再乘以预期排名位置的点击率。

GoogleAds 关键词工具经过了多次改版，读者看到本书时，界面与书中的抓图也许又有所不同，但基本功能没有大的变化。

这里简单提一下，GoogleAds 账号里还有另一个强大的关键词扩展工具：展示广告规划师，如图 12-18 所示。

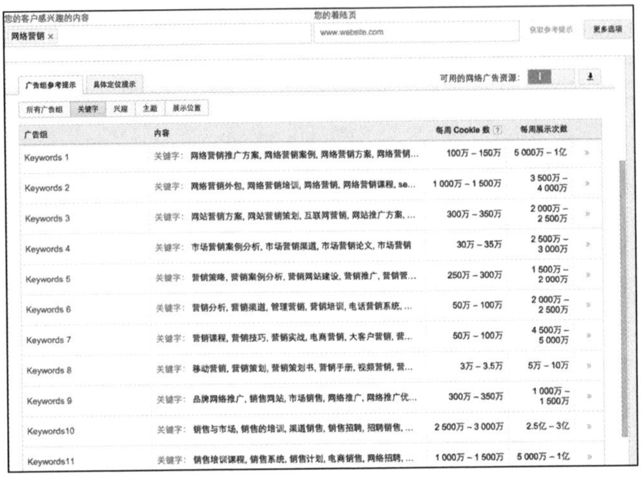

图 12-18　GoogleAds 展示广告规划师

输入一个关键词后，展示广告规划师自动生成与之语义相关的大量关键词。如输入"网络营销"，工具给出相关但不一定包含"网络营销"的很多词，如"品牌网络推广""网站推广""市场销售"等。这些词不仅可用于关键词扩展，也可用于文案写作。具体用法请参考 5.4.6 节中的介绍。

这个功能相当于 Google 2009 年推出，又于 2011 年 7 月取消的"神奇罗盘"，使用的是相同的数据源，只不过从图像变为文字展现。

12.7　百度和 Google 高级搜索

百度和 Google 除了正常的搜索界面，还都提供了高级搜索，里面有一些功能可以供 SEO 们参考。

Google 高级搜索的网址是：https://www.google.com.hk/advanced_search。如图 12-19 所示是 Google 高级搜索的选项。

用户可以使用各种形式的搜索查询词，有一些相当于使用了高级搜索指令，如"与以下字词完全匹配"相当于使用双引号搜索，"不含以下任意字词"相当于使用了减号，"字词出现在网页标题中"相当于 intitle:指令。搜索范围也可以设置，如语言、地区、文件类型等。

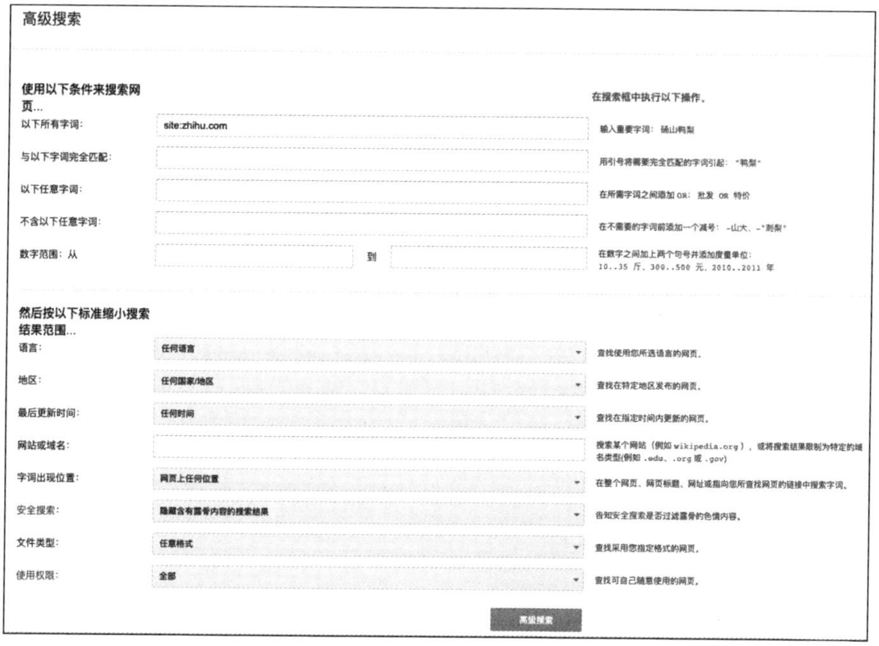

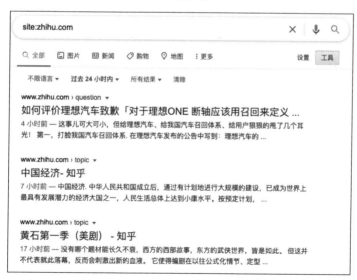

图 12-19　Google 高级搜索

一个对 SEO 特别有用的选项是"最后更新时间",比如查询词输入 site:指令,时间选择"一周内",其效果是显示出这个域名过去一周内被 Google 新收录和更新的页面,如图 12-20 所示。

Google 高级搜索的结果页面顶部显示了语言、时间等下拉菜单选项,用户可以直接点击改变选项。点击右上角"工具"按钮,会切换到显示高级搜索结果数,如图 12-21 所示为 Google 在过去 24 小时收录知乎 9900 个页面。

图 12-20　Google 一周内新收录的页面

图 12-21　Google 高级搜索结果数

高级搜索可以帮助 SEO 人员检查网站在 Google 的新页面及老页面的更新数量和速度，进而发现是否有结构或内容质量问题。前面提到过，对大中型网站来说，解决收录问题是排名和流量的基础。除了按一小时内、一天内、一周内，甚至一年内显示，还可以自定义日期范围，非常方便。

百度高级搜索的网址是：https://www.baidu.com/gaoji/advanced.html，如图 12-22 所示。

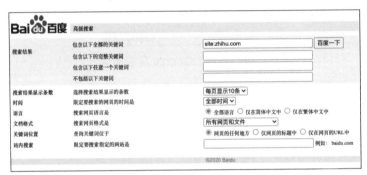

图 12-22　百度高级搜索

百度高级搜索与 Google 类似，可以查看特定时间段抓取、收录情况。不过百度高级搜索一个不太好用的地方是，选择时段后，无法显示搜索结果数，右上角只有"清除"按钮，如图 12-23 所示，没有了通常在这个位置的"搜索工具"切换按钮。

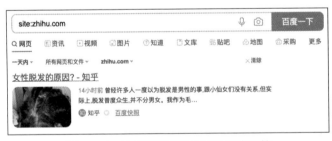

图 12-23　百度高级搜索不显示结果数

12.8　Google 快讯

Google 快讯（Google Alerts）也是我个人非常喜欢的一个工具。Google 快讯不仅对 SEO 有用，对网上公关危机处理更有用，其网址是：https://www.google.com/alerts?hl=zh-cn。

用户只需要填写想监控和关注的关键词，Google 就会自动通知你与这个关键词相关的最新内容，如图 12-24 所示。

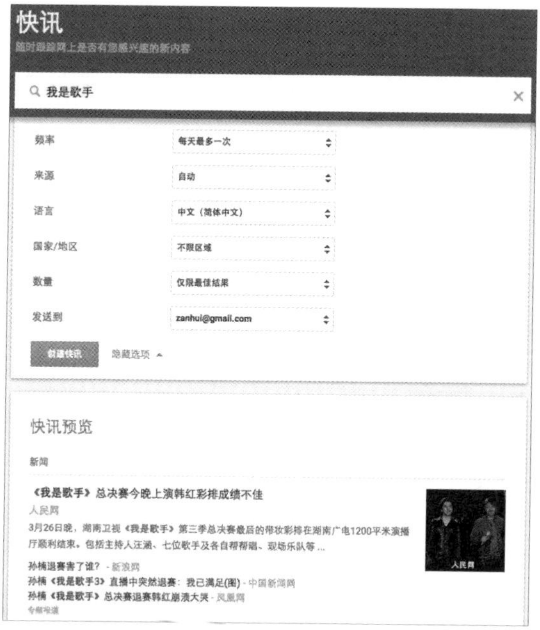

图 12-24　Google 快讯

除了搜索词，用户还可以设定内容类型，包括"新闻""博客""在线文章""讨论""视频"等，或设置为"自动"；还可以设定通知频率，最多一天一次或一周一次。

Google 快讯会将监控内容发送到你的邮箱，同时生成一个 Feed，用户可以像订阅任何普通 Feed（如博客）一样，在喜欢的 Feed 阅读器中每天查看。比如，你想监控网上有什么关于你公司的评论，就可以把搜索词设定为公司名称，这样每当网上（当然，仅限于 Google 收录的那部分）有内容提到你的公司名称时，你都将收到通知，赶紧去看一下人家在讨论你什么。

你也可以监控网站某个新栏目页面收录进度，只要把搜索词设定为"site:domain/category/"，其中，domain 是你的域名，category 是栏目目录名。这样，每当有新页面被收录时，你都会接到通知。你也可以使用 Google 快讯监控你自己网站或者竞争对手网站的新链接，只要把搜索词设定为"link:domain"，不过 Google 外部链接数据很不完整。

12.9　服务器头信息检测器

前面多次提到服务器状态码，如 301 转向、302 转向、404 错误页面。

除了验证自己服务器的状态码，也经常需要检查域名转发设置。很多域名提供商允许用户做域名转发。但这个"域名转发"可以用很多不同的机制实现，是一个很含糊的概念，既可以是 301 转向实现转发，也可能是 302 转向，还可能是 JavaScript 脚本，也可能是 meta 刷新。

使用哪种机制实现转向，用户在浏览器上访问页面并不能看出来，因为结果都是立即转到另一个 URL。要判断是哪种机制实现转向，就需要检查服务器头信息。

网上有很多检测服务器头信息的工具。我个人常用的是：http://tools.seobook.com/server-header-checker/，如图 12-25 所示。

图 12-25　服务器头信息检测显示的 301 转向

从图 12-25 中可见，检查 URL http://seozac.com/ 的服务器头信息，从显示的结果可以看到，这是一个 301 转向，指向 https://www.seozac.com/，说明设置正确，目的当然就是预防或解决网址规范化问题；同时会显示服务器的一些信息。

如果检查网址 https://www.seozac.com/，服务器头信息检测显示结果如图 12-26 所示，得到的就是一个正常的 200 状态码。

图 12-26　服务器头信息检测显示的 200 状态码

有一些服务器设置有问题，在需要返回 404 状态码时，返回了 200 状态码。虽然用户看到的都是页面无法找到一类的错误信息，但不同状态码之间有天壤之别，将使搜索引擎做不同的处理。不存在页面返回 200 状态码，将使搜索引擎认为你的网站出现很多重复内容；而返回 404 状态码，将使搜索引擎知道这些页面不再存在，并将它们逐渐删除。

12.10　W3C 验证

是否通过 W3C 验证与搜索排名是否存在相关性，SEO 行业有不同看法。大部分人倾向于认为二者之间没有关系，或至少影响极小。前 Google 反作弊组工程师 Matt Cutts

曾经说过，W3C 验证并不是排名算法的一部分，因为搜索引擎知道大部分网页是通不过 W3C 验证的，都包含有代码错误。

就我个人的观察，很少看到完全通过 W3C 验证的页面。很少一部分能通过验证的页面，排名并没有看到有什么不同。找几组关键词查看，排在前面的页面进行 W3C 验证后就会发现，两者之间没有关系。错误比较多的页面，并不比错误少的页面排名差。

当然，W3C 毕竟是一个标准，如果能通过自然最好。验证 W3C 标准，最权威的莫过于 W3C 官方验证工具：https://validator.w3.org/。

从图 12-27 可以看到，百度首页这种相当简洁的页面，也有不少错误及警告。

如果不能通过 W3C 验证会影响搜索引擎排名，相信搜索引擎自己会把页面代码先通过验证。所以能通过验证当然最好，不能通过也大可不必担心。

代码不能通过验证可能会影响搜索排名的唯一情况是，代码中的严重错误导致搜索引擎无法解析页面，无法读取文字内容，或者无法跟踪页面中的链接，造成网站收录和相关性判断方面的问题。

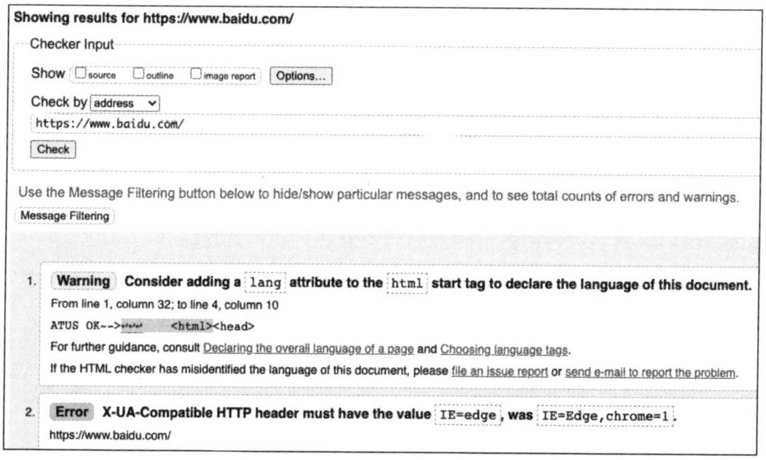

图 12-27　W3C 验证百度首页

12.11　Yahoo!外链检查工具

如果要给所有 SEO 工具做个排名，Yahoo!外链检查工具曾经排名第一，原因是没有其他工具能显示搜索引擎数据库中比较真实完整的外链数据，而且可以查任何网站外链。

非常可惜的是，Yahoo!和微软于 2009 年 8 月达成协议，Yahoo!停止自己的搜索技术，转而使用微软的搜索技术和数据库。协议于 2010 年开始实施，2011 年年初完成。这个深受 SEO 喜爱的外链检查工具也于 2011 年 11 月 21 日被关闭。虽然这个工具已不存在，但本节保留，没有机会用到这个曾经最重要的 SEO 工具的新人们可以感受一下。

Yahoo!外链检查工具正式名称是 Yahoo! Site Explorer。

检查自己网站和竞争对手网站的外部链接，是判断网站优化难度、发现新链接来源的重要手段。当然搜索引擎自己提供的外部链接数据最为权威。

在 Yahoo! Site Explorer 输入一个 URL 后，点击"Explore URL"按钮，Yahoo!将返回 Pages 和 Inlinks 两种数据，如图 12-28 所示。

图 12-28　Yahoo! Site Explorer 返回的 Pages 和 Inlinks 两种数据

点击结果页面上部的"Pages"按钮，显示的是 Yahoo!收录的网站页面数。这个数据虽然也有一定意义，但大部分人使用 Yahoo！Site Explorer 不是为了查看这个。

第二个按钮"Inlinks"，点击后显示的就是链接数据，这是最重要的，链接在其他地方得不到的数据。链接数据又有两个下拉菜单可选项，其中，第一个下拉菜单又有以下三个选择。

- 显示来自所有页面的链接（From All Pages）。
- 不显示来自本域名的链接（Except from this domain）。
- 不显示来自本子域名的链接（Except from this subdomain）。

所以，如果想查看网站的外部链接，需要选第 2 个或第 3 个。

第二个下拉菜单有以下两个选项。

- 只显示连到这个 URL 的链接（Only this URL）。
- 显示连到整个网站的链接（Entire Site）。

所以，这个工具既可以检查整个网站得到的外部链接，也可以检查某一个特定页面得到的外部链接。如图 12-29 所示，以 zaccode.com 网站为例，此工具检测出首页有 162 个外部链接。

图 12-29　Yahoo! Site Explorer 显示的页面外部链接

Yahoo!链接检查工具的一个缺点是，会显示带有 nofollow 属性的链接，但在结果列表中并不加以区分。

其另一个缺点是，虽然可以显示外部链接总数，但只显示前 1000 个外部链接 URL。对外部链接稍微多一点的网站，比如，几千个以上，我们只能知道链接总数，却不能查看到全部链接来自哪些网站和 URL。

12.12　IP 地址检查工具

很多站长经常担心自己网站所在的服务器或 IP 地址上有其他网站被搜索引擎删除或惩罚，进而影响自己的网站。这种情况并不常见。世界上大部分网站是放在虚拟主机上的，每个 IP 地址对应几十个、几百个网站是很正常的事情，这些网站之间通常并没有关系。搜索引擎也明白这一点，所以不会轻易因为服务器上的一个网站作弊而连带惩罚其他网站。

当然，如果同一台服务器上的大部分网站属于同一个人，这些网站又全都作弊，那么这个 IP 地址上的个别干净网站也可能因此被惩罚。所以检查一个 IP 地址上还放了其他哪些网站，是挑选虚拟主机和检查网站为什么被惩罚时经常需要的数据。

如图 12-30 所示，以下这个工具就可以告诉你一个 IP 地址上都放了哪些网站：

https://www.yougetsignal.com/tools/web-sites-on-web-server/

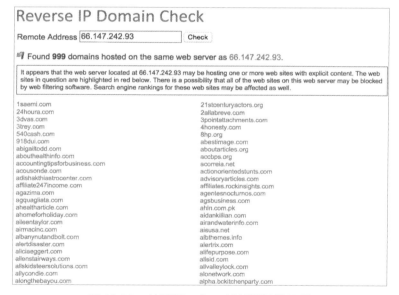

图 12-30　共用同一个 IP 地址网站的工具

根据图 12-30 所显示的，只要输入一个 IP 地址，就得到这个 IP 上大部分网站的列表。站长可以再随机检查其中一部分网站，看是否有被搜索引擎删除或严重惩罚的现象。如果很多网站都被惩罚，那么这个 IP 地址可能是有问题的，最好避免使用。

爱站网和 ChinaZ 站长工具也都有查询同一个 IP 上网站的功能，不过数据似乎不太完整。

12.13 SEO 工具条

SEO 工具条（SEO Toolbar）是 Aaron Wall 开发的常用 SEO 火狐插件。下载地址为：http://tools.seobook.com/seo-toolbar/。

在火狐浏览器中安装插件后，将以工具条形式显示正在访问网页的 SEO 数据，包括 Majestic SEO 查询的流量和链接数据、Ahrefs 查询的链接数据、主流社交媒体数据、Alexa 排名等，如图 12-31 所示。

图 12-31 SEO Toolbar 火狐插件

点击工具条右侧上的 Tools 按钮会打开一个小弹窗，显示一些网站基本信息，如域名注册年龄、服务器 IP、Google 收录页面和更新时间、域名注册 whois 信息链接等，如图 12-32 所示。

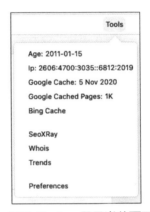

图 12-32 SEO Toolbar 显示当前页面信息

SEO Toolbar 本身并不产生数据，而是整合显示其他工具的数据，使 SEO 能在一个工具条里迅速了解大致情况。

12.14 SEOquake 插件

SEOquake 是一个功能更强大的页面 SEO 信息查询插件，支持 Chrome、Firefox、Edge 等浏览器，下载地址为：https://www.seoquake.com/。

目前 SEOquake 版本有几个主要显示方式：工具条（SEObar），在搜索结果页面上显示数据，弹窗显示，单独的 Summary Report 页面。

图 12-33 是工具条显示的当前页面数据，包括：Google、百度、Bing 收录数、Semrush 链接、Alexa 排名、Wayback Machine 第一次收录时间、社交媒体（如 Facebook）点赞数等。如果不喜欢工具条在浏览器顶部，可以把工具条设置到页面底部，或者左右竖排。

图 12-33 SEOquake 工具条显示当前页面基本 SEO 信息

如图 12-34 所示是 SEOquake 在 Google 搜索结果页面上显示的 SEO 信息,查询关键词,所有结果页面数据会清楚地标明在搜索结果页面上,各竞争对手网站情况一目了然。

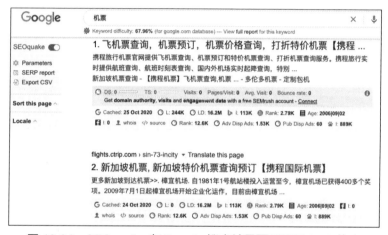

图 12-34 SEOquake 在 Google 搜索结果页面显示 SEO 信息

SEOquake 以前支持在百度搜索结果页面显示数据,如图 12-35 所示,但现在不支持了。

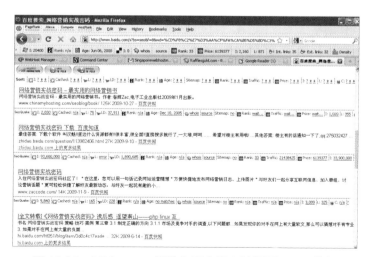

图 12-35 SEOquake 插件在百度搜索结果页面显示数据

如图 12-36 所示的是点击浏览器 SEOquake 图标打开弹窗显示的页面信息。SEOquake 的一个缺点是由于查询量比较大，容易被数据源屏蔽使用者的 IP 地址，如图 12-36 所示的报错。在不报错时，弹窗显示的和图 12-33 中工具条显示的是同样的信息。

点击工具条 Summary Report 按钮还可以打开一个单独显示页面 SEO 数据的页面。

除了整合数据，SEOquake 还有一个简单的页面诊断功能（点击工具条的 DIAGNOSIS 按钮），如图 12-37 所示，显示页面是否有 canonical 标签、title 标签长度是否合适、是否有 H 标签、图片是否有 ALT 文字等。如前面所述，这类页面优化诊断只能用作参考。

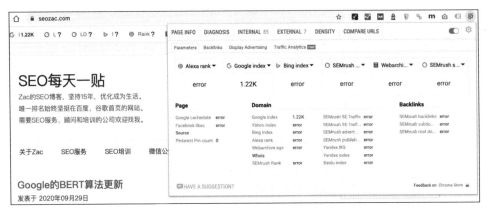

图 12-36　SEOquake 弹窗显示数据

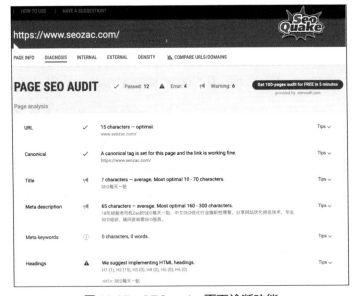

图 12-37　SEOquake 页面诊断功能

这个插件很灵活，可以任意设置显示哪些数据。如图 12-38 所示是插件的设置选项，在工具条、搜索页面及 Summary Report 上，都可以选择要显示哪些数据。

像前面提到的，这个工具查询数据量很大，经常造成用户 IP 地址被屏蔽，可以把插件设置为手动查询需要的数据，不要选择自动查询所有数据。

SEOquake 插件功能非常强大，设置灵活，是较好用的 SEO 工具之一。

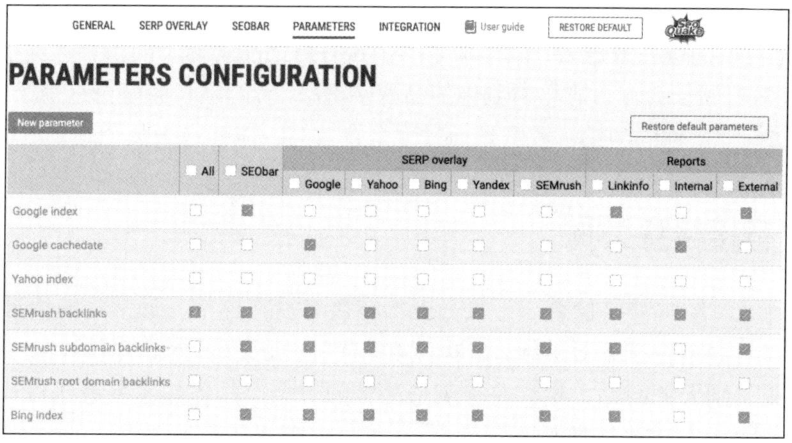

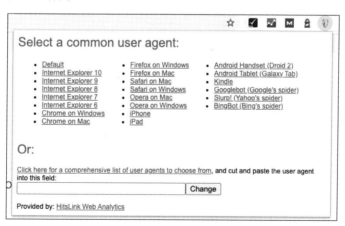

图 12-38　SEOquake 插件设置

12.15　用户代理模拟工具

检查网站时经常需要模拟一下浏览器用户代理（User Agent），最常见的情况如下。

- 模拟搜索引擎蜘蛛，看一下蜘蛛抓取的内容是否和用户浏览器一样，如果差别很大，可能是隐藏页面（Cloaking）作弊。
- 在计算机模拟手机浏览器，方便操作，不然在手机上想做什么事情，比如看源代码，都比较费劲。

模拟用户代理可以简单用插件完成，如 User Agent Switcher，支持 Chrome、Firefox 等浏览器，如图 12-39 所示。

图 12-39　User Agent Switcher 插件模拟用户代理

插件已经列出常用浏览器，如各 PC 操作系统的 Chrome、Firefox、Safari，手机如 iPhone，还有主要搜索引擎蜘蛛。如果想模拟的浏览器没有在列表中，还可以任意客制化用户代理，只要把想模拟的用户代理字符串填入图中输入框即可，如填入百度 PC 蜘蛛的字符串：Mozilla/5.0(compatible; Baiduspider/2.0; +http://www.baidu.com/search/spider.

html），然后点击 Change 按钮就可以了。

使用这个插件功能可以完成一个很有意思的操作，既然可以任意客制化浏览器用户代理，那么把自己的域名放进去，就形成了一个带有自己品牌标志的用户代理字符串，访问其他网站，对方站长会在日志里看到你的品牌字符串，有的站长会好奇这是个什么浏览器，可能会来访问一下你的网站。我尝试后发现是有效的，能够带来几个站长流量。

12.16　链接检查工具

查看网站时经常需要检查一下页面上的链接有没有异常，最常见的情形如下。

- 检查页面是否有无效链接，如返回 404 代码。如果是自己的网站，就要赶紧修改。如果是别人的网站，也许是个制造外链的机会，具体操作参考 7.12 节。
- 检查页面上哪些链接加了 nofollow 属性，深入了解网站是怎样试图控制权重流动的。

检查无效链接可以使用 Check My Links 插件，如图 12-40 所示。

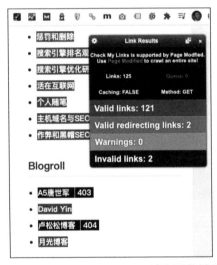

图 12-40　Check My Links 检查无效链接

插件会扫描页面上的链接，把有效链接、有效转向链接、警告、无效链接用不同颜色标记出来。我相信卢松松博客不会关闭，但在 2020 年 11 月 8 日凌晨 3 点，当我在修改这一小节时，卢松松博客首页确实返回了 404 代码，如图 12-41 所示。

我个人用来检查 nofollow 链接的 Chrome 插件就叫 nofollow，如图 12-42 所示。

图 12-41　卢松松博客首页返回 404 代码

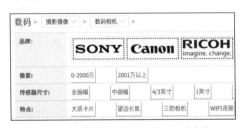

图 12-42　插件标志 nofollow 链接

页面上的 nofollow 链接会用红色虚线框标识出来。

检查无效链接、nofollow 链接的插件有很多，这里只是举个例子。

12.17　爱站网

爱站网（https://www.aizhan.com/）是近几年发展很好的 SEO 工具，功能也很全面、强大，如图 12-43 所示。其界面是中文的，功能和用法显而易见，这里就不一一介绍了。只讲解几个有意思的功能。

图 12-43　爱站网

说到爱站网，就不得不提及百度权重。如果我没记错的话，"百度权重"这个概念就是爱站网首先提出来并发布数据的。现在其他 SEO 工具都使用这个概念了。图 12-44 是爱站网的百度权重查询。由于百度从来没有发布过类似 Google PR 值这种评价网站权重的数据，SEO 们又迫切需要知道网站在百度眼里的重要性和质量如何，"百度权重"这个概念应运而生。

图 12-44　爱站网百度权重查询

所谓"百度权重"既不是百度官方发布的，也没有得到百度官方认可。百度澄清过，第三方 SEO 工具发布的"百度权重"和百度没有任何关系。我相信百度内部有类似百度权重这种评估值，但不会透露。

据我有限地了解，百度权重的计算原理大致如下。

- 建立一个越大越好的关键词库。关键词可以来自多方面数据，包括站长们在爱站网查关键词排名时输入的查询词，百度、Google 广告关键词扩展工具，百度的相关搜索，购买关键词库等。
- 查询词库中每个关键词的百度排名，并记录排名数据。
- 把关键词-排名数据反过来使用，也就是说，针对某个网站，可以知道都有哪些关键词有排名，排在第几位，是哪个页面。如图12-45所示为爱站网百度权重部分显示的网站关键词排名列表。
- 查询关键词的百度指数，再加上网站的排名位置，就可以估算这个关键词带来的百度搜索流量。将网站关键词数据汇总，得到网站的大致百度搜索流量，也就是图12-44里提到的预计来路。
- 根据预计来路数值，估算网站百度权重。比如，百度搜索流量为500～999，对应百度权重3；搜索流量为10 000～49 999，对应百度权重为6等。

关键字	排名 ▲	(移动)搜索量 ⬍	网页标题	导出Excel ⬇	提交新词 ＋
谷歌seo	第1页 第1位	112	Google谷歌SEO优化排名 – SEO每天一贴		
seo优化培训	第1页 第1位	92	SEO培训 – 从入门到精通SEO实战技术培训 – SEO每天一贴		
英文网站seo	第1页 第1位	45	英文SEO – SEO每天一贴		
谷歌排名	第1页 第1位	42	Google谷歌SEO优化排名 – SEO每天一贴		
seo每日一贴	第1页 第1位	38	SEO每天一贴		
seo培训学院官网	第1页 第1位	31	SEO培训 – 从入门到精通SEO实战技术培训 – SEO每天一贴		
Google排名优化	第1页 第1位	<10	Google谷歌SEO优化排名 – SEO每天一贴		
seo实战培训	第1页 第2位	54	SEO培训 – 从入门到精通SEO实战技术培训 – SEO每天一贴		
seo每天一贴	第1页 第2位	43	SEO每天一贴		

图 12-45　爱站网百度权重部分显示的网站关键词排名列表

简单地说，百度权重计算是关键词排名查询的反向应用。

如果把百度排名算法视为一个黑匣子，百度权重的估算是根据输出倒推输入。真实的百度内部权重决定了百度搜索流量，爱站网等站长工具是从百度搜索流量反推百度权重。原理上这是成立的，但由于我们看到的输出（百度搜索流量）可能是不准确的，就会造成估算的输入（百度权重）也不准确。这个过程里容易出现两个问题。

一方面，关键词库是否足够大、足够全面。如果某个网站有排名、有流量的关键词并没有被记录在爱站网的词库中，就会出现爱站网统计不到流量，估算的百度权重过低的情况。

另一方面，百度指数是可以轻易刷高的。搜索次数多，百度指数就高。如果某个网站的某个没人搜的关键词排名第一（如公司名称），黑帽SEO刷高这个词的百度指数，爱站网就会统计出过高的百度流量，因而百度权重也被刷高了。

即使有缺陷，SEO还是可以参考百度权重值的，若看到某个网站不匹配那么高的权重，建议查一下带来最多流量的关键词百度指数有没有突然升高很多。

爱站网的百度关键词挖掘也很方便，如图12-46所示。有了前面提到的关键词库及排名数据，这个关键词挖掘可被看作另一种数据展现方式。

百度关键词挖掘　请输入你要查询的关键词：seo　功能更加强大的挖词工具

序号	关键字	搜索量	收录数	首页第1位	首页第2位	优化难度
1	seo	7280	100000000	seo.chinaz.com SEO综合查询 - 站长工具	baike.baidu.com seo_百度百科	
2	seo查询	1131	57900000	seo.chinaz.com SEO综合查询 - 站长工具	seo.addpv.com SEO查询_降权查询	
3	seo优化	1021	44800000	baike.baidu.com seo优化_百度百科	lusongsong.com 新网站如何做SEO优化-	
4	seo依村娃	932	3150	www.weibo.com SEO依村娃的微博_微博	www.seoer1.com 网站SEO优化排名教程		
5	seo是什么意思	901	40100000	zhidao.baidu.com 百度网页应用	baike.baidu.com seo_百度百科	
6	seo是什么	881	5600000	baike.baidu.com seo_百度百科	zhidao.baidu.com SEO是什么_百度知道	
7	seo教程	783	19100000	www.51zxw.net SEO视频教程-我要自学	v.baidu.com seo教程的相关视频 在线	
8	seo三人行	534	1170000	www.seosrx.net seo论坛_seo三人行论坛	zhidao.baidu.com seo三人行的水平怎么样?	
9	seo培训	362	12300000	seo.aizhan.com SEO培训_实战SEO培训	faq.seowhy.com SEO十万个为什么 - 2014	
10	seo工具	292	22600000	tool.chinaz.com 站长工具 - 站长之家	seo.chinaz.com SEO综合查询 - 站长工具	

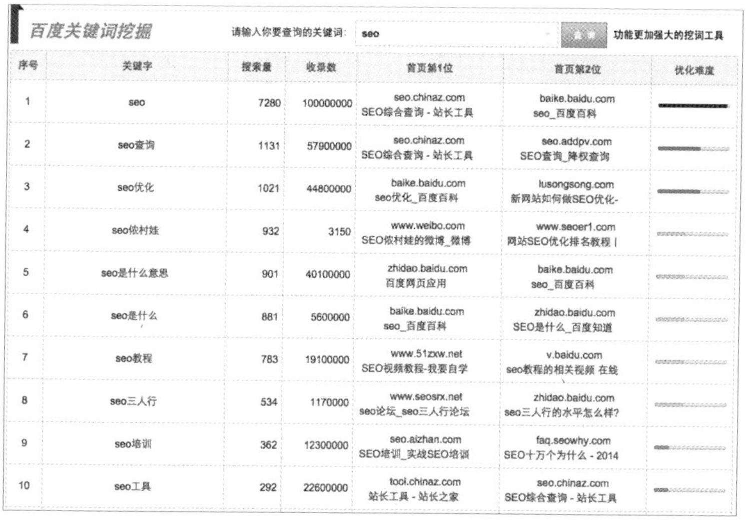

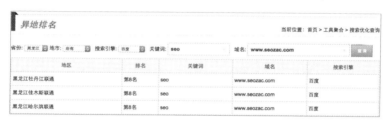

图 12-46　爱站网的关键词挖掘

还有一个有意思的功能是异地排名，如图 12-47 所示。

异地排名　当前位置：首页 > 工具聚合 > 搜索优化查询

省份：黑龙江　地市：所有　搜索引擎：百度　关键词：seo　域名：www.seozac.com

地区	排名	关键词	域名	搜索引擎
黑龙江牡丹江联通	第8名	seo	www.seozac.com	百度
黑龙江佳木斯联通	第8名	seo	www.seozac.com	百度
黑龙江哈尔滨联通	第8名	seo	www.seozac.com	百度

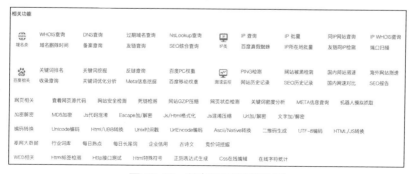

图 12-47　爱站网的异地排名

10.6 节中讨论过，搜索引擎经常根据用户所在地理位置返回不同的搜索结果，网站如果有地域性，为确保目标市场用户看到的排名与自己看到的一样，需要使用当地 IP 地址查询，异地排名可以帮助解决这个问题。

12.18　ChinaZ 站长工具

站长工具（https://tool.chinaz.com/）也是现在很受欢迎的 SEO 工具。图 12-48 是站长工具的导航地图，可以看到功能非常多，这里只简单介绍几个有意思的功能。

图 12-48　站长工具导航地图

除了关键词扩展挖掘，站长工具还提供关键词优化难易分析，如图 12-49 所示。

关键词 减肥 的分析结果							
长尾关键词					指数	收录量	首页网站(前50名)
减肥					724	311万	1
排名前10网站分析					前10百度系网站数量	优化难度	优化估价(仅供参考)
权重>=4	首页	内页或目录页	权重<=4	首页	内页或目录页	3	竞争度 较小	3000~4000元/年

图 12-49　关键词优化难易分析

(下表补充) 权重>=4 首页 3个 0个 内页或目录页 3个; 权重<=4 首页 1个 0个 内页或目录页 1个; 优化关键词排名

用户输入关键词,站长工具列出指数(搜索量)、收录量(应该指的是搜索结果总数)、前 50 个网站有多少域名首页（这个数据貌似并不准）、前 10 个结果权重如何、有多少首页、多少内页、前 10 个结果有多少百度自己的网站，然后估算出优化难度，供 SEO 们参考。甚至还给出一个优化估价，这个就真的是只供参考了。这类工具评估优化难度的因素与本书第 3 章中讲解关键词研究时列出的基本相同。

另一个值得注意的是网站历史数据，如图 12-50 所示。

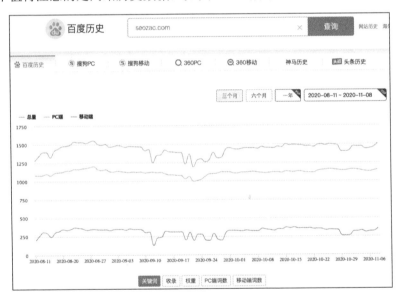

图 12-50　网站历史数据

站长工具以图表形式给出百度收录、百度权重、有排名的关键词数等在过去几个月的变化曲线；也可以查询搜狗、360、神马搜索数据。

顺便提一下,由于词库和算法的不同,不同工具计算的百度权重值经常是不一样的。

另一个有意思的功能是网站测速。工具从不同地理位置节点访问网站，给出服务器响应时间。和预期的一样，我的博客在国内各地访问都比较慢。前面讨论过，页面打开速度对用户和 SEO 越来越重要,没有这类工具,很难知道不同地方访问网站的速度如何。要注意的是，服务器响应时间只是页面打开速度的其中一个影响因素。

网上还有一些更专门的网站测速工具，如 17ce.com，测速节点更多，既有国内节点，也有国外节点，给出的数据也更详细。

12.19 TouchGraph

做 SEO 的都知道应该尽量避免导出链接到坏邻居，也就是说，你的网站经常链接到作弊网站，你的网站也会受牵连。但我们很难确切地知道一个网站到底和哪些其他网站是邻居。一个网站上的导入导出链接数量可能十分庞大，我们很难掌握链接的整体情况。

TouchGraph 这个工具用图像的方式非常直观地显示出一个网站是和哪些其他网站处在同一个社区，链接邻居是哪些，这些网站之间的链接关系怎样。其网址是：http://www.touchgraph.com/seo。

如图 12-51 所示，seozac.com 周围都是一些与 SEO、网络营销等互联网有关的邻居，还算比较健康。

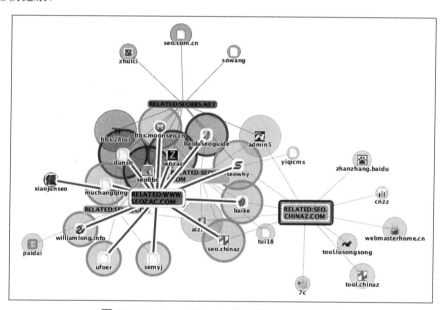

图 12-51　TouchGraph 显示的网站链接关系

12.20 Google 移动友好性测试

移动优化是现在 SEO 的必要内容。具体方法请参考第 6 章。

Google 的这个工具能够帮助测试页面移动友好性：https://search.google.com/test/mobile-friendly?hl=zh-CN。

如图 12-52 所示，在移动设备上不能正常显示的页面，测试结果会提示需要修改问题，如字体太小、链接距离太近、没有设置移动屏宽等，还会显示网站在手机上的排版效果。

鉴于移动 SEO 的重要性，即使不做 Google 优化，也建议 SEO 们用这个工具给自己网站测试一下移动友好性，若 Google 工具判断不友好，百度也不会判断友好。

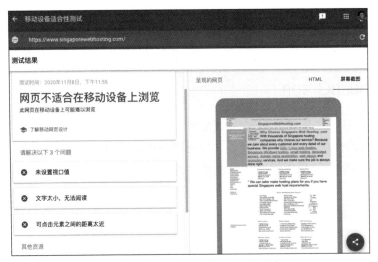

图 12-52　不移动友好的网站测试结果

12.21　国外综合 SEO 工具

自从 Yahoo!外链工具下线后，查询网站外链，尤其是竞争对手外链，就成了 SEO 们没有得到满足的最重要的需求之一，所以第三方工具应运而生，近年最受欢迎的几个包括：

- Moz
- Semrush
- Ahrefs
- Majestic

这些第三方工具的外链都不是来自搜索引擎官方，不是搜索引擎排名时真正使用的数据，大部分用自己的蜘蛛抓取页面、建立链接数据库，并按照类似 Google PR 值的方法计算页面权重。

不同工具的抓取量、抓取策略不同，链接数据库规模不同，给出的外链数据也不同，有时候差异还挺大。所以，在比较网站的外链实力时不能拿不同工具的数据做对比。

为了满足 SEO 需求，这些服务基本上都发展成为综合 SEO 工具，除了外链查询，还提供流量分析、关键词研究、排名查询、网站抓取模拟、页面优化诊断、原始日志分析等功能。

这几个最常用的工具完整版都是付费的，也都提供 1～2 个星期的免费试用账号。除了 Moz，其他几个有中文界面，虽然后台功能只翻译了一部分。

这几个国外工具监测的关键词排名、流量来源都以 Google 为主，如果是做中文网站，想查询竞争对手流量分析、关键词扩展等，这些工具给出的数据是完全不靠谱的。如果是想查询竞争对手外链，或使用网站抓取模拟、页面诊断等功能，即使做中文网站，也是可以参考的。

最常用的这几个工具功能类似，所以这里只以近年发展最快的 Semrush 为例，简单介绍几个功能。

如图 12-53 所示是 Semrush 查询竞争对手流量情况的概览，工具列出了按 Semrush 数据计算的域名权威度（Authority Score）、自然搜索流量、反向链接及流量趋势。

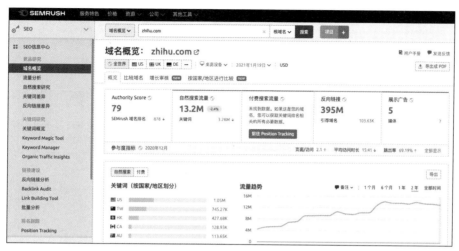

图 12-53　Semrush 查询竞争对手流量情况的概览

点击 Semrush 流量分析菜单，如图 12-54 所示，其中列出了网站流量数据，包括页面访问量、唯一身份访问量（也就是用户数）、每次访问页面数、平均访问时长、跳出率。如果是自己的网站，这些数据在流量统计系统中都可以看到，竞争对手网站就只能查看 Semrush 这类第三方工具了。如前文所述，对于中文网站来说，这些数据是不大靠谱的。

图 12-54　Semrush 流量分析菜单

如图 12-55 所示为自然搜索研究菜单，从中可以看到有排名的关键词数量，排名在不同位置（前 3 名，第 4～10 名等）的关键词数量变化曲线，用于大致判断网站关键词排名总体效果。选择"排名变化"选项卡，还可以看到有多少关键词排名上升，多少关键词排名下降，多少关键词排名消失。

如图 12-56 所示是查询竞争对手反向链接概览，其中的引荐域名指的就是第 7 章中讨论的外部链接总域名数。

图 12-55　Semrush 自然搜索研究菜单

图 12-56　Semrush 反向链接概览

　　点击选项卡查看反向链接列表、锚链接分布、引荐域名列表、引荐 IP 列表（外部链接来自哪些 IP 地址）、编入索引页面（网站内页得到的外链列表）等。反向链接列表还可以按链接类型（文字或图片）、链接属性（follow 或 nofollow）及链接状态（新增或丢失）过滤，从各维度了解外链构成。如图 12-57 所示的反向链接列表，每个链接列表都显示链接的详细信息，如源层面标题和 URL、锚链接和目标 URL、首次发现链接日期、上次日期等。第三方工具的外链查询、排序、过滤功能通常是比较强大的。

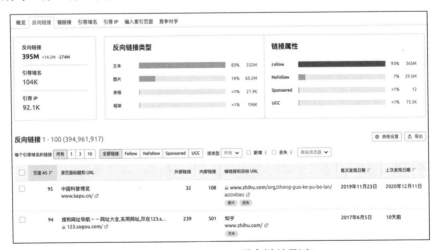

图 12-57　Semrush 反向链接列表

如图 12-58 所示是 Semrush 关键词研究部分的 Keyword Magic Tool，用于关键词扩展，除了列出搜索量、搜索广告价格、搜索结果数，还列出了 Semrush 估算的竞争程度，以及排名靠前页面的基本情况。虽然支持中文关键词，但给出的中文关键词数据很不完整，也不准确。英文关键词的数据相对准确。

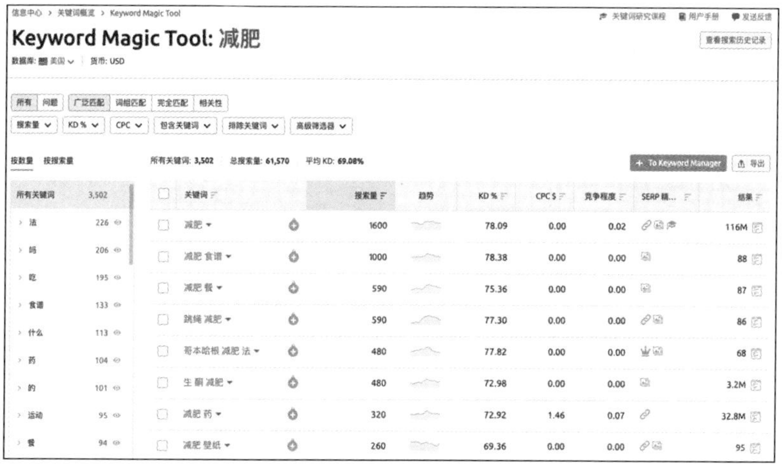

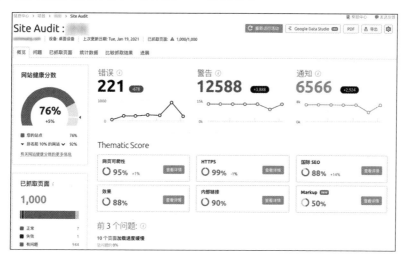

图 12-58　Semrush 关键词研究

自己网站可以添加进项目，Semrush 抓取页面后会提供简单的网站健康分析和页面优化建议，如图 12-59 所示。其中一些技术性错误和警告是准确且应该参考的，如重复标题标签、图片没有 ALT 文字、页面 5×× 错误等。

图 12-59　Semrush 网站分析概览

第三方工具功能繁多，无法也没必要详细介绍，有需要的 SEO 请自己注册账号，很快就能熟悉。

还有一些知名度稍低的综合 SEO 工具，如 cognitiveSEO、Mangools、Ubersuggest、SpyFu、BuzzSumo 等。

12.22　MozBar

如果只需要大致了解页面外链强度，也可以安装 12.21 节中介绍的几个工具的免费浏览器插件或工具条。我个人觉得轻便又好用的是 Moz 的 MozBar。

如图 12-60 所示，安装启用插件后，在访问页面时，MozBar 直接在页面最上面显示页面的如下信息。

- PA：Page Authority，页面权威度。
- linhs：外链数。
- DA：Domain Authority，域名权威度。
- Spam Score：垃圾分数。

图 12-60　MozBar 显示页面权重

PA 和 DA 是 Moz 根据自己的链接索引库，按照类似 Google PR 值的方法计算得到的页面和域名权威度，是 Google 不再更新 PR 值后比较早推出的基于链接的第三方权重指标，在 SEO 行业比较受重视，有些 SEO 建设外链时将其作为重要参考，以至于 Google 员工强调过几次，PA、DA 与 Google 没关系，Google 算法不使用 PA、DA。

点击 Moz logo 旁边的功能图标，还可以显示一些简单的页面信息，如标题标签、H1/H2 标签、页面打开时间、服务器头信息、用不同颜色高亮 nofollow 链接/外部链接等。

在启用插件的情况下使用搜索引擎查询，插件会在搜索结果页面显示各结果的 PA、DA，以便快速判断竞争对手外链强度，如图 12-61 所示。这个功能支持 Google、Bing 和 Yahoo!，可惜不支持百度。

图 12-61　MozBar 在搜索结果页面显示数据

12.23　百度资源平台

做中文网站，百度资源平台是必须注册的。本书其他章节已经提及了百度资源平台的部分功能，如移动适配、索引量查询、带来自然搜索流量的关键词和页面列表、抓取异常、站点属性中的移动 SEO 设置、站点子链等。这里再简单介绍几个我觉得比较重要且常用的功能。

首先，千万不要忽视百度资源平台站点管理部分的消息提醒，如图 12-62 所示。

图 12-62　百度资源平台站点管理部分的消息提醒

百度检测到网站异常时会留下提醒信息，如网站不能访问、404 代码异常增长、安全漏洞等。

在"流量与关键词"部分，SEO 最关注的肯定是搜索流量变化曲线，百度资源平台是将 PC 和移动搜索分开显示的，如图 12-63 是百度资源平台 PC 搜索流量。

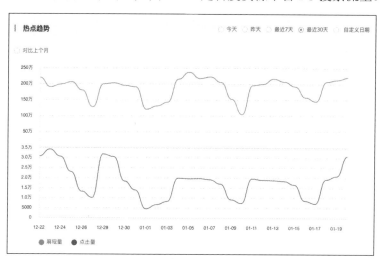

图 12-63　百度资源平台 PC 搜索流量

搜索引擎站长平台显示的流量和统计系统显示的流量经常是有差异的，网站越大、流量越高，差异越大，Google Search Console 也如此。但大致数量级和趋势是相同的，SEO 可以用来判断优化的总体效果。

百度资源平台显示的移动搜索流量有更多信息可以帮助判断网站移动 SEO 设置和表现是否出现了问题。如图 12-64 所示是独立移动站的移动搜索流量。

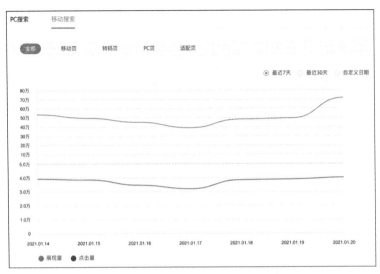

图 12-64　独立移动站的移动搜索流量

可以看到，除了"全部"，百度还分开显示移动页、转码页、PC 页、适配页的数据。我的个人经验是，分开部分以"展现量"为主要关注指标。对于独立移动站，排名展现应该以适配页和移动页为主，如图 12-65 所示为独立移动站的适配页展现量。

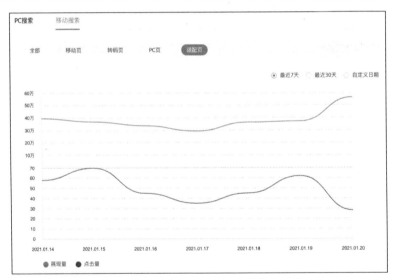

图 12-65　独立移动站的适配页展现量

独立移动站的移动搜索展示的一部分会显示在移动页下，不知道百度区分适配页和移动页的标准是什么，但移动流量应该以这两部分展现为主，如果 PC 页展现占的比例大，可能页面移动友好性有问题。出现转码页展现更要尽量避免。

之所以以展现量为主，是因为点击量的归属方面似乎存在些问题。如图 12-65 所示，适配页展现量在每天 40 万个左右，但点击只有几十个，这是不正常的。查看独立移动站的 PC 页流量，如图 12-66 所示，可以发现大部分点击都被归属到 PC 页面了，2 万个左右展现量及 3 万个左右点击量，这是不可能的。我看到的很多账号都有类似的点击量归属错误问题。

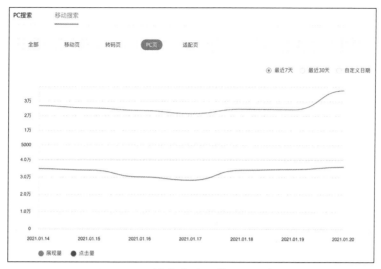

图 12-66　独立移动站的 PC 页流量

大中型网站经常需要关注的另一个功能是"抓取频次"，此功能可以帮助诊断抓取份额使用、在百度眼里权重是否明显下降等问题。如图 12-67 所示是百度资源平台正常情况下的抓取频次数据，可以看到抓取频次有一次明显下降，但和抓取时间（平均 500～600 毫秒）没有对应关系，说明抓取份额、服务器速度方面没有问题。抓取频次的下降可能是百度认为权重或质量下降，也可能只是百度方面资源调度原因，需要继续观察。

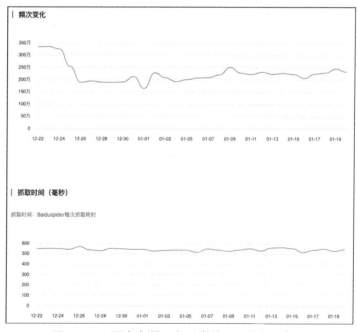

图 12-67　百度资源平台正常情况下的抓取频次

如图 12-68 所示是另一个网站的抓取频次，这个网站就可能有潜在的抓取份额问题了。首先可以看到，百度抓取页面时间平均 4000 毫秒左右，也就是 4 秒，这是非常慢的。从频次变化和抓取时间的对应关系可以看到，抓取时间稍微下降一点时，抓取频次就上升，抓取时间再上升，抓取频次又下降了。这说明百度判断服务器到了无法承受更多抓取量的边缘，开始调整抓取频率和次数。这对于大中型网站是非常不利的。

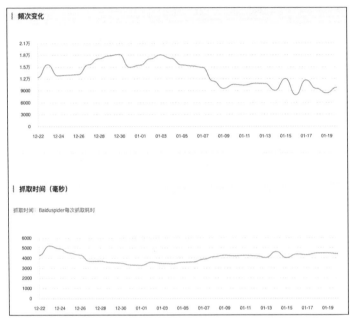

图 12-68　可能存在抓取份额问题的网站

如图 12-69 所示是已经出现严重抓取份额问题的网站。可以看到，百度用红线标出了抓取频次上限（很少网站出现这个标注），被削平的波峰也清楚显示出抓取份额已经用尽。

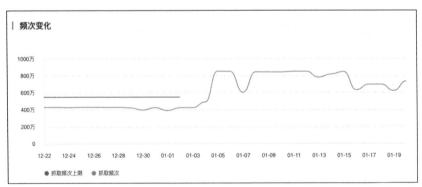

图 12-69　抓取份额用尽的网站

"抓取诊断"也是个有用且无替代品的功能，如图 12-70 所示，SEO 可以选择 PC蜘蛛或移动蜘蛛，资源平台实时发出百度蜘蛛，抓取页面，然后立即显示抓取到的信息，包括使用的蜘蛛用户代理、网站 IP 地址、页面下载时间、完整服务器头信息、前200KB 的页面 HTML 代码。如果不确定蜘蛛会抓到什么代码，用这个工具查一下是最准确的。

同时，"抓取诊断"还有很多其他的有用功能，如 https 认证、闭站保护、网站改版、移动落地页检测、网站体检，大多使用频率不高，就不一一介绍了。站长一定要注册百度资源平台账号，可能会通过使用平台发现很多在网站本身看不到的问题。

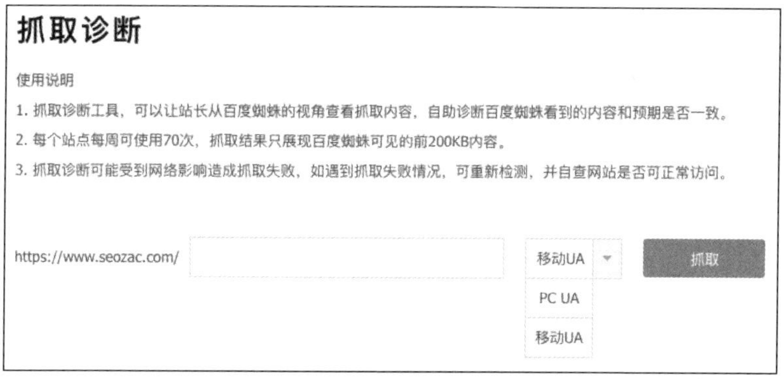

图 12-70　百度资源平台抓取诊断

12.24　Google Search Console

Google Search Console（https://www.google.com/intl/zh-CN/webmasters/）也是 SEO 必备工具，不仅做英文网站需要，即使做中文网站也建议注册，因为显示数据角度不同，可以帮助发现不同问题。

Google Search Console（经常简称 GSC）的很多功能和百度资源平台类似，下面只举例几个有用且百度资源平台没有或使用方法不同的功能。

我个人觉得最有价值的是"覆盖率"功能，类似于百度资源平台的"索引量"，但其提供了更多索引错误细节，如图 12-71 所示，GSC 列出了四大类页面索引情况，每大类又会细分为多个小类。

图 12-71　GSC 的覆盖率功能

- 错误：虽然 URL 已在 Sitemap.xml 中提交了，但存在各种错误，如服务器 5×× 错误、404 错误、页面有 noindex 标签、robots 文件禁止抓取等，因此 URL 不被索引。
- 带有警告的有效页面：有错误但还是被索引的页面，大部分是 robots.txt 文件禁止抓取但 Google 依然索引了的页面。

- 有效网页：这些是正常被索引的页面。
- 已排除网页：由于各种原因没有被索引的 URL。

每个小类都列出了最多 1000 个样例 URL。除了有效网页，其他 3 类都应该尽量处理和减少。其中，错误和警告页面，提示信息很明确，5××错误就检查服务器，404 错误、noindex 标签、robots 文件屏蔽就检查样例页面是否是有意这样做，如果是有意为之，为什么还要在 Sitemap.xml 中提交？

“已排除”类别是需要特别注意的，会列出人工检查网站很难发现的问题，如图 12-72 所示。

常见的被排除索引的原因及处理方向如下。

- 已发现，尚未编入索引：通过 Sitemap.xml 的提交，Google 已经知道 URL 的存在，但还没有抓取，所以没有索引。如果数量大的话，检查是否页面下载太慢，已达到抓取份额上限？是否页面质量太低，使 Google 觉得没必要再抓取同类型页面？提交的 URL 是否都是真的需要索引的规范化版本网址？
- 已抓取，尚未编入索引：页面已经抓取，但还没索引。有可能是 Google 还没来得及索引，需要一段时间；也有可能页面质量太低，Google 决定不索引，这才是更麻烦的。
- 重复网页，网址已提交但未被选为规范网址：虽然在 Sitemap.xml 中提交了，但 Google 判断并不是规范化网址，因此不索引。需要按照 4.10 节中介绍的，检查是否其他方面存在矛盾信号，使 Google 判断错误？

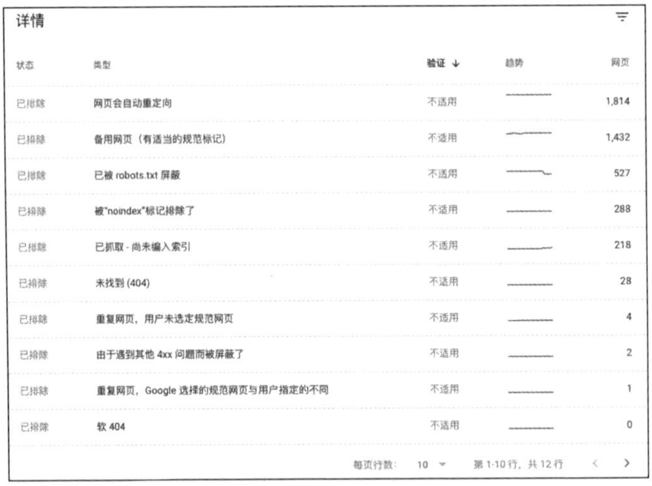

详情

状态	类型	验证 ↓	趋势	网页
已排除	网页会自动重定向	不适用		1,814
已排除	备用网页（有适当的规范标记）	不适用		1,432
已排除	已被 robots.txt 屏蔽	不适用		527
已排除	被"noindex"标记排除了	不适用		288
已排除	已抓取 - 尚未编入索引	不适用		218
已排除	未找到 (404)	不适用		28
已排除	重复网页，用户未选定规范网页	不适用		4
已排除	由于遇到其他 4xx 问题而被屏蔽了	不适用		2
已排除	重复网页，Google 选择的规范网页与用户指定的不同	不适用		1
已排除	软 404	不适用		0

每页行数： 10 第 1-10 行，共 12 行

图 12-72 GSC 列出的“已排除”页面

- 重复网页，Google 选择的规范网页与用户指定的不同：和上一类相似，而且虽然页面 canonical 标签指定自身是规范化网址，但 Google 并未遵守，而是选择了其他网址。检查 Google 选择的网址是否比自己指定的更合适？如果不是，是否有矛盾信号？
- 重复网页，用户未选定规范网页：页面没有 canonical 标签，Google 也判断不是规范化网址。这种页面就不应该存在，所有页面都应该有 canonical 标签。

- 备用网页（有适当的规范标记）：本页面有指向其他网址的 canonical 标签，Google 遵守了标签，因此索引了 canonical 标签指向的目标页面。如果 canonical 标签写得正确，Google 也判断正确，存在这类网址是正常的，比如有对应 PC 版的独立移动站页面、AMP 页面。

- 未找到（404）：没有在 Sitemap.xml 中提交，但 Google 还是发现了这个网址，且返回 404 错误。这类页面不应该在网站上有入口，点击样例 URL，查看"引荐来源网页"（参考下面的图 12-75），删除 404 页面的入口链接。

- 被 noindex 标记排除了：查看样例 URL，是否是有意这样做的？还是误加了 noindex 标签？既然不想被索引，页面是否有必要出现在网站上？

- 网页会自动重定向：自动转向到其他网址，因此 Google 索引了目标网址。这种网址过多的话，建议检查网站为什么还会出现这类网址？为什么不直接使用目标网址？

- 软 404：虽然页面返回 200 代码，但 Google 判断页面没有实质内容，大量网址内容相同，Google 称之为软 404，也不索引。典型的软 404 是服务器设置错误，页面删除后依然返回 200 代码，页面上只是写着"404 not found"之类的句子。下架产品页面也经常被判断为软 404。

点击样例 URL 右侧的放大镜图标，如图 12-73 所示，GSC 会显示这个 URL 在 Google 数据库中的详细信息，包括：Google 是怎样发现 URL 的，是通过 Sitemap 还是内部链接（引荐来源页面）发现的，上次抓取的时间，抓取使用的蜘蛛，是否成功抓取，canonical 标签指向哪里，Google 是否遵守了 canonical 标签，为什么没有索引等，如图 12-74 所示。这些信息非常有助于判断到底哪里出了问题。

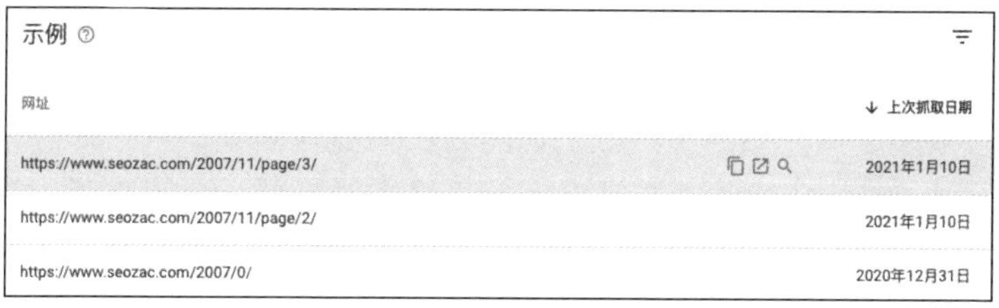

图 12-73　样例 URL

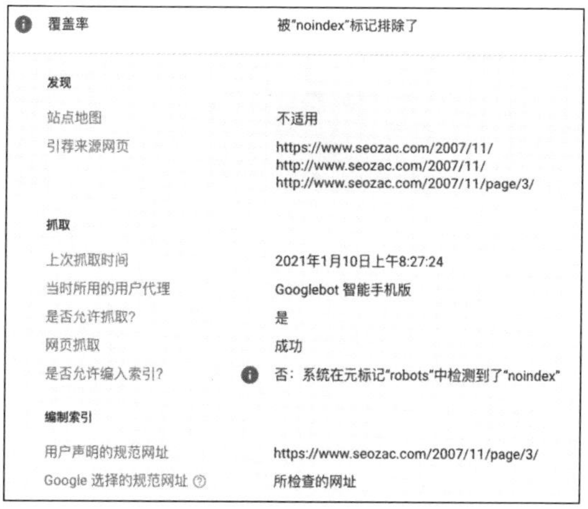

图 12-74　样例 URL 的详细信息

规模不大的网站出现少量被排除页面是正常的，但如果遇到如图 12-75 所示的这种大规模、大比例页面被排除索引的网站，就说明网站内容、结构有严重问题，需要大幅调整。没有 GSC 提供的详细信息，人工很难发现问题或评估问题的严重程度。

图 12-75　GSC 显示的大量错误和已排除网页

覆盖率数据也可以按不同 Sitemap.xml 分类显示，这就是为什么建议不同类型页面放在不同 Sitemap 文件中，有利于诊断网站各分类的问题。

覆盖率部分揭示通常是网站结构导致的问题，所以即使做中文网站,也建议查看GSC，网站的结构问题无论在 Google 还是在百度都是同样存在的，和用户是否使用 Google 并没有什么关系。

GSC 的"效果"功能相当于百度资源平台的"流量和关键词"部分，点击量、展示量、平均点击率、平均排名除了文字显示，也以曲线显示，更为直观。筛选功能也更灵活直接，如图 12-76 所示的 GSC 流量效果功能，站长可以很方便地查看或对比特定目录、页面、关键词的搜索表现。另外，点击左上角"搜索类型"选项，GSC 可以分别显示

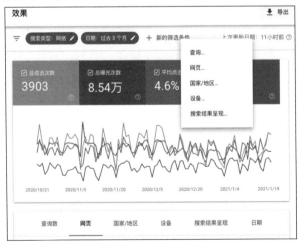

图 12-76　GSC 流量效果功能

网络（其实就是页面搜索）、图片、视频、新闻搜索的表现，默认选项是网络。这个功能对某些网站也比较有用，如图 12-77 所示，筛选/product/目录下的页面，对比图片和页面流量，实线是页面搜索，虚线是图片搜索，可以看到，某些网站来自图片的流量远大于来自页面的流量。

图 12-77　对比图片流量和页面流量

另一个必须关注的是"移动设备易用性"，百度资源平台的"移动落地页检测"和 12.20 节介绍的 Google 移动友好性测试工具都只是人工测试有限几个页面，GSC 列出的是整个网站移动设备易用性有问题的页面数，如图 12-78 所示，这对及时发现问题、找到问题根源有很大帮助。

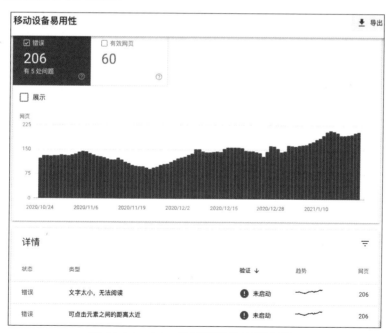

图 12-78　GSC 的移动设备易用性数据

5.14.3 节中提到过,"核心网页指标"已在 2021 年 5 月成为 Google 排名因素。为了帮助站长提前评估自己的网站页面并及早采取措施,新版 GSC 加入了"核心网页指标",明确列出什么项目没有达标,如图 12-79 所示。

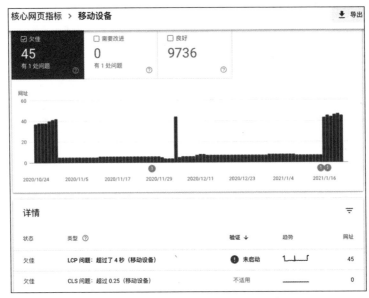

图 12-79　GSC 显示的核心网页指标

外链查询是 GSC 的另一个重要功能。由于 GSC 只能查询自己网站,所以无法用于竞争程度评估、发现竞争对手外链来源等,更多的是查看自己网站外链构成是否健康,如图 12-80 所示是我的博客外链数据,总链接数惊人,GSC 显示的前 1000 个域名里有 990 个以上是镜像、寄生虫、博彩等作弊网站。无论是无意,还是有意负面 SEO 攻击,造成的结果是我的博客有着极为不健康的外链构成。

图 12-80　GSC 的外链数据

如果担心这些垃圾外链对网站有伤害,可以上传拒绝外链列表(Disavow links),告诉 Google 这些外链不是自己能控制的,请求在其算法里忽略这些外链,如图 12-81 所示。

我的博客从来没有上传这个文件,因为我想观察 Google 到底能否自动正确判断。

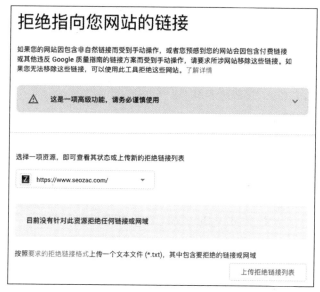

图 12-81　上传拒绝外链文件

上传拒绝外链文件的界面并不在 GSC 里,而是在一个独立的页面:

https://search.google.com/search-console/disavow-links

Google 之所以隐藏这个功能,是因为 Google 认为除非特别必要,不然不应该使用这个功能。

限于篇幅,GSC 的其他功能,如删除页面、AMP 检测、结构化数据检测、国际定位、网址参数、网站抓取统计等,在这里就不一一介绍了,读者在使用过程中如果遇到不太明白的功能,可以到我博客留言,我尽量解答。

12.25　Bing 站长工具

虽然 Bing 在国内外市场份额都不大,但 Bing 站长工具(https://www.bing.com/webmasters/)做得很好,而且其新版是目前唯一搜索引擎官方提供了查询任意网站外链的功能。

这个功能是以有些怪异的方式呈现的。如图 12-82 所示是 Bing 站长工具"反向链接"数据,列出了自己网站的引用域总数、引用页面总数及定位文本,"列出依据"选项下列出带来外链的域、页面及定位文本。

反向链接下面还有个"类似网站"选项,其展开如图 12-83 所示,可以填上任意域名作为"类似网站",必应会对比显示自己网站和这个"类似网站"的外链数据,所以也就可以查询任意网站的外链。可以看到"概述"部分显示我的博客外链总域名数 249 个,知乎(zhihu.com)有 34 100 个。这应该是已经过滤掉垃圾链接后的数据。

图 12-82 Bing 站长工具"反向链接"数据

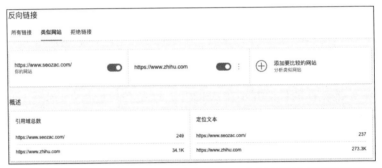

图 12-83 用 Bing 站长工具"类似网站"选项查询任意网站外链

概述下面显示了"排名靠前的引用域",如图 12-84 所示。再点击"查看详细报告",可以看到详细外链域名列表,如图 12-85 所示。

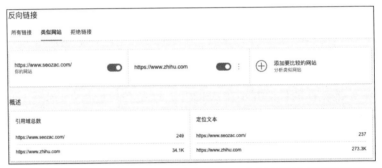

图 12-84 网站"排名靠前的引用域"

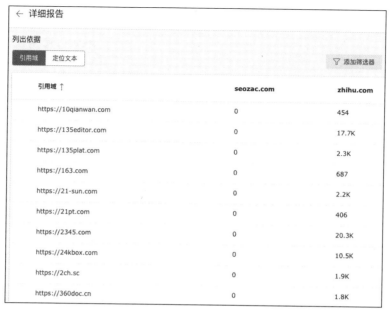

图 12-85　网站"详细外链域名列表"

点击带来外链的域名，跳转至引用页面详细信息，还会看到这个域名带来链接的源 URL、定位文本及目标 URL，如图 12-86 所示。

图 12-86　来自某个域名的外链列表

虽然 Bing 的用户不多，但其页面抓取能力不差，所以外链数据是非常值得参考的。绝大多数 SEO 没注意到这个隐藏得有点深的外链查询方法。

第 13 章

SEO 项目管理

本书的大部分章节讨论了该怎样做 SEO，只要读者认真阅读，再通过一两个网站进行实践，我相信一个有建站经验的初学者也可以掌握 SEO 基本技术，知道该做什么及怎么做。

但公司网站 SEO 有时做起来却很难。执行力是 SEO 行业最头疼的一个问题。在某种程度上说，SEO 没有窍门，较量的就是执行力。从我个人接触的 SEO 项目和与其他 SEO 人员交流的情况看，越大、越正规的公司，尤其是传统行业，SEO 项目执行起来往往越困难。个人站长今天明白该做什么，明天就动手了。大公司网站就麻烦得多，经常遇到这种情况，需要经历开会、写计划、讨论、批准、沟通、排期等过程，什么都没做，一个月时间就已经过去了。

虽然如此，SEO 人员也不能责怪公司太大，效率下降，这不是 SEO 部门能改变的，只能尽力推动 SEO 项目的执行。

本章简单讨论 SEO 项目管理。在项目管理方面我是外行，相信读者中不乏公司管理和运营人员，本书讨论项目管理是班门弄斧了。所以这里只能简单讨论 SEO 工作的一些特点，以及在项目进行中可能遇到的特殊问题。

13.1 内部团队还是 SEO 服务

SEO 项目首先要确定，是自己建设 SEO 团队还是使用外部 SEO 服务？

外部 SEO 服务大致上有两种。一是顾问咨询性质的专家服务，对网站进行诊断，提出优化建议或报告，但并不直接执行优化（如代码修改），公司内部团队需要按专家报告进行网站修改和外链建设。二是将 SEO 任务全部外包给服务商，包括网站诊断、优化方案及完整执行。外包的可以是全部 SEO 项目或一部分 SEO 任务。

对个人站长来说，通常建议不必考虑 SEO 服务，自己实践就是最好的方法。近几年我本人经常收到个人站长的 SEO 服务咨询，但通常只停留在询问阶段，无法深入。因为很多个人网站连赢利模式都还没搞清楚，很难负担 SEO 服务费用。SEO 服务并不便宜，合格的诊断及优化报告一般至少也要花费几万元。如果个人网站本身赢利还成问题，又没有外部投资，那么基本上与 SEO 服务无缘。

如果个人网站每个月赢利在几千元以上还需要 SEO 服务的话，要么站长应该考虑建立团队、进一步扩大网站规模，要么站长本人就已经有不错的水平，不太需要第三方服务了。看完本书，任何有建站经验的站长都可以具备基本的 SEO 水平。可以肯定，如果有第三方服务商报价几百元帮你做 SEO，那么他们的水平应该还不如你。

公司网站就要复杂得多，需要根据网站类型、预算、团队等现况，决定是该建立内部 SEO 团队，还是选择外部 SEO 服务。

1．内部团队优势

内部团队通常更了解公司各部门情况，与其他团队沟通更顺畅，能够顺利执行 SEO 项目。

公司内部人员一定比外部服务商更了解本行业及公司产品，在关键词选择、内容创建、文案写作、用户体验优化、链接诱饵的设置等方面都有优势。

公司员工更可靠、更负责，也能在最大程度上避免使用可能导致惩罚和删除的黑帽 SEO 手法。他们知道公司网站的 SEO 成败与个人利益息息相关。

2．内部团队劣势

建立内部团队可能需要一段时间先对员工进行培训，才能达到合格的 SEO 水平。而具备一定水平的 SEO 人员流动比较频繁，毕竟 SEO 是个热门行业，市场需求量不小。

同时，潜在成本也更高。一个完整的 SEO 团队，人员工资及行政成本累计起来一般比完全外包高，比顾问咨询性质的服务更高。

资深 SEO 人员更为难得。有经验的 SEO 常常不太愿意打工，除非公司能够提供一个非常有发展前途的平台，并且有很好的职业提升规划。很多优秀的 SEO 人员要么自行创业，要么在专业的 SEO 服务公司，获得的回报都不错。

3．SEO 服务优势

立即可以使用，无须培训。

SEO 在很大程度上是依靠经验的行当。专业 SEO 服务人员以 SEO 为职业，对搜索引擎及 SEO 行业新闻敏感，而且接触的网站众多，经验丰富。

专业 SEO 有自己的关系网，与其他 SEO 圈内人士，甚至搜索引擎内部人员有千丝万缕的联系。在需要的时候，庞大的关系网很可能会起决定性作用。

俗话说，外来的和尚好念经。在某些情况下，外部 SEO 顾问的建议更能得到公司高层的支持与各部门的配合执行，降低项目推进难度。

4．SEO 服务劣势

缺乏对本行业及公司产品的完整深入了解。这很可能是一个致命缺陷。隔行如隔山，再认真负责的顾问也不可能像公司内部人员一样了解产品的方方面面。

在内容发布、外部链接建设、调动公司资源等方面都不可能像内部团队那样自如。

没有紧密的利益联系。通常 SEO 服务商都有很多客户，无论是在责任感还是在时间分配上，外部服务都无法与内部团队相提并论。

对公司内部情况缺乏了解，需要其他部门配合时，不知道该找哪个部门或哪个负责人，需要公司内部对应的联络人进行沟通。

可靠性及安全性方面存在隐患，尤其是在完全外包时。由外包服务商修改网站就必然要把所有数据、管理员账号、密码提供给服务商，这无疑会产生比较大的安全隐患。特别是具有一定规模的公司，把网站权限交给外部人员根本不可行。

5．怎样选择

将 SEO 服务完全外包给外部服务商是最省事的方法，从网站修改到外部链接，从关键词研究到流量分析，服务商都有相应团队帮助完成，客户公司本身只需要设置一名联络人员进行沟通即可。但效果不一定是最好的。

我个人认为,对一个有一定规模且有决心做好 SEO 的公司来说,内部团队才是根本,在必要时配合外部专家的顾问咨询,或者将小部分 SEO 任务外包。只有充分了解公司内部有哪些资源可以调动、行业及竞争对手最新情况、自己的产品到底有什么不同之处、能挖掘出哪些有特色的链接诱饵,对网站里里外外了如指掌,才能使 SEO 项目真正快速高效地发挥作用。

内部 SEO 团队不需要具备顶级的 SEO 水平,但需要紧密配合、高效运作。对 SEO 本身问题有不解之处,还可以随时向外部顾问咨询。

13.2　寻找 SEO 服务商

网上 SEO 服务提供者多如牛毛,搜索一下"SEO"或"SEO 服务",成千上万的公司、个人就展现在眼前。大部分网站设计公司也号称提供某种形式的 SEO 服务。寻找合适的 SEO 服务商并不是一个简单的任务。尤其在目前 SEO 近乎泛滥的情况下,鉴别出合格的 SEO 服务商是外包 SEO 服务的关键。

1．确定外包任务

在权衡利弊之后,如果需要外包,就要明确规划外包任务及要达成的目标。在一小部分情况下,网站可能把所有 SEO 服务外包给第三方。很多时候可以只外包一部分 SEO 任务,如只外包链接建设,或外部服务商只提供网站诊断及优化方案,或者只外包内容及软文策划和写作等。

2．寻找服务商

（1）口碑及成功案例。

明确外包任务后,寻找 SEO 服务商最好的方法当然就是上网搜索,了解多家服务商的背景和实力,其中最主要的是了解口碑及成功案例。

就像搜索引擎排名算法判断页面重要性时还需要参考外链一样,服务商的自夸只是一面之词,不足为信,重要的是其他人怎么评价。参与一些 SEO 论坛、站长论坛,看看博客评论,就能大致了解一个提供商的口碑如何。

大部分 SEO 服务商与客户签订的合同中会有保密条款,客户并不希望别人知道他们做了 SEO、用的哪家服务商,所以要求备选服务商提供成功案例是一个微妙的问题。不过,一个好的 SEO 服务商应该至少有一两个案例可以公布,或者是已经获得客户同意可以公布的网站,或者是服务商自己的网站。有时需要潜在客户签订保密协议（NDA）才能提供案例。

这里要说明的是,通过服务商本身网站在搜索"SEO"这个关键词时的排名来判断服务商实力并不是一个恰当的方法。毕竟排在第 1 页的只能有 10 个,而有实力的 SEO 服务商肯定不止 10 个。很多不错的服务商并没有把精力放在优化"SEO"这个词上,他们有其他获得客户的渠道,完全没必要在"SEO"这个词上竞争。

（2）使用什么优化方法。

在初步接触阶段要求备选服务商提供优化方案不是一个好方法。要提供一个针对特定网站的实用的优化方案,需要研究市场、诊断网站,所花费的时间不菲。正规的 SEO

服务商在没有确定项目时，一般不会提供完整方案。就算要求服务商提供，他们所能提供的也一定是泛泛之谈，不能用于判断 SEO 水平，至多只能作为客户服务水平的参考。

更恰当的鉴别方式是询问一下对方大致会使用什么优化方法，从对方的答复中就可以判断是以整站优化为主，还是以发垃圾链接为主，有没有使用作弊或者已经不起作用的优化方法。

（3）谁负责具体工作。

很多 SEO 服务公司都是由一两个专家领队的，客户之所以放心，也经常在于这一两个专家。不过在项目确定之前，应该与服务商确认项目执行时是谁或哪个团队具体负责。很有可能接洽时客户冲着核心人物的实力、口碑、名声而去，项目执行时却来了另一个项目经理或团队，甚至有可能负责日常沟通的变成实习生。虽然不能说 SEO 服务商除了一两个人，水平都不能保证，但至少应该要求对方核心人物或团队给予项目一定的关注。

（4）同业竞争条款。

在接触时就应该询问备选服务商，是否正在或以前给直接竞争对手提供过 SEO 服务。如果是，最好不予考虑。

签订合同时建议加上禁止同业竞争条款，要求服务商在几年内不可以再为竞争对手网站提供 SEO 服务。这一点是十分必要的。一个服务商为同一个行业的多个公司提供服务，必然产生利益矛盾，毫无回旋余地，服务商只能为一个客户提供最好的服务。

3．小心陷阱

在寻找 SEO 服务商时需要注意一些陷阱。

（1）保证排名。

如果有服务商保证关键词排名能无条件地进前三名或第一页，最好远离。没有人能保证关键词排名，就算是搜索引擎工程师帮你优化也不能保证。谁说一定能排第一，谁就是在撒谎。

有的服务商保证排名的是一些毫无意义又没有难度的词，比如公司名称或很长尾的词，这种保证没有任何意义。

（2）声称与搜索引擎有特殊关系。

如果有服务商声称自己与搜索引擎内部人员有联系，能通过私下关系搞定排名，千万不要相信。认识搜索引擎内部人员不难，但认识他们并不能搞定排名。搜索引擎内部能调整特定网站权重或排名的人员凤毛麟角，不是工程师级别的人能搞定的。人工调整特定网站排名不是不能操作，但一定出于商业和战略考虑，是公司高层级别才能决定的事。工程师或普通员工能参与的人工调整一般是惩罚，而不是提高排名，搜索引擎不会赋予普通工程师提高特定网站排名的权力。

资深工程师或公司高层私下参与 SEO 服务的说法就更不靠谱了。

与搜索引擎内部人员有联系，帮助看看网站存在什么问题是可信和正常的，靠内部关系调整排名则不可信。

（3）不用修改网站。

有的服务商会告诉你，不用修改网站就能做优化。读者看了本书前面的章节就会知道，网站结构调整至关重要，页面本身的优化也是 SEO 的标准工作内容。那些号称不用修改网站就能提高关键词排名的基本上都是靠发垃圾链接,也许短时间内可以提高排名,长远来看危险大于收益。

另一个不修改网站的方式是做百度快排,部分情况下确实是有效的。但快排明确属于作弊,被百度检测出来,网站被惩罚的也不少见。正规公司网站是否能承担这个风险和后果,要谨慎判断。

(4)提交几千个搜索引擎。

有的服务商把向搜索引擎提交作为服务的重要内容。其实向搜索引擎提交网站早就没有任何意义。

有的服务商还吹嘘可以提交几千个搜索引擎,有的夸自己使用的是最先进的软件提交,有的夸自己是人工提交,质量有保证。不管哪种提交,都可以肯定是在忽悠。不要说几千个搜索引擎,现在有多少人能说出 10 个搜索引擎?真正有人用的搜索引擎,无论是中文还是英文,不过四五个而已。

(5)优化谁的网站。

有的服务商并不优化客户网站,而是建设和优化新网站,获得流量后通过链接或转向把访问者引到客户网站。

本质上说,这是在卖流量,而不是在提供 SEO 服务。尤其是如果优化的网站是由服务商本身所拥有或控制的,那是非常危险的,一旦有任何争议,服务商可以立即切断流量,甚至把流量卖给你的竞争对手。

(6)发垃圾邮件。

如果你是通过垃圾邮件知道某家 SEO 服务商,那最好躲得远远的。同理,打骚扰电话推销 SEO 服务的一般也不会是好的服务提供商。这样的 SEO 服务商自己还在发垃圾邮件呢,怎么可能给你带来搜索排名和流量。

(7)与广告混为一谈。

这是保证排名的另一种形式。很多普通用户不一定分得清楚搜索结果页面上自然排名与广告的区别。有的服务商利用这一点向客户保证排名出现在第一页,其实是出现在第一页的广告中。当然不是说搜索广告不能做,而是正规的 SEO 服务商不能把自然排名与广告混为一谈。这两者之间没有任何关系,做广告就按广告的方法做,付广告的点击费用;做 SEO,就要做更长远的打算,停止付广告费,排名还会保持在那里。

13.3　SEO 团队建设

一个正规完整的 SEO 团队应该包括以下人员。

1. SEO 经理

负责公司 SEO 统筹及管理。具体工作如下。

- SEO 目标的制定及 SEO 整体策略规划,包括内容、结构及链接策略等。
- 统筹和沟通,既包括与其他部门的沟通协作,也包括 SEO 部门内部任务及计划的制订和执行。
- 竞争对手和关键词数据分析。

- 网站架构设计。
- 标准制定，公司网站的新建内容、HTML 代码、页面优化等都应该有内部规范。
- 团队建设，SEO 团队内部的培训提高，以及帮助其他部门了解 SEO 基本常识的公司内部培训。

SEO 经理需要具备比较高的水平，掌握搜索引擎和 SEO 原理及方法，具备比较多的市场营销知识和经验，不能局限于 SEO 技术，也要了解网站建设、HTML 代码和基本的编程知识，对 SEO 行业动向足够敏感，并且与 SEO 行业人士有比较多的联系沟通。

除了 SEO 方面的专业技能，SEO 经理还特别需要有良好的管理及人际沟通能力。SEO 经理的日常工作很大一部分时间是花在说服与沟通上，他必须让公司所有部门意识到 SEO 部门的存在，了解 SEO 部门要做什么，并全力支持 SEO 部门的工作要求。

SEO 经理应该有足够大的权利。在很多公司，SEO 人员地位过低，提出了优化方案却不能调动其他部门，尤其是技术部门、内容编辑、前端设计及用户体验、市场、广告及营销、公共关系等部门，计划很难实施。虽然这里称为 SEO 经理，但如果能给予 SEO 部门负责人副总裁或总监的职位才是比较理想的，至少应该是中上层管理职位，与技术等部门负责人平级，并获得最高层充分授权及支持。

2．页面优化人员

负责人工调整页面优化因素，包括人工调整重要页面标题、正文内容、关键词分布及格式增加和调整 tags，调整内部链接等。

3．内容编辑

原创或编辑网站内容，发布内容时做基本的优化，比如标题的撰写、关键词研究及专题组织。用户提供内容的网站也可能需要内容编辑进行审核及修改。链接诱饵的设置，尤其是资源型链接诱饵的设置，也是内容建设人员的重要工作。

4．链接分析和建设人员

友情链接交换，依托于有价值内容的链接请求，社交媒体网站账号创建、管理及内容发布，文章发布，论坛及博客参与和评论，设计和制作链接诱饵等。

5．技术及设计人员

根据 SEO 经理设定的网站架构，对网站内部结构、分类设置、URL 规范化及转向进行调整。对页面进行视觉、功能设计，代码及关键词优化。技术和前端设计在大部分公司是单独的部门，SEO 人员需要与其紧密合作。

6．流量和其他数据分析

记录、统计、细分、分析网站流量，尤其是搜索流量，统计分析原始日志，分析其他能找到的、与流量和用户有关的数据，如转化率，建立关键词库，找出网站存在的问题，发现新的流量来源，提出 SEO 策略修正方案。

SEO 团队可大可小，根据公司规模及对 SEO 的投入，既可以是一个人，也可以多达几十人。目前优秀的 SEO 人才流动性较高，寻找到合适的 SEO 并不是一件容易的事。

在公司内部培训市场营销或技术人员，充实 SEO 团队也是可行的方法。

13.4 流程及计划

SEO 工作细小繁杂、千头万绪，又经常涉及多个部门，如果不事先计划好，往往容易无从下手，或者这里做一点那里做一点，失去整体方向。SEO 团队负责人应该计划好未来 6 个月或 12 个月内，应该完成哪些工作、怎样完成、由谁完成、什么时候完成。

1. 记录所有修改

除了第 8 章提到的收录、搜索流量、指标关键词排名、转化等数据，还有一个至关重要却经常被忽略的数据需要完整记录，那就是网站上的所有修改变动。有的变动与 SEO 直接相关，可能就是为了 SEO 而做的，有的是因为其他种种原因，由不同部门所做的，却可能影响 SEO。

一般来说，网站优化是个长期过程，即使不考虑新栏目、新内容、新产品，现有的网站结构和页面元素都可能不断修正。如果没有完整记录网站上的改动，过一段时间排名有变化，SEO 人员将无法确认到底是什么因素或改动带来的变化。

虽然由于搜索算法的复杂性，网站修改与排名和流量之间不能因为时间关系而轻易确定有因果联系，但记录网站改动至少能让 SEO 人员有个分析的起点，找到大致可能的原因。没有记录网站变化历史，就基本"两眼一抹黑"了。

应该记录的网站变动除了列出详细改动内容及原因，还要列出准确的上线时间。

2. 设定工作目标

这里所说的目标不是指 SEO 总体目标，如排名和流量，而是指具体的、SEO 人员可以实施的工作。

- 一年内增加外部链接 1 万个。
- 一年内完成全站所有页面标题、H 标签、图片 ALT 文字的优化。
- 2 个月内完成导航系统优化。
- 6 个月内完成首页、分类页面及主要产品页面标题人工关键词研究、优化撰写。
- 6 个月内收录达到 5 万个等。

SEO 工作目标的设定，要分析自身资源及竞争对手情况，不能设下不切实际的目标，如一年内增加外部链接 100 万个，人员、预算限制使这种目标不可能达到。另外，如果主要竞争对手外部链接都在几万个的水平，建设 100 万个外部链接也完全没有必要，还不如把时间、人力花在内容建设等地方。

3. 任务分解

设定好 SEO 工作目标后，还可以进一步细化和分解 SEO 任务。比如，要达到一年内增加 1 万个外部链接，可以分解为：

- 友情交换外部链接 300 个。
- 制作 WordPress 模板 5 个。
- 写作资源型链接诱饵文章 20 篇。

- 目录提交成功 50 个。
- 创建免费博客 20 个，各发表帖子 30 篇以上。
- 网站主博客发表帖子 50 篇以上。
- 联系行业内权威博主 20 人，并保持密切沟通。
- 发表新闻稿 5 篇。
- 购买链接 20 个。

再比如，要达到收录 10 万个外部链接的目标，任务可以分解为：

- 内容编辑人员确保实际产品或内容页面在 6 个月内达到 20 万个。
- 一年内至少创建 10 个专题栏目。
- 项目经理 2 个星期内完成网站结构及导航最终设计。
- 技术部门 2 个月内按 SEO 提供的方案完成网站结构调整及 URL 静态化。
- 网页优化人员 4 个月内完成人工调整部分重要内部链接。

将任务分解后才能更清楚是否有完成的可能，需要怎样分配人员和资源，多长时间能完成。

4．人员责任

SEO 任务分解后，每项具体任务都要分配到特定人员负责。根据 SEO 人员的自身特长分配明确具体的任务，不仅有助于提高效率，也方便监控项目进度、明确责任。

5．时间、资源分配

列出详细 SEO 任务及具体的负责人员后，还要规划这些任务应该在多长时间内完成，以及其他资源如预算的分配。以外部链接建设为例，可以参考如表 13-1 所示的 SEO 计划分配。

6．流程定义和规范

每项 SEO 任务都应该有比较明确的规范，不仅有助于提高整体 SEO 工作质量，也能使新加入的员工快速熟悉应该怎样完成自己的任务。

规范内容举例：

- 人工撰写标题时，怎样进行关键词研究及确定标题写作规范。
- 判断潜在链接来源质量和价值的标准。
- 交换友情链接时使用的邮件模板，以及应该注意的事项。
- 创建专题内容时怎样监测热门关键词。
- 怎样收集和编辑内容。
- 资源型链接诱饵概念创意过程及写作方式。
- WordPress 模板制作规格及推广场所、渠道。
- 与其他博主沟通留言时的注意事项。

这些规范可以只是很简单的几条，但明确写出来才能让 SEO 人员时刻注意，不降低 SEO 工作标准。

表 13-1　SEO 计划分配

	2012 年 1~3 月					2012 年 4~6 月					2012 年 7~9 月					2012 年 10~12 月				
	指标	负责人	预算	支援	完成	指标	负责人	预算	支援	完成	指标	负责人	预算	支援	完成	指标	负责人	预算	支援	完成
友情链接	75	T1			70	75	T1			90	75	T1			75	75	T1		支援	完成
WP 模板	2	T2		技术部	1	1	T2		技术部	2	2	T2		技术部	2	1	T2		技术部	完成
目录提交	20	T1	1000		20	10	T1	500		8	10	T1	500		8	10	T1	500		完成
新闻稿	3	H	3000	公关部	1	1	H	1000	公关部	2	2	H	2000	公关部	2	1	H	1000	公关部	完成
诱饵文章	5	T3		编辑部	10	5	T3		编辑部	5	5	T3		编辑部	8	5	T3		编辑部	完成

13.5　绩效考核

SEO 部门和工作人员的绩效考核方法是个难点，不少公司都在探索完善中。

网站多少个关键词在一段时间内排名达到前一页或前两页，或者搜索流量在几个月内达到多少日 IP，看似是好的绩效考核标准，但其实不一定准确反映出 SEO 人员的工作量和价值。排名和搜索流量并不受 SEO 人员控制，就算 SEO 部门做了大量工作，排名和搜索流量也可能没有显著提升。现在的工作，可能半年、一年后才显现出效果，这其中不可控因素太多。仅仅因为排名、搜索流量不理想就否定 SEO 部门的工作显然不公平，也不能激发 SEO 们的工作热情，不能让 SEO 人员明确今后的工作方向。

所以排名和搜索流量可以，也应该作为整个 SEO 部门绩效考核的重要部分，但针对每个 SEO 员工的绩效考核，建议加入真实反映工作量的内容。这种绩效考核目标应该是具体的和可测量的。

举几个例子。编辑部门绩效考核指标可以包括：

- 每天 1 篇原创文章。
- 每星期编辑 100 篇转载内容。
- 每星期撰写 1 篇资源型链接诱饵内容。
- 每天编辑、调整 10 个客户发布的 B2B 产品信息。
- 每个月创建 3 个热门搜索词的专题栏目。

外部链接建设可以设置这样的指标：

- 每星期联系 100 个潜在友情链接网站。
- 每星期确保获得 20 个友情链接。
- 每天利用高级搜索指令，找到 100 个可以联系的外部链接来源网站。
- 每星期找到并发出 10 个单向链接请求邮件。
- 每天在相关论坛发帖或回帖 10 篇。
- 每个月设计 2 个 WordPress 模板。

从上面的例子可以看到，衡量工作量的指标必须是某种具体行动，而且有明确数目可以衡量。只要 SEO 策略、方向正确，不使用黑帽 SEO 方法，这些具体工作量长期累积下来，一定会导致排名与搜索流量的提高。在对 SEO 人员绩效考核过程中，具体可测量的工作量应该占重要部分。

13.6　获得高层支持

在大中型公司，没有公司高层的全力支持，SEO 经常寸步难行。有一定规模的公司，最终的执行网站优化、改动网站架构、修改页面代码很少是 SEO 人员直接完成的。SEO 方案和计划通常需要交由技术、设计、内容编辑、产品等部门执行。SEO 部门在公司里的位置最多与其他部门平级，很多时候比技术等部门级别低，加上其他部门人员可能对 SEO 没有什么概念，SEO 人员要想顺利推动其他部门准确执行优化，是一件很有挑战性的工作。其他部门各有自己分内的工作，SEO 人员提交的优化方案需要排期，需要评估对网站其他方面性能、表现的影响，连一个很小的改动也要等上几个月，这并不是罕见的情况。这时，来自高层的指示和压力就将非常重要，往往具有决定性意义。

1. SEO 价值

公司高层一般不会对 SEO 技术细节感兴趣，但是会对 SEO 带来的价值与好处很感兴趣。SEO 人员为说服高层，可以在前期关键词研究的基础上，以明确详细的数据及图表说明 SEO 对公司营收的价值。

比如使用下面这类数据和逻辑。当然，做成图表为主的 PPT 效果更好。

- 公司业务最主要的 3 个关键词，在百度和谷歌月搜索总次数为 20 000 次。
- 根据搜索结果前 10 名点击量分布，排在第 1 名的结果将获得约 42%的点击。如果 3 个关键词都排在第 1 名，将获得 8400 个搜索流量。如果排在第 5 名，点击率为 4.9%，也将获得 980 个搜索流量。
- 经过关键词研究，网站分类页面设定二级关键词 50 个，总搜索次数为 50 000。如果都排在第 1 位，将获得 21 000 个点击。排在第 5 位将获得 2450 个点击。假设 50 个关键词排名成功率 50%，最好获得 10 500 个点击，最坏也将获得 1225 个点击。
- 如果 SEO 较为成功，一级和二级关键词将获得 18 900 个点击。
- 通常大中型网站长的尾流量至少占总流量的 60%～70%，所以一个成功执行 SEO 的网站，首页、分类页面加上长尾流量，将获得 63 000 个点击流量。
- 基于网站现有转化率为 1%，63 000 个流量将带来 630 个订单。网站平均每单销售额为 100 元，搜索流量将带来 63 000 元的订单。网站历史数据显示，平均利润率为 30%，上述搜索流量将带来 18 900 元毛利。
- SEO 成功实施后，预计可以为网站每月带来 63 000 个 IP 流量，以及 63 000 元销售额、18 900 元毛利。

公司高层可以对技术细节不感兴趣，但是对具体的流量及收入增长潜力一目了然。虽然上面提到的数字都是估算，如关键词搜索次数、各个排名位置的点击率、能达到的排名等，但至少可以给公司高层一个数量级的概念。

当然，再成功的 SEO 执行也不可能把所有关键词都做到第一位。SEO 部门应该根据自身人员、资源投入、竞争对手情况，估计可以实现的目标，列出最好情况下的 SEO 价值，能带来的销售额及毛利的增长，以及正常和最差情况下的预期数字。

2. 竞争对手情况

有时候指出竞争对手排名和搜索流量的良好表现，和自己因为没有做 SEO 而失去的市场机会，能带给高层更大紧迫感。SEO 部门可以在报告中列出主要竞争对手目前的关键词排名情况，根据百度指数等工具估算可能得到的流量数字，竞争对手流量占据总搜索次数的市场份额，竞争对手在 SEO 方面做了哪些工作等，高层人员对同行业整体市场份额分布将有更清晰的了解，对自身网站可能的增长潜力也会有更清晰的预期。

3. 预算

天下没有白吃的午餐，实现 SEO 价值不可能没有代价。SEO 部门需要根据前面 SEO 流程中提到的任务分解、时间资源分配，计算未来一段时间需要投入的人员、资金，以及需要其他部门配合的地方，做出 SEO 项目的预算。

4．设定期望值

SEO 可能带来的收入和赢利潜力，通常会是个很让人期待的数字。不过还要给高层设定一个现实的期望值。不要让老板觉得经过 SEO，流量和销售就唾手可得、板上钉钉，以免期望越大，日后失望越大。

提交给高层的报告中应该明确指出存在的风险和代价，除了预算，还包括执行 SEO 需要比较长的时间，通常需要至少 6～12 个月，不要把 SEO 与搜索竞价相提并论。SEO 成功与否、成功到什么程度，不是自己能够决定的，就算 SEO 策略、方法完全正确，执行也到位，还必须考虑到搜索引擎算法的改变、其他部门的配合、竞争对手加强 SEO 力度等情况。

5．执行报告

为持续获得高层支持，定期提交 SEO 报告是必要的。

首先需要确定流量分析及跟踪主要关键词排名所使用的软件或工具，一旦确定了就不要轻易更改。每种工具都有自己的局限性，不同工具在同一时间记录的数据很可能不同，但只要持续使用相同工具就可以了，各项数据随时间变化的趋势才是最重要的。

然后设定报告中应包含的各项 SEO 指标，包括收录数、各级关键词排名、总搜索流量、转化率、搜索流量带来的销售收入等。

为了准确显示 SEO 效果，设定必须比较基准，包括两部分：一是 SEO 执行前网站的收录数、排名、流量等；二是主要竞争对手的收录数、排名、流量。

每个月甚至每个星期，固定时间记录各项指标的变化情况。最好能以图表形式显示出随着时间推移，收录数、排名与流量相对于最初基准的增长或下降情况。

完善的执行报告既能向高层显示 SEO 的效果，也能让 SEO 部门明确工作进程和效果。看到各项指标数字的增长，日常看似无聊的内容编辑、链接建设，都将变得有意义。

13.7　沟通、培训及规范

由于各部门任务分配交叉，很多优化工作并不是 SEO 人员最终直接完成的。公司越大，越依靠其他部门执行 SEO 方案。SEO 部门经常处于策划、建议、监督的位置，代码的修改需要技术部门完成，页面优化需要前端人员，网站栏目规划、创建需要产品部门完成，撰写和编辑内容需要编辑部门完成。

1．沟通

SEO 部门有责任使公司所有部门意识到 SEO 的价值，SEO 的成功与否关系到整个公司和网站的绩效甚至成败。没有流量，程序、内容都将失去意义（当然，SEO 只是网络营销、吸引流量的其中一个方法）。

与其他部门的积极沟通十分重要，SEO 项目经理的重要工作内容之一就是沟通。沟通技巧与 SEO 技术本身关系不大，不再详细讨论。唯一的建议是，SEO 部门可以设置一个 SEO 进度内部公告板，供公司全体查看。公告板上贴出 SEO 工作目标及分解后的详细任务，以及时间、责任分配表，明确哪些工作应该由哪个部门在哪段时间完成，标注工作完成进度。对于没有完成的工作，高层及全体人员都可以从公告板中看到责任在哪个部门，进而督促公司全体人员按计划执行设定好的 SEO 任务。

2. 内部培训

内部培训也是 SEO 部门的重要工作内容之一。其他部门人员对 SEO 细节毕竟不能完全理解，对 SEO 任务中的具体工作很可能知其然而不知其所以然。我在顾问咨询服务过程中就经常遇到这种情况，技术部门人员没能充分理解优化细节的真正目的，自由发挥，使用他们自己认为有同样效果的其他方法，其实与 SEO 要达到的效果南辕北辙。

要确保其他部门能准确执行 SEO 计划，并且在他们自己的日常工作中不要犯致命的 SEO 错误，SEO 部门最好能够定期组织内部 SEO 培训，讲解 SEO 基本原理及最新趋势，尤其是为技术、产品和内容编辑部门。对大中型公司来说，内部 SEO 培训几乎是必须的。

3. 建立规范

建立网站 SEO 规范也是 SEO 部门的重要工作内容。互联网公司人员流动频繁，新来的员工很可能对 SEO 一无所知。给各部门发布需要遵守的 SEO 规范，是保证网站不出现重大技术失误的重要方法。SEO 项目经理应该为各部门制定简单而明确的技术规范，规范文件不需要很长，几页内容就能防止网站上出现重大搜索引擎不友好内容。

比如给技术部门的规范可以包括：

- URL 命名系统规范。
- 系统自动生成页面 Title、H1 标签、图片 ALT 文字规范和格式。
- 网站地图生成规范。
- 面包屑导航规范。
- CSS、JavaScript 脚本使用规范。
- 网站内部链接及栏目设置规范。

给内容编辑部门的 SEO 规范可以包括：

- 关键词研究流程。
- 文章标题写作规范和举例。
- 文章关键词分布要求。
- 正文内部链接生成方法及规范。
- 监测热门关键词及建立专题流程。
- 用户贡献内容审核编辑规范。

我的博客上有一份技术部门 SEO 规范，读者可以下载参考：

https://www.seozac.com/seo-guidelines.pdf

大中型网站的 SEO 不是 SEO 部门或人员本身能完全控制的，必须依靠其他部门的配合才能达到最好效果。

13.8 应急计划

虽然谁都不希望 SEO 项目出现问题，但搜索排名和流量不是自己能控制的，出问题是很正常的，应该提早做准备。商业网站更应该有适当的应急计划。

1. 监控

应急计划的第一部分是随时监控。SEO 出现问题的常见现象主要有两方面，一是总搜索流量下降，二是网站主要关键词排名大幅下降。

搜索流量周期性波动很正常，比如周末流量通常会比工作日低很多，有的网站可能会低 30%～40%。但同样在工作日，如果总搜索流量下降 20%以上，说明很可能出现了问题。

一般来说，单个关键词排名波动也很正常，尤其对大中型网站来说，一部分关键词排名上升，另一部分排名下降是正常现象，只要总搜索流量稳定，通常不是问题。

网站核心关键词排名在 20 名以内波动，一般也是正常现象。但如果突然下降三四页以上，说明很可能 SEO 方面出现了问题，网站被降权。

第 8 章所提到的日常监测内容对判断和启用应急措施起到至关重要的作用。网站如果同时出现下面三种情况，应该启动应急措施：

- 总搜索流量下降 20%以上。
- 首页主关键词下降三四十位以上。
- 所有长尾关键词排名整体明显下降。

2. 替代流量

个人网站的搜索流量下降一段时间，一般还可以承受，最多是收入减少。但对某些严重依赖搜索流量的公司网站来说，搜索流量大幅下降很可能给公司运营带来致命性的打击，尤其是完全依靠网站进行销售的电子商务公司。流量大幅降低，但客服、库存等运营成本不会下降，为维持公司运作，必须立即启动替代流量来源，哪怕不赚钱，至少可以维持现金流，为改进 SEO 赢得时间。

最方便的替代流量来源是搜索广告，只要开通账号，设置相应关键词，立即会带来流量，而且流量质量与免费搜索流量不相上下。搜索广告包括百度推广、GoogleAds 等。

另一个马上会有效果的替代流量是网站自身积累的邮件列表。无论是免费电子杂志的订户，还是数据库中的付费用户，这时都可能成为最好的暂时替代流量来源。只要向数据库中的电子邮件地址发几封推广邮件，就可以带来不少重复流量，把以前的用户拉回网站。电子邮件营销是最有效的网络营销方法之一，具体操作方法可以参考《网络营销实战密码》一书的电子邮件营销章节。

网络广告、事件营销、论坛营销等也都可以作为替代流量来源选项。

3. 网站诊断

确定 SEO 方面出现了问题，在启动替代流量的同时，要立即对网站进行问题诊断。除第 9 章中提到的诊断过程和方法，还应注意以下几点。

在监控自己网站的同时，也要注意主要竞争对手网站排名情况，查看他们的整体排名是否都有下降？如果以前排名不错的主要竞争对手排名都下降，很可能说明问题在于搜索引擎调整算法。那么排名下降的网站有没有共同特征？新上来的网页又有什么共同特征？

关注搜索及 SEO 行业最新趋势。与行业中其他从业者的沟通联系此时就显得很重要。当搜索引擎算法有重大变化时，行业人士通常会在博客、论坛中讨论，提出可能的原因及补救方法。有的时候搜索引擎算法更新效果不如预期，过几天还可能回滚。这时要多听多看，先不要轻举妄动。

关注关键词搜索趋势。使用 Google 趋势、百度指数等关键词工具查看搜索流量下降是否是因为用户关注度及搜索次数下降。如果整个产品线或行业关注度都下降，就不是网站自身努力所能补救的了。

仔细查看以前记录的网站修改日志。前面提到的网站修改日志对诊断 SEO 问题至关重要。如果只是自己的网站出现问题，很可能是在这之前某个时间的网站修改有方向性错误，分析哪些修改最有可能导致问题，是否有过度优化之嫌，尝试逐步修改回原始状态。

有的时候网站搜索流量整体下降并不能找到具体原因。这时只能继续增加高质量原创内容，改进用户体验，吸引高质量外部链接，积累域名权重，等待搜索引擎重新评估网站。

第 14 章

搜索引擎算法更新

前面的章节讨论了很多 SEO 技术。本章总结列出了百度和 Google 的算法更新，并详细介绍了其中几个比较重要的算法更新。读者可以把本章的列表当作速查手册使用。

搜索引擎算法更新是十分频繁的。绝大部分算法的改进或变动影响范围有限，用户和 SEO 都觉察不到。对搜索排名影响大的算法更新，搜索引擎公布或承认了一部分，有的还给出了名称。本章列出的算法更新都是搜索引擎官方公布或承认的，总结的信息包括更新上线时间、主要影响范围和算法针对目标。了解算法更新历史，能使 SEO 更深入理解搜索引擎关注点的发展脉络，也是 SEO 诊断网站、采取行动的重要依据之一。

14.1　Google Dance

Google Dance 是 SEO 行业很有名，但也经常被误解的一个概念。

14.1.1　什么是 Google Dance

Google Dance 指的是 2003 年以前，Google 每个月进行一次的整个索引库和算法更新。在这个更新过程中，页面索引库会加入新页面、删除旧页面，排名算法也有重大改变，很多网站排名有大幅变化。由于 Google 有很多数据中心，新的索引库及算法在多个数据中心同步更新就需要一段时间。在这段 Dance 期间，一部分网站排名上下浮动，不同用户看到的排名也不一样，同一个用户在不同时间可能访问的是不同的数据中心，看到的排名也可能不一样。所以整个 Google 搜索排名处于一种上蹿下跳的状态，这也就是叫"Google Dance"的原因。

从 2000 年 7 月开始，WebmasterWorld 每个月开一个新帖，讨论每次 Google Dance 情况，一直到 2003 年 2 月的 Boston 更新第一次有了名称，在这之前的 Google Dance 都是没有名字的。

2003 年 2 月波士顿举行的 SES 大会上，Google 员工将当月更新命名为 Boston，以示和其他 Google Dance 的区别。WebmasterWorld 创始人 Brett Tabke 认为给更新取名字是个挺好的主意，所以就效仿美国国家飓风中心给台风命名的方法给 Google 算法更新取名，按字母排序，男名女名间隔，也得到了 Google 的首肯。所以早期的 Google 算法更新大多是 WebmasterWorld 命名的。2003 年的几次 Google Dance 名称如表 14-1 所示。

表 14-1　2003 年的几次 Google Dance 名称

时　　间	Google Dance 名称
2003 年 2 月	Boston
2003 年 4 月	Cassandra
2003 年 5 月	Dominic
2003 年 6 月	Esmeralda
2003 年 11 月	Florida

2003 年 11 月进行的 Florida 更新，是所有 Google Dance 中最著名的一次，SEO 从业人员也都耳熟能详。Florida 也是 WebmasterWorld 命名的，因为他们的命名方法该排到字母 F 打头了，而第二年 2 月他们要在佛罗里达的奥兰多举行 PubCon 大会，所以就取名 Florida。在这次更新中，很多经过 SEO 的网站排名一夜之间消失得无影无踪，一些网站排名从此再也没有恢复。Florida 更新对 SEO 行业产生了地震式的影响，一些靠搜索流量的小公司倒闭，有的 SEO 公司陷入困境。Florida 更新的后果大到，Google 曾经承诺，以后不在年底上线这么大的更新了，以免剧烈影响很多商家的购物季销售业绩。

Florida 更新打击了一系列不自然的优化方法，包括隐藏文字、关键词堆积、链接农场、大量交换链接、过度优化。Florida 更新彻底改变了 SEO，可以说是现在 SEO 方法的起点。

14.1.2　Google 已不再 Dance

2004 年以后，Google 已经停止了 Google Dance。这是被国内很多 SEO 人员误解的地方。直到现在很多人一看到网站的 Google 排名有些变化，就说 Google 又 Dance 了，其实 Google 已经不 Dance 很久了。2004 年以后，Google 算法更新都是以一种不间断的，但是小幅度的方式进行，不是每个月大更新一次，而是新的网页不断进入索引库，新的排名算法也随时启用。这种新的更新方式被称为 everflux。

现在国内 SEO 行业的人大多是在 2003 年以后才开始接触 SEO 的。没亲身体验当年 Google Dance 的人很难对此有感性认识，不能感受到 Google Dance 与现在 everflux 更新的区别，所以一看到排名变化就认为是 Dance 了。

Google Dance 的另一个意思是指 Google 在 SES 搜索引擎大会上组织和赞助的晚会。这个被称为 Google Dance 的晚会也早已经停止了。

14.2　Google 的熊猫更新和企鹅更新

14.2.1　熊猫（Panda）更新

2011 年 2 月 23 日，Google 上线了一个针对低质量内容的惩罚算法，即著名的熊猫（Panda）算法，这个算法对 SEO 行业影响深远。

最初这个算法被 Search Engine Land 的 Danny Sullivan 称为 Farmer（农夫）更新，因为被惩罚的很多网站是内容农场类的，也就是批量制作出来的、质量很低的信息类页面。后来 Google 负责搜索的副总裁 Amit Singal 和反垃圾组负责人 Matt Cutts 在接受 wired.com 专访时说，Google 内部把这个更新称为 Panda，因为写这个代码的主要人物之一名字是 Panda。

Panda 算法判断页面质量的基本方法是：将页面发给外部质量评估员做内容质量评估，并问一些问题，诸如"你会感觉自在地把信用卡信息交给这个网站吗？"有一位工程师专门设计了很多这种问题，参考下面的例子。

然后 Google 通过机器学习，找出低质量内容的定义和特征。同时，Google Chrome 浏览器有网站黑名单（为了避免歧视性用语的争议，2020 改名为屏蔽名单）功能，用户可以把不想看到的网站列入黑名单。这个黑名单数据没有被用在算法中，但将 Panda 算法的结果与 Chrome 黑名单数据做比较，发现有 84%的重叠率，说明 Panda 算法对内容质量的判断是比较准确的。

Panda 第一期算法上线后影响了 12%的搜索结果。有的受影响的网站损失搜索流量高达 90%，而且从后来的发展看，恢复起来是很困难的，需要对网站内容质量做根本性的提升。

Panda 算法更新是针对整个域名的，但不同页面和栏目被惩罚的程度和方式可能是不同的。一个栏目下低质量内容多，整个栏目可能会被惩罚得更严重，栏目下个别质量高的页面也被牵连。有的页面虽然被惩罚，但如果有其他高质量内容，可能惩罚效果并不明显。

Panda 算法惩罚的是页面，不分关键词，一旦被惩罚，所有关键词排名全部大幅下滑。

Amit Singal 在 Panda 算法上线 3 个月后发表了一篇博客，专门探讨了 Panda 算法，解释了"一些驱动我们算法发展的想法和研究"，列出了一些"我们在写评估网站质量的算法时会问我们自己的问题"。搜索引擎不会告诉我们具体算法，但了解搜索工程师写算法时的思维方式对我们判断自己网站的质量肯定大有帮助。

这些问题到现在也没有过时，对任何语言的网站都适用。

- 你信任这篇文章呈现的信息吗？
- 这篇文章是深入了解这个话题的专家或爱好者写的，还是只是很浅显的东西？
- 网站上是否有相同或相似主题的重复、内容重复或多余的文章，区别只是一些关键词变化形式？
- 你能自在地把信用卡信息交给这个网站吗？
- 这篇文章是否有错字、文法或事实错误？
- 这些话题是为满足网站读者的真正兴趣写的，还是靠试图猜测什么能获得好的搜索排名来制造内容的？
- 文章是否提供了原创内容或信息、原创报告、原创研究或原创分析？
- 与搜索结果中其他页面相比，这个页面是否提供实质价值？
- 内容做了多少质量控制？
- 文章是否描述了一件事的正反两面？
- 这个网站是否被认为是相关话题的权威？
- 内容是否由大量写手批量制作，或者外包给他们，或者内容分散在大量站群网络上，因而单个页面或网站得不到多少关注？
- 网站是经过了认真编辑的还是显得草草了事？
- 对一个健康相关的查询词，你会信任这个网站的信息吗？
- 提到网站名称时，你能辨别出这是个权威信息源吗？
- 文章是否提供了话题的全面、完整描述？
- 文章是否包含并非显而易见的、有见地的分析或有意思的信息？
- 这是不是你会藏入书签、与朋友分享、向朋友推荐的那种页面？
- 文章是否有大量广告，干扰到主体内容？

- 你觉得这篇文章有可能会出现在印刷的杂志、百科全书或书籍中吗？
- 文章是否很短，或缺少有用的具体细节？
- 页面制作是非常关注细节，还是不太注重细节？
- 用户看到这个网站的页面会不会不满意？

典型的低质量内容页面是这样生产的。一个包罗万象的信息类网站，SEO 做大范围关键词研究，列出有搜索量的查询词，然后将文章写作外包给印度等地的大学生（成本低、英语好），由他们按分配到的查询词批量制作内容。由于关键词数量巨大，很可能无法对关键词进行合理归类、整理，经常出现"怎样学习弹钢琴"和"如何学好钢琴"被分配给不同作者的情况，写出多篇文章，其实完全是一个意思，没必要写成不同文章。这些作者通常也不是专家，只能上网四处收集、拼凑内容，稍好一点的会进行改写。其结果是，一篇以"怎样学习弹钢琴"为标题的文章，告诉读者得先买一架钢琴，到琴行怎样砍价，学钢琴应该去德国留学等。文章是与关键词匹配的，语义分析也是相关的，但对读者基本是没用的。

很多批量制造低质量内容的信息类网站被 Panda 算法惩罚，SEO 们意识到高质量内容不仅要相关、全面，还要原创、有深度、有独特价值、真正对用户有帮助、赢得用户信任。

Google 共上线了 29 次幅度不同的 Panda 更新，最后一次上线是 2015 年 7 月的 Panda 4.2，历时几个月才结束。在那之后，Panda 算法成为 Google 核心算法的一部分，没有单独的更新和名字了。

14.2.2 企鹅（Penguin）更新

2014 年 4 月 24 日，Google 上线了针对垃圾和作弊网站的惩罚算法：企鹅（Penguin）算法。后续的分析发现，Penguin 算法惩罚对象以垃圾链接和低质量链接为主。Penguin 算法对 SEO 行业外部链接建设的思维及方法产生了巨大影响。

Penguin 1.0 上线影响了 3.1%的英文查询，3%左右的中文、德文等查询。据调查，60%的 SEO 反映自己有网站被 Penguin 算法惩罚过。

Google 先后上线了 7 次 Penguin 更新，最后一次上线是 2016 年 9 月的 Penguin 4.0。那以后，Penguin 算法成为 Google 核心算法的一部分，实时上线。

最初的 Penguin 算法是周期性计算、集中上线，被惩罚的网站即使做了改进，在下一次 Penguin 更新上线前都只能保持被惩罚状态。成为核心算法一部分、实时上线后，随着页面被重新抓取索引，数据随时重新计算，也就随时更新惩罚或不惩罚状态。

早期的 Penguin 算法是针对整站的，Penguin4.0 上线后更温和一些，可能只影响特定页面或网站的一部分。

Penguin 的另一个演变是，早期 Penguin 算法会惩罚有垃圾链接的网站，Penguin4.0以后改为忽略垃圾链接，大大降低负面 SEO 的可能性。

除了清理页面上有可能被认为是作弊的东西，如关键词堆积、隐藏文字、隐藏页面等，受 Penguin 算法影响的网站还需要清理外部链接，比如：

- 以商业性关键词为锚文字的外链比例过高。

- 文字链接和来自博客的外链比例过高。

- 外链增加速度过快。

- 外链数量多，权重也高，但信任度低。

- 买卖链接痕迹明显。

- 大量黑链及来自含有病毒、恶意软件下载网站的外链。

- 以完全匹配关键词为锚文字的外链过多。

- 大量交换链接。

- 论坛、博客群发链接。

由于垃圾外链是 Penguin 算法惩罚的最重要原因，在 Penguin 更新后，相信很多做英文网站的站长都注意到一个现象，不仅联系交换链接的情况大幅减少，很多站长反倒开始要求把以前交换过的链接撤下来。

以前有很多提供外链建设服务的 SEO 公司，现在又出现一个新兴行业：帮站长清理外链。更有趣的是，现在要帮你清理外链的，常常就是以前帮你建设这些垃圾外链的公司。甚至还出现了这样赚钱的，建一批纯垃圾网站，把你的网站链接放上去，然后找你或者等你找他，若想把链接拿下来，可以，请付费。

在 Penguin 更新后，负面 SEO 也开始成为 SEO 们担心的焦点之一。就算 Penguin 4.0 后的算法处理是忽略垃圾链接，不是自动惩罚，但因为垃圾链接被人工惩罚依然是可能发生的。

受 Penguin 更新影响的网站，最好能清理低质量的外部链接。从 Google 站长工具和 Moz 工具、Majestic SEO 等服务下载尽量多的外链数据，把自己以前建设的外链审查、清理一遍，是否属于垃圾链接，其实 SEO 自己心里是清楚的，不要自欺欺人。不熟悉的域名人工查看后发现垃圾网站，尝试联系对方拿下链接，但通常对方不会搭理，那就尽快在站长工具中拒绝这些外链。

Penguin 更新给了 SEO 们一个教训，以前热衷于交换链接、论坛博客群发、买卖链接等行为，一时也没有负面影响，还常常对排名有效。但搜索引擎一旦找到对付方法，上线新算法，以前的债就要一起还了。这迫使 SEO 们回归做站的根本，提供好的内容，通过口碑、内容传播，自动吸引外链。

14.3 百度绿萝和石榴算法

在 Google 上线了 Panda 算法之后，百度也上线了针对低质量内容和低质量链接的惩罚算法。

14.3.1 绿萝算法

2013 年 2 月 20 日，百度上线了绿萝算法 1.0，重点打击买卖链接行为，受惩罚的网站包括购买链接的网站、出售链接的网站，以及买卖链接中介网站。随着绿萝算法上线，几个有名的链接买卖平台很快受到牵连，整站被删，以致纷纷关闭。

2013 年 7 月，百度上线绿萝算法 2.0，针对软文形式的垃圾链接进行打击。受惩罚的网站包括软文交易平台、软文发布站、软文收益站。软文交易平台被直接屏蔽。发布少量软文的网站被降权，大量发布的也会被屏蔽，并被清理出百度新闻源。外链包含少量软文的网站，这些软文链接被无效处理，外链有大量软文的网站可能被严重降权或删站。

可以看到，百度绿萝算法的目的和 Google Penguin 算法基本类似，都是惩罚低质量链接。处理方法也类似，从百度资源平台和其他数据源下载外链数据，尽量清理垃圾链接。早期百度资源平台的外链分析工具部分提供了外链拒绝功能，实在无法清理的外链，可以在百度资源平台拒绝。但这个功能于 2015 年 7 月被取消了，百度表明，算法可以自动检测、处理垃圾外链，无须站长手动拒绝。

百度绿萝算法没有像 Penguin 更新那样明确上线不同版本，但一样会在站长清理外链后观察一段时间，然后做进一步处理。而且我相信绿萝算法也不仅针对买卖链接、软文链接，而应该针对其他垃圾链接，这两个可能是其中比较重要的。

14.3.2 石榴算法

2013 年 5 月底，百度上线了石榴算法，针对低质量页面进行惩罚。石榴算法 1.0 针对的是含有大量妨碍用户正常浏览的恶劣广告的页面，尤其是大量低质量弹窗广告、混淆页面主体内容的垃圾广告。

石榴算法是否还有 2.0 或第二期、第三期，百度没有公布，但资源平台既然提到第一期这个说法，估计至少算法是个不断调整的过程，有可能还有针对其他低质量页面的更新，只是没有公布。

另外，百度在 2013 年 5 月还公布了起源算法，用于识别原创内容，打击采集站、伪原创站。2015 年 3 月，百度又提出了扶持新好站的蝶变计划。

2017—2019 年，百度上线了 3 版飓风算法，同样以打击采集、拼接的低质量内容页面为主，给优质原创内容提供了更多展示机会。这一系列算法和计划都有助于提升高质量内容页面的排名。

什么样的内容才是高质量的？《百度搜索引擎网页质量白皮书》中给出了百度眼中的高质量：花费了较多时间和精力编辑，倾注了编者的经验和专业知识，内容清晰、完整且丰富，信息真实有效，安全无毒，不含任何作弊行为和意图，对用户有较强的正收益。

百度将内容制作花费时间和精力列在最前面是很值得思考的。其他要求我们经常提到，但内容制作成本是我们以前没有注意，仔细思考后确实是可衡量、有意义的指标。

从百度和 Google 近年推出的算法更新对比可以很明显地发现，搜索引擎对搜索质量的关注点是极为类似的，几乎同时期上线了针对低质量内容、垃圾链接的更新，后来又都开始关注移动友好性和用户体验。读者参考 14.5 节和 14.6 节中的内容后一定会得出与我相同的结论。

不同的地方是，相对于 Google 算法命名的黑白动物系列，百度前期使用的是植物系列，后来改为天气预报系列。

14.4 Google 核心算法更新及 E-A-T 概念

近两年，Google 很少公布针对特定问题的算法更新，公布的基本上都是所谓核心算法更新（Core Algorithm Update）。

14.4.1　Google 核心算法更新

2018 年 3 月 4 日开始，Google 排名大幅波动，持续了将近两周，Glenn Gabe 将其称为 Brackets Update。Google 确认了这次更新，但没有给出更多信息，只是表示像这样的全面核心算法更新，每年会有几次。Google 解决特定问题的更新，通常在内部称为 focused，这种不针对特定问题的，称为 core update，也就是核心算法更新。

2018 年 8 月 1 日，SEO 相关论坛开始有人反应网站排名和搜索流量出现大幅变化。Google 官方 Twitter 当天确认这是一次全面核心算法更新（Broad Core Algorithm Update）。Google 表示这次更新是全球范围，针对所有网站、所有查询词的。不过一些统计表明，某些行业受的影响更大，受影响最大的是健康医药行业，所以 SEO 们又把这次更新称为 Medic Core Algorithm Update。

2019 年 3 月 12 日开始，SEO 相关论坛很多人发现 Google 排名有大幅度变化，应该是有比较大的算法更新。WebmasterWord 的 Brett Tabke 一时兴起，在命名 Florida 更新 15 年后，再次把这次更新命名为 Florida 2 更新，因为他们刚好在佛罗里达开完 PubCon 大会。Google 官方很快承认确实上线了核心算法更新，为了避免 SEO 们混淆，把这次更新正式命名为"2019 年 3 月核心更新"（March 2019 Core Update），并表示以后核心算法更新命名都用这种格式，更新类型和时间都一目了然。

到目前为止（2020 年 12 月），Google 又上线了几次核心算法更新：2019 年 6 月，2019 年 9 月，2020 年 1 月，2020 年 5 月，2020 年 12 月。

14.4.2　被核心算法更新影响怎么办？

Google 在每次核心算法更新后都表示，没办法针对核心算法更新进行优化，SEO 们能做的只是专心做好高质量内容。如果 Google 算法更新是针对特定问题，如页面速度、链接、移动友好等，他们会公布的，但这种核心算法更新是全面性的，SEO 没什么能优化的，Google 的原话是"no fix"。在更新中排名下降也不一定是页面有问题，而是其他页面以前被低估，现在被重新认可上升了。

那么什么样的内容会被 Google 认为是高质量的呢？以前是 SEO 大佬、2017 年加入 Google 的 Danny Sullivan 多次提到让 SEO 们仔细看《Google 搜索质量评分指南》（简称"指南"）。这份指南是 Google 质量评估员的培训材料，2008 年就开始在网上流传，2013 年 Google 直接提供官方下载了。

Google 质量评估员是 Google 通过第三方公司聘用的合同制或兼职职位，任务就是对搜索结果进行评估。他们大部分不是站长或 SEO，只是普通用户，很多是主妇、无业人员、学生，他们是从普通、正常用户角度评估搜索结果和页面质量的。当然，也有 SEO 做评估员的，我就认识几个。全球有大约 1 万名质量评估员。应聘人员需要通过考试，一部分是 24 道理论题，另一部分是 270 道实践题，要求较高，所以必须有培训材料。

指南发布了好几个版本，读者感兴趣的话可以到我博客下载最新及历史版本：

https://www.seozac.com/google/google-quality-rating-guidelines/

指南很长，内容丰富，建议做英文 SEO 的仔细读一下原文。

14.4.3 YMYL 网站及 E-A-T 概念

2019 年版的《Google 搜索质量评分指南》引起 SEO 们最大关注的是两个概念：一个是 YMYL 类型页面，一个是 E-A-T 概念。

YMYL 是 Your Money or Your Life 的简写，我把它翻译为"要么要钱，要么要命"类页面，指的是影响用户未来快乐、健康、财政稳定、安全等的页面，包括：

- 购物网站，以及可以线上转账、付账单等交易的页面。
- 提供有关投资、税务、退休计划、买房、大学学费、买保险等方面建议或信息的页面。
- 提供健康、药物、疾病、精神健康、营养等方面建议或信息的页面。
- 提供重要公众信息的官方或新闻页面，如涉及当地/国家政府政策、流程、法律、灾难应急服务等信息的页面，涉及重要国际事件、商业、政治、科技等的新闻页面。这部分需要评估员运用自己的知识和判断力，不是所有新闻页面都属于 YMYL 页面。

Google 对 YMYL 页面有最高要求，要想得到页面质量高分，需要审查：

- 达到页面的目的，满足用户搜索需求。
- 专业度、权威度、信任度，也就是所谓 E-A-T（下文将进行说明）。
- 高质量内容，包括文字、图片、视频、功能。除了质量，还要求有合适的数量。
- 网站背景信息、主体内容创作者信息，包括网站本身描述的和其他信息来源的。
- 网站和主体内容创作者声誉，主要依据独立信息来源判断。

尤其要注意的是，质量评估员不仅要看页面本身，还会到其他信息来源调查网站及内容创造者的背景和声誉。

所谓 E-A-T，是英文 Expertise, Authoritativeness, Trustworthiness 的缩写，也就是页面的专业度、权威度、信任度。页面内容质量所表现出的时间、人力等成本，所需要的专业性、才能和技巧，往往是 E-A-T 高低的依据之一。同样，网站负责人、内容创作者背景、名誉等第三方信息也是 E-A-T 的判断依据之一。

内容本身的高质量要求是显而易见的。值得注意的是，以前大家比较少考虑的内容创造者的专业资质要求。

有些类型或主题的页面，对正规专业资质没那么高的要求。比如回答癌症患者存活期这类问题的论坛帖子，虽然与医药有关，属于 YMYL 主题，但这个具体问题并不需要什么特殊专业资质，需要的只是相关生活经验。

再比如很多极为详细、对用户很有帮助的饭馆、酒店评论，还有菜谱、笑话之类的网站，也没什么正式专业要求，有真实消费或实践经验就行。

这种页面内容创作者只要有足够的相关生活经验，就可以成为这个领域的专家，不需要正规学历、训练，Google 称之为"日常生活专业度"，同样予以重视。在部分主题下，具有日常生活经验的普通人才是真正的专家。

有些主题则不同，尤其是 YMYL 页面，需要正规的专业性，而专业性是权威性和信任度的前提。这类主题如下。

- 医疗建议类内容要想获得 E-A-T 高分，内容创作者应该是有医学相关资质的机构或个人。另外，医疗建议类内容使用专业格式，经常编辑更新。
- 高 E-A-T 的新闻文章应该是专业记者写的，而且要事实准确、条理清晰。高 E-A-T 的新闻源通常会公布成熟的编辑准则和详细审核过程。
- 高 E-A-T 的科学话题内容应该是具有适当的科学专业性的机构或个人写的。如果是科学界有共识的问题，文章应该代表共识意见。
- 高 E-A-T 的金融/财政、法律、税务建议类内容应该来自被信任的信息源，且经常维护、更新。
- 有些日常但还是需要些专业性的话题，如房屋改建、养儿育儿，高 E-A-T 的内容还是应该来自专家或用户可以信任的有经验人士。
- 业余爱好如摄影、弹琴，高 E-A-T 的内容也需要专业性。

了解 Google 近几年核心算法更新历程及 E-A-T 概念后，很多 SEO 会心生感慨，SEO 也太难了，这些都远远超出 SEO 控制范围了。也许这就是 Google 的目的和 SEO 的未来，在解决技术问题和页面抓取、页面易用性和用户体验后，SEO 接下来就要比拼专业内容质量了。

无独有偶，百度于 2020 年 4 月发布的《百度搜索优质内容指南》也提到，百度衡量优质内容的第一个维度就是"出身"，也就是内容生产者的权威可信度和资质。仔细读一下百度的指南，会发现其与 Google 的关注点依然是非常相似的。

14.5　百度算法更新列表

下面是百度公布的算法更新列表。百度的最新更新读者可以参考博客"SEO 每天一贴"中的帖子《百度算法更新大全》，帖子会随时更新（https://www.seozac.com/baidu/algorithm-updates/）。

百度绿箩算法

上线时间：2013 年 2 月 19 日

打击对象：买卖链接的行为，包括超链中介、出售及购买链接的网站。

绿箩算法影响了 10 万多个低质站点。

百度石榴算法

上线时间：2013 年 5 月 24 日

打击对象：含有大量妨碍用户正常浏览的恶劣广告的页面、低质量内容页面。

石榴算法尤其针对弹出大量低质弹窗广告、混淆页面主体内容的垃圾广告页面。

绿箩算法 2.0

上线时间：2013 年 7 月 1 日

打击对象：到处发布推广性软文的现象。

软文中的外链将被过滤，加大惩罚发布软文及软文目标网站（也就是通过软文获益的网站）力度。

百度冰桶算法 1.0

上线时间：2014 年 8 月 30 日

打击对象：移动端影响用户体验的落地页。

冰桶算法 1.0 主要打击对象包括强行弹窗 App 下载、强制用户登录、大面积广告等影响用户正常浏览体验的页面，尤其是必须下载 App 才能正常使用的站点。

百度冰桶算法 2.0

上线时间：2014 年 11 月底

打击对象：移动页面全屏下载、在狭小的手机页面布设大面积广告遮挡主体内容、强制用户登录才可以使用等。

百度冰桶算法 3.0

上线时间：2016 年 7 月 7 日公布，7 月 15 日上线

打击对象：打断用户完整搜索路径的行为。

所谓打断用户完整搜索路径，主要指的是用户访问移动页面时，被强迫打开、下载该网站的 App 才能继续浏览或使用，但这些 App 又不一定是必要或者常用的，简单获取信息的行为被强行变成复杂或高成本的下载行为。百度移动搜索会大幅降低这类页面在移动搜索中的评价。

百度天网算法

上线时间：2016 年 8 月 10 日公布

打击对象：盗取用户隐私的网站。

盗取用户隐私主要表现为网页嵌恶意代码，用于盗取用户的 QQ 号、手机号等。被检测处罚的网站经过整改，达到标准，会解除处罚。

百度冰桶算法 4.0

上线时间：2016 年 9 月 19 日公布

打击对象：广告过多、影响用户体验的移动页面。

SEO 需要优化页面广告布局，控制每屏广告的比例，保障用户浏览体验。

百度冰桶算法 4.5

上线时间：2016 年 10 月 26 日公布

打击对象：发布恶劣诱导类广告的页面。

所谓恶劣诱导类广告，指的是通过色情动图、色情导航、露骨文本、赌博等吸引眼球的形态诱导用户点击非法广告。

百度蓝天算法

上线时间：2016 年 11 月 21 日公布

打击对象：打击新闻源售卖软文、目录行为。

触发蓝天算法问题网站将被清理出新闻源，同时降低其在百度搜索系统中的评价。

百度烽火算法 1.0

上线时间：2017 年 2 月 23 日公布

打击对象：百度移动搜索页面劫持。

所谓移动搜索页面劫持，指的是用户浏览完这类作弊页面后返回搜索结果时，没有

返回到真正的百度移动搜索结果页面，而是进入一个假的百度移动搜索结果页面，该页面模拟了百度搜索结果首页，但实际上是一个虚假的高风险站点，用户访问存在极大的安全隐患。使用 https 有助于减少类似页面劫持。

百度飓风算法

上线时间：2017 年 7 月 4 日公布

打击对象：严厉打击以恶劣采集为内容主要来源的网站。

恶劣采集的页面将从百度索引库中被彻底清除，给优质原创内容提供更多展示机会。

飓风算法会例行产出惩罚数据，同时会根据情况随时调整迭代。似乎是线下预处理数据，计算后集中上线。

百度蜘蛛升级 https 抓取

上线时间：2017 年 8 月 30 日公布，8 月期间已上线

主要影响：升级了对 https 数据的抓取力度，https 数据将更快被蜘蛛抓取到。

除了抓取，百度表示 https 页面在权重上也有加分，其原话是"网站评价高、落地页评价高、搜索展示等收益优待。"

百度清风算法

上线时间：2017 年 9 月 14 日公布，9 月底上线

打击对象：提过页面标题作弊，欺骗用户获得点击的行为。

标题作弊主要指标题内容虚假（诸如标题党、假官方网站、假下载页面、假在线观看等），或在标题中故意堆砌关键词等行为。

百度闪电算法

上线时间：2017 年 10 月 19 日公布，10 月初上线

主要影响：移动页面首屏加载时间将影响搜索排名。

移动网页首屏在 2 秒之内完成打开的，在移动搜索排名中获得一定提权和流量倾斜，移动页面首屏加载非常慢的（3 秒及以上），将会被降权；2～3 秒之间的，不升不降。

百度惊雷算法

上线时间：2017 年 11 月 20 日公布，11 月底上线

打击对象：通过刷点击提高百度排名的行为，也就是百度快速排名。

惊雷算法会例行产出惩罚数据，对存在点击流量作弊的行为进行惩罚，另对有判罚纪录的网站加以严惩，严重者将长期封禁。

既然是刷排名，就可以给竞争对手刷，为了防止别人陷害，惊雷算法会综合考虑网站质量、历史数据等多维度特征，不可能仅看点击数据，不然太容易陷害竞争对手了。

百度清风算法 2.0

上线时间：2018 年 5 月上旬

打击对象：欺骗下载、欺骗用户下载的网站将永久封禁。

所谓欺骗下载包括：实际下载资源与用户需求不符，下载资源无效，利用无关内容诱导用户下载。

百度烽火算法 2.0

上线时间：2018 年 5 月底

打击对象：窃取用户数据和恶意劫持。

恶意劫持，除了烽火算法 1.0 打击的虚假百度搜索页面，也包括用户访问页面后，点击浏览器后退按钮还是无法返回百度搜索结果页面，用户被困在网站内。

百度惊雷算法 2.0

上线时间：2018 年 5 月底

打击对象：恶意制造作弊超链和恶意刷点击行为。

对作弊网站惩罚，清洗作弊链接、清洗点击，并将网站作弊行为计入站点历史，严重者将长期封禁。

百度季风算法

上线时间：2018 年 6 月中旬

打击对象：领域和内容严重不匹配的熊掌号。

领域与内容严重不匹配主要指的是两个领域：注册领域不是健康领域，也没有医疗资质，却发布医疗内容；不是财经领域，没有财经专业资质，却发布财经类内容。

百度细雨算法

上线时间：2018 年 6 月 28 日公布，7 月中旬上线

打击对象：页面标题、正文作弊的供求、黄页类 B2B 网站。

标题作弊包括：冒充官网，堆积关键词，穿插火星文或特殊符号意图吸引眼球，穿插受益方式如联系电话。

正文作弊包括：无价值内容的采集、拼接或内容不完整，各种方式（英文、谐音、图片等）穿插联系方式。

百度飓风算法 2.0

上线时间：2018 年 9 月

打击对象：进一步严厉打击以恶劣采集行为。

被惩罚的网站包括：大量采集其他网站的内容，信息无整合，对用户无增益价值，自身内容生产力差，多段文章拼接的内容，大量与本站主题无关的采集内容。

百度清风算法 3.0

上线时间：2018 年 10 月

打击对象：不符合百度搜索下载站质量规范的网站。

清风算法 3.0 对下载站的标题作弊、欺骗下载、捆绑下载进行惩罚。

百度冰桶算法 5.0

上线时间：2018 年 11 月下旬

打击对象：用户体验有问题的移动落地页。

冰桶算法 5.0 以《百度移动搜索落地页体验白皮书 4.0》为标准，过滤或删除违规移动页面，涉及了页面加载速度（首屏需要 1.5 秒内加载完成）和流畅性、页面排版布局、页面移动友好、广告规范、禁止 App 强制下载或自动调起等。

百度烽火算法 2019 年升级

上线时间：2019 年 3 月及 10 月

打击对象：恶意劫持。

网站劫持严重危害用户网络安全，因此一直是百度搜索重点打击对象之一，针对页

面劫持的烽火算法也持续迭代升级。2019 年烽火算法升级除了针对前两次烽火算法的劫持页面，还增加了惩罚用户访问页面后直接跳转至另一个页面，以及用户点击浏览器返回按钮却被返回到之前并没有访问过的垃圾、作弊低质页面。

百度信风算法

上线时间：2019 年 5 月

打击对象：利用翻页诱导用户的行为。

设置虚假翻页，用户点击翻页或下一页链接，自动跳转到其他频道页，刻意拆分简短文章为多个分页，会被惩罚。

百度飓风算法 3.0

上线时间：2019 年 8 月

打击对象：跨领域采集及站群网站。

采集、发布的内容与主站或首页领域不相关，网站没有明确领域或行业，内容涉及多个领域，领域模糊、专注度低，批量制造的内容质量低、相似度高的网站，是飓风算法 3.0 的主要点击对象。

百度细雨算法 2.0

上线时间：2019 年 11 月

打击对象：B2B 领域低质内容，包括黄页、加盟代理、生产代工、批发交易等内容网站。

页面内容恶劣采集，发布软文信息，发布空白页面，商品信息与实际情况不符，功能不可用，低质量图片或文字内容等会被惩罚。

百度劲风算法

上线时间：2020 年 2 月

打击对象：通过恶意构造聚合页面内容获得搜索排名。

恶意聚合页面包括：页面内容与网站所属领域不符、采集拼凑内容，页面内容与聚合标签不符，搜索功能生成的静态搜索结果页，空短、无有效信息的聚合页。

打击赌博算法

上线时间：2020 年 4 月

打击对象：赌博、博彩等违法违规内容。

冰桶算法 5.0 升级

上线时间：2020 年 6 月

打击对象：强制用户调起 App，影响用户搜索体验的行为。

以《百度 App 移动搜索落地页体验白皮书 5.0》为标准，惩罚搜索内 App 调起等影响用户体验的页面。

14.6　Google 算法更新列表

下面是 Google Florida 算法之后的更新列表。最新完整 Google 算法更新列表，读者可以参考博客"SEO 每天一贴"中的帖子《Google 算法更新大全》（https://www.seozac.com/

gg/google-algorithm-updates/）。

帖子会随时更新，具有时效性。

Florida Update

上线时间：2003 年 11 月

受影响网站：以商业意图明显的关键词为主。

Florida Update 打击了一系列不自然的优化方法，包括隐藏文字、关键词堆积、链接农场、大量交换链接、过度优化等。

Brandy Update

上线时间：2004 年 2 月

受影响网站：链接锚文字作用提高，链接需要来自好邻居的概念第一次被提出来。索引库增长，抓取索引了很多新的链接，一些网站获得了更高权威度。

Allegra Update

上线时间：2005 年 2 月

受影响网站：不明确，或者说范围广泛，包括低质量外链、关键词堆积、过度优化等。

Jagger Update

上线时间：2005 年 9—11 月

受影响网站：Jagger 分 3 个阶段上线，所以包含了有 Jagger1、Jagger2、Jagger3 名字的网站。Jagger 更新主要打击低质量链接，如交换链接、链接农场、买卖链接等。

大爸爸（Big Daddy）

上线时间：2005 年 12 月至 2006 年 3 月

大爸爸是一次 Google 算法基础架构的重写，解决了网址规范化、301 转向、302 转向等技术问题。大爸爸是逐个数据中心更新的，不是同时上线。

大爸爸这名字怎么来的？据 Matt Cutts 帖子中表示，在 2005 年 12 月的 PubCon 会议上，Matt Cutts 征求大家对这次更新的反馈，Matt Cutts 知道更新已经在一个数据中心上线了，所以问大家有什么好名字来指代这个数据中心，一位站长说，叫 Big Daddy 吧，他的孩子就这么叫他的，Matt Cutts 觉得挺好，就使用这个名字了。

Vince/品牌更新（Vince/Brand Update）

上线时间：2009 年 2 月 1 日

受影响网站：大品牌网站页面在很多查询结果中（都是非长尾的大词）排名显著提高，所以最初被称为品牌更新。

Matt Cutts 后来解释，这次更新其实只是很小的变化，负责的 Google 工程师名字叫Vince，所以 Google 内部代码名称是 Vince。这个变化并不是刻意针对大品牌的，而是提升信任度在排名中的作用，而在信任度、质量、链接这些方面，大品牌更有优势，所以表现出来的效果好像是大品牌页面被提升。

页面速度因素（Page Speed Ranking Factor）

上线时间：2010 年 4 月

受影响网站：顾名思义，打开速度快的页面排名会给予提升，虽然幅度不大。速度的测量包括蜘蛛抓取时页面的反应速度和工具条记录的用户打开页面时间。

2013 年 6 月，Matt Cutts 暗示，速度特别慢的页面可能会被惩罚，不过也不用特别担心，除非页面速度慢到一定程度。

Mayday Update

上线时间：2010 年 4 月 28 日至 5 月 3 日

受影响网站：根据 Matt Cutts 的视频说明，Mayday Update 主要针对长尾查询词，算法会寻找哪些网站的页面质量更符合要求。SEO 们的观察是，受影响的主要是大型网站上与首页点击距离比较远、没什么外链、内容没有什么附加价值的页面。很多电商网站的产品页面就是这样的，内容是供应商给的，也不大可能有外链。

咖啡因更新（Caffeine Update）

上线时间：2010 年 6 月 1 日

咖啡因更新是一次索引系统代码的重写，新系统对旧系统 50%的内容更新，索引数量更大，更有扩展性，速度更快。原来的索引系统是分层的，有的内容（重要内容）抓取索引更快，有的内容就得等比较长时间。咖啡因系统把网络分成小区块，持续更新索引库，发现新页面或老页面上的新内容，直接进入索引库。

负面评价处理（Negative Review）

上线时间：2010 年 12 月 1 日

受影响网站：这个算法起源于 Google 员工读到了《纽约时报》的一篇报道，一位顾客在某商家的体验很差，所以上网写了负面评论，但负面评论却给商家带来更多链接，链接又导致商家网站排名上升，带来更多生意。Google 很快采取措施，检测这类负面评论的情绪意义，降低相应商家排名。

采集惩罚算法（Scraper Algorithm）

上线时间：2011 年 1 月 28 日

受影响网站：采集、抄袭的内容页面被惩罚，奖励原出处。2%的查询受影响。

熊猫更新（Panda Update）

上线时间：2011 年 2 月 24 日

受影响网站：低质量内容页面排名被降低。详见 14.2.1 节。

新鲜度更新（Freshness Update）

上线时间：2011 年 11 月 3 日

受影响网站：更新鲜的内容会被更多地展示在搜索结果中，尤其是最近事件或热门话题、定期举办或发生的事件（如奥运会之类）、经常会更新的信息（如最新产品）。影响了 35%的查询。

当然，这只适用于更需要新鲜信息的查询，有的查询并没有太大实效性，如菜谱，就不必太担心。

页面布局惩罚算法（Page Layout Algorithm）

上线时间：2012 年 1 月

受影响网站：第一屏显示过多广告的页面会被降低排名，因此也常被称为 Ads Above The Fold（第一屏广告）算法。

1%的查询词受影响。被惩罚的网站修改页面布局后，Google 会重新抓取、索引，如果页面用户体验已经改善，就会自动恢复。

2012 年 10 月 9 日，Page Layout 2.0 上线，2014 年 2 月 6 日，Page Layout 3.0 上线。

企鹅更新（Penguin Update）

上线时间：2012 年 4 月 24 日

受影响网站：Google 的官方帖子声明此更新打击的是违反 Google 质量指南的垃圾网站，后续排名变化的分析表明受惩罚的主要是垃圾外链、低质量外链，详见 14.2.2 节。

DMCA 惩罚算法（DMCA Takedown Penalty）

上线时间：2012 年 8 月 13 日

受影响网站：DMCA 是《美国千禧年数字版权法》(*Digital Millennium Copyright Act*) 的缩写。根据这个法案，版权作品被侵权，版权所有人可以向服务商要求删除侵权内容，服务商可以是主机商、域名注册商、ISP，以及搜索引擎。DMCA 算法就是对收到很多侵权投诉删除要求的网站，Google 给予排名惩罚。

DMCA Takedown Penalty

又被称为 Pirate Update（海盗算法）。

上线时间：2014 年 10 月 21 日

DMCA 惩罚算法上线 2.0 版本，很多 BT 种子网站、视频网站被大幅惩罚。

完全匹配域名惩罚（EMD Update）

上线时间：2012 年 9 月 29 日

受影响网站：低质量的完全匹配域名（Exact Match Domain）网站，也就是域名与目标关键词完全一样的网站。URL 中包含关键词对排名有一些帮助，所以不少 SEO 用目标关键词注册域名。这种域名确实有过好处，但现在内容质量不高的话反而可能被惩罚。

发薪日贷款算法（Payday Loan Algorithm）

上线时间：2013 年 6 月 13 日

受影响网站：针对垃圾和黑帽手法盛行的一些行业的查询词重点打击，如 Payday Loan（发薪日贷款，一种小额、短期、利息高的贷款，一般下个发薪日就还上）、色情行业等。这些行业常用的作弊手法也多是非法的。

2014 年 5 月 16 日，发薪日贷款算法 2.0 上线，2014 年 6 月 12 日，发薪日贷款算法 3.0 上线。

蜂鸟算法（Hummingbird Algorithm）

上线时间：2013 年 8 月

受影响网站：蜂鸟算法是一次排名算法的重写，改进对查询词真实意图的理解，更重要的是未来的扩展性。虽然代码是完全重写的，但排名因素及参数变化不多，所以上线后 SEO 行业基本没有人注意到。

鸽子更新（Pigeon Update）

上线时间：2014 年 7 月 24 日

受影响网站：鸽子更新是本地搜索算法的一次更新，改进了距离和定位排名算法参数。这个名字不是 Google 命名的，是 Search Engine Land 给予的命名。之所以取"鸽子"

这个名字是因为鸽子会回家，有本地意识。

HTTPS 更新（HTTPS Update）

上线时间：2014 年 8 月 7 日

受影响网站：使用了 HTTPS 的页面排名会稍微提升一点。Google 声明这只是个很小的排名因素，但事实上对网站采用 HTTPS 起到了很大推动作用。

移动友好算法（Mobile Friendly Algorithm）

上线时间：2015 年 4 月 21 日

受影响网站：在移动搜索中给予移动友好的页面排名提升，也被称为 Mobilegeddon ——天劫算法。

Google 曾经预报说移动友好算法比熊猫更新和企鹅更新的影响还要大，但由于 Google 很早就提醒 SEO 们移动友好的重要性，很多网站已经做了移动优化，所以这次更新没有预计的那么有震撼性。

质量更新（Quality Update）

上线时间：2015 年 5 月 1 日左右

受影响网站：内容质量低的页面，但不是熊猫算法。Google 虽然确认了这次更新，但表示这只是 Google 经常做的算法更新之一，调整了评估内容质量的方法。

RankBrain

上线时间：消息是 2015 年 10 月 26 日通过 Bloomberg 的一篇文章公布的。算法上线时间应该在 2015 年上半年。

RankBrain 严格来说不算排名算法，而是以人工智能为基础的深入理解用户查询词真实意图的系统，尤其是长尾的、不常出现的查询。2015 年刚上线时，15%查询词经过 RankBrain 处理，2016 年开始，所有查询词都经过 RankBrain 处理。

被黑网站删除算法（Hacked Spam）

上线时间：2015 年 10 月

受影响网站：被黑的网站，包括病毒、引导流量到色情、侵权产品、非法药物网站等。这些页面会从搜索结果中直接删除，所以有时候搜索结果页面可能只有 8～9 个结果。以前通常是在搜索结果中标注这个页面可能被黑了，现在就直接删除了。5%左右的查询受到影响。

App 安装插页广告惩罚（App Install Interstitial Penalty）

上线时间：2015 年 11 月 2 日

受影响网站：页面会弹出大幅、遮挡主体内容的插页，要求用户下载 App，这种页面被认为不移动友好，在移动搜索中会被降低排名。页面可以建议用户下载 App，但不要使用大幅甚至全屏广告，用顶部 banner 广告是没有问题的。

移动友好算法 2（Mobile Friendly Algorithm 2）

上线时间：2016 年 5 月 12 日

受影响网站：2015 年 4 月 21 日 Google 移动友好算法的第一次更新，使更多移动友好页面能被用户看到。

移动页面干扰插页惩罚算法（Intrusive Interstitial Penalty）

上线时间：2017 年 1 月 10 日

受影响网站：这个惩罚算法针对移动页面上挡住主题内容的弹窗，以及干扰用户访问的大幅插页式广告。用户需要关掉插页才能看到页面实际内容，有时候需要等待 5～10 秒才能关掉插页。据统计，此次更新被惩罚的网站并不多。

弗雷德更新（Fred Update）

上线时间：2017 年 3 月 8 日

受影响网站：广告过多的低质量内容网站，这类网站之所以存在，就是为了放 AdSense 之类的广告，并没有提供给用户更多价值。

猫头鹰更新（Project Owl）

上线时间：2017 年 4 月 25 日

受影响网站：虚假新闻内容，如编造的假新闻、极度偏见、煽动仇恨、谣言等。

移动优先索引（Mobile First Index）

上线时间：2017 年 10 月中旬

受影响网站：移动优先索引指的是 Google 优先索引网站移动版本，并作为排名依据。以前索引库是以 PC 版本为主的。Google 在 2016 年年底就开始宣传移动优先索引，2017 年 10 月中旬，Google 透露一小部分网站开始转为移动优先索引。

之后的三年时间里，大部分网站逐渐转为移动优先索引。2020 年 10 月，John Muller 在 PubCon 大会上公布；2021 年 3 月，Google 把所有网站转为移动优先索引，不再索引 PC 页面。

马加比更新（Maccabees Update）

上线时间：2017 年 12 月 12 日

受影响网站：刻意为各种关键词组合建立的大量着陆页，比如"地名 A+服务 a""地名 A+服务 b""地名 B+服务 a"等，为了覆盖这些关键词，制造大量页面，质量通常不会高。

Brackets 核心算法更新（Brackets Update）

上线时间：2018 年 3 月 7 日

受影响网站：所有网站。

这是一次全面核心算法更新。

移动页面速度更新（Mobile Speed Update）

上线时间：2018 年 7 月 9 日

受影响网站：页面速度影响移动搜索排名。从 2010 年开始，页面打开速度就是排名因素之一，但以前指的是影响 PC 端搜索排名，这次才开始影响移动搜索排名。

多样性更新（Diversity Update）

上线时间：2019 年 6 月 4 日

受影响网站：在搜索结果前几页有多个排名的网站。

所谓多样性更新指的是，大部分查询词，Google 将只给同一个域名最多两个排名（应该指的是前几页的排名），这样搜索用户不会在搜索结果页面上看到同一个网站占据很多位置。子域名和域名采用同样的对待方式，所以多个不同子域名也最多给两个排名。

BERT 算法更新

上线时间：2019 年 10 月 22 日

受影响网站：大致 10%的查询词。

BERT 是一种基于神经网络的自然语言处理预训练技术，可以更深入地从完整的上下文理解词义，也能更准确理解搜索查询词背后的真正意图。

Google 认为 BERT 算法更新是自 5 年前 RankBrain 之后在算法方面最大的突破性进展，也是搜索历史上最大的突破之一。

第 15 章

SEO 案例分析

市面上已经有很多 SEO 的图书了。在规划本书内容时，我一直在琢磨怎样才能让本书与众不同，而且对想实践 SEO 的读者最有助益。研究了一些 SEO 书和教程后觉得，一个完整、详细的案例可能是个亮点。不是那种简单几页的分析说明，而是非常完整、详细的案例，从竞争研究到网站诊断，还包括优化细节说明。

选择案例时经过了一些思考。

首先，网站不能太大，也不能太小，不然对普通站长和企业的借鉴意义不大。毕竟，不可能人人都做一个上千万页面的门户，分析几十页几百页的小网站又会漏掉很多重要的 SEO 技巧。所以，案例网站的规模应该为几十万至几百万页面为最佳。最后选定的亿赐客网站是几百万页面规模。

其次，网站不能是和自己无关的，不然所谓的案例就只能从表面现象分析，而不一定能看到本质。经常在网上看到分析成名网站 SEO 方法的文章，但其实在没有内部消息的情况下分析别人的网站有时是不可靠的，因为很多时候网站上存在的东西外人无法知道其真正原因。就算仔细研究一个 SEO 非常成功的网站，他们使用的方法可能是很多因素和限制折中后的结果，而不是最好的方法，甚至可能是他们 SEO 部门深恶痛绝却没有权力改变的办法。

举个例子，美丽说是前些年 SEO 及品牌都表现不错的网站之一，曾经火爆一时。美丽说网站有不少颠覆传统 SEO 的地方，比如产品页面既没有面包屑导航，也没有侧导航，这在传统用户体验和 SEO 观念中是不应该的。但一个 SEO 表现很好的网站就这么做了，这是为什么？要不要学？外人很难知道背后的原因。其实也很简单，和 SEO 没有什么关系。美丽说的创始人认为，一个"美"的页面就应该没有那些导航的干扰。不知道内情的人去分析，很可能分析出不着边际的原因来。

当然，分析别人的网站是学习 SEO 技巧的重要途径之一，但首先需要学会鉴别，以免被误导。

只有自己经手优化的网站才能对其从里到外彻底了解，知道每个地方改进了什么，为什么改进，改进了以后有没有效果。所以本书选定了亿赐客网站作为案例与合作伙伴，我出报告，他们可以实施优化。

另外，网站要不怕被曝光。这是不能选 SEO 服务客户的原因之一。很少有公司愿意透露网站数据和优化过程，因为面临被搜索引擎注意和被同行抄袭的很大风险。亿赐客团队对此的态度是：我们坚信自己的网站在本行业里用户体验最好、技术最优秀、保证完全使用白帽的，不怕被曝光、被抄袭。

最重要的是，网站不能是以前的项目，不然说服力不大。谁都能拿一个已经成功的网站来举例，不成功的项目就不提了。所以本章中的案例是专门为本书选择和优化的，并且案例网站在本书第 1 版出版以前就公布了。我的优化报告于 2009 年 10 月提供给亿赐客网站，2010 年 1 月第一个优化版本上线，之后又经过了多次的观察和修改。

所以，本案例是个真正详细说明优化过程及效果的案例。我在写优化报告和本书的其他章节时，自己都还不知道效果会如何。

我希望，这是这本书最有说服力的地方。我还没见过这样的案例。大家都明白，这是要冒风险的，除了曝光、抄袭的顾虑，毕竟搜索引擎不是我们掌控的，谁也不能保证排名和流量。但我还是决心实施并公布这样一个案例。要做，就做不一样的。哪怕案例失败，相信很多人也能从中获取经验教训。

看过我博客的人一定都知道，在我开始写这本书时就确定了这样一个案例，而且间接提到过案例网站，所以，冒险公布未完成案例是一开始就决定的，而不是看到优化有效果后再来公布。

现在距离案例网站操作已经过了 10 年，很多情况发生了变化，不仅搜索引擎算法有改变，亿赐客网站出于商业原因已经业务转型，当时研究的主要竞争对手也都消失了，可以说，国内比较购物这个业务模式已经失败。但是，SEO 的基本原理、过程和技巧并没有太大变化，网站分析及优化的思路没有变化，而且我预计在接下来四五年内依然不会有大的变化。所以，案例中的竞争对手分析、网站本身诊断过程和优化方法目前同样适用。

实际上，白帽 SEO 手法在过去 10 年来基本没有发生什么本质变化，因为搜索引擎本身的目的没有变，那就是为用户提供有用的信息。

希望下面的案例详情对广大站长和企业有所帮助。

15.1　竞争对手分析

亿赐客（yicike.com）是一个比较购物网站。除了产品说明，用户还可以在网站上看到产品在不同电子商务网站的报价和一些其他信息（如促销、配送方式等），是帮助用户选择最好商品的购买网站。

2009 年 6 月，我刚刚接触对方时，其名称为"亿枝客"。2010 年才改为"亿赐客"。

首先，确定主要竞争对手。这一步相对简单，在搜索引擎输入"比较购物"，再简单查看一些相关文章，就可以大致确定几个主要竞争对手网站：

- 聪明点
- 智购
- 大拿网
- 丫丫网
- 特价王

在开始这个项目之前，我对中文比较购物网站了解不多。搜索以后确定的几个竞争网站，与从亿赐客那里得到的信息基本一致。

15.1.1　了解网站基本数据

了解网站基本数据，尤其是外部链接和社会化网站数据，可以使用 SEOBook 的 SEO for Firefox 插件（本节提到和使用的插件和查询工具在本书第 12 章中都有详细介绍），如图 15-1 所示。

图 15-1　2009 年 7 月 12 日几个比较购物网站数据抓图

从图 15-1 可见，在搜索"比较购物"时，图中几个网站并没有连续排在一起。为显示和比较方便，此处将几个主要竞争对手网站剪裁到一个图片中。这是本书唯一经过处理的抓图。

本章对各相关网站分析的图片绝大部分来自 2009 年 7 月的抓图。本书引用的竞争对手网站资料均来自网上免费、公开的数据，任何人都可以查询，不涉及商业机密。

如图 15-1 所示，各个竞争对手的基本情况一目了然。表 15-1 是从抓图中挑出的几个最重要数据。

表 15-1　2009 年 7 月 12 日记录的竞争对手数据

	Google PR 值	首页快照新鲜度	年　龄	雅虎全站外链	雅虎首页外链	Google 收录	开放目录
聪明点	6	2009 年 7 月 10 日	2003 年 10 月	1 250 000	1 200 000	6 640 000	收录
智购	5	2009 年 7 月 11 日	2004 年 4 月	163 000	69 900	1 580 000	无
丫丫网	6	2009 年 7 月 8 日	2004 年 12 月	154 000	130 000	471 000	无
特价王	5	2009 年 7 月 10 日	2001 年 2 月	220 000	72 700	289 000	收录
大拿网	6	2009 年 7 月 9 日	2005 年 10 月	426 000	330 000	842 000	收录

相比之下，亿赐客域名 2007 年 8 月才注册，网站首页 PR 值为 5，快照日期没有显示，雅虎全站外链 2 万个左右，Google 收录页面 6 万多个。可以看到，亿赐客网站除了拥有年龄最短这个无法改变的劣势，其外部链接数量不到最弱竞争对手的 15%，收录页面不到总页面数的 10%。优化网站架构，增加外部链接，提高网站权重，进而改善收录和长尾关键词排名将会是个艰巨的任务。

15.1.2　外部链接

从外部链接的绝对数量来看，需要增加十倍甚至上百倍的链接才能与竞争对手相抗衡。限于亿赐客团队的规模，这是不现实的。为了更深入地了解外部链接上的差距，我用 Majesty SEO 进行了查询。由于 Majesty SEO 不是免费工具，其数据不是公开的，下面的抓图就不提是哪个网站的数据了，只是为了让读者能够有一个大致的概念。

图 15-2 显示的是其中一个竞争对手网站外部链接按不同种类域分类得到的数据。"Referring domains"指的是总域名数，"External backlinks"指的是总外部链接数。可以看到，虽然这些竞争对手的总外部链接数都在十多万、几十万个以上，但其实链接来自有限数目的域名，总域名数远远低于总外部链接数，通常是 2000～3000 个独特域名。相信其中也有一些域名网站规模大，给了全站链接的原因，所以造成总外部链接数庞大。

#	Short TLD	Long TLD	Referring domains	External backlinks
1	au	.com.au	1	18
2	be	.be	1	2
3	bg	.bg	1	1
4	biz	.biz	6	19
5	ca	.ca	2	2
6	cc	.cc	33	598
7	ch	.ch	3	3
8	cn	.cn	766	42,711
9	cn	.com.cn	290	27,012
10	cn	.edu.cn	4	13
11	cn	.gov.cn	5	13
12	cn	.net.cn	25	71
13	cn	.org.cn	21	105
14	com	.com	2,072	836,514
15	de	.de	12	9,087
16	es	.es	1	6
17	eu	.eu	4	6
18	fi	.fi	1	3
19	fr	.fr	1	22,422
20	hk	.hk	5	13
21	hk	.com.hk	1	7
22	ie	.ie	1	1
23	in	.in	3	4
24	info	.info	32	57
25	io	.io	2	5
26	it	.it	6	7

图 15-2 某比较购物网站来自不同种类域名的外部链接

从 2000～3000 个不同域名吸引外部链接，看起来就变成一个有可能达到的目标。前面提到过，外部链接的来源域名数目是决定外部链接实力的主要依据之一，从某种程度上说，这比外部链接绝对数量更重要。这个数据使我们增强了信心，在外部链接建设方面还有机会拉近与竞争对手的距离。

15.1.3 Alexa 数据

Alexa 是站长都非常熟悉的流量排名服务，还可以查看一些其他网站信息。如图 15-3 所示的是 5 个竞争对手的 Alexa 排名。

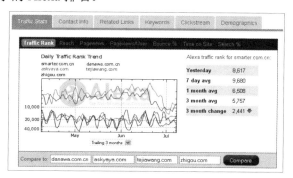

图 15-3 几个比较购物网站的 Alexa 排名

可以看到聪明点和丫丫网排名比较靠前，其他三个大致相同。不过种种迹象显示，丫丫网的流量应该没有达到聪明点的水平。Alexa 提供的数据并不准确，只能提供大致的参考。

如图 15-4 所示的是用户每次访问平均浏览的页面数。

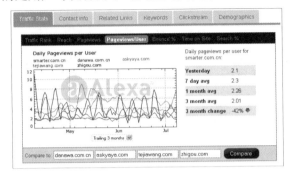

图 15-4　比较购物网站用户每次访问平均浏览的页面数

智购网、丫丫网浏览页面数起伏过大，没有什么参考意义。聪明点和大拿网的浏览页数都是 2 左右，这个数字相较其他类型网站显得略低，说明比较购物网站黏度都不高。不过这也符合比较购物网站的特点，其目的就在于把用户送到其他购物网站上。

如图 15-5 所示的是这几个竞争对手的跳出率。

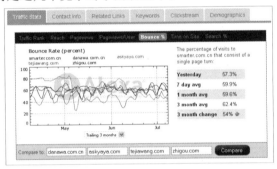

图 15-5　比较购物网站跳出率

同样，丫丫网的跳出率起伏过大，不具参考意义。其他几个网站的跳出率都在60%左右，这样的跳出率相较于正常购物网站就显得偏高。和用户浏览页面数一样，这大概也是比较购物网站的特性所决定的。

用户停留时间与浏览页面数保持了基本相同的趋势，用户在网站上的停留时间平均不超过 2 分钟，如图 15-6 所示。

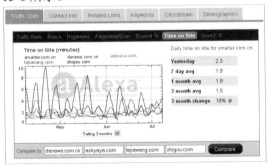

图 15-6　比较购物网站用户停留时间

图 15-7 显示的是搜索流量占所有流量的比例。

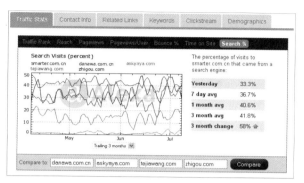

图 15-7　比较购物网站搜索流量占所有流量的比例

聪明点网站的搜索流量比例最高，达到 40%～50%。从下面对网站页面的分析也可以看到，聪明点网站 SEO 做得很好。智购网和大拿网搜索流量也占 30%～40%，并且智购网的搜索流量所占比例在不断提高中。对网站的简单分析表明，智购网的 SEO 水平也很不错。

丫丫网的搜索流量所占比例不到 10%，显得不合常理。加上页面浏览数和跳出率数据的大幅起伏，丫丫网流量可能包含一些很不常规的来源。

15.1.4　Google Trends 流量

Alexa 排名只显示网站的流量世界排名，并不显示具体流量数字，Google Trends 则能显示具体数字。如图 15-8 所示是 2009 年 7 月 Google Trends 所显示的 5 个竞争对手网站流量。

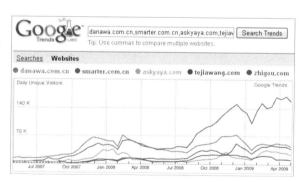

图 15-8　2009 年 7 月 Google Trends 显示的竞争对手网站流量

可以看到，聪明点网站流量最大，4 月时达到日 IP 16 万左右。不过 2009 年 12 月再用 Google Trends 查流量时看到，从 6 月开始聪明点的网站流量由于某种原因急剧下降，但还是保持在第一梯队中，如图 15-9 所示。

2009 年 7 月和 12 月的流量数字都显示，聪明点、智购网和大拿网的网站流量应该在每天 5 万 IP 上下。特价王网和丫丫网的流量不到上面三个网站的一半。在 5 个竞争对手网站中，聪明点和智购网没有使用 Google Analytics，丫丫网、特价王网、大拿网都使用了 Google Analytics，所以至少丫丫网、特价王网、大拿网的流量数字是相对准确的。

通过相关行业人士从侧面了解到，当时第一梯队比较购物网站的真实流量与此数字相差不远。

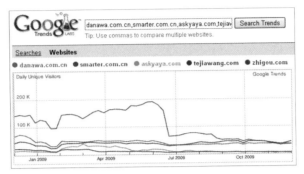

图 15-9　2009 年 12 月 Google Trends 显示的竞争对手网站流量

15.1.5　网站品牌名称热度

用户搜索网站品牌名称的次数能很好地显示网站的知名度。使用 Google Trends 搜索亿赐客及主要竞争对手的品牌名称，搜索趋势如图 15-10 所示。

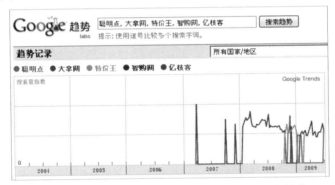

图 15-10　Google Trends 显示的品牌名称搜索趋势

搜索大拿网、聪明点和特价王网的稍微多一点，但是曲线起伏过大，说明搜索次数绝对数值都比较小，一点点数量变化都会造成曲线的大幅波动。这个情况说明在 2010 年前，比较购物在中国还没有被普遍接受，更没有权威的、知名度高的品牌。

Google Insights 服务也可以显示品牌名称搜索趋势，如图 15-11 所示。

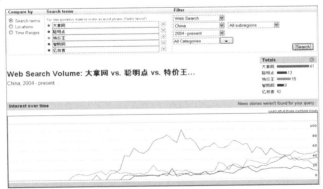

图 15-11　Google Insights 显示的品牌名称搜索趋势

由图 15-11 可见，曲线稍微平滑一些，大拿网的搜索次数最多，但近期呈下降趋势。聪明点的品牌关注度则稳步上升，是最值得关注的竞争对手。

图 15-10、图 15-11 都显示亿赐客（当时名称为亿枝客）在当时的品牌关注度近乎为零。

15.1.6　英文比较购物网站情况

我也简单查看了一下英文主要比较购物网站的的 SEO 数据，如图 15-12 所示。

同样，从中选出最重要的指标并排列成表 15-2。

图 15-12　2009 年 7 月 22 日英文主要比较购物网站 SEO 数据

表 15-2　2009 年 7 月 22 日记录的英文主要比较购物网站数据

	Google PR 值	首页快照新鲜度	年　龄	美味书签	Yahoo!全站外链	Yahoo!首页外链	Google 收录	开放目录
PriceGrabber	7	无	1995 年 5 月	4712	8 320 000	1 260 000	2 170 000	收录
NexTag	7	2009 年 7 月 22 日	1999 年 10 月	1943	2 120 000	1 450 000	8 110 000	收录
BizRate	7	2009 年 7 月 20 日	1997 年 10 月	2238	1 350 0000	750 000	2 770 000	收录

再看这 3 个英文比较购物网站的流量，如图 15-13 所示。

图 15-13　3 个英文比较购物网站的流量

这 3 个网站流量都相对稳定，只是在圣诞购物期间流量有所增长，没有像中文网站那么多的起伏。2009 年 NexTag 和 BizRate 网站的流量基本稳定在日 25 万 IP 以上。

从网站历史、收录、外部链接和流量看，英文购物网站的实力比中文购物网站要高出一个数量级。尤其是外部链接，更是达到了千万级别，而且链接分布非常自然，首页链接只占链接总数的很小一部分。

15.2 竞争对手网站研究

下面我们再进一步观察竞争对手网站更详细的情况，尤其是页面及结构的优化。

从上面的大致数据可以看到，聪明点是比较强的竞争对手，所以单个网站的进一步分析就以聪明点为例。

15.2.1 域名注册信息

如图 15-14 所示，聪明点域名注册于 2002 年 11 月，不算是一个很老的域名，但与亿赐客及其他同行业网站相比，已经算是比较有历史的域名了，占有一定先天优势。

图 15-14 聪明点域名注册信息

15.2.2 基本信息

还是使用 SEOBook 的 SEO for Firefox 插件获取网站基本数据。如图 15-15 是 2009 年 7 月 12 日的抓图，快照来自 2 天前。网站既有迷你全站链接，也有普通全站链接。

图 15-15 聪明点网站基本数据

15.2.3 外部链接

通过 Yahoo! Site Explorer 链接工具查看，聪明点网站全站外部链接为 100 万个以上，如图 15-16 所示。Yahoo! Site Explorer 链接工具大致是按链接的重要性排序的。在排在前面的外部链接中可以看到不少权重相当高的网站，如阿里妈妈、美国聪明点总部网站等，如图 15-17 所示。

如图 15-17 所示，Yahoo！Site Explorer 链接工具显示的首页外部链接有 92 万多个，说明绝大多数外部链接是指向首页的，与主流英文比较购物网站相比过于集中，分类和产品页面外部链接比较少。

图 15-16　聪明点网站外部链接

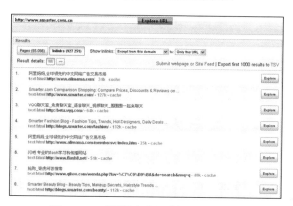

图 15-17　聪明点网站首页外部链接

15.2.4　收录

图 15-18 显示的是 2009 年 7 月聪明点网站在 Google 的收录数，共计 580 多万个页面，是一个有相当规模的网站。其在百度的同期收录数则更高，达到 1000 万个以上，如图 15-19 所示。

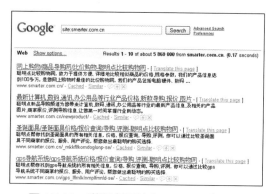

图 15-18　聪明点网站在 Google 的收录

图 15-19　聪明点网站在百度的收录

另一个与收录有关的重要数据是网站近期收录的新页面数。使用 Google 百宝箱可以看到，在过去 24 小时内，聪明点网站新增加收录页面 1290 个，如图 15-20 所示。

图 15-20　过去 24 小时聪明点网站新收录页面

聪明点网站在过去一星期新收录 25 000 多个页面，如图 15-21 所示。

图 15-21　过去一星期聪明点网站新收录页面

聪明点网站在过去一年新收录 50 万个页面，如图 15-22 所示。

图 15-22 过去一年聪明点网站新收录页面

网站新增加的收录页面数能够在一定程度上体现出网站在搜索引擎眼中的权重。按照这个速度，聪明点网站每年增加 50 万个甚至更多的新页面，带来的长尾流量自然也会增加。

15.2.5 QQ 书签

SEO for Firefox 插件包含了美味书签、Digg 等常用英文社会化网站数据，这对中文网站来说并不太重要。为了查看竞争对手网站在社会化书签服务中的表现，这里选择了中文用户常用的 QQ 书签。

从图 15-23 中可以看到，聪明点在 QQ 书签中被收藏过 300 次以上，其中大部分是首页，被收藏 296 次。

相比之下，大拿网被收藏 1000 多次，如图 15-24 所示。

图 15-23 聪明点在 QQ 书签中的表现　　图 15-24 大拿网在 QQ 书签中的表现

丫丫网被收藏 60 多次。智购网被收藏 20 多次。亿赐客网站只被 QQ 书签收藏了 1 次，如图 15-25 所示。

图 15-25　亿赐客在 QQ 书签中的表现

15.2.6　外链锚文字

启用 SEO Link Analysis 插件，然后在 Yahoo! Site Explorer 查外部链接，可以看到外部链接使用的锚文字，如图 15-26 所示。

可以看出，聪明点网站并没有把注意力放在"比较购物"上，而是放在"网上购物"这个更通用、更热门的关键词上。外部链接锚文字是聪明点网站在搜索"网上购物"时排名不错的原因之一。图 15-27 是我在 2009 年 7 月 22 日查询的聪明点网站主要关键词排名。

图 15-26　聪明点网站外部链接使用的锚文字　　图 15-27　聪明点网站主要关键词排名

2009 年 12 月再次查询时，聪明点网站在 Google "网上购物"这个词的排名上升到第 12 位。外部链接的数量固然重要，使用的锚文字与排名也有直接关系。

做个比较，我们再看智购网的外部链接锚文字，如图 15-28 所示。

可以看到智购网更是把目标放在"网上购物"这个关键词上，相应地，智购网的"网上购物"这个词在百度及 Google 排名都更靠前，如图 15-29 所示。

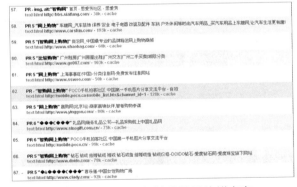

图 15-28　智购网外部链接使用的锚文字　　图 15-29　智购网主要关键词排名

考虑到智购网外部链接总数比聪明点少得多，更可以看出锚文字的重要意义。

我们再看大拿网外部链接使用的锚文字，如图 15-30 所示。

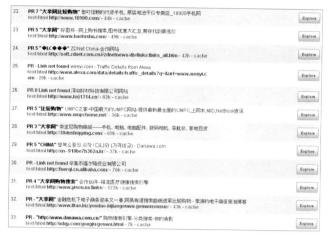

图 15-30　大拿网外部链接使用的锚文字

由图 15-30 中可见，目标比较分散，其结果就是大拿网在"网上购物"这类最热门的关键词排名与智购网和聪明点有一定差距。

而丫丫网的外部链接锚文字则放在了"比较购物"上，如图 15-31 所示。

由于"比较购物"被搜索的次数不高，就算这个词排名在前面，能给丫丫网带来的流量也十分有限。

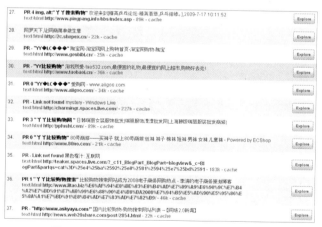

图 15-31　丫丫网外部链接使用的锚文字

15.2.7　网站首页优化

判断一个网站的 SEO 水平，除了看外部链接数据，还要看网站本身的页面及结构优化。有时候外部链接强大，只是因为公司是大品牌，不用 SEO 人员进行链接建设，公司的品牌、历史、公共关系就足以吸引巨量链接。从这个意义上来说，网站本身的优化更能体现出 SEO 水平。

下面我们就来简单看一下聪明点本身的优化情况。聪明点首页如图 15-32 所示。

图 15-32　聪明点首页

总体上来说，看过首页源代码后，就可以知道这是一个经过专业 SEO 处理的网站，而且水平相当高。下面几点可以说明。

1．META 标签

页面 META 标签部分代码是这样的：

```
<TITLE>网上购物/商品导购网/比价购物-聪明点比较购物网</TITLE>
<META name="description" content="聪明点比较购物网,致力于提供方便、详细地比较
相似商品的价格、规格参数,我们的产品信息达到100多万条,是您网上购物时最佳的比价购物网,
我们的产品包括电脑硬件、数码产品、手机、汽车用品、办公用品、鲜花园艺、化妆品等。聪明
点帮您作出最聪明的网上购物选择。">
<META name="keywords" content="网上购物,比价购物,购物网,商品导购">
```

可以感觉到,页面标题是经过精心设计的,长度适当,将最重要的关键词"网上购物"放在最前面,其他次要关键词,如比价购物、比较购物、商品导购,各出现一次。整个标题突出了关键词而不堆积。

描述标签虽然对排名没什么影响,但对吸引点击有不小的作用。聪明点首页的说明标签写得也很自然,既包含了相应关键词,又突出了方便、详细、数据量大等特点,吸引用户点击。

2. H1标签

H1标签用在页面右上角公告栏,文字"聪明点比较购物更省钱更省心"的地方,锚文字只包含"聪明点比较购物"。相应的HTML代码是:

```
<DIV class="content_gonggao">
•<H1>聪明点比较购物</H1>,更省钱,更省心! <BR>
•千家网上商店,近300万在线商品!
</DIV>
```

右上角公告栏处的这一行文字从视觉上看与普通文字没有明显差异,很难看出会是H1标签,这显然是SEO的结果。

聪明点的H1标签并没有放上最重要的关键词"网上购物"。其原因尚未可知,但并不能说明首页没有优化好。外人看一些大网站,往往并不能知道很多细节处理的真正原因。前面提到,在本节的详细SEO案例中我不会去分析其他网站,哪怕是SEO做得非常好的网站,因为外人不知道呈现出来的代码具体原因是什么,就像这个地方。

通常的观点是一定要把"网上购物"这个词放进H1标签中。但聪明点的SEO人员没有放,有各种可能的原因。比如:

- 他们不想使页面过度优化。
- 因为用户体验,文字"聪明点比较购物更省钱更省心",比"聪明点网上购物更省钱更省心",更能说明网站的功能。
- 在做测试,也可能就是测试的结果。
- 网站流量依靠长尾,热门关键词带来的流量有限,不必太优化。
- SEO团队认为H1标签作用很小。

总之,判断一个网站的SEO情况,不能从单一细节出发,而要看整体。某个特定细节很可能显得不够优化,甚至是有问题的,但外人并不了解这样做的真正原因。

3. H2标签的使用

页面上也适当使用了H2标签,比如左侧导航的分类文字就是放在H2标签中的,HTML代码如下:

```
<!--导航开始-->
            <DIV class="sidebox">
            <DIV id="nav">
              <UL>
                <LI class="line"><A
href="http://www.smarter.com.cn/ cosmetics-693/"><H2>化妆品

</H2></A></LI>
                <LI class="line"><A
href="http://www.smarter.com.cn/ shoessuitcasesbags-1018/"><H2>鞋子箱包
</H2></A></LI>
                <LI class="line"><A
href="http://www.smarter.com.cn/baby-1014/"><H2>母婴用品</H2></A></LI>
```

页面中间的小标题，如"热卖商品"，也放在 H2 标签中，与整个页面的语义结构相符合。HTML 代码如下：

```
<DIV class="title">
  <H2>热卖商品</H2>
</DIV>
```

4．文案写作

页面导航、产品列表、新闻信息等都来自数据库，而且大部分应该是经常自动更新的，其文字比较难以从 SEO 角度进行优化。聪明点首页特意拿出一块只适用于首页的固定地方，放上与主要关键词高度相关的文字，这就是左侧导航下面的"聪明点宣言"，如图 15-33 所示。

通过这段文字，文案写作人员简明扼要地告诉用户为什么应该使用聪明点的服务。同时，在用户体验的基础上自然地融入了相关词汇，适当地提到了相关关键词，如商品、商家、产品、网购、在线等，这些词都是与"网上购物"语义相关的，对网上购物这个词起到支持作用。

图 15-33　聪明点首页宣言

5．URL 静态化

整个网站的 URL 完全静态化，包括分类页面、产品页面、产品列表页面上的翻页等，几乎所有页面都做了静态化处理。更难得的是连搜索页面也做了静态化，如页面顶部"热门搜索"中，每个搜索词对应的链接都是静态化 URL，其 HTML 代码如下：

```
<STRONG>热门搜索：</STRONG><A
href="http://www.smarter.com.cn/_nemllgkpnakm -se-ch-1008-c-6/">运动鞋
</A> <A
href="http://www.smarter.com.cn/sharp-se -ch-666-c-667/">Sharp 手机
</A> <A
href="http://www.smarter.com.cn/ _miljnhnd-se-ch-1016-c-6/">裙子
</A> <A
href="http://www.smarter.com.cn/ communication-666/category/threeg-671/
">3G 手机</A> <A
href="http://www. smarter.com.cn/_lhmamjlj-se-ch-693-c-695/">防晒
</A> <A
href="http://www. smarter.com.cn/_mgllljpl-se-ch-642-c-647/">苹果播放器
</A> <A
href="http: //www.smarter.com.cn/_nfkfngknllpk-se-ch-1015-c-19/">榨汁机
</A> <A href= "http://www.smarter.com.cn/auto-1020/prod-83876/">一
汽马自达</A>    <A
href="http://www.smarter.com.cn/top-searches
.htm">更多...</A>
```

像这么完整 URL 静态化的大型网站并不多见。

6. nofollow 的使用

整个页面上多次使用 nofollow 属性，并且使用目的明确。比如热卖商品部分的产品链接，如图 15-34 所示。

图 15-34　聪明点热卖商品的产品链接

其 HTML 代码如下：

```
<LI class="border_bottom ">
        <SPAN class="pro_boximg"><A href="
http://www.smarter.com.cn/ gift-1010/prod-704564/"
target="_blank"><IMG src="./704564.jpg" alt="瑞士军刀Victorinox维氏-瑞士
卡 (..."></A></SPAN>
            <STRONG><A href="http://www.smarter.com.cn/gift-1010/
prod-704564/" target="_blank">瑞士军刀Victorinox维氏-瑞士卡 (...</A></STRONG>
            <SPAN class="blue">
             <A href="http://www.smarter.com.cn/gift-1010/prod-
704564/" target="_blank" rel="nofollow">
                            ¥125.00 - ¥179.00
                       </A>
            </SPAN>
            <DIV class="but">
                <A href="http://www.smarter.com.cn/gift-1010/prod-
704564/" target="_blank" rel="nofollow">
                                <IMG src="./but_price.gif"
alt="比较价格">
                        </A>
            </DIV>
</LI>
```

可以看到，产品图片、名称、价格和"比较价格"按钮都是指向产品页面的链接，但其中价格和比较价格按钮使用了 nofollow 属性，使搜索引擎蜘蛛不要跟踪这两个链接，其意义就在于这两个链接的锚文字对产品页面没有任何帮助。第一个链接中的图片 ALT 文字和第二个链接中的锚文字，都可以提高对应的产品页面相关性，从而改善排名。而"¥125.00～¥179.00"这样的文字，和比较价格按钮中的 ALT 文字"比较价格"，对产品页面没有任何说明意义。这两个链接如果允许搜索引擎跟踪，并把锚文字计入算法中，只能冲淡相关性。

顺便提一下，在查看聪明点首页时，曾有一个迷惑不解的地方，就是热卖商品下的 6 个产品，有 4 个使用"比较价格"作为按钮上的文字，有 2 个使用"产品详细"作为按钮上的文字，如图 15-32 所示，一开始不知道意义在哪里，以为可能是某种测试，看哪个点击率比较高。

后来多次查看首页发现，不同按钮文字的数目、位置并不固定，如图 15-35 所示的首页产品按钮就显示了另一种布局。后经读者指点才明白，"产品详细"对应页面是只有一个商家在卖的产品，不存在"比较价格"的问题。

图 15-35　聪明点首页产品按钮

左侧的商家排行链接中使用了 NF，代码如下：

```
<DIV class="buss_top">商家降价幅度排行</DIV>
   <UL>
                      <LI class="lileft">1</LI>
                      <LI class="limid"><A
href="http://www.smarter. com.cn/goldenbook-5954/mcate-1011-0/">中国科技
金书网</A></LI>
                      <LI class="liright"><STRONG><A
href="http://www. smarter.com.cn/goldenbook-5954/mcate-1011-0/"
rel="nofollow">179731</A></STRONG></LI>
                  </UL>
                              <UL>
```

同样，第一个链接使用商家本身的名称为锚文字，增加了相关性。第二个链接锚文字是一个数字，应该是这个商家的产品总数，对商家页面没有任何语义上的相关性，所以使用 nofollow 属性阻止搜索引擎跟踪和计算锚文字。

页面底部链接也有一些使用了 nofollow 属性，比如"免责声明""联系我们"。显然，这些页面在搜索意义上并不重要，通常就不应该分散权重到这些页面。而像"网站地图""友情链接"这些页面对 SEO 有很大意义，通常不使用 nofollow。

15.2.8　其他页面优化

我们再来简单看一下其他页面。

1．一级分类页面

如图 15-36 所示为化妆品这个一级分类页面。

面包屑导航、左侧分类都很清晰，有利于用户浏览和搜索引擎抓取。右上角的推荐品牌列表和左侧导航部分的推荐商家，都链接到相应的品牌及商家产品页面，这是常用的增加页面收录入口的手法。

有意思的 SEO 技巧出现在"化妆品简介"部分，如图 15-37 所示的一级分类页面底部说明文字。

通常电子商务网站的分类页面很难提供独特的原创内容。大多数电子商务网站都是从数据库中提取热门产品列在分类页面上，这导致不同网站之间及同一网站不同页面之间内容的相似。为了缓解这个问题，聪明点网站给所有分类页面，包括一级分类页面和二级分类页面，都写了一段文字说明。这段文字说明在有的页面上是使用模板插入分类名称自动生成的,有的是根据不同分类的特点写的独特文字,如图 15-37 所示的"化妆品简介"。

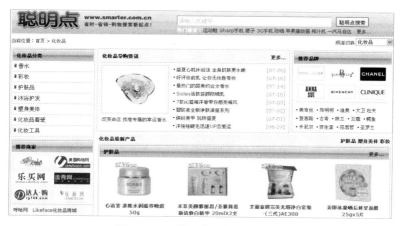

图 15-36   聪明点一级分类页面

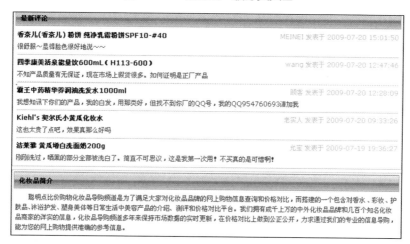

图 15-37   聪明点一级分类页面底部说明文字

2.二级分类页面

产品列表翻页,不同的排列方式(如受欢迎程度、商品评分、价格排序),不同的显示方式(列表显示、栅格显示),所有 URL 全部静态化,如图 15-38 所示的二级分类页面。

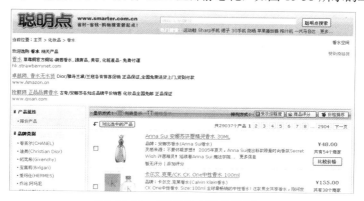

图 15-38   聪明点二级分类页面

比较有意思的 SEO 手法也出现在底部，如图 15-39 所示的二级分类页面底部文字及链接。

除了"香水简介"部分的原创文字，页面还列出了热门搜索和热门类别，这些链接为相应的页面提供了更多收录入口，提高了整个网站的收录比例。

图 15-39　聪明点二级分类页面底部文字及链接

3．产品页面

产品页面上的安排与大多数电子商务网站类似。在这里我发现了一个有意思的现象，几个主要竞争对手网站都使用了这个手法，那就是把产品分成不同的页面，也就是用主产品页面显示产品说明及价格比较，如图 15-40 所示。

图 15-40　聪明点主产品页面

用户点击"产品参数"或"发表评论"这两个选项卡后，将被带到不同的页面。如图 15-40 所示，产品主页面 URL 是：http://www.smarter.com.cn/cosmetics-693/prod-70740478/。

而产品参数页面 URL 是：http://www.smarter.com.cn/cosmetics-693/pspec-70740478/，如图 15-41 所示。

图 15-41　聪明点产品参数页面

产品评论页面 URL 是：http://www.smarter.com.cn/cosmetics-693/pwrite-70740478/，如图 15-42 所示。

图 15-42　聪明点产品评论页面

通常，使用选项卡的目的是节省页面空间，用户点击选项卡后显示相应内容，但页面并不改变 URL，也不重新调入。聪明点和其他几个中文比较购物网站把产品参数和发表评论这样的选项卡安排成不同的页面、不同的 URL，我猜想其目的在于增加网站总页面数，使网站看起来规模更大，也使权重增加。另外，不同页面也方便针对不同的关键词，比如主页面关键词是"产品名称+价格/报价"，产品参数页面的主打关键词就变成"产品名称+参数"，发表评论页面主打关键词变成"产品名称+评论"。

在 Google 搜索一下就会看到产品页面确实都有收录，如图 15-43 所示。

应该说这是一个不错的想法，不过并不适用于所有网站。在亿赐客这个具体案例中，我倾向于不要学习这种方式。

综合外部链接及网站本身优化的情况看，聪明点是一个经过专业 SEO 处理的网站，而且水平相当高。其他几个竞争对手网站也都优化得不错，尤其是智购网，与聪明点不相上下。

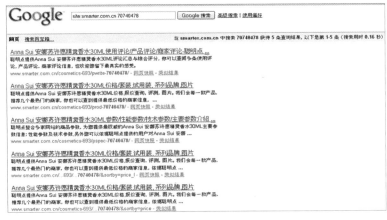

图 15-43　聪明点产品页面收录

15.3　亿赐客网站分析

本节看一下亿赐客网站在 2009 年 7 月优化前的情况。

15.3.1　域名注册

如图 15-44 所示，亿赐客域名 whois 信息显示其注册时间为 2007 年 8 月。虽然算不上一个全新的网站，但与其他竞争对手网站，或广泛点说，与其他电子商务网站相比，算是年轻的。所以，域名权重较难在短期内有质的飞跃，除非能自然获得大量高质量外链，这种外链可遇而不可求，外链建设任重道远。

```
Domain names in the .com and .net domains can now be registered
with many different competing registrars. Go to http://www.internic.net
for detailed information.

Domain Name: YICIKE.COM
Registrar: XIN NET TECHNOLOGY CORPORATION
Whois Server: whois.paycenter.com.cn
Referral URL: http://www.xinnet.com
Name Server: NS.XINNET.CN
Name Server: NS.XINNETDNS.COM
Status: ok
Updated Date: 17-nov-2008
Creation Date: 21-aug-2007
Expiration Date: 21-aug-2010
```

图 15-44　亿赐客域名 whois 信息

15.3.2　Google PR 值

在 2009 年 6 月 23 日 Google 工具栏 PR 值更新中,亿赐客的 PR 值刚刚从 4 升到 5。PR 值并不是线性的，PR 值在 1 和 2 之间的差距，比 PR 值在 4 和 5 之间的差距要小得多。PR 值越高，要想提升就越困难。亿赐客网站应该还处于 PR 值为 5 的低端，与普遍 PR 值 6 的竞争对手相比，还有一些差距。

15.3.3　收录

如图 15-45 所示是亿赐客在 Google 的收录情况。

图 15-45　亿赐客网站在 Google 的收录

根据技术人员的统计，2009 年 7 月，亿赐客网站已经有上百万的产品数据，而 Google 只收录了 7 万多个页面，说明收录非常不充分。收录不好的原因无外乎以下几个：网站权重太低、网站内容原创度太低、网站架构不利于收录。由于网站 PR 值和权重及内容本身不容易迅速改进，改善网站架构就成了提高收录的主要方法。

单纯 site:指令的准确性较低，我也经常使用另一个方法估算网站被收录页面数，就是搜索一个在其他网站上不会有、而在你的网站上每个页面都会有的独特字符串，比如公司电话、地址、电子邮件地址、口号等。对中文网站来说，一个很好的独特字符串是正常情况下（如不存在多个网站共用一个备案号）的备案号码。搜索亿赐客网站备案号，如图 15-46 所示，Google 显示的是 45 900 多个页面，与 site:指令得到的数字在同一量级，说明亿赐客网站在 7 月的收录数大致不会超过 10 万。也就是说，收录率在 10%以下，有很大的改进空间。图 15-47 是在百度的收录数据抓图。

图 15-46　在 Google 搜索亿赐客备案号

亿赐客在百度收录了 335 000 个页面，比在 Google 中表现稍微好一点，但是 30%多的收录率还是比较低的。

我们再来看最新收录的页面数据。使用 Google 百宝箱按时间显示功能，可以看到亿赐客网站在过去 24 小时收录了 550 个新页面，如图 15-48 所示。

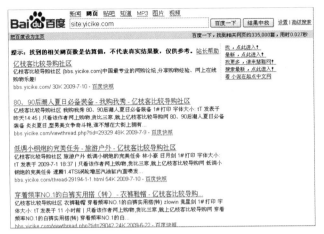

图 15-47　亿赐客网站在百度的收录

图 15-48　过去 24 小时收录新页面

亿赐客网站在过去一个星期收录了 4170 个新页面，如图 15-49 所示。

图 15-49　过去一星期收录新页面

亿赐客网站在过去一年收录了 2 万多个新页面，如图 15-50 所示。

图 15-50　过去一年收录新页面

与前面看过的聪明点网站相比，这个收录速度相差甚远。如果在收录上不能有质的改变，收录页面差距将越拉越大，而收录数量直接决定了长尾流量的多少，是这种中型网站优化最最重要的一个方面，必须解决。

诊断大中型网站收录问题时经常需要分析服务器原始日志，查看搜索引擎蜘蛛抓取页面时是否遇到了技术障碍，是否网站权重分配方面的问题造成了某些栏目过度抓取、某些栏目又没有被抓取等。针对亿赐客网站则没有分析日志的必要了，不到 10% 的收录率说明整个网站 URL 规则、网站结构、内链分布都存在明显问题。

15.3.4　外部链接

如图 15-51 所示，在 Yahoo! Site Explorer 查询亿赐客，其网站全站外部链接为 2 万多个，排在前面的没有什么著名网站，至少没有我所知道的著名网站。

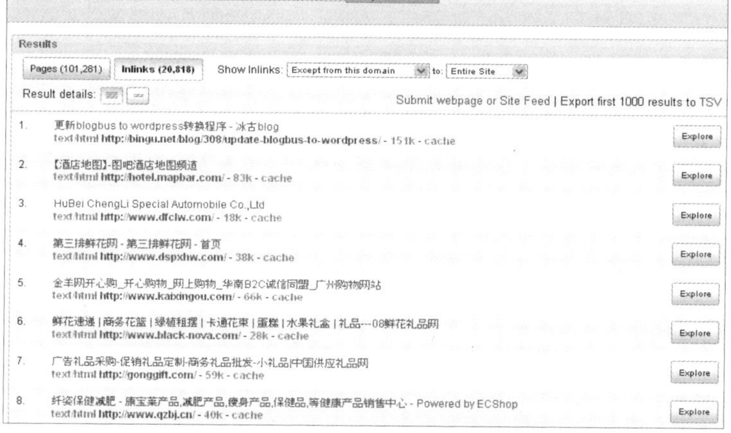

图 15-51　亿赐客网站全站外部链接

其中，首页的外部链接有 18 000 多个，也就是说 90%以上的外部链接集中在首页，整个网站的外部链接构成不是很理想，缺少指向内页的链接，如图 15-52 所示。

图 15-52　亿赐客网站首页外链

我们再看亿赐客网站的外部链接锚文字，如图 15-53 所示。

图 15-53　亿赐客网站外部链接锚文字

显然亿赐客一直以来把"比较导购"作为首页的目标关键词。比较导购虽然是对这类网站相对准确的功能描述，但是搜索数量太少，从 SEO 角度来看基本没有什么价值，不适合作为主要目标关键词。以后在交换链接或其他链接建设时，都需要把目标锚文字改到重新定位的主关键词上。

15.3.5　QQ 书签

如图 15-25 所示，亿赐客网站在 QQ 书签只有两个收藏，其中一个还是后台管理，应该是亿赐客公司内部人员的书签。

15.3.6 基本流量数据

现在我们看一下 Google Analytics 显示的网站基本流量数据。

网站流量分析是一门很深的学问。分析流量，找出问题，改进网站，往往是投入产出比最高的网络营销活动。

SEO 只是能从流量分析中获益的一小部分，流量分析的作用远远超出 SEO 范围，对于改进用户体验、提高转化率、提高销售都有重大意义。这些超出 SEO 范畴的内容在这里就不深入讨论了。下面只向大家展示亿赐客网站优化前的基本流量数据，让读者有个初步认识，以作为比较的基准。

1. 流量概况

如图 15-54 所示是 Google Analytics 控制台及亿赐客流量概况抓图。

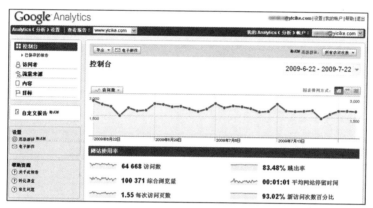

图 15-54　Google Analytics 控制台及亿赐客流量概况

平均日 IP 为 2000 多。对一个有百万数据的网站来说，这个流量表现不能令人满意，应该有很大的增长空间。

跳出率为 83.48%，平均网站停留时间为 1 分 1 秒，用户每次访问 1.55 个页面，这三个数据都表示网站黏度不高，但是与同行业网站比较也不算太差，黏度比较低是比较购物网站的共同特征。

2. 流量来源

图 15-55 显示的是亿赐客网站流量来源分布。由图 15-55 可见，搜索流量占所有流量的 77.52%，如果统计准确的话，这虽然属于正常范围，但有些偏高。从后面的数据分析可以看到，真实搜索流量的比例应该比这个数字还要高。相对来说，网站对搜索引擎的依赖已经比较大，这是潜在风险之一。如果可能，应该开拓用户重复访问及来自其他网站的点击流量。搜索流量细节如图 15-56 所示。

来自百度和 Google 的流量大致相当。由于百度在国内市场占有率远高于 Google，这样的搜索流量比例说明在百度的排名表现有更大问题，也就有更多的改善空间。从用户访问页数和停留时间看，Google 流量黏度稍微高于百度流量，但差距不是很大。

来自雅虎和必应的搜索流量黏度比百度、Google 都要高出不少，很可惜这两个搜索引擎的市场份额太低，可以忽略不计。

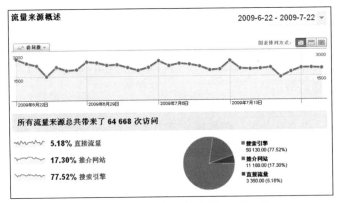

图 15-55 亿赐客网站流量来源分布

	维度：来源	访问数 ↓	每次访问页数	平均网站停留时间	新访问次数百分比	跳出率
1.	baidu	26 287	1.31	00:00:35	95.08%	87.09%
2.	google	23 596	1.42	00:00:44	94.73%	84.45%
3.	yahoo	140	2.53	00:01:25	94.29%	71.43%
4.	bing	87	1.93	00:01:10	91.95%	64.37%
5.	aol	14	5.79	00:05:27	92.86%	64.29%
6.	search	4	1.50	00:00:25	100.00%	75.00%

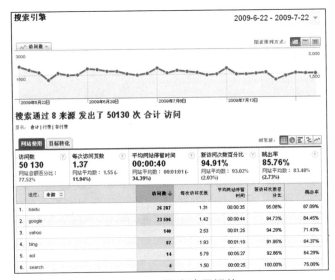

图 15-56 搜索流量细节

我们再看一下所有流量来源黏度，如图 15-57 所示。

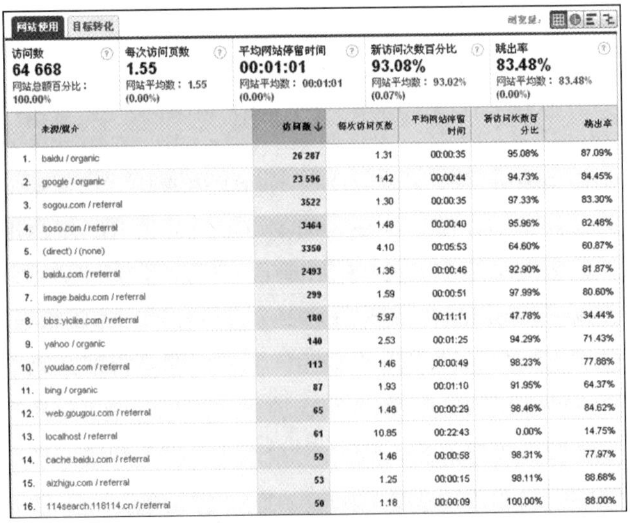

	来源/媒介	访问数 ↓	每次访问页数	平均网站停留时间	新访问次数百分比	跳出率
1.	baidu / organic	26 287	1.31	00:00:35	95.08%	87.09%
2.	google / organic	23 596	1.42	00:00:44	94.73%	84.45%
3.	sogou.com / referral	3522	1.30	00:00:35	97.33%	83.30%
4.	soso.com / referral	3464	1.48	00:00:40	95.96%	82.48%
5.	(direct) / (none)	3350	4.10	00:05:53	64.60%	60.87%
6.	baidu.com / referral	2493	1.36	00:00:46	92.90%	81.87%
7.	image.baidu.com / referral	299	1.59	00:00:51	97.99%	80.60%
8.	bbs.yicike.com / referral	180	5.97	00:11:11	47.78%	34.44%
9.	yahoo / organic	140	2.53	00:01:25	94.29%	71.43%
10.	youdao.com / referral	113	1.46	00:00:49	98.23%	77.88%
11.	bing / organic	87	1.93	00:01:10	91.95%	64.37%
12.	web.gougou.com / referral	65	1.48	00:00:29	98.46%	84.62%
13.	localhost / referral	61	10.85	00:22:43	0.00%	14.75%
14.	cache.baidu.com / referral	59	1.46	00:00:58	98.31%	77.97%
15.	aizhigu.com / referral	53	1.25	00:00:15	98.11%	88.68%
16.	114search.118114.cn / referral	50	1.18	00:00:09	100.00%	88.00%

图 15-57 所有流量来源黏度

其中，标为 organic 的是自然搜索流量，标为 referral 的是来自其他网站的点击流量，标为 direct 的是直接访问流量（如用户从浏览器书签访问网站）。可以看到，直接访问流量黏度通常高于其他流量来源，这很符合逻辑，绝大部分网站都如此。

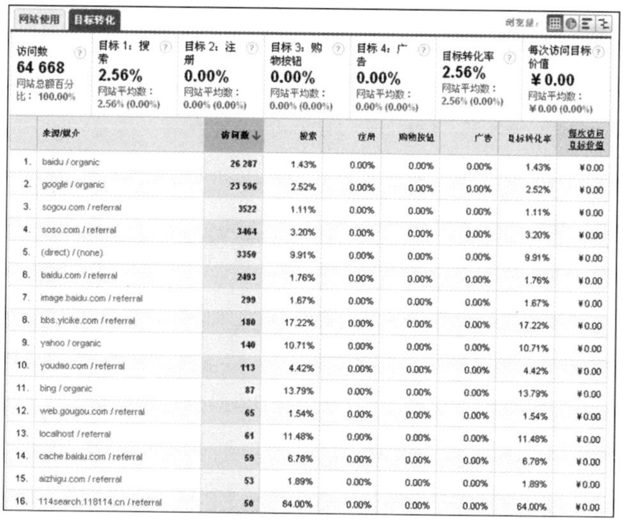

图 15-58 显示的是所有流量来源的目标转化率。

图 15-58　所有流量来源的目标转化率

亿赐客网站把用户在网站上完成一次搜索设定为一次转化。在后面的优化报告中我会提到，这并不是一个好的转化目标，不过也在一定程度上说明了用户在网站上的互动和参与度，也有一定意义。Google 流量参与度比百度流量稍微高一点，雅虎和必应的流量质量高出更多。

排在第三位和第四位的分别是搜狗和搜搜，Google Analytics 把它们列为点击流量（referral），但其实这两个流量中的绝大部分也都应该是搜索流量。

图 15-59 显示的是搜狗流量来源细分。

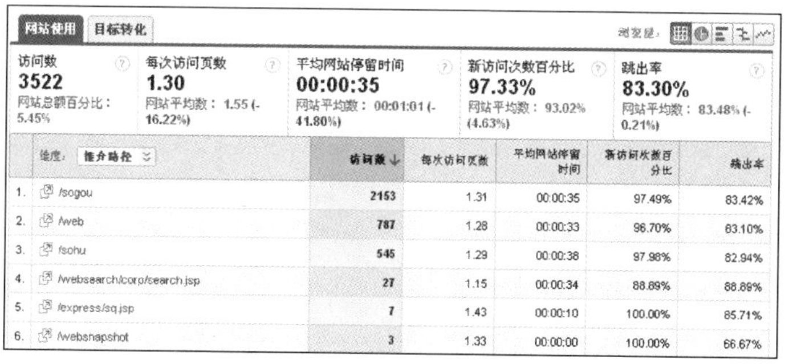

图 15-59　搜狗流量来源细分

从来源 URL（http://www.sogou.com/sogou?是搜索结果页面 URL 的最前一部分）可以看出，其实就是搜狗网站上的搜索流量。搜搜流量也是如此。这也就是为什么前面提到，搜索流量的比例实际高于 Google Analytics 显示的数字。Google Analytics 毕竟主要服务于英文网站，可能没有深入了解所有中文搜索引擎，没有把搜狗、搜搜这些小一点的中文搜索引擎流量算成搜索流量，而是算成点击流量。

3．用户忠诚度

下面几个抓图显示的都是用户忠诚度或黏度。

首先是用户访问次数，如图 15-60 所示。

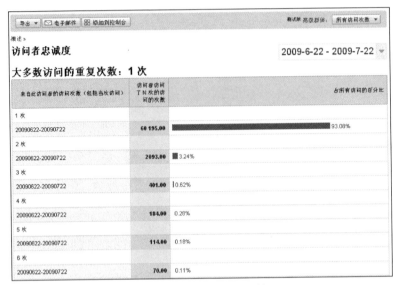

图 15-60　用户访问次数

93%的用户只访问网站一次，回头客太少。如果可能，增加互动性质的内容或者电子杂志，吸引用户多次访问，降低风险。

用户访问持续时间如图 15-61 所示。

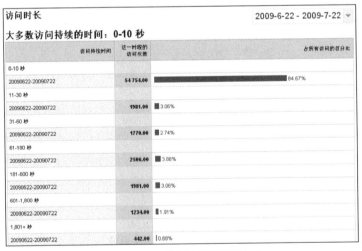

图 15-61　用户访问持续时间

84.67%的用户访问只持续了 10 秒以内就离开了网站，如果是信息类或普通电子商务网站，这是个过短的时间，用户没看什么内容就离开了，说明网站可能在视觉设计或易用性方面存在问题。由于比较购物网站有一定的特殊性，与搜索引擎有点类似，这种网站的目标就是把用户送到其他网站，所以网站访问时间短并不一定是件坏事，具体还要看网站转化率如何。

页面跳出率如图 15-57 所示，网站整体跳出率为 83.48%，不太理想。其原因主要在于最终产品页面的跳出率比较高，其实首页和分类页面跳出率还算不错。如图 15-62 显示的是图书分类页面用户跳出率。

我们可以看到，90.44% 的用户其实点击访问了后续页面，表现还算不错。所以从网络营销角度看，真正要解决的是产品页面用户跳出率。

图 15-62　图书分类页面用户跳出率

和上面说的用户忠诚度、黏度一样，跳出率对比较购物网站来说也有它的特殊考虑，必须综合转化率来看。

4. 用户地理位置

图 15-63 显示了用户地理位置。

图 15-63　用户地理位置

其中一个数据比较奇怪。来自上海的用户目标转化率明显高于其他任何地方，黏度也同样如此。由于网站服务器位于上海，我曾经以为是因为服务器速度问题导致其他省市用户访问起来太慢，影响用户体验，所以转化率、黏度大幅下降，但后来通过流量细分发现不是这个原因。

细分是流量分析的重要方法之一，像前面提到的按不同搜索引擎查看流量质量、转化就是细分的一种。

Google Analytics 提供了一些简单的细分工具，并将它称为群体。

如图 15-64 所示，站长可以使用 Google Analytics 提供的群体进行流量细分，也可以自定义其他细分群体。

图 15-64　使用 Google Analytics 提供的群体进行流量细分

我在查看新访问者和回访者（也就是老用户）的地理位置数据时，发现上海地区用户新访问者与其他地区新访问者没有那么大的区别，但回访者的黏度远远高于其他省市回访者的黏度，如图 15-65 所示。

网站使用	第 1 个目标集	AdSense 收入			
访问数 所有访问次数：64,668 新访问者：60,195 回访者：4,473	**每次访问页数** 所有访问次数：1.55 新访问者：1.32 回访者：4.70	**平均网站停留时间** 所有访问次数：00:01:01 新访问者：00:00:32 回访者：00:07:27	**新访问次数百分比** 所有访问次数：93.05% 新访问者：100.00% 回访者：0.00%	**跳出率** 所有访问次数：83.48% 新访问者：85.54% 回访者：55.78%	
网站位置 无 ▽		访问数 ↓	每次访问页数	平均网站停留时间	新访问次数百分比	跳出率
1.　chinanet guangdong province network						
所有访问次数		6766	1.30	00:00:30	95.23%	85.97%
新访问者		6443	1.29	00:00:29	100.00%	86.40%
回访者		323	1.52	00:00:55	0.00%	77.40%
2.　chinanet shanghai province network						
所有访问次数		5501	3.59	00:04:55	72.17%	68.46%
新访问者		3970	1.69	00:01:07	100.00%	83.07%
回访者		1531	8.52	00:14:47	0.00%	30.57%
3.　chinanet jiangsu province network						
所有访问次数		3094	1.25	00:00:25	97.09%	87.04%
新访问者		3004	1.24	00:00:23	100.00%	87.38%
回访者		90	1.54	00:01:37	0.00%	75.56%

图 15-65　用户地理位置数据再按新旧用户细分

这说明问题在于上海地区回访者，而不在于上海地区的所有用户。考虑到亿赐客公司就在上海，基本可以断定这部分上海地区的回访者绝大部分是公司员工，所以黏度极高，并拉高了上海用户的整体数字。这从上海地区回访者比例远远高出其他省市回访者比例也可以得到验证。

5．带来流量的关键词

如图 15-66 显示的是百度带来搜索流量的前 15 个关键词。

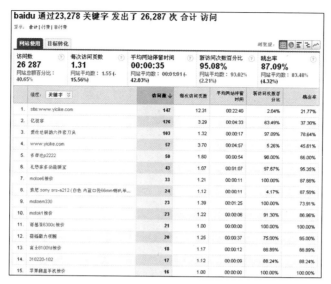

图 15-66　百度带来搜索流量的前 15 个关键词

如图 15-67 显示的是百度带来搜索流量中靠后一些的关键词。

Google 带来搜索流量的前 16 个关键词如图 16-68 所示。

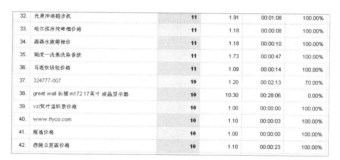

图 15-67　百度带来搜索流量靠后的关键词

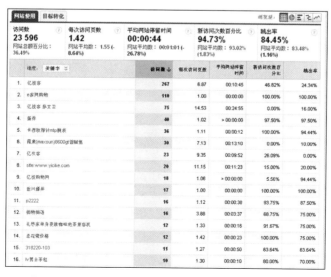

图 15-68　Google 带来搜索流量的前 16 个关键词

Google 带来搜索流量的一些靠后的关键词如图 15-69 所示。

49.	t014.421.11.037.00		6	1.67	00:00:16	83.33%	50.00%
50.	乐络网		6	1.17	00:00:13	83.33%	83.33%
51.	导购网		6	2.50	00:00:44	100.00%	50.00%
52.	小潇之家网上购物		6	1.17	00:01:52	100.00%	83.33%
53.	成人xiaoshuo		6	1.00	00:00:00	100.00%	100.00%
54.	海狮 太阳能		6	2.50	00:00:25	100.00%	83.33%
55.	电动键盘机的价格		6	1.00	00:00:00	100.00%	100.00%
56.	石榴石的价格		6	1.00	00:00:00	100.00%	100.00%
57.	辣椒		6	1.00	00:00:00	100.00%	100.00%
58.	维维嚼益嚼营养棒		6	1.00	00:00:00	100.00%	100.00%
59.	美的(midea)欧式抽油烟机 cxw-200-dt17b		6	1.00	00:02:05	100.00%	83.33%
60.	西尔罗奥价格		6	1.17	00:00:06	100.00%	83.33%
61.	50度古井贡酒价格		5	1.00	00:00:00	100.00%	100.00%
62.	chanel项链价格		5	1.00	00:00:00	100.00%	100.00%
63.	crocs鞋价格		5	1.20	00:01:00	100.00%	80.00%
64.	dpr-1061		5	1.00	00:01:09	100.00%	80.00%
65.	e13kc1		5	1.00	00:00:00	100.00%	100.00%
66.	jy8009-55e		5	1.00	00:00:00	80.00%	100.00%
67.	ks-207d		5	1.20	00:00:58	100.00%	80.00%
68.	sex dvd		5	1.00	00:00:00	100.00%	100.00%
69.	t62望远镜		5	1.40	00:02:55	80.00%	60.00%
70.	tcl 冰箱bc-92b		5	1.80	00:00:23	100.00%	60.00%

图 15-69　Google 带来搜索流量靠后的关键词

比较这几个抓图可以看到，除了涉及亿赐客品牌名称（当时叫亿枝客）的搜索外，带来搜索流量的绝大部分是长尾关键词。最重要的网上购物、购物网站、网购等相关词，没有排名也就没有流量。产品分类页面也很少带来流量，因为对应关键词（"数码产品""母婴用品"等）也很热门，竞争激烈。

从 Google 和百度同时带来搜索流量的关键词非常少，很少有页面在这两个搜索引擎上都有较好的排名。

我也检查了几个关键词在百度和 Google 的具体排名，如图 15-70 所示是关键词"多普达 p2222"在百度的排名。

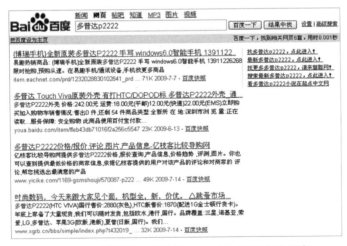

图 15-70　关键词"多普达 P2222"在百度的排名

如图 15-71 所示是关键词"motoe6 报价"在百度的排名。

这两个带来搜索流量靠前的词其实也都是很长尾的词，返回的页面很少，所以这种长尾词排名还有进一步改进的可能。改进长尾关键词需要投入的时间、精力比较少，是比较好实现的方法。由于各种原因，并不会因为有几个很强的竞争对手，就一定会在长尾词上输给他们。不同的优化方式、不同的收录规模、不同的数据源等，使得再强大的竞争对手也一定有不能覆盖到的关键词。

图 15-71　关键词"motoe6 报价"在百度的排名

从图 15-72 中可以看到，亿赐客网站在一个月时间内，有 44 202 个关键词带来过流量。这对一个拥有百万个以上页面的网站来说是比较低的。下面有效收录页面的数字就更能说明这一点，如图 15-73 所示。

图 15-72　带来搜索流量的关键词

网站流量工具所列出的所有搜索用户进入页面，可以理解为有效收录页面，因为只有这些页面才带来了搜索流量，其他页面虽然被收录，却一个流量都没有带来过。如图 15-73 所示，在一个月时间内，有 28 927 个页面带来过搜索流量，与整个网站百万个页面相比，这显得比较低。

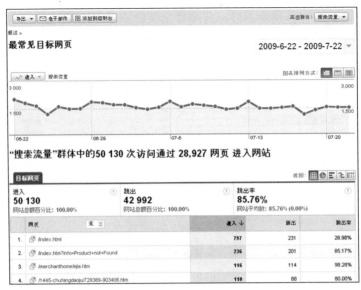

图 15-73　有效收录页面

但是，相对于网站收录页面数在百度是 30 多万个，在 Google 是低于 10 万个，这个有效收录页面比例就显得高多了。假定有效收录页面占所有收录页面之比固定，如果我们能大幅提高搜索引擎收录页面数，就意味着能大幅提高有效收录页面数，也就是提高流量。

所以我们可以得到一个结论，对亿赐客网站来说，要提高流量，关键在于提高收录率。从前面的统计可以看出，目前亿赐客网站的收录页面数还太低，还有很大改进空间。

当然，不同的网站必须具体问题具体分析，提高流量的关键可能有很大差别。这里所说的关键在于收录，只针对亿赐客网站。

15.3.7　Google 网管工具数据和分析

Google 网管工具是一个非常强大，也非常有用的 SEO 工具。建议所有做 SEO 的人都要在网管工具注册自己的网站，能从中发现不少问题。下面就以亿赐客网站为例看看怎样从 Google 网管工具中发现对 SEO 有用的信息。

下面的 Google 网管工具抓图都是 2009 年的旧版。Google 网管工具已经改版了几次，但下面这些功能都还在，最新版中各种功能在菜单中的位置可能有变化。

1．外链锚文字

如图 15-74 所示是 Google 网管工具显示的指向亿赐客网站的外部链接所使用的锚文字（网管工具称为定位文字）。

外链锚文字是排名很重要的因素之一。根据 Google 网管工具给出的数据，SEO 人员能够轻易地看出自己的目标关键词是否出现在外链锚文字中。如果这里列出的都是一些无关或次要的词汇，说明外部链接建设需要某种技巧上的改进。从图 15-74 中可以看到，亿赐客网站外链锚文字相对自然，但是针对主要关键词的外部链接比较少。

2．网站内容

如图 15-75 显示的是 Google 看到的最常见到的网站内容和关键词。顺便提一下，很多人把"关键词"称为"关键字"，Google 网管工具也是如此。我个人认为是很不恰当的用词。中文用户搜索主要是以"词"为基础的，而不是单个的"字"。

图 15-74　Google 网管工具显示的外链锚文字

这个数据反映出网站内容是否真的与自己想优化的关键词相吻合。如果搜索引擎看到的关键词都是与你的目标关键词不相关的，网站主题与目标关键词有差距，自然很难获得好的排名。从图 15-75 可以看到，亿赐客网站内容相关性还不错，诸如比较、产品、商家、商品、购物、搜索等都出现在最常见的关键词中。

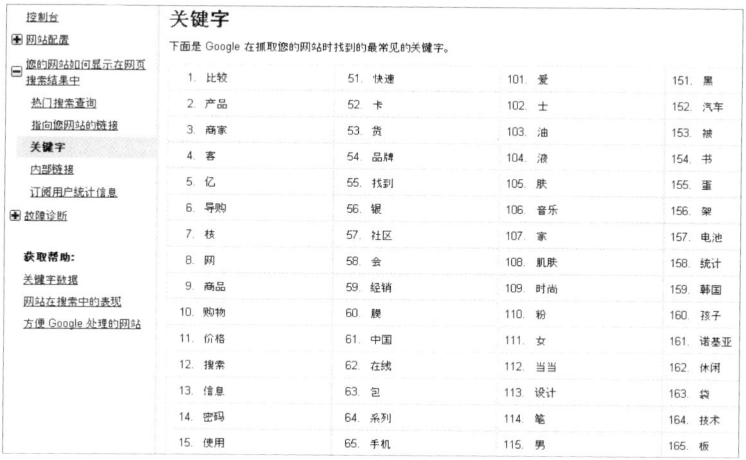

图 15-75　Google 看到的最常见的网站内容和关键词

3．速度影响抓取

如图 15-76 显示的是 Google 抓取页面的统计，包括每天抓取的网页数量、每天下载的数据量和下载页面所用时间。

从图 15-76 中我们可以明显看到一个现象，在 2009 年 5 月中旬的几天，当下载页面所用时间明显上升时，抓取的页面数量就急剧下降，也就是说网站下载速度直接影响了页面抓取数量。这验证了前面提到过的，搜索引擎蜘蛛在一个特定网站上爬行、抓取的总时间是有限的。当然权重越高，这个限制值也就越大。亿赐客网站在 5 月中旬的几天，因为某种原因服务器速度降低，每下载一个页面需要的时间大大增加，Google 蜘蛛爬行很少页面就用完了分配给亿赐客网站的总爬行时间，因此没有时间爬行更多页面。

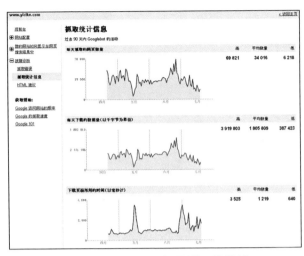

图 15-76　Google 抓取页面的统计

如果读者看一下自己的网站，可能会发现很多网站下载所用时间与抓取网页数量不一定成反比，因为这些网站并没有用完 Google 给予这个网站的总爬行时间。

所以亿赐客网站需要尽量提高网站速度，包括优化数据库、减少页面文件、删除无关代码，这也很可能对提高收录率有帮助。

4．HTML 代码建议

Google 网管工具另一个非常重要的功能是 HTML 建议，Google 要发现网站页面可能存在问题时，会列在这里供站长参考。SEO 人员经常可以从这些建议中发现网站的重大问题，如图 15-77 所示。

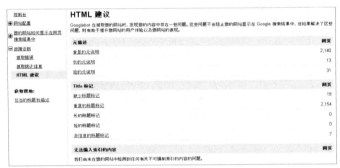

图 15-77　网管工具 HTML 建议

下面就举几个亿赐客网站的例子。

（1）无标题标签。

无标题标签是最简单也最容易更改的错误，站长自己却往往发现不了这个问题，如果能发现就不会不写标题标签了，一般都是因为疏忽大意。

从图 15-78 可以看到，出现无标题标签的页面经常是"关于我们""联系我们"等容易被忽略的页面。

（2）重复内容页面。

HTML 建议部分列出的重复元说明（也就是描述标签）、重复标题标签这两部分经常可以让站长发现网站上的重复内容或者网站架构上的问题。比如亿赐客网站就存在几种原因造成的重复内容。

图 15-78　无标题标签页面

① 显示方式导致的重复标题及重复内容页面。

如图 15-79 所示，列在重复标题标记最前面的这几个页面，从 URL 就可以看出这是网站显示方式所造成的，也就是产品列表页面（也就是最末一级分类页面，通常是三级分类页面，有时也可能是二级分类页面）上按价格排列、按评论排列、按名称排列、按栅格方式显示、按列表方式显示等各种排列显示方法所造成的重复页面。

图 15-79　网站显示方式造成的重复标题标签和内容

网管工具列出的"护发乳护发素"分类页面，默认显示方式是如图 15-80 所示的按栅格方式排列。

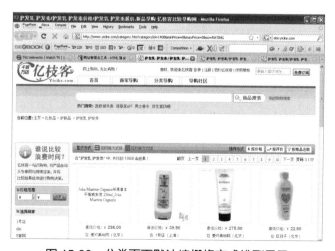

图 15-80　分类页面默认按栅格方式排列显示

如图 15-81 所示，用户点击按列表方式排列后，URL 变化，页面显示方式变化，但显示的内容是完全一样的，页面 Title 也一样。与此类似，用户点击右上角的按价格、按评价、按商品名称排序时都会生成不同的 URL，但页面内容重复。

② 技术问题导致的重复标题和重复内容页面。

我们再看重复标题部分列出的第三个页面，HOYA 多层镀膜产品页面，如图 15-82 所示。

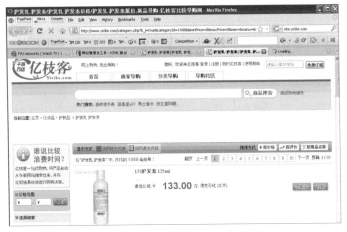

图 15-81　分类页面按列表方式排列

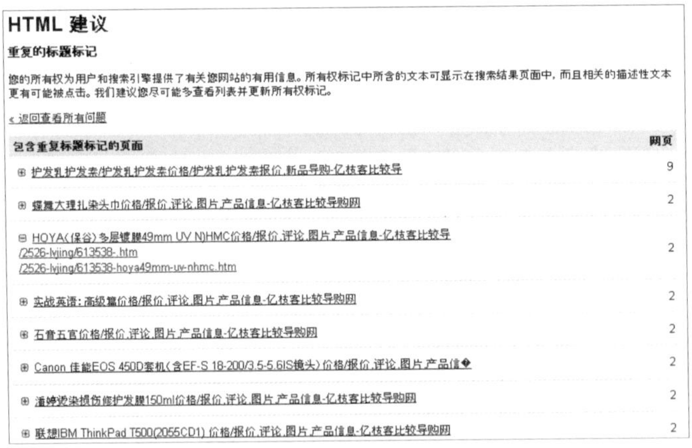

图 15-82　技术问题导致的重复内容页面

这一项列出的两个 URL 比较怪异，显然不是翻页或显示方式导致的。第一个页面的 URL 是 http://www.yicike.com/2526-lvjing/613538-.htm，如图 15-83 所示。第二个页面 URL 是 http://www.yicike.com/2526-lvjing/613538-hoya49mm-uv-nhmc.htm，如图 15-84 所示。

第二个页面 URL 最后面的字符是从产品名称中的数字及英文字符提取的。这两个 URL 是同一个产品页面。

第一个 URL 去掉产品编号后面的横线：

http://www.yicike.com/2526-lvjing/613538.htm

显示的还是同一个产品页面。

图 15-83　页面 2526-lvjing/613538-.htm

图 15-84　页面 2526-lvjing/613538-hoya49mm-uv-nhmc.htm

更不妙的是，其实我们可以把产品编号之后的数字及字母部分改为任意其他字符，如：

http://www.yicike.com/2526-lvjing/613538-xxx.htm

如图 15-85 所示，网站系统还会正常显示同样产品的页面。也就是说，只要产品系列编号 613538 出现在 URL 中，不管后面加上什么字符，都显示同一个页面内容，而不是 404 错误。这是一个技术上的错误，可能导致无穷多个重复内容页面。由于某种原因，网站上确实出现了至少两个 URL 版本，还被搜索引擎收录了，也就是上面看到的，一个 URL 只出现产品编号，一个 URL 是产品编号加上产品名称中的数字及英文字符。这属于比较严重的技术问题。

③ 考虑不周导致的重复标题及重复内容页面。

我们再来看一个例子，如图 15-86 所示。

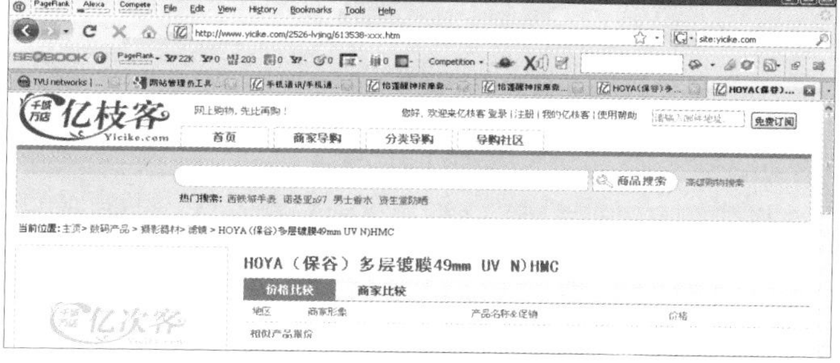

图 15-85　产品编号后加任意字符

⊟ 卫生纸/卫生纸价格/卫生纸报价,新品导购-亿枝客比较导购网 /2244-weishengzhi/ /category.php?categoryId=2244&&_%E5%A6%AE%E9%A3%98&so=RATING%20DESC	2
⊟ 行书 兰亭序(VCD)价格/报价,评论 图片 产品信息-亿枝客比较导购网 /1685-yingshi/232214-1.htm /1687-zongheyingshi/232214-vcd.htm	2

图 15-86　考虑不周等导致的重复内容

"卫生纸"分类页面也出现了重复标题。第一个 URL 是正常的三级分类页面,如图 15-87 所示。

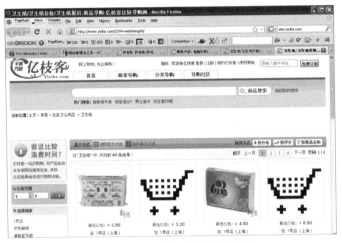

图 15-87　正常卫生纸分类页面

而第二个 URL 实际上是在正常分类页面上,用户点击左侧导航中"选择商家"下面的商家链接后所到达的页面,比如点击"1 号店"将来到如图 15-88 所示的页面。

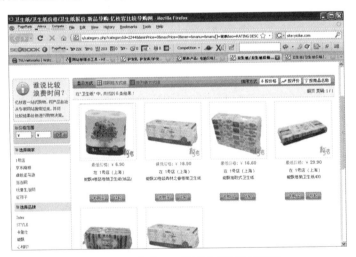

图 15-88　点击"1 号店"后到达页面

问题在于,选择了商家"1 号店"之后,页面标题标签、面包屑导航、显示方式下面的说明文字都没有任何变化,与卫生纸分类首页完全相同,用户很难感觉到已经将产品限制在某个商家。这既对用户不友好,用户无法从页面看出这实际上是一号店卫生纸产品列表,也对搜索引擎不友好,搜索引擎同样无法分辨这两个页面的区别。

④ 同一产品出现在不同分类导致的重复标题及重复内容页面。

我们再看下面"兰亭序 VCD"产品页面。从列出的重复页面 URL 我们就可以看出，由于某种原因，"兰亭序 VCD"这个产品出现在两个不同分类中，分别是分类编号 1685 和 1687。点击这两个 URL，打开的确实是同一个产品页面，只不过 URL 不同，如图 15-89、图 15-90 所示。

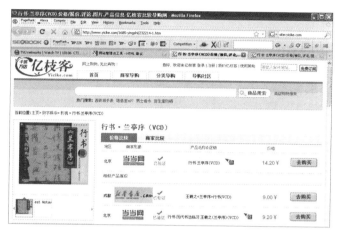

图 15-89 "兰亭序 VCD"在分类 1685 中

图 15-90 "兰亭序 VCD"在分类 1687 中

从 URL 中的拼音看，这个产品似乎更应该属于编号为 1685 的影视分类。如果我们直接访问编号为 1687 的分类页面，会看到这实际上是太阳伞分类列表，如图 15-91 所示。

不知道为什么"兰亭序 VCD"这个产品会出现在这两个分类目录中。

从上面的几个例子可以看到，在 Google 网管工具中能发现的问题，常常是人工观察网站很难注意到的。对稍微有些规模的网站，你不太可能访问和研究网站的大部分页面，逐一查看链接和 URL 是否有问题。查看搜索引擎收录的所有页面 URL，也只能看有限页数而已。对这种几十万个甚至几百万个页面的网站来说，很难通过人工观察网站发现这种隐藏的重复内容页面和技术问题。这就是使用 Google 网管工具的重要意义所在。

图 15-91 编号为 1687 的太阳伞分类

15.4 关键词研究

针对亿赐客网站情况，我把整个网站分为 6 种页面，分别研究需要优化的关键词。这 6 种页面是：

- 首页
- 分类页面
- 商家页面
- 品牌页面
- 产品页面
- 搜索页面

15.4.1 首页

首页是整个网站权重最高、排名能力最强的页面，通常把最热门的关键词放在首页上。这里有两个选择：一是针对比较购物类的关键词，如"比较购物""购物搜索""导购网"等；二是针对更通用的购物关键词，如"网上购物""购物网站""网购""网上商城"等。

如图 15-92 所示是 Google 趋势所显示的这两类关键词搜索次数对比，"网上购物"这类关键词的搜索数量远远大于"比较购物"。

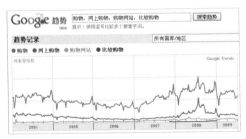

图 15-92 两类关键词搜索次数对比

从时间上看，2006 年以后两类关键词的搜索次数都呈上升趋势，但是在 2008 年下半年国际金融风暴之后，搜索次数有所下降，说明整体经济形势也影响了用户在网上购物的意愿。

百度指数也显示，"网上购物"和"比较购物"这两类关键词搜索数量差距很大。"网上购物"指数在 2000 以上，而"比较购物"指数只有两位数。所以就算"比较购物"这类词排到第一，能带来的流量也非常有限，甚至可以说，从搜索流量角度看，这种词对亿赐客网站没有意义。

鉴于这种情况，我觉得亿赐客网站应该把首页的目标关键词定在"网上购物"这种搜索量更大的关键词上。

然后使用 Google 关键词工具，进一步挖掘相关关键词搜索情况。如表 15-3 所示的是从 Google 关键词工具得出的一部分搜索量数据。

表 15-3　网上购物类关键词扩展

关 键 词	广告客户竞争程度	本地搜索次数：6 月	全球每月搜索次数
[网上购物]	1	301 000	301 000
[背背佳]	0.8	40 500	135 000
[易趣]	0.86	90 500	135 000
[安利]	0.93	110 000	110 000
[购物网站]	0.93	90 500	90 500
[宜家]	0.8	90 500	90 500
[红孩子]	0.73	135 000	74 000
[团购]	0.86	201 000	74 000
[网上商城]	0.93	18 100	49 500
[淘宝商城]	0.66	49 500	49 500
[网上书店]	0.8	22 200	40 500
[亚马逊]	0.73	60 500	40 500
[日本代购]	0.73	−1	33 100
[九阳豆浆机]	0.66	22 200	33 100
[购物网]	0.93	33 100	33 100
[网购]	0.8	246 000	33 100
[佐丹奴]	0.73	18 100	27 100
[易趣网]	0.8	22 200	27 100
[橡果国际]	0.66	18 100	22 200
[豆浆机]	0.86	14 800	14 800
[网上买东西]	0.6	720	12 100
[qq 商城]	0.46	−1	9900
[网上购物网站]	0.8	5400	9900
[购物论坛]	0.73	−1	8100
[代购]	0.8	−1	8100
[导购网]	0.53	−1	6600
[网购手机]	0.6	−1	4400
[易趣购物网]	0.8	2400	4400

关 键 词	广告客户竞争程度	本地搜索次数：6 月	全球每月搜索次数
[美国代购]	0.6	−1	3600
[代购网]	0.66	−1	2900
[手机导购]	0.93	2400	2900
[网上超市]	0.66	2900	2400
[手机商城]	0.73	6600	2400
[大拿网]	0.4	−1	1600
[香港网上购物]	0.6	−1	1600
[美国购物网]	0.53	−1	1600
[网上商店系统]	0.6	880	1300
[比较购物]	0.53	−1	1000
[聪明点]	0.46	−1	1000
[网络商店]	0.6	−1	1000
[日本购物网站]	0.6	−1	880
[美国购物网站]	0.46	−1	880
[网上店铺]	0.66	1000	880
[大拿]	0.26	−1	720
[手机网购]	0.53	−1	720
[网上代购]	0.6	−1	590
[香水网上]	0.33	−1	590
[手机超市]	0.46	390	590
[购物搜索]	0.6	1900	590
[网上商场]	0.6	−1	480
[网上手机商城]	0.53	210	480
[淘宝网上购物]	0.6	1000	480
[淘宝导购网]	0.2	−1	390
[在线购买]		170	320
[网购图书]	0.26	−1	260
[在线购物网站]	0.66	140	260
[网上购物商店]	0.66	210	260
[网上购物超市]	0.53	110	210

删除其中不太相关的词和搜索量很小的词之后，挑出最重要的关键词并整理在表 15-4 中。

表 15-4　主要关键词搜索次数及竞争程度

关 键 词	广告客户竞争程度	本地搜索次数：6 月	全球每月搜索次数	搜索结果数	前两页强域名数	前两页域名首页数	allintitle:指令数字	广告数
[导购网]	0.53	1	6600	23 600 000	1	19	6 110 000	1
[网上买东西]	0.6	720	12 100	10 800 000	12	1	18 400	3
[网上超市]	0.66	2900	2400	14 900 000	3	15	3 400 000	1
[网上购物网站]	0.8	5400	9900	12 900 000	7	18	95 400	3

关 键 词	广告客户竞争程度	本地搜索次数：6 月	全球每月搜索次数	搜索结果数	前两页强域名数	前两页域名首页数	allintitle:指令数字	广告数
[网上商城]	0.93	18 100	49 500	22 100 000	11	16	19 600 000	8
[购物网站]	0.93	90 500	90 500	13 200 000	6	17	36 000 000	6
[网购]	0.8	246 000	33 100	19 700 000	5	19	4 080 000	6
[网上购物]	1	301 000	301 000	21 000 000	7	16	21 900 000	8
[购物搜索]	0.6	1900	590	13 000 000	5（4 个竞争对手）	16	55 700 000	1
[在线购买]		170	320	13 100 000	4	3	2 690 000	0

除了 Google 关键词工具给出的广告客户竞争程度、本地搜索量、全球搜索量，表 15-4 还列出了另外几个数据。

- 搜索结果数：搜索结果数越大，参与竞争的页面数越多，要获得好的排名也越困难。
- 前两页强域名数：排在前两页的强域名越多，竞争也越厉害。这里所说的强域名不一定准确，比较个人化。我所列出的强域名指的是我个人听说过的网站，诸如大的门户网站、著名电子商务网站等。
- 前两页域名首页数：如果排在前面的都是域名首页，说明竞争程度高，网站内页很少有机会排到前面。
- allintitle:指令数字：也就是页面标题标签中出现相应关键词的搜索结果数。这个数字越大，说明针对这个关键词优化的页面数越多，也就是竞争越厉害。
- 广告数：显然广告越多，竞争越强。

观察表 15-4，我觉得下面三个词可以列为亿赐客首页的目标关键词："网上购物""网购""购物网站"。而"网上购物"和"购物网站"连在一起，又可以生成"网上购物网站"这个搜索数也还不错的关键词。

表格中的搜索数量使用了广泛匹配，是为了从总体上看关键词的热门程度，而不是预估流量，所以数字比完全匹配要高出 3～4 倍。比如"网上购物"这个词，广泛匹配每个月有 30 万次搜索量，使用完整匹配的话，每个月只有 10 万次左右的搜索量，平均到每天为 3000 多次搜索。

从搜索量看，就算"网上购物""购物网站"这类搜索量比较大的词排到前面，带来的流量也不会很高。图 15-93 显示的是 Google Adwords 点击量预估工具列出的数字。

"网上购物"这个词，如果广告商链接排在 1～3 位，每天带来的流量也只不过是 50个左右。左侧自然排名的点击量通常会比右侧广告多 5 倍以上，也就是说自然搜索流量只能带来两三百个 IP 而已。考虑到 Google 和百度各自在中国的市场占有率，网上购物、购物网站这类词即使能在百度和 Google 排到第一（这几乎是不可能的），带来的搜索流量也不会超过几千个。从这个意义上来说，要增加网站的流量还是要靠数量巨大的长尾关键词和产品页面，热门关键词能起到的作用有限。

再来看一下这几个主要关键词目前是哪些网站排在前面，亿赐客是否有机会获得好的排名。2009 年 7 月，在 Google 搜索"网上购物"，排在前面的 10 个页面是：

点击量估算工具

« 修改设置 | 以 csv 格式下载

所有估算值仅作为参考指南提供，它们是根据整个系统内的平均值计算的。您的实际费用和广告排名可能有所不同。要查看根据您关键字的效果历史记录计算的估算值，请使用相应广告组中的点击量估算工具。了解详情

平均每次点击费用：**¥2.61** (最高每次点击费用为 ¥11.54)
估算的每日点击次数：**764 - 948** (每日预算为 ¥2,600.00)

估算值取决于您的出价以及地理定位选择。因为点击量估算工具不会考虑您的每日预算，您的广告获得的点击次数可能低于估算值。

最高每次点击费用： **每日预算** 获得新的估算值

关键字 ▼	搜索量	估算平均每次点击费用	估算的广告排名	估算的每天点击量	估算的每天费用
搜索网络总计		**¥1.93 - ¥2.78**	**1 - 3**	**764 - 948**	**¥1,500 - ¥2,600**
比较购物		数据不足无法算出估算值。			
充值卡		¥0.57 - ¥0.95	1 - 3	8 - 10	¥10
导购网		¥0.72 - ¥1.20	1 - 3	0	¥10
购物		¥1.19 - ¥1.89	1 - 3	179 - 227	¥300 - ¥500
购物网站		¥1.88 - ¥2.85	1 - 3	7 - 9	¥20 - ¥30
化妆品		¥2.06 - ¥2.86	1 - 3	137 - 174	¥300 - ¥500
数码相机		¥2.25 - ¥3.46	1 - 3	96	¥300 - ¥400
网购		¥1.09 - ¥1.90	1 - 3	83 - 105	¥100 - ¥200
网购书		¥2.90 - ¥4.35	1 - 3	5 - 7	¥20 - ¥40
网购物		¥0.67 - ¥1.23	1 - 3	43 - 54	¥30 - ¥70
网上购物		¥1.84 - ¥2.71	1 - 3	45 - 62	¥90 - ¥200
网上商城		¥3.47 - ¥4.52	1 - 3	16 - 21	¥60 - ¥100
鲜花		¥2.87 - ¥3.73	1 - 3	143 - 182	¥500 - ¥700
搜索网络总计		**¥1.93 - ¥2.78**	**1 - 3**	**764 - 948**	**¥1,500 - ¥2,600**

图 15-93　点击量预估

（1）www.taobao.com/

（2）www.taobao.com/index_n.php

（3）www.hao123.com/netbuy.htm

（4）www.amazon.cn/

（5）www.amazon.cn/b/63153

（6）www.dangdang.com/

（7）www.265.com/Wangshang_Gouwu/

（8）www.zhigou.com/

（9）bbs.egou.com/

（10）www.smarter.com.cn/

搜索“购物网站”排在前 10 名的页面是：

（1）www.hao123.com/netbuy.htm

（2）www.taobao.com/

（3）www.1b2g.com/shop.php

（4）www.eachnet.com/

（5）www.amazon.cn/

（6）site.baidu.com/list/33wangshanggouwu.htm

（7）www.usashopcn.com/

（8）www.dangdang.com/

（9）www.7shop24.com/

（10）www.wooha.com/

这两个比较热门的关键词，搜索结果页面中排名靠前的多是淘宝、当当这种“巨无霸”级别的网站，亿赐客要跻身第一页难度很大，暂时可以不用考虑了。

所以就首页来说，我们的策略是顺其自然，瞄准应该瞄准的，但短期不寄希望于能排到前面。

在首页的文字内容上，需要参考与"网购"语义相关的词汇。使用 Google Sets 工具可以生成一系列语义相关的词，供文案写作时参考。比如 Google Sets 工具提示与"网购"相关的词包括网上购物、购物网站、购物网、团购、代购、淘宝、店铺、商品、价格、旺旺、服务、图片、购买、钻石、朋友等。

15.4.2 分类页面

网站产品分类已经固定，关键词研究所能做的主要不是寻找主关键词，而是找出每个分类应该使用哪种组合描述方法，Title、Heading、页面文字等都需要按关键词搜索次数安排。我们分类时所使用的词与用户真正搜索的词可能并不相同，需要进行基本的关键词研究。

网站有 18 个一级分类，每个分类都用 Google 关键词工具进行了分析，列出搜索次数比较多的备选关键词。以"家电"分类为例，表 15-5 是 Google 关键词工具显示的相关关键词搜索次数。

表 15-5 "家电"分类相关关键词搜索次数

关 键 词	广告客户竞争程度	本地搜索量：6月（次）	全球每月搜索量（次）
家电	0.93	2 740 000	1 500 000
家用电器	0.86	1 220 000	450 000
家电团购	0.66	2900	2900
宁波家电	0.26	3600	2900
品牌家电	0.46	27 100	18 100
小家电	0.86	110 000	246 000
家电网	0.6	60 500	60 500
促销 家电	0	2900	4400
家用电器 电视	0	−1	9900
团购家电	0.26	2900	2900
三星家电	0.53	1900	1300
家用电器产品	0.33	−1	1900
松下家电	0.33	−1	1000
武汉家电	0.33	−1	2900
西门子家电	0.6	4400	2900
家电厂	0.26	−1	1300
家电电视	0	−1	33 100
工贸家电	0.53	−1	2900
广东家电	0.33	−1	1900
电器家电	0.33	−1	3600
上海永乐家电	0.53	−1	2900
家电公司	0.53	−1	6600
家电杭州	0.2	6600	5400
选购家电	0	390	2400
美的家电	0.6	14 800	9900
中国家电	0.6	40 500	27 100

关 键 词	广告客户竞争程度	本地搜索量：6月（次）	全球每月搜索量（次）
中国家电网	0.6	9900	9900
家电 宁波	0	3600	2900
永乐 家电	0.53	14 800	14 800
永乐家电 上海	0	−1	2900
家电代理	0.53	3600	5400
家电报价	0.6	22 200	14 800
小家电网	0.6	5400	2400
家电厂家	0.4	−1	880
慈溪家电	0.4	−1	1000
九阳家电	0.4	−1	1900
佛山家电	0.13	−1	1000
农村家电	0	−1	1000
南京家电	0.2	−1	1900
南昌家电	0	−1	6600
大连家电	0	−1	880
天津家电	0.13	−1	1600
家电交易	0	−1	1300
家电加盟	0.46	−1	1000
家电商场	0.46	−1	2400
家电展	0.53	1900	1900
小家电批发市场	0.4	−1	1300
成都家电	0.33	2900	2900
沈阳家电	0	−1	1600
西安家电	0	−1	1900
郑州家电	0	−1	1000
重庆家电	0	−1	1900
长沙家电	0	−1	1000
长虹家电	0.4	1900	1600
青岛家电	0.4	−1	1000

删除不太相关的一些关键词，如"中国家电""家电网""家电公司"后，搜索次数最多的是"家电""家用电器""小家电""品牌家电""家电报价"这几个词。

另外，还可以观察到有两类搜索词很常见：一类是"地名+家电"，比如南昌家电、宁波家电、武汉家电、成都家电、广东家电等；另一类是"品牌名+家电"，如永乐家电、美的家电、西门子家电、长虹家电、三星家电等。这是非常有价值的信息。第3章竞争研究中对于关键词研究曾提到过，关键词研究是网站内容策划、扩展的重要来源和依据之一，第15.5节我们再详细讨论怎样根据这些观察到的关键词扩展内容、更改网站架构。

其他分类原理完全一致，这里就不再详细提供列表，只给出结论，也就是每个一级分类搜索次数比较高的备选关键词。

- 图书：图书批发，图书购买，图书网，图书音像，特价图书，网上书店。

- 娱乐：最新游戏，最新音乐，电影娱乐。
- 服装鞋帽：品牌服装，韩国服装，流行服装，时尚服装。
- 珠宝饰品：珠宝饰品，时尚服饰，流行服饰，珠宝首饰，韩国服饰，休闲服饰。
- 礼品鲜花：鲜花速递，网上订花，礼品网，礼品公司，商务礼品，礼物，工艺品，地名+鲜花，地名+礼品。
- 手机通信：手机软件，手机配件，手机报价，智能手机，最新手机，品牌名+手机，地名+手机。
- 电脑：笔记本电脑报价，电脑价格，手提电脑，特价电脑，购买电脑。
- 数码产品：数码产品报价，数码摄像机，数码商城。
- 家电：家用电器，家电报价，小家电，品牌家电，地名+家电，品牌名+家电。
- 化妆护肤：化妆品，日本化妆品，化妆品价格，品牌化妆品，韩国化妆品。
- 汽车用品：汽车用品，汽车装饰用品，汽车美容，汽车零部件，汽车音响，地名+汽车用品。
- 家居园艺：家具用品，家具饰品，家具装饰，宜家家居，时尚家居，家具建材，园艺用品，智能家居。
- 母婴用品：母婴用品店，宝宝用品，婴儿用品，儿童用品，母婴用品批发。
- 运动户外：户外运动，运动器材，运动服装，运动休闲。
- 健康医药：健康医药，医疗器械，健康饮食，医疗保健，两性健康。
- 办公用品：办公用品，办公家具，办公文具，公司办公用品，办公设备，地名+办公用品。
- 食品饮料：食品饮料，食品网，绿色食品，休闲食品，进口食品，地名+食品。
- 玩具宠物：宠物用品，模型玩具，毛绒玩具。

网站上还有大量的二级分类和三级分类，原则上也应该使用 Google 关键词工具检查关键词搜索次数，然后列出搜索最多的 2～3 个关键词，作为相应分类页面的最主要目标关键词。二级分类和三级分类加起来数量上千个，工作量很大，这部分只能留给网站的 SEO 人员去慢慢进行了。

如图 15-94 所示是 Google 趋势显示的几个分类页面关键词搜索量，其趋势与首页上的"网上购物"等词大致相同。

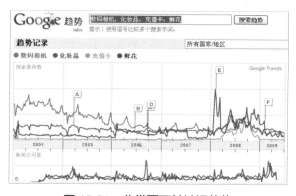

图 15-94　分类页面关键词趋势

再来看一下分类页面排名难度。图 15-95 显示的是在 Google 搜索"数码相机"的结果页面及 SEO for Firefox 显示的各页面概况。

图 15-96 显示的是在 Google 搜索"化妆品"的结果页面情况。

图 15-95 "数码相机"搜索结果页面　　　图 15-96 "化妆品"搜索结果页面

从图中可以看到，排在这两个一级分类关键词前面的都是很著名的门户网站或电子商务网站，尤其是数码相机分类，竞争更为激烈，都是大门户的频道页面。要想排进前 10 名，可能性极低。

图 15-97 显示的是搜索"手机电池"这个二级分类的结果页面。

排在前面的虽然还基本上是大网站，如中关村在线、阿里巴巴等，区别在于出现了一些不是那么强的 B2C 网站。另一个更重要的数字是，排名页面的 Yahoo!链接数相比前面两个一级分类而言，下降了很多，排在前面的一些内页外链只有几十个或几百个。二级分类这个级别已经开始出现能获得排名的希望。

图 15-98 显示的是"珍珠粉"这个三级分类的搜索结果页面。

图 15-99 显示"豆浆机"这个三级分类的搜索结果页面。

图 15-97 "手机电池"搜索结果页面

三级分类搜索结果页面的形势更加乐观,出现了不少内页,雅虎链接数有几个是个位数,说明亿赐客网站三级分类对应关键词获得排名的可能性比较大。除了首先关注长尾流量,三级分类名称也可以作为较热门关键词的突破口。当然,前提是域名权重足够大,而且三级分类页面也有一定数量的外部链接。

15.4.3 商家页面

亿赐客网站上每个商家都有一个单独的介绍页面。这些商家页面除了商家名称本身,还可以优化哪些关键词呢?图 15-100~图 15-103 是百度的相关搜索,显示在搜索"当当网""京东商城""凡客诚品""红孩子"等商家名称时,用户还搜索了哪些与之相关的关键词。

图 15-98 "珍珠粉" 搜索结果页面　　　图 15-99 "豆浆机" 搜索结果页面

图 15-100　"当当网" 相关搜索

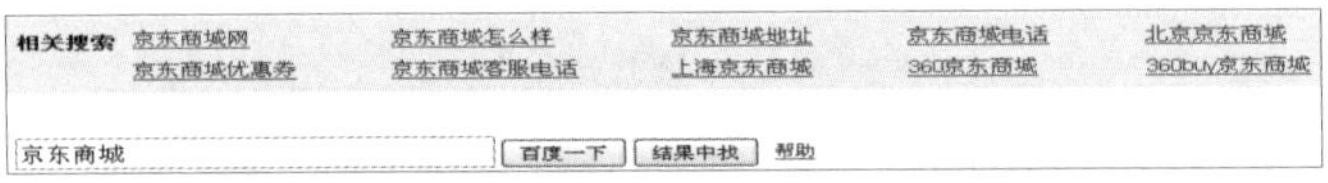

图 15-101　"京东商城" 相关搜索

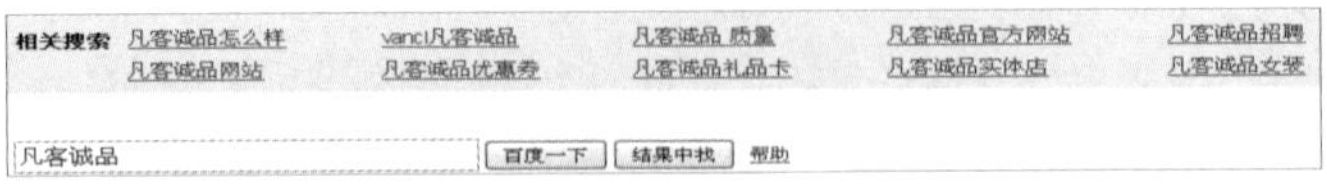

图 15-102　"凡客诚品" 相关搜索

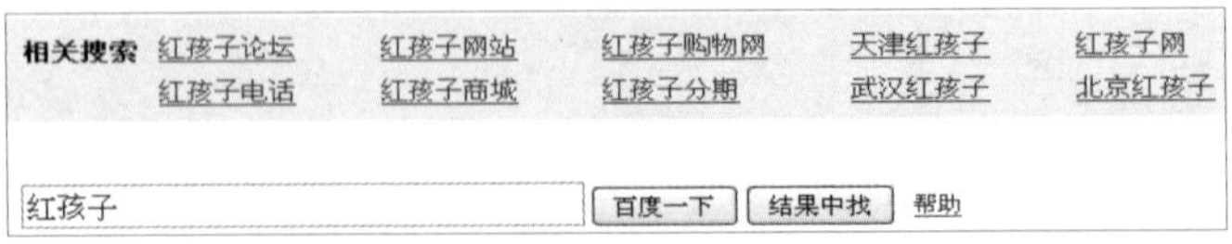

图 15-103　"红孩子" 相关搜索

从这四张抓图可以看到几个经常出现又能适用于所有商家的扩展词：网站、优惠券、客服电话、地址、怎么样、评价等。这几个词与商家名称搭配组合，可以生成不少关键词，商家页面就是针对这类关键词优化的最合适页面。

像这种扩展词 SEO 人员自己也可以想到一些，但毕竟不如搜索引擎告诉你用户真正在搜索什么更准确。这类相关扩展词使用 Google 关键词工具也可以得到类似结果。使用哪个工具并不重要，重要地是从不同搜索关键词中找到规律，并运用在自己的网站上。

诸如"图书""女装"这种扩展词只能用于某些商家，SEO 人员有时间人工调整页面 Title、正文文字时可以考虑使用。用于模板式优化的只能是前面列出的适用于所有商家的词。

15.4.4 品牌页面

与商家页面类似，可以给每个品牌建立一个页面，优化相关关键词和组合。

2009 年 7 月时亿赐客网站并没有品牌页面，但其实与品牌相关的搜索数量不小，这是关键词研究决定网站内容的又一个例子。

除了品牌名称，品牌页面还可以融入哪些词呢？使用 Google 关键词工具可以观察到一些常见的、与品牌名称相关的词语，其原理和上面商家页面使用百度相关搜索一样。

表 15-6～表 15-8 分别是与索尼、惠普、华硕这几个品牌名称相关的搜索词，其中包含了不少只和这个品牌有关而不具普遍性的词，比如索尼电脑、索尼随身听、惠普打印机等。电脑、随身听、打印机这些词不能普遍适用于所有品牌名称，只能用于人工调整。

表 15-6 "索尼"相关搜索

关 键 词	广告客户竞争程度	本地搜索量：6 月（次）	全球每月搜索量（次）
索尼摄像机	0.66	74 000	74 000
索尼电脑	0.66	74 000	49 500
索尼	0.86	2 240 000	1 830 000
索尼随身听	0.4	2900	1900
索尼有限公司	0.33	−1	4400
索尼中国	0.53	9900	9900
东芝 索尼	0.2	−1	260
投影机 索尼	0	8100	5400
索尼 评测	0.2	−1	18 100
dv 索尼	0	5400	4400
md 索尼	0.2	2400	1300
摄像机 索尼	0.2	74 000	74 000
电脑 索尼	0	74 000	49 500
笔记本 索尼	0.2	135 000	110 000
索尼 产品	0.26	−1	−1
索尼 价格	0.26	−1	22 200
索尼 评价	0.26	−1	1600
索尼 测评	0.26	−1	3600
耳机 索尼	0.13	18 100	14 800
索尼 f828	0.33	590	880

关　键　词	广告客户竞争程度	本地搜索量：6月（次）	全球每月搜索量（次）
索尼 15e	0.26	−1	46
psp 索尼	0	27 100	27 100
上海索尼	0.33	8100	8100
数码索尼	0.46	368 000	368 000
索尼 20e	0.26	−1	28
索尼 dcr	0.33	−1	12 100
索尼 dv	0.46	5400	4400
索尼 f717	0.4	1000	1000
索尼 hc15e	0.26	−1	110
索尼 md	0.33	2400	1300
索尼 psp	0.6	27 100	27 100
索尼上海	0.2	8100	8100
索尼中国	0.2	−1	480
索尼中国网站	0.2	−1	1000
索尼中文	0.2	−1	1900
索尼中文网站	0.2	−1	320
索尼产品	0.33	6600	4400
索尼介绍	0.26	−1	1300
索尼官方	0.33	−1	14 800
索尼官方网站	0.46	12 100	12 100
索尼报价	0.33	−1	33 100
索尼数码	0.66	368 000	368 000
索尼笔记本	0.8	135 000	110 000
索尼网站	0.4	14 800	14 800
中国索尼	0	−1	73
索尼中国	0.2	−1	73
索尼爱立	0.4	1000	880
索尼说明书	0	−1	8100
索尼配件	0.33	−1	1900
索尼集团	0.26	−1	590
索尼驱动	0.26	−1	8100
索尼公司	0.46	14 800	14 800
索尼投影机	0.73	8100	5400
索尼首页	0.2	−1	170
中国索尼	0	9900	9900
索尼耳机	0.53	18 100	14 800
索尼中国	0	−1	22
索尼电池	0.46	14 800	12 100
数码摄像机 索尼	0.13	33 100	33 100
电视机 索尼	0	8100	8100

关 键 词	广告客户竞争程度	本地搜索量：6月（次）	全球每月搜索量（次）
收音机 索尼	0	5400	9900
彩电 索尼	0	4400	4400
ibm 索尼	0	−1	73
索尼 参数	0	−1	2400
电池 索尼	0	14 800	12 100
索尼 中国有限公司	0.4	−1	−1
索尼 爱立信	0.46	−1	−1

表 15-7 "惠普" 相关搜索

关 键 词	广告客户竞争程度	本地搜索量：6月（次）	全球每月搜索量（次）
惠普	0.86	1 830 000	1 500 000
惠普 hp pavilion	0	−1	590
惠普 中国	0.33	−1	−1
上海 惠普	0.26	−1	−1
惠普 评测	0.2	−1	14 800
惠普 6315	0.26	−1	−1
招聘 惠普	0	4400	8100
惠普 photosmart	0.2	−1	1600
惠普 打印机	0.6	−1	−1
联想 惠普	0	−1	720
绘图仪 惠普	0	4400	2400
惠普 服务器	0.4	−1	−1
惠普 制造商	0.2	−1	−1
惠普 笔记本	0.53	−1	−1
惠普 计算机 产品 上海有限公司	0	−1	−1
惠普 博客	0.2	−1	−1
惠普 音响	0.26	−1	−1
显示器 惠普	0	−1	1900
hp 惠普	0.46	−1	49 500
惠普电脑	0.8	201 000	165 000
惠普畅游	0.2	−1	720
惠普市场	0.2	−1	480
爱惠普	0.4	1900	1900
惠普墨	0.2	−1	2400
上海惠普	0.4	12 100	12 100
惠普 pavilion	0.33	−1	5400
惠普机	0.13	−1	14 800
惠普性能	0.2	−1	390
惠普科技	0.26	−1	880
惠普维修	0.6	33 100	27 100

关 键 词	广告客户竞争程度	本地搜索量：6 月（次）	全球每月搜索量（次）
墨盒 惠普	0	27 100	18 100
惠普专卖	0.53	3600	3600
惠普 nx9040	0.2	−1	46
惠普 1940	0.2	−1	91
惠普打印机	0.8	135 000	110 000
惠普 cn	0	−1	1000
惠普墨盒	0.73	27 100	18 100
惠普 pda	0.53	1900	2900
惠普 nc6000	0.26	−1	480
惠普公司	0.53	14 800	14 800
惠普激光打印机	0.66	22 200	12 100
电脑惠普	0.2	201 000	165 000
惠普 2210	0.26	−1	210
惠普 m2000	0.2	−1	110
惠普驱动	0.4	74 000	74 000
惠普报价	0.33	−1	18 100
惠普 评价	0.13	−1	1000
惠普 ibm	0.13	−1	260
惠普笔记本	0.8	368 000	301 000
惠普价格	0	−1	12 100
激光打印机 惠普	0	22 200	12 100
惠普 测评	0.13	−1	880
惠普系列	0.2	−1	2900
惠普 3538	0.2	−1	210
惠而普	0.2	−1	880
pda 惠普	0	1900	2900
惠普产品	0.33	−1	880
惠普 评论	0.2	−1	390
惠普 1010	0.26	−1	1000
惠普 dv1000	0.26	−1	260
惠普服务	0.4	18 100	14 800

表 15-8 "华硕"相关搜索

关 键 词	广告客户竞争程度	本地搜索量：6 月（次）	全球每月搜索量（次）
华硕	0.8	1 220 000	1 220 000
机箱 华硕	0	−1	1000
华硕 评测	0.13	−1	18 100
手机 华硕	0	−1	8100
显卡 华硕	0	−1	18 100
超频 华硕	0	−1	2400

关 键 词	广告客户竞争程度	本地搜索量：6月（次）	全球每月搜索量（次）
光驱 华硕	0	-1	1900
cpu 华硕	0	-1	1600
intel 华硕	0	-1	260
华硕 测试	0.2	-1	320
华硕 参数	0.13	-1	1600
华硕 m2npv vm	0.2	-1	-1
华硕 a8 测评	0.2	-1	-1
华硕电脑	0.73	135 000	110 000
华硕 s200	0.33	480	720
华硕 a730	0.26	110	210
华硕 a620+	0.26	-1	22
华硕 评论	0.2	-1	390
华硕笔记本	0.73	246 000	246 000
华硕报价	0.26	27 100	27 100
华硕 测评	0.2	-1	1600
电脑华硕	0	135 000	110 000
华硕 m2400	0.26	-1	1000
华硕 价格	0.2	-1	8100
华硕系列	0.26	-1	3600
华硕 m6n	0.26	-1	36
华硕 s200n	0.26	-1	140
华硕 s300	0.26	-1	73
华硕 s300n	0.2	-1	91
华硕促销	0.2	-1	260
华硕驱动	0.26	-1	49 500
华硕 m5	0.2	-1	170
华硕程序	0.2	-1	1600

那些能普遍适用于所有品牌的扩展词才能在品牌页面上自动生成文字内容。观察一下上面三个表，就会发现产品、评价、评测、服务、专卖店、网站、公司这些词经常会与品牌名称一起搜索，而且可以适用于所有品牌。这些词加上品牌名称，就可以作为品牌页面的目标关键词。

15.4.5 产品页面

显然，产品名称是产品页面首要目标关键词。那么还有哪些扩展词可以适用于所有产品，自动优化进所有产品页面中呢？图 15-104～图 15-111 是在百度搜索不同产品名称时得到的相关搜索。

图 15-104 "九阳豆浆机"相关搜索

图 15-105　"诺基亚 n95" 相关搜索

图 15-106　"安娜苏许愿精灵香水" 相关搜索

图 15-107　"雅顿绿茶女士香水" 相关搜索

图 15-108　"ZIPPO 经典铭系列" 相关搜索

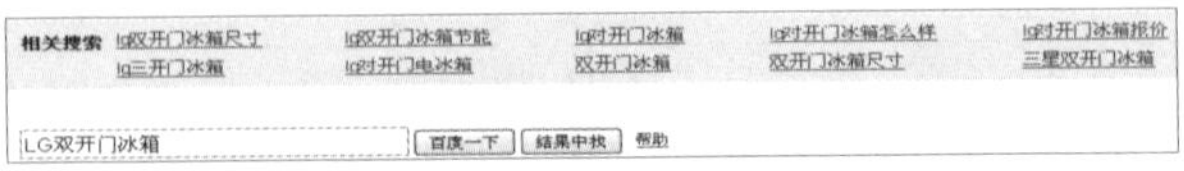

图 15-109　"LG 双开门冰箱" 相关搜索

图 15-110　"飞利浦剃须刀 HQ6073" 相关搜索

图 15-111　"先锋家庭影院" 相关搜索

同样，仔细观察这些以产品名称为搜索词的相关搜索，会发现经常出现产品名称加上价格、报价、怎么样、好吗、真假这几个扩展词，这些词也不局限于特定产品，可以加在任何产品名称后。这些词都有真实的用户在搜索，SEO 人员自己很难靠想象了解全面。比如"九阳豆浆机怎么样"这种词，很少有电子商务网站专门做页面来进行优化，发现了这些带有一定规律性的扩展词，就可以有意识地在页面上进行优化。

15.4.6　搜索页面

搜索页面无法进行特定的关键词研究，不过前面的关键词研究已经提示我们，有些关键词虽然很难放在上面五类页面上，却可以简单地作为搜索页面的目标关键词。

比如前面提到的"宁波家电""广东家电"这类词，要在网站主体分类结构中进行优化比较困难，很难有逻辑性地将其放入哪个分类。但将这些词做成搜索页面则顺理成章。搜索页面和 tags 页面类似，页面之间没有从属关系，也就无须考虑结构关系，只要在其他页面出现爬行和抓取入口（搜索页面的链接）就可以。这类词其实不少，比如"地名+办公用品""地名+食品""地名+汽车用品"等，而且搜索量不小。

细心的读者可能发现，这个案例中所讲的关键词研究，与第 3 章中提到的关键词研究中讨论的一般性方法有些区别。通常一般性的关键词研究是要找到搜索次数比较多、竞争比较小的关键词，这样得到好排名的可能性比较大。而亿赐客网站关键词研究所做的并不是这样。可以说，我们基本上不太考虑能获得好排名的可能性，而是直接把目标放在了搜索次数比较多的关键词上，而不管最后能不能排上去。这样做有两个原因。

（1）亿赐客这样的网站关键词包罗万象，由产品分类决定，几乎已经无法改变，或者说产品分类不是 SEO 人员所能确定的，所以 SEO 人员明知某些关键词难度大，也不能改变。

（2）热门关键词至少在网站优化的头一两年不是重点，能做到什么程度就做到什么程度，带来流量的重点是长尾关键词和产品页面。

这个案例也可以说明，SEO 必须具体问题具体分析，没有适合于所有网站的金科玉律。结合上面的关键词分析和竞争对手分析，可以得到几点结论。

- 首页和一级、二级分类页面目标关键词要得到好排名的可能性很小，我们就顺其自然，做好内部优化，近期不寄希望获得排名。
- 三级分类关键词有获得排名的可能性。除页面本身的优化之外，友情链接交换可以从三级分类页面开始。
- 主要竞争对手有 5～6 个，其网站实力比亿赐客要强，历史比亿赐客要久，但还没有一个占绝对性、压倒性优势的中文比较购物网站。
- 2009 年第一梯队的比较购物网站流量日 IP 在 5 万左右，这也就是亿赐客网站 SEO 的目标：在 1～2 年内搜索流量达到 5 万日 IP，进入第一竞争梯队。
- 提高搜索流量的关键在于长尾词和产品页面。
- 获得长尾流量的关键在于网站收录，这就需要在网站架构、页面内容的扩充上下一番工夫。
- 几个主要竞争对手应该是经过专业 SEO 优化的，尤其是聪明点和智购网。

15.5　亿赐客网站优化建议

下面是我在 2009 年 10 月提供给亿赐客团队的优化建议。为保持原意和真实性，除了更正错别字、病句之类的明显错误，其余没有做什么修饰，读者在这里看到的基本上就是亿赐客团队收到的。因此，请读者包涵文字的粗糙。

报告里比较详细地写了怎样修改，有的地方写明了修改原因，有的地方没有写。没有写原因的部分，读者参考本书前面章节都可以找到答案。

读者看到本书时，亿赐客网站已经和我当初诊断时完全不同了，已经放弃比较购物业务。我尽量留下原始 URL、代码和抓图等资料，以使读者了解诊断的原始对象。即使这样，下面的报告还是相当烦琐、枯燥的，有的地方可能不容易明白。真正能静下心来看完、看明白这个报告的读者，相信会有很大收获，尤其是没有 SEO 实战经验，面对网站不知道如何下手的新手。

图 15-112～图 15-121 是 2009 年 7 月我诊断网站时的抓图，读者看下面诊断及建议时可能需要经常参考。

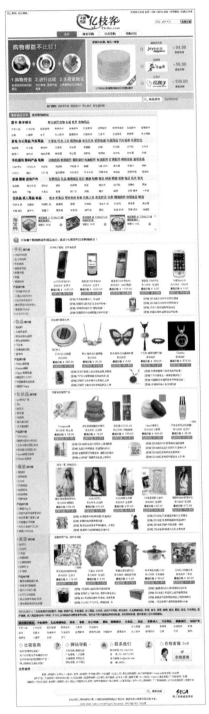

图 15-112　亿赐客网站首页

图 15-113　一级分类（以数码产品为例）页面

图 15-114　二级分类（以消费数码为例）页面

图 15-115　三级分类（以录音笔为例）页面

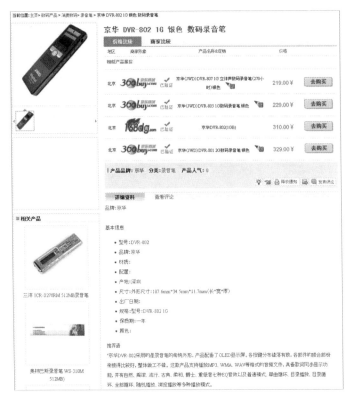

图 15-116　产品（以京华录音笔为例）页面

图 15-117　在产品列表页面上选择商家过滤条件

图 15-118　在产品列表页面上选择品牌过滤条件

图 15-119　商家介绍页面

图 15-120　搜索结果页面

图 15-121 "关于我们"页面

15.5.1 涉及全站的调整

1. 产品分类稍做调整

18 个一级分类，放在左侧导航中大致为一屏，方便用户浏览。

尽量将各分类下的次级分类及最终产品数均衡。例如，原图书一级分类下有以下二级分类：文学小说、人文社科、经济管理、教育技术、工具书、生活娱乐、外文原版。而图书分类下产品数众多，二级分类偏少，使产品列表翻页过多，不利于收录。建议在图书分类下增加二级分类，如建筑、计算机、教育、英文、医学等，既能使分类和浏览更准确，也使到达产品页面的点击距离最短。

若二级分类下产品过多，尽量再细分为三级分类。增加分类看似使某些产品离首页更远了一层，其实使绝大部分产品与首页的总体距离大大缩短。

2. 顶部导航

目前首页顶部中央是 Logo 及首页、商家导购（连向商家列表）、分类导购（连向产品分类列表）、导购社区（连向论坛）4 个导航链接，只有 4 个选择，却占据了过大空间。首页第一屏应该迅速展现主题内容。另外，商家导购、导购社区不是网站的主体部分，放在这里浪费空间和链接权重，也不利于用户快速寻找产品。

建议改为横贯页面的产品分类导航条，链接指向图书、化妆护肤、服装、数码等一级分类页面。视页面宽度，能放下几个就放几个。最后一个为"所有分类"，链接至目前"分类导购"页面。

顶部导航条设计为下拉菜单，CSS 控制，不可以使用 JavaScript，用户鼠标放到一级分类名称时，下拉菜单列出最多 10 个二级分类，最后一个是"更多"，链接至一级分类首页。

这样，搜索引擎蜘蛛和用户都可以迅速沿着链接进入主体，也就是各产品分类。

3. 搜索框

目前首页搜索框位置太靠下，不明显，移到顶部导航条下，如其他页面一样。搜索框占用空间也太大，高度应缩小。搜索框本身及热门搜索链接可放在同一行，减少空间，也不影响用户使用。

删除"高级购物搜索"链接。据流量统计显示，几乎没有人使用高级搜索。

4．H1 文字

将所有页面放在面包屑导航下，正文内容前加页面标题，用 H1 文字。目前有的页面在面包屑导航里的文字做成了 H1，须全部取消。

H1 文字下添加一行简短文字说明，具体文字有的页面需要人工录入（如分类页面），有的自动生成（如产品页面、搜索页面），下面有具体说明。

5．URL 问题

所有 URL 需要静态化。除了各分类页面、产品页面，也包括不容易处理的产品列表页面（三级分类页面）上的按商家、品牌过滤及各种排列方式。

目前有大量相同页面具有不同 URL，造成重复内容。如：

http://www.yicike.com/1169-GSMshouji-/248102-n2680s.htm（为什么 GSM 手机分类后面有个-，而其他分类没有？取消这个连线符，并做 301 转向）

http://www.yicike.com/1169-GSMshouji-/248102-.htm

http://www.yicike.com/1169-GSMshouji-/248102-xxx.htm （xxx 可以是任意字符）

上面三个 URL 都是诺基亚 N2680S 页面，并且网站上出现了前两个 URL，都有收录，浪费资源，挤占了其他页面的收录机会，并造成重复内容。

另外，http://www.yicike.com/1169-GSMshouji-/248102.htm 这个 URL 显示的又与 http://www.yicike.com/1169-GSMshouji-/ 一样。

建议：

无论目录还是 htm 文件，结尾处的连词符"-"一律删除。

http://www.yicike.com/1169-GSMshouji-/

301 转向至

http://www.yicike.com/1169-GSMshouji/

http://www.yicike.com/1169-GSMshouji-/248102-.htm

301 转向至

http://www.yicike.com/1169-GSMshouji/248102.htm

产品页面URL一律只包含产品ID编号,删除从产品名称中提取的英文或数字字符。

http://www.yicike.com/1169-GSMshouji-/248102-n2680s.htm 以及

http://www.yicike.com/1169-GSMshouji-/248102-xxx.htm

301 转向至

http://www.yicike.com/1169-GSMshouji/248102.htm

这些 URL 的改动和合并需要做 301 转向。由于 URL 中包含分类编号和产品编号，可以根据编号做判断并做转向。

不同页面 URL 格式下面还有相关说明。

6．热门搜索链接

视允许页面宽度，搜索框右侧的（目前是下面，如前述，移至搜索框右侧，同一行）热门搜索增加至 7～10 个，连至静态 URL 的搜索页面。

不同页面使用不同的热门搜索词。例如，首页是全站热门产品搜索，分类页面是本分类之内的热门搜索，产品页面是本身所在分类的热门搜索。不可全站都是一样的热门搜索，而且最好能轮换，使搜索引擎能抓取更多搜索页面。所以，数据库中热门搜索词需要按产品分类划分类别。

热门搜索词可以来源于以下几个方面：

- 前面关键词研究提到，部分一级分类有很多"地名+产品名"格式的搜索词，如"北京鲜花""上海礼品""深圳手机""北京家电""北京商品""北京办公用品"等，须人工录入数据库。做分类关键词研究时，看到这类不好归入某分类、搜索量又比较大的关键词，都可以做成搜索页面。
- 在关键词研究中，搜索次数较少，不能作为分类页面主要目标关键词的，如"促销家电"，须人工录入。
- 二级和三级分类页面，因为数量巨大，我没有做更深入的关键词研究，需要 SEO 人员在 Google 关键词工具里，填写本分类名称，生成相关关键词列表。除了使用两三个搜索次数最多的词作为本分类页面的主要目标关键词，写入页面 Title，其他搜索次数少的可以录入数据库，作为二级和三级分类页面的热门搜索链接。
- 记录用户实际搜索的词。在不同页面做的搜索记录在相应分类中。搜索词先记录下来，不立即上线，需要人工在后台审核一下，以防搜索词太不相关。
- 产品页面，不同产品可以随机调用不同的（但还是本三级分类下的）热门搜索词，使更多热门搜索词有机会出现。

搜索页面 URL 和页面内容详见后文。

左侧导航最下面也增加热门搜索。提取本分类搜索次数最多的 20 个热门搜索，做成链接连向搜索页面。这里说的左侧导航热门搜索与搜索框下的热门搜索链接处理方法一样，搜索框下调用 7～10 个，左侧导航处继续从数据库中提取不同的 20 个搜索词。

7．增加产品资讯新闻板块

新增加资讯、新闻部分，放在/info/或/news/之类的目录下。将优惠券及促销资讯纳入这个资讯板块。

从商家网站转载更多优惠券和促销信息，并从商家网站转载、收集更多产品资讯性内容、产品评测。

资讯内容也按产品对应的结构分类。因三级分类数量太大，资讯只分到二级分类即可。面包屑导航及 URL 都按分类明确某个资讯页面所在位置。如某条属于电视机的资讯信息的面包屑导航可以是：

主页 – 资讯 – 家电 – 大家电 – 信息标题

URL 则是：

/info/1725/article123.htm

每个资讯页面按所属分类在页面底部调用 7～10 个本分类热销产品。

8．广告位

网站所有页面按常见广告格式（banner、button、skyscrapper 等）预留广告位。广告管理后台可以控制广告发布到哪些页面，如所有分类页面或全站。

在"关于我们"部分加一个广告信息页面，列出不同级别的广告价格。

目前没有广告时先放自己网站的广告，链接到热门分类、促销产品等。

目前除了 Google Adsense 等联盟性质的广告，似乎没有商家直接买的广告。在流量达到一定水平后，直接卖广告也是一个很可能的收入来源。建议提前准备。

9．产品属性过滤页面

产品列表页面，通常也就是三级分类页面（有时是二级分类，总之是出现产品列表的页面），按产品属性，也就是各种过滤条件，生成不同产品过滤页面，在左侧列出链接。

首先最明显和简单的是按价格、商家、品牌过滤。目前这三个过滤已有，但存在些许问题。

以"电视机"分类页面为例，网址为 http://www.yicike.com/1725-dianshiji/，如图 15-122 所示。

图 15-122　电视机分类页面

用户点击商家"168 订购网"后出现如图 15-123 所示商家过滤页面。

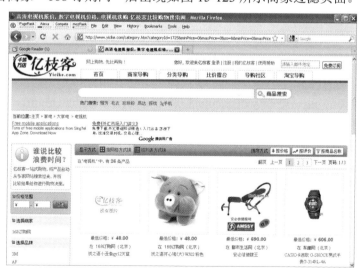

图 15-123　电视机分类商家过滤页面

此处存在几个问题：

- 按价格过滤目前是用户填写价格范围，单击"过滤"按钮。这样，页面上不存在用户和蜘蛛可以点击、爬行的链接。建议列出各个价格范围，做成链接连至相应价格过滤页面。

- 左侧列出的商家和品牌过滤条件显然有技术问题。商家只列出一个。列出的品牌不是电视机的品牌，似乎所有产品列表页面列出的品牌都是"3M"。
- 用户点击商家过滤条件后，列出的产品似乎不准确，并不限于所选商家。这一点对 SEO 的影响倒不大。
- 过滤页面 URL 没有静态化，而且太长、太复杂。
- 用户/蜘蛛选择过滤条件后，页面 Title、面包屑导航、正文顶部说明文字都不能表现出已经选择了过滤条件，页面上唯一的区别是产品数减少了。这无法让用户和蜘蛛辨认内容的区别，更不能突出过滤页面应该针对的关键词。如电视机分类，"168 订购网"商家过滤，本来目标关键词是"168 订购网电视机"，但过滤页面上的 Title、面包屑导航、说明文字都没有"168 订购网电视机"这个关键词。

建议修改如下。

（1）按价格过滤（数字只是举例，下同）。

500～1000 元，链接至 http://www.yicike.com/1725-dianshiji/500-1000.htm。

- 面包屑导航：首页 – 家电 – 大家电 – 电视机 – 500～1000 元。
- H1 文字：500～1000 元电视机。
- Title：500～1000 元电视机价格、最新报价、评价评测 – 亿赐客比较购物网。

1001～2000 元，链接至 http://www.yicike.com/1725-dianshiji/1001-2000.htm。

2001～4000 元，链接至 http://www.yicike.com/1725-dianshiji/2001-4000.htm。

4000 元以上，链接至 http://www.yicike.com/1725-dianshiji/4001.htm。

（2）按品牌过滤。

康佳，链接至 http://www.yicike.com/1725-dianshiji/kongka.htm。

- 面包屑导航：首页 – 家电 – 大家电 – 电视机 – 康佳。
- H1 文字：康佳电视机。
- Title：康佳电视机价格、最新报价、评价评测 – 亿赐客比较购物网。

索尼，链接至 http://www.yicike.com/1725-dianshiji/sony.htm。

长虹，链接至 http://www.yicike.com/1725-dianshiji/changhong.htm。

（3）按商家过滤。

京东商城，链接至 http://www.yicike.com/1725-dianshiji/360buy.htm。

- 面包屑导航：首页 – 家电 – 大家电 – 电视机 – 京东商城。
- H1 文字：京东商城电视机。
- Title：京东商城电视机价格、最新报价、评价评测 – 亿赐客比较购物网。

1 号店，链接至 http://www.yicike.com/1725-dianshiji/1haodian.htm。

世纪电器网，链接至 http://www.yicike.com/1725-dianshiji/51mdq.htm。

另外，大多数产品还可以再按某种参数过滤，如电视机还可以按尺寸过滤：

21 英寸以下链接至 http://www.yicike.com/1725-dianshiji/21.htm。

- 面包屑导航：首页 – 家电 – 大家电 – 电视机 – 21 英寸以下。

- H1 文字：21 英寸以下电视机。
- Title：21 英寸以下电视机价格、最新报价、评价评测—亿赐客比较购物网。

21～24 英寸，链接至 http://www.yicike.com/1725-dianshiji/21-24.htm。

25～30 英寸，链接至 http://www.yicike.com/1725-dianshiji/25-30.htm。

30 英寸以上，链接至 http://www.yicike.com/1725-dianshiji/30.htm。

电视机还可以按功能过滤：

等离子，链接至 http://www.yicike.com/1725-dianshiji/plasma.htm。

- 面包屑导航：首页 – 家电 – 大家电 – 电视机 – 等离子。
- H1 文字：等离子电视机。
- Title：等离子电视机价格、最新报价、评价评测 – 亿赐客比较购物网。

液晶，链接至 http://www.yicike.com/1725-dianshiji/lcd.htm。

普通，链接至 http://www.yicike.com/1725-dianshiji/putong.htm。

不同的产品分类，需要不同的参数，不知道是否能自动检测生成，否则需要人工定义，可能还需要数据库结构变化，涉及上千个三级分类，工作量不小。通过组合可生成大量长尾关键词，如上面的"等离子电视机"等。

使情况更为复杂的是，用户可能选择多项属性，如用户点击了电视机 – 索尼 – 京东商城—液晶，此时 URL 就需要是：

http://www.yicike.com/1725-dianshiji/sony-360buy-lcd.htm。

- 面包屑导航：首页 – 家电 – 大家电 – 电视机 – 索尼 – 京东商城 – 液晶。
- H1 文字：京东商城索尼液晶电视机。
- Title：京东商城索尼液晶电视机价格、最新报价、评价评测 – 亿赐客比较购物网。

URL 中的顺序需要统一和固定，如上面的"品牌 – 商家 – 功能"顺序，无论用户是按电视机 – 索尼 – 京东商城 – 液晶顺序来到这个页面，还是按电视机 – 京东商城 – 索尼 – 液晶顺序来到这个页面，URL 都要是一样的。所有属性定义优先顺序，URL 按固定顺序生成。

同样，面包屑导航、H1 文字和 Title 也需要定义固定顺序。

在某个过滤条件被选择时，这个属性右侧加一个"取消"链接，点击这个链接将取消选择这个过滤条件。

按属性生成过滤页面的逻辑比较复杂，但很重要。其对用户有益，直接点击就可以找到自己想要的产品。对 SEO 更重要的是，过滤页面会组合出大量有意义的关键词，如"京东商城电视机""索尼液晶电视机""2000 元康佳电视机""京东商城 21 英寸康佳电视机"等，其中有些关键词搜索量相当大，如"索尼电视机"之类。这种方式组合生成的页面关键词很难用其他方式优化。

10．商家列表及商家介绍页面

商家有关页面分为几类。

（1）商家列表页面。

主商家列表页面（旧版网站称为商家导购）为 http://www.yicike.com/merchant_ranking.htm，如图 15-124 所示。

建议新建下级（按产品分类）商家列表页面。

图 15-124　主商家列表页面

商家列表页面相当于商家网站地图，需要链接至各商家介绍页面。人工选出 20～30 个最主要商家，列在主列表页。其他商家按产品分类，列在下一级（对应一级产品分类）列表中。如/merchant/1000-tushu.htm，列出所有网上书店。

主列表页如下。

- 面包屑导航：首页 – 所有商家。
- H1 文字：网上商城所有商家。
- Title：网上商城所有商家列表评测 – 亿赐客比较购物网。

按分类商家列表页：/merchant/1000-tushu.htm。

- 面包屑导航：首页 – 所有商家 – 图书。
- H1 文字：图书网上商城。
- Title：图书网上商城及商家网店列表评测 – 亿赐客比较购物网。

将商家再分类的原因和前面过滤条件页面的原因相同，可以组合生成"图书网上商城""家电网上商城"等关键词，用专门页面优化。这样更方便用户浏览，现有商家导航页面只能列出很小一部分商家，实际上商家数目庞大，用户没有简单方法到达所有商家页面。做好优化也可给搜索引擎蜘蛛预备好更多有明确目标关键词的页面。这种优化的实现并不困难，只要挖掘自身数据库就可以。

目前商家导航页面底部列出了按地点过滤的方式，这是个很好的做法，因为如"北京网上商城"这种词也有人搜索。不过目前的实现方法存在问题，用户点击地名后，JS 调用了所选地区的商家显示在页面上，URL 却未变化，没有生成新页面，如图 15-125 所示。

改为链接至不同的 URL，如点击北京，链接至/merchant/beijing.html，在北京页面上列出北京地区或可以发货至北京的商家。

商家按地点过滤页：/merchant/beijing.html。

- 面包屑导航：首页 – 所有商家 – 北京。
- H1 文字：北京网上购物商城。
- Title：北京网上购物商城及商家网店列表评测 – 亿赐客比较购物网。

（2）商家介绍页面。

商家介绍页面也就是目前 http://www.yicike.com/merchanthome/ejia.htm 这种页面，如图 15-119 所示。

图 15-125　商家导航页面上的按地点过滤

除了商家基本信息，还列出这个商家所有产品的商家产品分类页面（见下文）。如京东商城在大家电、电脑、数码产品、家具分类都有产品，则列出这些商家产品分类页面。这些分类页面可以列在"产品列表"选项卡下。

- 面包屑导航：首页 – 商家 – E 家网。
- H1 文字：E 家网网站详细介绍。
- Title：E 家网购物商城网站介绍、优惠券、客服电话、地址（原因见 15.4 节）。

（3）商家评论页面。

目前商家介绍页面上的"商家评论"选项卡做成链接连至独立的商家评论页面，如：

http://www.yicike.com/merchanthome/ejia-comments.htm

这个页面允许用户发表评论。

- 面包屑导航：首页 – 商家 – E 家网评论。
- H1 文字：E 家网用户评价。
- Title：E 家网怎么样 – E 家网评价。

在页面正文（用户评论）前的标题或说明文字处，加上"E 家网用户评价""您觉得E 家网怎么样？欢迎提交评论"之类的文字。

（4）商家产品分类页面。

一级和二级分类页面（还没有产品列表的页面），左侧导航列出本分类下有产品的商家。如京东商城在家电、电脑、数码产品、家具分类都有产品，则上述分类页面分别列出这些链接：

yicike.com/1009-jiadian/360buy.htm（家电 – 京东商城）

yicike.com/1007-diannao/360buy.htm 商家一级分类页面（电脑 – 京东商城）

yicike.com/1008-shumachanpin/360buy.htm 商家一级分类页面（数码 – 京东商城）

yicike.com/1012-jiaju/360buy.htm 商家一级分类页面（家具 – 京东商城）

- 面包屑导航：首页 – 家电 – 京东商城。
- H1 文字：京东商城家电。

- Title：京东商城家电价格、最新报价、评价评测 – 亿赐客比较购物网。

商家一级分类页面（家电 – 京东商城）则列出商家二级分类页面，如 yicike.com/1194-dajiadian/360buy.htm（大家电 – 京东商城）。

在商家二级分类页面列出的是前面讨论的产品按商家过滤页面，如 http://www.yicike.com/1725-dianshiji/360buy.htm（电视机 – 京东商城）。

商家分类页面既出现在一级和二级产品分类页面左侧导航，也出现在商家介绍页面的"产品列表"选项卡中。

前面讨论的产品按商家过滤页面出现在三级分类页面（产品列表页面），商家分类页面其实就是产品按商家过滤页面在一级、二级分类页面的体现。

11．品牌页面

目前没有品牌页面。与商家页面结构类似，给品牌建立一套单独页面。

（1）品牌列表页面。

与商家列表页面类似，举例如下。

品牌主列表页面：www.yicike.com/brands.htm

按分类列表页面：www.yicike.com/brands/1000-tushu.htm

（2）品牌介绍页面。

使用类似 http://www.yicike.com/brand/hp.htm 这种 URL。

- 面包屑导航：首页 – 品牌 – 惠普。
- H1 文字：惠普报价及产品信息。
- Title：惠普报价、专卖店价格、产品信息。

页面内容也与商家页面类似，除了品牌基本信息，还列出这个品牌有产品的品牌产品分类页面（见下文）。例如，惠普在家电、电脑、数码产品等分类都有产品，则列出这些品牌产品分类页面。

（3）品牌评论页面。

在品牌主页面上加链接到品牌评论页面，如：

http://www.yicike.com/brand/hp-comments.htm

这个页面允许用户发表评论。

- 面包屑导航：首页 – 品牌 – 惠普评论。
- H1 文字：惠普用户评价。
- Title：惠普产品评测、用户评论。

（4）品牌产品分类页面。

与商家产品分类页面类似。一级和二级分类页面（还没有产品列表的页面），左侧导航列出本分类下有产品的品牌。如家电分类下有美的家电、西门子家电、三星家电……

以美的家电为例，有 yicike.com/1009-jiadian/meidi.htm。

- 面包屑导航：首页 – 家电 – 美的。
- H1 文字：美的家电。
- Title：美的家电价格、最新报价、评价评测 – 亿赐客比较购物网。

电脑分类下：联想电脑，三星电脑，惠普电脑。

化妆护肤：DHC 化妆品，资生堂化妆品，雅芳化妆品，迪奥化妆品。

数码：索尼数码，佳能数码，三星数码，松下数码。

食品：统一食品，百事食品，雨润食品，达利食品，光明食品。

手机通信：诺基亚手机，三星手机，索爱手机，联想手机，多普达手机。

品牌产品分类页面则列出产品按品牌过滤链接，如康佳电视机 http://www.yicike. com/1725-dianshiji/kongka.htm。

（5）CSS。

除了外置的 CSS 文件，页面 HTML 中还有大量 CSS 代码，须删除或集中到外置 CSS 文件。直观从 HTML 代码看，div 类的代码非常多，应尽量删除，可能可以使页面缩小 50%或更多，可以减少干扰，也使页面访问速度更快。

JavaScript 代码，如果是多个页面常用的，也尽量放在外部文件；不能用外部文件时也尽量放在代码底部。

12．网站 Logo

所有页面左上角 Logo 做成连至首页的链接。ALT 文字："网上购物网站排名问网购专家—亿赐客比较购物搜索网。"图片 ALT 文字相当于链接锚文字，为避免过度优化，应与首页 Title 稍作区别。

13．注册和免费订阅

我尝试注册，但一直显示"验证码错误"（我的验证码输入肯定是正确的），所以不知道注册用户账号里有什么功能。免费订阅注册后也没有收到什么邮件。

这两个功能建议合并。如果需要做邮件营销，向注册用户发邮件就可以，不必做成两个数据库。在吸引浏览者注册方面还需要改进，目前看不出注册有什么好处。

吸引用户注册是非常重要的，比较购物网站的致命缺陷之一就是没有真正属于自己的用户。

14．页脚

亿赐客网站页脚如图 15-126 所示。

首页页脚增加链接至使用条款 terms.htm、隐私权政策 privacy.htm。其他页面页脚不要这两个链接，以免浪费权重。

图 15-126　亿赐客网站页脚

以下指全站页脚。

"比较指南"部分全部删除。可以放一个"帮助"或"用户指南"之类的链接，连至常见问题列表。但没有必要在全部页面上列出多个问题，以免浪费权重。用户有不明白的地方，有一个"帮助"链接已经足够了。

"网站导航"部分：

- "导购社区"链接移至页头右侧、"使用帮助"前。
- "分类导购"文字改为"产品分类"；"商家比较"改为"所有商家"。这样意义更明确。
- 增加"网购资讯"，链接至资讯部分首页。
- 增加"所有品牌"，链接至品牌列表页面。
- 删除"广告服务""人才招聘"链接，在"关于我们"页面加上这两个页面链接，没有必要出现在所有页面。

版权声明部分，添加中文"亿赐客比较购物搜索"并链接至首页。

15．网站目标及导出链接跟踪

目前 Groole Analytics 中设置的转化目标是实现一次站内搜索。这并不是一个适合亿赐客的网站目标。目前亿赐客的主要赢利模式是联署计划（网站联盟），通常这种网站目标应定为用户点击导向商家网站的联署链接。亿赐客网站本身的目的就是吸引、推动用户点击联署链接，点击越多，获得佣金的机会越大。用户到达商家网站后怎样转化，则是商家网站需要研究的问题。

为了记录、研究、优化网站转化，所有导向商家的链接都需要做点击跟踪。Google Analytics 中记录点击（到其他网站）并把点击设置为转化的说明：

http://www.google.com/support/googleanalytics/bin/answer.py?hl=en&answer=55527

http://www.google.com/support/analytics/bin/answer.py?hl=en&answer=72712

今后网站扩展其他赢利模式，大致上也应该以点击到其他网站次数为基础，如直接卖给广告商的显示广告、按点击收费等，有了 Google Analytics 记录的点击数字，就可以提供潜在广告数据，说服广告商。

16．分类页面友情链接

除首页底部友情链接外，所有分类页面也在底部留出友情链接位置，并在后台管理。除首页外，分类页面也可以交换链接。从三级分类页面开始交换深层链接，而不是从一级分类页面开始。当然不是绝对的，只是将大部分时间和人力首先分配到三级分类页面。

在交换链接时，锚文字须交替使用。比如首页就可以交替使用亿赐客、亿赐客购物搜索、亿赐客网上购物、购物网站比价、亿赐客网购比价、亿赐客比较购物、购物网站评测等。分类页面也如此，锚文字不要仅用分类名称，还要多一些变化形式，交替使用。

17．网站名称

使用"亿赐客"有什么特殊考虑？为什么不是与域名拼音相符的"亿次客"？最好不要使用户有任何混淆的机会，好不容易记住网站名称、敲入拼音，却找不到网站。

15.5.2 首页修改

除了前面讨论的涉及全站和网站结构方面的改动，还建议进行如下修改。参考图 15-127 给出的简陋的手绘首页示意图。

Title：网上购物网站谁最好？问网购专家—亿赐客比较购物搜索网。

- 融合 3 个最主要关键词：网上购物、购物网站、网购，又自然组合出"网上购物网站"（参考第 15.4.1 节）。

- 以问句吸引用户点击。
- 包含品牌名称。
- 结尾处出现"比较购物""购物搜索"，为在行业内建立品牌做准备。

Meta Description：网上购物网站哪家最好？哪里价格最便宜？网购专家——亿枝客比较购物搜索网帮你省钱省时间。千家网上商城，数百万商品最新报价，促销优惠券，用户评论，购买窍门，尽在亿赐客。

- 出现目标关键词，主要作用是吸引点击。

页面顶部 Logo 位置改到左上角，与其他页面一致。左上角口号"网上购物，先比再购"删除。Logo 右侧放文字"网上购物网站谁最好？问网购专家亿赐客！"使用 H1 文字。

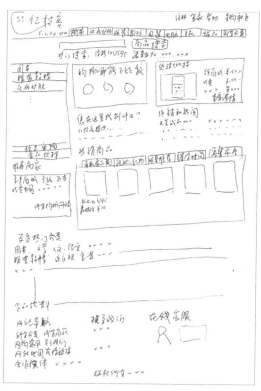

图 15-127　首页修改示意图

顶部导航见全站顶部导航说明，顶部导航下为搜索框。

左侧加 CSS 导航，列出所有一级分类页面及 10 个二级分类页面。

左侧导航下方，推荐展示 20 个商家链接，连至相应商家介绍页面。最后是"所有购物网站"，连至商家主列表页面。不宜列出过多，首页权重应该尽量导向网站主体架构：分类页面和产品。

左侧的"产品排行榜"全部删除。排行榜中的链接其实大部分是商家介绍页面，已有推荐商家代替。

将目前搜索框下的"推荐商品分类"和"推荐购物网站"两个选项卡及其内容全部删除。

卖点框（购物哪能不比较）和促销大比拼占用太多空间，须将尺寸缩小并右移。促销大比拼部分，"查看详情"只保留一个，没有必要以"查看详情"这样的链接分散锚文字相关性。商家图片链接直接通过联署链接导出至商家网站（而不是本网站上的产品详情页面），尽快完成网站目标。

卖点框下面是网站说明文字，作用相当于目前底部的"我们在做什么"部分。标题修改为"您在这里能找到什么？"，文字尽量融合网上购物、网购、购物网站、购物网、团购、代购、淘宝、店铺、商品、价格、旺旺、服务、图片、购买、钻石、朋友等。目前的分类名称罗列没有必要。

参考文字：

简单说，最快速地找到最低价格——网上购物价值最大化。上千个购物网站，数百万件商品，从淘宝店铺到 B2C 购物网，从个人网购到团购代购。数据及时更新。全面、公正、透明的网上购买体验，从亿赐客开始。

说明文字右侧展示 10 条左右"促销和购物新闻"相关链接，连至资讯新闻内容。

热卖商品以选项卡形式实现，大幅节省页面空间。"最低商家"语义不清，应改为"最低价商家"。商家名称直接链接到商家网站，而不是商家介绍页面，尽快完成网站目标。不要放促销信息，热卖商品处的促销信息链接过多将浪费宝贵的首页链接权重。

更多热门分类，类似目前首页"推荐商品分类"部分，但应该更有条理。每个一级分类一行，一级分类名称列在最左侧，右面列出左导航 CSS 菜单中没有列出的二级和三级分类名称。二级和三级分类用不同颜色字体，以示区别。

视页面美观与否，"更多热门分类"也可以分为两列，这样 18 个一级分类，只需要9 行，视觉上不至于失衡。

15.5.3　一级分类页面

一级分类页面指此类页面，如 http://www.yicike.com/1008-shumachanpin/，参考图 15-113。

目前一级和二级分类页面不知道为什么侧导航放在了右侧，看不出有什么特殊益处。建议全站统一，全部放左侧，或全部放右侧。

H1 文字紧接在面包屑导航下面：×××价格/报价（×××为分类名称，下同），如"数码产品价格/报价"。

H1 下面一行说明文字需要根据关键词研究人工撰写，自然融合搜索次数最多的 6～8 个相关关键词。目前的说明文字为：

亿枝客数码产品频道：提供数码产品价格、行情、数码产品报价、最新数码产品导购、数码产品图片、新闻、数码产品评论、产品参数，帮助你挑选出最满意的数码产品。

稍有关键词堆积之嫌，并且没有出现其他主要的相关关键词。应根据关键词研究重写，如根据 Google 关键词工具给出的数码产品关键词，如图 15-128 所示。

可考虑说明文字写为：

数码产品报价，包括数码摄像机、照相机、MP3 等商品，数百家数码商城最新价格比较，以及产品配件、图片、用户评论，帮你找到最低价的数码产品。

请注意写法的不同：

- 不仅要包含"数码产品"，也要包含数码摄像机、数码商城、配件等搜索次数多的相关关键词。"数码摄像机"这种词不是要用这个页面优化，它应该有自己相应的二级分类页面，放在这里是为了支撑"数码产品"的语义相关性。

- 不必多次重复"数码产品"，出现两三次就足够了。
- 比 Title 包含更多关键词，Title 中出现的关键词必须出现在这段说明文字中。
- 可以加一些无关的词语（如"数百家""帮你找到"这类词），使句子读起来更加自然。

	A	B	C	D
1	关键字	广告客户竞争程度	本地搜索量：6月	全球每月搜索量
2	数码摄像机	0.93	673000	450000
3	数码产品	0.93	201000	201000
4	数码照相机	0.86	165000	165000
5	数码商城	0.66	27100	27100
6	数码产品配件	0.46	-1	3600
7	数码相机产品	0.53	6600	1900
8	数码产品报价	0.53	1900	1900
9	数码产品商城	0.46	-1	880
10	数码产品销售	0.4	880	880
11	数码产品代理	0.6	590	720
12	代理数码产品	0.46	590	720
13	索尼数码产品	0.53	1300	720
14	数码产品 深圳	0	-1	590
15	深圳数码产品	0.4	-1	590
16	mp3数码产品	0.4	880	390
17	数码产品mp3	0.46	880	390
18	数码产品价格	0.53	-1	390
19	北京数码产品	0.4	480	390

图 15-128　数码产品关键词

再举例，"食品饮料"关键词如图 15-129 所示。

去除不太相关的"食品机械"等，说明文字可写为：

食品饮料网购最低价格，数百家食品网站最新报价，绿色休闲食品批发零售，汇集全国各地如广东、深圳、天津，以及进口食品。

	A	B	C	D
1	关键字	广告客户竞争程度	本地搜索量：6月	全球每月搜索量
2	食品	1	4090000	3350000
3	食物	0.8	1000000	823000
4	饮料	0.86	673000	450000
5	食品饮料	0.73	90500	90500
6	食品网	0.6	90500	90500
7	食品机械	0.86	74000	74000
8	绿色食品	0.8	60500	60500
9	食品批发	0.6	90500	49500
10	休闲食品	0.8	60500	40500
11	进口食品	0.66	33100	40500
12	饮料机械	0.8	14800	33100
13	日本食品	0.66	9900	33100
14	餐饮食品	0.4	-1	33100
15	广东食品	0.46	40500	27100
16	小食品	0.73	22200	27100
17	天津食品	0.46	40500	22200
18	深圳食品	0.33	22200	22200
19	广州食品	0.26	-1	14800

图 15-129　食品饮料关键词

不同分类有不同关键词，说明文字写法也不同，不能用统一格式自动生成。在完成人工撰写之前，暂时先用格式套用：

亿赐客×××频道：提供×××价格、行情、最新报价、导购资讯、图片、新闻、评论、产品参数，帮助你挑选出最满意的×××。

左侧栏如下。

- CSS 控制右拉菜单：列出所有二级分类，及每个二级分类下的 5～7 个三级分类。
- 推荐商家：列出 20 个本分类有产品的商家，使用文字链接到相应的商家产品分类页面（不是商家介绍页面）。最后是"所有商家"链接，链接至本分类所有商家列表。

- 推荐品牌：列出 20 个本分类有产品的品牌，使用文字链接到品牌产品分类页面。最后是"所有品牌"链接，链接至本分类所有品牌列表。
- 分类资讯：列出 5 条新增加的与本分类相关的资讯链接。相当于目前右侧导航底部的"最新优惠券""最新促销资讯"，但不用列出 10 条这么多，以免过多分散权重。只列出本分类下的资讯，而不是目前这样全站列出的都是相同的 10 条资讯，不然这 10 个资讯页面获得了全站链接及没有必要的高权重。
- 热门搜索：列出 20 个与本分类相关的搜索链接。

热卖产品：目前页面最上部产品。照片、产品名称、"详情"链接到产品页面，但注意 URL 需要统一，目前图片和产品名称的链接不是一个版本的 URL。将"最低价格"下面的"在×××去购买"用联署链接到商家网站，同目前"价格比较"下商家 Logo 链接一样，而不是链接到商家介绍页面，文字改为"到×××去看看"。不要直接放联盟链接，须和产品页面一样，打开新窗口，使用脚本转向，并用 Google Analytics 跟踪点击次数，记为一次转化。

正文部分×××分类列表：热卖产品下面列出所有下级分类，包括二级分类和三级分类。

最新产品（原推荐产品）：列出 15～20 个产品，只需要列出图片（链接至产品页面）、产品名称（链接至产品页面）、最低价格及商家（联署链接至商家网站）。"比较价格"和"降价通知"则没有必要列出。

H2 文字：×××产品分类、推荐商家、推荐品牌、分类资讯、热门搜索、热卖产品、×××分类列表、×××最新产品，这些小标题使用 H2 文字。

Title：针对分类名称做关键词研究，然后人工撰写 Title。下面列出我根据关键词搜索次数写的 Title，供参考。

- 图书分类 Title：图书批发购买，网上书店特价图书音像价格 – 亿赐客比较购物。
- 娱乐分类 Title：最新游戏，最新音乐，电影娱乐产品价格 – 亿赐客比较购物。
- 服装鞋帽分类 Title：品牌服装，韩国服装，时尚流行服装价格 – 亿赐客比较购物。
- 珠宝饰品分类 Title：珠宝饰品，休闲流行时尚服饰，韩国服饰价格 – 亿赐客比较购物。
- 礼品鲜花分类 Title：鲜花速递，网上订花，礼物工艺品，礼品网价格 – 亿赐客比较购物。
- 手机通信分类 Title：智能手机报价，最新手机配件价格 – 亿赐客比较购物。
- 电脑分类 Title：笔记本电脑报价，特价手提电脑价格，电脑配件 – 亿赐客比较购物。
- 数码产品分类 Title：数码产品报价，数码商城产品价格 – 亿赐客比较购物。
- 家电分类 Title：家用电器，品牌家电报价，小家电价格 – 亿赐客比较购物。
- 化妆护肤分类 Title：化妆品价格，韩国日本化妆品，品牌化妆品护肤品 – 亿赐客比较购物。
- 汽车用品分类 Title：汽车用品报价，汽车美容装饰用品，配件及维修 – 亿赐客比较购物。

- 家居园艺分类 Title：家居用品，园艺用品，时尚智能家居装饰饰品 – 亿赐客比较购物。
- 母婴用品分类 Title：母婴用品，儿童婴儿用品，宝宝用品报价 – 亿赐客比较购物。
- 运动户外分类 Title：户外运动服装，运动器材，运动休闲服饰 – 亿赐客比较购物。
- 健康医药分类 Title：健康医药产品，医疗器械，医疗保健产品报价 – 亿赐客比较购物。
- 办公用品分类 Title：公司办公用品批发，办公家具文具设备报价 – 亿赐客比较购物。
- 食品饮料分类 Title：食品饮料，绿色休闲食品，进口食品价格 – 亿赐客比较购物。
- 玩具宠物分类 Title：模型玩具，毛绒玩具，宠物用品价格 – 亿赐客比较购物。

人工写 Title 注意几点：

- 整个 Title 最多使用 30 个汉字。
- 选取 2～3 个搜索次数最多的词，搜索次数最多的排在最前面。
- 不必刻意重复分类名称。
- 句子需要尽量通顺。
- 如果能把关键词连起来、组合在一起，则可以列出更多关键词。比如化妆护肤分类，搜索次数多的关键词包括化妆品、日本化妆品、化妆品价格、品牌化妆品、韩国化妆品，整合为"化妆品价格，韩国日本化妆品，品牌化妆品护肤品 – 亿赐客比较购物"，3 个短语包括了 5 个关键词，而且读起来也还通顺。

15.5.4　二级分类页面

二级分类页面指这类页面：http://www.yicike.com/1186-xiaofeishuma/，参考图 15-114。

二级分类页面与一级分类页面几乎相同。

使用 H1 文字，紧接在面包屑导航下面：×××价格/报价。

H1 文字下面一行说明文字须根据关键词研究人工撰写，自然融合搜索次数最多的 6～8 个相关关键词。写法参考 15.5.3 节关于一级分类页面部分的举例和说明。这部分很花费时间，可以慢慢做，并不紧急。

左侧导航中的×××产品分类列出 15～20 个三级分类。

正文中×××分类列表列出所有三级分类。

Title：二级分类不算很多，可根据关键词研究人工撰写 Title。这部分可以慢慢做。

15.5.5　三级分类页面（产品列表页面）

三级分类页面（产品列表页面）指这类页面：http://www.yicike.com/1360-luyinbi/，参考图 15-115。

1．左侧栏

- "谁说比较浪费时间"部分：删除，内容没有必要。
- 价格范围：不要使用表格方式，改为列表和链接。见前面产品按属性过滤部分说明。
- 产品功能过滤：不同产品有不同功能或参数过滤条件，如录音笔可以有录音时长、信噪比等（见前面产品按属性过滤部分说明）。

- 推荐商家：列出 20 个本分类有产品的商家，使用文字链接，链接到按商家过滤页面（见前面产品按属性过滤部分说明）。
- 推荐品牌：列出 20 个本分类有产品的品牌，使用文字链接，链接到按品牌过滤页面（见前面产品按属性过滤部分说明）。
- 热门搜索：列出 20 个本分类的搜索链接。

2．翻页链接

产品较多的分类会有数百个翻页，按目前 1～10 这种标准翻页链接格式，要访问或爬行到第几百页，得点击几十次。这对搜索引擎蜘蛛来说是不可能的，也是可能造成收录问题的原因之一，被推到后面翻页的产品没有机会被爬行，如图 15-130 所示。

图 15-130　产品列表页面上的翻页链接

建议顶部及底部翻页都分为两排。在目前 1，2，3，……，10 下，加一行：

11，21，31，41，51，61，71，81，91，101

视排版和页面宽度，两行翻页链接都可以不止 10 个。这样，两行翻页有不同步长，将大大减少到达产品页面所需点击数，缩短产品页面距首页的距离。

翻页链接均需要静态化，如第一个分类页面是 http://www.yicike.com/1594-doujiangji/，则第二页是 http://www.yicike.com/1594-doujiangji-p2/。

3．各种显示方式

产品列表页面的各种显示方式如图 15-131 所示。

图 15-131　产品列表页面的各种显示方式

（1）按网格方式显示：默认方式。显示按网格方式排序页面时，此格式高亮并设置为非链接（已经在此显示方式，不可点击），"按列表方式排"则为可点击的 JavaScript 链接，点击后页面变为按列表方式排，这里的 JavaScript 链接阻止搜索引擎爬行和抓取。

（2）按列表方式排：显示按列表方式排序页面时高亮并设置为非链接，同时"按网格方式排"设置为正常（非 JavaScript）链接。

（3）按评价排：默认方式。显示按评价排序页面本身时，此格式高亮并设置为非链接，按价格排序、按名称排序设置为 JavaScript 链接，可点击访问，但阻止蜘蛛爬行。

（4）按价格排序、按名称排序：同上处理。

也就是说，只有按网格方式+评价排序的页面（包括其翻页）才被收录，其他所有排列方式都用 JavaScript 链接，阻止搜索引擎爬行。为保险，其他排列方式页面加 noindex 标签与 nofollow 标签禁止搜索引擎收录和索引。

各种显示方式、排列方式页面本身是没有排名意义的（有一个分类页面就足够了），被收录唯一的好处是给产品页面提供更多爬行入口。建议不允许收录除"网格+评价排序"的列表页面，原因有以下两个方面：

- 亿赐客网站 PR 值和权重还不太高，能被收录的页面总数可能在几百万页之内。如果允许各种显示方式、排列方式的页面都被收录，可能减少其他更应该被收录的页面（如最终产品页面）被收录的机会。

- 只要"网格+评价排序"列表页面翻页结构解决好，才可以为产品页面提供爬行入口。

当然，这是针对目前亿赐客网站情况的策略。如果以后网站 PR 值达到高端 6 或 7，能带动的总页面数上升到几千万个，也不妨允许收录各种显示方式、排列方式的页面，提供更多产品的页面入口，进一步提高收录率。

目前默认的显示方式是按价格排序，建议改为按评价排序，因为按价格排序，第一页有时是价格低但不太相关的产品，比如摄像机分类，排在第一页的是插头、擦布、录像带、玩具摄像机之类的，而不是用户期待看到的摄像机。默认按评价排序还可以在一定程度上人工调整排在第一页的产品，只要人工添加几个评价。

4. 显示产品信息

产品信息显示如图 15-132 所示。

图 15-132　产品信息显示

- "最低价格：×××元"处文字，字号放大，甚至可以用红色，视觉上突出，吸引点击。
- "在×××"商家文字，通过联署链接连至价格最低商家网站，而不是目前的商家介绍页面。注意前面提到的网站目标设置和点击跟踪。
- "去购买"按钮：通过联署链接连至价格最低商家网站。
- 产品图片加 ALT 文字，与产品名同。图片通过联署链接连至价格最低商家网站。
- 产品名称不要用 H3 文字。
- 产品名称下面（或后面）加文字，"共××个商家报价"，链接至产品页面。

以上 6 点也适用于搜索页面等处的产品信息显示。

5. 面包屑导航

面包屑导航处本分类名称不要用 H1 文字，视实际视觉效果，可考虑改为黑体。

6. H2 文字

左侧导航的"产品参数过滤""价格范围""推荐商家""推荐品牌""×××相关搜索"等用 H2 文字。

7. H1 文字

紧接面包屑导航下面加 H1 文字：

"分类名称"+价格，最新报价

比如录音笔分类就是：

录音笔价格，最新报价

8. 说明文字

H1 文字下面或右侧增加分类说明文字。与一级、二级分类一样，根据关键词研究撰写说明文字。

比如"豆浆机"分类：

各种家用、全自动、多功能、大型、小型豆浆机价格、报价，配件、维修、二手求购信息

再举一例，"婴儿推车"分类：

婴儿车价格/报价，各种婴儿推车、婴儿手推车、双胞胎婴儿车网上购买信息

9．Title

从关键词研究可以看到，"豆浆机"这个词相关的搜索次数最多的是：九阳豆浆机、豆浆机、全自动豆浆机，豆浆机配件、家用豆浆机、豆浆机价格、大型豆浆机、多功能豆浆机、豆浆机维修、小型豆浆机等。

Title 可写为：

豆浆机价格/报价，全自动、家用、多功能豆浆机产品信息

除了"××××价格/报价"，再选择搜索次数最多的 2～4 个关键词。后面不必加"亿赐客比较购物搜索网"。

三级分类有上千个，需要人工做关键词研究并写 Title 和说明文字，熟练后也大概至少需要 5～10 分钟做一个分类，工作量大。不必求快，慢慢做。

人工处理前，暂时先自动按分类名称生成 Title 和说明文字。

- Title：××××价格/报价/评测 – 亿赐客帮你网上购买最低价的××××。
- 说明文字：亿赐客×××频道，提供×××价格、行情、最新报价、导购资讯、图片、新闻、评论、产品参数，帮助你挑选出最满意的×××。

翻页后，从第二个页面开始，Title、H1 文字需要与第一个页面有所区别。如第二个页面：

http://www.yicike.com/1594-doujiangji-p2/

- Title：第二页—豆浆机价格/报价，全自动、家用、多功能豆浆机产品信息。
- H1：豆浆机价格，最新报价—第二页

同样，第二页按表格显示，按评价、名称排列，虽然使用 JavaScript 链接使搜索引擎不能爬行，但 Title、H1 文字也需要与第一个页面有所区别，利于用户分辨自己所在位置。

15.5.6 产品页面

参考图 15-116。

面包屑导航里的产品名称可以考虑改为黑体，如果视觉上不会突兀难看的话。

正文最前面的蓝色黑体产品名称放入 H1 中。

产品图片 ALT 文字与产品名称同。

价格比较、商家比较、详细资料、查看评论 4 个选项卡位置不变，文字放入 H2 。

价格比较 – 商家形象下的 Logo，及商家比较 – 评级里的商家名称，链接到商家网站（通过联署链接及跟踪），不要链接到商家介绍页面。红色促销标志也同样。网站的目标是尽快让用户点击联署链接，商家介绍页面没有必要被链接这么多次。

做实验看"去购买"和"去看看""查看详情"等按钮文字哪个转化率高。不必用工具，每个实验组放 24 小时就可以查看结果。

正文中间的产品品牌、分类、产品人气，分类的所有链接似乎都是连到无效页面，显示 ID Not Found，修改链接连至正确的分类页面。品牌名称链接连至品牌分类页面。

如图 15-133 所示，举报及剪贴图标无法辨认，不点击根本不知道是什么。书签图标混淆，不宜使用 RSS 图标，建议使用文字图标。

图 15-133　无法辨认的图标

Title：（×××为产品名称）。

说明文字：×××价格/报价，×××怎么样？好吗？产品评价，图片 – 亿赐客比较购物搜索网。

写法原因见 15.4.5 节产品页面中对关键词研究的介绍。

富摘要（rich snippets）：rich snippets 是 Google 前不久推出的一种标签格式，在 HTML 代码中加入标签，Google 搜索结果将显示标签里的格式化内容。比如，论坛帖子就可以显示作者、回复数、最新回复日期等。

在产品页面加入 rich snippets 标签，可使显示结果更突出，提高点击率。产品页面上的这几个信息适合加入 rich snippets：

- 最低价格。
- 品牌。
- 评论数或产品人气。
- 报价商家数量。
- 如果技术上可以实现的话，可以加入某些技术参数，如手机待机时间、内存等。但不同产品势必选取不同参数，不知技术上实现难度如何，难度太大的话，就不必考虑了，前面 4 个就够了。

代码写法参考：

http://googlewebmastercentral.blogspot.com/2009/05/introducing-rich-snippets.html

http://www.google.com/webmasters/tools/richsnippets

15.5.7 产品按属性过滤页面

前面全站修改部分对产品按属性过滤页面已经说明和举例，这里只简单总结。

以"电视机"分类为例：

http://www.yicike.com/1725-dianshiji/

按价格过滤：

500～1000 元，URL 为 http://www.yicike.com/1725-dianshiji/500-1000.htm。

- 面包屑导航：首页 – 家电 – 大家电 – 电视机 – 500～1000 元。
- H1 文字：500～1000 元电视机。
- Title：500～1000 元电视机价格、最新报价、评价评测 – 亿赐客比较购物网。

面包屑导航、H1 文字、Title 都需要包括分类名称（电视机）及属性（500～1000 元），由程序自动生成。

这也适用于商家分类页面、品牌分类页面。

15.5.8 搜索页面

搜索页面 URL 也需要静态化。统一采取 www.yicike.com/search-xxx/ 格式。其中××最好是符合这样条件的英文字符串：

- 不同搜索词，字符串也不同。
- 相同搜索词，字符串也相同（所以 URL 也就相同）。

简单地说，每个搜索词对应唯一的 URL，使每个搜索页面成为一个独立的可被收录的静态页面。这对英文网站来说很简单，xxx 部分替换为搜索词就可以了。中文搜索词则不同。如果技术上实现太困难，也可以直接使用搜索词，中文搜索词也原样用在 URL 中。

不同产品排列方式（网格、列表，价格、评价、名称）的处理与三级分类页面相同，包括使用 JS 链接阻止爬行，Title、说明文字的区分（即使已经阻止爬行）。

翻页处理与三级分类页面不同。所有翻页链接不用正常链接，而是用 JS 脚本实现，与按价格、名称排序的链接相同。也就是说，搜索页面只有第一个页面允许收录，其他（第二页，第三页，按列表显示，按价格、名称排序）都不允许搜索引擎爬行，因为这些页面上的产品都已经在三级分类页面上出现和爬行了，第一个页面用于关键词排名已经足够，其他页面没必要爬行和收录。

需要重点强调的是，与此类似，凡是出现产品列表的地方（因此出现几十个、上百个翻页），如商家分类和过滤页面、品牌分类和过滤页面、按参数过滤页面等，都用相同方法处理翻页，使商家分类和过滤页面、品牌分类和过滤页面、参数过滤页面等都只收录第一个页面，从第二页开始都使用 JS 脚本甚至 AJAX 阻止爬行。结果是，所有产品页面只有一个收录入口，也就是三级分类页面。

搜索页面其他地方大致与三级分类页面相同。

面包屑导航处搜索词不要用 H1 文字。

左侧导航的所有小标题（价格范围、选择分类、选择商家、选择品牌等）用 H2 文字。

紧接在面包屑导航下面加 H1 文字：

"搜索词"+价格，最新报价

比如：

冲锋衣价格，最新报价

H1 下面或右侧说明文字：

网上购买××××最低价格，购物网站最新报价，产品信息，图片，评价评测。

比如：

网上购买冲锋衣最低价格，购物网站最新报价，产品信息，图片，评价评测。

页面 Title：

热门搜索：××××价格/报价/评价 – 亿赐客帮你网上购买最低价的××××

比如：

热门搜索：冲锋衣价格/报价/评价 – 亿赐客帮你网上购买最低价的冲锋衣

15.6 执行、效果及后续

2009 年 10 月，在我提交了优化建议后，亿赐客团队当月就完成了 URL 静态化，收录很快开始增长。2010 年年初，在观察了一段时间效果并考虑一些技术问题后，对 URL 格式又做了两次大规模变动。例如，原计划产品页面 URL 为

http://www.yicike.com/1169-GSMshouji/248102.htm

但考虑到有些时候产品可能需要移动至另一个分类（如人工检查、调整产品分类准确性时），上述格式势必产生 URL 变化，因此去掉分类目录，只保留产品编号：

http://www.yicike.com/248102.htm

产品分类编号也做了重新调整。前面优化报告中提到的一级分类：

http://www.yicike.com/1008-shumachanpin/

现在 URL 为：

http://www.yicike.com/100001008-shumachanpin/

因此从编号就可以知道是哪一级分类。

2010 年上半年，由于 URL 系统的变动，收录波动较大。即使做了 301 转向，新旧 URL 也很长一段时间同时存在于搜索引擎数据库中，尤其是百度，对 301 转向反应很慢。但从总体上看，做了 URL 静态化和网站链接结构的修改，收录明显快速增加。

2010 年 1 月 1 日，第一个较完整优化版本上线。2 月底，网站流量上升到每天 5 万个 IP 以上。对比网站优化前的流量，这就是本书副标题 "60 天网站流量提高 20 倍" 的由来，如图 15-134 所示。

当然，1 月 1 日上线的版本还有错误和不完善之处，后来的执行过程中也遇到各种问题，计划也有相应变化。例如：

- 原建议书中提到的左侧导航底部的热门搜索、推荐商家、推荐品牌等链接，在一级、二级分类页面上都移到了右侧正文最下面。
- 产品列表页面上采用按价格过滤的方式，做成列表及链接后效果不好。不同产品种类有不同的价格区间，价格过滤条件就必须不一样，比如电视机和图书类别的价格过滤条件相差很大。以程序计算最合适的价格过滤条件遇到一些问题，有的分类列出的价格不太靠谱。比如某个商家某本书价格错写为 50 万元，就可能使整个图书类别最低价格区间变成 0～1000 元，使整个价格过滤系统失去意义。因此最后又取消了按价格过滤链接，恢复为原来的用户在表格中输入价格。

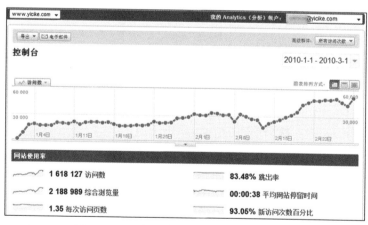

图 15-134　亿赐客网站 2010 年 2 月流量

- 产品按参数或功能过滤，由于比较复杂、工作量大，没有实施。
- 网站链接结构修改过程中，由于一个大家都没注意到的技术细节，网站实际上生成了上亿个页面，当然，都是复制内容。我查看网站日志时，发现搜索引擎蜘蛛在爬行某类 URL 时似乎陷入无限循环，根本没时间爬行其他 URL 了，才发现了这个技术问题。

- 品牌相关页面，由于工作量比较大、时间又紧，没有实施，以搜索页面代替。
- 2010 年 3 月 17—19 日，百度有一次算法的改变，使几乎所有比较购物类网站（也包括其他类网站）受到重挫，流量大幅下降，包括亿赐客。2010 年 5 月初，Google 有一次被称为"May Day"的算法更新，对长尾词影响巨大，亿赐客也受到波及。2010 年 4—2010 年 6 月，我们对亿赐客及新算法又做了分析和调整。2010 年 7 月调整基本完成，等待搜索引擎重新收录和计算。2010 年 8 月底流量重新恢复和上升。

执行、观察效果、发现问题、再次修改，循环往复，再加上竞争对手及搜索引擎算法的不停变化，所有网站的优化都处于不断调整、变动的过程中，没有终止。

SEO 术语

301 转向（301 Redirect）

301 转向也称为 301 重定向、301 跳转。

301 转向是用户浏览器或搜索引擎蜘蛛向网站服务器发出访问网址 A 的请求时，服务器返回的 HTTP 数据头信息状态码的一种，表示请求的网址 A 永久性地转移到另一个网址 B。

301 转向是搜索引擎友好的转向，网址 A 的权重和 PR 值将会被转移到网址 B 上。所以当网站上有网址变动甚至更换域名时，建议使用 301 转向。

302 转向（302 Redirect）

302 转向也称为 302 重定向、302 跳转。

302 转向是用户浏览器或搜索引擎蜘蛛，向网站服务器发出访问网址 A 的请求时，服务器返回的头信息中状态码的一种，表示所请求的网址 A 暂时性转移到另一个网址 B。除非网页 A 真的是短时间转移到网页 B，过一段时间会转回网址 A，可以使用 302 转向，否则不建议使用，302 转向对搜索引擎不太友好。

Alexa 排名

Alexa 排名是网上最常用、历史最悠久的网站流量排名工具，现在已经发展成综合性网站流量查询工具。由亚马逊公司所拥有。在 Alexa 网站输入域名后，Alexa 会以曲线形式显示网站流量趋势、按流量计算出的世界排名，以及带来流量的关键词、流量来源比例、流量国家分布等数据。

白帽 SEO（Whitehat SEO）

白帽 SEO 指的是合理合法，有利于用户体验，符合搜索引擎质量规范的 SEO 手法。通常使用白帽 SEO 手法获得的排名会比较持久和稳定。

标签（Tag）

标签指的是用来说明一个页面或一篇文章主要内容的关键词或术语。Web 2.0 网站经常使用标签，将网站页面按不同的标签重新聚合。

在网站结构上，标签页面与网站分类页面类似。分类页面是列出本分类下的内容页面，标签页面是列出标有相同标签的内容页面。二者的区别在于，标签并不存在分类系统那样的上下从属关系，如分类页面可以有一级产品分类，其下再分为多个二级产品分类，再向下还可以分出更多。而标签不存在这种关系，每一个标签都是平等的，只不过有些标签下包含的页面可能更多。

垂直搜索（Vertical Search）

指的是专注于某个行业领域的搜索。垂直领域既可能是不同的主题，如生活搜索、购物搜索、交通搜索，也可能是不同的媒介形式，如视频搜索、图片搜索。

C 类 IP 地址（Class C IP Address）

一个 IP 地址如 198.197.196.195，其中第三组数字 196 被称为 C 类。

C类数字相同的 IP 地址，通常是同一台服务器或处在同一网络上的服务器。所以如果两个网站 IP 地址前三组数字相同，如 198.197.196.195 和 198.197.196.194，搜索引擎很可能判断这两个网站是在同一架服务器上或至少是同一个主机商的不同服务器上，因而是有一定关联的。SEO 行业由此认为，具有相同 C 类 IP 地址的网站应该尽量避免互相链接，不然很容易被认为是站群或链接农场。

需要说明的是，这里所说的 C 类 IP 地址在技术上并不准确，这只是 SEO 行业的通行说法。

长尾关键词（Longtail Keywords）

长尾关键词指的是单个搜索次数比较少、但总体数量巨大的非热门关键词。长尾这个术语源自《连线》杂志主编 Chris Anderson 于 2004 年发表的系列文章，其在 2006 年出版的《长尾》一书中做了完整论述。

惩罚（Penalty）

惩罚指网站因为使用不符合搜索引擎质量规范的手法，被搜索引擎给予不同程度的排名下降甚至删除处理。

CMS

内容管理系统，是英文 Content Management System 的缩写。指的是用来创建和管理网站内容的软件。目前大部分网站都是使用 CMS 系统来管理、数据库驱动的动态页面。

CPA

英文 Cost Per Action 的缩写，中文意译为每次行动成本。

CPA 也就是 PPA 模式中广告双方所商定的，用户每完成一次特定行为时，广告商需要支付的广告价格。

CPC

英文 Cost Per Click 的缩写，中文意译为每次点击成本。

CPC 就是在 PPC 模式下，用户每次点击，广告商所要支付的广告价格。

CPL

英文 Cost Per Lead 的缩写，中文意译为每次引导成本。

CPL 就是在 PPL 模式中，用户每完成一次引导，广告商所要付出的广告费用。

CPM

英文 Cost Per Mille 的缩写，中文意译为每千次显示成本，其中 M 是拉丁文一千次的缩写。

CPM 也就是 PPI 模式的广告价格。由于广告显示一次的价格很低，所以通常按显示付费的广告是以每千次显示计价。

CPS

英文 Cost Per Sale 的缩写，中文意译为每次销售成本。

CPS 就是在 PPS 模式下，用户每完成一次购买后，广告商所要付出的广告价格。

导出链接（Outbound Links）

页面 A 上有一个链接指向页面 B，这个链接对页面 A 来说就是一个导出链接。

倒排索引（Inverted Index）

为了提高搜索引擎实时返回搜索结果的速度，直接用于排名的索引库不是正向索引，而是倒排索引。所谓倒排索引，是对索引库重新组织，形成一个从关键词到页面的映射。

地理定位（Geo-targeting）

搜索引擎根据用户 IP 地址判断出用户所在地理位置，返回更适合这个用户地理位置的搜索结果。有一些关键词搜索与地理位置有较强的关系，如天气、送餐、洗衣服务等。按地理定位提供相应的搜索结果，是搜索引擎改善用户体验的方法。

第一屏（Above The Fold）

直译是"折叠以上的地方"。所谓"折叠"，原指报纸被折叠起来时，读者若不打开折叠的话，只能看到头版头条位置的内容。在互联网上，指的是用户打开页面后，不需要拉动页面右侧滑动条或鼠标就能看到的网页最上部的内容。由于这是用户第一眼看到的网页内容，SEO 人员，或者更广泛地说，网络营销人员，应该把最重要的信息放在第一屏，在几秒钟内吸引住用户注意。

点击率（Click-through Rate）

用户实际点击一个搜索结果页面的次数与这个搜索结果被展示的总次数之比。在排名不变的情况下，提高点击率也就意味着提高流量。

动态 URL（Dynamic URL）

指的是包含有问号、等号及参数的 URL。如：

http://www.domain.com/index.php?catID=1&storyID=12345

通常动态 URL 对应的就是动态页面。问号、等号等字符后面所跟的参数就是需要查询的数据库数据。

动态页面（Dynamic Pages）

与静态页面相对应。动态页面并不真实存在于服务器上，没有一个真正存在的文件对应。动态页面是由数据库驱动、程序脚本生成的页面。当用户访问动态页面时，程序将查询数据库，并实时生成一个页面。目前大部分网站都是以动态页面为主。

Everflux

2003 年之后，Google 不再进行剧烈的 Google Dance，索引库数据以及排名算法更新都是不间断、小规模地随时启用，称为 Everflux。

反向链接（Back Links）

反向链接又称为导入链接（inbound links）。一个页面 A 上有一个链接指向页面 B，这个链接对页面 B 来说就是一个反向链接。

复制内容（Duplicate Content）

复制内容是指完全相同或非常相似的内容出现在多个页面上。复制内容既可能是由于转载、抄袭等原因出现在不同网站上，也可能是因为技术原因或网站结构方面的缺点而出现在同一个网站上。搜索引擎通常根据算法选出一个版本作为原创，其他页面上的相同内容被判断为复制内容，排名会受影响。

个人化搜索（Personalized Search）

个人化搜索也可翻译为个性化搜索。指的是搜索引擎根据用户个人信息返回不同的、更符合用户需求的搜索结果。引发不同搜索结果的因素包括浏览器设置、用户地理位置、用户搜索历史和网站浏览历史等。

工具条（Toolbar）

一种安装在浏览器上的插件，提供一些搜索引擎或其他附加功能。用户可以在工具条上的搜索框内输入关键词进行直接搜索，而不必访问搜索引擎网站。几乎所有搜索引擎都开发了工具条供用户下载使用。

工具条 PR 值（Toolbar PR）

工具条 PR 值指的是 Google 工具条显示的，站长可以查看的页面 Google PR 值。工具条 PR 值以数字 0~10 表示，0 为最低，代表重要性最低的页面，10 代表重要性最高的页面。要注意的是，工具条 PR 值并不是 Google PR 值的绝对真实反映。

Google 保龄（Google Bowling）

这是恶意破坏竞争对手排名的一种方法。给竞争对手网站购买或群发大量垃圾链接，使 Google 误以为竞争对手作弊，从而惩罚竞争对手的网站。虽然 Google 保龄发生的机率很低，但现实中确实会发生。虽然以 Google 命名，但这种现象存在于所有搜索引擎。

Google Dance

2003 年以前，Google 每个月会大规模更新索引库和排名算法，这个过程需要持续几天才能完成所有数据中心的更新。在 Google Dance 期间，很多网站的排名出现剧烈波动，访问不同数据中心看到的搜索结果也不同。目前已经进行 Google Dance 了。

Google 迷你全站链接（Google Oneline Sitelinks）

顾名思义，这是 Google 全站链接的迷你版，不是显示 2 列 4 行共计 8 个链接，而是显示 1 行共计 4 个内页链接。

Google PR 值

Google PR 值是 Google 通过链接关系计算出来的，是一个用来衡量页面重要性的指标。其原理是把链接当作一个民主投票，页面 A 链接到页面 B，就意味着 A 对 B 进行了一次信任投票，提高 B 的重要性。

决定 PR 值的既有反向链接的数量，也有链接质量。页面 A 本身的 PR 值高，传递给页面 B 的 PR 值也越高。另外，页面 A 上的导出链接总数也影响每个链接所能传递的 PR 值，页面 A 上导出的链接越多，能分配和传递到页面 B 的 PR 值越低。

Google 全站链接（Google Sitelinks）

这是 Google 给予权重比较高的网站的一种特殊排名显示格式。除了正常的页面标题、说明、URL，还在结果下面按 2 列 4 行显示最多 8 个网站内页链接。

Google 炸弹（Google Bombing）

很多网站使用相同的锚文字指向一个特定页面，虽然这个页面上并没有出现链接中的锚文字，但因为锚文字是搜索算法的重要排名因素之一，被指向的页面在搜索这个锚文字时，还是能排到搜索结果的最前面，这种现象被称为 Google 炸弹。虽然称为 Google 炸弹，但其实主流搜索引擎都有这个现象。

关键词密度（Keyword Density）

关键词密度指的是页面上特定关键词出现次数与页面全部词数之比。

黑帽 SEO（Blackhat SEO）

黑帽 SEO 是指使用欺骗性的,违反搜索引擎质量规范的作弊手法,使网站排名提高。典型的黑帽 SEO 手法包括隐藏文字、隐藏链接、垃圾链接、桥页等。黑帽 SEO 违反搜索引擎质量规范，被搜索引擎发现时，通常会导致惩罚甚至网站完全被删除。

HTTP 头信息（HTTP Header）

将用户浏览器或搜索引擎蜘蛛向服务器发出访问请求后，服务器所返回的响应消息中最前面定义信息特征的一段信息。比如，下面是一段典型的头信息：

```
#1 Server Response: http://www.seozac.com
HTTP/1.1 200 OK
Date: Tue, 18 Feb 2014 17:33:15 GMT
Server: Apache
Vary: Accept-Encoding,Cookie
Cache-Control: max-age=3, must-revalidate
WP-Super-Cache: Served supercache file from PHP
Connection: close
Content-Type: text/html; charset=UTF-8
```

其中定义了服务器状态码、页面返回时间、服务器类型、PHP 版本等信息。

HTTP 状态码（HTTP Status Code）

HTTP 状态码是 HTTP 头信息中最前面的一段，表明服务器响应的状态。如：

```
HTTP Status Code: HTTP/1.1 200 OK
```

常见的状态码如下。

200：表示一切正常，访问请求成功。

301：永久转向。

302：暂时转向。

404：文件不存在。

500：服务器内部错误。

检查 HTTP 状态码有助于 SEO 观察服务器是否工作正常，以及所设定的转向是否符合要求（是否是搜索引擎友好的 301 转向），页面不存在时是否返回 404 状态码等。

灰帽 SEO（Greyhat SEO）

灰帽 SEO 是介于黑帽 SEO 和白帽 SEO 之间，比较有争议性的 SEO 手法，比如链接买卖和软文发布等。这些手法既可能有益于用户，并遵守搜索引擎规则，也可能被滥用来获得欺骗性的排名。

降权

域名权重因为使用黑帽或灰帽手法而下降。降权既可能是搜索引擎算法自动甄别和处理，也可能是人工检查和处理。降权有点类似于惩罚，不同之处是，降权指的是整个域名排名能力下降，而惩罚有可能是针对特定页面或特定关键词。

交叉链接（Crosslink）

交叉链接指一组网站之间互相链接，目的是提高所有网站的外部链接数量。通常交叉链接的网站都是一个站长所控制，或同属于一个链接农场。这样得到的链接经常被搜索引擎认为是不自然的链接。

进入页面（Entry Page）

流量分析术语，指的是用户进入网站访问的第一个页面。

静态 URL（Static URL）

指不包含问号、#号、等号及参数的 URL，比如：

http://www.domain.com/news/12345.html

原本静态 URL 是与静态页面相对应的。随着 SEO 观念的深入，以及 URL 重写技术的普遍应用，动态页面也可以实现静态 URL，称之为伪静态。

静态页面（Static Pages）

指服务器上真实存在的文件对应的网站页面。无论哪个用户在什么时间访问这个页面，其内容都不会发生变化，除非站长在这个页面文件上的 HTML 代码中做了修改。

镜像网站（Mirrored Site）

指一个或多个域名不同、但内容完全相同的网站。

镜像网站的出现有可能是有意的（甚至可能是被别人陷害），也可能是无意的。

镜像网站会造成复制内容，对原创内容网站或站长想获得排名的网站可能造成无法预知的影响。所以就算没有 SEO 意图的镜像网站，使用时也要小心。

绝对路径（Absolute Path）及相对路径（Relative Path）

页面需要链接到另一个网页时使用的 HTTP 地址中，包含了域名的完整网址称为绝对路径。如果使用的是不包含域名的、被链接页面相对于当前页面的相对网址，则称为相对路径。

开放目录（DMOZ）

英文全称为 Open Directory Project，缩写为 ODP，意译即为开放目录项目。官方名称 DMOZ 源自 Directory Mozilla，也就是目录中的 Mozilla。Mozilla 最初是网景浏览器（Netscape，最早的浏览器之一）的开发代号，现在已经演变为网上影响力最大的全球社区和非营利组织之一，也是很多开源软件的总称。

DMOZ 是一个只有几个管理人员，由招募的义务编辑来管理、审核网站的人工目录。开放目录的数据被包括 Google 等在内的很多网站使用。由于是人工编辑，在一定程度上保证了收录网站的质量，所以开放目录是少数几个有价值的网站目录之一。

开放目录项目现在已经停止。

垃圾（Spam）

顾名思义，就是用户不需要的内容，如垃圾邮件。在搜索引擎及 SEO 行业中，垃圾指的是黑帽 SEO 纯粹为了获取排名而创建的没有意义的内容及链接。

来路（Referral）

用户从页面 A 点击一个链接来到页面 B，则页面 A 就是页面 B 的一个来路，也就是说访问页面 B 的用户是点击页面 A 上的链接来的。

链接果汁（Link Juice）

链接果汁是一个比较笼统的概念，指的是链接所能传递到目标页面的权重。链接果汁多少取决于链接源页面本身权重、导出链接数目、页面是否被惩罚、是否被判定为付费链接等。

链接流行度（Link Popularity）

也称为链接广度、链接广泛度。指的是一个页面所获得的反向链接数量及质量的总和。链接流行度是页面重要性的指标之一。

链接农场（Link Farm）

指没有任何实质内容，专门用来大量交换链接或给自己的网站制造链接的网站群。

链接农场网站页面上除了大量链接，通常没有其他有意义的内容。链接农场网站经常属于同一个站长或同一个网络联盟。

链接农场网站及其上面的链接，目前都被搜索引擎认为是黑帽 SEO 手法。一旦被判断为链接农场，网站会被惩罚甚至删除。

链接 nofollow 属性

页面超链接的一个属性，也常俗称为 nofollow 标签。代码写法如下：

```
<a href="http://www.example.com/" rel="nofollow">这个链接将不被搜索引擎跟踪</a>
```

链接加了 nofollow 属性，就是告诉搜索引擎蜘蛛不要顺着这个链接爬行下去，链接权重也不传递。目前主流搜索引擎，包括百度、Google、必应等都支持 nofollow 属性。

链接诱饵（Link Bait）

这是常用的外部链接建设方法之一。指的是创建能吸引眼球，比如有争议、好玩、资源性、工具性的内容，吸引其他站长主动给予链接。

LSI

英文 Latent Semantic Indexing 的缩写，中文意译是潜在语义索引。

潜在语义索引指的是通过海量文献找出词汇之间的关系。当两个词或一组词大量出现在同一个文档中时，这些词之间就可以被认为是语义相关的。

锚文字（Anchor Text）

也就是链接文字，页面上超链接中可以点击的那段文字。以下面 http 代码为例：

```
<a href="https://www.seozac.com/">这里是锚文字</a>
```

锚文字对于当前页面及被指向的页面主题都有很强的提示作用，是搜索引擎判断内容相关性的因素之一，对 SEO 有很大帮助。

meta nofollow 属性

页面 HTML 代码中 meta 标签（元标签）的一种，格式如下：

```
<meta name="robots" content="nofollow" />
```

这个 meta 指示搜索引擎不要跟踪和爬行这个页面上的所有链接。与链接 nofollow 属性不同的是，meta nofollow 标签对本页面上的所有链接都起作用，链接 nofollow 属性只对一个链接起作用。

MFA 网站

英文 Made For AdSense 缩写，也就是只为了做 Google AdSense 广告而存在的网站。Google 并不喜欢这种网站（至少 Google 表面上是这样说的），虽然这些网站都参与了 Google AdSense，也为 Google 赚了钱。

通常 MFA 网站没有什么实质内容，而是抄袭、采集其他网站文章，或用程序采集搜索引擎的搜索结果，自动生成大量页面，然后放上 Google AdSense 代码赚钱。绝大部分 MFA 网站的用户体验都很差。

面包屑导航（Breadcrumbs）

这是网站导航的一种，通常位于页面左上角，以一行文字链接的方式告诉用户，目前所在的页面处于网站整体结构的哪个位置。页面面包屑导航包括了本页面的所有上级目录链接，所以用户可以一眼判断出自己当前所在的位置。

内部链接（Internal Links）

同一个域名之间的链接就是内部链接。与外部链接类似，内部链接也可以分为内部反向链接和内部导出链接。

内部优化（On-page Optimization）

或者称为页面上的优化，指的是在网站内部进行、完全由站长自己所控制的 SEO 工作。如页面 meta 标签的撰写和修改、网站结构和内部链接的优化等。

爬行和抓取（Crawl）

爬行指的是搜索引擎蜘蛛沿着超链接，从一个页面爬到另一个页面，发现更多网址的过程，就好像蜘蛛在蜘蛛网上爬行一样，蜘蛛及爬行都因此而得名。

搜索引擎蜘蛛发现新的 URL，就会像浏览器一样访问这个 URL，读取内容，记录下来存入数据库，称为抓取。

排名算法（Algorithm）

搜索引擎排名算法指的是用户输入查询词后，搜索引擎会在自己的页面数据库中寻找、筛选，并且按一定规则对结果页面进行排名的过程。

PPA

英文 Pay Per Action 的缩写，中文意译为按行动付费。

PPA 是网络广告定价模式的一种，广告商在用户完成一个特定行动后，支付一定的广告费用。这个特定行动可以是一次购买，也可以是填写在线表格，订阅电子杂志，打电话联系广告商等。PPA 广告模式通常使用在联署计划中。

PPC

PPC 是英文 Pay Per Click 的缩写，中文意译为按点击付费。

PPC 是一种网络广告模式。广告商每得到一次广告点击，就按商定的价格支付费用。虽然普通网站也可以按 PPC 模式卖广告，但网上使用 PPC 最为广泛的还是搜索竞价广告，包括搜索结果页面和内容发布网站上的内容匹配广告。在搜索引擎广告 PPC 模式中，广告商通常针对关键词进行竞价。

PPC 是 SEM 的重要组成部分之一。

PPI

英文 Pay Per Impression 的缩写，中文意译为按显示付费。

PPI 也是网络广告计价模式的一种，广告商的广告每显示一次，广告商就要付费，无论是否产生了点击、引导或销售。按显示付费是早期互联网广告的最重要形式，目前在主流门户网站上依然占据很大份额。

PPL

英文 Pay Per Lead 的缩写，中文意译为按引导付费。

PPL 是 PPA（按行动付费）的一种，也就是用户每完成一次引导行为，广告商就要付费。这里所说的引导通常是指用户没有购买，但与广告商发生联系的一次行为，诸如订阅电子杂志，注册为免费用户，填写在线联系表格，给广告商打一次电话等。这种引导行动比点击浏览网站更靠近完成销售。

PPS

英文 Pay Per Sale 的缩写，中文意译为按销售付费。

PPS 是 PPA 的一种，用户完成一次购买行为，广告商需要支付广告费用。

PR 劫持（PR Hijacking）

指使用作弊手法将自己网站工具条 PR 值提高，通常是通过跳转（如 301 转向和 302 转向）实现。

QDF

英文 Query Deserves Freshness 的缩写，中文意译为应该返回新鲜内容的搜索。

Google 根据搜索趋势检测出社会热点话题，与之相关的查询词会返回更多新鲜的页面，包括新创建的页面和刚刚更新的页面。

去重

指搜索引擎分析一个网站的所有页面，消除存在于所有页面的重复部分，如导航、广告、版权声明等，提取页面上独特内容的过程。

robots 文件

指放在网站根目录下的一个纯文字文件 robots.txt，用来指示搜索引擎蜘蛛哪些页面可以被抓取。搜索引擎蜘蛛访问一个网站时，首先要读取 robots 文件内容（当然不是每次访问时都重新读取 robots 文件，而是每隔几天读取一次，看看 robots 文件有没有变化），凡是 robots 文件指明禁止搜索引擎抓取的，搜索引擎就会忽略，不再抓取。部分恶意蜘蛛会忽略 robots 文件，因为它们的目的只是为了扫描邮件地址或抄袭文章，不会理睬 robots 文件。

三向链接

这是一种扩展的友情链接。比如网站 A 链接到网站 B，网站 B 链接到网站 C，网站 C 再链接回网站 A。

站长为了避免友情链接被搜索引擎检测出来而降低链接的效果，希望通过三向链接使外部链接看起来像是单向链接。其实搜索引擎很容易就可以检测到这种模式还是一种友情链接。

SEM

英文 Search Engine Marketing 的缩写，中文意译为搜索引擎营销。

SEM 是指在搜索引擎上推广网站，提高网站可见度，从而带来流量的网络营销活动。SEM 包括 SEO 和 PPC（搜索竞价排名）。

SEO

英文 Search Engine Optimization 的缩写，中文意译为搜索引擎优化。

SEO 是指在了解搜索引擎自然排名机制的基础上，对网站进行内部及外部的调整优化，改进网站在搜索引擎中的关键词自然排名，获得更多流量，从而达成网站销售及品牌建设的目标。

SERP

Search Engine Results Page 的缩写，中文意译为搜索引擎结果页面。用户输入查询词，点击搜索按钮后，搜索引擎返回显示的结果页面。

沙盒效应（Sandbox）

这是 Google 对新网站的一种排名延迟处理方式。新网站在一段时间内无论如何优化，竞争度比较高的主要关键词都很难有好的排名，这段期间就称为沙盒。沙盒可以理解为 Google 给新网站的见习期。大部分主流搜索引擎都有类似效应，并不仅限于 Google。

删除（Ban）

网站因为严重作弊，所有页面被搜索引擎从数据库中删除，不予收录。

深度链接（Deep Links）

或者叫深层链接，指的是指向网站内页，而非首页的外部链接。

枢纽网站（Hub）

枢纽网站指的是大量导出链接向高质量、高权威度的相关网站的网站。一般来说，枢纽网站本身也是权威度高的网站，因为这种网站内容主题集中，提供大量用户需要的资源链接。

SMM

英文 Social Media Marketing 的缩写，中文意译为社交媒体营销。

SMM 指的是在社交媒体网站，如博客、微博、微信、线上社区、维基、视频分享网站、图片分享网站等，进行营销和公关等活动。SMM 与 SEO 既有很大区别，也有互相促进和交叉的部分。

搜索引擎友好（Search Engine Friendly）

搜索引擎友好指的是搜索引擎容易爬行、抓取，容易提炼相关关键词的网站设计。要做到搜索引擎友好，涉及网站整体结构、内部链接、页面减肥、各种 HTML 代码的书写等。

索引（Index）

搜索引擎对抓取来的文件进行预处理，经过删除停止词、中文分词、关键词提取等过程，形成一个从页面到关键词集合的映射存入数据库，这个过程就叫索引，得到的数据库叫做索引库。

停止词（Stop Words）

指在自然语言中出现频率非常高，但是对文章或页面的意义没有实质影响的那类词。如英文中的"the""and""of"等，中文中的"的""也""啊"等。停止词使用频繁，但对语义影响很小，搜索引擎遇到停止词时，不管是在索引还是排名时，通常都会将其忽略。忽略停止词对搜索排名几乎没有什么影响。

投资回报率（ROI）

英文 Return On Investment 的缩写。ROI 指的是获得的收益与投入之比，这是衡量营销活动成功与否的最重要标志之一。在 PPC 营销中，ROI 的测量相对明确，因为每一个点击以及带来的销售数字都是有明确价值的。SEO 同样也有要达到的 ROI，只不过要计算的投入和收益，尤其是投入部分，不是那么明确，比如投入的时间、人力成本，要转化为金额就不容易很准确，有很多因素要考虑。

图片 ALT 属性（Image ALT Text）

指的是网页上的图片因为某种原因不能被显示时应该出现的替代文字（alternative text）。如下面这段代码所示：

```
<img src="images/pic.jpg" alt="这里就是 ALT 替代文字">
```

准确地说，图片替代文字是 ALT 属性，而不是 ALT 标签。但有时也常被称为 ALT 标签，属于大家约定俗成的称呼。

网站导航（Navigation）

指页面上帮助用户明确目前所在位置，使用户能够比较容易地继续访问其他页面的一套链接系统。通常表现为页面顶部的菜单系统，左侧或右侧的导航条，页脚的辅助菜单等。一般情况下，网站导航系统与主要内容版块是一一对应的，有助于用户轻松找到相应内容。

转向（Redirect）

也称跳转、重定向。

转向是指当用户访问页面 A 时，被自动转移到页面 B，而用户并没有点击任何链接。转向可以由多种方式实现，如服务器端的 301 转向、302 转向，客户端的 JavaScript 转向，meta 刷新（meta refresh）等。跳转经常被黑帽 SEO 当作一种作弊手段。

URL 静态化

指通过 URL 重写技术（URL rewrite），将动态 URL 转变为静态 URL。

在 LAMP（Linux+Apache+MySQL+PHP）主机上，URL 重写通常是通过 mod_rewrite 模块。在 Windows 主机上，通常是通过 ISAPI Rewrite 和 IIS Rewrite 模块。

外部链接（External Links）

不同域名之间的链接叫做外部链接。比如域名 A 上的任何一个页面 a，有链接指向域名 B 上的任何一个页面 b，这个链接对域名 A 和 B，以及页面 a 和 b 来说都是外部链接。

外部链接又可以分为外部反向链接和外部导出链接。上面所举的例子，对域名 A 来说是一个外部导出链接，对域名 B 来说，就是一个外部反向链接。对 SEO 人员来说，外部反向链接是影响排名的至关重要的因素，所以外部链接也常常特指外部反向链接，也就是来自其他域名的反向链接。

外部优化（Off-page Optimization）

或者称为页面之外的优化。指的是不在网站本身上进行的 SEO，通常包括外部链接建设、社交媒体网站的参与等。

网页快照（Cache）

指的是搜索引擎数据库中记录的页面内容拷贝。搜索引擎在结果中给出"网页快照"（或其他类似称呼）链接，用户点击后看到的就是搜索引擎数据库中保存的页面内容。用户因为某种原因不能访问原始网页时，可以查看网页快照里的内容作为参考。

网站目录（Directory）

也称为网址站、地址站等。其他站长可以提交自己的网站，目录所有人审核批准或自己挑选收录网站。典型的网站目录，如雅虎目录、开放目录、hao123 等。被网站目录收录是建立外部链接的最常用手法之一。

网址规范化（URL Canonicalization）

同样的页面内容由于种种原因出现在同一个网站的不同 URL 上，搜索引擎需要判断哪一个 URL 是真正的，也就是规范化的网址。

信任指数（TrustRank）

信任指数源于斯坦福大学和雅虎的共同研究，是一个衡量网站受信任程度（或者从相反角度看，也可以是垃圾程度）的指标。其原理是，受信任的网站通常不会链接到垃圾网站，所以与信任指数高的网站点击距离越近的网站，信任指数也越高，距离越远，信任指数就越低。信任指数最高的是人工挑选出来的一组种子网站。

新闻源

新闻源是搜索引擎收集新闻的来源网站。被纳入新闻源的网站，不仅所发布的新闻会出现在搜索引擎新闻垂直搜索中，网站其他内容在普通页面搜索中也有比较高的权重。

想要成为新闻源网站有一定的要求，而且需要申请。

目前大部分搜索引擎已经取消新闻源机制，而是通过算法自动挑选新闻网站。

XML 网站地图（XML Sitemap）

这是 Google 于 2005 年提出，并且得到大部分主流搜索引擎，如 Google、百度、必应等支持的网站地图标准。所谓 XML 网站地图就是一个 XML 文件，在这个文件中列出网站上所有需要收录的 URL，还可以加上这些 URL 的信息，如更新日期、相对重要性等，通过这种方式通知搜索引擎，网站上有哪些 URL 需要收录。XML 网站地图对搜索引擎来说只是一种有益的参考，并不是收录的保证。

XML Sitemap 中的 Sitemap 这个词，首字母 S 必须大写，英文 SEO 文章中的 Sitemap 特指 XML 网站地图。相对应的，sitemap 通常是指网站上的 HTML 版本的网站地图页面。

页面劫持（Page Hijacking）

页面劫持是一种 SEO 作弊手法，指的是黑帽 SEO 使用各种手段，将本来应该访问页面 A 的用户，通过程序把用户转向到完全无关的（通常是成人内容、赌博、卖各种违禁药品等的网站）另一个页面 B。

页面劫持实际上是利用了其他网站上的高质量内容，却把用户劫持到自己的作弊网站上。

页面正文（Body Text）

SEO 领域中所说的正文并不是指 HTML 代码中<body></body>之间的内容，而是指排除页面导航、页脚、广告等之后的网页实质内容。

友情链接（Reciprocal Links，Exchanged Links）

又可以称为交换链接、互惠链接等。

友情链接是指 A、B 两个网站互相链接到对方，也就是说 A 网站链接到 B 网站，B 网站也链接到 A 网站。这是获得外部链接的最简单方式。

域名权重（Domain Authority）

指一个域名在搜索引擎上排名的综合实力。域名权重是很多因素的总和，包括域名种类、历史、内容原创性、网站规模、链接关系等。

站群

同一个公司或站长建设多个（通常至少几十个以上）网站，希望通过自己的这些网站交叉链接，以提高站群内所有网站的外部链接，或者这些网站为另一个商业网站提供外链，从而获得关键词排名。搜索引擎往往认为站群是作弊的一种方式，因为站群网站质量普遍不高，对搜索用户没有实质意义。

着陆页（Landing Page）

这是进入页面的一种，不过着陆页着重于优化转化率的概念，而不是流量分析概念。着陆页指的是网络营销人员专门设计的、吸引用户访问，并且通过各种手段提高用户转化率的一组进入页面。

整合搜索（Universal Search）

也可以翻译为通用搜索。指的是搜索引擎在搜索结果页面上同时显示多个垂直搜索内容，包括图片、视频、新闻、地图等。整合搜索是目前所有主流搜索引擎显示搜索结果页面的主要排版方式。

蜘蛛（Spider，Bot，Crawler）

也称为机器人。指的是搜索引擎运行的计算机程序，沿着页面上的超链接发现和爬行更多页面，抓取页面内容，送入搜索引擎数据库。

蜘蛛陷阱（Spider Trap）

蜘蛛陷阱指的是由于网站内部结构的某种特征，使搜索引擎蜘蛛陷入无限循环，无法停止爬行。最典型的蜘蛛陷阱是某些页面上的万年历，搜索引擎蜘蛛可以一直点击"下个月"陷入无限循环。

中文分词（Chinese Word Segmentation）

这是中文搜索特有的过程，指的是将中间没有空格的、连续的中文字符序列，分隔成一个一个单独的、有意义的单词的过程。在英文等拉丁文字中，词与词之间有空格自然区隔，所以没有分词的必要。而中文句子包含很多词，词之间没有自然分隔，搜索引擎在提取、索引关键词及用户输入了查询词需要进行排名时，都需要先进行分词。

转化率（Conversion Rate）

用户访问网站后，达成网站所定义的目标行动就称为一次转化，如完成订单、注册邮件列表、填写联系表格等。完成转化的用户数与所有访问用户数之比就称为转化率。

自然排名（Organic Ranking，Natural Ranking）

指与付费和广告无关，只是依靠页面本身相关性、重要性而出现在搜索引擎结果页面的排名。在一个搜索引擎结果页面上，广告或付费排名通常标有推广、赞助商链接之类的名称，自然排名则没有这些标记。

自愿链接（Editorial Links）

英文 Editorial Links 原意指的是有编辑意义的链接，也就是说其他站长因为你网站的内容有价值，而自愿链接到你的网站。Editorial links 不容易直译，所以我把它称为自愿链接。自愿链接才是最有价值的链接，对网站排名帮助最多，不过获得自愿链接的难度也相对较大。

下一步做什么

（1）如果你觉得本书对你有帮助，请在你的博客、网站上给"SEO 每天一贴"做个链接，网址是：

https://www.seozac.com/

我将继续更新博客，发布最新 SEO 动态。

（2）如果你已经有网站，请从关键词研究开始，重新审视你的网站，相信一定能发现可以改进的地方。

如果你还没有网站，请立即动手做一个网站，从关键词研究开始，到网站结构、页面优化、外链建设、流量分析，自己真正做一遍。第一个网站不一定成功，但不动手做就一定没有成功的可能。只要你认真读完本书，相信自己，你已经比大部分做网站的人更懂 SEO 了，尽快开始做网站吧。

（3）关注 SEO 最新消息和进展。下面是一些值得推荐的渠道。

中文 SEO 博客：

- Google 中文站长博客——https://webmaster-cn.googleblog.com/。
- John 的英文 SEO 实战派：https://www.seoactionblog.com/。
- David Yin 的博客：https://seo.g2soft.net/。

英文 SEO 博客：

- Search Engine Roundtable——https://www.seroundtable.com/。
- SEOMoz——https://moz.com/blog。
- Search Engine Land——https://searchengineland.com/。
- Search Engine Journal——https://www.searchenginejournal.com/。
- Google Webmaster Central——https://googlewebmastercentral.blogspot.com/。
- Matt Cutts——https://www.mattcutts.com/blog。
- SEObook——https://www.seobook.com/。
- Bing Webmaster Blog——https://blogs.bing.com/webmaster/。

英文 SEO 博客比较多，上面是更新较多的几个。

中文 SEO 论坛：

- 百度资源平台论坛——http://bbs.zhanzhang.baidu.com/。

（4）需要 SEO 顾问咨询或培训服务，请参考：https://www.seozac.com/services/。

（5）发现本书中任何错误，或希望看到哪些内容，欢迎指正、交流，请发送邮件联系我：zanhui@gmail.com